Vahlens Handbücher der Wirtschafts- und Sozialwissenschaften

Grundriß der Konjunkturpolitik

von

Dr. Ulrich Teichmann

Professor für Volkswirtschaftslehre
an der Universität Dortmund

4., verbesserte und erweiterte Auflage

Verlag Franz Vahlen München

CIP-Titelaufnahme der Deutschen Bibliothek

Teichmann, Ulrich:
Grundriß der Konjunkturpolitik / von Ulrich Teichmann. –
4., verb. u. erw. Aufl. – München : Vahlen, 1988
(Vahlens Handbücher der Wirtschafts- und Sozialwissenschaften)
ISBN 3 8006 1325 5

ISBN 3 8006 1325 5

Satz und Druck: C.H. Beck'sche Buchdruckerei, Nördlingen

Vorwort zur vierten Auflage

In die vierte Auflage ist ein neues Kapitel eingefügt. In ihm werden die „Neuen" Konjunkturtheorien beschrieben. Ihre grundlegenden Annahmen werden kritisch – vor allem in bezug auf ihre Realitätsnähe – angesprochen. Neu gefaßt und erweitert ist das frühere zweite, das jetzige dritte Kapitel. Es beschreibt stilisierte Fakten und die strategischen Faktoren des Konjunkturzyklus, versucht also Deskription mit Ursachenanalyse zu verbinden.

Neu konzipiert und dabei wesentlich erweitert ist das siebte Kapitel, das der Geldpolitik und ihrer theoretischen Fundierung gewidmet ist. Die Grenzen der Geldpolitik bei rationierten Kreditmärkten werden, die gegenwärtige Diskussion aufgreifend, beschrieben. Ergänzt worden sind die Ausführungen zur Konjunkturprognose. Daneben ist der „Grundriß" durchgängig aktualisiert worden.

Dortmund, im April 1988 *Ulrich Teichmann*

Vorbemerkung

Dieses Buch versucht, Theorie und Politik miteinander zu versöhnen. Noch immer stehen die Politiker der Theorie fremd gegenüber. Sie wollen sich ihrem „Diktat“ nicht unterwerfen. Die Theoretiker auf der anderen Seite haben oft keinen Sinn für die Nöte der Politiker, die stets auf der Suche nach Mehrheiten sind – bei Wahlen, in den Parteien, im Parlament und seinen Ausschüssen. Beide müssen aufeinander zugehen, wenn es zum fruchtbaren Dialog kommen soll, dem eine sachgerechte Politik folgen kann.

Der eine Schritt von der „reinen“ zur angewandten Theorie genügt nicht, der nächste zur politisch orientierten Ökonomie muß folgen. Konkret heißt das: Die Theorie darf die Instrumente und ihre Wirkungen nicht nur beschreiben; sie muß zugleich deren politische Durchsetzbarkeit überprüfen. Der Politiker sollte die angebotene Hand ergreifen und sich nicht länger von einer instinktiven Aversion gegen ungeliebte ökonomische Sachzwänge leiten lassen.

Den ersten Schritt in Richtung Politische Ökonomie geht die Theorie, die sich um Realitätsnähe bemüht. Abstraktes Modelldenken, das zwar den Logiker entzückt, aber nicht die gegenwärtigen wirtschaftlichen Verhältnisse erklären hilft, sollte nicht länger die Wirtschaftswissenschaften bestimmen.

Der liberale Nachtwächterstaat gehört nicht erst seit *Keynes*, der den Weg aus der Arbeitslosigkeit zeigte, der Vergangenheit an. Mit dem Erstarken der Parlamente sah sich der Staat in die **wirtschaftspolitische Verantwortung** gezwungen. Lediglich der Hinweis auf mangelhafte oder gar fehlende Instrumentarien konnte sein Nichtstun entschuldigen. Die Zyklen mit ihrem Wechsel von Arbeitslosigkeit und Preissteigerungen mußten ohnmächtig hingenommen werden. Noch Anfang der dreißiger Jahre konnte niemand ein glaubwürdiges Rezept gegen die Geißel Arbeitslosigkeit anbieten. Zu widersprüchlich waren die konjunkturtheoretischen Aussagen, als daß sie Wähler an politische Parteien binden konnten. In ihrer Ratlosigkeit vertrauten jene nicht selten radikalen Losungen.

Sie öffnet dem Politiker heute einen reichhaltigen Instrumentenkasten, aus dem er je nach Konjunkturlage die Maßnahmen auswählen kann, die die aktuellen Gefahren meistern helfen.

Schon im Eingangskapitel stellen wir eine Anzahl konkurrierender Konjunkturtheorien vor, die auch heute noch – zumindest im Ansatz – fortleben und das Augenmerk auf jeweils andere Ursachen der Konjunkturschwankungen lenken. Sicher ist es nicht nur *Churchill* passiert, daß er fünf Ökonomen befragte und sechs Antworten erhielt.

Der heftige Streit zwischen **Monetaristen** und **Fiskalisten** ist ein aktuelles Beispiel dafür, daß der politische Entscheidungsträger bei einer Befragung der Wissenschaft nach geeigneten Steuerungsinstrumenten voneinander abweichende Antworten erhält. Die Liste kontroverser konjunkturpolitischer Anschauungen läßt sich leicht verlängern: Man denke etwa an das Für und

Wider **fallweiser** und **regelgebundener Konjunkturpolitik** oder an die jüngst wieder aufgelebte Diskussion über Indexbindungen; alles Fragen, die in diesem Buch angesprochen werden.

In vielen Fällen beruhen unterschiedliche Auffassungen über die angemessene Konjunktursteuerung auf voneinander abweichenden **Wertvorstellungen.** Der eine Wissenschaftler legt mehr Wert auf Vollbeschäftigung, der andere betrachtet vielleicht Preisstabilität als vorrangiges Ziel. Viele ziehen der Konjunkturpolitik dort eine Grenze, wo bspw. die Tarifautonomie angetastet oder in die Preisbildung eingegriffen wird. Andere wiederum meinen, Tarifautonomie und unternehmerische Entscheidungsfreiheit müßten eingeschränkt werden, um wirksame Konjunkturpolitik überhaupt erst zu ermöglichen.

Als sich die Wissenschaft noch dem **Postulat der Werturteilsfreiheit** unterwarf, sah sie die Ziele der Wirtschaftspolitik als vorgegeben an. Man ging von einer Arbeitsteilung zwischen Politik und Wissenschaft aus: Die Politik entscheidet über die Ziele, die Wissenschaft schlägt Instrumente vor, mit denen die Ziele verfolgt werden sollen. Sie enthielt sich einer eingehenden Prüfung des Gehaltes der Ziele, sie sah dies nicht als ihre Aufgabe an.

Die Politische Ökonomie gibt diese Selbstbeschränkung auf die Suche nach dem optimalen Mitteleinsatz auf. Sie schaltet sich in die Diskussion um die Ziele ein und unterzieht sie einer eingehenden Kritik. Auch in diesem Buch werden die Ziele der Konjunkturpolitik sorgfältig auf ihren ökonomischen und politischen Gehalt hin überprüft und begründet.

Zwischen dem ökonomischen Steuerungsbedarf und dem politischen Steuerungsvermögen klafft eine Lücke, die es zu schließen gilt. Auf „Staatsmänner" hoffen, die sich aus den politischen Tagesnöten erheben und jenseits allen Parteiengezänks, ungeachtet anstehender Wahltermine ein langfristiges Konzept – wie aus dem Lehrbuch – verfolgen, hieße die Augen vor der Realität zu verschließen.

Der Ökonom sollte dem Politiker die Arbeit erleichtern. Er kann dies, indem er treffsichere Prognosen anbietet, die Instrumente verbessert und vor allem deren **parlamentarische Durchsetzbarkeit** bedenkt. Er darf den Handlungsspielraum des Politikers nicht überschätzen und ihn mit seinen instrumentellen Vorschlägen nicht überfordern.

Während man die „Große Depression" der dreißiger Jahre noch einhellig auf den damals unzureichenden Stand der ökonomischen Theorie zurückführt, glaubt man heute, die Schuld an der Inflation der Gegenwart den Politikern zuweisen zu können, die sich scheuen, die angebotenen Instrumente einzusetzen. Nach dem Grund dieses offensichtlichen und weltweiten Versagens wird aber nicht gefragt. Der Schritt von der Theorie der Stabilitätspolitik zur politischen Theorie der Stabilitätspolitik wird noch nicht gegangen. In diesem Band soll ein Anfang gemacht werden. Eine sorgfältige Analyse der Gründe, warum die Politiker die Ratschläge der Ökonomen so häufig übergehen, warum sie diese nicht aufgreifen und in die Tat umsetzen, ist die notwendige Voraussetzung.

Inhaltsverzeichnis

Viertes Kapitel
Die Indikatoren der Konjunkturpolitik

Zweiter Teil. Die Ziele der Konjunkturpolitik

Fünftes Kapitel
Das magische Dreieck der Konjunkturpolitik

Sechstes Kapitel
Die Asymmetrie in der Konjunkturpolitik

Dritter Teil. Der Mitteleinsatz der Konjunkturpolitik

Siebtes Kapitel
Der Mitteleinsatz der Geldpolitik

Achtes Kapitel
Der Mitteleinsatz der Fiskalpolitik

Allgemeine Literatur

Eine jährliche fundierte **Analyse der aktuellen Konjunkturpolitik** geben
(im April) die *Deutsche Bundesbank* mit ihrem Geschäftsbericht und
(im November) der *Sachverständigenrat zur Begutachtung der gesamtwirtschaftlichen Entwicklung* mit seinem Jahresgutachten

Überwiegend keynesianisch orientierte **Einführungen** geben
Friedrich, H.: Stabilisierungspolitik, Wiesbaden 1986
Glastetter, W.: Konjunkturpolitik. Ziele, Instrumente, alternative Strategien, Köln 1987
Müller, R. und *Röck, W.*: Konjunktur- und Stabilisierungspolitik. Theoretische Grundlagen und wirtschaftspolitische Konzepte, 3. Aufl., Stuttgart u. a. 1985

die angebotsorientierte Konjunkturpolitik einbezogen
Pätzold, J.: Stabilisierungspolitik. Grundlagen der nachfrage- und angebotsorientierten Wirtschaftspolitik, 2. Aufl., Stuttgart und Bern 1987

Einen thesenhaften **Aufriß** offener konjunkturpolitischer Fragen (ohne Literaturanalyse) geben
Kock, H. u. a.: Stabilitätspolitik, Göttingen 1976

Eine **monetaristisch** orientierte (und dadurch vereinfachende) Einführung legt vor
Gerber, B.: Stabilitätspolitik. Vollbeschäftigung, Preisniveaustabilität und Zahlungsbilanzgleichgewicht im wirtschaftspolitischen Spannungsfeld, Bern und Stuttgart 1976

Anspruchsvoller dagegen
Welfens, P. J. J.: Theorie und Praxis angebotsorientierter Stabilitätspolitik, Baden-Baden 1985

An **Regelbindungen** orientierte Konzepte konjunktur- und wachstumspolitischer Aktivitäten beschreiben
Giersch, H.: Konjunktur- und Wachstumspolitik in der offenen Wirtschaft, Wiesbaden 1977
Haberler, G.: Wirtschaftswachstum und Stabilität, Zürich 1975

Sammelbände, in denen aus unterschiedlicher theoretischer Sicht konjunkturpolitische Probleme angegangen werden, legen vor
Gahlen, B. und *Schneider, H. K.* (Hrsg.): Grundfragen der Stabilitätspolitik, Tübingen 1974
Schneider, H. K. u. a. (Hrsg.): Stabilisierungspolitik in der Marktwirtschaft, Berlin 1975
Wirtschafts- und Sozialwissenschaftliches Institut (Hrsg.): Stabilisierungspolitik, Köln 1974

und die **Handbuchartikel**
Cassel, D. und *Thieme, H. J.*: Stabilitätspolitik, Vahlens Kompendium der Wirtschaftstheorie und Wirtschaftspolitik, Band 2, 3. Aufl., München 1988
Schneider, H. K.: Beschäftigungs- und Konjunkturpolitik, Handwörterbuch der Wirtschaftswissenschaft, Bd. 1, Stuttgart u. a. 1977

Spezielle Literaturhinweise findet der Leser an den jeweiligen Kapitelenden.

Den Kapiteln sind zudem **Kontrollfragen** angefügt. Sie sollen dem Leser helfen, seinen Kenntnisstand zu überprüfen. Es empfiehlt sich, die eigenen – möglichst schriftlichen – Antworten mit den in diesem Buch gemachten Ausführungen zu vergleichen.

Abkürzungen

A.E.R. (PP)	American Economic Review (Papers and Proceedings)
BbankG	Gesetz über die Deutsche Bundesbank
EStG	Einkommensteuer-Gesetz
GG	Grundgesetz
Hamb.Jb.	Hamburger Jahrbuch für Wirtschafts- und Gesellschaftspolitik
IAB	Institut für Arbeitsmarkt- und Berufsforschung
JG	Jahresgutachten
J.P.E.	Journal of Political Economy
KStG	Körperschaftsteuer-Gesetz
NBER	National Bureau of Economic Research
StabG	Gesetz zur Förderung der Stabilität und des Wachstums der Wirtschaft
VOB	Verdingungsordnung für Bauleistungen
W.A.	Weltwirtschaftliches Archiv

ERSTER TEIL
DER KONJUNKTURZYKLUS

Konjunkturzyklen lassen sich am einprägsamsten vor dem Hintergrund eines Wachstumspfades darstellen, der durch das selten unterbrochene, vergleichsweise stetige Ansteigen des Produktionspotentials beschrieben wird. Während in den Jahren von 1962 bis 1972 die Zuwachsraten des realen Sozialprodukts zwischen minus 0,2 und plus 8,2 streuten, schwankten die Steigerungsraten des Produktionspotentials lediglich zwischen plus 4,1 und plus 5,1. Sie blieben also weitgehend stabil.[1]

In der **Rezession** geht zwar das Investitionsvolumen deutlich zurück (Mitte 73 bis Mitte 74 etwa um 15%), gleichzeitig stellen die Unternehmen aber die verbliebenen Investitionen auf **schnellere Kapazitätswirksamkeit** um: Großzügige Ausbaupläne werden gestrichen, im Boom deutlich gewordene Engpässe beseitigt und Rationalisierungen vorgenommen. Durch diese Strukturverschiebung wird trotz des kräftigen Rückgangs des Investitionsvolumens der Anstieg des Produktionspotentials nur geringfügig verringert. Im **Boom** stehen Kapazitätsengpässe einer schnelleren Ausweitung der Investitionen und damit des Produktionspotentials entgegen.

Die Schwankungen der Gesamtnachfrage – zusammengesetzt aus Konsum, Investitionen, Staatskäufen und Exportüberschuß (und damit des Auslastungsgrades des Produktionspotentials) – um eben diesen Wachstumspfad werden als **Konjunkturzyklen** bezeichnet (vgl. die Abb. auf S. 2).

Ökonomisch gesehen sind Wachstumspfad und Zyklus allerdings eng miteinander verbunden: Im Zyklus werden die wachstumsrelevanten Entscheidungen der Unternehmen über Umfang und Struktur der Investitionen und der Haushalte über Konsum oder Sparen getroffen. Anhaltendes Wachstum schafft die materiellen Voraussetzungen, beeinflußt Gewinne, Löhne und Steueraufkommen und formt die Erwartungen, von denen die Haushalte und Unternehmen bei ihren Kaufentscheidungen ausgehen, die wiederum den Auslastungsgrad der Kapazitäten und damit das Einkommen bestimmen.

Steigt die Nachfrage im Aufschwung über die Angebotsmöglichkeiten hinaus an, dann wird von einem **Boom** (oder einer Hochkonjunktur) gesprochen. Er wird regelmäßig von Preissteigerungen begleitet. Das Absinken der Käufe im Abschwung unter das Angebotspotential bezeichnet man als **Rezession**, einen kräftigen Nachfragerückgang (schrumpfendes Sozialprodukt) als **Depression.** Halten die Preissteigerungen trotz nachlassender Nachfrage an, dann spricht man von **Stagflation**, von **Stagnation** bei gleichzeitiger **Inflation.**

---

[1] Berechnungen der Bundesbank, veröffentlicht im Monatsbericht Okt. 1973

Gesamtwirtschaftliches Produktionspotential[1]

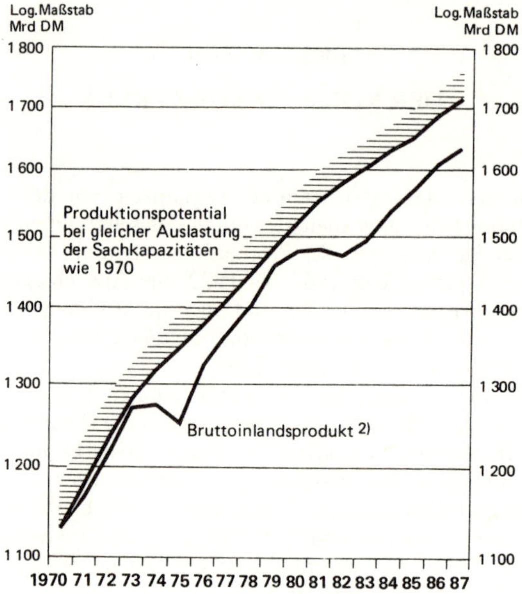

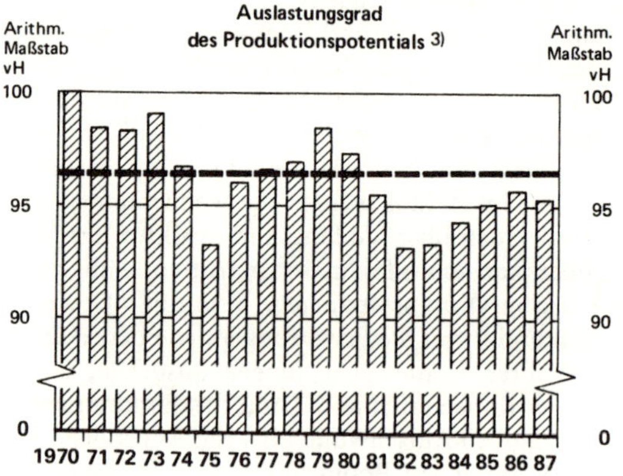

Normaler Auslastungsgrad (96 1/2 vH)

1) Eigene Schätzung. Alle Werte in Preisen von 1980. Methodische Erläuterungen siehe Anhang IV, Abschnitt A. – 2) 1987: Eigene Schätzung. – 3) Bruttoinlandsprodukt in vH des Produktionspotentials.

Quelle: Sachverständigenrat, Jahresgutachten 1987/88, S. 66

Erstes Kapitel

Vorkeynesianische Konjunkturtheorien

Konjunkturzyklen mit ihren weithin spürbaren „ungeliebten Begleitern“ Preissteigerungen, Arbeitslosigkeit und unausgeglichener Zahlungsbilanz standen schon immer im Mittelpunkt ökonomischer Forschungen und des allgemeinen politischen Interesses. Sie haben mannigfaltige Ursachen. Entsprechend zahlreich sind die Erklärungsversuche, die jeweils den einen oder den anderen Einflußfaktor besonders betonen.

In den dreißiger Jahren sichtete *Haberler* im Auftrage des Völkerbundes die konjunkturtheoretischen Ansätze der damaligen Zeit und gab folgende **Systematik:**

1) Rein-monetäre Konjunkturtheorie
2) Monetäre Überinvestitionstheorie
3) Nicht-monetäre Überinvestitionstheorie
4) Unterkonsumtionstheorie

Daneben stellte *Haberler*

5) die psychologische Konjunkturtheorie,

berücksichtigte sie aber nicht als eigenständige Konjunkturerklärung.

Auf die ***Marx*'sche Krisentheorie** geht er nicht ein. Sie ist im strengen Sinne auch nicht zu den Konjunkturtheorien zu rechnen, da sie vornehmlich ein Trendphänomen beschreibt. Die Krisen, verursacht durch die Struktur des kapitalistischen Wirtschaftssystems, verschärfen sich von Mal zu Mal und führen schließlich zu dessen Zusammenbruch. *Marx*' Krisentheorie beinhaltet sowohl Elemente der Überinvestitions- als auch solche der Unterkonsumtionstheorie. Sie läßt sich also nicht in *Haberler*s Schema einordnen. Deshalb und wegen des Interesses, das ihr noch immer entgegengebracht wird, stellen wir sie im folgenden gesondert dar.

Der **klassischen Nationalökonomie** erschien das Wirtschaftsleben grundsätzlich konjunkturlos. Krisen sah sie lediglich durch Störungen verursacht, die von außen, vor allem durch staatliche Eingriffe, in den Wirtschaftsablauf hineingetragen werden: Da jeder Anbieter auch nachfragen kann und will, ja überhaupt nur zu diesem Zweck produziert, könne es keine allgemeinen Absatzkrisen, sondern lediglich Störungen auf Teilmärkten geben (***Say*'sches Theorem**).

Dieser **Stabilitätsannahme** der klassischen Theorie steht die These entgegen, daß der Marktwirtschaft selbst Kräfte innewohnen, die zu periodischen Krisen führen. Deren Ursache wird im mangelnden Zusammenspiel der arbeitsteiligen Wirtschaft oder im Wirken monetärer Faktoren vermutet.

Die Ökonomie hat den Begriff der **Krise** dem medizinischen Sprachgebrauch entliehen. Er bezeichnet dort die Phase des Krankheitsprozesses, in der es sich entscheidet, ob die Selbstheilungskräfte des Organismus zur Gesundung ausreichen. Auf das Wirtschaftsleben übertragen steht Krise für eine

Fehlentwicklung depressiver und/oder inflatorischer Art, welche die Gefahr beinhaltet, daß die Marktkräfte (beschrieben im dritten Kapitel, S. 35ff.) von sich aus nicht mehr den Weg zum „gesunden" Wachstum bei Vollbeschäftigung und Preisniveaustabilität zurückfinden. Die Krise beschreibt also die Grenze des selbsttätigen Steuerungsvermögens des Marktes. Im ökonomischen Sprachgebrauch hat sich aber inzwischen eine weitergehende Fassung eingebürgert. Sie bezeichnet alle konjunkturellen Abweichungen vom Wachstumspfad, seien sie nun leichterer oder kräftigerer Art, mit Krise.

Durch das **Geld** in seiner Funktion als Wertaufbewahrungsmittel und durch Geldschöpfung werden Produktion und Güternachfrage zeitlich trennbar. Die Einkommen aus dem Produktionsprozeß führen nicht mehr unmittelbar zu Nachfrage (entsprechend dem ***Say*'schen Theorem**), ihre Bezieher können warten, d.h. in der Absicht späterer investiver oder konsumtiver Nutzung sparen, oder Käufe vorziehen. Ein Konsumverzicht verhindert aber, daß Anbieter ihre Waren absetzen können, falls nicht andere Nachfrager die Ersparnis aufnehmen und mit diesem Kredit Ausgaben finanzieren, die über ihr gegenwärtiges Einkommen hinausgehen. Andererseits wird es aber durch Geldschöpfung auch möglich, daß die monetäre Nachfrage das Angebot übersteigt.

Die klassische Theorie geht davon aus, daß die Ersparnis die Investitionen regiert, daß der **Zinsmechanismus** den Ausgleich zwischen Ersparnis und Kreditnachfrage bringt. Sein Wirken setzt voraus, daß sowohl die Ersparnis als auch die Investitionen zinsabhängig sind, und weiterhin, daß andere Faktoren die Ausgleichsfunktion des Zinses nicht wesentlich beeinträchtigen. Die neuere Theorie und die empirische Forschung bestätigen zwar noch eine gewisse Zinsabhängigkeit der Investitionen, stellen aber gleichzeitig fest, daß der Einfluß zyklischer Faktoren auf die Investitionen, vor allem des Nachfrageverlaufs und der erzielten bzw. erwarteten Gewinne, die ausgleichende Wirkung der Zinsen überwiegt.

Keynes kehrt die klassische Beziehung um: Nicht die Ersparnis regiert die Investitionen, sondern die Investitionen bestimmen über das Einkommen die Ersparnis. Nicht der Zinsmechanismus bringt also den Ausgleich zwischen Angebot und Nachfrage, sondern die Steigerung der Investitionen, die durch eine politische Entscheidung in Gang gesetzt werden kann. Der Ausgleich von Investitionen und Ersparnis erfolgt nachträglich (ex post), da mit dem Einkommen die Ersparnis steigt.

1. Rein-monetäre Konjunkturtheorie

Die rein-monetäre Konjunkturerklärung (verbunden mit dem Namen *Hawtrey*) sieht in der **Instabilität des Geldumlaufs** den Bestimmungsgrund des Konjunkturverlaufs. Für ihn ist der Zyklus ein „reines Geldphänomen". Veränderungen im „Geldstrom" sieht er als alleinige Ursache für das konjunkturelle Auf und Ab.

Sinkende Zinsen als Folge vermehrten Kreditangebotes regen beim **Handel** zum billiger werdenden Lageraufbau an. Sie beleben die Nachfrage. Dagegen veranlassen steigende Zinsen aufgrund knapperen Geldes einen Lagerabbau: Zusätzliches Angebot aus den aufgelösten Lägern drängt auf die Märkte und konkurriert mit den Waren aus der laufenden Produktion. Die Händler reagieren schon auf geringe Zinsänderungen, denn sie können sie nicht innerhalb ihrer schmalen Gewinnspanne auffangen.

Verstärkt wird der monetäre Anstoß sowohl im Aufschwung als auch im Abschwung durch das produktionsabhängige Einkommen, das den Impuls auf den Konsum überträgt. Preissteigerungserwartungen im Zuge des Aufschwungs regen die Händler zu größerer Vorratshaltung an und beschleunigen damit den Expansionsprozeß. Ebenso hält nach der konjunkturellen Wende die Erwartung sinkender Preise zum Lagerabbau an und läßt die Fahrt in die Rezession schneller werden.

Einzig wirksames **Heilmittel** ist entsprechend die Stabilisierung des Geldumlaufs. Ob er kontrolliert werden kann, ist heute noch umstritten. Fiskalisten, die von einem elastischen Kreditsystem ausgehen, und Monetaristen, die die Geldmenge (und mit ihr das Einkommen) als steuerbar ansehen, stehen sich in dieser Frage unversöhnlich gegenüber. (Vgl. den Exkurs: Zur Kontroverse Fiskalismus – Monetarismus auf den S. 206 ff.)

Heute wird die Bindung der Lagerhaltung an den Zins nach zahlreichen empirischen Studien als widerlegt angesehen. Produktionserfordernisse und jederzeitige Lieferfähigkeit haben sich als dominierend erwiesen.

2. Monetäre Überinvestitionstheorie

In der monetären Überinvestitionstheorie geht der expansive Impuls von einer Differenz zwischen dem Geldzins (Zinsfuß für Leihkapital aus Ersparnis und Geldschöpfung) und dem natürlichen Zins aus (Ertragsrate der Investition: entspricht dem internen Zinsfuß), die zusätzliche Investitionen anregt (***Wicksell*'sche Zinsspannentheorie**). Im Zuge des Expansionsprozesses steigt die Nachfrage nach Leihkapital schneller, als sich das Kreditangebot ausdehnen läßt. Sie folgt den Preisen bzw. den Gewinnen, deren Anstieg noch durch das Nachhinken der Löhne beschleunigt wird. Der Geldzins steigt dadurch über den natürlichen Zins hinaus an und leitet den Abschwung ein. Paßt sich neben dem Lohn auch der Geldzins – so *I. Fisher* – den veränderten Marktbedingungen trägheitsbedingt mit Verzögerung an, dann werden Auf- und Abschwung dadurch verlängert.

Der Geldzins gleicht nicht nur Angebot und Nachfrage nach Kapital aus, er bestimmt zugleich die Produktionsstruktur. Niedrige Zinsen regen dazu an, die „Produktionsumwege" zu verlängern, d.h. Arbeit durch das billiger werdende Kapital zu ersetzen. Die Investitionsgüterindustrien expandieren ungeachtet des laufenden Konsums. Die steigenden Zinsen bremsen dann die Investitionsausweitung, auf die die erstellten Kapazitäten zugeschnitten sind. Sie können nicht länger ausgelastet werden und erweisen sich als überschüssig. Ursache des Zusammenbruchs ist also eine **Fehlstruktur** auf der Angebotsseite, die letztlich auf Kapitalknappheit bzw. die steigenden Zinsen zurückzuführen ist.

Die monetäre Überinvestitionstheorie führt die Krise auf **Kapitalmangel** zurück. Während des vorangegangenen Expansionsprozesses wurden die Investitionsgüterkapazitäten übermäßig erweitert. Nachziehende Löhne und eine unelastische Kreditversorgung verhindern gemeinsam die Finanzierung der Investitionen, die für die Auslastung des Kapazitätszuwachses erforderlich wären. Geheilt werden könnte die nachfolgende Rezession durch zusätzliche Ersparnis oder durch Erweiterung des Finanzierungsspielraums für Investitionen via Geldschöpfung.

3. Die nicht-monetäre Überinvestitionstheorie

In der nicht-monetären Überinvestitionstheorie (geprägt von *Cassel, Spiethoff, Schumpeter*) geht der expansive Impuls vom **technischen Fortschritt** aus. Außerdem werden sinkende Löhne und Rohstoffpreise als anregendes Moment genannt. Neuentwickelte Güter versprechen steigenden Absatz, verbesserte Produktionstechniken kostengünstigere Herstellung. Bahnbrechende Unternehmer setzen sie durch. Die Nachahmer folgen. Im Laufe des Expansionsprozesses erschöpft sich mit der Zeit aber das Innovationspotential. Die Wende zum Abschwung setzt ein, wenn weitere gewinnversprechende Erfindungen nicht rechtzeitig nachfolgen. Die erstellten Kapazitäten, überwiegend im Investitionsgütersektor, der den technischen Fortschritt realisierte, können nicht länger ausgelastet werden.

Schumpeter verbindet Wachstumstrend und Zyklus über den technischen Fortschritt. Er sieht die wirtschaftliche Entwicklung als einen Vorgang, der sich in Schüben vollzieht. **Dynamische Unternehmer** nutzen Erfindungen zur Einführung von Neuerungen und verschaffen sich dadurch einen zeitweiligen gewinnbringenden Vorsprung vor den Konkurrenten. Diese ahmen die Neuerungen der Innovatoren mit zeitlichem Abstand nach. Sie lernen aus Erfahrungen der Vorreiter und verbessern Produkt und Produktionsprozeß. Mit dem Ausschöpfen des technischen Wissens und dem ausgeweiteten, dadurch gewinnkürzenden Angebot erlahmt die Investitionsbereitschaft. Die wirtschaftliche Aktivität geht zurück, bis auf dem erhöhten Sockel der technischen Kenntnisse von Innovatoren ein erneuter expansiver Impuls ausgeht.

Die monetären Faktoren sind hier nicht die treibenden Kräfte des konjunkturellen Bewegungsablaufs. Sie bleiben passiv, sie begleiten ihn lediglich. **Kumulative Faktoren,** das Beschleunigungsprinzip (der **Akzelerator**), das die Reaktion der Investitionen auf die anfängliche Nachfragesteigerung beschreibt, und der **Multiplikator,** sowie **psychologische Faktoren:** Optimismus im Zuge des Aufschwungs, Pessimismus während des Abschwungs, verstärken den expansiven Impuls.

Der **Akzelerator** drückt eine technische Beziehung aus: Er beschreibt den Kapitalbedarf, den eine Einheit zusätzlicher Nachfrage hervorruft. Er beträgt bei ausgelasteten Kapazitäten regelmäßig ein Vielfaches der ursprünglichen Nachfragesteigerung. Der **Multiplikator** beschreibt die Vervielfältigung der Konsumausweitung. Diese wird dadurch inganggesetzt, daß zusätzliches Einkommen durch seine Wiederausgabe erneut Einkommen schafft, das abzüglich der Ersparnis wiederum in den Konsum fließt. Beide beschleunigen wesentlich den eingeleiteten Expansionsprozeß.

Die nicht-monetäre Überinvestitionstheorie führt den zyklischen Wachstumsprozeß auf **innovatorische Impulse** zurück. Diese sind nicht steuerbar. Beeinflußt werden können aber die *schubweise* nachfolgenden Imitationen, die letztlich die kräftige Nachfrageausweitung bringen. Als Mittel bietet sich die Geldpolitik an. Sie könnte versuchen, die auf die Innovation folgenden Nachahmungen zeitlich zu strecken.

4. Unterkonsumtionstheorie

Die Unterkonsumtionstheorie (geprägt von *Lauderdale, Malthus, Sismondi*), auch **Überspartheorie** genannt, sieht die Konjunkturkrise als Folge einer unzureichenden Konsumnachfrage. Während des Expansionsprozesses werden zwar die Konsumgüterkapazitäten ausgedehnt, monopolistisches Verhalten der Unternehmen hält aber die Löhne zurück, die den Konsum finanzieren. Die erstellten Kapazitäten können nicht ausgelastet werden. Arbeitslosigkeit droht. Als geeignete **Therapie** werden entsprechend rechtzeitige Kaufkraftsteigerungen empfohlen. Diese durchzusetzen, ist Sache der Gewerkschaften. Übersehen wird allerdings die Gefahr, daß verspätete Verteilungskorrekturen den beginnenden Abwärtsprozeß nicht mehr aufhalten können, daß sie ihn vielmehr beschleunigen.

Daneben gilt die **übermäßige Ersparnis** als verantwortlich für die Lücke in der Nachfrage nach Konsumgütern. Deren Ursache wird in einer ungleichen Einkommensverteilung gesehen. Die wohlhabenden (Unternehmer-) Haushalte mit ihrer hohen Sparquote bewirken die Nachfragelücke. Durch eine gleichmäßigere Verteilung, die konsumfreudige Niedrigverdiener begünstigt, soll sie ausgeglichen werden.

5. Psychologische Konjunkturtheorie

Die psychologische Konjunkturtheorie sieht den Zyklus bestimmt durch **Wellen von Pessimismus und Optimismus.** Sie wird in bewußtem Gegensatz zu mechanistischen Konjunkturerklärungen vorgetragen, die sich auf ökonomische Reaktionsfolgen wie bspw. das Akzelerator- und Multiplikatorprinzip stützen.

Psychologische Faktoren, bspw. die Furcht vor sozialen Umwälzungen oder bedrohlichen politischen Krisen, können von außen in das Wirtschaftsleben hineingetragen werden (exogene Konjunkturerklärung). Durch **gegenseitige psychologische „Ansteckung"** aufgrund einer weitverbreiteten Unsicherheit über die wirtschaftliche Zukunft können Stimmungen auch von innen heraus die wirtschaftliche Aktivität bestimmen (endogene Erklärung).

Die „Ansteckung“ kann sich – so *Jöhr*[2] – auch unterhalb der Bewußtseinsschwelle vollziehen: Vorstellungen würden geweckt, Gefühle und Stimmungen übertragen. Ein allen Menschen eigener Nachahmungstrieb greife um sich. Gleichgerichtete Verhaltensweisen breiten sich in „epidemischer Weise“ aus. Als Auslöser genüge schon ein minimaler politischer oder ökonomischer Anstoß. Die Zyklen selbst werden durch den „sozialpsychologischen Kernprozeß“ geprägt, der auf diese „Infektion“ folgt.

Die Wende zum Abschwung wird auf den vorangegangenen übertriebenen Optimismus zurückgeführt, der aus der momentan guten Geschäftslage entstand und zu leichtsinnigem Handeln verleitete. Die „Reinigungskrise“ bringt dann die Welle von Pessimismus, die in die Depression führt. Mit dem Abklingen des Nachfragerückgangs schwindet dann jedoch wieder die Mutlosigkeit und macht vorsichtigem Optimismus Platz.

Kritisch anzumerken bleibt: Stimmungen haben einen unbestreitbaren Einfluß auf den Konjunkturverlauf. Sie als den entscheidenden zyklischen Faktor hinzustellen, geht aber zu weit. Sie verstärken ökonomisch begründete Prozesse. Sie formen Erwartungen. Werden diese aber nicht in absehbarer Zeit bestätigt, dann werden die Pläne, die auf ihnen aufbauen, zweifellos korrigiert und die „Stimmung“ durch das Wirken realer Faktoren gebrochen.

6. Marxistische Krisentheorie

Marxisten halten die in immer kürzeren Abständen aufeinanderfolgenden und sich ständig verschärfenden Krisen für unabwendbar. Sie seien systembedingt. Sie sehen den Zusammenbruch des Kapitalismus als zwangsläufig an. Ihm wohne eine Tendenz zur Überproduktion inne, die immer heftigere Absatzkrisen bewirkt. Die zunehmende Kapitalisierung und der unaufhaltsame Konzentrationsprozeß seien die Ursache. Lediglich Kapitalexporte und weltweite Aufrüstung gewähren einen Aufschub (**Imperialismustheorie** *Rosa Luxemburgs*).

Ende der fünfziger Jahre wird die Zusammenbruchthese jedoch aufgegeben. Man hat inzwischen eingesehen, daß der Staat heute über Steuerungsinstrumente verfügt, die eine Sicherung der Vollbeschäftigung erlauben, auch ohne die Rüstungskäufe auszudehnen oder gar überschüssiges Kapital vernichtende Kriege führen zu müssen. Kürzungen der Verteidigungsausgaben brachten keine ernstliche Bedrohung der Vollbeschäftigung mehr. Die Steuerbarkeit des Wirtschaftsablaufs ließ die zuvor ökonomisch bedingten konjunkturellen Schwankungen zu „politischen“ Zyklen werden. Der angestrebte hohe Beschäftigungsstand bringt steigende Löhne. Diese treiben die Preise, wenn den Unternehmen die Überwälzung offensteht. Die aufkommende Inflation führt zum Ruf nach einer „gesunden Finanzgebarung“ des Staates, also Steuererhöhungen und/oder Ausgabenkürzungen, die in die Rezession

---

[2] *Jöhr, W. A.:* Zur Rolle des psychologischen Faktors in der Konjunkturtheorie, Ifo-Studien, 18. Jg. (1972), S. 157–184

führen. Diese wiederum kann nur durch expansive Geld- und Fiskalpolitik geheilt werden.

Die Marxisten prangern die enge Verzahnung von Staat und Wirtschaft (Staatsmonopolistischer Kapitalismus, kurz: **Stamokap** genannt) an. Diese findet ihren sichtbaren Ausdruck in der Konjunkturpolitik, die den Unternehmen Investitionsprämien verspricht. Das Ende des Kapitalismus wird heute nicht mehr als Folge steigender Arbeitslosigkeit, sondern aufgrund der bedrohlich zunehmenden Inflation befürchtet, erhofft oder erwartet – je nach Einstellung zum marktwirtschaftlich-kapitalistischen System, denn gegen die Inflation scheinen die Mittel zu fehlen, wenn man die Vollbeschäftigungsgarantie nicht aufgeben und die Tarifautonomie nicht antasten will.

7. Zusammenfassende Würdigung

Sowohl in der Überinvestitions- als auch in der Unterkonsumtionstheorie kann die Nachfrage der Unternehmen bzw. Haushalte auf die Dauer nicht den während des Expansionsprozesses errichteten Kapazitäten folgen. Die Überinvestitionstheorie erklärt die Krise mit dem Investitionsrückgang, sei es aufgrund von Finanzierungslücken, sei es wegen des erschöpften Innovationspotentials. In der Unterkonsumtionstheorie wird die Wende auf den unzureichenden Konsumanstieg zurückgeführt, der mit dem wachsenden Angebot nicht Schritt hält. Als Therapie wird jeweils eine Umstrukturierung der Nachfrage vorgeschlagen, finanziert durch Geldschöpfung (zugunsten der Investitionen) oder durch eine umverteilende Lohnpolitik (zugunsten des Konsums), da die Fehlstruktur auf der Angebotsseite kurzfristig nicht heilbar ist.

Dieser Abriß der vorkeynesianischen Konjunkturtheorie mag genügen. Die beschriebenen Erklärungsansätze gelten heute weithin als überholt. Man sieht inzwischen die Konturen der Zyklen deutlicher. Die Gewichte werden anders gesetzt. Einzelne Striche, sprich: konjunkturrelevante Reaktionsweisen, haben sich mittlerweile – nicht zuletzt unter dem Eindruck antizyklischer Konjunkturpolitik und aufkommender Inflationsmentalität – auch geändert. In der Zyklusbeschreibung wird darauf zurückzukommen sein. Gleichwohl haben psychologische Faktoren ebenso wie einzelne Reaktionsfolgen insgesamt widerlegter Theorien ihre Gültigkeit behalten. Sie werden, wie z.B. die Lohnverzögerung im Aufschwung, deren Konjunkturrelevanz in den vergangenen Jahren spürbar zugenommen hat, auch heute zur Erklärung zyklischer Schwankungen herangezogen. Auch das Akzeleratorprinzip, zentraler Bestandteil der Überinvestitionstheorie, nimmt eine Schlüsselstellung in der gegenwärtigen Konjunkturtheorie ein.

Der technische Fortschritt fließt heute gleichmäßiger. Er wird als wachstumsbestimmender Faktor gesehen. Seine Rolle im Zyklus hat sich gewandelt. Er wirkt stabilisierend, während früher die Innovationsschübe häufig Schwankungen ausgelöst haben. Das Urteil über die Relevanz monetärer Faktoren ist einem ständigen Wandel unterworfen. Die Frage nach der Dominanz fiskalischer oder monetärer Impulse steht heute im Mittelpunkt konjunkturpolitischer Diskussionen. Ihr ist in diesem Band ein Exkurs gewidmet.

Literatur

Die heute gebräuchliche **Systematik vorkeynesianischer Konjunkturtheorien** gab in einer umfassenden Literaturstudie

Haberler, G.: Prosperität und Depression, 2. Aufl., Tübingen und Zürich 1955 (die Erstauflage war bereits 1937 erschienen)

Diese Systematik übernahm bspw. auch

Stavenhagen, G.: Geschichte der Wirtschaftstheorie, 4. Aufl., Göttingen 1969

Eine beschreibende und erklärende **Analyse der konjunkturellen Vergangenheit** mit Seitenblicken auf die damaligen theoretischen Ansätze, zugleich aber auch seine These vom ausschlaggebenden Einfluß des Innovators und des von ihm ausgeschöpften Erfindungspotentials begründende Arbeit legt vor

Schumpeter, J. A.: Konjunkturzyklen. Eine theoretische, historische und statistische Analyse des kapitalistischen Prozesses, 2 Bde, Göttingen 1961 (die Originalfassung erschien 1939)

Psychologische Bestimmungsgründe des Konjunkturverlaufs stehen im Mittelpunkt der Monographie

Jöhr, W. A.: Die Konjunkturschwankungen, Tübingen und Zürich 1952

Den Stand der **Konjunkturtheorie** in der Zeit von Keynes geben die Monographien wieder

Harrod, R. F.: The Trade Cycle, Oxford 1936

Preiser, E.: Grundzüge der Konjunkturtheorie, Tübingen 1933

Marxistische Krisenerklärungen bieten an

Habermas, J.: Legitimationsprobleme im Spätkapitalismus, Frankfurt/M. 1973

Mandel, E.: Der Spätkapitalismus. Versuch einer marxistischen Erklärung, Frankfurt 1972

Frühe **keynesianische Kritik** an überkommenen Konjunkturtheorien und erste Ansätze zu einer makroökonomisch fundierten Erklärung des Zyklus finden sich in den Beiträgen des folgenden Sammelbandes

Weber, W. (Hrsg.): Konjunktur- und Beschäftigungstheorie, 2. Aufl., Köln-Berlin 1969

Kontrollfragen

(1) Geben Sie eine inhaltliche Beschreibung des *Say*'schen Theorems! Nennen Sie dessen Annahmen!

(2) Welche Kritik brachte *Keynes* gegen den klassischen Zinsmechanismus vor?

(3) Wie erklärt *Hawtrey* den Konjunkturzyklus? Welche Therapie schlägt er vor?

(4) Beschreiben Sie die *Wicksell*'sche Zinsspannentheorie. Welche strukturellen Wirkungen haben Zinsspannen im Konjunkturverlauf?

(5) Kennzeichnen Sie die unterschiedlichen Erklärungsansätze von Überinvestitions- und Unterkonsumtionstheorie!

(6) Gibt die psychologische Konjunkturtheorie eine eigenständige Erklärung des Zyklus oder ergänzt bzw. modifiziert sie lediglich realwirtschaftlich begründete Reaktionsmuster?

Zweites Kapitel

Neue Konjunkturtheorien

1. Konjunkturtheorien bei angenommener Instabilität

a) Keynesianische Modelle

Unter dem Eindruck des keynesianischen Gedankengutes erfuhren die Versuche zur Konjunkturerklärung einen neuen Schub. Schon 1939 zeigte *Samuelson,*[1] daß – unter bestimmten Annahmen – die gemeinsame Wirkung von Investitionsmultiplikator und Akzelerator zu (regelmäßigen) Schwankungen der gesamtwirtschaftlichen Nachfrage führen kann. Diese Untersuchung bildete den Ausgangspunkt für eine Gruppe von Konjunkturtheorien, deren gemeinsames Merkmal in der speziellen Formulierung der (nachfrageabhängigen) Investitionsfunktion liegt. *Hicks*[2] demonstrierte 1950, daß durch eine der Nachfrageänderung verzögert folgende private Investitionstätigkeit sowohl Konjunkturschwankungen begründet als auch der Einsatz wirtschaftspolitischer Instrumente beurteilt werden können.

Das Grundmodell von Hicks

Hierfür sind in der *Hicks*'schen Argumentation zunächst drei Annahmen erforderlich. Erstens wird von einer geschlossenen Volkswirtschaft ausgegangen, zweitens beschränkt sich die Staatsnachfrage auf autonome, d.h. nicht nachfrageinduzierte, Investitionen und drittens wird angenommen, daß Preise und Löhne (kurzfristig) konstant seien. Sodann werden für die weitere Analyse folgende Verhaltenshypothesen zugrunde gelegt:

a) Der private Konsum hängt vom Einkommen der Vorperiode ab, d.h.

(1) $C_t = cY_{t-1}$.

Die Konsumnachfrage orientiert sich allein am Einkommen, eine autonome Konsumkomponente wird nicht berücksichtigt. Die marginale (und durchschnittliche) Konsumquote c wird als konstant angenommen.

b) Die gesamtwirtschaftliche Investitionstätigkeit kann in zwei Bestandteile aufgespalten werden. Zunächst wird eine autonome (einkommensunabhängige) Investitionsnachfrage gemäß

(2) $I^a_t = I_0 (1 + w)^t$

eingeführt. Ausgehend von einer anfänglichen Investitionsnachfrage I_0 wächst die autonome Investitionstätigkeit mit einer konstanten Wachstums-

---

[1] *Samuelson, P.:* Interactions between the Multiplier Anylysis and the Principle of Acceleration, Review of Economics and Statistics, Vol. 21 (1939)

[2] *Hicks, J.:* A Contribution to the Theory of the Trade Cycle, Oxford 1950

rate w, so daß für jede Folgeperiode das Volumen der einkommensunabhängigen Investitionen bestimmt werden kann. Als Begründungen für eine autonome Investitionskomponente können der technische Fortschritt, veränderte Konsum- und Nachfragestrukturen sowie die staatliche Aktivität angeführt werden.

Die wesentlichere (und wichtigere) Investitionsdeterminante stellen allerdings die induzierten, d.h. nachfrageabhängigen Kapitalstockänderungen dar. Diese folgen dem sogenannten Akzeleratorprinzip und werden von *Hicks* durch die Verhaltensannahme

(3) $I^i_t = \beta\,(Y_{t-1} - Y_{t-2})$

spezifiziert. Man erkennt, daß sich die privaten Investoren in der betrachteten Modellwelt an den Veränderungen des Einkommens in der Vergangenheit orientieren. Sie gehen, die Entwicklung der Vorperioden (naiv) fortschreibend, davon aus, daß die Einkommensdifferenz der beiden letzten Produktionsperioden auch für die Zukunft gültig sein wird. Hinzu kommt, daß die Investitionshöhe durch den konstanten Akzelerationskoeffizienten β bestimmt wird. Hierin kommt gleichsam zum Ausdruck, welche zusätzliche Kapitalausstattung notwendig ist, um den (erwarteten) Nachfrageanstieg zu befriedigen. Zu beachten ist in diesem Zusammenhang, daß der Akzelerator auch rezessiv wirksam wird. Ein Einkommensrückgang führt demnach zu einer negativen (induzierten) Investitionstätigkeit, oder m.a.W. zu Desinvestitionen.

Die aufgeführten Verhaltenshypothesen bestimmen unter der Annahme eines Gütermarktgleichgewichts in jeder Periode, bzw.

(4) $Y_t = C_t + I_t$ mit $I_t = I^a_t + I^i_t$,

die Entwicklung des Sozialprodukts im Zeitablauf. Durch Einsetzen von (1) bis (3) in (4) erhält man die *Hicks*'sche Grundgleichung

(4′) $Y_t - (c + \beta)\,Y_{t-1} + \beta\,Y_{t-2} = I_0\,(1 + w)^t$.

Die betrachtete Modellwirtschaft befindet sich in einem dynamischen Gleichgewicht, wenn in allen Perioden das Einkommen mit der Rate w, der (vorgegebenen) Wachstumsrate der autonomen Investitionen, zunimmt. Es gilt dann:

(5) $Y_t = Y_0\,(1 + w)^t$.

Diese stetige Veränderung des Sozialproduktes kann jedoch nur die Ausnahme, nicht jedoch die (realistische) Regel darstellen. Überdies gäbe es in einer Volkswirtschaft, die sich gemäß Gleichung (5) entwickelt, kein Konjunkturphänomen. Dementsprechend bedürfen vielmehr diejenigen Situationen einer näheren Analyse, in denen bereits im Ausgangszustand die Bedingung des **dynamischen** Gleichgewichts nicht erfüllt sind. Die spezielle Struktur der Gleichung (4′) läßt grundsätzlich vier Varianten zu, wie das System auf Abweichungen vom Gleichgewichtspfad reagieren kann:

(a) Eine einmalige Störung führt zu einer asymptotischen Annäherung des Sozialprodukts an den Wachstumspfad.

b) Die Annäherung an den Trend des Sozialprodukts erfolgt mit abnehmenden Schwingungen.
c) Das Einkommen entfernt sich zunehmend vom Gleichgewichtspfad, d.h. das System „explodiert".
d) Das Sozialprodukt schwankt mit zunehmenden Amplituden um den Wachstumstrend.

Die Varianten a) und b) kennzeichnen stabile Systeme, die Alternativen c) und d) sind instabile Lösungen. Die jeweilige Entwicklung hängt vom (zahlenmäßigen) Verhältnis von (marginaler) Konsumquote und Akzelerationskoeffizient ab. Kann man die Konsumquote noch mit großer Sicherheit im Bereich zwischen Null und Eins vermuten, so fällt es relativ schwer, den Akzelerationskoeffizienten hinreichend präzise zu ermitteln. In der Praxis bedient man sich regelmäßig der „Hilfsgröße" Kapitalkoeffizient, der – ähnlich dem Akzelerator – das Verhältnis zwischen benötigtem Kapitalstock und Output angibt. Empirische Untersuchungen haben ergeben, daß der Kapitalkoeffizient etwa in der Größenordnung von 2 bis 3 liegt. Die Parameterkonstellation $c < 1$ und $\beta \approx 2$–3 führt aber zu Entwicklungen gemäß Variante d). Das betrachtete Modell würde demgemäß Konjunkturschwankungen „erzeugen" können, die Volkswirtschaft würde aber ebenso notwendigerweise zusammenbrechen oder explodieren.

Damit wäre jedoch eine dauerhafte zyklische Entwicklung nicht zu beschreiben. *Hicks* beschränkt daher die Amplituden des Outputs durch eine Ober- bzw. Untergrenze (ceiling/floor). So nimmt er an, daß die beschriebene Volkswirtschaft nicht beliebig wachsen könne. Es existiert vielmehr eine gesamtwirtschaftliche Kapazitätsgrenze, die nicht überschritten werden kann. Dies ist dann der Fall, wenn der Arbeitsmarkt vollständig geräumt ist und die Steigerung des Sozialprodukts nur noch über eine Veränderung der Produktionstechnik, d.h. Erhöhung der Kapitalintensität möglich ist.

Die Untergrenze wird durch die Höhe der Abschreibungen bestimmt. Diese Modifikation ist dann erforderlich, wenn die induzierten (negativen) Investitionen über den normalen Kapitalverschleiß hinausgehen. In einer solchen Situation werden nicht nur zusätzliche bzw. Ersatzinvestitionen unterlassen, sondern die vom Nachfragerückgang „erzwungene" Desinvestition würde Verschrottungen in großem Umfang erzwingen. Dies ist allerdings in der Realität, so die Argumentation von *Hicks,* nicht zu beobachten.

Der chronologische Verlauf der konjunkturellen Entwicklung läßt sich anhand einer einmaligen Störung des Systems nachvollziehen. Geht man davon aus, daß – wie auch immer – die Gesamtnachfrage in der Ausgangssituation die Gleichgewichtsproduktion überschreitet, so führt dies zu positiven induzierten Investitionen. Dadurch entfernt sich wiederum das Sozialprodukt vom bisherigen Wachstumspfad. Akzelerator und Multiplikator bewirken im einträchtigen Zusammenspiel eine Zunahme der Nachfrage bis an die Obergrenze.

Ist die Kapazitätsgrenze der Volkswirtschaft erreicht, dann bestimmt die konstante Veränderung der autonomen Investitionen (annahmegemäß ohne Kapazitätswirkungen) die Entwicklung. Ihre Wachstumsrate ist indes kleiner als die im Aufschwung realisierte, d.h. die Nachfragezuwächse werden geringer, damit sinken die induzierten Investitionen und der Abschwungprozeß wird eingeleitet. Der Multiplikator-Akzelerator-Mechanismus sorgt für einen entsprechenden Rückgang des Sozialproduktes. Erweiterungsinvestitionen werden Schritt für Schritt verringert, Re-Investitionen gehen ebenfalls zurück. Schließlich wird die Veränderung des Kapitalstocks durch die Höhe des Verschleißes bestimmt, das Konjunkturtal ist erreicht.

Wenn die Kapitalabnutzungen (absolut) schließlich die Höhe der autonomen Investitionen erreicht haben, wird der Abschwung endgültig gestoppt. Die Produktion nimmt langsam wieder zu, die induzierten Investitionen sorgen für einen weiteren expansiven Effekt und die Volkswirtschaft schwenkt erneut in den nächsten Zyklus ein.

Zweifellos ist es in diesem Modell möglich, konjunkturelle Entwicklungen des Sozialproduktes zu beschreiben, dennoch bleiben kritische Punkte der Analyse ohne befriedigende Lösungen. Der Haupteinwand gegen die *Hicks*'sche Konjunkturtheorie liegt im Verhalten der Unternehmer begründet. Sie orientieren sich allein an der nominalen Veränderung des Sozialproduktes. So ist etwa der Investitionswunsch an der Obergrenze größer als die gegenwärtig realisierbaren Investitionen, d.h. der gewünschte Kapitalstock ist größer als die bestehende Kapitalausstattung. Dennoch reagieren die Produzenten in der Folgeperiode mit einer Einschränkung der Investitionen, weil das aktuelle Nachfragewachstum zurückgegangen ist. Die frühere Kapitalstocklücke bleibt unberücksichtigt.

Analog ist das unterstellte Investitionsverhalten an der Untergrenze wenig einsichtig. Zwar wünschten die Unternehmer ihren Kapitalbestand um mehr als die reguläre Abschreibungsrate einzuschränken, führen aber dennoch nur Desinvestionen im Umfang des regelmäßigen Kapitalverschleißes durch. Damit halten die Produzenten einen Überhang an Produktionsmitteln durch, reagieren aber gleichwohl auf positive Veränderungen der Nachfrage sofort mit induzierten Investitionen gemäß der Akzeleratorhypothese.

Die Modifikation von Chenery

Dieser Mangel kann jedoch dadurch geheilt werden, daß anstelle des einfachen Akzelerators eine Investitionsfunktion verwendet wird, die den Kapazitätsauslastungsgrad berücksichtigt. Diese Modifikation führt zur sogenannten Kapazitäts- oder Kapitalanpassungshypothese (*Chenery*[3]). Erst wenn der gewünschte Kapitalstock größer ist als der vorhandene Bestand an Produktionsmitteln, wird eine (positive) Nettoinvestition durchgeführt.

Zudem läßt sich in dieser Modellvariante auch noch der Umfang der Kapazitätsanpassung berücksichtigen. Nicht immer werden die Produzenten ihren Kapitalstock an die laufende Nachfrage anpassen. Das Wissen um die wechselhafte konjunkturelle Entwicklung kann die Unternehmer zur Vorsicht anhalten, die Kapazitäten werden dann nur in geringerem als dem zur Nachfragebedienung notwendigen Ausmaß angepaßt. Diese Kapazitätslücke überträgt sich auf die Folgeperioden, so daß letztlich der optimale, d.h. die gesamte Nachfrage ausfüllende, Kapitalbestand (genaugenommen) nie erreicht wird.

---

[3] *Chenery, H.:* Overcapacity and the Acceleration Principle, Econometrica, Vol. 20 (1952).

Exkurs: Empirisch fundierte Kritik am Akzelerator-Multiplikator-Modell

Die Kritik am Akzelerator-Multiplikator-Modell setzt an beiden Bausteinen des Modells an. Sie hinterfragt sowohl die Investitionshypothese als auch die Konsumfunktion. Die **Akzeleratorhypothese** unterstellt, daß die Investoren stets eine feste Relation zwischen Nachfrage (oder Teilen davon) und Kapitalbestand aufrechterhalten wollen. Die Nachfrage steht dabei – wenngleich nicht explizit angesprochen – als Stellvertreter für den durch sie erzielten Gewinn. Diese Ausnahme kann man bezweifeln: Die Unternehmer werden sich vor der Investitionsentscheidung fragen, ob die Nachfrageänderung dauerhaft oder nur vorübergehend sein wird. Erwarten sie, daß eine Nachfrageerhöhung nur von kurzer Dauer ist, werden sie kaum ihre Kapazitäten ausbauen; zumal dann nicht, wenn die Investitionsgüter eine sehr lange Nutzungsdauer haben. Auch das Ausmaß der Nachfrageänderungen beeinflußt das Verhalten. Sprunghaften Nachfragevariationen werden die Unternehmer zögernder begegnen als denen, die sich im üblichen Rahmen halten.

Hinzu kommt – was besonders wichtig ist –, daß sich die Ausgangsgrundlage sowie die Erwartungen der Investoren im Zyklus wandeln. Damit wird der Akzelerator selbst zu einer veränderlichen Größe, deren Verlauf zyklus(mit)bestimmt ist. Sind Produktionsmöglichkeiten unausgenutzt und die Nachfrage erhöht sich, wird man zunächst einmal die vorhandenen Kapazitäten beschäftigen und nicht gleich mit einer Ausweitung antworten. Das Rationalisierungsmotiv bestimmt die Investitionsentscheidung. Wenn Vollbeschäftigung erreicht ist, paßt sich das Investorenverhalten an. Die laufende Nachfrage gewinnt an Einfluß auf die Investitionen. Allerdings können jetzt die Kapazitäten der Investitionsgüterindustrie den Nachfragewünschen Grenzen setzen. Im Abwärtsprozeß bestimmt der Verschleiß die maximale Desinvestition.

Die Investitionsgüterindustrie kann aber auch mit höheren Preisen auf den Nachfragesog reagieren. Damit ist bereits ein weiteres Argument gegen die Verwendung eines konstanten Akzelerators angesprochen. Schon Verschiebungen der Preisrelationen, z.B. zwischen Investitions- und Konsumgütern, können den (sachlich bestimmten, aber in monetären Größen ausgedrückten) Akzelerator vergrößern oder verkleinern. Steigen beispielsweise die Preise für Investitionsgüter stärker als die Preise für Konsumgüter, so vergrößert sich der (nominale) Akzelerator selbst dann, wenn die realen Beziehungen gleichbleiben. Das heißt: Der Akzelerator wird aus der Konjunkturentwicklung und nicht der Zyklus mit dem Akzelerator erklärt.

Der Akzelerator ist aber nicht nur konjunktur- sondern zugleich auch strukturabhängig. Der für die Ausweitung der Produktion nötige Kapitalbestand ist von Wirtschaftszweig zu Wirtschaftszweig verschieden. Ändert sich die Nachfragestruktur, wird sich der gesamtwirtschaftliche Akzelerator ebenfalls anpassen. Eine Verlagerung der Nachfrage auf kapitalintensivere Güter wird den Akzelerator erhöhen, kapitalsparender technischer Fortschritt wird ihn senken. Mit dem (vergangenen, laufenden bzw. erwarteten) Gewinn bleibt zudem eine entscheidende Investitionsdeterminante unberücksichtigt (vgl. den entsprechenden Exkurs).

Auch das **Multiplikatorprinzip** ist an eine Reihe von Prämissen gebunden. So wird vorausgesetzt, daß die marginale Konsumquote konstant sei. Dies widerspricht der Realität (vgl. den entsprechenden Exkurs). Erinnert sei an die Anpassungsverzögerungen und den Einfluß einer zyklisch bedingten Änderung der Einkommensverteilung auf die marginale Konsumquote. Bei einer veränderlichen marginalen Konsumneigung kann man aber den Nachfragezuwachs nicht abschätzen, der aus einer Investitionserhöhung folgt.

Viele Unternehmen versuchen, Arbeitskräfte auch in Zeiten durchzuhalten, in denen die gegenwärtige Absatzsituation dies nicht rechtfertigt. Erhalten solche Unternehmen später wieder zusätzliche Aufträge, dann steigen dort vorerst nicht die Lohnzahlungen. Dadurch verringert sich der Einkommenseffekt der Investitionen. Demgegenüber steigen aber die Gewinne, die vornehmlich Investitionen finanzieren, aber auch für die Konsolidierung verwendet werden können.

Bislang gelang es nur höchst unzureichend, die **Perioden von Akzelerator und Multiplikator** kalendarisch zu erfassen. Der zeitliche Abstand zwischen Auftragseingang und induzierter Investition (**Akzeleratorperiode**) ist überaus variabel, mittlere Werte sind deshalb weitgehend ohne Aussage. Er wird wesentlich durch die gegenwärtige Kapizitätsauslastung, die Erwartungen über den zukünftigen Nachfrageverlauf und nicht zuletzt durch die aktuelle finanzielle Ausstattung bestimmt.

Zeitliche Anpassung der Investitionen an die Nachfrage

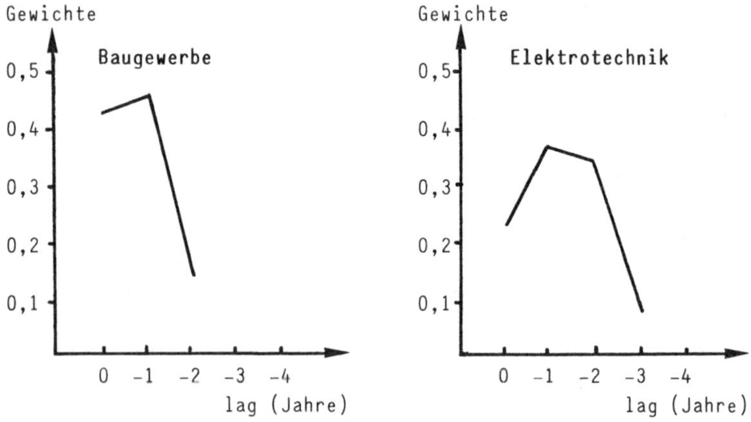

Quelle: Gerstenberger, Wolfgang: Absatz und Faktorpreise als Determinanten der Investitionsausgaben, in: Ifo-Studien, 26. Jg. 1980/1–2, S. 63–121

Denkbar ist, daß die Unternehmen eine erwartete Nachfragesteigerung vorwegnehmen, die „induzierten" Investitionen also einen Vorlauf haben. Möglich ist andererseits aber auch, daß die Unternehmen selbst bei ausgelasteten Kapazitäten nur sehr zögernd an Erweiterungsinvestitionen herangehen. Zwei Gründe sind hierfür maßgeblich: Sie können einmal eine baldige Wende befürchten und deshalb über einen Lagerabbau den Nachfragestoß befriedigen, zum anderen können sie eine Steigerung der Gewinne verlangen, also Angebot und Nachfrage über steigende Preise ausgleichen, bevor sie mit den Kapazitäten nachfolgen.

Besser, gleichwohl nicht befriedigend, läßt sich die **Multiplikatorperiode** abgreifen. Man schätzt, daß mit drei- bis sechsmonatigen Abständen Ausgabe auf Ausgabe folgt. Aber auch hier sind beträchtliche Verlängerungen der Fristen möglich. Sickerverluste treten vor allem in der ersten Periode auf, wenn Läger abgebaut oder Auftragsbestände gebildet werden, also eine Produktion, aus der weiteres Einkommen entsteht, vorläufig noch unterbleibt. Werden Konsumausgaben im Verlauf des Aufschwungs zunehmend antizipiert, dann läuft der Einkommenseffekt den tatsächlichen Käufen voraus. Die Multiplikatorperiode wird kürzer, der Aufschwung dadurch beschleunigt. Später setzen Liquiditätslücken und ausgelastetete Kapazitäten dem realen Expansionsprozeß die Grenze. Partielle Engpässe tun dies bereits, bevor die Vollbeschäftigung erreicht ist. Sie verzögern damit wieder den Ablauf und begrenzen die Reichweite des Multiplikatorprozesses.

Ökonometrische Prognosemodelle, die – modellhaft vereinfacht – von unterschiedlichen Annahmen ausgehend die Realität abbilden wollen, beschreiben, wesentlich bestimmt vom theoretischen Standort, in Zeit und Intensität unterschiedliche Verläufe des Multiplikatorprozesses.

Dynamische Multiplikatoren (Auswirkungen einer laufenden Erhöhung der Staatsausgaben auf das reale Bruttosozialprodukt)

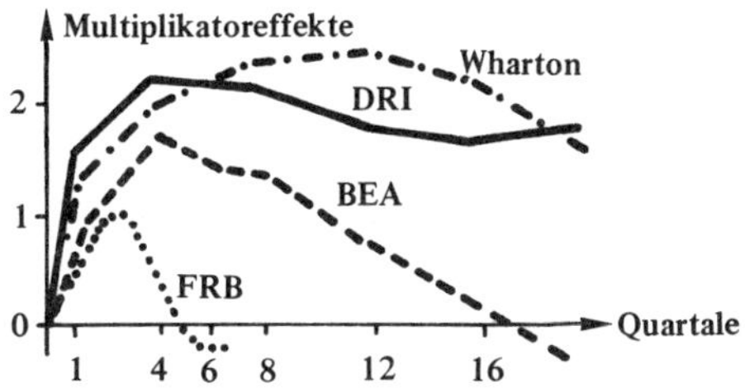

Quelle: G. Fromm und L. R. Klein, A Comparison of Eleven Econometric Models of the United States, in: American Economic Review, Vol. 63 (1973), S. 385–393; C. F. Christ, Judging the Performance of Econometric Models of the U. S. Economy, in: International Economic Review, Vol. 16 (1975), S. 54ff.

Die obige Abbildung steht stellvertretend für die in der Literatur beschriebenen Varianten. „Aus dem Rahmen fällt" dabei, wie vom theoretischen Standort nicht anders zu erwarten ist, die monetaristische Version (FRB).

Als weiterer Kritikpunkt der *Hicks*'schen Theorie wird häufig die fehlende Einbindung anderer Märkte genannt. So können etwa Zinsänderungen auf dem Geldmarkt die Investitionstätigkeit konjunkturdämpfend beeinflussen, also etwa in der Rezession bei niedrigem Zinsniveau die Kapitalstockanpassung im Vorgriff lohnend erscheinen lassen. Ebenso werden vom Arbeitsmarkt stabilisierende Auswirkungen auf die Sozialproduktentwicklung angenommen. Die Lohnsteigerungen in der Nähe der Obergrenze machen Neueinstellungen weniger attraktiv, der ergiebige Arbeitsmarkt in der Rezession kann über Lohnsenkungen geräumt werden, die Wirtschaft würde dann vor dem „Sturz" bis zur Untergrenze bewahrt.

Die Berücksichtigung des Geldmarktes (Phillips)

Die explizite Berücksichtigung des Geldmarktes findet bei *Phillips*[4] statt. Grundlage dieses theoretischen Ansatzes bildet zum einen die zinselastische Investitionsnachfrage, deren weiterer Bestimmungsgrund durch den Kapazitätsauslastungsgrad gegeben ist. Daneben werden keynesianisch begründete Motive für die Geldhaltung in den Modellrahmen eingeführt, so daß über die Spekulations- und Transaktionskassennachfrage sowie eine exogene Geldmenge der Marktzinssatz endogen bestimmt wird.

Phillips-Kurve

Mit Hilfe dieser Modifikationen beschreibt das *Phillips*-Modell ebenfalls zyklische Schwankungen, deren entscheidende Ursache wiederum die Investitionen darstellen. Die Trennung in auslastungsgradabhängiges und zinsabhängiges Investitionsmotiv ermöglicht es, den Wachstumsimpuls von der konjunkturellen Komponente zu isolieren. Für die Konjunkturschwankungen sind letztlich die nachfrageabhängigen Investitionen verantwortlich, das Wachstumstempo bestimmt die Zinselastizität der Realkapitalnachfrage. Weiterhin stellt *Phillips* den stabilisierenden Einfluß auslastungsgradabhängiger Preisänderungen heraus.

Die Einbeziehung des Arbeitsmarktes (Bergstrom)

In den bislang beleuchteten Theorienansätzen werden die Produktionskosten und -bedingungen nicht näher spezifiziert, sondern gelten als exogen vorgegeben. Die entsprechende Erweiterung liefert *Bergstrom.*[5] Durch die Einführung einer speziellen Produktionsfunktion können die Grenzleistungsfähigkeit des Kapitals (als Richtgröße für die interne Verzinsung) sowie die Arbeitsproduktivität – und damit die Löhne – bestimmt werden. Somit findet der Arbeitsmarkt explizit Eingang in die theoretische Analyse von Konjunkturphänomenen.

Im Ergebnis kann das *Bergstrom*-Modell ebenfalls zyklische Schwankungen hervorbringen, allerdings wird der Wachstumspfad, um den das System oszilliert, von einer exogenen Größe, dem technischen Fortschritt, maßgeblich beeinflußt. Verantwortlich für die eigentlichen Schwingungen der Modellwirtschaft sind zum einen die zinsreagiblen Investitionen sowie die Lohnsatz- und damit Beschäftigungsvariationen im Arbeitsmarkt. Ein weiteres Bestimmungsmoment für die Konjunkturentwicklung liegt in der Veränderung der (exogen gesteuerten) Geldmenge, die Zinseffekte und damit Kapitalstockanpassungen hervorrufen kann.

Insgesamt betrachtet liefern die keynesianisch orientierten Konjunkturmodelle durchaus (ökonomisch) sinnvolle Ergebnisse. Sofern man die ungleich-

---

[4] *Phillips, A.:* A Simple Model of Employment, Money and Prices, Economica, Vol. 28 (1961)

[5] *Bergstrom, A.:* A Model of Technical Progress, the Production Function and Cyclical Growth, Economica, Vol. 29 (1962)

gewichtige Ausgangssituation der Modellwirtschaft akzeptiert, können mit Hilfe der beschriebenen Theorieansätze zyklische Schwankungen begründet und analysiert werden. Als wesentlicher Einflußfaktor der Entwicklung wird dabei übereinstimmend die private Investitionstätigkeit hervorgehoben. Je nach spezieller Ausrichtung des theoretischen Ansatzes kommen dabei nachfrageabhängige oder zinsreagible Investitionsfunktionen zur Anwendung.

Gelingt es dem Konjunkturpolitiker, die tatsächliche Investitionstätigkeit in den „Griff" zu bekommen, so kann er – nach Ansicht der keynesianisch argumentierenden Theoretiker – das Konjunkturphänomen steuern. Inwieweit dies allerdings durch den Arbeitsmarkt – wie von *Bergstrom* herausgestellt – und infolgedessen durch die Tarifverbände vereitelt werden kann, bleibt freilich in den bisher skizzierten Modellvarianten ungeklärt.

b) Verteilungskampf-Modelle

Neben den keynesianisch-orientierten Konjunkturtheorien werden weitere Erklärungsansätze diskutiert. Deren Grundlage bildet ebenfalls die Annahme, der private Sektor einer Volkswirtschaft sei nicht notwendigerweise stabil. In diese Rubrik werden häufig sogenannte marxistische Modellvarianten eingeordnet, deren bekanntester Ansatz von *Goodwin*[6] stammt.

Das Goodwin-Modell

Konjunkturzyklen entstehen in dieser Erklärungsvariante durch die regelmäßigen Änderungen der Einkommensverteilung innerhalb einer Volkswirtschaft. Je nach Konjunkturphase gelingt es entweder den Arbeitnehmern oder den Gewinnempfängern, ihre Interessen durchzusetzen, so daß dieser Modellansatz letztlich durch den Verteilungskampf zwischen Unternehmern und abhängig Beschäftigten charakterisiert wird.

Die Modellstruktur ist relativ einfach und beruht (mathematisch) auf einem speziellen Differentialgleichungssystem. Betrachtet werden die Veränderungen der Lohnquote und des Beschäftigungsgrades. Die Wachstumsrate der Lohnquote hängt ab von der Entwicklung des realen Lohnsatzes und der Veränderung der Arbeitsproduktivität. Dabei wird für die Arbeitsproduktivität unterstellt, daß sie, induziert durch den technischen Fortschritt, im Zeitablauf mit konstanter Rate zunimmt. Der Reallohnsatz seinerseits hängt ab vom jeweiligen Beschäftigungsgrad.

Der Beschäftigungsgrad wiederum reagiert auf Verteilungsänderungen. *Goodwin* nimmt an, daß die gesamten Lohneinkommen für Konsumzwecke verwendet werden, während die Gewinne in voller Höhe für Investitionen zur Verfügung stehen. Das Wachstum des Kapitalstocks ist auf der anderen Seite Voraussetzung für die Erhöhung des Beschäftigungsgrades. Damit wird eine gegenseitige Abhängigkeit zwischen Lohnquote und Arbeitsvolumen hergestellt.

Bei gegebenem Beschäftigungsgrad und (exogen vorgegebenem) Produktivitätsniveau können die Arbeitnehmer eine bestimmte Lohnquote durchset-

---

[6] *Goodwin, R. M.:* A Growth Cycle, *Feldstein, D. H.* (Hrsg.): Socialism, Capitalism and Economic Growth, Cambridge 1967

zen. Nur im Ausnahmefall wird diese Verteilungskonstellation aber genügend Gewinne und damit beschäftigungssichernde Investitionen ermöglichen. Vielmehr ist davon auszugehen, daß die Unternehmen die notwendige Wachstumsrate des Kapitalstocks nicht realisieren können. Der Beschäftigungsgrad nimmt entsprechend ab. Als Folge verändert sich die Einkommensverteilung zugunsten der Gewinnempfänger, die jetzt investieren und für zusätzliche Beschäftigung sorgen.

Durch die spezielle (mathematische) Struktur des Modells kommt es bei diesem wiederkehrenden Prozeß zu regelmäßigen zyklischen Schwingungen der Lohn- bzw. Gewinnquote und damit des Beschäftigungsgrades. Exogene Schocks können darüber hinaus eine weitere Veränderung des Beschäftigungsniveaus und der daraus folgenden Konjunkturschwankungen hervorrufen.

Erweiterungen des Goodwin-Ansatzes

Der *Goodwin*-Ansatz hat in der konjunkturtheoretischen Auseinandersetzung zahlreiche Erweiterungen erfahren. Neben der Berücksichtigung von monetären Einflüssen sowie der Einführung von Erwartungsbildungsprozessen (*Desai*[7]) wurde vor allem der Analyse der modellendogenen Stabilitätseigenschaften besonderes Augenmerk geschenkt. Hier ist auf eine Untersuchung von *Pohjola*[8] hinzuweisen. In dieser Arbeit wird das ursprüngliche Modell von *Goodwin* in einigen Teilen modifiziert. Zunächst formt *Pohjola* das (stetige) Differentialgleichungssystem in ein Modell mit (diskreten) Differenzengleichungen um. Weiterhin wird eine abweichende Lohnbildungshypothese unterstellt. Als Folge sind (mathematische) Lösungen herleitbar, die – je nach Parameterkonstellation – stabile Gleichgewichte ohne andauernde (persistente) Schwingungen erzeugen, aber auch mehrperiodige Zyklen und „chaotische“, d.h. ohne erkennbare Regelmäßigkeiten verlaufende Entwicklungen ermöglichen.

2. Konjunkturtheorien bei angenommener Stabilität

a) Ältere monetaristische Modelle

Im Gegensatz zu den Vertretern des keynesianischen Lagers messen die monetaristischen Autoren dem Konjunkturphänomen relativ geringes Gewicht bei. In der Tradition der Neoklassik stehend verweisen sie auf die **Funktionsfähigkeit wettbewerblich organisierter Märkte.** Sie sehen die Ursache zyklischer Schwankungen weniger im Verhalten der privaten Wirtschaftssubjekte begründet, sondern vielmehr in der störenden Einflußnahme

---

[7] *Desai, M.:* Growth Cycles and Inflation in a Model of the Class Struggle, Journal of Economic Theory, Vol. 6 (1973)

[8] *Pohjola, M. T.:* Stable, Cyclic and Chaotic Growth: The Dynamics of a Discrete-Time Version of Goodwin's Growth Cycle Model, Zeitschrift für Nationalökonomie, 41. Jg. (1981)

anderer Akteure, wie etwa der staatlichen Instanzen oder einer fehlerhaft handelnden Zentralbank.

Dominierten in der postkeynesianischen Konjunkturtheorie noch die Mengenanpassungen als Reaktionen auf temporäre Marktungleichgewichte, so betonen die monetaristischen Erklärungsansätze die (friktionslosen) Preisänderungen als Ergebnis von Angebots- und Nachfragedifferenzen. Darüber hinaus wird den Wirtschaftssubjekten auf allen Märkten ein **Handeln mit rationalen Erwartungen,** d.h. unter Einbeziehung und ökonomisch sinnvoller Verwendung aller verfügbaren Daten, unterstellt.

Der Ansatz von Friedman

Davon ausgehend erklärt *Friedman*[9] in seinem Konjunkturmodell die Schwankungen des gesamtwirtschaftlichen Nominaleinkommens. Dabei bildet die **Neuformulierung der Quantitätstheorie** des Geldes eine wesentliche Grundlage. *Friedman* stellt einen direkten proportionalen Bezug zwischen dem Nominaleinkommen und der Geldmenge her, wobei die von der Änderung des Preisniveaus abhängige Umlaufsgeschwindigkeit des Geldes das (temporär stabile) Bindeglied darstellt.

Eine Volkswirtschaft entwickelt sich unter diesen Voraussetzungen gleichgewichtig, wenn die Wachstumsrate des realen Einkommens und die Veränderung der Geldmenge einander entsprechen. Zu Schwankungen des Nominaleinkommens führt in diesem Ansatz lediglich eine zu große Zunahme der Geldmenge. Die überschüssige Geldausstattung induziert Preissteigerungen, die zum einen das Nominaleinkommen erhöhen und zum anderen die Umlaufsgeschwindigkeit des Geldes beeinflussen. Dadurch steigt die Wachstumsrate des nominellen Einkommens noch einmal, es kommt zum sogenannten „Überschießen“ (over shooting).[10]

Durch die modellimmanente Stabilität des privaten Sektors führen in den Folgeperioden Lerneffekte der Wirtschaftssubjekte zu einem Einschwenken des Nominaleinkommens auf das neue Gleichgewichtsniveau. Letztlich bleibt aber die Wachstumsrate des realen Einkommens von der monetären Störungsursache weitgehend unberührt. Zudem reguliert sich das *Friedman*sche System nach einer Anpassungsphase schließlich selbst, so daß anhaltend wiederkehrende zyklische Schwankungen nur durch zufällige Veränderungen des Geldangebotes hervorgerufen werden können.

Die Variante von Laidler

Die Modifikation des *Friedman*'schen Theorienansatzes versucht *Laidler*.[11] In seinem Modell wird der Versuch unternommen, die Auswirkungen der Geldmengenvariationen auf Preisniveau **und** Realeinkommen aufzuzeigen. Die Verbindung zwischen monetärem und realem Sektor stellt die *Phillips*-Kurve dar. Sie beschreibt einen Zusammenhang zwischen dem Ausla-

---

[9] *Friedman, M.:* A Theoretical Framework for Monetary Analysis, Journal of Political Economy, Vol. 78 (1970)

[10] Vgl. *Heubes, J.:* Grundzüge der Konjunkturtheorie, München 1986, S. 74

[11] *Laidler, D.:* An Elementary Model of Simultanous Fluctuations in Prices and Output, *Frisch, H.* (Hrsg.): Inflation in Small Countries, Berlin 1976

stungsgrad der Modellwirtschaft und den (erwarteten) Änderungen des Preisniveaus. Mit dieser Erweiterung schlagen Änderungen im Geldsektor über Preisniveauanpassungen auf den realen Bereich durch. Somit läßt sich schließlich die zeitliche Entwicklung des Auslastungsgrades (und damit der Beschäftigung) demonstrieren. Das langfristige Gleichgewicht der Volkswirtschaft ist genau dann erreicht, wenn – wie nicht anders zu erwarten – Vollbeschäftigung herrscht und die Inflationsrate konstant ist.

Auch im *Laidler*-Modell haben konjunkturelle Schwankungen ihre Urache in Änderungen der Wachstumsrate des Geldangebotes. Diese können kurzfristig zu Beschäftigungseffekten führen, auf mittlere Sicht hat die Erhöhung der Geldmenge indes nur eine entsprechende Anpassung der Inflationsrate zur Folge. Die realen Auswirkungen auf Geldmengenveränderungen werden bei der (eingebauten) Stabilität des Modellsystems nur sichtbar, wenn die monetären Störungen unerwartet und häufig genug auftreten.

b) Konjunkturerklärung der Neuen Klassischen Makroökonomik

Die Konjunkturerklärung der Neuen Klassischen Makroökonomik gibt die Transparenzannahme der klassischen Theorie auf. Sie berücksichtigt explizit die Existenz unvollkommener Informationen und zufallsabhängiger, unvorhergesehener (exogener) Störungen. Aufrechterhalten wird aber die Annahme eines permanenten Gleichgewichts auf allen Märkten durch ein funktionsfähiges Preissystem. Daneben haben alle Akteure rationale Erwartungen, d.h. die Wirtschaftssubjekte berücksichtigen alle bis zum Entscheidungszeitpunkt verfügbaren (Preis-)Informationen über die zukünftige Entwicklung.

Allerdings können trotzdem Erwartungsfehler oder Fehleinschätzungen der momentanen Wirtschaftslage auftreten und sodann vorübergehende konjunkturelle Schwankungen auslösen. So kann etwa eine nominelle Steigerung der Gesamtnachfrage (beispielsweise durch eine Erhöhung der Geldmenge) durchaus reale Auswirkungen haben, wenn die Produzenten ihr Angebot erhöhen, weil sie Preissteigerungen auf **ihrem** Markt als knappheitsinduziert ansehen. Dieser Effekt wird indes nur kurzfristig Bestand haben, da die Anbieter schon bald erkennen müssen, daß nicht nur ihr Verkaufspreis gestiegen ist, sondern das gesamte Preisniveau angehoben wurde.

Die Neue Klassische Makroökonomik betont die Bedeutung zufallsbedingter Änderungen der gesamtwirtschaftlichen Rahmendaten und schreibt diese Phänomene vornehmlich der staatlichen Wirtschaftspolitik zu. Folglich wird von ihren Vertretern – ähnlich dem monetaristischen Ansatz – weitgehende wirtschaftspolitische Abstinenz gefordert, um somit die Rahmenbedingungen möglichst stabil zu halten.

Die Begründung der Persistenz, also der zeitlichen Ausdehnung und Beharrlichkeit konjunktureller Bewegungen, erfolgt einmal über die Berücksichtigung von Anpassungskosten. Dadurch verteilen sich die Auswirkungen von (exogenen) Datenänderungen auf die realwirtschaftlichen Größen über mehrere Perioden. Als „Übertragungsmedium" dient häufig eine Investitionsfunktion, die von einem flexiblen Akzelerator abhängt. Zweitens werden unvollkommene Informationen über die Dauer der Störung unterstellt.

Erkennen die Wirtschaftssubjekte dauerhafte Änderungen der Umweltbedingungen (etwa der Geldmenge) nicht als solche, so kann sich die Anpassung an beobachtete Datenänderungen unter Umständen über längere Zeiträume erstrecken.

Ein repräsentativer Modellansatz der Neuen Klassischen Makroökonomik findet sich bei *McCallum*.[12] Er spezifiziert in seinem Modell sowohl das gesamtwirtschaftliche Güterangebot als auch die Güternachfrage durch entsprechende Verhaltensannahmen. Auf der Angebotsseite findet eine sogenannte *Lucas*-Angebotsfunktion Verwendung, die letztlich als unabhängige Variable die Abweichung von erwartetem und tatsächlichem Preisniveau beinhaltet.

Die gesamtwirtschaftliche Nachfrage kann als IS-LM-Gleichgewicht charakterisiert werden, wobei *McCallum* sowohl für den Geld- als auch für den Gütermarkt zufällige (stochastische) Störungen des Verhaltens zuläßt. Unter der ausdrücklichen Annahme rationaler Erwartungen der privaten Wirtschaftssubjekte liefert der *McCallum*-Ansatz einen Zeitpfad für die Entwicklung des Volkseinkommens. Die tatsächliche Änderung des Einkommens hängt schließlich von den zufälligen Störungen des Systems ab sowie von der Anpassungsgeschwindigkeit bzw. den Anpassungskosten der privaten Wirtschaftssubjekte auf ungleichgewichtige Angebots- und Nachfragekonstellationen. Allerdings sorgt wiederum die Stabilität des privaten Sektors für die langfristige Annäherung des Einkommens an das Gleichgewichtsniveau. Dauerhafte Schwingungen sind auch in diesem Modellansatz ohne wiederkehrende exogene Schocks nicht erklärbar.

Auf der Basis des Modells von *McCallum* sind noch eine Reihe weiterer Erklärungsvarianten im Sinne der Neuen Klassischen Makroökonomik entwickelt worden. Ihre begrenzte Aussagefähigkeit für die Realität behalten aber auch diese Modifikationen am Ende dadurch, daß die Annahme stabilen und rationalen privaten Verhaltens zyklische Prozesse auf mittlere Sicht verhindert. Die Voraussetzung der permanenten Räumung aller Märkte via funktionierendem Preismechanismus macht aus Konjunkturschwankungen temporäre (kurzfristige) Phänomene, die keiner staatlichen Korrektur bedürfen.

Bisweilen wird sogar versucht, Konjunkturmodelle mit teilweise vollständiger Information auf ihren Erklärungsgehalt zu untersuchen.[13] In diesen Ansätzen werden erwartete und nicht erwartete Änderungen insbesondere des Geldangebotes berücksichtigt, so daß in der Zukunft antizipierte Politikeinflüsse schon heute reale Verhaltensänderungen hervorrufen können. Diese Anpassungen der Wirtschaftssubjekte ziehen sich überdies über mehrere Perioden hin und sorgen somit für eine dauerhafte konjunkturelle Bewegung. Anpassungskosten, Änderungen der Lagerbestände sowie verzögerte Akzelerator-Multiplikator-Effekte sorgen schließlich für die Persistenz der Schwin-

---

[12] *McCallum, B. T.:* Rational Expectations and Macroeconomic Stabilization Policy, Journal of Money, Credit and Banking, Vol. 12 (1980)

[13] Ausführlich bei *Jäger, K.:* Die Konjunkturtheorie der Neuen Klassischen Makroökonomik, *Bombach, G.* u. a. (Hrsg.): Perspektiven der Konjunkturforschung, Tübingen 1984

gungen. Obgleich es diesen theoretischen Erweiterungen durchaus gelingt, einen beachtlichen Teil der konjunkturellen Entwicklung zu „erklären", ist ihnen als Haupteinwand vorzuhalten, daß die für die qualitativen Systemeigenschaften verantwortlichen Größen, insbesondere das Ausmaß und die Verteilung der (teilweise) unvollständigen Informationen, exogen vorgegeben werden.

3. Konjunkturtheorien mit Mengenrationierungen[14]

Als Gegenpol zur Neuen Klassischen Makroökonomik hat sich in jüngerer Zeit die Neue Keynesianische Makroökonomik herausgebildet. Sie bricht mit dem walrasianischen Postulat preisinduziert geräumter Märkte und nimmt stattdessen an, daß Preisänderungen als Reaktionen auf Mengendifferenzen (zu) langsam verlaufen und Preise daher (in der kurzen Frist) als fix anzusehen sind. Die Folge sind Marktzustände, in denen der Ausgleich von Angebot und Nachfrage nicht über den Preis, sondern durch Mengenrationierungen zustande kommt.

Als Pionier der Konjunkturtheorie bei Mengenrationierungen gilt *Malinvaud.*[15] Er stellt in seiner Analyse temporärer Gleichgewichte bei Mengenrationierung grundsätzlich drei relevante Marktergebnisse heraus. Voraussetzung dieser Untersuchung ist, daß es zu sogenannten Spillover-Effekten auf anderen Märkten kommt, sobald auf einem beliebigen Markt Rationierungen auftreten. Betrachtet man in der einfachsten Variante etwa einen Güter- und einen Arbeitsmarkt, so werden die privaten Haushalte beispielsweise ihre tatsächliche Konsumnachfrage einschränken, wenn ihr (nominales) Arbeitsangebot von den Unternehmen nicht in voller Höhe nachgefragt wird. Ein Ungleichgewicht auf dem einen Markt führt so zu Mengenreaktionen auf dem anderen Markt.

Unter dieser Annahme sind folgende Fälle der Nicht-Markträumung („Regimes") zu unterscheiden:

a) Keynesianische Arbeitslosigkeit. In dieser Variante herrscht Nachfragemangel auf dem Gütermarkt, wodurch Produktion und Beschäftigung begrenzt werden. Die Angebotsrationierung der Unternehmen führt zur Rationierung auf dem Arbeitsmarkt.
b) Klassische Arbeitslosigkeit. Dieser Fall ist dann gegeben, wenn die privaten Haushalte sowohl auf dem Gütermarkt, als auch auf dem Arbeitsmarkt rationiert werden. Eine Überschußnachfrage auf dem Güter-

---

[14] Eine ausführliche Übersicht und Analyse der Konjunkturmodelle der Neuen Keynesianischen Makroökonomik liefert *Ramser, H.J.:* Konjunkturtheorie auf der Grundlage temporären Gleichgewichts bei Mengenrationierung, *Bombach, G.* u.a. (Hrsg.): Perspektiven der Konjunkturforschung, a.a.O., S. 63ff. und ders.: Beschäftigung und Konjunktur, Berlin u.a. 1987, insb. S. 212ff. Diese Arbeiten bilden die Grundlage der folgenden Aufführungen.

[15] *Malinvaud, E.:* The Theory of Unemployment Reconsidered, Oxford 1977 bzw. ders.: Profitability and Unemployment, Oxford u.a. 1980

markt beantworten die Unternehmen nicht mit einer Ausweitung der Produktion.

c) Zurückgestaute Inflation. Bei dieser Situation sind Arbeits- und Gütermarkt durch einen Angebotsengpaß begrenzt, d.h. die Haushalte werden auf dem Gütermarkt, die Unternehmen auf dem Arbeitsmarkt rationiert.

Der Wechsel zwischen diesen grundsätzlichen Regimen spiegelt in der Neuen Keynesianischen Makroökonomik konjunkturelle Veränderungen wider. Allerdings sind die jeweiligen Modellvarianten außerordentlich komplex und selbst bei Berücksichtigung einer Reihe von vereinfachenden Annahmen wird die Grenze der analytischen Aussagemöglichkeiten schnell erreicht. Deshalb sollen im folgenden auch nur drei grundsätzliche Modellansätze skizziert werden. Die vorgestellten Varianten unterscheiden sich im wesentlichen hinsichtlich der betrachteten Märkte sowie deren Räumungsverfahren.

a) Arbeitsmarktrationierung *(Ito)*[16]

Basis dieses Modells ist eine geschlossene Volkswirtschaft, in der Haushalte und Unternehmen ohne staatlichen Einfluß handeln. Drei Märkte werden explizit untersucht, von denen der Gütermarkt im engeren Sinne sowie der Kapitalgütermarkt über den Preis (d.h. walrasianisch) geräumt werden. Auf dem Arbeitsmarkt herrscht aufgrund nicht ausreichend flexibler Reallöhne Mengenrationierung.

Zu Spillover-Effekten vom Arbeits- zum Gütermarkt kommt *Ito* über die (in der Realität zweifellos fragwürdige) Annahme einer nach Einkommensarten differenzierten Spartätigkeit, bei der Lohnempfänger relativ mehr sparen als Gewinnempfänger, sowie durch das unelastische Arbeitsangebot. Damit kommt es zu einer gesamtwirtschaftlichen Konsumnachfrage, die sich mit dem Beschäftigungsgrad ändert. Unter diesen Voraussetzungen existieren temporäre Gleichgewichte mit Mengenrationierungen, in denen Kapitalstock, Arbeitsangebot und Reallohn modellbestimmten Änderungen unterliegen.

Es kann unter diesen Bedingungen gezeigt werden, daß genau dann ein stabiler (gleichgewichtiger) Entwicklungspfad der Volkswirtschaft existiert, wenn die Sparquote der Lohnempfänger stets größer ist als die der Gewinnbezieher. Eine einmalige Störung absorbiert das System, indem es entweder zum alten Gleichgewicht zurückfindet oder aber eine neue Gleichgewichtssituation herstellt, wenn die exogenen Datenänderungen dauerhaft sind. Es kann dabei im *Ito*-Modell sowohl zu klassischer Arbeitslosigkeit als auch zu zurückgestauter Inflation kommen. Keynesianische Arbeitslosigkeit wird in diesem Erklärungsansatz hingegen nicht beschrieben, da der Gütermarkt (annahmegemäß) stets preis-geräumt ist. Allerdings stellt auch die klassische Arbeitslosigkeit nur ein temporäres Phänomen dar, weil die Marktkräfte eine stetige Annäherung an die Vollbeschäftigung sicherstellen.

---

[16] *Ito, I.:* Disequilibrium Growth Theory, Journal of Economic Theory, Vol. 23 (1980), S. 380ff.

b) Arbeits- und Gütermarktrationierungen *(Malinvaud)*[17]

Malinvaud betrachtet eine geschlossene Volkswirtschaft mit Staatstätigkeit. Sowohl der Arbeits- als auch der Gütermarkt unterliegen aufgrund inflexibler Preise der Mengenrationierung. Zu Übertragungseffekten vom Arbeits- zum Gütermarkt kommt es durch eine Konsumfunktion der privaten Haushalte, die u.a. vom Grad der Unterbeschäftigung abhängt. Durch eine entsprechend spezifizierte Investitionsfunktion reagieren die Unternehmen auf die Nachfragelücke mit verzögerten Kapitalstockanpassungen, die ihrerseits auf den Arbeitsmarkt sowie über entsprechende (Investitions-) Nachfrageeffekte auf den Gütermarkt zurückwirken.

Das temporäre Gleichgewicht bei Mengenrationierungen wird letztlich durch die Arbeitsnachfrage bzw. das Arbeitsangebot (bei Vollbeschäftigung) festgelegt. Wie beschrieben reagiert die Arbeitsnachfrage wiederum auf die Gesamtnachfrage auf dem Gütermarkt. Die Bewegung zwischen zwei temporären Gleichgewichtssituationen wird durch die Investitionsnachfrage sowie die Entwicklung des Reallohnes und des Preisniveaus bestimmt. Das Preisniveau reagiert auf die Ungleichgewichte auf beiden Märkten, während die Reallohnänderung regimeabhängig ist. Bei klassischer Arbeitslosigkeit entwickelt sich der Lohnsatz gemäß einer speziellen Variante der *Phillips*-Kurve, bei zurückgestauter Inflation steigt der Reallohn in Abhängigkeit von der Überschußnachfrage auf dem Gütermarkt. Im Regime keynesianischer Arbeitslosigkeit finden keine Anpassungen des Reallohnes statt.

Als Ergebnis leitet *Malinvaud* ab, daß ein Gleichgewicht entweder bei keynesianischer Arbeitslosigkeit herrscht oder aber nur ein gesamtwirtschaftliches (walrasianisches) Gleichgewicht sein kann. Dabei nimmt er an, daß der walrasianische Gleichgewichtszustand instabil ist und demzufolge einen dynamischen Prozeß auslöst, der letztendlich in das Regime keynesianischer Arbeitslosigkeit mündet. Allerdings sind aufgrund der Komplexität des Modells keine Aussagen mehr über den Anpassungspfad und damit über die speziellen konjunkturellen Phasen möglich.[18]

c) Monetäre Einflüsse *(Ramser)*[19]

Die bisher dargestellten Modellvarianten vernachlässigen die komplette Finanzierungsproblematik. *Ramser* versucht – in Anlehnung an das beschriebene Modell von *Malinvaud* – zusätzlich Rationierungen auf dem Kreditmarkt zu berücksichtigen. Finanzierungsengpässe – aus welchen (institutionellen) Gründen auch immer – schlagen dann auf die Investitionstätigkeit durch. Allerdings ist eine vollständige analytische Diskussion des Ansatzes

---

[17] *Malinvaud, E.:* Profitability and Unemployment, a.a.O.

[18] *Ramser* modifiziert das *Malinvaud*-Modell und bildet die Struktur des Konjunkturzyklus als „zeitversetzte Entwicklung von Reallohnsatz ... und Beschäftigung ...“ ab, siehe *Ramser, H.J.:* Beschäftigung und Konjunktur, a.a.O., S. 220ff., insb. S. 231

[19] *Ramser, H.J.:* Konjunkturtheorie auf der Grundlage temporären Gleichgewichts bei Mengenrationierungen, a.a.O., S. 70ff. sowie ders.: Beschäftigung und Konjunktur, a.a.O., S. 232ff.

aufgrund der mathematischen Struktur nicht mehr möglich.[20] Als spezifisches Ergebnis erhält man jedoch Hinweise auf die Möglichkeiten staatlicher Beschäftigungspolitik, wenn durch eine Erhöhung des Angebots festverzinslicher Wertpapiere der gesamtwirtschaftliche Zinssatz sinkt und dadurch Investitionstätigkeit und Beschäftigung steigen. Allerdings hat die Berücksichtigung des Finanzsektors grundsätzlich zur Konsequenz, daß die Stabilitätseigenschaften der Modellwirtschaft verschlechtert werden. Die Begründung liegt in der Mengenrationierung auf dem Kreditmarkt, durch welche im Regime keynesianischer Arbeitslosigkeit die zur Verbesserung der Beschäftigungssituation erforderliche Investitionstätigkeit nicht finanziert werden kann. Der Zinsmechanismus versagt, so daß die Ungleichgewichte auf dem Finanzmarkt auf Güter- und Arbeitsmarkt übertragen werden.

Literatur

Einen **ersten Überblick** über die gängigen Konjunkturtheorien vermittelt

Vosgerau, H.-J.: Konjunkturtheorie, Handwörterbuch der Wirtschaftswissenschaften, Bd. 4, Stuttgart u.a. 1978, S. 478–507

Vornehmlich **postkeynesianisch** orientiert ist die Arbeit von

Kromphardt, J.: Wachstum und Konjunktur. Grundlagen ihrer theoretischen Analyse und wirtschaftspolitischen Steuerung, 2. Aufl., Göttingen 1977

Die **mathematisch-theoretischen Grundlagen** der Konjunkturtheorie arbeiten auf

Assenmacher, W.: Lehrbuch der Konjunturtheorie, 3. Aufl.,München-Wien 1987

Heubes, J.: Grundzüge der Konjunkturtheorie, München 1986

Ramser, H. J.: Beschäftigung und Konjunktur, Berlin u.a. 1987

Auf der Basis der **Neuen Keynesianischen Makroökonomik** argumentieren

Hagemann, H. u.a. (Hrsg.): Die neue Makroökonomie. Marktungleichgewicht, Rationierung und Beschäftigung, Frankfurt-New York 1981

Rothschild, K. W.: Einführung in die Ungleichgewichtstheorie, Berlin u.a. 1981

Zu **ausgewählten Problemen** der neueren Konjunkturtheorien finden sich Beiträge in den Sammelbänden

Bombach, G. u.a. (Hrsg.): Makroökonomik heute: Gegensätze und Gemeinsamkeiten, Tübingen 1983

Bombach, G. u.a. (Hrsg.): Perspektiven der Konjunkturforschung, Tübingen 1984

Kontrollfragen

(1) Beschreiben Sie die Auswirkungen einer oberen Wachstumsgrenze auf die Entwicklung des Sozialprodukts im *Hicks*-Modell!

(2) Welche empirische Kritik wird gegen das Akzelerator-Multiplikator-Modell vorgebracht?

---

[20] *Ramser, H. J.:* Beschäftigung und Konjunktur, a.a.O., S. 236

(3) Unter welchen Voraussetzungen lassen sich im *Goodwin*-Ansatz konjunkturelle Schwankungen erklären?
(4) Skizzieren Sie die Grundannahmen der Konjunkturerklärung der Neuen Klassischen Makroökonomik!
(5) Welche Fälle der Nicht-Markträumung werden in der Neuen Keynesianischen Makroökonomik unterschieden?
(6) Wie begründet *Malinvaud* seine These, eine Wirtschaft mit Arbeits- und Gütermarktrationierungen tendiere zum Zustand keynesianischer Arbeitslosigkeit?

Drittes Kapitel

Stilisierte Fakten und strategische Faktoren des Konjunkturzyklus

Die Konjunkturzyklen weisen neben einem **einheitlichen Grundmuster** in Form regelmäßig wiederkehrender Reaktionsfolgen **individuelle Züge** auf. Nicht nur die Schwankungsbreite, auch die Zeitdauer des Zyklus ist variabel. Vor allem seit die Konjunkturpolitik immer häufiger und intensiver – nicht unbedingt auch immer systematischer und erfolgreicher – interveniert, wird der „normale" Ablauf durch ständige Eingriffe nicht nur „global" gesteuert, sondern die in Ausmaß und Zeitfolge unterschiedlich eingesetzten Mittel treffen die Sektoren und Regionen in der Regel auch ungleichmäßig. Sie bringen gewollte – von der Wirtschaftspolitik aufgezwungene – strukturelle Differenzierungen in das konjunkturelle Grundmuster ein. Das Bild des Konjunkturzyklus wird dadurch immer vielfältiger. Die Individualitäten drängen in den Vordergrund und überdecken zunehmend den typischen konjunkturellen Reaktionsverlauf.

Gegenwärtig wird versucht, das äußere Erscheinungsbild des Zyklus durch **stilisierte Fakten** zu beschreiben. Sie drücken das zeitliche Verhalten (Vor-, Gleich- oder Nachlauf) und die quantitativen Bezüge (Amplitudenweite) zwischen konjunkturrelevanten Zeitreihen aus. Diese Deskription des Konjunkturmusters ist zwar (noch) keine, kann aber als Grundlage für eine Kausalanalyse herangezogen werden.

Alternative Erklärungsansätze

Konjunkturzyklen werden auf zwei grundsätzlich verschiedene Weisen erklärt:

1) Ausgehend von einer **Ruhelage** wird gezeigt, welche Impulse die Schwankungen auslösen, verstärken, sie anschließend entspannen und in gedämpften Schwingungen zur Ruhelage zurückführen.
2) Auf der **Grundlage fortlaufender Zyklen** wird erklärt, wie sich aus einer Konjunkturphase zwangsläufig die nachfolgende entwickelt.

So vergleicht *Samuelson* den Zyklus mit dem Bewegungsablauf eines Schaukelpferdes, das von Zeit zu Zeit angestoßen wird. Der äußere Schock (dargestellt in seiner Wirkung auf das Sozialprodukt, die Preise und die Leistungsbilanz) und die Bauart der Schaukel führen *gemeinsam* zu dem regelmäßigen gedämpften Auf und Ab, das allmählich wieder zur Ruhelage zurückfindet. Die Gegenposition bezieht *Hicks*: Seiner Meinung nach verursacht die Struktur des Wirtschaftsystems *allein* die Schwingungen aus sich selbst heraus.

Externe Anstöße

Theoretiker, die äußere „Schocks" in den Vordergrund stellen, gehen zumeist davon aus, daß das Marktsystem zur Dämpfung der Schwingungen tendiert, diese also mit der Zeit auslaufen, wenn sie nicht durch neue „zufälli-

Sozialprodukt, Preise und Leistungsbilanz unter dem Einfluß des Ölpreisschocks

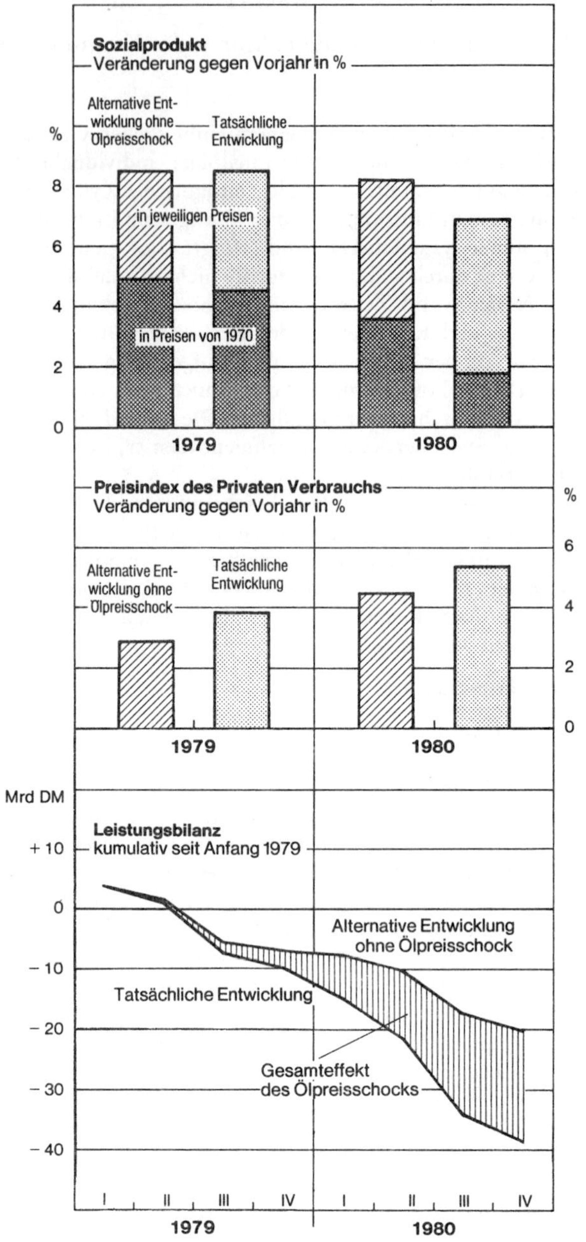

Quelle: Monatsberichte der Deutschen Bundesbank, April 1981, S. 15

ge" Impulse verstärkt werden (**stochastische Konjunkturtheorie**). Mahnende Hinweise auf langanhaltende Abweichungen werden entweder damit beantwortet, daß die Selbstheilungskräfte des Marktes (nachfolgend ausführlich beschrieben) Zeit brauchen, man also lediglich abwarten müsse, oder daß eine Kette aufeinanderfolgender Störungen den Anpassungsprozeß ständig unterbricht.

Die Klärung der Frage, ob systemimmanente Faktoren oder exogene Impulse für die fortgesetzten Schwankungen verantwortlich sind, ist jedoch vorwiegend von theoretischem Interesse. Dem Konjunkturpolitiker genügt schon das Wissen, daß es systemimmanente Faktoren gibt, die den Anstoß verstärken und die Zyklen fortschreiben. Ob es eine **Tendenz zur Stabilität** gibt, die sich auf *lange Sicht* durchsetzt, ist für ihn von nachrangiger Bedeutung. Er kann nicht warten; er ist durch die kurzen Wahlperioden zum *schnellen Erfolg* verpflichtet.

Die zyklische Abfolge zwingt den Konjunkturpolitiker jedoch, bei seinem heutigen Mitteleinsatz die nachfolgenden Wirkungen mit in das Kalkül einzubeziehen. Ein **Beispiel** soll dies verdeutlichen: Restriktive Maßnahmen werden gegen die heutige Übernachfrage gerichtet. Sie leiten mit deren Kürzung aber regelmäßig einen kumulativen Abwärtsprozeß ein, der in die Rezession führt. Dort eingeleitete expansive Schritte treiben, aufgegriffen und verstärkt durch marktimmanente zyklische Faktoren, die Nachfrage wiederum über den Wachstumspfad hinaus. Paßte sich die Nachfrage, aus der Rezession kommend, von unten an den Wachstumspfad an, so bekämen wir Zyklen mit diesem als Obergrenze, wiederum also kein konfliktfreies Ergebnis.

Interne Reaktionsfolgen (Hicks)

Das Kalkül des Investors in der Rezession ist dem **Gefangenen-Dilemma** vergleichbar. Weiteten alle – wie auch immer veranlaßt – gleichzeitig ihre Investitionen aus, so hätte dies – kreislaufmäßig argumentiert – einen kräftigen Gewinnanstieg zur Folge. Jeder einzelne sieht aber das individuelle Risiko, die Gefahr, daß die generelle Investitionsausweitung nicht kommt, die zusätzliche Kapazität also nicht ausgelastet werden kann und damit Verluste bringt (Mikro-Kalkül). Wartet er mit seiner Entscheidung, dann verlängert er zum Nachteil aller die Rezession (Makro-Kalkül). Dominiert wird das Investitionsverhalten vom Mikro-Kalkül.
Die Nachkriegszyklen erhielten nach dem Auslaufen der Rezession regelmäßig ihren ersten expansiven Anstoß durch steigende **Exporte,** die sich auf die rezessionsbedingte schnelle Lieferfähigkeit zurückführen lassen (mit 1975 als Ausnahme). Solange im Ausland der Nachfragesog bestehen bleibt, gehen von dort expansive Impulse auf das Inland aus, die zuerst von den exportnahen Investoren aufgegriffen werden. Die quantitative Bedeutung des Außenbeitrags weist die nachfolgende Graphik nach.

Fiskalimpulse kommen häufig mit Verspätung: Man wartet meist die Preisdämpfung der vorangegangenen restriktiven Konjunkturpolitik ab, bevor dann gegen den drohenden Beschäftigungsabfall mit expansiven Maßnahmen vorgegangen wird. Da nun die Preise aber mit langer Verzögerung, die Beschäftigung dagegen häufig recht schnell auf den Nachfragerückgang reagiert, bleibt eine Zwischenphase, in der beide Ziele zugleich verletzt sind (**Stagflation**). Die Konjunkturpolitik sieht sich, wenn sie nicht einem Ziel eindeutig den Vorrang einräumt, zu einer abwartenden Haltung gezwungen.

Fühlbare **Konsumsteigerungen** folgen den Investitionen meist erst dann, wenn Personalengpässe Lohnerhöhungen erzwingen und/oder wenn das Auslaufen der Tarifverträge, die noch unter dem Eindruck der Rezession geschlossen wurden, den Gewerkschaften die lohnpolitische Handlungsfreiheit zurückgibt.

Einfluß von Inlandsnachfrage und Außenbeitrag
auf das reale Wachstum des Bruttosozialprodukts (BSP)
im Vergleich zum Vorjahreszeitraum

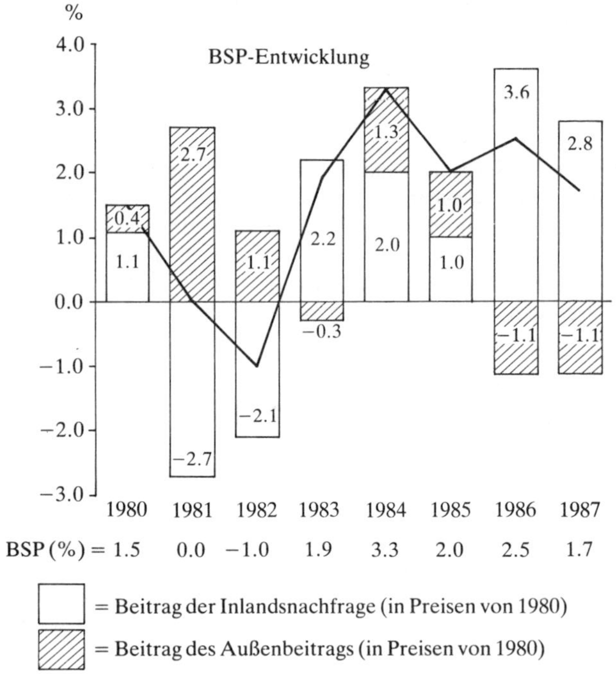

Quelle: Sachverständigenrat, Jahresgutachten 1987/88, S. 66

Die Expansion der Löhne und ihr folgend des Konsums hängt wesentlich von dem Erfolg der gewerkschaftlichen Tarifpolitik ab; denn durch Machteinsatz, sprich: Streikdrohung, lassen sich Lohnerhöhungen schon erzwingen, bevor Personalengpässe marktbedingte Steigerungen bringen. Eine frühzeitige tarifvertragliche **Verteilungskorrektur** dämpft zugleich den Gewinnanstieg und hält damit eine übermäßige Investitionsexpansion zurück.

Wird der Weg aus der Rezession über die Zahlung von Investitionsprämien gesucht, dann vergrößert sich der ohnehin mit dem Aufschwung entstehende **Vorlauf der Investitionen.** Wird durch Lohnsteuersenkung oder Rentenerhö-

Zwei Rezessionen und ihre Überwindung)*

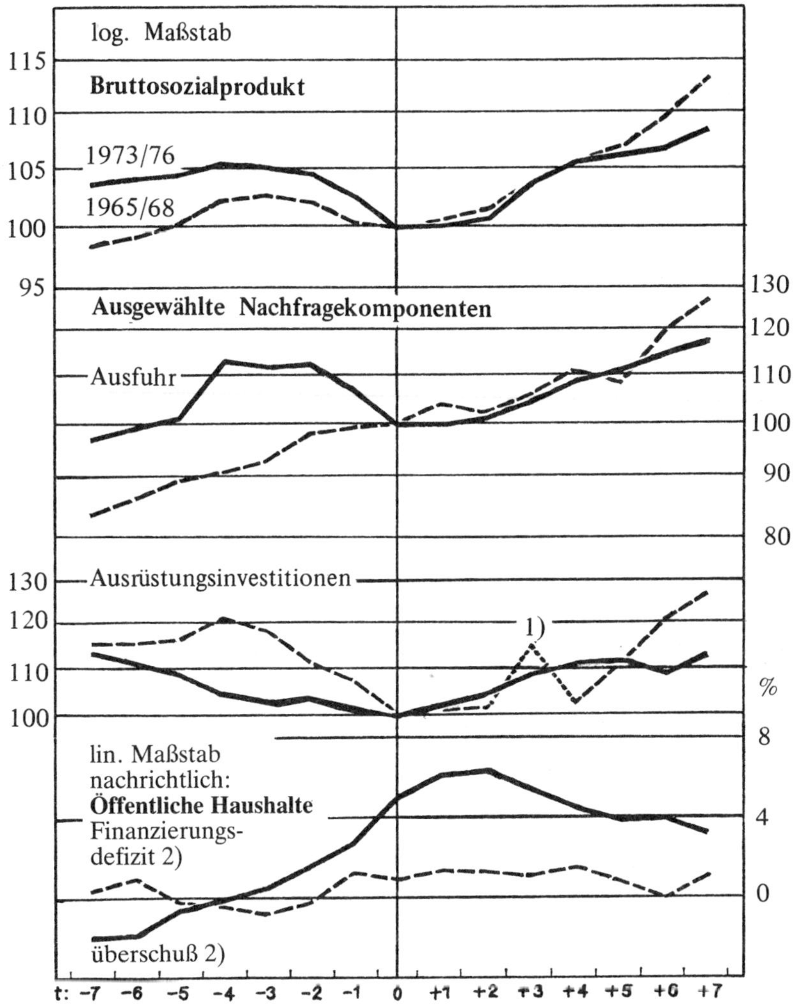

*) Vierteljährlich saisonbereinigte Indices, errechnet aus Angaben in Preisen von 1962; Zyklus 1965/68: t_0=1. Vj. 1967=100; Zyklus 1973/76: t_0=1. Vj. 1975=100.- 1) Beeinflußt durch Einführung der Mehrwertsteuer. – 2) Finanzierungssaldo in der Abgrenzung der Volkswirtschaftlichen Gesamtrechnungen in % des Bruttosozialprodukts in jeweiligen Preisen, spiegelbildlich dargestellt.

Quelle: Geschäftsbericht der Deutschen Bundesbank für das Jahr 1976, S. 5 hung eine konjunkturelle Belebung durch eine Konsumexpansion angestrebt, dann gibt es einen ausgeglicheneren strukturellen Verlauf der Nachfragesektoren während des Aufschwungs, obgleich vom steigenden Konsum – wie auch vom Exportüberschuß – wiederum expansive Impulse auf die Investitionen ausgehen.

Politische Einflüsse

Diese genannten Beispiele belegen den maßgeblichen Einfluß politischer Entscheidungen auf den Konjunkturverlauf. Heute wird deshalb immer häufiger von einem „politisch“ geprägten Zyklus gesprochen. Das „ökonomisch“ bestimmte Reaktionsmuster wird zunehmend in den Hintergrund gedrängt: Der Staat bestimmt heute mit seiner restriktiven Konjunkturpolitik das Ende des Booms, erzwingt den Nachfragerückgang, der dann aber regelmäßig zu Arbeitslosigkeit führt, die er anschließend wiederum durch expansive Maßnahmen zu heilen versucht. Die Länge der Zyklen wird wesentlich durch erwartete Reaktionen der Wähler – ihnen folgend der Politiker – auf Preissteigerungen und Arbeitslosigkeit bestimmt. Je gleichmütiger sie zusehen, desto später kommen die Eingriffe. Nahende Wahlen und drohender Mehrheitsverlust rütteln die Regierung auf und lassen sie auf schnelle Heilung des in den Augen der Wähler vorrangigen Ziels drängen.

Bruttosozialprodukt, Arbeitslosenquote und Preissteigerungsrate im Wahlzyklus

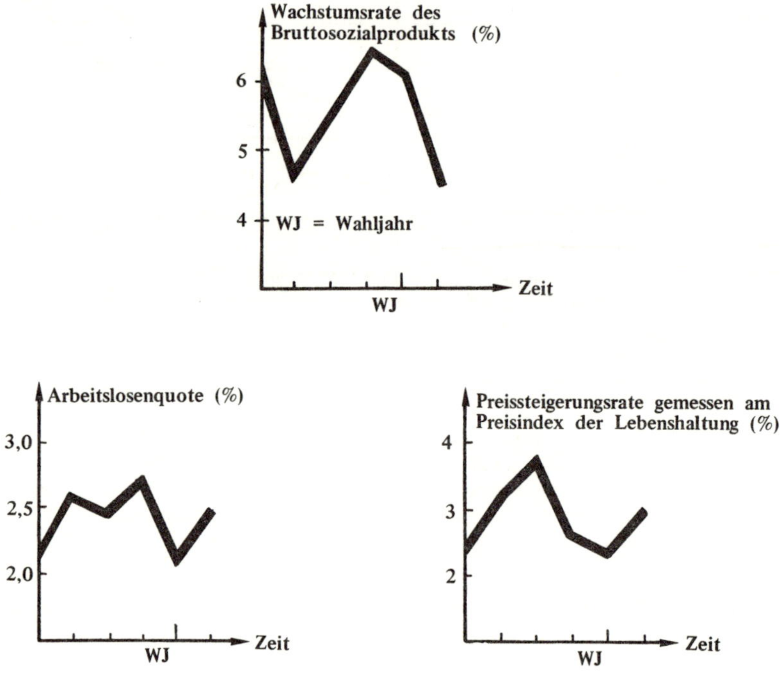

Die abgebildeten Zyklen (gebildet aus Durchschnitten der Jahre 1950–76) belegen, daß wahlorientierte Konjunkturpolitik nicht ohne Einfluß auf den Zyklus blieb. Sie erreichte, daß die im Blick des Wählers stehenden Indikatoren: die Wachstumsrate, der Preisanstieg und die Arbeitslosenquote, ihr vor der Wahl ein positives Zeugnis ausstellten.

Ferne Wahlen machen sie unabhängiger (zuweilen aber lediglich nachlässiger). Ökonomische Faktoren haben dann einen größeren Spielraum. Gegenwärtig sehen sich die Regierungen zu immer schnellerem Eingreifen gedrängt. Die Zyklen werden dadurch kürzer. Die Zielrealisierung ist durch den schnellen Wechsel in der Richtung der Konjunkturpolitik (**Stop and Go-Politik**) aber deutlich schlechter geworden.

Jede Zyklusbeschreibung weist – kaum vermeidbar, meist auch nicht beabsichtigt – auf die vom jeweiligen Verfasser bevorzugten konjunkturpolitischen Strategien hin. So ist es auch hier: Der Hinweis auf konjunkturrelevante Faktoren gibt der Stetigkeitspolitik nicht nur die Ansatzpunkte vor, er fordert auch implizit bestimmte Strategien des konjunkturellen Ausgleichs. Um ein **Beispiel** zu nennen: Die Betonung struktureller Divergenzen als „Zyklusmacher" deutet auf eine strukturell orientierte Konjunkturpolitik als Schlüssel zur Stetigkeit hin. Sie soll deutlich machen, daß die Konjunkturpolitik, die über den Tag hinaus Erfolg haben will, den als unabdingbar angesehenen **Gleichlauf** von lohnfinanziertem Konsum und gewinnorientierten Investitionen anstreben muß. Sie darf sich nicht mit einer bloßen Kompensation der globalen Lücke zwischen Angebot und Nachfrage begnügen, weil dieser Ausgleich – wird er auf konventionelle Weise angestrebt – ein neues strukturelles Ungleichgewicht schafft, das von sich aus auf eine Korrektur drängt. Diese führt aber meist zum nächsten konjunkturellen Extrem. Mittel der strukturellen Konjunkturpolitik ist zum einen die **Verkürzung der Lohnverzögerung** im Aufschwung und daneben – weil dies nur begrenzt möglich ist – eine steuerpolitische **Konsumverstetigungspolitik** über den Zyklus hinweg. Beide Strategien werden später (Kap. 10,4 bzw. 8,6) ausführlich dargestellt.

Anschließend sollen die strategischen Faktoren des Zyklus – dem **typischen Konjunkturverlauf** folgend – beschrieben werden. Die Analyse beginnt an der unteren Wende. Sie soll vor allem die Zwangsläufigkeit deutlich machen, mit der eine Konjunkturphase aus der vorangegangenen erwächst und zugleich die nächste prägt.

1. Die Marktstabilisatoren in der Rezession

Die (von Neo-Klassikern und Monetaristen behauptete, von Keynesianern bestrittene) Stabilität des Marktsystems wird mit der ausgleichenden Wirkung von Selbstheilungskräften begründet. Die bekanntesten werden von *Pigou,* dessen Ansatz erweiternd *Patinkin,* und *Keynes* beschrieben: In der Rezession lassen sinkende Preise den Geldbedarf, damit den Zins, sinken (***Keynes*-Effekt**). Es steigt der Realwert der Kassenhaltung (allerdings auch der Schulden), damit deren Kaufkraft (***Pigou*-Effekt**). Von beiden Effekten, der Steigerung des vermögensabhängigen Konsums (*Patinkin* bezieht in den **Realkasseneffekt** noch steigende Wertpapierkäufe und Investitionen ein) und der zinsreagiblen Investitionen, geht in der Rezession eine nachfragebelebende Wirkung aus.

Steuerungsdefizit durch Preisstarrheit

Die Voraussetzung hierfür ist heute allerdings generell nicht mehr gegeben. Die **Starrheit der Löhne und Preise** nach unten brächte die notwendigen Senkungen erst bei einem überaus großen Angebotsdruck und dementsprechend hoher Arbeitslosigkeit. Diese zwingt die Regierungen aber, dem Wahlkalkül folgend, schon zu expansiven Eingriffen, bevor Preissenkungen in Sicht kommen. *Pigou-* und *Keynes*-Effekt kommen in den heutigen „politischen" Zyklen also nicht mehr zum Zuge: Machteinsatz der Gewerkschaften (mit ihren Lohnforderungen trotz Arbeitslosigkeit) und der Unternehmen (mit ihrer monopolistischen Preispolitik) verhindern die erforderlichen Preissenkungen und blockieren damit die selbstheilende Kraft von Marktfaktoren. Ohne Preissenkungen sind die expansiven Impulse erreichbar, wenn die Notenbank die umlaufende Geldmenge ausweitet. Sie überspielt dann gleichsam den preisbestimmenden Einfluß von Gewerkschaften und Unternehmen.

Aus gleichem Grund verlorengegangen ist auch die ausgleichende Wirkung des **Preismechanismus.** Die Erwartung fallender Preise in der kommenden Rezession hätte im Boom nahegelegt, mit dem Kauf zu warten. In der Rezession hätte das Wissen, daß im nächsten Boom die Preise wieder steigen werden, Konsumenten wie Investoren angehalten, geplante Käufe vorzuziehen. Nachfrage würde durch den Preismechanismus zeitlich verlagert – eine verstetigende Wirkung, die heute vermißt wird, da nicht mehr mit Zeiten sinkender Preise gerechnet wird.

Wirksame Marktstabilisatoren

Das Fundament für den nachfolgenden Aufschwung wird bereits mit dem Abbremsen des Abwärtsprozesses gelegt. Sowohl der Rückgang des Konsums als auch der Investitionen wird durch „Sperrklinken" aufgehalten (**Ratchet-Effekte**): Die **Haushalte** orientieren ihren laufenden Konsum an dem Standard, den sie in den vergangenen Jahren realisieren konnten. Sie passen ihn nicht im Gleichschritt den sinkenden Einkommen an, sondern überbrükken etwaige Finanzierungslücken durch Auflösen von Sparguthaben oder durch Verschuldung. (Siehe hierzu den Exkurs über die Bestimmungsgründe des Konsums.)

Auch die **Unternehmen** geben die Bindung an den gewohnten Wachstumstrend nicht auf. Unter dem Eindruck rückläufiger Nachfrage und sinkender Gewinne werden sie zwar die Erweiterungsinvestitionen strecken, sie aber nicht widerrufen, wenn sie trotz der Rezession von einem ungebrochenen Wachstumstrend ausgehen. Ausgeprägtes Wachstum, das die Unternehmen stets an den Kapazitätsgrenzen arbeiten ließ und entsprechend hohe Gewinne brachte, kräftigte deren Finanzierungsspielraum. Eine konjunkturell gedämpfte Nachfrage beeinträchtigt diese Position zwar, gefährdet aber vorerst nicht den weiteren längerfristigen Ausbau des Unternehmens. Wenn zudem die Absatzerwartungen, vom dauerhaften Wachstum geformt und gehärtet, von einem – gerade deshalb – als vorübergehend angesehenen und zuweilen als willkommene Verschnaufpause begrüßten Rückgang nicht wesentlich beeinträchtigt werden, ist vorerst nicht mit einschneidenden Planrevisionen zu rechnen.

Solange noch die im Boom angehäuften Auftragsbestände anstehen, werden Arbeitskräfte nicht freigesetzt; Fachkräfte werden auch dann noch durchgehalten, wenn mit einer baldigen konjunkturellen Belebung gerechnet wird. Der Rückgang greift deshalb nur verzögert auf den Lohn und damit auf den Konsum über. Die vorangegangene Intensität des Wachstums (und des Booms) stellt durch die von ihr geprägten Erwartungen, Auftragsbestände und den erweiterten Selbstfinanzierungsspielraum einen **Puffer** dar, der einen milden Abschwung abfangen und einen härteren Rückschlag dämpfen und verzögern kann.

Fehlt dieser Puffer, weil die Auftragsbestände aufgearbeitet und eine verteilungsorientierte Lohnpolitik zusammen mit einer restriktiven Geldpolitik die finanziellen Reserven schrumpfen ließ, dann kann es zu einem steilen Abfall der Investitionen und nachfolgend des Konsums kommen.

Das nachfolgende Bild zeigt beispielhaft, daß die vom Nachfragerückgang der frühen siebziger Jahre ausgehende rezessive Tendenz wesentlich durch die in den Vorjahren gebildeten Auftragsbestände gemildert wurde, ein Rückhalt, der in der nächsten, nicht zuletzt deshalb kräftigeren Rezession fehlte.

Der Investitionstätigkeit liegt zwar in den größeren Unternehmen meist eine bis ins Detail gehende längerfristige Planung zugrunde, die auf eine Kontinuität im Investitionsverhalten (keine Sprünge) schließen läßt. Gleich-

Anteil des Auftragseingangs am Umsatz

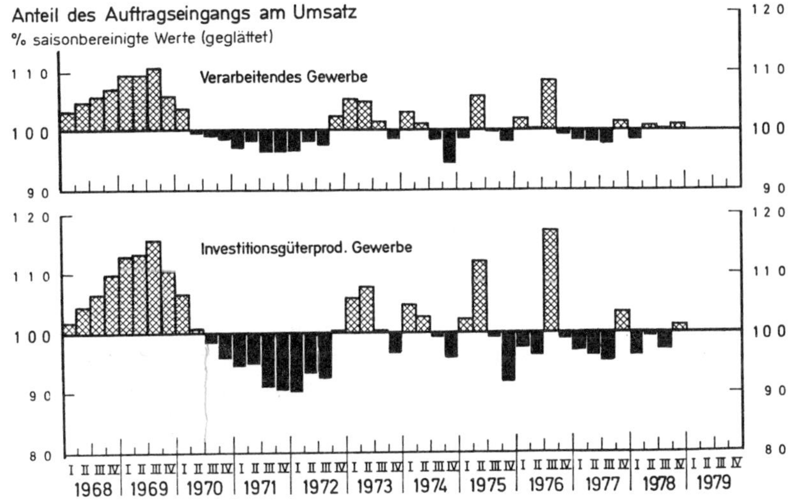

Quelle: Ifo-Institut, Spiegel der Wirtschaft, Frankfurt-New York 1979, S. 268

wohl kann man immer wieder feststellen, daß bei rückläufigen Gewinnen sowohl Investitionsprogramme, die sich bereits in der Realisation befinden als auch solche, die vor dem Anlaufen stehen, gestreckt oder gar aufgegeben werden. Unter dem Eindruck der Rezession werden auch die Planungen revidiert und an den verringerten Finanzierungsspielraum angepaßt.

Nicht nur der Umfang, auch die Struktur der Investitionen reagiert deutlich auf rezessive Zeichen. Mit der Nachfrage gehen die Erweiterungsinvestitionen zurück. Solange nicht einmal die gegenwärtigen Kapazitäten ausgelastet werden können, fehlt der Anlaß für deren Ausbau; nicht einmal der Ersatz verschlissener Kapazitäten (**Echo-Prinzip**) ist zwingend.

Die **Rationalisierungsinvestitionen** drängen anteilmäßig nach vorne; nicht zuletzt deshalb, weil die Unternehmen versuchen, den Lohnsteigerungen des vorangegangenen Booms durch arbeitsparende Investitionen auszuweichen. Das Ausmaß der Rationalisierungen wird aber wieder wesentlich durch Gewinne bestimmt, die in der Vergangenheit erzielt wurden oder von der Zukunft versprochen werden.

Investitionsaktivitäten im verarbeitenden Gewerbe

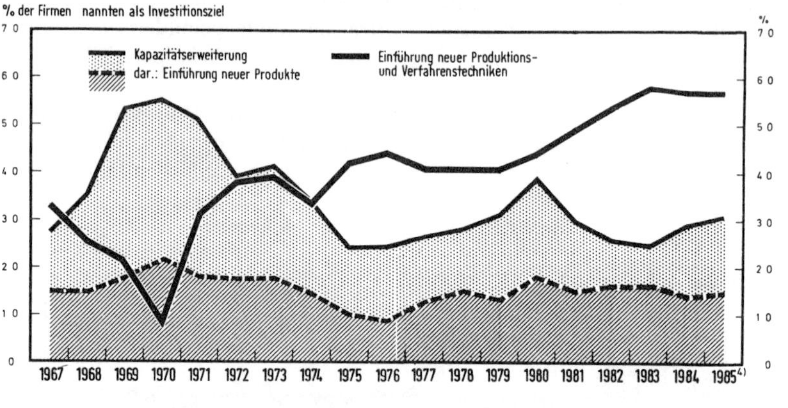

Quelle: Ifo-Studien, 38. Jg. (1985), H. 16, S. 1

Ermöglicht werden Rationalisierungen durch den **technischen Fortschritt,** erzwungen werden sie neben dem **Lohndruck** durch **erhöhte Wettbewerbsintensität,** die von dem rezessionsbedingten Angebotsüberschuß ausgeht. Über niedrigere Preise (nach kostensenkenden Rationalisierungen) und über ein verbessertes Angebot versuchen die Unternehmen, einen größeren Anteil an der insgesamt gesunkenen Nachfrage an sich zu ziehen (siehe das Bild).

Diese (einzelwirtschaftlich begründete) Höhe nach Gewinn führt (gesamtwirtschaftlich gesehen) zur Nachfragsteigerung und damit (kreislauftheoretisch unter der Annahme einer kurzfristig gleichbleibenden Lonsumme argumentiert) zum sofortigen Anstieg der Gewinne bei den Auftrag*nehmern*. Begrenzte Einkommensausfälle sind auffangbar (durch Verschuldung oder Entsparen). Konsum- und Investitionspläne können verteidigt werden. Bei weitergehenden Rückgängen werden Anpassungen zunehmend zwingender. Reserven werden aufgezehrt, die Verschuldungsgrenzen rücken näher. Die Pläne müssen schließlich revidiert und an den laufenden Einnahmen orientiert werden. Der Wachstumstrend, der in die Pläne eingegangen ist, verliert seine

*Die Bedeutung der Eigenkapitalausstattung für Investitionsentscheidungen der Unternehmen**

Die Abhängigkeit der Investitionsentscheidungen vom Eigenkapitalanteil (Bild 1)

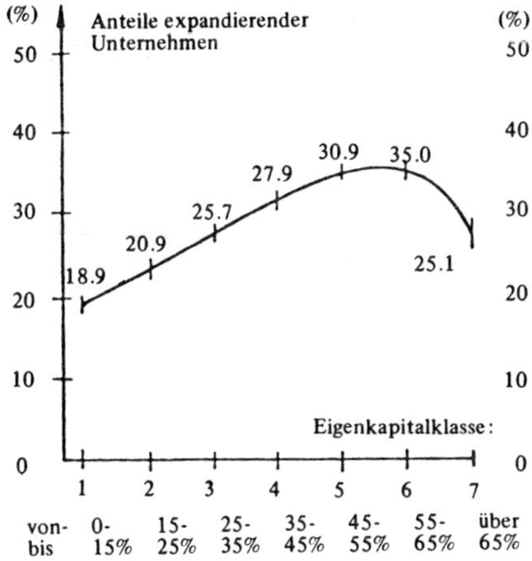

... bei unterschiedlichen Kapazitätsauslastungsgraden (Bild 2)

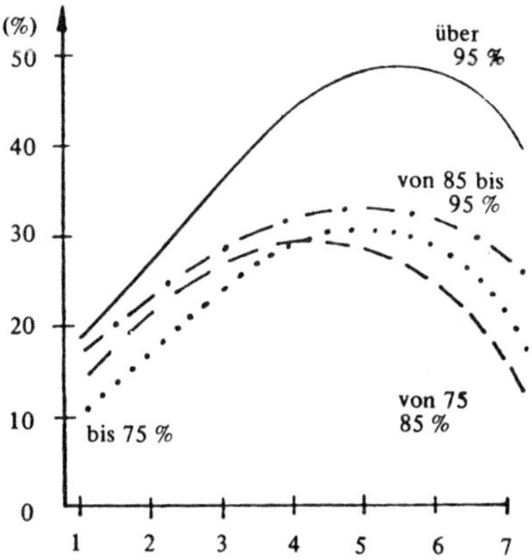

... der Unternehmen mit „steigenden Gewinnerwartungen" (Bild 3)

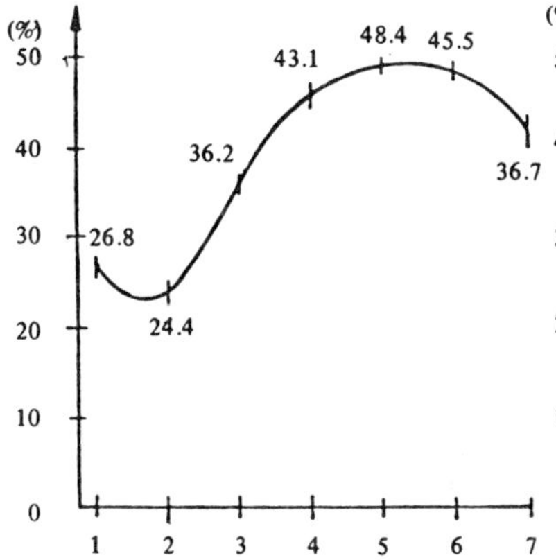

Die Abhängigkeit der Erweiterungsinvestitionen vom Eigenkapitalanteil der Unternehmen in der höchsten Kapazitätsauslastungsklasse (Bild 4)

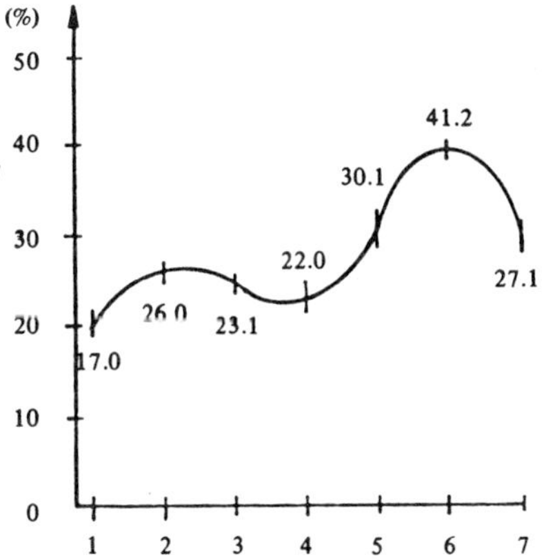

* *Teichmann, U.:* Der Konjunkturzyklus-Reflex nachfragerelevanter Verteilungsprozesse, *Bombach, G. u.a.* (Hrsg.): Perspektiven der Konjunkturforschung, Tübingen 1984, S. 234

Prägekraft für die laufenden (und damit) konjunkturrelevanten Käufe. Der kumulative Abwärtsprozeß setzt sich durch, wenn er diese Sperren (Ratchet-Effekte) überwunden hat.

Sind während des Abwärtsprozesses und in der Rezession (abhängig von Tiefe und Dauer) die finanziellen Reserven und Verschuldungsspielräume der Unternehmen angegriffen worden, dann schwächt der dadurch entstandene Konsolidierungsbedarf die Reaktionsfähigkeit der Unternehmen und Haushalte auf expansive Impulse. Sie können sich gezwungen sehen, zuerst die in der Rezession aufgelaufene übermäßige Verschuldung zu verringern, konkret: Schulden zu tilgen, also Nachfrageverzicht zu üben, bevor sie an zusätzliche Käufe denken können. Mit fortschreitender Konsolidierung werden sie dann aber zunehmend expansive Impulse aufgreifen und durch eigene Aktivitäten verstärken.

Ihren Audruck findet dieses Verhalten in den obigen Graphiken, die den Durchgriff des Eigenkapitals auf das Investitionsverhalten nachweisen (siehe die Bilder). Rationalisierungen bergen zwar einen **Freisetzungseffekt,** Arbeitskräfte werden ersetzt, dieser wird aber erst *nach Abschluß* des Investitionsprojektes wirksam. *Sofort* zeigt sich indes der **Einkommenseffekt** mit seiner multiplikativen Konsumsteigerung und gibt einen expansiven Anstoß.

Stabilisierender Korridor

Die begrenzte, auf die Wachstumsdynamik bezogene Effizienz der kurzfristig wirksamen Marktstabilisatoren läßt darauf schließen, daß um den Wachstumspfad ein stabilisierender Korridor gezogen ist. Mit zunehmender Entfernung läßt dessen Anziehungskraft nach. Verliert der konjunkturelle Prozeß die Bindung zum Wachstumspfad, treibt er über die Grenzen des Korridors hinaus, dann muß, soll auf eine schnelle Wende nicht verzichtet werden, die Hilfe der Konjunkturpolitik in Anspruch genommen werden.

Stabilisierender Korridor

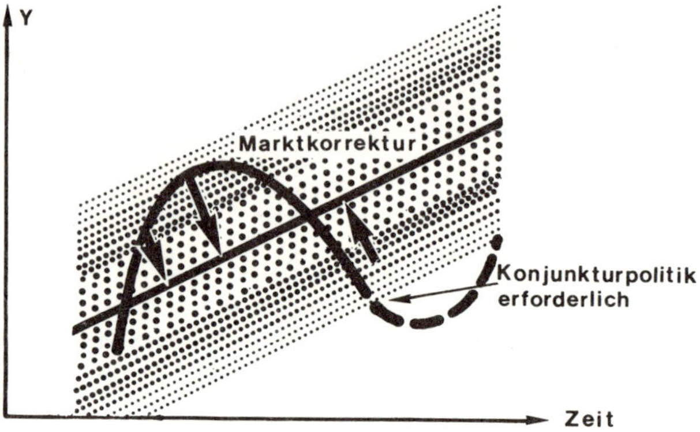

Der Exportstimulus

Der entscheidende Impuls ging in den Nachkriegszyklen der BRD jeweils von den **steigenden Exportüberschüssen** aus. 1974 stieg die Warenausfuhr um 52, der Überschuß um 17 Mrd DM an und beanspruchte zusätzlich 1,7% des Sozialproduktes. Sind die Absatzwege auf den ausländischen Märkten erschlossen und werden die Exportmärkte auch in Zeiten drängender Inlandsnachfrage „gepflegt“, dann lassen sich in der Rezession zusätzliche Aufträge aus dem Ausland hereinholen. Der Druck, der von den freiwerdenden, kostenverursachenden Kapazitäten auf die Unternehmen ausgeht, der sie zwingt, bei nachlassender Inlandsnachfrage zusätzliche Auslandsaufträge zu suchen, wird in seiner exportsteigernden Wirkung noch durch die **rezessionsbedingte Dämpfung des inländischen Preisanstiegs** unterstützt. Steigen im Ausland die Preise unvermindert weiter, dann erhalten – bei stabilen Wechselkursen – die inländischen Anbieter einen ständig wachsenden Preisvorsprung. Dieser hilft nicht nur, die Exporte auszudehnen, er drängt zugleich die Importe zurück.

Nicht selten sind die Unternehmen zudem noch bereit, **Preisnachlässe** zu gewähren, um über steigende Exportaufträge den Beschäftigungsstand zu halten. 1974 versprachen sie den ausländischen Käufern Lieferantenkredite, damit diese trotz der dortigen Devisenknappheit ihre Importe finanzieren konnten: Sie stiegen um das Sechsfache auf 19 Mrd DM an. Zugleich lockten inländische Exporteure mit zinsgünstigen Finanzierungen (als verdecktem Preisnachlaß). Die Kapitalexporte, die dem damaligen Zinsgefälle widersprechen, belegen dies.

Folgen die Zyklen im Ausland zeitversetzt auf den inländischen Nachfrageverlauf, dann treffen freiwerdende Kapazitäten im Inland auf einen ungebrochenen Nachfragesog von draußen. Auch ohne Preisvorteile könnten dann die Exportindustrien aufgrund ihrer **schnelleren Lieferfähigkeit** zusätzliche Aufträge an sich ziehen. Im Boom würde dagegen heimische Nachfrage, die hier kein Angebot findet, im Ausland befriedigt.

Der Außenimpuls bleibt auch dann, wenn man von einem System stabiler Paritäten abgeht und den Wechselkurs floaten läßt. Die expansive Geldpolitik während der Rezession senkt die Zinsen und regt damit den Kapitalexport an. Dieser bewirkt einen Abwertungseffekt, der die Exporte begünstigt und die Importe belastet (ausführlicher im 9. Kapitel, S. 312 ff.).

Dieses schaukelhafte Auf und Ab der Exportüberschüsse mit seiner ausgleichenden Wirkung im Inland geht verloren, wenn die Zyklen deckungsgleich verlaufen, bzw. eine gleichgerichtete Geldpolitik durchgeführt wird. Dann bleibt der Exportimpuls aus. 1975 war dies erstmals der Fall. Seitdem verlaufen die Zyklen weltweit weitgehend synchron. Externe Impulse gehen nicht länger von der Mengenkomponente, sondern von den (in Inlandswährung umgerechneten) Preisen aus; denn ausgeprägte spekulative Wechselkursausschläge (vor allem des Dollars) bestimmten in den vergangenen Jahren den Außenbeitrag (vgl. dazu das Schaubild auf S. 42). Weniger konjunkturrelevant waren dabei die langsam reagierenden Mengen als die mit dem Wechselkurs fluktuierenden gezahlten und erzielten Preise. Sie hatten maßgeblichen Einfluß auf die laufenden Gewinne und damit die Investitionen.

Das zyklische Verhalten der fünf größten Volkswirtschaften der OECD 1962–1972

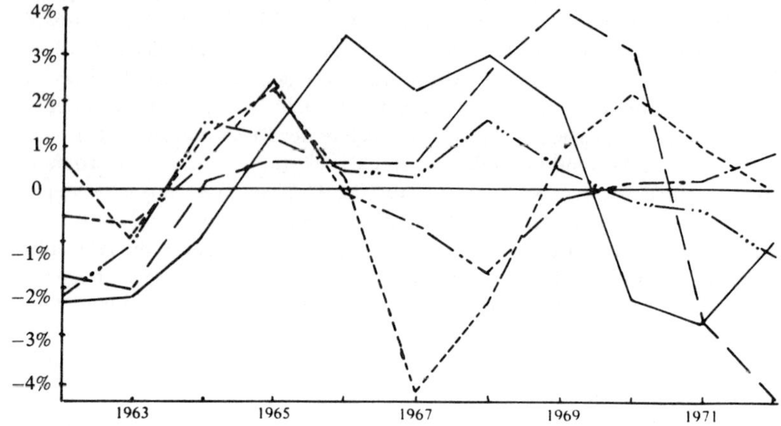

1972–1982

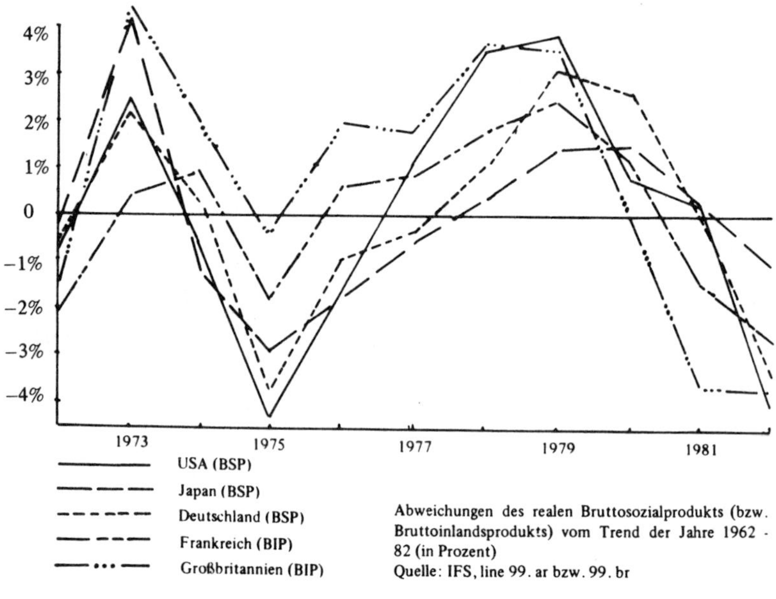

Abweichungen des realen Bruttosozialprodukts (bzw. Bruttoinlandsprodukts) vom Trend der Jahre 1962 - 82 (in Prozent)
Quelle: IFS, line 99. ar bzw. 99. br

Quelle: Landmann, O.: Lohnbildung und internationaler Konjunkturzusammenhang unter flexiblen Wechselkursen, Bombach, G. (Hrsg.), Perspektiven der Konjunkturforschung, Tübingen 1984, S. 100

2. Die Investitionsexpansion

Die rückläufige Auslastung der Sachkapazitäten und das Zögern, eingearbeitete Fachkräfte trotz – als vorübergehend angesehenen – Nachfragemangels zu entlassen, hatten noch im vorangegangenen Abschwung die Fahrt in die Rezession beschleunigt. Setzen sich nun aber expansive Impulse – politische oder (markt-)prozeßimmanente – durch, wächst die Nachfrage in „wartende" Kapazitäten. Die Gewinne steigen sprunghaft an („Gewinnexplosion"). Die Unternehmen können den Nachfrageanstieg weitgehend ohne Rückgriffe auf den Arbeitsmarkt auffangen.

Das Streben, Fachkräfte trotz Rezession durchzuhalten, macht das Personal zu einem quasi-fixen Produktionsfaktor. Da die Lohnsumme anfangs nur geringfügig zunimmt, lassen die steigenden Verkaufserlöse die Gewinne an-

Auftragseingang (Gesamt-, Inland- und Ausland)*

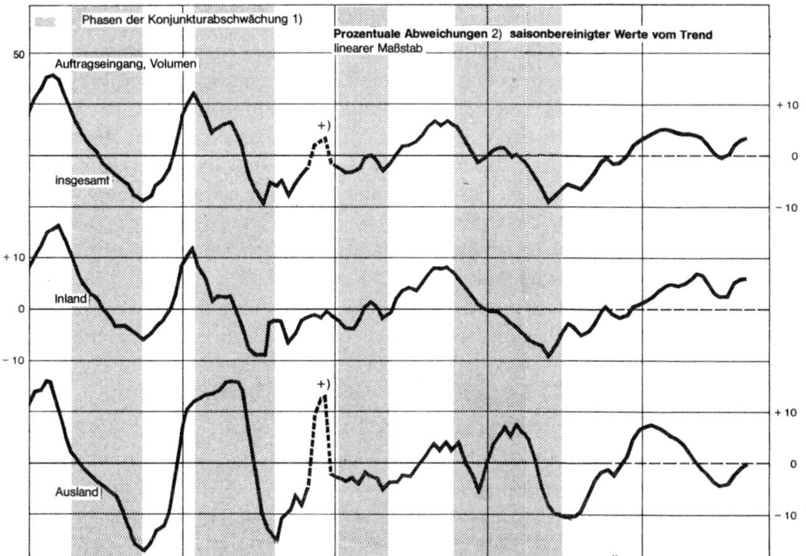

** Verarbeitendes Gewerbe ohne Nahrungs- und Genußmittelgewerbe. – 1) Gemessen am Rückgang der trendbereinigten Werte der Produktion des Produzierenden Gewerbes (ohne Baugewerbe und Energiewirtschaft). 2) Zweimonatsdurchschnitte mit einem gleitenden 3-Periodendurchschnitt geglättet. 3) In dem besonders markierten Teil ist der Kurvenverlauf durch Großaufträge im Juli 1976 beeinflußt. – °) Durch Arbeitskämpfe beeinflußt.*

Quelle: Bundesbank, Statistische Beihefte, Reihe 4

schnellen. Die verlangte Mindestrendite wird zunehmend überschritten und gibt weitere auf eine Steigerung der Nachfrage zugeschnittene, von der Rezession aber zurückgehaltene Investitionsprojekte frei. Ein **investorischer Aufwärtsprozeß**, getrieben durch die steigenden Gewinne, kommt in Gang.

Der Aufschwung geht die ersten Schritte regelmäßig abseits vom Arbeitsmarkt. Kräftiges Wachstum wird anfangs weitgehend ohne Einstellungen erreicht (***Okun***-**Gesetz**). Der Umfang, in dem die Unternehmen ihre Belegschaften an die gestiegene Nachfrage anpassen, ist über die Jahre annähernd gleichgeblieben, der Zeitbedarf der Anpassung ist aber gestiegen. Dafür werden folgende Gründe angeführt: (1) Die Unternehmen investieren zunehmend in die Qualifikation ihrer Belegschaften. Sie versuchen sie deshalb bei Nachfragerückgängen durchzuhalten. Entsprechend geringere Neueinstellungen stehen bei einem späteren Nachfrageanstieg an. (2) In zunehmendem Umfang schützen gesetzliche und tarifvertragliche Regulierungen Arbeitskräfte vor konjunkturellen Entlassungen. Überdies belastet und verzögert Kündigungsschutz die von der aktuellen Nachfrage geforderte Einstellung, wenn deren Dauerhaftigkeit bezweifelt wird (als angebotsseitiges Hemmnis des Expansionsprozesses).

Werden Engpässe erreicht, dann wird Mehrarbeit (durch Steigerung der Arbeitsintensität und Überstunden) vorübergehend Entlastung schaffen. Die Unternehmen werden aber beginnen müssen, sich nach geeigneten Arbeitskräften umzusehen. Diese Suche erfordert Zeit und verzögert das Übergreifen der Nachfrageexpansion auf den Arbeitsmarkt um ein weiteres.

Sind dessen Reserven im Verlauf des Aufschwungs erschöpft, dann kann zusätzliches Personal nur durch höhere Lohngebote angeworben werden. Diesen Weg beschreiten die Unternehmen aber nur sehr vorsichtig, da sie Folgeforderungen ihrer Beschäftigten befürchten. Erst anhaltender Nachfragedruck auf die Engpässe bricht ihre **monopolistische Haltung** am Arbeitsmarkt und zwingt sie, ihre Lohngebote zu erhöhen.

Auch **verteilungskorrigierende Tarife** lassen sich von den Gewerkschaften meist erst dann durchsetzen, wenn nach dem Auslaufen der Verträge, die noch unter dem nachwirkenden Eindruck der vorangegangenen Rezession geschlossen wurden, die Beschäftigung wieder gesichert erscheint[1].

[1] Empirische Untersuchungen bestätigen die schnellere Reagibilität der Tariflöhne im Aufschwung. Lange Laufzeiten können aber ein Nachhinken bewirken. Vor allem machtvolle Gewerkschaften können – wie *Gail Pierson* nachweist – schon vor Erreichen eines hohen Beschäftigungsstandes Tariferhöhungen durchsetzen. *Pierson, G.:* Union Strength and the U.S. „Phillips-Curve", A.E.R., Vol. LVIII (1968), S. 461 f. Vgl. auch *Reynolds, L.G.:* Wages in the Business Cycle, A.E.R., (PP), Vol. XLII (1952), S. 84–99, *Throop, A.W.:* The Union-Nonunion Wage Differential and Cost-Push, A.E.R., Vol. LVII (1968), S. 97. Im Verlauf des Aufschwungs holen die marktbestimmten Löhne zwar auf, an unvorhersehbare inflatorische Preissteigerungen können sie sich, da sie nicht an Laufzeiten gebunden sind, sogar schneller anpassen. Mit dem Abflauen der Inflation gewinnen die Tariflöhne aber wieder ihren Vorsprung zurück. Vgl. hierzu die Überblicke über empirische Studien, die *Bronfenbrenner* und *Holzman* (A Survey of Inflation Theory, A.E.R., Vol. LIII [1963], S. 642 f) und *Evans, M.K.* (Macroeconomic Activity. Theory, Forecasting, and Control, New York u.a. 1968, S. 263 ff) geben.

Bruttosozialprodukt und Investitionen[1)]
im zeitlichen Vergleich
Unternehmen[2)]

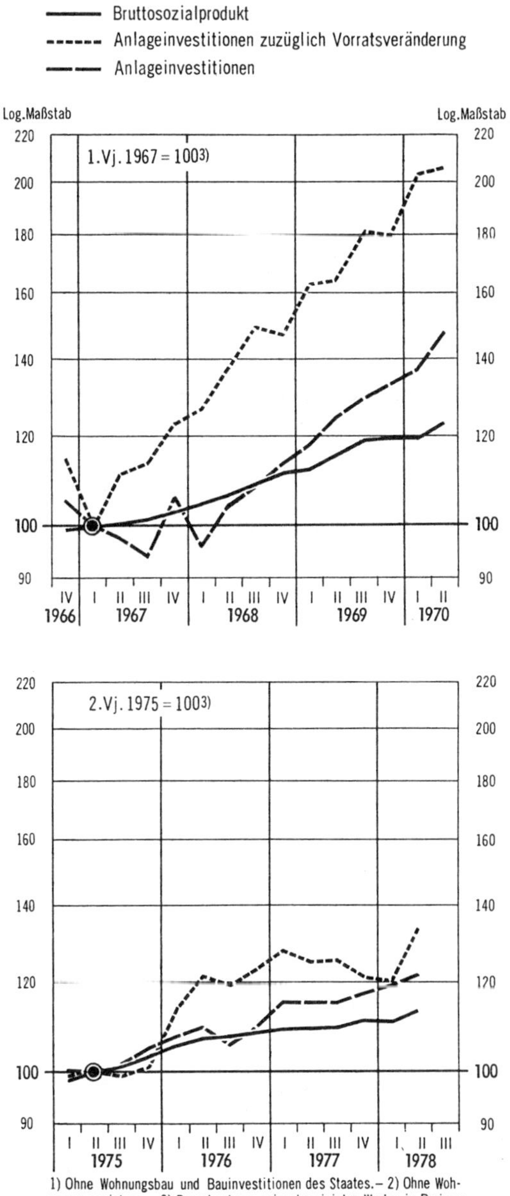

1) Ohne Wohnungsbau und Bauinvestitionen des Staates.– 2) Ohne Wohnungsvermietung.– 3) Berechnet aus saisonbereinigten Werten in Preisen von 1970.

ab 75 geringere Investitionsdynamik im Aufschwung
Grund: rückläufige Renditen
+ EK-quoten

Quelle: Sachverständigenrat, Jahresgutachten 1978/79, S. 51

Zusammengefaßt heißt das: Die Lohnverzögerung im Aufschwung beschleunigt die Gewinnexpansion. Sie hält den Unternehmen bezüglich der Personalkosten den Rücken frei und gibt ihnen Finanzierungskraft und Anreiz zugleich für die Ausweitung der Investitionen.

Beklagt wird heute die geringer gewordenen Investitionsdynamik im Aufschwung. Der Strukturbruch fand aber bereits in den siebziger Jahren statt (siehe Schaubild). Verantwortlich sind dafür die in der gleichen Zeit rückläufigen Renditen und Eigenkapitalquoten, die zum vorsichtigeren Investieren anhalten (siehe Schaubild).

Eigenkapitalquoten und Rendite

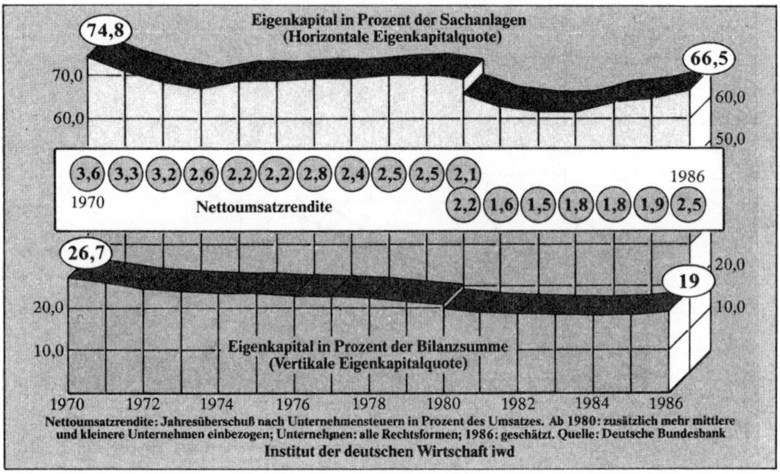

Quelle: Informationsdienst des Instituts der deutschen Wirtschaft, 14. Jg. (1988), Nr. 10, S. 5

Der Beginn des Anstiegs des lohnfinanzierten Konsums hängt wesentlich von dem Erfolg der gewerkschaftlichen Tarifpolitik ab; denn durch Machteinsatz, sprich **Streikdrohung,** lassen sich Lohnerhöhungen schon erzwingen, bevor Personalengpässe marktbedingte Steigerungen bringen. Eine erfolgreiche tarifvertragliche Verteilungskorrektur dämpft zugleich den übermäßigen Gewinnanstieg und hält damit die einseitige, nicht auf den Konsum bezogene Investitionsexpansion zurück.

Der Lagerzyklus

Wie die Sachkapazitäten so folgen auch die absatzorientierten (freiwilligen) **Lagerinvestitionen** der Nachfrage. Die Unternehmen sind bestrebt, Überhänge oder Lücken im Lager (gemessen am laufenden Abgang) umgehend auszugleichen; der Zeithorizont der Lagerdispositionen ist kurz. Beurteilt wird die laufende Situation und die nahe Zukunft. Längerfristige Aussichten werden nicht berücksichtigt, da die Läger für den sofortigen Absatz bestimmt sind. Entsprechend schnell, man kann fast sagen: automatisch,

Auftragseingang), Produktion, Beschäftigte, Löhne und Gehälter je Produkteinheit#) im Konjunkturverlauf*

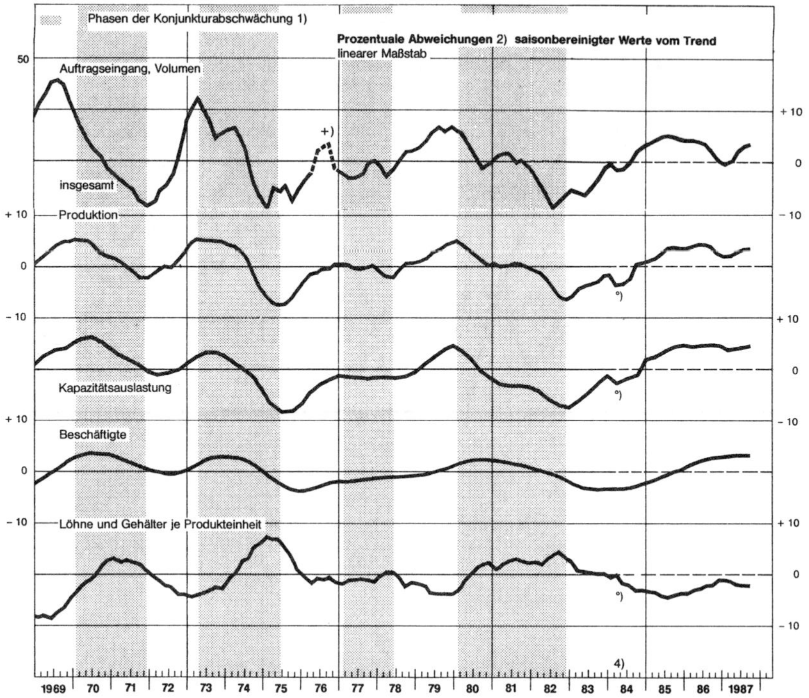

**) Verarbeitendes Gewerbe ohne Nahrungs- und Genußmittelgewerbe. – #) Produzierendes Gewerbe ohne Baugewerbe und Energiewirtschaft. – 1) Gemessen am Rückgang der trendbereinigten Werte der Produktion des Produzierenden Gewerbes (ohne Baugewerbe und Energiewirtschaft). – 2) Zweimonatsdurchschnitte mit einem gleitenden 3-Periodendurchnschnitt geglättet. – +) In dem besonders markierten Teil ist der Kurvenverlauf durch Großaufträge im Juli 1976 beeinflußt. – °) Durch Arbeitskämpfe beeinflußt.*

Quelle: Bundesbank, Statistische Beihefte, Reihe 4

folgt Bestellung auf Lagerabgang. Steigt der Absatz, dann müssen zusätzlich zur Nachfrage auch die Läger aufgestockt werden, damit die jederzeitige Lieferfähigkeit gesichert bleibt, das Lager also seine Pufferfunktion erfüllen kann.

Im Aufschwungjahr 1968 sind die Läger um 9 Mrd (bei einem Sozialprodukt von 540 Mrd), 1969 gar um 13,5 Mrd (gut 2% des Sozialproduktes) gestiegen und wurden doch überwiegend noch als zu gering angesehen. 1973 sind sie um 9,5 Mrd aufgestockt worden (bei einem Sozialprodukt von 930 Mrd) gegenüber bloßen 1,5 Mrd im nachfolgenden Abschwungjahr. In konstanten Preisen gerechnet erklärt allein der erheblich kräftigere Lageraufbau im Vorjahr einen Wachstumsimpuls von 1% des realen Sozialproduktes.

Veränderung von Lagerbeständen und Bruttosozialprodukt gegenüber dem Vorjahresquartal in Preisen von 1980 in Prozent

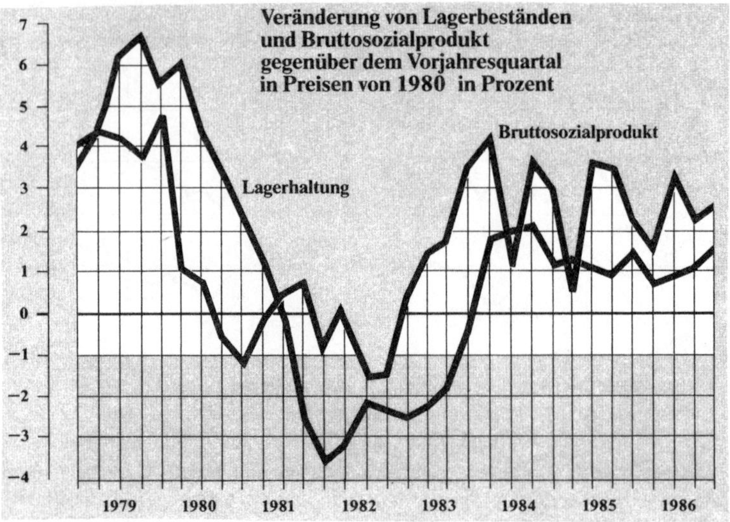

Quelle: Informationsdienst des Instituts der deutschen Wirtschaft, 13. Jg. (1987), Nr. 20, S. 7

Die Lagerhaltung, bis in die siebziger Jahre hin noch Schrittmacher des Zyklus, hat heute diese Rolle weitgehend eingebüßt. Sie geht nunmehr Hand in Hand mit dem Zyklus (siehe Bild).

Exkurs: Bestimmungsgründe der Investitionen

Investitionen sind der Mittler zwischen den Nachfragewünschen und den sachlichen, personellen und zeitlichen Möglichkeiten ihrer Befriedigung; einfacher gesagt: Sie sind, ihrerseits Konsumverzicht verlangend, die Voraussetzung späterer Produktionsausweitung. Schließt man von diesem Aspekt auf das Investitionsverhalten, dann drängt sich unwillkürlich die steigende Nachfrage als Leitmotiv auf.

Auf der anderen Seite weiß man aber auch, daß Unternehmen Gewinne machen wollen, daß sie investieren, um Gewinne erzielen zu können. Diese Überlegung legt nun wieder nahe, das Gewinnstreben, genauer: die Aussicht auf Gewinne, als maßgeblich für die Investitionsentscheidung anzusehen.

Mit dem **Nachfragesog** und dem **Gewinnstreben** sind bereits die beiden – in der Literatur durchgängig als konkurrierend angesehenen – Investitionsmotive angesprochen. Es stellt sich die Frage nach dem dominierenden Motiv und – einen Schritt weitergehend – nach der sachlichen und zeitlichen Strenge der Bindung.

Zahlreiche **empirische Studien** sind ihr gewidmet. Sie finden überwiegend die Akzelerator-Hypothese bestätigt.[2] Nur selten können sie einen maßgeblichen Einfluß der Gewinne auf das Verhalten der Investoren nachweisen. Mit Bezug auf eben diese Studien glaubt man, in der Konjunkturanalyse mit dem Nachfragemotiv arbeiten zu können.

Dazu ist jedoch folgendes zu sagen: In der Regel folgen – mit der bekannten Verzögerung bei überschüssigen Kapazitäten – die Investitionen dem Sog der Nachfrage. Die Gewinne sind das in der Investitionsentscheidung vorweggenommene Resultat des Expansionsprozesses. Das heißt, sie folgen mit variabler Verzögerung dem Nachfrageanstieg.

Versucht man, in der empirischen Analyse mit ökonometrischen Hypothesentests das dominierende Investitionsmotiv zu finden, so wird man stets auf das Akzelerationsprinzip stoßen; denn die Erwartung steigender Gewinne – wie wohl für die Auftragsvergabe verantwortlich – kann durch die Zukunft enttäuscht werden. Die Gewinne können ausbleiben und sind dann statistisch nicht nachweisbar.

Auch aktuelle Gewinnsteigerungen begründen nicht immer Investitionsentscheidungen. Sie werden immer dann ohne Einfluß bleiben, wenn nicht mit ihrer **Nachhaltigkeit** gerechnet werden kann; sei es, weil der Nachfragestoß (oder die lohnpolitische Mäßigung) als einmalig angesehen wird, sei es,

---

[2] Empirische Untersuchungen, die im Anschluß an die grundlegenden Arbeiten von *Meyer* und *Kuh* bzw. *Eisner* und *Strotz* vorgenommen wurden, weisen gleichfalls auf die dominierende Rolle der Nachfrage hin.

Meyer, J. R. und *Kuh, E.:* Investment, Liquidity and Monetary Policy, Commission on Money and Credit: Impacts of Monetary Policy, Englewood Cliffs (N.J.) 1963, S. 339–474; *Eisner, R.* und *Strotz, H.:* Determinants of Business Investment, *Commission on Money and Credit* (Hrsg.): Impacts of Monetary Policy, Englewood Cliffs (N.J.) 1963, S. 59–233; *Eisner, R.:* Factors in Business Investment, Cambridge (Mass.) 1978; *Heil, J.:* Akzelerationstheorie – Eine vollständige empirisch gestützte Investitionstheorie, Regensburg 1985.

Jorgenson, dessen Ansatz die aktuelle Diskussion beherrscht, beschreibt die Anpassung des Kapitalstocks an die Nachfrage mit Bezug auf den Gewinn *Jorgenson, D. W.:* Econometric Studies of Investment Behavior, Journal of Economic Literature, Vol. 9 (1971), S. 1111–1147.

In einem internationalem Vergleich sieht *Brems* die enge Bindung der Investitionen an die Nachfrageexpansion für solche Länder bestätigt, die ein schnelles und stetiges Wachstum aufwiesen. Die steigende Nachfrage erzwingt dort gleichsam die Anpassung der Kapazitäten, während gewinnorientierte Rationalisierungen ohne Anpassungsdruck aufgeschoben werden können, also eine gelockerte zeitliche Bindung an die Ursache aufweisen. Auch die neueren empirischen Arbeiten von *Dhrymes* und *Kurz* bestätigen die These der Nachfrageorientierung, solange den Investitionen von der Liquidität keine Grenze gesetzt wird.

Brems, H.: Capital Coefficients, Propensities to Save, Calculated and Actual Growth Rates in Eight Countries, W. A., Bd. 108 (1972), S. 673–683.

Dhrymes, P. J. und *Kurz, M.:* Investment, Dividend, and External Finance Behavior, *Ferber, R.* (Hrsg.): Determinants of Investment Behavior, New York und London 1967, S. 464; *Evans, M. K.:* Macroeconomic Acvitity. Theory, Forecasting, and Control. An Econometric Approach, New York u. a. 1969, S. 133 ff.

daß für die Zukunft verteilungspolitische Konflikte drohen und bereits die heutige Investitionsentscheidung belasten.

Aber noch ein weiteres Argument greift die übliche empirische Investitionsanalyse als Messen ohne ausreichende sachlogische Fundierung an. In der Statistik des Auftragseingangs werden allein *angenommene* Aufträge erfaßt. Angenommen werden sie aber bei erforderlicher Kapazitätserweiterung nur dann, wenn sie Gewinn versprechen. Dieses Selektionsprinzip übersieht der Empiriker, wenn er mit starrem Auge auf die statistischen Zeitreihen blickt.

Bezieht man diesen Aspekt in die Diskussion um das Akzelerationsprinzip ein, dann müßte es – inhaltlich – als widerlegt angesehen werden, wenn durch Befragung ermittelt werden kann, daß Aufträge abgelehnt oder nur zu gestiegenen Preisen angenommen werden; aber auch dann, wenn Aufträge zwar akzeptiert werden, trotz ausgelasteter Kapazitäten aber keine Erweiterungsinvestitionen in Angriff genommen, sondern lediglich die Auftragsbestände verlängert werden.

Überdies lassen auch konjunkturelle Faktoren eine strenge zeitliche Bindung der Investitionen an die laufenden Gewinne nicht zu. Nachfrage und Gewinne schwanken mit dem Zyklus; die Gewinne werden aber darüber hinaus noch von einer weiteren konjunkturellen, zum Teil sogar **exogenen Komponente** beeinflußt: den durch Tarifvertrag bestimmten Löhnen, die zudem den zyklischen Wenden in ungleichmäßiger Intensität und unvorhersehbarem Abstand folgen. Die laufenden Gewinne können deshalb den Investoren nicht als Orientierung dienen.

Der Nachfrageanstieg ist zwar die geeignetere, weniger gestörte und deshalb transparentere **Richtschnur für Kapazitätsanpassungen** – zumal auch Investitionen, die auf eine, dann aber aus konjunkturellen Gründen verzögerte, steigende Nachfrage zugeschnitten sind, durch das spätere Wachstum nachträglich noch gerechtfertigt werden können. Das heißt aber nicht – und das ist zu betonen –, daß im Zyklus die Gewinne ihren ausschlaggebenden Einfluß verlieren. Es wird nur gesagt, daß zyklische Faktoren seinem empirischen Nachweis entgegenstehen. Die Investoren werden dem Nachfrageanstieg immer nur dann folgen, wenn er – mittelfristig – Gewinn verspricht. Ob diese Erwartung trügt, wird die Zukunft zeigen. Diesem Risiko kann der Investor nicht ausweichen. Er kann es aber ausgleichen, indem er einen entsprechenden Gewinn fordert.

Häufig unbeachtet bleibt in der theoretischen Argumentation eine Determinante der Investitionstätigkeit, die mit Blick auf die unternehmerische Praxis besonderes Augenmerk verdient. In der Modelltheorie wird regelmäßig von der Annahme ausgegangen, daß sich die privaten Investitionen ihre Finanzierung selbst erschließen. Die Grenze der Investitionstätigkeit liegt dann im Mangel an gewinnversprechenden, von der Nachfrage geforderten Projekten begründet, nicht hingegen in der Beschränkung der Finanzierungsfähigkeit. Vornehmlich Aussagen im Rahmen vollkommener Kapitalmärkte weisen Finanzierungseinwände zurück.

Löst man sich indes von der realitätsfernen Theorie, so wird die Relevanz der Finanzmittelausstattung offenkundig. Einen wesentlichen Bestandteil des Finanzierungspotentials einer Unternehmung stellen die in der Vergangenheit erwirtschafteten („geronnenen") Gewinne dar. Zwei Effekte können hierbei unterschieden werden. Zum einen repräsentieren Gewinne ihrerseits für Investitionszwecke verwendbare Finanzmittel (Finanzierungseffekt), und zum anderen öffnen nachweisbare Unternehmenserfolge dem Investor den Zugang zum Fremdkapital (Erschließungseffekt). Diese Überlegungen lassen die (empirisch nachweisbare) – die Abbildung auf S. 64 belegt die enge Bindung der Investitionen an den Gewinn – Vermutung zu, daß die private Investitionstätigkeit maßgeblich von den Gewinnen der Vergangenheit abhängt. Die Finanzierungsfähigkeit begrenzt das Investitionsvolumen.

In diesem Zusammenhang kommt der Betrachtung der unternehmerischen Gesamtlage besondere Bedeutung zu. Angesichts anhaltend rückläufiger Eigenkapitalquoten privater Unternehmen wird die Neigung und Fähigkeit zur Investition nicht zuletzt vom Risikograd der unternehmerischen Aktivität bestimmt. Das Eigenkapital einer Unternehmung dient den Gläubigern als Haftungspuffer. Je größer die Ausstattung mit eigenen Mitteln ist, desto geringer ist für Fremdkapitalgeber die Gefahr, in die Verlustzone gezogen zu werden. Mit dem Rückgang der Eigenkapitalquote nimmt indes das Ausfallrisiko institutioneller und privater Kreditgeber zu. Banken werden den zusätzlichen Kreditwünschen eigenkapitalschwacher Schuldner zunehmend reservierter gegenüberstehen, einzelne Darlehensanträge auch abschlägig bescheiden. Jetzt wird die Finanzierungsgrenze deutlich sichtbar. Trotz (vermutet) rentabler Investitionsprojekte scheitert die Unternehmung an der nicht vorhandenen Finanzierungsfähigkeit, der konjunkturell erwünschte expansive Impuls der Investitionstätigkeit bleibt aus.

In diesen Situationen ist die autonome Tarifpolitik gefordert. Zurückhaltung an der Lohnfront bedeutet Stärkung der unternehmerischen Erfolgsrechnung. Gewinne verbessern (mittelfristig) die Finanzierungsfähigkeit bzw. die Eigenkapitalausstattung. Die staatliche Konjunkturpolitik kann allenfalls die Gewinnthesaurierung attraktiver machen (etwa durch eine Senkung der Besteuerung für nicht ausgeschüttete Gewinne) oder aber – mit den entsprechenden ordnungspolitischen Einwänden – selbst mittelbar als Bürge oder Gläubiger eintreten (bspw. über staatliche Bürgschaften, Kreditprogramme oder gar Beteiligungen). Erst bei einer nachhaltigen und erkennbaren Verbesserung der Eigenkapitalquote werden auch die Geschäftsbanken wieder mit Fremdmitteln zur Verfügung stehen, um den konjunkturellen Investitionsengpaß zu beseitigen.

Im **oligopolistischen Wettbewerb** sind auch Rückwirkungen der Angebotsausweitung auf die Preise und damit die erzielbaren Gewinne in die Investitionsentscheidung einzubeziehen. Nur die Anpassung der Kapazitäten an den Nachfrageanstieg schreibt die vergangenen Gewinne fort. An den hohen Gewinnen ausgerichtet, könnte die Angebotsausweitung zu einem Verfall der Preise führen, auf jeden Fall aber wären die entstandenen überschüssigen Kapazitäten eine latente Drohung des Preiskampfes. Deshalb werden sich – insbesondere die oligopolistischen – Anbieter zwar am Nachfrageanstieg orientieren, aber auch nur, sofern – und das ist entscheidend – die Investitionen befriedigende Gewinne versprechen.

Die **verlangte Mindestrendite** ist ein Resultat der Marktbedingungen. Die Unternehmen haben die Gewinnrate, die von Industrie zu Industrie und von

Unternehmen zu Unternehmen variiert, in der Vergangenheit erzielt, anschließend behaupten können, sich daran gewöhnt und verlangen sie nun auch für zukünftige Investitionen. Sie drückt als normal angesehene Verhältnisse aus und wird damit zum betriebsinternen Bewertungsmaßstab für ein Investitionsverhalten, das subjektiv als marktgerecht verstanden wird. Wie jede Gewohnheit – industrielle, betriebliche und zeitliche Unterschiede in den Gewinnraten deuten es an – kann auch diese innerhalb der engen, marktdeterminierten Grenzen geändert werden.

Neue Konventionen können sich im Zuge eines Erholungsprozesses herausbilden, nachdem die vorangegangene Krise hergebrachte Verhaltensmuster zerrüttet hat – wie *Phelps Brown*[3] betont – oder auch durch beharrlichen tarifpolitischen Druck durchgesetzt werden, da Gewohnheiten nur in einem langfristigen Prozeß veränderbar sind. **Behutsames Vorgehen** ist auch deshalb erforderlich, weil rezessive Störungen aufgrund eines Investitionsausfalls in der Regel nur durch Verteilungskorrekturen heilbar sind, die hinter das in der Vergangenheit Erreichte zurückführen, da auftretende konjunkturelle Risiken durch ein expansiv wirkendes Gewinnversprechen ausgeglichen werden müssen.

3. Die Strukturtreppe

Für die Konjunkturpolitik bedeutsam ist die **Treppe der speziellen Investitionsgrenzen.** Sie ordnet die Unternehmen stufenförmig nach ihrer Reagibilität auf expansive Impulse, d.h. danach, wann steigende Aufträge unwidersprochen durch die verlangte Mindestrendite zu Investitionen führen. Die übliche globale Argumentation verschließt den Blick auf die ersten Schritte eines Erholungsprozesses. Solange *die* Kapazitäten im Schnitt minderausgelastet sind, *die* Gewinne insgesamt gesehen noch nicht der Anforderungen *der* Investoren entsprechen, erscheint es nicht einsehbar, daß und gegebenenfalls wie ein Aufschwung ingangkommen könnte. Ein Blick „hinter den Durchschnitt" zeigt aber, daß es zu jeder Zeit Unternehmen gibt, die an der Kapazitätsgrenze arbeiten und entsprechende Gewinne erzielen. Übersehen wird beim Blick auf den Durchschnitt das strukturelle Gefälle. Anfangs werden es wenige Unternehmen sein, die expansive Impulse aufgreifen und in verstärkte Investitionen umsetzen. Sie steigern dann aber mit ihrer Aktivität das Nachfrage- und Gewinniveau und induzieren damit bei weiteren Unternehmen Investitionen. Zug um Zug weitet sich der Kreis reagierender Unternehmen aus, bei immer weniger „versickert" der expansive Impuls. Erklärt werden kann damit nicht nur, daß und wie ein Aufschwung ingangkommt, sondern gleichzeitig die Beschleunigung während eines laufenden Expansionsprozesses.

---

[3] *Phelps Brown, E.H.:* The Long-Term Movement of Real Wages, *Dunlop, J.T.* (Hrsg.): The Theory of Wage Determination, London-Melbourne-Toronto 1966, S. 64f.

Die Strukturtreppe bestimmt den Verlauf des Aufschwungs (und nach der Wende: den des Abwärtsprozesses), zeichnet Hemmnisse und Widerstandsgrenzen, falls sie ein ausgeprägtes strukturelles Gefälle oder gar einen Strukturbruch aufweist, der den expansiven Prozeß verlangsamt bzw. unterbricht (vgl. das Bild Strukturtreppe mit Strukturbruch).

Strukturtreppe (allgemeines Modell)

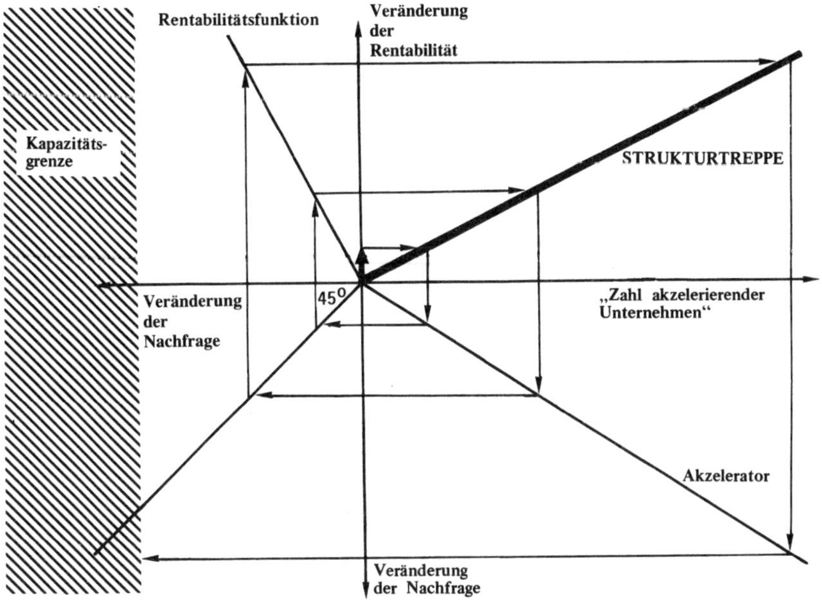

Strukturtreppe (mit Gewinnrestriktion)

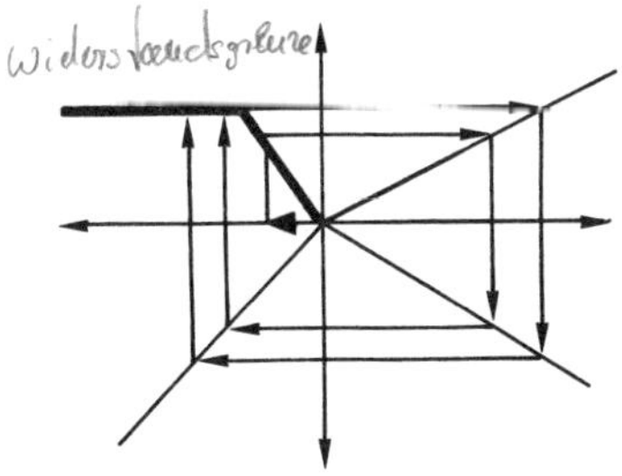

Strukturtreppe (mit Strukturbruch)

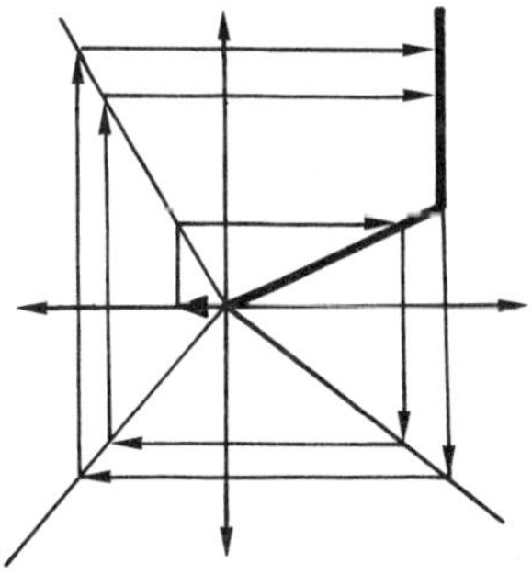

Gebremst wird ein laufender expansiver Prozeß auch dann, wenn im Zuge des Aufschwungs eine umverteilende Lohnpolitik die Gewinne angreift und die gefährdete Mindestrendite die weitere Investitionsausweitung blockiert (vgl. das Bild Strukturtreppe mit Gewinnrestriktion).

Wären alle Unternehmen gleich weit von ihrer speziellen Investitionsgrenze entfernt, würden die Investitionen von einem Nachfrage- und/oder Gewinnanstieg erst überhaupt nicht berührt. Nach Erreichen der gemeinsamen Investitionsgrenze wollten dann aber alle Unternehmen gleichzeitig die Kapazitäten ausweiten. Es setzte ein sprunghafter unkontrollierbarer Nachfrageanstieg ein.

Abgestufte Investitionsgrenzen ziehen jedoch den Expansionsprozeß wie auch den Schrumpfungsprozeß zeitlich auseinander. Sie machen ihn dadurch steuerbar. Die Unternehmen der unteren Stufen, die trotz Rezession noch an der Investitionsgrenze operieren, greifen die Impulse auf und geben sie an Zulieferer weiter. Sie neutralisieren den Anstoß nicht mehr, indem sie lediglich Auftragsbestände bilden oder Läger abbauen. Mit jedem expansiven Schritt rücken zusätzliche Unternehmen an ihre spezielle Investitionsgrenze heran; sie vervielfältigen nun auch die Wirkung eingehender Aufträge durch Investitionen (Akzelerator) und schließlich später durch steigende Lohnzahlungen (Multiplikator). Die Basis des kumulativen Prozesses wird immer breiter.

Der Aufschwung wird zu Beginn vor allem dadurch beschleunigt, daß die bestgeführten Unternehmen die meisten Aufträge an sich ziehen, also solche, die trotz Rezession oberhalb der Investitionsgrenze arbeiten bzw. die sie im beginnenden Aufschwung zuerst erreichen und damit den Anstoß früher weitergeben.

Man kann sagen: Die Expansion klettert auf der Strukturtreppe in immer schnelleren und längeren Schritten nach oben. Stufe für Stufe weniger Unternehmen schlucken, immer mehr vervielfältigen expansive Impulse.

4. Der verzögerte Konsumstoß

Ist der Arbeitsmarkt erschöpft, dann werden Anwerbungen über höhere Lohngebote und/oder Überstunden (mit den entsprechenden Zuschlägen) erforderlich. Gelingt es zudem den Gewerkschaften, kräftige Lohnsteigerungen durchzusetzen, weil der Druck der Auftragsbestände und die gefüllten Kassen den Widerstand der Arbeitgeber schwinden ließen, dann werden die Investitionen fortan von einer kräftigen Ausweitung des Konsums begleitet. Der Aufschwung, bisher überwiegend von den Investitionen getragen, stellt sich nun auch auf das zweite Bein. Der lohnfinanzierte Konsum zieht sprunghaft nach.

Die Schwankungsbreite des Konsums ist zwar erheblich geringer als die der Investitionen (siehe Bild); er hat aber etwa das dreifache Gewicht.

Bestimmt wird der sektorale Expansionsprozeß durch die sog. konjunkturreagiblen Güter, das sind die langlebigen Gebrauchsgüter. Ihr Kauf ist aus der Sicht des Haushaltes einer Investition vergleichbar. Ihr Anteil an den Gesamtausgaben steigt mit dem Aufschwung zwar verzögert, dann aber sprunghaft an, und drängt anteilig (nicht absolut) die Verbrauchsgüter zurück (siehe Bild).

Konsum und Investitionen in Preisen von 1980

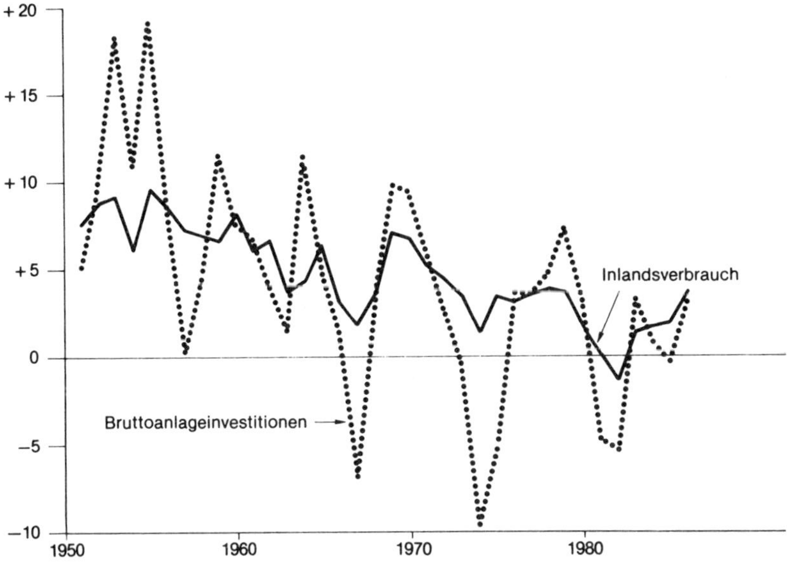

Quelle: Glastetter, W.: Konjunkturpolitik, Köln 1987, S. 84

Exkurs: Bestimmungsgründe des Konsums

Im Jahre 1986 betrug das Bruttosozialprodukt 1948 Mrd. DM. Davon wurden 1082 Mrd. für den privaten Konsum verwendet (das sind 55,5%). Diese Zahlen machen den maßgeblichen Einfluß des Konsums auf die Gesamtnachfrage und damit den Beschäftigungsgrad deutlich. Über eine Analyse der Bestimmungsgründe des Konsumverhaltens versucht man, zu einer verläßlichen Voraussage über die zukünftigen Konsumausgaben zu kommen und zugleich Hinweise für eine zielgerechte Steuerung des Konsums zu erhalten.

Die Ökonomen sehen im Konsum zwar das alleinige Ziel des Wirtschaftens; in der Konjunkturtheorie sprachen sie ihm aber bisher eine weitgehend passive Rolle zu. Sie kehren dort die ursprüngliche ökonomische Beziehung um. Nicht die Bedürfnisse rufen die zu ihrer Befriedigung notwendigen Investitionen hervor; sie erklären stattdessen den Konsum als abhängig von den Investitionen, die das Einkommen schaffen.

Das **Einkommen** setzt dem Konsum zwar eine Grenze; diese ist aber nicht starr. Ein attraktives Angebot kann die Haushalte veranlassen, entweder weniger zu sparen oder nach Wegen zu suchen, das Einkommen durch mehr und/oder höherwertige Arbeit zu steigern. Außerdem können sie Kredite aufnehmen und damit den gewünschten Konsum finanzieren. Die zusätzliche Nachfrage erhöht dann die Beschäftigung und das Einkommen direkt und über konsuminduzierte Investitionen. Das heißt: Nicht nur die Investitionen, auch der Konsum kann sich nachträglich selbst finanzieren. Die Haushalte dehnen die Nachfrage aus, die Beschäftigung und mit ihr die Einkommen steigen und helfen trotz – besser wegen – des höheren Konsums, die ursprüngliche Sparquote wieder zu erreichen. Die Wachstumsimpulse, die vom Konsum ausgehen, werden dadurch verdeckt. Die gleichbleibende Sparquote täuscht eine strenge Bindung des Konsums an das laufende Einkommen vor, die die Eigendynamik des Konsums vergessen macht.

Zur Konjunkturreagibilität der Güterarten des Privaten Verbrauchs 1961 bis 1985

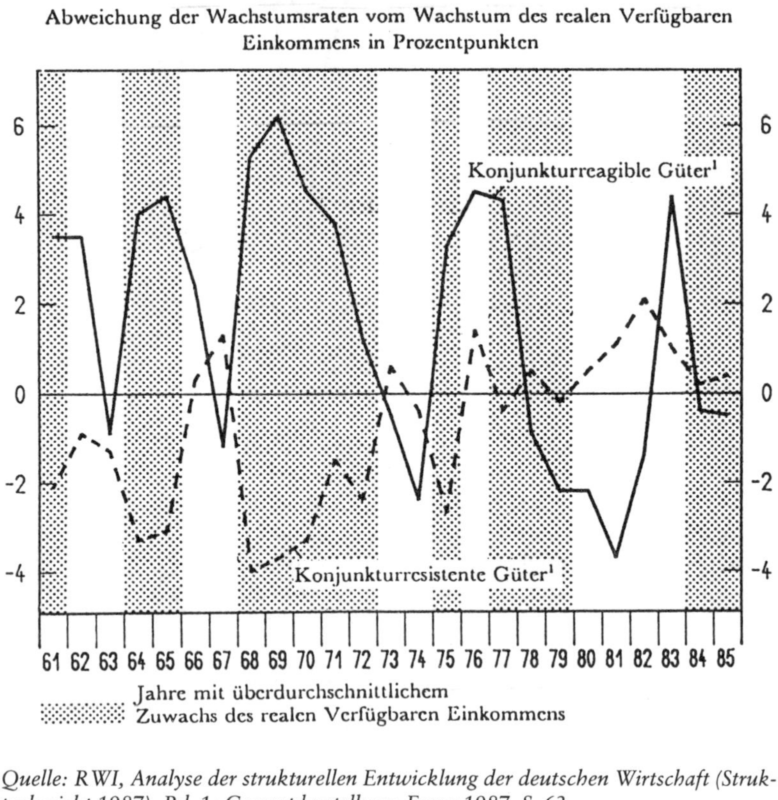

Quelle: RWI, Analyse der strukturellen Entwicklung der deutschen Wirtschaft (Strukturbericht 1987), Bd. 1: Gesamtdarstellung, Essen 1987, S. 63

Die Konsumausweitung kann ökonomisch begründet sein: Innovationen wecken Konsumbedürfnisse, oder gesellschaftlich motiviert sein: die Haushalte orientieren sich am Konsumstandard des Nachbarn. Sie können sich auch an den steigenden Wohlstand gewöhnt haben und verlangen ihn für die Zukunft. Durchsetzen ließe sich dieser Anspruch über Lohnforderungen oder durch steigende Verschuldung der privaten Haushalte. Während die verteilungsaktive Lohnpolitik zwar den Konsum fördert, auf der anderen Seite aber die gewinnbestimmten Investitionen kürzt, bewirkt der kreditfinanzierte Konsum einen Nachfrageschub, der zudem Investitionen anregt.

In den **Konsumhypothesen**[4] nimmt das *laufende* Einkommen die zentrale Stellung ein. Es wird ergänzt durch das Vermögen (es entstand aus *vergangenem* und verspricht zukünftiges Einkommen), das aufgelöst werden und in den Konsum fließen kann, und durch *zukünftiges* Einkommen. Über die Verschuldung können Käufe vorgezogen werden, die aus späteren Einkünften nachträglich bezahlt werden.

Nach dem zeitlichen Horizont des Einkommens lassen sich auch die folgenden drei Annahmen über das Konsumverhalten unterscheiden: die absolute, die relative und die permanente Einkommenshypothese.

Die absolute Einkommenshypothese

Sie geht auf *Keynes* zurück. Er ging davon aus, daß die Haushalte mit ihrem Konsum dem laufenden Einkommen folgen, dies aber nicht im gleichen Schritt tun. Die marginale Konsumquote bliebe zwar konstant, die durchschnittliche fiele aber langfristig mit steigendem Einkommen, da das Gewicht des autonomen (unverzichtbaren, weil lebensnotwendigen) Bestandteils des Konsums ständig zurückginge. Nach zahlreichen empirischen Überprüfungen gilt die absolute Einkommenshypothese heute als widerlegt. Sie wurde abgelöst durch die relative Einkommenshypothese.

Die relative Einkommenshypothese

Sie rückt im Gegensatz zur absoluten Einkommenshypothese die **Interdependenz der individuellen Konsumentscheidungen** in den Vordergrund. Die Haushalte richten sich in ihren Konsumentscheidungen nicht nach ihrem absoluten, sondern nach ihrem relativen Einkommen. Sie beziehen das Einkommen auf einen früher erreichten Konsumstandard oder auf die Lebenshaltung der Nachbarn: Der gewohnte Lebensstandard wird bewahrt, selbst wenn das Einkommen vorübergehend sinkt. Steigt es, dann wird die nächste Stufe genommen, die der besserverdienende Nachbar gerade verläßt.

Bei gleichmäßigem **Einkommensanstieg** haben alle Haushalte das Gefühl, ihre gesellschaftliche Position (gemessen am Konsumstandard) verbessert zu haben, und sparen ihrem höheren Einkommen entsprechend anteilig mehr. Ihre Konsumquote wird kurzfristig sinken. Empirische Untersuchungen belegen dies. Die Haushalte werden aber mit der Zeit erkennen, daß sich ihre relative Position nicht verändert hat und sich auf die Dauer nur behaupten läßt, wenn sie zur alten Konsumquote zurückkehren. Die langfristige Konsumquote bleibt also konstant.

Bei konjunkturellen **Einkommenssenkungen** halten die Konsumenten am gewohnten Lebensstandard fest. Die Konsumquote steigt vorübergehend; sie paßt sich nur langsam der langfristigen Konsumquote an. D. h., das in der

---

[4] *König, H.:* Konsumfunktionen, Handwörterbuch der Wirtschaftswissenschaft, Bd. 4, Stuttgart u.a. 1978, S. 513–528; *Franz, W.:* Neues von der Konsumfunktion, Wirtschaftsstudium, 16. Jg. (1987), S. 577–582

Vergangenheit erzielte Maximaleinkommen wirkt auf den Konsum der Zukunft nach.

Weithin vernachlässigt wird bei der Analyse des Konsumverhaltens die **Absicherung konjunktureller Einkommensrisiken.** Sie gewährt vermögensgleiche Eventualeinkommen. Ohne Ausgleich der Lohnausfälle bei Arbeitsplatzverlusten durch ein soziales Sicherungssystem (früher vor allem durch den Familienverband oder landwirtschaftlichen Nebenerwerb) sehen sich die Haushalte zur privaten Vorsorge gezwungen. Auf die ersten Anzeichen einer nachlassenden Konjunktur schnellte wegen der drohenden Gefahr der Entlassung die Ersparnis in die Höhe. Auch solche Haushalte steigerten vorsorglich ihre Ersparnis, die später von der Arbeitslosigkeit nicht getroffen werden. Der sprunghaft steigende Konsumverzicht beschleunigte den beginnenden Abschwung wesentlich. Positiv formuliert heißt das: Je sicherer das laufende Einkommen wird, desto weniger Anlaß besteht für ein konjunkturreagibles Konsumverhalten.

Das System der sozialen Sicherung neutralisiert *ein* zyklisches Moment. Es bleiben aber andere, die sich nicht ausschalten lassen. Einmal wird man auf einen vollständigen und dauernden Ausgleich verzichten, um ein individuelles Interesse an der Suche nach einem neuen Arbeitsplatz zu erhalten, zum anderen bleiben **persönliche Risiken.** Evtl. müssen Lohnabstriche an der nächsten Stelle hingenommen werden; der erhoffte berufliche Aufstieg, auf den die Lebenshaltung bereits zugeschnitten war, kann unterbrochen werden. Abgesehen davon, daß auch **psychische Faktoren,** die von der Rezession ausgehen, die Kaufneigung der Haushalte beeinträchtigen können, bleiben also trotz weitgehender sozialer Absicherung noch zyklische Momente im Konsumverhalten.

Nach der absoluten Einkommenshypothese, die sich auf das laufende Einkommen, also die Gegenwart, bezieht, und der relativen Einkommenshypothese, die die Nachwirkung der Vergangenheit beschreibt, folgt die permanente Einkommenshypothese, die die Zukunftsperspektive in den Vordergrund stellt.

Die permanente Einkommenshypothese

Sie wird mit der Beobachtung begründet, daß Bezieher unregelmäßiger Einkommen ihre laufenden Konsumausgaben dennoch weitgehend stabil halten. Dies ließ vermuten, daß die Haushalte ihren Konsum nicht allein am gegenwärtigen Einkommen orientieren, sondern das in der Zukunft erwartete mit in ihre heutigen Kaufentscheidungen einbeziehen.

Als Begründer dieser Hypothese gilt *Milton Friedman.* Er nimmt an, daß der Konsum ein Bruchteil (K) des permanenten Einkommens ist. Obwohl K vom Zins, vom Verhältnis des Sachvermögens zum permanenten Einkommen und anderen erwartungsbildenden Faktoren abhängen soll, wird unterstellt, daß K im Zeitverlauf konstant bleibt. Der Konsum wird hier allerdings nicht – wie in der absoluten und relativen Einkommenshypothese – als Ausgabenstrom, sondern als tatsächlicher Wertverzehr verstanden; langlebige Gebrauchsgüter gehen also nur anteilig in den periodischen Konsum ein, nicht mit der gesamten geleisteten Ausgabe. Diese wird über die Jahre der Nutzung verteilt.

Umstritten ist zwischen Vertretern der relativen und der permanenten Einkommenshypothese die **Konsumwirksamkeit einmaliger Einkünfte.** Gemäß der permanenten Einkommenshypothese gibt es nur insoweit eine sofortige Konsumsteigerung, wie das permanente Einkommen (bspw. durch laufende Zinszahlungen aus der Anlage des einmaligen Einkommens) erhöht wird oder durch positive Änderungen der Erwartungen. Die relative Einkommenshypothese macht keinen Unterschied zwischen normalen und einmaligen Einkommen. Sie fließen beide ohne wesentliche Verzögerung in den Konsum.

Die Standardeinkommens-Hypothese

Thomas Mayer[5] sucht nach einem Kompromiß zwischen den konkurrierenden Hypothesen: Der Konsum aus einmaligen Einkünften sei zwar eindeutig geringer als aus permanentem Einkommen, ginge aber nicht gegen Null. Zahlreiche empirische Untersuchungen stützen *Mayers* **Standardeinkommens-Hypothese.** Sie bestätigen, daß aus einmaligen Einkünften im allgemeinen zwischen 40 und 90 % dessen, was bei dauerhafter Steigerung ausgegeben würde, in den Konsum fließt. Da der tatsächliche Satz wesentlich von den Erwartungen bestimmt wird, die das einmalige Einkommen begleiten, steht die Standardeinkommens-Hypothese doch nicht so weit entfernt von der permanenten Einkommenshypothese wie die genannten Konsumquoten vermuten lassen.

Zusammengefaßt heißt das: Während die *Keynes*'sche absolute Einkommenshypothese heute als widerlegt gilt, hat die Empirie noch keine Entscheidung gegen die konkurrierende relative oder permanente Einkommenshypothese gesprochen. Neuere Untersuchungen machen aber immer deutlicher, daß auch aus einmaligen Einkünften ein beträchtlicher Anteil ohne längere Verzögerung in den Konsum fließt. Für die Konjunkturtheorie bedeutsam ist, daß der laufende Konsum sowohl bei fallendem als auch bei steigendem Einkommen eine Bindung an den Konsumstandard der Vorjahre behält. Kurzfristige zyklische Bewegungen werden dadurch gedämpft (ratchet-effect). Verstärkt werden die Zyklen dadurch, daß in die Konsumentscheidungen auch die Erwartungen über zukünftige gleichgerichtete Einkommensänderungen eingehen und in den heutigen Käufen bereits vorweggenommen werden. Eine dämpfende Wirkung ergäbe sich dann, wenn die Haushalte eine Wende im Einkommensverlauf antizipierten.

5. Expansionsbeschleunigung durch Verteilungskorrektur im Aufschwung

Die konventionelle Konjunkturpolitik sieht die Investitionen als **Hebel** des zyklischen Auf und Ab. Der Ausweg aus der Rezession wird entsprechend über deren Ausweitung gesucht. Bis der Konsum die Expansion mitträgt und beschleunigt, müssen deshalb die Investitionen dem Vollbeschäftigungsziel folgend mit einer Rate wachsen und in einem Ausmaß die Kapazitäten auslasten, das sie später, wenn der lohnfinanzierte Konsum sprunghaft nachzieht,

---

[5] *Mayer, Th.:* Permanent Income, Wealth, and Consumption, Berkeley u. a. 1972

nicht länger behaupten können. Obgleich von der monetären Seite (noch) und vom Nachfragedruck her (dann) Überwälzungsbedingungen gegeben sind, zögern die Unternehmen nach den ersten Lohnsteigerungen, die Preise zu erhöhen; denn sie müssen befürchten, daß die Konkurrenten versuchen werden, durch vorübergehende Preiskonstanz ihren Marktanteil auszudehnen, bevor sie dann gleichfalls mit den Preisen nachziehen.[6]

Die Gewinnexpansion ist das Ergebnis des schnellen Anstiegs der Erlöse, dem die Löhne nicht folgen können. Eine **trügerische Preisruhe** verdeckt die Gefahr für das Stabilitätsziel. Angelegt ist sie in der einseitigen Gewinnsteigerung des frühen Aufschwungs. Markt und Gewerkschaften drängen später Hand in Hand auf deren Korrektur.

Die gelungene **tarifvertragliche Verteilungskorrektur** während des Expansionsprozesses muß nun nicht den Anstieg der Gesamtnachfrage dämpfen; sie kann ihn sogar noch beschleunigen, wenn sie mit der Lohnpolitik **funktionslose Gewinne** aus den Investitionsgüterindustrien abzieht. Dies sind solche Gewinne, die die verlangte Mindestrendite übersteigen. Sie begründen keine Investitionen, da mittelfristige Absatzerwartungen die weitere Expansion begrenzen. Die umverteilende Lohnpolitik lenkt die abgezogenen Mittel nun in die Konsumgüterindustrien. Die gestiegene Nachfrage induziert dort zusätzlich zur Konsumausweitung Investitionen und finanziert diese gleichzeitig durch die verstärkt zufließenden Erlöse (vgl. hierzu die späteren Ausführungen zur konjunkturpolitisch abgesicherten expansiven Lohnpolitik).

6. Verhaltensänderungen im Aufschwung

Zu Beginn des Aufschwungs reagieren Unternehmen und Haushalte noch träge und vorsichtig auf expansive Impulse. Die Konsumenten bezweifeln, daß der Anstieg des Einkommens anhalten wird und zögern mit den Ausgaben. Im Verlauf des Aufschwungs, vor allem mit dessen zunehmender Intensität, schwindet diese **konjunkturelle Unsicherheit,** die die Kaufentscheidung belastet. Geplante, aber aufgeschobene Konsumwünsche werden nachträglich erfüllt. Neue kommen auf, da steigende Löhne die Finanzierung sichern. Es wächst zudem die Neigung, Käufe vorzuziehen, zukünftiges Einkommen durch Verschuldung bereits heute auszugeben.

Die **Konsumentenverschuldung** stieg in den Zeiten starker Einkommensexpansion (also prozyklisch) kräftig an (1971 um 21%, 1972 um 25%). Der Zinsanstieg 1973 dämpfte die Kreditausweitung (auf knapp 10%). 1974 sind die Konsumentenkredite wegen der Ölkrise (verringerte Autokäufe) und der beginnenden Rezession sogar zurückgegangen.[7]

---

[6] Zum Verlauf von Löhnen, Preisen und Gewinnen im Zyklus vgl. neben den Jahresgutachten des *Sachverständigenrates Hultgren, T.:* Costs, Prices, Profits: Their Cyclical Relations, New York 1965; *Burger, A. E.:* Relative Movements in Wages and Profits, Review Fed. Res. Bank of St. Louis, Vol. 55 (1973), Nr. 2, S. 2–16

[7] *Deutsche Bundesbank:* Die Kreditgewährung der Banken an private Kreditnehmer in den Jahren 1970–1974, Monatsbericht Juli, 27. Jg. (1975), S. 13–18; vgl. auch *Klein, Ph. A.:* The Cyclical Timing of Consumer Credit, 1920–1967, New York – London 1971

Zum Ausgabeverhalten der privaten Haushalte[1]

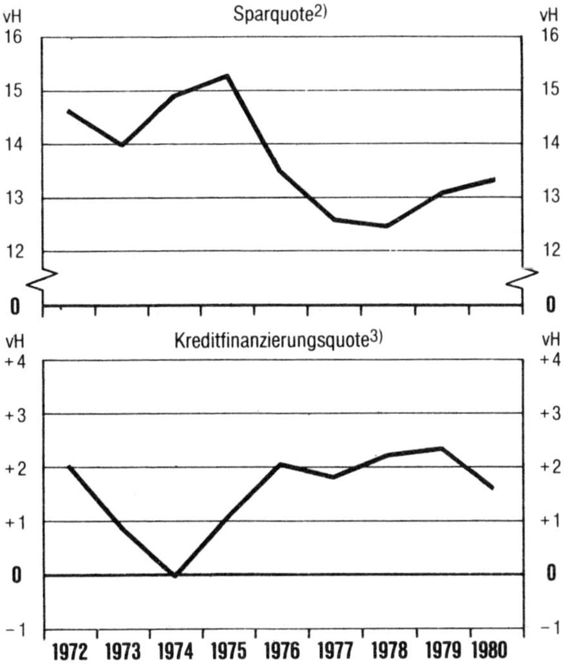

1) Einschließlich privater Organisationen ohne Erwerbscharakter. – 2) Ersparnis in vH des verfügbaren Einkommens. – 3) Veränderung der Kredite (ohne Kredite für den Wohnungsbau) an Privatpersonen (wirtschaftlich unselbständige und sonstige) in vH des privaten Verbrauchs

Quelle: Sachverständigenrat, Jahresgutachten 1980/81, S. 45

Auch die Unternehmen gehen zunehmend dazu über, erwartete Auftragssteigerungen in den Investitionen zu antizipieren. Mit wachsender Sicherheit des Aufschwungs werden die Schritte immer länger, mit denen sie der aktuellen Nachfrage vorauseilen. Defensive Investitionen treten zurück. Die offensiven „großen Lösungen" im Kapazitätsausbau, die auf einen expandierenden Markt zugeschnitten sind, drängen nach vorne.

Mit ihren Entscheidungen, die der Zukunft vorgreifen, tragen die Unternehmen selbst zur nachträglichen Rechtfertigung der allgemein positiven Erwartung bei und bestimmen damit gleichzeitig die zukünftigen Investitionen. Diese werden auf anhaltende Expansion gerichtet sein, solange die Erwartungen durch Auftragseingang und Gewinnaussichten bestätigt werden. **Zusammengefaßt** heißt das: Im Zuge des Expansionsprozesses lösen sich die Käufe zunehmend von den laufenden Löhnen und Gewinnen und orientieren sich an den für die Zukunft erwarteten steigenden Einkommen.

Wenn die Vollbeschäftigung erreicht ist, konkurrieren Konsum und Investitionen um die Kapazitäten. Solange die Geldpolitik Überwälzungen nicht begrenzen kann und die Verschuldungsbereitschaft der privaten Haushalte vergleichsweise gering bleibt, werden die Investoren ihre Ansprüche an das Sozialprodukt durch Kreditausweitung über **inflatorisches Zwangssparen** durchsetzen und die Konsumexpansion begrenzen. Drohende Lieferengpässe und steigende Preise regen die Unternehmen zusätzlich zum Vorziehen geplanter Investitionen an. Sie wollen Lieferverzögerungen zuvorkommen und Verteuerungen entgehen.

Wenn die Haushalte unter **Geldillusion** handeln, also ihre Kaufwünsche vorübergehend noch an den „alten" Preisen orientieren, dabei aber bereits vom gestiegenen Nominaleinkommen ausgehen, wird es einen weiteren Konsumstoß geben. Nach Jahren der Inflation dürfte die Geldillusion allerdings weitgehend verlorengegangen sein.

Ein besorgniserregend schneller Preisanstieg schafft **Krisenfurcht** und schreckt von Käufen ab. Mit der Gewöhnung verliert die Inflation aber ihren dämpfenden Einfluß auf die Ausgaben für konjunkturreagible dauerhafte Gebrauchsgüter. Mancher Kauf wird vorgezogen, um dem nächsten Preisschub zuvorzukommen. Die Geldillusion schlägt in **Inflationsmentalität** um. In einem langanhaltenden Aufschwung können allerdings **Sättigungserscheinungen** dazu führen, daß der Konsum schon während der ungebrochenen Einkommensexpansion allmählich zurückgeht.

7. Zunehmender Rationalisierungszwang

In der Rezession werden vorwiegend Technologien realisiert, die keine Kapazitätsausweitungen bedingen. Bei gleichem Absatz regt allein der kostensenkende Effekt die Investitionen an. Mit steigender Nachfrage lassen sich beide Investitionsmotive miteinander verbinden, die dann gemeinsam die Rentabilität begründen. Die Investitionsgrenze wird schneller erreicht, der Aufschwung damit beschleunigt.

Auch steigende Löhne halten die Unternehmen zu **Rationalisierungen** an. Sie ersetzen Arbeit durch Kapital, um den Kostenanstieg zu begrenzen. Da der Einkommenseffekt der Investitionen sofort, die Freisetzung nach dem Einsatz aber mit beträchtlicher Verzögerung der Bestellung folgt, erhält die Nachfrageexpansion einen weiteren Schub.

Ein leergefegter Arbeitsmarkt verstärkt den Substitutionsdruck noch. Während zuvor lediglich Kostenüberlegungen die Rationalisierung nahegelegt hatten, sehen sich die Unternehmen jetzt gezwungen, an anderer Stelle Arbeitskräfte freizusetzen und/oder arbeitsparend zu investieren, wenn sie der steigenden Nachfrage mit den Kapazitäten folgen wollen. Der Ersatz von 1% der Arbeitskräfte durch Kapital verlangt – nach Berechnungen des *Ifo-Instituts* – eine Steigerung des Kapitalstocks um 3,4%. Da die gleichzeitige Erweiterung der Kapazitäten einen zusätzlichen Kapitaleinsatz von 1,8% fordert, verdreifacht sich – grob gerechnet – der Kapitaleinsatz bei unergiebigem Arbeitsmarkt.

Das Arbeitspotential zieht – so ist zu folgern – dem Expansionsprozeß eine deutliche (Widerstands-) Grenze, die nur überwunden werden kann, wenn die Unternehmen den erforderlichen sprunghaften Anstieg der Investitionen – z.B. durch inflatorisches Zwangssparen – durchsetzen können.

8. Verteilungstheoretische Begründung der Wende zum Abschwung

Greift oft nach langen Verzögerungen endlich die restriktive Konjunkturpolitik, dann werden die Gewinne von zwei Seiten in die **Zange** genommen. Die gesicherte Beschäftigung gibt den Gewerkschaften die Macht, den Vorsprung der Gewinne aufzuholen, den die Unternehmen im frühen Aufschwung erzielt haben. Zugleich verstärkt sich der Druck der Mitglieder auf die Gewerkschaftsführung: Sie verlangen, die Lohnforderungen an den Steigerungsraten der Gewinne zu orientieren. Die beginnende Drift (marktbezogene Zuschläge auf die Tarife) beschleunigt den Lohnauftrieb zusätzlich. Auf der anderen Seite steht die restriktive Geldpolitik. Unterstützt durch die Fiskalpolitik (und die evtl. sinkenden Exportüberschüsse), engt sie durch ständigen Liquiditätsentzug den Überwälzungsspielraum ein.

Stehen die Unternehmen preispolitisch – bildlich gesprochen – mit dem Rücken an der Wand, dann geht von der expansiven Lohnpolitik eine verteilungskorrigierende Wirkung aus. Die Unternehmen können nicht länger die Gewinnraten des Aufschwungs behaupten. Die verlangten Mindestrenditen werden angegriffen. Das Sinken der Gewinne leitet die konjunkturelle **Abwärtsspirale** ein. Sie beginnt bei den konsumfernen Investitionen. Die verteilungswirksame Lohnpolitik kürzt im ausklingenden Boom zunehmend Investitionen, ohne daß sie den Konsum in gleichem Ausmaß anheben kann, da die Unternehmen in der Regel Investitionen zusätzlich zu den Gewinnen aus Verschuldung finanzieren, während die Haushalte Teile des Einkommens sparen, also Nachfrageverzicht üben. Die Vollbeschäftigung ist damit gefährdet. Mit jedem weiteren verteilungspolitischen Schritt werden die Unternehmen näher an die Finanzierungsgrenze (intern oder extern gezogen) herangedrängt, bis sie schließlich mit Auftragskürzungen antworten. Die annähernde Parallelität von eigenen Finanzierungsmitteln und Bruttoinvestitionen macht das Bild (S. 64) deutlich.

Dies läßt sich mit einer einfachen modellhaften Rechnung belegen. Sie geht davon aus, daß von einem laufenden Einkommen von 500 den Haushalten 80% und 20% den Unternehmen zufließt. Bei einer Konsumquote von 0,9 und einer Investitionsquote von 1,4 entspricht die Gesamtnachfrage dem laufenden Einkommen. (Zur Berechnung der Eigenfinanzierung und ihres Anteils an den Bruttoinvestitionen vgl. Tabelle S. 65.) Wird nun bei gleichen Verhaltensannahmen zu Lasten der Unternehmen umverteilt, so wirkt dies – wie die Tabelle ausweist – kontraktiv. Können die Unternehmen ihren Anteil ausdehnen, dann löst dies einen expansiven Prozeß aus.

Dieser Nachfragerückgang entzieht weiteren geplanten Investitionen die finanzielle Basis und dämpft die positiven Erwartungen. Die Fahrt in die Rezession beginnt. Verluste drohen vor allem dann, wenn der Rückgang der

Eigene Finanzierungsmittel und Bruttoinvestitionen

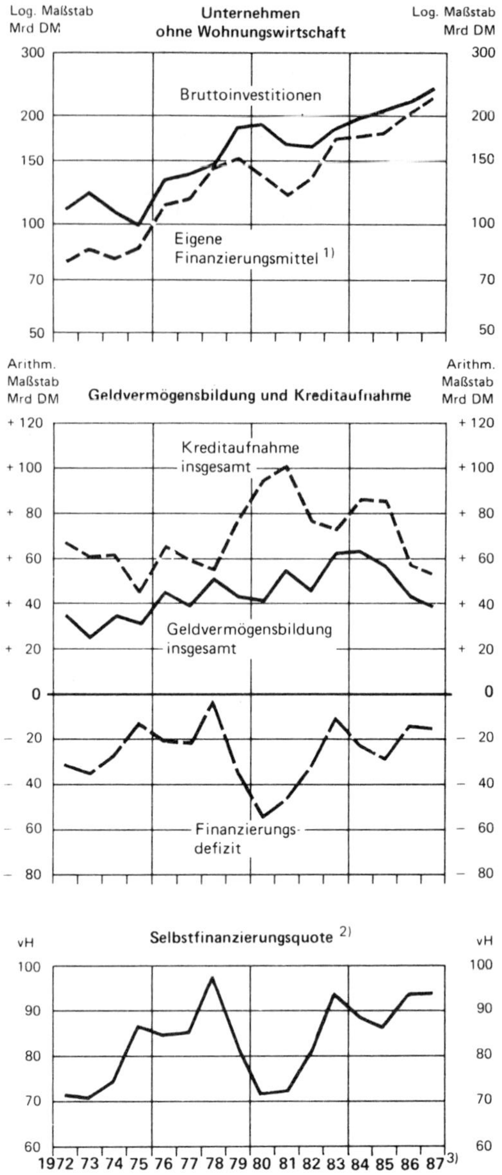

1) Nichtentnommene Gewinne, Abschreibungen, empfangene Vermögensübertragungen (netto). – 2) Eigene Finanzierungsmittel in vH der Bruttoinvestitionen. – 3) Eigene Schätzung.

Quelle: Sachverständigenrat, Jahresgutachten 1987/88, S. 63

Konjunkturelle Verteilungskonsequenzen (Modellrechnung)

(Y_l) 400	$C = 0{,}9\ Y_l$	360	500	neutral
(Y_g) 100	$I = 1{,}4\ Y_g$	140		
(Y_l) 350	wie oben	315	525	expansiv
(Y_g) 150	wie oben	210		
(Y_l) 450	wie oben	405	475	kontraktiv
(Y_g) 50	wie oben	70		

Investitionen über den negativen Einkommenseffekt auf den Konsum übergreift und die Haushalte wegen der gefährdeten Arbeitsplätze geplante Käufe zurückstellen.

Zusammengefaßt heißt das: Der Aufschwung wird durch das Versprechen einer Verteilungskorrektur zugunsten der Investoren eingeleitet. Er bringt einen steilen Gewinnanstieg, da die Löhne erst mit beträchtlicher Verzögerung nachziehen. Werden den Gewerkschaften die Hände frei, dann versuchen sie, das in der Vergangenheit Versäumte nachzuholen. Die anschließenden Überwälzungen fordern die restriktive Konjunkturpolitik heraus. Gemeinsam mit dem unverminderten Lohndruck engt sie die Gewinnraten zusehends ein. Der investorische Abwärtsprozeß, der bald auch den Konsum erfaßt, beginnt.

Exkurs: Die Verteilungsaktivität in den Inflationstheorien

Als sichtbares Zeichen, gleichsam als Ausdruck des Konfliktes zwischen Verteilungspolitik und globalgesteuerter Marktwirtschaft, werden die inflatorischen Preissteigerungen der Vergangenheit angesehen, deren Beschleunigung sich gegenwärtig abzeichnet. In den alternativen Inflationstheorien wird der Verteilungsaktivität allerdings ein unterschiedlicher, nicht immer als zwingend angesehener Einfluß eingeräumt.[8]

Monetaristische Inflationstheorie

Für die **Monetaristen** sind Preissteigerungen allein Folge einer **verfehlten Geldmengenpolitik.** Nicht Mängel in der Steuerungstechnik, sondern fehlender politischer Wille sei für die Inflation verantwortlich. In der Vergangenheit seien Preissteigerungen stets von einer Expansion der Geldmenge begleitet worden, die über den Liquiditätsbedarf des wachsenden realen Sozialprodukts hinausging. Die übermäßige Ausweitung der Geldmenge ziehe unwei-

[8] Vgl. hierzu die Diskussion zwischen *Friedman, Solow, Ross* und *Ackley* in: *Shultz, G.P.* und *Aliber, R.Z.* (Hrsg): Guidelines. Informal Controls and the Market Place, Chicago – London 1966

gerlich entsprechende Preissteigerungen nach sich. Die Monetaristen sehen in der Expansion der Geldmenge nicht lediglich eine *Bedingung* steigender Preise, sondern die *ausschließliche Ursache.*

Als **Übertragungsweg** des preistreibenden Effektes kann einmal die Bildung inflatorischer Erwartungen seitens der Unternehmer und Gewerkschaften dienen und zum anderen ein Liquiditäts- bzw. Preis- (Zins-)mechanismus. Die von der Zentralbank bereitgestellte Liquidität, die die Kassenhaltungswünsche übertrifft, sucht eine gewinnversprechende Anlage bzw. die Zinssenkung auf dem Geldmarkt greift auf geldfernere Märkte über und erreicht schließlich die reale Aktivität (ausführlicher im siebten Kapitel dargestellt).

Übertragungswege des monetären Impulses

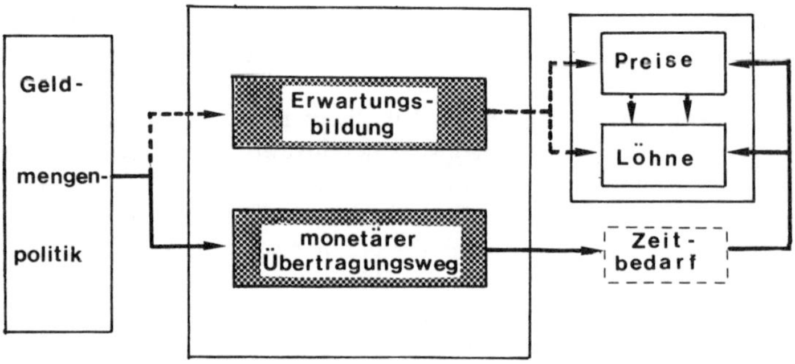

Von der Tarifpolitik geht aus monetaristischer Sicht keine eigenständige preistreibende Wirkung aus. Da der lohnflexible Arbeitsmarkt die Entlassenen aufnehmen könne, schwinde auch der politische Druck, Lohnsteigerungen nachträglich durch eine Geldmengenausweitung zu rechtfertigen, um die Vollbeschäftigung auf diesem Wege wieder herzustellen. *Friedman* sieht den Tarifvertrag als Ausdruck der Knappheit auf dem Arbeitsmarkt und die Gewerkschaften überwiegend als Vermittler der Marktkräfte. Sie seien bloß Thermometer, die die Hitze anzeigen, und nicht die Hochöfen, die sie erzeugen.[9]

Diese Argumentation bezieht sich auf den **gespaltenen Arbeitsmarkt** der Vereinigten Staaten. Erfassen industrielle Tarifverträge (wie in der BRD) den gesamten Arbeitsmarkt, dann kann allerdings eine verteilungsorientierte Tarifpolitik der Gewerkschaften der staatlichen Konjunkturpolitik den Konflikt zwischen stabilen Preisen und vollbeschäftigter Wirtschaft aufzwingen. Die Stabilitätspolitik (in Form der Geldmengenvorgabe) setzt sich nur dann durch, wenn die Gewerkschaften in der Gefährdung der Vollbeschäftigung eine Grenze ihrer Verteilungsaktivität sehen, also auf eine Politik verzichten,

---

[9] *Friedman, M.:* Some Comments on the Significance of Labor Unions, *Wright, D.* (Hrsg.): The Impact of the Union, New York 1956, S. 222

die in die Arbeitslosigkeit führen kann, die nur durch Geldmengenausweitung auf Kosten der Preisniveaustabilität heilbar ist (vgl. Kap. 10,3).

Nachfragesog-Inflation

Die **nachfrageorientierte Inflationstheorie** führt Preissteigerungen auf Nachfrageüberschüsse zurück. Sie können, aber müssen nicht ihre Ursache in einer expansiven Geldpolitik haben. Eine Ausdehnung des Staatsanteils am Sozialprodukt oder der Investitionen, eine Steigerung des Konsums oder der Exportüberschüsse, ohne daß ein anderer Sektor entsprechend auf Nachfrage verzichtet, kommen gleichermaßen als Inflationsursache in Frage. Zur Finanzierung der Expansion können ein schnellerer Geldumlauf, eine steigende interindustrielle Verschuldung oder ein zusätzlicher Kapitalimport dienen.

Die Preissteigerungen bewirken nun keinen Marktausgleich, sondern lassen in der Regel die Betroffenen nachdrängen. Dies führt, zusätzlich angetrieben durch eine Antizipation steigender Raten, zu einer Beschleunigung des inflatorischen Prozesses. Die **Inflationsspirale** beginnt sich zu drehen. Lediglich eine Steigerung der Auslandslieferungen (Importzunahme bei gleichzeitiger Verringerung der Exporte), die im System stabiler Wechselkurse auf ein konjunkturell bedingtes Voraneilen der inländischen Preise folgt, könnte die Angebotslücke überbrücken helfen und dadurch ausgleichend wirken.

Dies zeigt: Kein Nachfragesektor kann seinen Anteil ohne entsprechenden Verzicht des anderen ausdehnen. Die steigenden Angebotsmöglichkeiten setzen der inflationsfreien Expansion die Grenze. Für die Tarifpolitik heißt das: Der lohnfinanzierte Konsum kann nur dann quotal ausgedehnt werden, wenn andere Nachfrager (die Investoren, das Ausland oder der Staat) ihre Ansprüche an das Sozialprodukt verringern.

In der Regel muß aber davon ausgegangen werden, daß die Unternehmen auf eine Konsumexpansion mit gesteigerten Investitionen antworten. Der momentane Erfolg der Tarifverhandlungen wird dann durch die anschließenden Preissteigerungen, ausgelöst durch den Nachfragesog, umgehend wieder zunichte gemacht. Das heißt, solange die Unternehmen auf lohnfinanzierte Konsumsteigerungen mit kreditfinanzierter Investitionsausweitung reagieren, kann es nicht gelingen, den tarifpolitischen Erfolg zu behaupten. Erst ein erzwungener Nachfrageverzicht durch restriktive Geldpolitik – evtl. auch seitens der Arbeitnehmer (via Investivlohn) – hilft neben dem Stabilitätsziel den verteilungspolitischen Erfolg zu sichern. Dieser bleibt bei investiver Bindung eines Lohnanteils allerdings auf die Einkommensseite beschränkt und kann nicht zur Ausdehnung des Konsumanteils dienen.

Eine Stabilitätspolitik, die Nachfrageüberhänge ausschließen will, kann entweder dafür sorgen, daß jeder Sektor seine Ansprüche lediglich im **Gleichschritt mit dem wachsenden Angebot** ausdehnt, oder sie muß, falls der Anstieg des einen Sektors nicht verhindert werden kann oder soll, die Nachfrage in einem anderen Bereich kompensierend kürzen. Gelingt der Konjunkturpolitik dieser Ausgleich, dann drohen keine Steigerungen des Preisniveaus; denn entsprechend der nachfrageorientierten Inflationserklärung bewirken allein Nachfrageüberhänge infolge der zunehmenden Knappheit des Angebotes auf Güter- und Arbeitsmärkten Preis- und Lohnsteigerungen.

Nachfrageverschiebungs-Inflation

Nicht nur der globale Nachfragesog zieht die Preise, auch strukturelle Änderungen können zu Preissteigerungen führen. Es muß damit gerechnet werden, daß die Preise zwar dort, wo die Nachfrage expandiert, steigen, dort aber, wo sie sinkt, die oligopolistische Sperre dem vom überschüssigen Angebot ausgehenden Druck auf die Preise widersteht, global gesehen also die Preise steigen.

Kostenstoß-Inflation

Während die Geldmengenpolitik und die kompensatorische Konjunkturpolitik auf die Kontrollierbarkeit der Geldmenge bzw. der Gesamtnachfrage und deren Wirkung auf Löhne und Preise vertrauen, zeigten die Zyklen der Vergangenheit immer wieder, daß Preise und Löhne auch während Phasen restriktiver Geldpolitik und eines konjunkturellen Nachfragedefizits weiter anstiegen. Die Lohn- bzw. Preiserhöhungen sind also nicht ausschließlich mit gegenwärtigen Geld- und Auftragsüberhängen zu erklären. Die Löhne werden zeitweilig ungeachtet etwaiger Nachfragelücken aufgrund gewerkschaftlicher Streikdrohungen heraufgesetzt. Die Unternehmen bestimmen anschließend die Preise durch Aufschlag eines Gewinnanteils (mark up-pricing). Die Preise sind also nicht länger ausschließlich markt-, sondern zugleich kostenbestimmt (**Kostenstoßtheorie**). Setzen die Unternehmen die Gewinnspannen herauf, dann kann auch dieser Schritt die Inflation auslösen. Um das Gewinnverlangen neben dem Kostendruck als preistreibenden Faktor einbeziehen zu können, spricht man auch von **anspruchsorientierter Inflationstheorie.**

Eine erhöhte Arbeitnehmerersparnis durch **Investivlohn,** also ein Verzicht auf Konsumnachfrage aus Lohnsteigerungen, bliebe für das Preisniveau – entgegen der nachfragebezogenen Inflationserklärung – dann ohne Belang, wenn die Unternehmen die Preise nicht durch Abtasten des Marktes ermitteln, sondern – so die anspruchsorientierte Inflationserklärung – im Wege der Aufschlagskalkulation festsetzen.

Die **Beschleunigung der Inflation** ist nicht zuletzt darauf zurückzuführen, daß die Tarifpartner, angehalten durch die Erfahrungen in der Vergangenheit, Verhaltensweisen entwickelt haben, die sich zunehmend vom Markt entfernen. Sie setzen mit dem Tarifabschluß, der in der Regel wegen der offenen Überwälzung nach mäßigem Widerstand gegen die Lohnforderungen zustandekommt, und der anschließenden Preisbestimmung (im Doppel-Monopol) die Daten, an die sich der Staat mit der Konjunkturpolitik anpassen muß, wenn er die Vollbeschäftigung nicht gefährden will.

Die anspruchsorientierte Inflationstheorie sieht in der verteilungsaktiven Lohnpolitik und dem Gewinnverlangen der Unternehmen die preistreibende Kraft. Enge Arbeitsmärkte, auf denen meist auch noch die Gewerkschaften mit Streikdrohungen den Erfolg suchen, öffnen in Verbindung mit einer Geldmengenexpansion dem Lohnauftrieb die Tür. Die Erwartung einer anschließenden Überwälzung läßt zugleich den Widerstand der Arbeitgeber gegen individuell oder kollektiv vorgetragene Lohnforderungen schwinden und weckt das Gewinnverlangen.

Kosten und Preise (ohne Zinsen)

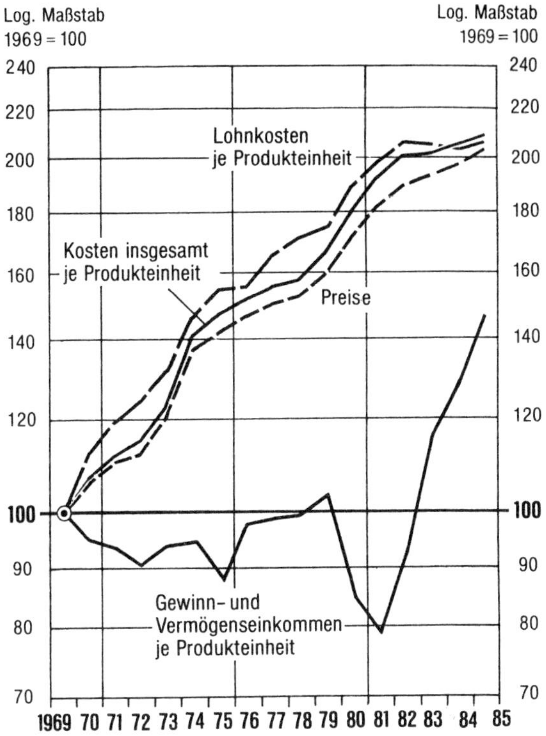

Quelle: Sachverständigenrat, Jahresgutachten 1985/86, S. 45

Der Lohnauftrieb wird noch durch die **Konkurrenz der Gewerkschaften** bzw. der Individuen untereinander zusätzlich beschleunigt. Während die einen ständig darauf drängen, den Lohnabstand zu verringern, sind die anderen bemüht, den Vorsprung zu halten oder möglichst auszudehnen. Diesem ständigen Wettlauf der Lohnempfänger um relative Vorteile wird heute in der Inflationserklärung stärkeres Gewicht gegeben als dem Streit um den Anteil von Löhnen und Gewinnen am Sozialprodukt.

Schließt eine effiziente Geld- bzw. Konjunkturpolitik Überwälzungen aus, dann werden die **Antworten der Unternehmen auf die verteilungsorientierte Tarifpolitik** die Aufgabe submarginal gewordener Arbeitsplätze und/oder eine Senkung gewinnbestimmter Investitionen sein. Der lohnfinanzierte Konsum steigt zwar, er kann aber in der Regel nicht den Rückgang der Investitionen ausgleichen. Erhöhen die Unternehmen trotz begrenzter Geldmenge im Gleichschritt die Preise, so kann ohne Erhöhung der Umlaufsgeschwindigkeit nur ein verringertes Handelsvolumen finanziert werden. Beide Handlungsalternativen führen zur Arbeitslosigkeit. Die Beschäftigungsreaktion auf eine verteilungsaktive Lohnpolitik bliebe nur dann aus, wenn eine Lockerung der marktwirtschaftlichen Beziehung in der Vergangenheit eine machtbedingte Gewinnexpansion zugelassen hätte, die heute kürzbar ist, ohne daß eine Anpassung in der Beschäftigung zwingend wird bzw. in den Preisen ermöglicht werden muß. Außerhalb dieser Marge besteht eine unauflösbare marktliche Beziehung zwischen Verteilungspolitik und ihrer Beschäftigungs- bzw. Preiswirkung. Sie zwingt die Gewerkschaften zur Entscheidung über die Rangfolge in den Zielen.

Die **nachfrageorientierte Inflationstheorie** beschreibt den Zielkonflikt zwischen Preisniveaustabilität und Vollbeschäftigung, ohne auf Verteilungsaktivitäten ausdrücklich bezug zu nehmen. Sie sieht aber, daß Machteinflüsse den Preisauftrieb beschleunigen können. Engpässe auf dem Arbeitsmarkt führen auch ohne Streikdrohung zur Lohnexpansion und anschließenden Preissteigerungen, die durch den Nachfragesog allein erklärt werden können. Im Laufe des Aufschwungs werden die Gewerkschaften die Lohnsteigerungstendenz, die vom Markt ausgeht, aufgreifen und verstärken. Das Ziel der Preisniveaustabilität wird zusehends verletzt, da die Unternehmen überwälzen werden. Verursacher der Inflation sind dann gleichverantwortlich expansive Konjunktur-, verteilungsorientierte Tarif- und unternehmerische Preispolitik.

Der **Gewerkschaftseinfluß** ist in der nachfrageorientierten Inflationstheorie eng an die konjunkturpolitisch gestaltete Entwicklung der Nachfrage gebunden. In der anspruchsorientierten Inflationstheorie spielt die Macht dagegen die dominierende Rolle: Der Lohndruck der Gewerkschaften (bzw. das Gewinnverlangen der Unternehmen) löst sich von dem Verlauf der Nachfrage. Auch in Unterbeschäftigungsphasen drängen die Gewerkschaften in der Verfolgung ihrer verteilungspolitischen Zielsetzung auf Durchsetzung von Lohnforderungen.

Können die Unternehmen die Einkommensansprüche in den Tarifverhandlungen nicht begrenzen, weichen sie in steigende Preise aus. Ist dieser Weg verschlossen, dann werden sie in der Regel mit Entlassungen antworten. D. h., die verteilungsorientierte Tarifpolitik zwingt der staatlichen Wirtschaftspolitik den **Zielkonflikt zwischen Preisniveaustabilität und Vollbeschäftigung** auf. Dieser ist entsprechend der Kostenstoßtheorie ohne staatliche Eingriffe nur dann lösbar, wenn die Gewerkschaften, die durch die Gegenmacht des Arbeitgeberverbandes als kaum kontrollierbar angesehen werden, ihre verteilungspolitische Aktivität bei drohender Arbeitslosigkeit zurückstellen (vgl. hierzu Kap. 10, 3, S. 329ff.).

Zusammengefaßt heißt das: Solange gewerkschaftliche Lohnforderungen und unternehmerische Preissetzungen nicht lediglich Ausdruck der Anpassung auf den Märkten sind, verletzen sie von sich aus das Ziel des inflationsfreien Wachstums. Die verteilungsorientierte Lohnpolitik steht nur dann nicht im Konflikt mit der Konjunkturpolitik, wenn sie eines ihrer Ziele, entweder die Preisniveaustabilität oder die Vollbeschäftigung, als Grenze der Verteilungsaktivität anerkennt.

Als Folge des Vorrangs des Beschäftigungszieles bahnt sich eine **Umkehr in der Dominanz der Wirtschaftspolitik** an. Nicht mehr der Staat setzt die Daten und die Tarifpartner tragen den Verteilungskonflikt im Rahmen des

Systematik inflationstheoretischer Ansätze

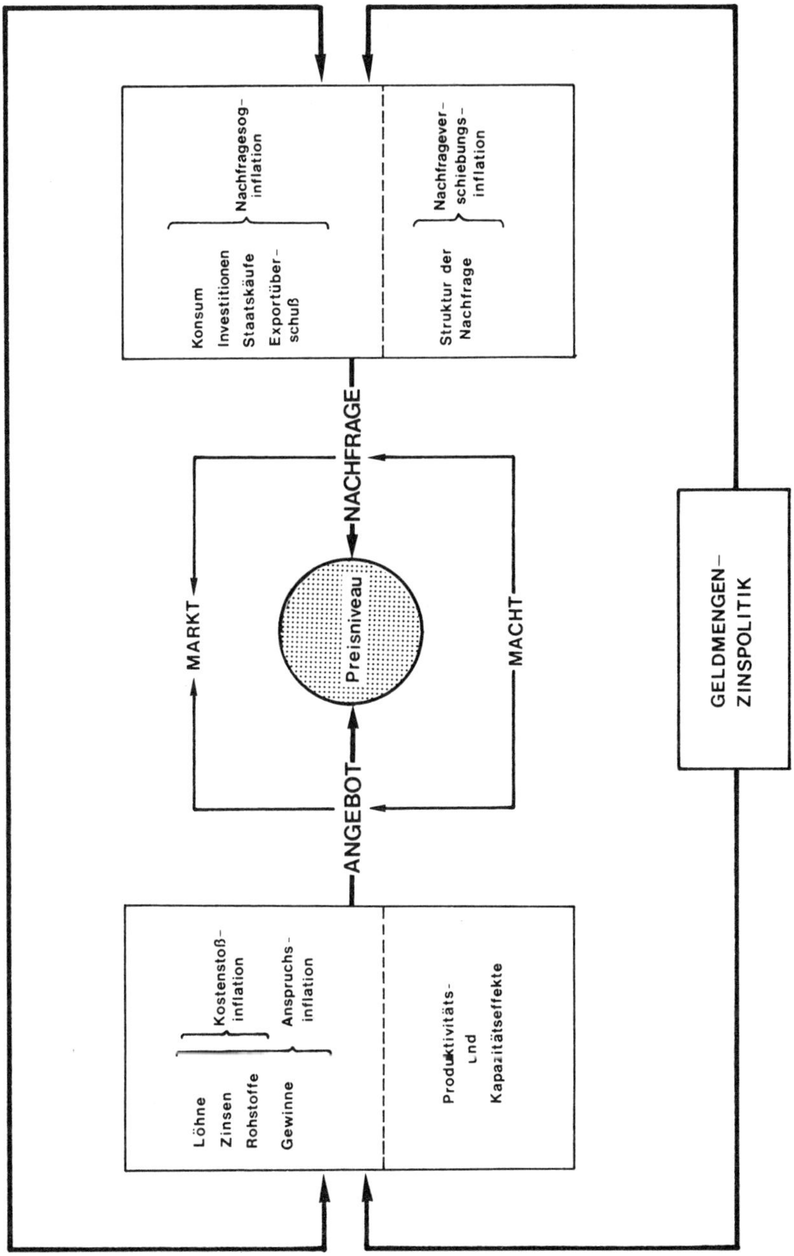

vorgegebenen monetären Spielraumes aus, sondern der Staat reagiert auf die Lohn- und Preissetzung und sanktioniert nachträglich deren Entscheidungen. Er läßt sich zunehmend die konjunkturpolitischen Schritte vorschreiben, wenn er sich weiterhin von der unbedingten Sicherung der Vollbeschäftigung leiten läßt und die Tarifpartner nicht durch einen klaren stabilitätspolitischen „Fahrplan" mit in die Verantwortung für Preise und Beschäftigung zwingt.

9. Das Risikokalkül als zyklischer Faktor

Bei entsprechenden Finanzierungsspielraum folgen die Investitionen der Nachfrage, wenn die verlangte Mindestrendite gesichert erscheint. Diese Annahme über das Verhalten der Investoren haben wir in einem Exkurs ausführlich begründet. Risikoüberlegungen werden in dieser funktionalen Aussage nicht ausdrücklich angesprochen, sie sind aber implizit enthalten. Die verlangte Mindestrendite ist (neben der persönlichen Risikobereitschaft) abhängig vom konjunkturellen Risiko; man kann auch sagen: eine bestimmte Gewinnchance räumt die **Risikoaversion** aus. Ausgenommen von dieser Regel sind Investitionen, die einen als untragbar angesehenen Risikograd übersteigen, die gar das Unternehmen in seinem Bestand gefährden. Die Verlustgefahr schreckt dann ab, ungeachtet aller Gewinnchancen.

Das Risiko wird im Zyklus nicht nur unterschiedlich empfunden (es sei auf die psychologische Konjunkturtheorie verwiesen), die **Schwankungen in der Risikoeinschätzung** gründen sich zudem nicht unwesentlich auf die Entwicklung ökonomischer Faktoren, d. h. theoretischer Einsicht und Vergleichen mit der Vergangenheit, die dem Ziel dienen, hinreichende Informationen über die Zukunft, genauer: die Intensität und vor allem die noch zu erwartende Dauer des Aufschwungs, planerisch zu erfassen. Je dichter die Informationen, desto geringer wird das konjunkturelle Risiko empfunden. Im Aufschwung werden Investitionsprojekte in zunehmendem Umfang freigegeben, weil einmal die Investitionssperren durch verbesserte Informationen überwunden werden und/oder die verlangte Mindestrendite wegen der steigenden konjunkturellen Sicherheit nachgibt.

In der Rezession ist es ungewiß, wann die Nachfrage ansteigt und ob die Ausweitung anhält. Die Erwartung, daß die Investitionsausgaben über die Verkaufserlöse wieder in dic Unternehmen zurückfließen, stabilisiert sich im Laufe des Aufschwungs. Das Risiko sinkt entsprechend. Ein **gegenläufiger Einfluß** geht von der abnehmenden Dauer der noch zu erwartenden Nachfrageausweitung aus. Die Gefahr wächst, daß sich zusätzliche Investitionen vor der konjunkturellen Wende nicht mehr amortisieren. Mit der Abschwächung verzögert sich aber der Rückfluß und wird unsicherer.

Das **minimale Risiko** wird ungefähr in der Mitte des Weges von der Rezession bis zur oberen Wende zu suchen sein, dort, wo der Aufschwung schon gesichert erscheint und noch eine genügend lange Zeit steigender Nachfrage in Aussicht steht. Von da an nimmt es zu. Es dämpft zwar bereits die Expansionswünsche, sein restriktiver Einfluß wird aber vorerst noch durch den drängenden Auftragseingang überdeckt. Mit sinkenden Gewinnraten (aufgrund steigender Löhne bei restriktiver Geldpolitik) und auf die ersten Anzeichen nachlassender Nachfrage hin steigt das konjunkturelle Risiko dann beschleunigt an und hält die Investitionen zunehmend zurück.

Die Aufschwungsdauer ist nicht festgeschrieben, sie differiert von Zyklus zu Zyklus. Die Erwartungen werden zwar durch Erfahrungen aus früheren Zyklen bestimmt. Sie werden dann aber durch zufließende Information über die Verhaltensweisen modifiziert (rationale Erwartungsbildung), die den laufenden Expansionsprozeß bestimmen. Das Risiko steigt, wenn die konjunkturellen Indikatoren ein schnelles Ende anzeigen; es nimmt ab, wenn mit einem langandauernden Aufschwung gerechnet werden kann. Eine positive **Erwartungsänderung** (etwa durch überraschend hohe Exportaufträge) bringt einen Bruch; danach wird das Risiko aber wieder ansteigen und die Investitionsneigung zunehmend dämpfen.

Zusammengefaßt heißt das: Das konjunkturelle Risiko beeinflußt den Zyklus durchgehend; es ist gemeinsamer Ausdruck der Erfahrungen aus früheren Zyklen, der gegenwärtigen Situation und des für die Zukunft erwarteten Verlaufs. Änderungen des Risikos beschleunigen den Auf- und Abwärtsprozeß: Sein Anstieg wirkt frühzeitig auf die konjunkturelle Wende hin, wird dabei anfangs noch durch die beschriebenen, auf Expansion drängenden Faktoren dominiert, um dann später im Zusammenspiel mit ihnen den Umschwung durchzusetzen und die gegenläufige Entwicklung zu forcieren.

10. Der monetäre Rezessionsverstärker

Neben den Gewinnerwartungen (und der eingerechneten Verlustgefahr) sind die **Liquiditätsrisiken** von entscheidendem konjunkturrelevantem Einfluß. Nach der unteren Wende überwiegen Zahlungen aus eigenen Mitteln. Zukünftig mögliche, in Termin und Ausmaß unsichere Erlöse werden nicht in die Liquiditätsplanung einbezogen. Die Unternehmen scheuen angesichts der konjunkturellen Sorgen das Tragen zusätzlicher finanzieller Risiken. Höchstens langfristige Kredite ohne baldigen Rückzahlungszwang werden in Anspruch genommen.

Mit steigender Nachfrage nimmt im Verlauf des Aufschwungs jedoch die Bereitschaft zu, eigene Reserven und fremde Quellen, seien es Banken- oder Lieferantenkredite, in Anspruch zu nehmen; denn die anhaltende Nachfrageexpansion mit ihren steigenden Verkaufserlösen nimmt die Sorge um das fristgerechte Ablösen der Kredite. Nachfragedruck und Gewinnanstieg überwinden den dämpfenden Einfluß der zunehmend gewagteren Finanzierung der Investitionen. Sie geben Liquiditätsreserven frei, öffnen zusätzliche Quellen und beschleunigen den Geldumlauf.

Nahezu ausgeschöpfte finanzielle Reserven (als Folge des zangenförmigen Zugriffs von expansiver Lohnpolitik und restriktiver Geldpolitik) machen die Unternehmen gegen Ende des Booms wieder empfindlich, da sie überraschende Zahlungsausfälle kaum noch überbrücken können. Das steigende Liquiditätsrisiko kann den Aufschub geplanter Investitionen trotz gegenwärtig noch gesichert erscheinender Rentabilität verlangen. Auch die laufenden

Rückflüsse werden, wenn die Sorge um die Zahlungsfähigkeit um sich greift, nicht mehr für Investitionen verwandt, sondern um die **Liquiditätsstruktur** des Unternehmens an die geänderten Risikobedingungen anzupassen. Die Liquiditätsvorsorge erhält den Vorrang (**Polster-Effekt**). Auch die Banken sehen sich gezwungen, ihre Kreditvergabe den steigenden Rückzahlungsrisiken anzupassen.

Die Unternehmen sehen einer verlangsamten Nachfrageexpansion anfangs relativ gelassen entgegen. Die verlangte Mindestrendite ist häufig noch überschritten und Auftragsbestände sichern vorerst die Beschäftigung. Unverzüglich müssen die Unternehmen dagegen auf eine konjunkturelle Abschwächung des Auftragseingangs antworten, wenn die Liquiditätsreserven bis an die Grenzen ausgeschöpft sind. Schon wenn ein Sinken der zukünftigen Einnahmen droht, müssen die eigenen Aufträge, die zu späteren Auszahlungen führen, vermindert werden. Entscheidend hierfür ist das **permanente Sichern der Zahlungsfähigkeit** und nicht die für die Zukunft erwarteten Gewinnraten. Die Gefahr der Illiquidität verlangt schnelle Reaktionen.

Minsky[10] sieht die Ursache konjunktureller Schwankungen gerade in der (systembedingten) Instabilität des finanziellen Verhaltens in kapitalistischen Wirtschaftsordnungen. Im Aufschwung erhält nach seiner Ansicht das Spekulationsmotiv ein größeres Gewicht, die verbesserten Eigenfinanzierungsspielräume öffnen auch den Zugang zum Fremdkapital. Sind die Liquiditätsreserven erschöpft, steigen die Zinsen, wodurch – begleitet von Preissteigerungen für Produktionsmittel und Arbeitskräfte – die Gewinne beträchtlich erodiert werden. Nur die Zentralbank kann nach *Minsky's* Ansicht den Sturz in die Rezession aufhalten, wenn sie die Kreditschleusen öffnet, aber dadurch zukünftige Inflation finanziert.

Zusammengefaßt heißt das: Die außerbanklichen Liquiditätsquellen finanzieren zusammen mit dem schnelleren Geldumlauf – gegen den erklärten Willen der Notenbanken – den Boom, tragen dann aber mit ihrem abrupten Versiegen zur konjunkturellen Wende bei und verstärken die anschließende Kontraktion. Der **Wettlauf nach Liquidität** beschleunigt den beginnenden realwirtschaftlich begründeten Abschwung. Ohne unmittelbare Aktivität der Notenbank reduziert sich die nachfragewirksame Geldmenge. Die Sicherung des finanziellen Ausgleichs kann Stornierungen und den Aufschub geplanter Investitionen erzwingen. Der Auftragswiderruf reißt Lücken bei den Zulieferern und hält auch diese zur Einschränkung des Geschäftsumfangs an.

Der monetäre (Rezessions-) Verstärker ist das Glied, das die Intensität des Aufschwungs, der die Liquidität aktiviert, mit der des Abschwungs, der auf Liquiditätshaltung drängt, verbindet. Bestimmt wird er durch die Schubkraft des Expansionsprozesses und die Intensität der restriktiven Geldpolitik, die *gemeinsam* die Unternehmen an den Rand der Illiquidität drängen.

---

[10] *Minsky, H. P.:* Stabilizing an Unstable Economy, New Haven 1986, insb. S. 197–220

11. Zusammenfassung: Verkettete Zyklen

Der Aufschwung geht nahtlos in den Abschwung über. Beide sind Bedingung und Folge der laufenden Konjunkturphase zugleich. **Bedingung,** da die freien Kapazitäten in der Rezession eine Ausweitung der Investitionsquote im beginnenden Aufschwung möglich und zur Sicherung der Vollbeschäftigung erforderlich machen. Die hinter den Gewinnen herhinkenden, mit Erreichen der ersten Engpässe auf dem Arbeitsmarkt und nach dem Auslaufen der Tarifverträge nachziehenden Löhne reduzieren später im Zusammenwirken mit der restriktiven Konjunkturpolitik die zyklisch bedingte Aufblähung der Gewinnraten; mit der **Folge,** daß auf der Investitionsseite eine sich verstärkende, mit Verzögerung auf den Konsum übergreifende Abwärtsbewegung eingeleitet wird. Auf dem Wege in die Rezession wird sie von den gleichen Faktoren beschleunigt wie vorher in aufsteigender Richtung. Auf- und Abschwung sind kausal miteinander verbunden. Die Zyklen sind gleichsam verkettet.

Äußere Anstöße wirken auf den endogenen, d. h. durch die Struktur des Wirtschaftssystems erklärten Zyklus ein. Sie dämpfen oder beschleunigen laufende Prozesse. Nicht beantworten läßt sich die Frage, ob ohne diese zufälligen äußeren Anstöße die Zyklen ausliefen und die wirtschaftliche Aktivität schließlich doch zur Ruhelage fände, d. h. in den Wachstumspfad einmündete. Eine Vermutung spricht zwar dafür, daß regelmäßige, transparente Zyklen Ausgleichskräfte mobilisieren, die auf eine Verstetigung hinwirken. An der Realität läßt sich diese These aber kaum überprüfen. Sie wird durch vielfältige äußere Anstöße bestimmt, deren Wirkungen sich kaum herausfiltern lassen.

Literatur

Die **makroökonomischen Grundlagen,** gleichsam die Bausteine der Konjunkturtheorie, arbeiten auf

Barro, R. J.: Makroökonomie, Regensburg 1986

Felderer, B. und Homburg, S.: Makroökonomik und neue Makroökonomik, 3. Aufl., Berlin u. a. 1987

Richter, R. u. a.: Makroökonomik, 4. Aufl., Berlin u. a. 1981

Stobbe, A.: Volkswirtschaftslehre III. Makroökonomik, 2. Aufl., Berlin u. a. 1987

Die **keynesianische Theorie,** in deren Tradition weite Bereiche der Konjunkturtheorie immer noch stehen, analysiert ausführlich

Leijonhufvud, A.: Über Keynes und den Keynesianismus. Eine Studie zur monetären Ökonomie, Köln 1973

Neuere Ansätze der **Ungleichgewichtstheorie** berücksichtigt

Maußner, A.: Stabilisierungspolitik im Lichte von Gleichgewichts- und Ungleichgewichtstheorie, Göttingen 1985

Aus unterschiedlicher Sicht werden **spezielle konjunkturtheoretische Fragen** untersucht von

Bronfenbrenner, M. (Hrsg.): Is the Business Cycle Obsolete? New York u.a. 1969
Ott, A.E. (Hrsg.): Wachstumszyklen, Berlin 1973
Petit, H. und *John, J.*: Stabilisierungspolitik. Theorie und Empirie, Neuwied 1977

sowie in den Sammelbänden
Bombach, G. u.a. (Hrsg.): Perspektiven der Konjunkturforschung, Tübingen 1984
Gordon, R.J. (Hrsg.): The American Business Cycle. Continuity and Change, Chicago 1986

Zum **politischen Konjunkturzyklus** nimmt Stellung
Kirchgässner, G.: Optimale Wirtschaftspolitik und die Erzeugung politisch-ökonomischer Konjunkturzyklen, Königstein 1984

Aktuelle Konjunkturanalysen bieten jährlich an
Deutsche Bundesbank: Geschäftsberichte 1957ff.
Sachverständigenrat: Jahresgutachten 1964ff.

Eine **kritische Auseinandersetzung** mit dem Sachverständigenrat legt vor
Meißner, W.: Die Lehre der Fünf Weisen, Köln 1980

Teils Beschreibungen, teils **Erklärungen vergangener Zyklen,** dabei stets auf der Suche nach dem gemeinsamen „Strickmuster", geben
Abels, H.: Eine statistische Analyse der LAG-Beziehungen zwischen konjunkturrelevanten, makroökonomischen Zeitreihen, Meisenheim am Glan 1974
Glastetter, W. u.a.: Die wirtschaftliche Entwicklung in der Bundesrepublik Deutschland 1950–1980. Befunde, Aspekte, Hintergründe. 2. Aufl., Frankfurt–New York 1983
Minsky, H.P.: Stabilizing an Unstable Economy, New Haven 1986
Moore, G.H.: Business Cycles, Inflation, and Forecasting, 2. Aufl., Cambridge 1983
Rohwer, B.: Konjunktur und Wachstum, Berlin 1988
Tichy, G.: Konjunkturschwankungen. Theorie, Messung, Prognose. Berlin u.a. 1976

Aus der **Sicht des Unternehmens,** dessen Anpassungsverhalten begründend, wird der Zyklus betrachtet von
Büschgen, H. E.: Das Unternehmen im Konjunkturwandel, Berlin u.a. 1971
Schierenbeck, H.: Unternehmungsfinanzen und Konjunktur, Stuttgart 1980

Kontrollfragen

(1) Was versteht man unter Stagflation? Wie wird sie erklärt?
(2) Beschreiben und begründen Sie den Wechsel des vorrangigen Investitionsmotivs im Zyklusverlauf!
(3) Welche konjunkturellen Wirkungen haben Rationalisierungsinvestitionen? Beschreiben Sie insbesondere die zeitliche Folge von Einkommens- und Kapazitätseffekt!
(4) Warum gibt häufig ein steigender Exportüberschuß den Anstoß zum Aufschwung? Beschreiben Sie den Exportimpuls sowohl bei stabilen als auch bei flexiblen Wechselkursen!
(5) Warum folgt in der Regel der Konsum den Investitionen im Aufschwung mit Verzögerung?
(6) Was ist unter der Strukturtreppe zu verstehen? Inwieweit hilft sie, den Expansionsprozeß zu erklären?
(7) Was versteht man unter Geldillusion? Welche konjunkturellen Effekte hat sie?

(8) Grenzen Sie die Kostenstoß- von der Nachfragesogtheorie ab! In welcher Konjunkturphase kommt mehr der eine, in welcher mehr der andere Erklärungsansatz der Inflation zum Zuge?
(9) Was ist unter dem monetären Rezessionsverstärker zu verstehen? Was löst ihn aus? Wie ließe er sich auffangen?
(10) Unter welchen Bedingungen führt eine umverteilende Lohnpolitik (zugunsten der Arbeitnehmer) zu einer Beschleunigung des Aufwärtsprozesses?
(11) Was versteht man unter den Selbstheilungskräften der Marktwirtschaft? Zeigen Sie an Beispielen, wie sie durch wohlbegründetes konjunkturpolitisches Handeln außerkraftgesetzt werden!
(12) Beschreiben Sie die konjunkturelle Wirkung eines rückzahlbaren Zuschlags auf die Einkommensteuerschuld mit Blick auf die konkurrierenden konsumtheoretischen Ansätze!

Viertes Kapitel

Die Indikatoren der Konjunkturpolitik

Die Effizienz der Konjunkturpolitik hängt entscheidend von der Qualität und Schnelligkeit der Bestimmung der gegenwärtigen Stellung im Konjunkturzyklus **(der Diagnose)** und dem Erkennen zukünftiger Fehlentwicklungen **(der Prognose)** ab. Eine frühzeitige und zweifelsfreie Diagnose beschleunigt die Entscheidungsfindung, gestattet kleinere Schritte im Mitteleinsatz, da sich die rezessiven oder expansiven Reaktionsweisen noch nicht gefestigt haben (bspw. die Geldillusion noch nicht in Inflationsmentalität umgeschlagen ist). Sie erleichtert damit zugleich die politische Durchsetzbarkeit antizyklischer Maßnahmen.

Bei verzögerter Diagnose und entsprechend spätem Mitteleinsatz droht in den heutigen kurzen vier- bis fünfjährigen Zyklen mit der schnellen Folge von Expansion und Kontraktion die **Gefahr einer unzureichenden Dosierung,** da die Schubkraft der zyklischen Prozesse in der Zwischenzeit gestiegen sein kann. Die Maßnahmen können sogar – eben aufgrund der Verzögerungen – zum **Gegenteil des Gewollten** führen, wenn vor der – mit einer weiteren Verzögerung folgenden – Wirkung der eingeleiteten Schritte bereits die konjunkturelle Wende eingetreten ist.

Entziehen sich mögliche Einflußfaktoren dem Blick des Beobachters, dann kann er mit unterschiedlichen Annahmen über deren Eintreten mehrere denkbare Entwicklungslinien beschreiben. Für diese **bedingten Prognosen** steht auch der Ausdruck **Projektion.** Dem Politiker wird die Wahl gelassen, welche – als Bedingung genannten – Mittel er einsetzt, welchen der projizierten Verläufe er damit zu realisieren versucht.

Prognosen müssen notwendigerweise davon ausgehen, daß **keine unangekündigten Korrekturen** vorgenommen werden. Da sie nun aber durch die Beschreibung zukünftiger Fehlentwicklungen dem Politiker eindringlich die Eingriffsnotwendigkeit vor Augen halten, tragen sie gleichsam selbst dazu bei, daß das Vorausgesagte nicht eintritt. Der Politiker wird veranlaßt, durch geeigneten Mitteleinsatz auf den zukünftigen Verlauf Einfluß zu nehmen. Tatsächliche und prognostizierte Entwicklungen stimmen dann nicht mehr überein. Gleichwohl muß gesagt werden, daß die Vorausschau ihre Aufgabe uneingeschränkt erfüllt hat, wenn die drohende Gefahr abgewendet wurde.

Traurige Berühmtheit in der Konjunkturprognose hat das **Harvard-Barometer** (1919 erstmals veröffentlicht) erlangt. Es wollte – ähnlich wie der Luftdruck auf das kommende Wetter schließen läßt – durch die Beobachtung einzelner Zeitreihen, die in der Vergangenheit der wirtschaftlichen Aktivität vorausliefen, die Zukunft erhellen. Man verließ sich darauf, daß die in dem kurzen Zeitraum von 1903 bis 1914 beobachteten zeitlichen Folgen auch für die Zukunft Bestand haben. Anfängliche bemerkenswerte Prognoseerfolge führten zu einem überschwänglichen Vertrauen auf dessen Aussagekraft. Die große Ernüchterung folgte dann aber mit dem Einbruch der Weltwirtschaftskrise. Im September 1929, als die Krise bereits begann, glaubte man aus den Kurvenbildern des Effekten-, Waren- und Geldmarktes, in die insgesamt sieben Zeitreihen eingingen, gar einen neuen Aufschwung herauslesen zu können.

Das Debakel mit dem Harvard-Barometer mahnte die Prognostiker. Die Beobachtungszeiträume wurden fortan weiter gezogen und breiter gestreute Zeitreihen erfaßt. Gleichzeitig bemühte man sich um **kritischen Abstand** gegenüber den Indikatoren, die man immer wieder anhand der neuesten Daten auf ihre Aussagekraft hin überprüfte, gegebenenfalls strich oder durch andere ergänzte.

Läßt man die naiven Verfahren in Form einfacher Trendextrapolationen außer Betracht, so lassen sich **drei Ansätze der Konjunkturbeurteilung** unterscheiden:

1. auf Erklärung basierende Ansätze,
2. symptomatische Ansätze und
3. Tendenzbefragungen.

Während der erklärende Ansatz eine theoretische Durchleuchtung der Ursachen- und Wirkungszusammenhänge des *individuellen* konjunkturellen Prozesses versucht, vertraut der symptomatische Ansatz auf die Regelmäßigkeiten im Ablauf der Zyklen. Er unterstellt ein gleichbleibendes Grundmuster des Konjunkturverlaufs (**eine Profilidentität**). Durch Beobachtung einzelner und zusammengefaßter symptomatischer Faktoren, den Konjunkturindikatoren, und anschließende Zeitreihenvergleiche versucht man, zu prognostischen Aussagen zu gelangen. Mit ökonometrischen Prognosemodellen will man quantitative Zusammenhänge zwischen verschiedenen gesamtwirtschaftlichen Variablen aufgrund der empirischen Daten berechnen. Tendenzbefragungen, die in der Konjunkturprognose zunehmend in den Vordergrund drängen, sollen das Bild abrunden. Sie versuchen das zukünftige konjunkturrelevante Verhalten der Investoren (im sog. Ifo-Investitionstest) und Konsumenten („Konsum-Klima") zu erfragen.

1. Zeitreihenanalyse

Die beobachteten Zeitreihen stehen stellvertretend für die Gesamtheit der Faktoren, die den Konjunkturverlauf bestimmen. Sie wollen den Zyklus beschreiben, der Konjunkturpolitik die zukünftige Entwicklung vorhersagen. Es werden (verglichen mit dem Sozialprodukt) gleichlaufende, vorauslaufende und nachhinkende Indikatoren unterschieden. **Vorauslaufende Zeitreihen** dienen der Früherkennung konjunktureller (Fehl-)Entwicklungen. **Gleichlaufende Indikatoren** verdeutlichen die von den Frühindikatoren angezeigte Bewegungsrichtung. Die **verzögert ausschlagenden Zyklusmerkmale** dienen hauptsächlich der Erfolgskontrolle des Mitteleinsatzes. Die bekanntesten, wegen ihrer verspäteten Anzeige kritisierten Indikatoren, der Beschäftigungsgrad und die Preissteigerungsraten, beschreiben zugleich die Ziele der Konjunkturpolitik.

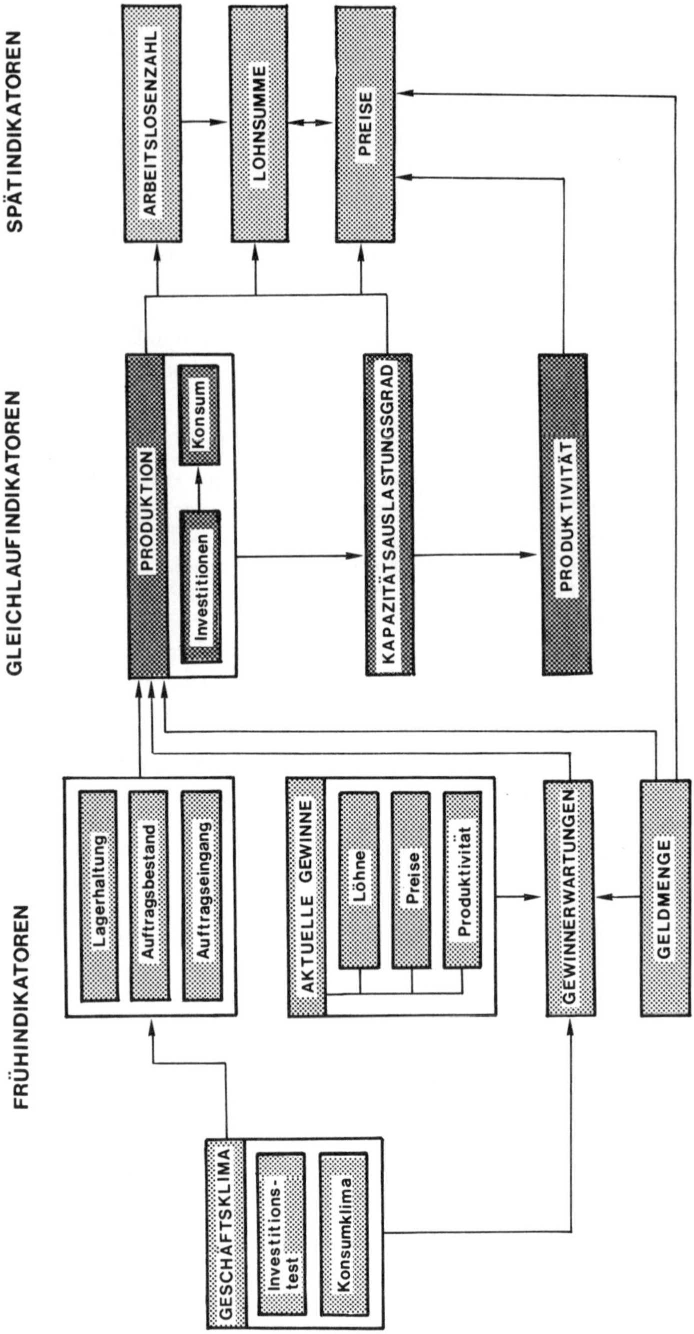

Die wichtigsten Konjunkturindikatoren in ihrer Zeit- und Kausalstruktur

Die zeitlichen Bezüge zwischen den Zeitreihen, so den Verlauf des Geschäftsklimas vor dem Auftragseingang und dessen Vorlauf vor der Produktion, die das Einkommen bestimmt, zeigt das nachfolgende Schaubild.

Frühindikatoren

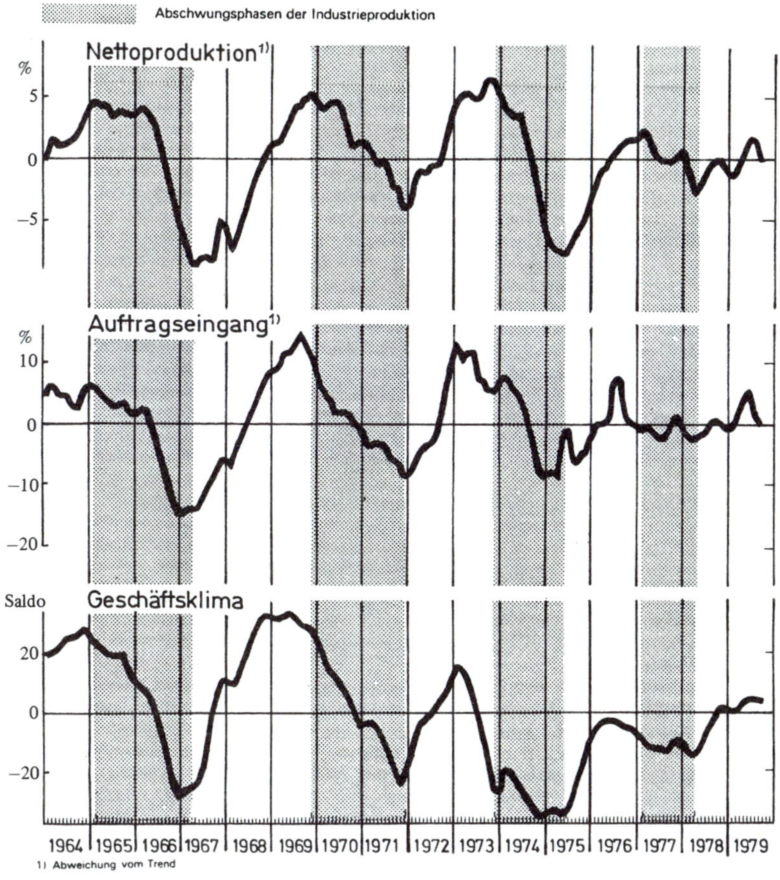

Quelle: ifo-schnelldienst

Auftragseingang

Im Vordergrund der Indikatorenanalyse steht der Auftragseingang. Er gilt als Frühindikator, der mit deutlichem, allerdings erheblich schwankendem Vorlauf die konjunkturellen Wenden anzeigt. Der Auftragseingang wird *monatlich* beim Anbieter, nicht bei den Nachfragern erfaßt. Er ist definiert als Wert (zu Preisen ohne Mehrwertsteuer) der in einem Monat eingegangenen und angenommenen Bestellungen. Der Index muß also *preisbereinigt* (defla-

Alternative Darstellungen zur Beurteilung der konjunkturellen Entwicklung

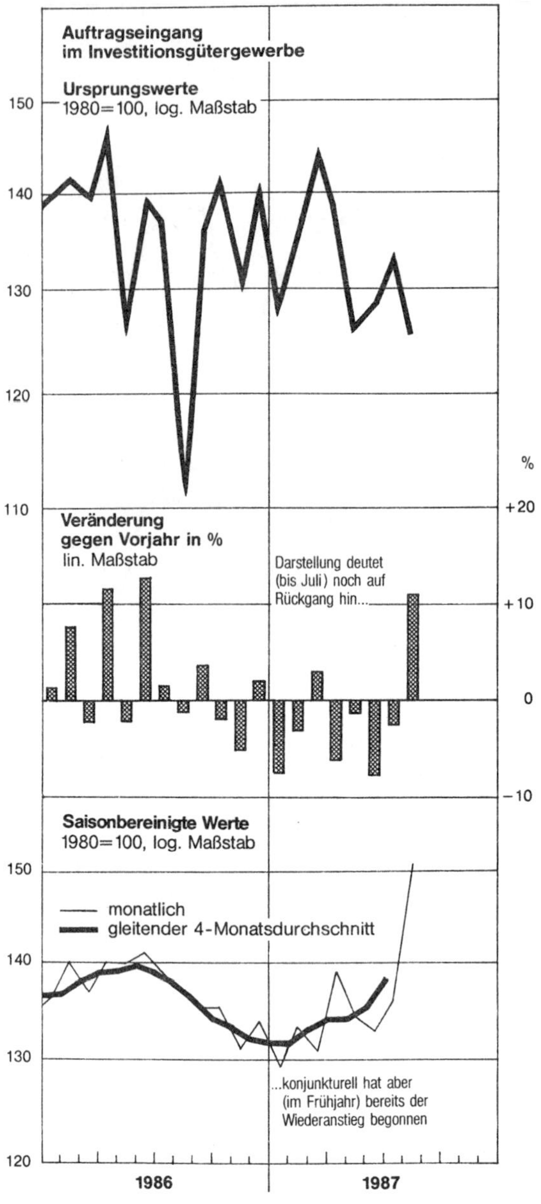

Quelle: Monatsberichte der Deutschen Bundesbank, Oktober 1987, S. 38

tioniert) werden, bevor er eine Auskunft über die zukünftige Kapazitätsauslastung geben kann.

In der Regel muß ein Indikator über eine längere Zeit beobachtet werden, um eine hinreichend verläßliche Aussage über den zukünftigen Konjunkturverlauf geben zu können; denn immer wieder treten Brüche auf, die den Prognostiker zögern lassen (siehe die abgebildete Statistik des Auftragseingangs).

Der **Index des Auftragseingangs**[1] wird von den Statistischen Landesämtern im Rahmen des Monatsberichts nach den Meldungen aller Betriebe (nicht Unternehmen) mit im allgemeinen 20 und mehr Beschäftigten für 107 ausgewählte Zweige der verarbeitenden Industrie (Grundstoff- und Produktionsgüter, Investitionsgüter, Verbrauchsgüter), in einzelnen Fällen auch nach Angaben von Verbänden, erhoben und berechnet. Die als „endgültig" veröffentlichten Werte repräsentieren einen Umsatz von mehr als vier Fünfteln des verarbeitenden Gewerbes. Für die vorläufigen Zahlen – und hier liegt eine entscheidende Quelle für die späteren Korrekturen – ist dagegen der Repräsentationsgrad nicht annähernd so hoch. Hinzu kommt, daß diese Zahlen mit einem statistisch nicht voll befriedigenden Rechenverfahren (mit Umsatzwerten aus dem vergangenen Monat) „hochgeschätzt" werden.

Das **Blickfeld** wird durch die Auslassung des Handels-, Dienstleistungs- und Handwerksbereichs zwar eingeengt, die Aussagekraft aber nur unwesentlich beeinträchtigt, da die industrielle Produktion (das Baugewerbe eingeschlossen) den Konjunkturverlauf eindeutig dominiert.

Nicht immer gibt aber die Statistik des Auftragseingangs die **Intensität der Nachfrage** zuverlässig wieder. Wenn die Unternehmen wegen überlasteter Kapazitäten Aufträge ablehnen, geht die Nachfrage zwar nicht unter, sie wird aber nicht erfaßt. Die Statistik wird aufgebläht, wenn die Unternehmen Bestellungen über den tatsächlichen Bedarf (Luftaufträge) hinaus vergeben, weil sie Lieferverzögerungen befürchten. Sobald der Bedarf befriedigt ist, werden dann die überschüssigen Aufträge storniert. Die tatsächliche Nachfrage bleibt in diesem Fall hinter der statistisch ausgewiesenen zurück.

Nachteilig ist zudem, daß der Index des Auftragseingangs nachträglich teilweise beträchtlich korrigiert werden muß. Das Bild, das zunächst von der konjunkturellen Lage entstand, mußte deshalb gerade in den kritischen Phasen vor konjunkturellen Wenden nicht selten revidiert werden.

Die Statistik des Auftragseingangs macht den **Konflikt** deutlich, vor dem der Diagnostiker steht. Er verlangt *schnelle*, zugleich aber auch *genaue* statistische Angaben. Die Geschwindigkeit geht aber nicht selten auf Kosten der Präzision. Die amtliche Statistik versucht diesen Konflikt zu lösen, indem sie – dem Gebot der Schnelligkeit folgend – vorläufige Zahlen (vier Wochen nach Ablauf des Berichtsmonats) veröffentlicht, dabei den notwendigen Vorbehalt anbringt, später dann, nach erfolgter Revision (weitere vier Wochen danach) und auf breiterer Basis erfaßt, die „endgültigen" Zahlen angibt.

---

[1] Vgl. *Dubral, Chr.:* Zur Neuberechnung des Indizes des Auftragseingangs und des Auftragsbestandes im verarbeitenden Gewerbe auf Basis 1976, Wirtschaft und Statistik, H. 9 (1980), S. 585–593

Der Auftragseingang, der noch sektoral und regional aufgegliedert und durch die jeweilige Reichweite der Bestände ergänzt werden könnte, stellt den mit Abstand wichtigsten vorauslaufenden Konjunkturindikator dar. An ihm versuchen wir beispielhaft einige **Schwächen der Zeitreihenanalyse** aufzuzeigen.

Bruch in der Zeitreihe durch Großauftrag

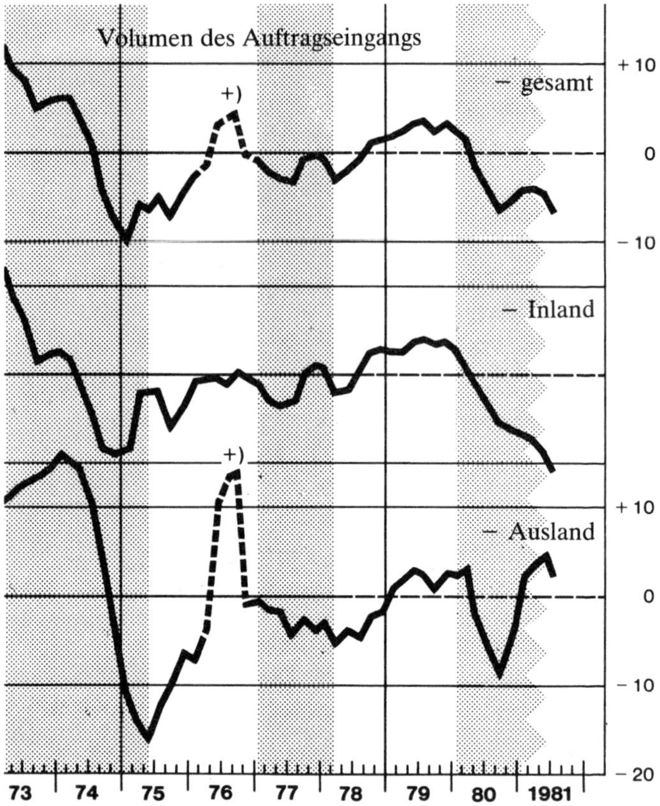

+) *In dem besonders markierten Teil ist der Kurvenverlauf durch Großaufträge im Juli 1976 beeinflußt.*

Quelle: Bundesbank, Statistische Beihefte, Reihe 4

Die **Zerlegung einer Zeitreihe** setzt eine modellhafte Abbildung ihrer (Trend-, Konjunktur-, Saison- und Rest-) Komponenten voraus, d.h. die Bestimmung aller relevanten Einflußfaktoren und deren funktionale Verknüpfung. Die einzelnen Bestandteile einer Zeitreihe können in unterschiedlicher Weise zusammengesetzt sein. Sofern bei einem steigenden oder fallenden Trend die übrigen Komponenten unverändert große Ausschläge zeigen, liegt eine **additive Verknüpfung** vor. Sie besagt, daß die Größe der Ausschläge der restlichen Komponenten nicht vom Niveau der Zeitreihe abhängt. Bei vielen ökonomischen Zeitreihen nehmen allerdings Konjunktur- und Saisonausschläge mit steigendem Niveau der Zeitreihe zu. Diese gegenseitige Beeinflussung der Komponenten läßt sich durch eine **multiplikative Verknüpfung** darstellen.

Trendbereinigung

Zur Trendbereinigung liegen mit der Methode der kleinsten Quadrate (die Summe der quadrierten Abweichungen zwischen vorgegebenen Trend- und Ursprungswerten soll minimiert werden) und dem gleitenden Mittelwert (schrittweise Mittelung aufeinanderfolgender Werte) zwei konkurrierende Verfahren vor. Sie sind in der statistischen Fachliteratur ausführlich beschrieben. Die grundlegende Bewegungsrichtung wird jeweils aus den Daten der Vergangenheit herausgelesen und in die Zukunft fortgeschrieben. Das heißt: Es wird ein ungebrochener Trend unterstellt. Ob dies tatsächlich der Fall sein wird, kann allerdings erst die Zukunft zeigen. Vor allem dann, wenn konjunkturelle und saisonale Faktoren den Trend deutlich überlagern, wird der Schluß auf die Zukunft zunehmend gewagter. Aufschwung und Saisonhoch können mit ihrem Einfluß auf die jüngsten Daten eine Überschätzung, Rezession und saisonales Tief eine Unterschätzung bewirken. Die Statistik muß die Antwort vorläufig schuldig bleiben. Sie kann nicht zweifelsfrei sagen, ob eine Trendänderung vorliegt oder lediglich zufällige (z.B. Groß-Aufträge aus dem Ausland), saisonale oder konjunkturelle Faktoren den Ausschlag bewirkt haben.

Saisonbereinigung

Auch die Saisonbereinigung läßt Fragen offen. Die Verfahren sind in den vergangenen Jahren zwar ständig verfeinert worden. Ihre Ergebnisse können gleichwohl noch immer nicht befriedigen. Die einfacheren Verfahren gehen von einer starren „typischen" Saisonfigur aus. Erweiterte Verfahren lassen zwar eine zeitabhängige Änderung der monatlichen Ausschläge zu, halten die Saisonfigur aber konstant. Es wird unterstellt, daß saisonale Höchst- oder Tiefstwerte Jahr für Jahr im gleichen Monat liegen. Schließlich wurden auch Verfahren vorgestellt, die sowohl die Amplitude als auch die Saisonfigur variabel halten. Sie lassen eine allmähliche Änderung der Saisonkomponente in Abhängigkeit von der Zeit zu.

Die Bereinigung selbst richtet sich nach der **Art der ermittelten Abweichungen:** Werden sie als *absolut* gleichbleibende Beträge aufgefaßt, dann werden die monatlichen Saisonabweichungen von den Ursprungswerten abgezogen (bei additiver Verknüpfung). Wird die Saisonschwankung als multiplikative (*relativ* gleichbleibende) Komponente erklärt, dann dividiert man die laufenden Monatswerte durch den entsprechenden Saisonfaktor.

Fehler gibt es immer dann, wenn die unterstellte Saisonnormale das tatsächliche Saisonverhalten nicht zutreffend abbildet. Tritt in einer Zeitreihe bspw. eine ausgeprägte und schnelle Änderung des Trends auf, die jedoch die Saisonkomponente nicht mitzieht, dann ändert sich der tatsächliche Saisonfaktor. Bereinigt wird aber nach wie vor mit überkommenen Saisonfaktoren, in die allenfalls die frühere Grundrichtung als zeitabhängige Änderung eingerechnet werden kann. Die Saisonkomponente wird falsch geschätzt, entsprechend fehlerhaft sind die saisonbereinigten Zeitreihen.

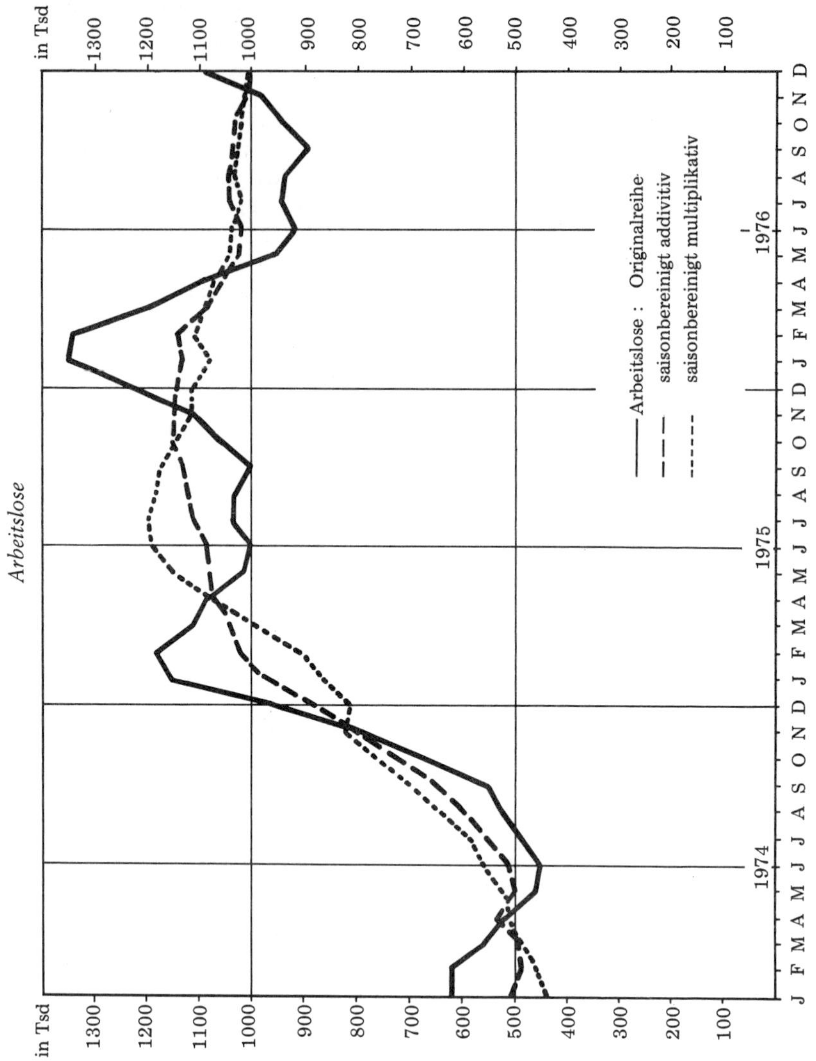

Quelle: Bundesanstalt für Arbeit und Deutsche Bundesbank

Deutlich zeigten sich die **Gefahren der Saisonbereinigung** zur Jahreswende 1974/75 in der Arbeitsmarktstatistik. Im bisherigen rein multiplikativen Verfahren führten die auf der Grundlage des früheren niedrigen Arbeitslosenniveaus errechneten Saisonfaktoren (1,5 für Januar 1975) bei dem heutigen

Veränderte Urteile und Erwartungen

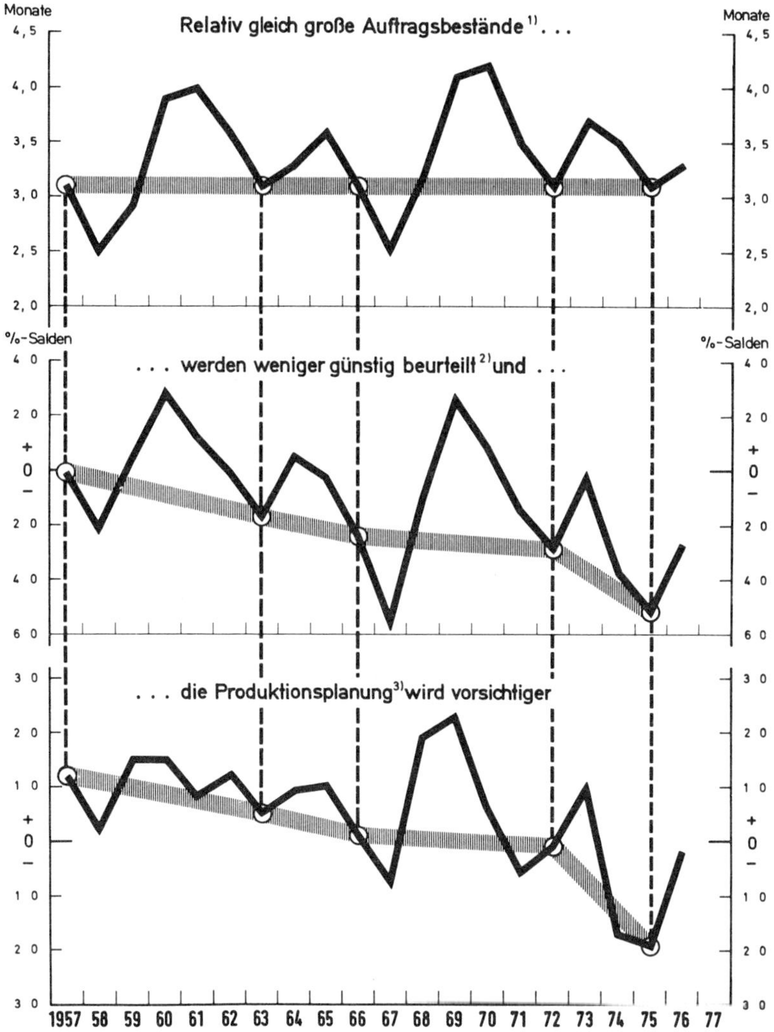

1) Reichweite in Produktionsmonaten, Verarbeitende Industrie; jeweils Berichtsmonat Juni.
2) Prozentsalden aus den Meldeanteilen über relativ große und zu kleine Auftragsbestände.
3) Prozentsalden aus den Meldeanteilen über eine geplante Zunahme und Abnahme der Produktion in den nächsten 3 Monaten.

Quelle: Strigel, W.H.: Erwartungen als Wachstumsbremse, Ifo-Schnelldienst, 29. Jg. (1976), H. 34, S. 5 wesentlich höheren Arbeitslosenbestand zu einer deutlichen Überzeichnung des Saisoneinflusses. In den Wintermonaten wurde folglich die konjunkturelle Arbeitslosigkeit als zu niedrig, in den übrigen Monaten als überhöht ausgewiesen.[2]

Der Fehler entstand dadurch, daß eine multiplikative Verknüpfung unterstellt wurde, tatsächlich aber eine weitgehende Unabhängigkeit der saisonalen Arbeitslosigkeit vom Trend vorliegt. Solange die Beziehung zwischen Trend und Saison in der Arbeitslosenstatistik nicht präzise gefaßt werden kann, wird die Saisonbereinigung die Fragen des Prognostikers nicht zweifelsfrei beantworten können.

Veränderte Aussage

Möglich ist aber auch, daß sich die Aussage einer Zeitreihe im Laufe der Jahre ändert. Ein Beispiel dafür gibt das nachfolgende Bild. Es zeigt, daß die Unternehmen heute weiterreichende Auftragsbestände verlangen, bevor sie die Produktion anpassen. Der Vorlauf des Auftragseingangs verlängert sich dadurch im Aufschwung.

Zusammengefaßt heißt das: Die konjunkturelle Aussagekraft der „letzten" Daten wird wesentlich beeinträchtigt, da die Bereinigungsverfahren zahlreiche Risiken bergen. Will der Prognostiker diese nicht eingehen, muß er abwarten bis er deutlichere Hinweise durch einen längeren Beobachtungszeitraum erhält.

Wir müssen darauf verzichten, die Einzelindikatoren in ihrer Fülle zu beschreiben und uns mit einem Verweis auf die Zeitreihen begnügen, die in die nachfolgend vorgestellten Gesamtindikatoren eingehen. Preis-, Beschäftigungs- und Zahlungsbilanzstatistik werden im zweiten, die Indikatoren der Geldpolitik im siebten, die Meßkonzepte des Fiskalimpulses im achten Kapitel ausführlich behandelt.

2. Gesamtindikatoren

Der *Sachverständigenrat*[3] hat erstmals in seinem Jahresgutachten von 1970 mehrere Zeitreihen zu einem Gesamtindikator zusammengefaßt. Dieser wird nach dem Prinzip eines Diffusionsindex konstruiert, der die quantitativen Informationen in Qualitäten umwandelt. In einem **„reinen" Diffusionsindex** geht jede Einzelreihe nur mit zwei Qualitäten ein. Mit dem Wert 1, wenn die betreffende Reihe der Referenzperiode gleich oder größer gegenüber der Vorperiode ist, mit Null, wenn der Wert der betreffenden Zeitreihe

---

[2] *Karr, W.:* Probleme der Saisonbereinigung bei trendabhängiger Saisonkomponente. Dargestellt am Beispiel der Statistiken der Arbeitslosen und der offenen Stellen, IAB-Mitteilungen, 3/1975, S. 222–230.

[3] *Kloten, N.* und *Ketterer, K. H.:* Der Gesamtindikator zur Konjunkturdiagnose des Sachverständigenrates – ein neues konjunkturanalytisches Instrument, Wirtschaftswissenschaftliches Studium, 1. Jg. (1972), S. 192–197.

gegenüber der Vorperiode absinkt. Der Diffusionsindex errechnet sich als prozentualer Anteil der mit 1 bewerteten Reihen an der Gesamtzahl der erfaßten Reihen. Er bewegt sich also stets zwischen Null und 100.

Der Gesamtindikator des *Sachverständigenrates* arbeitet nach einem **modifizierten Diffusionsprinzip.** Für die Einzelreihen werden Normwerte sowie obere und untere Toleranzgrenzen festgesetzt. Jede Einzelreihe wird in jedem Monat vierstufig bewertet. Die quantitativen Informationen der Einzelreihen werden also auf vier Qualitäten reduziert. Der Wert des Gesamtindikators ergibt sich aus dem arithmetischen Mittel der Zahlen, die den einzelnen Stufen der Einzelreihen zugeordnet werden.

Als **Normwerte** wurde für die meisten Reihen das arithmetische Mittel der Veränderungsraten im Vorjahresvergleich angesetzt. Der *Sachverständigenrat* will mit diesen Normwerten zwar keinerlei Sollvorstellungen verbunden sehen, sie sollen lediglich konjunkturanalytischen Zwecken dienen. Es läßt sich aber kaum ausschließen, daß sie trotz seiner Mahnung von der Öffentlichkeit als solche verstanden werden.

Der Gesamtindikator des *Sachverständigenrates* umfaßt insgesamt **zwölf Einzelreihen:**[4]

den Auftragseingang aus dem Inland, in den
- Verbrauchsgüterindustrien,
- den Investitionsgüterindustrien und
- dem Maschinenbau

die Beurteilung der Fertigwarenlager in der
- verarbeitenden Industrie und
- in den Investitionsgüterindustrien,

die Lohnsumme je geleistete Arbeiterstunde,
die industrielle Nettoproduktion der
- Verarbeitenden Industrie und
- der Investitionsgüterindustrie,

das Geldvolumen,
kurzfristige Kredite,
die Arbeitslosenzahl und
das Tariflohn- und Gehaltsniveau.

Diese Einzelreihen hat der *Sachverständigenrat* ausgewählt, da sie seiner Meinung nach „ein repräsentatives Bild" des Zyklus geben. Zugleich erfüllen sie das Gebot der Schnelligkeit. Die Monatswerte aller Reihen liegen spätestens sechs Wochen nach dem Referenzmonat vor.

Die erfaßten Zeitreihen gehen zwar formal gleichrangig in den Gesamtindikator ein, durch die Auswahl der Reihen – der Auftragseingang wird insgesamt dreimal erfaßt, während die Zahl der Arbeitslosen bspw. nur einfach Eingang findet – erfolgt eine **verdeckte Gewichtung,** die den Auftragseingang im Gesamtindikator dominieren läßt.

Zu kritisieren ist das Fehlen wichtiger Indikatoren der konjunkturellen Entwicklung in der Bundesrepublik. Die Bautätigkeit, die staatlichen Ausgaben und vor allem die Auslandsnachfrage, von der in der Vergangenheit

---

[4] Jahresgutachten 1971, Anhang VI

wesentliche konjunkturelle Impulse ausgingen, sind nicht einbezogen. Angreifbar ist auch die Berücksichtigung des Lohnes – und das zudem mit doppeltem Gewicht –, da Lohnsteigerungen unter wechselnden konjunkturellen Bedingungen unterschiedliche Wirkungen zeigen. Im Abschwung und der Rezession dürfte der restriktive, mit zunehmender Aufschwungtendenz der expansive Effekt dominieren.

Der Gesamtindikator verringert die Gefahr von Fehlinformationen aufgrund zufälliger Einflüsse, die die Aussage der Einzelreihen verfälschen können, oder aufgrund von Verhaltensänderungen, wie sie sich bspw. im Boom des Herbst 1973 zeigten. Damals paßten die Unternehmen ohne Rücksicht auf die hohen Auftragsbestände die laufende Produktion an den Rückgang des Auftragseingangs an. In der Abschwungphase 1966 arbeiteten sie dagegen erst die Auftragsbestände auf, bevor sie Entlassungen vornahmen. Eine Orientierung der Konjunkturpolitik an den Auftragsbeständen hätte also ein unangemessen langes Festhalten an den scharfen Restriktionen nahegelegt.

In einem Gesamtindikator verliert dieser Strukturbruch in einer einzelnen Zeitreihe an entscheidungsbestimmendem Einfluß. Zusammenfassungen bringen aber tendenziell eine Verzögerung in der Aussage, wenn gegenläufige Einzelreihen sich in ihrem Einfluß auf den Gesamtindikator neutralisieren (**Stagflationsparadoxon**). Um ein **Beispiel** anzuführen: Der inflatorische Preisanstieg, der restriktive Maßnahmen verlangt und mit steigender Arbeitslosigkeit zusammentrifft, die nach expansiven Schritten ruft, läßt den Konjunkturpolitiker, der lediglich nach dem Gesamtindikator schaut, in Zufriedenheit das scheinbare Gleichgewicht betrachten. Der Indikator legt keine Maßnahmen nahe, weder gegen den Beschäftigungsrückgang noch gegen die steigenden Preise.

Abhilfe schaffen könnte hier – wie auch der *Sachverständigenrat* vorschlägt – ein **„zweigeteilter Indikator"**, der neben dem Mengenindikator, der für den Beschäftigungsgrad steht, einen Kosten- und Preisindikator einbezieht.[5]

Der **Kosten- und Preisindikator** erfaßt
- das Geldvolumen
- kurzfristige Kredite an Unternehmen und Private
- die Lohnsumme je geleisteter Arbeiterstunde (Industrie insgesamt)
- Tariflohn- und -gehaltsniveau je Stunde (Gesamtwirtschaft)
- Lohnkosten je Produkteinheit, Verarbeitende Industrie
- Großhandelsverkaufspreise
- Industrielle Erzeugerpreise, Verarbeitende Industrie.

Der **Mengenindikator** setzt sich zusammen aus
- Auftragseingang (Volumen), Verarbeitende Industrie
- Auftragseingang (Volumen), Investitionsgüterindustrien
- Auftragseingang (Volumen), Verbrauchsgüterindustrien
- Industrielle Nettoproduktion, Investitionsgüterindustrien
- Industrielle Nettoproduktion, Verbrauchsgüterindustrien

---

[5] Jahresgutachten 1971, Anhang VI

– Beurteilung der Fertigwarenlager in der Verarbeitenden Industrie
– Beurteilung der Fertigwarenlager in der Investitionsgüterindustrie
– Zahl der Arbeitslosen.

Kosten und Preise folgten der Menge im Konjunkturverlauf bisher mit deutlicher Verzögerung. In den Abschwungsphasen 62/63 und 66/67 haben sie jeweils etwa 1½ Jahre nach der Menge den unteren Schwellenwert unterschritten. In den Jahren danach rückten beide Kurven jedoch enger zusammen. Sie korrespondieren zudem nicht in der Intensität. Der Mengenindikator läßt deshalb keinen verläßlichen Schluß auf das Maß zukünftiger Lohn- und Preissteigerungen zu. Mit zunehmender **Inflationsmentalität** muß sogar damit gerechnet werden, daß Löhne und Preise den Mengen im Aufschwung vorauslaufen. In der Rezession bleibt zwar die gewohnte zeitliche Folge, der Abstand dürfte sich aber zusehends verkürzen.

Die Zweiteilung des Gesamtindikators hilft den Zielkonflikt zu diagnostizieren, das **Stagflationsparadoxon** des Gesamtindikators zu überwinden, kann aber keine Schritte nahelegen – nicht einmal deren Richtung angeben –, die aus dem Dilemma herausführen.

Die konventionelle Konjunkturpolitik, auf deren Information bzw. Handlungsanweisung die Indikatoren ausgerichtet sind, geht davon aus, daß jeweils nur ein Ziel alternativ verletzt ist, im Boom das der Preisniveaustabilität, in der Rezession das Vollbeschäftigungsgebot. Sie unterstellt, daß ihre antizyklischen Maßnahmen also das eine verletzte Ziel heilen können, ohne das andere unmittelbar zu gefährden. Was bleibt aber zu tun, wenn beide Ziele gleichzeitig verletzt sind? Die Konjunkturpolitik muß dann notgedrungen einen **mittleren Weg** gehen, einen langen Marsch wagen, der beide Ziele zugleich im Auge behält. Keine Wende zur Expansion, da sie der Inflation die Tür öffnet, kein Beharren auf der restriktiven Linie, um die angetretene Fahrt in die Unterbeschäftigung nicht zu beschleunigen, muß die konjunkturpolitische Empfehlung heißen. Dies bedingt ein Abgehen von den herkömmlichen Konjunkturindikatoren und eine Orientierung an Trendfaktoren im Zuge des Wandels konjunktureller Probleme.

3. Tendenzbefragungen (Konjunkturtests)

Die Statistik des Auftragseingangs erfaßt ausgesprochene Bestellungen. Konjunkturtests wollen zeitlich vor die Auftragsvergabe an die Entscheidungsbildung herangehen, Stimmungen und Planungen erfragen und von diesen auf die zukünftige Nachfrage schließen. Sie wollen eine **frühere Auskunft** über den weiteren Konjunkturverlauf geben als die Statistik des Auftragseingangs. Allerdings ist ihre Aussage mit größeren Risiken behaftet, da die Unternehmen sich noch nicht durch eine Auftragsvergabe gebunden haben und Stimmungen schnell umschlagen können (siehe Bild).

Das *Ifo-Institut* befragt monatlich die Leitungen von etwa 10000 Unternehmen. Es verzichtet auf quantitative Angaben, um eine einfache und schnelle Beantwortung nach wenigen vorgegebenen Kategorien (gut – befriedigend – schlecht für die gegenwärtige Geschäftslage) zu ermöglichen. Im

Investitionsplanungen und Investitionsausgaben im Produzierenden Gewerbe[1]

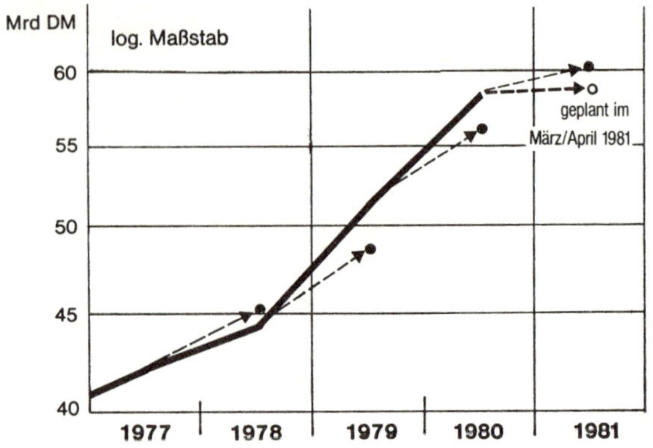

1) Lt. Ifo-Investitionstest; ohne Elektrizitäts- und Gasversorgung.-
● = geplant im Aug./Sept. des Vorjahres.

Quelle: Monatsberichte der Deutschen Bundesbank, Juni 1981, S. 29

einzelnen erfaßt das *Ifo-Institut* die **Erwartungen** hinsichtlich der Produktion in Industrie und Baugewerbe, der industriellen Exporte, des Umsatzes im Handel sowie der Verkaufspreise im Inland und der Geschäftslage in den genannten Bereichen. Der **Erwartungshorizont** beträgt bei der Produktion, den Exporten und den Preisen drei Monate, beim Umsatz einen und bei der Geschäftslage sechs Monate. Neben den Erwartungen und Plänen der Unternehmen werden monatlich auch die Urteile über die *augenblickliche* Geschäftslage, den gegenwärtigen Auftragsbestand sowie die Lagersituation eingeholt.

Mit Blick auf die nachfolgende Abbildung läßt sich bei der (gegenwärtigen) Geschäftslagebeurteilung ein weitgehender Gleichlauf mit den jeweiligen Unternehmereinkommen feststellen. Demnach sind die Gewinne die ausschlaggebende Größe für die Charakterisierung von „Stimmungen", die wiederum Einfluß auf die zukünftigen Unternehmensaktivitäten (Auftragsvergaben, Investitionen, Personalanpassungen usw.) ausüben. Allerdings finden die – häufig nur vage abschätzbaren – psychologischen Motive jetzt eine (objektive) realwirtschaftliche Basis. Wenn nämlich die aktuelle Gewinnsituation das zukünftige Handlungsfeld bestimmt, so kann über die Beobachtung der Unternehmereinkommen und bei anhaltender Gültigkeit des beschriebenen Zusammenhanges eine ökonomisch fundiertere Tendenzprognose abgegeben werden.

Die beiden Testreihen „Beurteilungen der gegenwärtigen Geschäftslage" sowie „voraussichtliche Veränderungen der Geschäftslage in den nächsten sechs Monaten" werden zum sog. **„Geschäftsklima"** zusammengefaßt. Dessen Vorlauf beruht darauf, daß der erfragte Prozeß der Entscheidungsfindung zeitlich vor der ausgewiesenen Aktivität in Form von Bestellung, Produktion und Umsatz liegt.

Geschäftslagebeurteilung und Unternehmereinkommen in der Industrie[a]
BRD: 1962–1984

Geschäftslagebeurteilung[b]

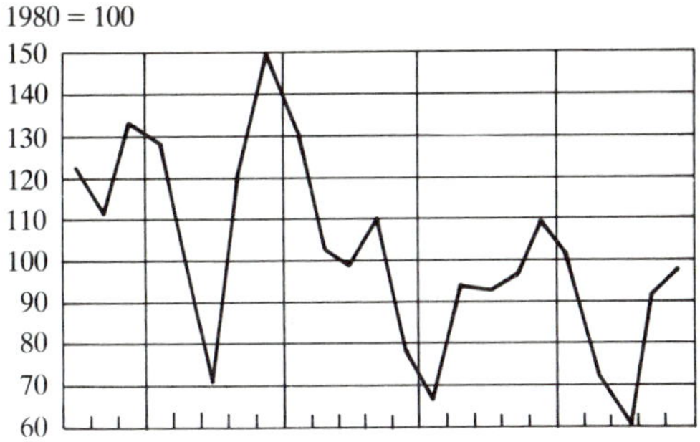

Unternehmereinkommen[c]

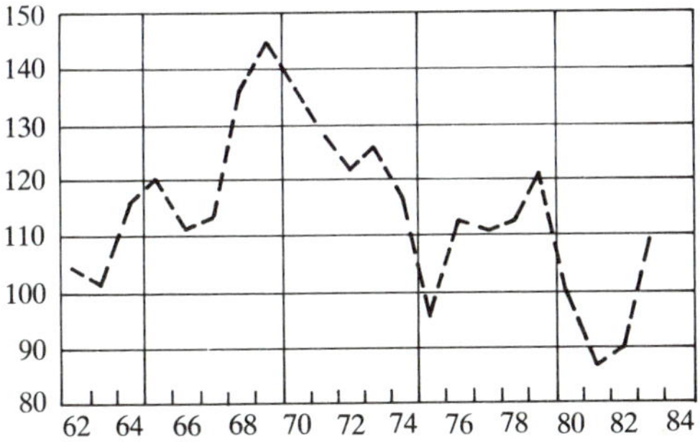

Quellen: Ifo-Konjunkturtest, Statistisches Bundesamt, Berechnungen des Ifo-Instituts. – a) Verarbeitendes Gewerbe; – b) Jahresdurchschnitte aus den Prozentsalden der monatlichen Meldungen über eine gute bzw. schlechte Geschäftslage; – c) Bruttoeinkommen aus Unternehmertätigkeit und Vermögen in Preisen von 1976 lt. Statisitischem Bundesamt; 1982 vorläufig. 1983 geschätzt; Schätzung für 1984 war bei Abschluß der Arbeit im Februar 1985 wegen fehlender Daten noch nicht möglich.

Quelle: Strigel, W. H.: Das Geschäftsklima als Konjunkturindikator – eine Perspektive, Ifo-Studien, 31. Jg. (1985); S. 44

Das Geschäftsklima kann die Statistik des Auftragseingangs nicht ersetzen, es läßt keinen Schluß auf dessen Höhe zu, wohl aber hilft es den Auftragseingang mit seinen zufälligen Schwankungen zutreffender zu interpretieren. Es dient vornehmlich als konjunkturanalytisches **Hilfsinstrument.**

Den zeitlichen und den quantitativen Zusammenhang zwischen Planungen, dem Geschäftsklima und dem tatsächlichen Investitionsverhalten beschreibt das nachfolgende Bild.

Planungen, Geschäftsklima und Investitionen

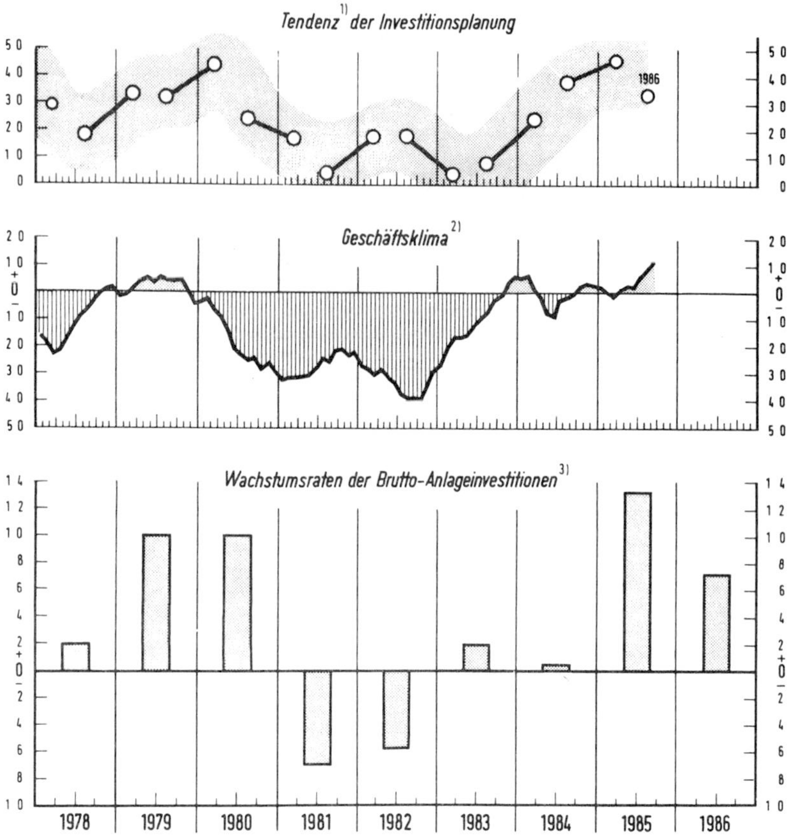

[1] Salden aus den Prozentanteilen der Firmen, die im laufenden bzw. kommenden Jahr mehr bzw. weniger investieren wollen. Erhebungstermine März (Saldo für das jeweils laufende Jahr) und September (Saldo für das jeweils kommende Jahr).

[2] Mittelwerte aus den Unternehmermeldungen zur gegenwärtigen und der in den nächsten sechs Monaten erwarteten Geschäftslage, saisonbereinigt.

[3] In Preisen von 1980, 1984 vorläufig, 1985 geschätzt aufgrund von Planangaben.

Quelle: Ifo-Schnelldienst, 38. Jg. (1985), H. 32, S. 1

Die **Konsumentenbefragungen** gehen nicht einheitlich vor. Einmal werden **Stimmungen** (Urteile, Erwartungen) erfaßt, zum anderen nach **Kaufabsichten** (subjektiven Kaufwahrscheinlichkeiten) gefragt.

Längere Zeit glaubte man, daß sich von der geäußerten Handlungsabsicht verläßlicher auf die zukünftigen Käufe schließen ließe als mit Hilfe von Stimmungsindizes. Diese Hoffnung hat aber getrogen. Einmal sind diejenigen Haushalte, die ihre Käufe planen, nicht repräsentativ, zum anderen ist die Bindung zwischen erklärter Kaufabsicht und der Durchführung nicht eng genug. Keines der Verfahren hat sich als überlegen gezeigt. Beide werden heute nebeneinander durchgeführt, z. T. zusammengefaßt.

4. Ökonometrische Prognosemodelle

Die bisher beschriebenen Verfahren der Prognose stützen sich vorwiegend auf Methoden der Zeitreihenanalyse und auf Befragungen. Ihr **Theoriebedarf** ist vergleichsweise gering. Ökonometrische Prognosemodelle bauen dagegen auf neueren, ständig überprüften konjunkturtheoretischen Kenntnissen auf. Ihr Zweck ist es, **quantitative Zusammenhänge** zwischen den gesamtwirtschaftlichen Variablen abzubilden.

Ökonometrische Prognosemodelle verknüpfen Gleichungen, die gegenseitige Abhängigkeiten zwischen *endogen* erklärten Variablen (z. B. zwischen Gewinnen und Investitionen) ausdrücken, mit *exogenen* Variablen (bspw. wirtschaftspolitischen Maßnahmen oder außenwirtschaftlichen Einflüsse), die vorgegeben werden, zu einem geschlossenen Gleichungssystem.

Die Formulierung des Prognosemodells setzt weitgehende theoretische Kenntnisse über die Bestimmungsfaktoren des Wirtschaftsablaufs voraus. Die Parameter der einzelnen Gleichungen (bspw. der Konsum- oder Investitionsfunktion) werden aus empirischen Zeitreihen unter Anwendung von Schätz- und Testverfahren der analytischen (schließenden) Statistik gewonnen und danach auf ihre Plausibilität hin überprüft.

Die ökonometrischen Modelle trennen zwischen Diagnose (Abbildung der Gegenwart) und Prognose (Beschreibung des zukünftigen Verlaufs). Vor der Diagnose steht ein Gleichungssystem, das sich allein auf wirtschaftstheoretische Überlegungen stützt. Das Modell wird qualitativ festgelegt. Insbesondere werden die zeitlichen Beziehungen der einzelnen Variablen zum Ausdruck gebracht. Quantitative Angaben werden dabei nur in seltenen Fällen eingefügt. Bei der Diagnose geht es anschließend darum, mit Hilfe vorliegender empirischer Daten der exogenen und endogenen Variablen die Strukturparameter zu schätzen. Sie beschreiben die quantitativen Beziehungen zwischen den Variablen (bspw. dem Einkommen und dem Konsum) im Gleichungssystem.

Bei der anschließenden **empirischen Überprüfung** können sich einige Größen des hypothetischen Modells als nichtsignifikant (nicht zur Erklärung beitragend) erweisen. Andererseits kann sich auch zeigen, daß relevante Größen im Modell noch nicht berücksichtigt wurden, also eine Fehlspezifikation vorliegt, und nachgetragen werden müssen. Ökonometrische Modelle sind immer als *vorläufig* zu verstehen. Sie geben den gegenwärtigen Kenntnisstand wieder und werden mit fortschreitendem Wissen ständig verbessert und erweitert.

Die **Prognosequalität** eines Modells wird überprüft, indem man für die *vergangenen* Jahre die tatsächlichen Werte der exogenen Variablen, bspw. die geld-, fiskal- und lohnpolitischen Instrumentvariablen sowie der sonstigen exogenen Variablen in das Modell eingibt und die Werte der endogenen Variablen für eine oder mehrere Perioden berechnet. Solche Lösungen des Modells werden als **ex-post-Prognosen** bezeichnet. Es wird so getan, *als ob* man eine Prognose erstellen würde, deren Ergebnisse man dann mit den bereits erfaßten Werten vergleicht. Die wirkliche Aussagekraft zeigt sich freilich erst dann, wenn Prognosen erstellt werden, die über den Schätzzeitraum hinausreichen.

Bei der **ex-ante-Prognose** müssen zunächst die exogenen Variablen für die nächste Periode geschätzt oder angegeben (falls es sich um Instrumentvariable der Wirtschaftspolitik handelt) und in das Modell eingeführt werden. Mit Hilfe der entsprechenden Gleichungen können dann die endogenen Variablen berechnet werden. Im Beispiel heißt das: Über die Vorgabe der Tariflohnerhöhung läßt sich das Arbeitseinkommen, abzüglich der Lohnsteuern und Sozialversicherungsbeiträge, die Nettoeinkommen der Haushalte ermitteln, damit über die Konsumfunktion der private Verbrauch berechnen und dessen Beitrag zum nominalen Bruttosozialprodukt ermitteln (vgl. das abgebildete Strukturschema).

Im Mai 1975 hat erstmals die *Bundesbank* ein ökonometrisches Modell vorgestellt. Es besteht aus 96 Gleichungen, davon sind 39 Verhaltens- und 57 Definitionsgleichungen; es kann den Verlauf von 96 endogenen Variablen beschreiben. Das Bundesbankmodell beruht auf halbjährlichen Beobachtungswerten dieser Variablen. Zu den wichtigsten endogenen Größen zählen das nominale und das reale Bruttosozialprodukt, die Komponenten seiner Verwendung, Entstehung und Verteilung, die Preisentwicklung, Arbeitsmarktindikatoren, die Zentralbankgeldmenge, die Bestandteile des Geldvolumens, die Bankkredite und verschiedene Zinssätze. Im Rahmen des Modells werden einmal die geld- und fiskalpolitischen Instrumentvariablen (z.B. Diskont- und Lombardsatz, Staatsausgaben) zum anderen aber auch die Tariflohnsätze wie auch außenwirtschaftliche Einflüsse (die grundsätzlich endogen bestimmbar sind) als exogene Variable angesehen. Sie werden von der *Bundesbank* außerhalb des Modells geschätzt.

Ein **Vorzug der ökonometrischen Modelle** wird darin gesehen, daß sie Diagnose und Prognose der endogenen Variablen von zufälligen und saisonalen Schwankungen bereinigt liefern. Wenn die exogenen Variablen eingegeben sind, lassen sich zudem quantitative Aussagen über evtl. erforderliche konjunkturpolitische Maßnahmen machen. Der gesuchte Mitteleinsatz verbindet über das Gleichungssystem den diagnostizierten Ist-Zustand (Arbeitslosigkeit) mit dem angestrebten Ziel (Nachfrageausweitung zur Sicherung der Vollbeschäftigung).

Wie bei der Indikatorenanalyse und den Umfragen werden in den Prognosemodellen aus der Vergangenheit ermittelte Verhaltensgleichungen auf die Zukunft fortgeschrieben. Es wird unterstellt, daß die abgebildeten strukturellen Beziehungen mittelfristig erhalten bleiben. Um zeitnahe Aussagen zu erhalten, werden die Modelle jedoch ständig mit Hilfe der neuesten Daten auf den aktuellen Stand gebracht. Die einzelnen Verhaltensgleichungen werden korrigiert und das Modell in seiner Gesamtheit, dem Zusammenwirken aller Gleichungen, ständig überprüft.

Der umfassendere konjunkturtheoretische und statistisch-mathematische Aufwand der ökonometrischen Modelle bringt aber nicht notwendigerweise zuverlässigere Prognosen; denn die Abhängigkeiten ökonomischer Größen sind derart vielfältig und variabel und lassen sich deshalb nur unzureichend in ökonometrischen Modellen abbilden. Auf theoretische Kenntnisse und Zeitreihenvergleiche gestützte Intuition (**aufgeklärte Intuition**) bringt deshalb heute häufig noch treffsichere Prognosen. Gleichwohl sollte die Hilfe ökonometrischer Modelle nicht ausgeschlagen werden. Sie bieten Informationen an, die zweifellos die Zukunft erhellen. Es darf nur nicht erwartet werden, daß sie ein klares, widerspruchsfreies Bild zeichnen können. Ihre Aussagen müssen stets vor dem Hintergrund der Gleichungen, die in das Modell eingegangen sind, gesehen werden.

Vereinfachtes Strukturschema eines Prognosemodells

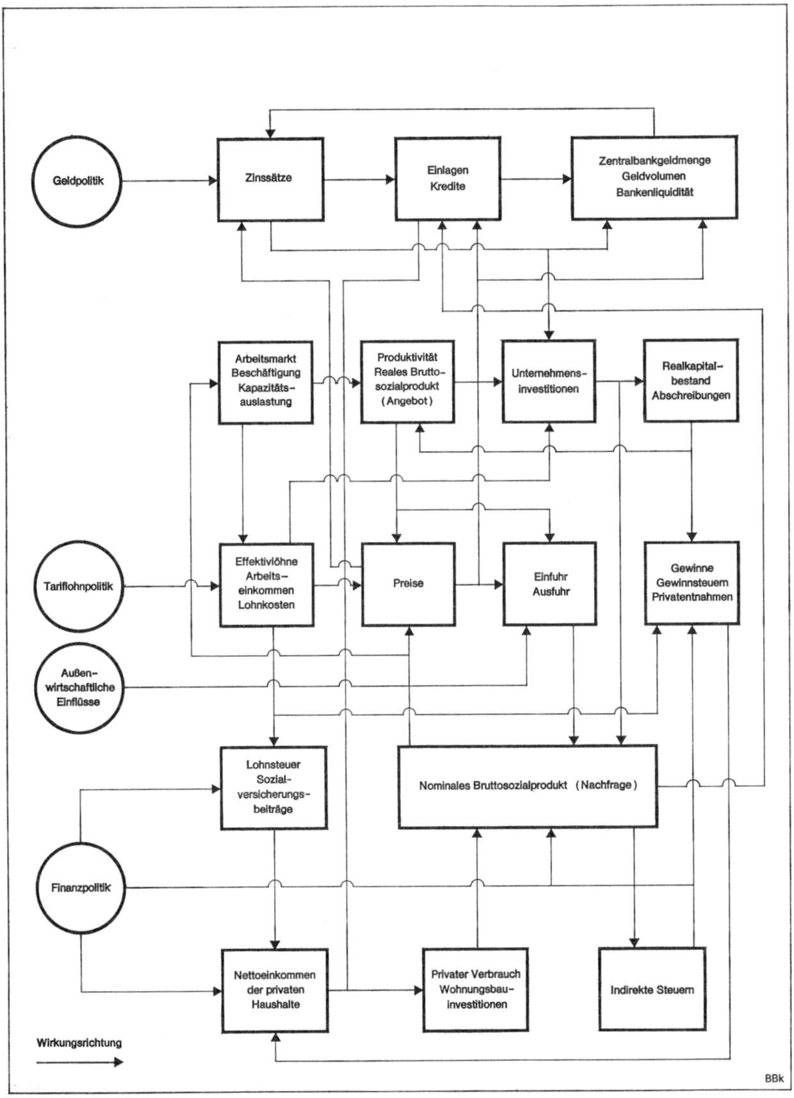

Quelle: Monatsberichte der Deutschen Bundesbank, Mai 1975, S. 30

Ökonometrische Prognosemodelle unterstellen **Strukturkonstanz** im Konjunkturverlauf. Tatsächlich muß aber mit Brüchen im Verhalten (bspw.) der Investoren und Konsumenten gerechnet werden. Es läßt sich lediglich ein durchschnittliches Verhalten während des Zyklus schätzen. Phasenbezogene Änderungen können nicht in die ökonometrische Prognose einbezogen werden. So muß die Motivationsänderung der Investoren, der Übergang von der Gewinn- zur Nachfrageorientierung während des Expansionsprozesses, unberücksichtigt bleiben. Auch die Bestimmungsgründe des Konsums ändern ihre Bedeutung im Zyklus nicht plötzlich und unvorhersehbar, sondern meist in einem allmählichen Prozeß. Der Analytiker kann den Wechsel erkennen und ihn, soweit er sich bereits abgezeichnet hat, in seine Vorausschau einbeziehen.

Ökonometrische Prognosemodelle müssen ohne laufende Anpassungen der zentralen Schätzfunktionen auskommen. Sie würden sonst ihre spezielle Aussagekraft verlieren, die sich auf die Strukturkonstanz gründet. Der **Austausch der Schätzfunktionen** führte in das ökonometrische Modell ein fremdes Prognoseelement ein, nämlich die situationsbezogene Prognose über das zukünftige Verhalten der Investoren und Konsumenten (des Staates und des Auslandes, falls sie endogenisiert sind).

Verzichtet man auf aktuelle Schätzfunktionen, begnügt man sich mit Gleichungen, die lediglich das durchschnittliche Verhalten der Vergangenheit widerspiegeln, dann wird die Chance vergeben, genauere Prognosen zu erstellen. Der **Mischform,** die das vergangenheitsorientierte Prognosesystem für situationsbezogene Schätzungen öffnet, sollte deshalb die Zukunft gehören.

5. Zusammenfassung

Strategie für Examen

Wer konjunkturpolitische Entscheidungen zu treffen hat, muß sich zuerst ein Bild von der Gegenwart und dem zukünftigen Konjunkturverlauf machen. Transparenz ist die unerläßliche Voraussetzung für rationales Handeln. Die Zukunft wird sich zwar nie in dem Maß ausleuchten lassen, wie es die Politiker gern sähen. Trotz der Wahl von Frühindikatoren, der Tendenzbefragungen und verfeinerter Prognosemodelle werden Verzögerungen unvermeidbar bleiben. Es darf bei aller Klage aber nicht übersehen werden, daß die Diagnosetechniken gegenüber früher wesentlich verbessert worden sind.

Thesenartig zusammengefaßt haben Konjunkturindikatoren folgende **Forderungen** zu erfüllen:

1) Sie sollten die Bewegungsrichtung, insbesondere die Wenden der wirtschaftlichen Aktivität, mit möglichst gleichbleibendem, also verläßlichem Vorlauf anzeigen.
2) Sie sollten möglichst frei von zufallsbedingten Schwankungen sein und Tendenzwenden rechtzeitig erkennen lassen.
3) Der zyklische Verlauf des Indikators sollte möglichst ausgeprägt sein und einen Hinweis auf die Schubkraft der konjunkturellen Bewegung geben.

4) Die gewählte Zeitreihe sollte zur konjunkturellen Entwicklung eine möglichst stabile Beziehung haben. Nur dann kann erwartet werden, daß der Indikator vergleichbare konjunkturelle Situationen beschreibt, denen mit erprobten Mitteln begegnet werden kann.

Legen dann die erfaßten konjunkturellen Daten eine antizyklische Entscheidung nahe, so muß diese erst noch *ökonomisch* gefunden, mit anderen Zielen, die gleichfalls von ihr tangiert werden, abgestimmt, danach auch *politisch*, d.h. in der Regierung und im Parlament bzw. bei geldpolitischen Maßnahmen im Zentralbankrat, durchgesetzt und schließlich die Wirkung des Mitteleinsatzes abgewartet werden.

Literatur

Leicht faßliche **Überblicke** über die Methoden der Konjunkturprognose geben

Frerichs, W. und *Kübler, K.*: Gesamtwirtschaftliche Prognoseverfahren, München 1980 (tendieren zu ökonometrischen Prognoseverfahren)

Fürst, G. (Hrsg.): Konjunktur-Indikatoren (Sonderheft zum Allg. Stat. Archiv), Göttingen und Zürich 1975

Henschel, H.: Wirtschaftsprognosen, München 1979

Rothschild, K. W.: Wirtschaftsprognose. Methoden und Probleme, Berlin u. a. 1969

Tichy, G.: Konjunkturschwankungen. Theorie, Messung, Prognose, Berlin u. a. 1976

Vajna, Th.: Prognosen für die Politik. Grenzen, Fehler, Möglichkeiten der Wirtschaftsprognosen, Köln 1977

Weichardt, R.: Zur Beurteilung von Konjunkturprognosen, Tübingen 1982

Vorwiegend der langfristigen, struktur- und **wachstumsorientierten Prognose** gewidmet ist die Arbeit von

Gerfin, H.: Langfristige Wirtschaftsprognose, Tübingen-Zürich 1964

Nach geeigneten **Indikatoren als Orientierungshilfe** für die Konjunkturpolitik suchen neben den Autoren des von Fürst herausgegebenen Sammelbandes

Klein, Ph. A und *Moore, G. H.*: Monitoring Growth, Cycles in Market-Oriented Economies, Cambridge (Mass.) 1985

Moore, G. H.: Business Cycles, Inflation and Forecasting (NBER), 2nd ed., Cambridge (Mass.) 1983

Roberts, Ch. C.: Macoreconomic Indicators for the Federal Republic of Germany, CIRET-Studien 22, München 1975

Um Indikatoren, aus qualitativen Daten mit Hilfe von **Konjunkturtests** gewonnen, bemühen sich

Nerb, G.: Konjunkturprognose mit Hilfe von Urteilen und Erwartungen der Konsumenten und der Unternehmer, Berlin-München 1975

Strigel, W. H.: Das Geschäftsklima als Konjunkturindikator – eine Retrospektive, Ifo-Studien, 31. Jg. (1985), S. 29–67

Den Aufbau und die Anwendung aussagekräftiger **Prognosemodelle** versuchen

Blazejczak, J.: Simulation gesamtwirtschaftlicher Perspektiven mit einem ökonometrischen Modell für die Bundesrepublik Deutschland, Berlin-München 1987

Hickman, B. G. (Hrsg.): Econometric Models of Cyclical Behavior, 2 Bde, New York u. a. 1972

Krelle, W.: Erfahrungen mit einem ökonometrischen Prognosemodell für die Bundesrepublik Deutschland, Meisenheim am Glan 1974

Heilemann, U.: Zur Prognoseleistung ökonometrischer Konjunkturmodelle für die Bundesrepublik Deutschland, Berlin-München 1981

Hujer, R. und *Cremer, R.:* Methoden der empirischen Wirtschaftsforschung. Verfahren zur Diagnose und Prognose makroökonomischer Prozesse, München 1978

Kritik an Ansatz, Struktur und Aussagekraft der Prognosemodelle übt

Geipel, U.: Makroökonomische Konjunkturanalyse. Eine fundamentalistische Kritik, Berlin-München 1980

Den **„Verarbeitungsprozeß"** der Prognosen analysiert

Borner, S.: Wissenschaftliche Ökonomik und politische Aktion. Eine politische Ökonomie der professionellen Beratung der Wirtschaftspolitik, Bern-Stuttgart 1975

Jacobi, K.-P.: Information und ihre Verarbeitung im konjunkturpolitischen Entscheidungsprozeß, Berlin 1976

Sammelbände, die verschiedene Ansätze und Vorgehensweisen der Prognostik beschreiben, zudem aber auch den wissenschafts- und konjunkturtheoretischen Hintergrund ausleuchten, legen vor

Giersch, H. u. *Borchardt, K.* (Hrsg.): Diagnose und Prognose als wirtschaftswissenschaftliche Methodenprobleme, Berlin 1962

Zarnowitz, V. (Hrsg.): The Business Cycle Today (NBER), New York 1972

Kontrollfragen

(1) Welche Gefahren bergen verzögerte Prognosen? Ließen sich diese Risiken durch die damit möglicherweise gestiegene Genauigkeit in der Aussage ausgleichen?

(2) Was versteht man unter Profilidentität? Ist sie eine unabdingbare Voraussetzung für Konjunkturprognosen?

(3) Nehmen Sie kritisch zur Aussagekraft des Auftragseingangs als Konjunkturindikator Stellung!

(4) Was versteht man unter dem Stagflationsparadoxon des Gesamtindikators?

(5) Welche Vorzüge haben Tendenzbefragungen? Welche Nachteile müssen gegebenenfalls in Kauf genommen werden?

(6) Welche Vorzüge werden ökonometrischen Prognosemodellen zugeschrieben? Nehmen Sie kritisch dazu Stellung!

(7) Analysieren Sie am Beispiel der Statistik der Arbeitslosen die Problematik der Saisonbereinigung! Mit welcher Unterstellung arbeitet das additive, mit welcher das multiplikative Verfahren?

(8) Läßt sich die Qualität einer Prognose mit Hilfe eines Soll-Ist-Vergleichs beurteilen?

ZWEITER TEIL
DIE ZIELE DER KONJUNKTURPOLITIK

Die Ziele der Konjunkturpolitik sind
stabile Preise,
Vollbeschäftigung und
Ausgleich der Zahlungsbilanz,
von deren Defiziten oder Überschüssen zuweilen verstetigende, häufig aber auch ungewollte konjunkturelle Impulse ausgehen.

Preise und **Beschäftigungsgrad** sind Indikatoren des Zyklus, auch Symptome genannt, und nicht Faktoren, die den konjunkturellen Verlauf bestimmen. Obgleich beide den konjunkturrelevanten Entscheidungen mit beträchtlichem zeitlichen Abstand nachfolgen, wird mit ihnen das konjunkturpolitische Ziel beschrieben. Die antizyklischen Maßnahmen werden – trotz aller Kritik – häufig noch an ihnen orientiert, da vor allem einschneidende Restriktionen meist erst bei sichtbaren Verletzungen des Stabilitätsgebotes durchsetzbar werden.

Zahlungsbilanzfragen bestimmen die Konjunkturpolitik meist erst dann, wenn die Devisenreserven zu erschöpfen drohen oder wenn der Inflationsimport bedrohliche Ausmaße annimmt. Dies trägt der Konjunkturpolitik den **Vorwurf** ein, an den „Symptomen herumzukurieren". Sie ginge nicht an die Ursachen zyklischer Schwankungen heran, um sie nach Möglichkeit von vornherein auszuschalten.

Es gibt keine stabile **politische Rangfolge** bzw. Wertigkeit zwischen den Zielen; sieht man davon ab, daß das Ziel des außenwirtschaftlichen Gleichgewichts in der politischen Diskussion weitgehend vernachlässigt wird. Lediglich vor der Bundestagswahl 1969 gelang es *Schiller*, gegen den Willen seiner eigenen Fraktion die Aufwertung zur dominierenden Sachfrage im Wahlkampf zu machen. Im Vordergrund stand damals allerdings nicht die Suche nach dem Ausgleich der Zahlungsbilanz; die Aufwertung, die nach dem Wahlsieg auch kam, sollte das Inland vor der importierten Inflation schützen.

Heute rücken internationale Zinsdifferenzen und davon ausgehende Wechselkurseffekte ins Zentrum der Diskussion. Vor allem die ausgeprägten Kursschwankungen des Dollars belasten die binnenorientierte Konjunkturpolitik.

Meinungsumfragen zeigen immer wieder, daß das Ziel, das in den vergangenen Monaten am stärksten gefährdet war, sich in der politischen Diskussion in den Vordergrund drängt – in inflatorischen Zeiten das Stabilisierungsgebot, bei Arbeitslosigkeit das Beschäftigungsziel. Gefragt ist indes eine Konjunkturpolitik, die über den Zyklus hinweggreift und stets beide Ziele im Auge behält.

Fünftes Kapitel

Das magische Dreieck der Konjunkturpolitik

Mit dem Wunsch nach Vollbeschäftigung bei Preisniveaustabilität und der Forderung nach ausgeglichener Zahlungsbilanz sind Ziele nebeneinander gestellt, deren gleichzeitige konfliktfreie Realisierung in der Vergangenheit nicht gelang. Als Ausdruck der Unvereinbarkeit prägte man den Begriff des **magischen Dreiecks,** der schnell Eingang in die konjunkturpolitische Diskussion fand. Mit dem Übergang zu flexibleren Wechselkursen kam man zwar dem Ziel der außenwirtschaftlichen Absicherung näher, spekulative Devisenbewegungen und „schmutziges" Floaten (Interventionen der Zentralbanken zugunsten bestimmter, im nationalen Interesse liegender Wechselkurse) bringen aber nach wie vor Störungen des internationalen Zahlungsbilanzgefüges. Aber auch bei uneingeschränkt flexiblen Wechselkursen bleibt der Konflikt zwischen Vollbeschäftigung und Preisniveaustabilität, dem sich die Konjunkturpolitik – wie ein Blick in die Realität zweifelsfrei bestätigt – noch nicht gewachsen zeigt.

Magisch wird das Dreieck der Konjunkturpolitik deshalb genannt, weil man glaubt, ohne ein bißchen Zauberei nicht auskommen zu können. Man hält die Forderungen nicht für *gleichzeitig* erfüllbar. Die Vollbeschäftigung zieht Lohnsteigerungen nach, die die Stabilität gefährden. Restriktionen gegen den Preisanstieg führen in die Rezession. Inflationiert das Ausland, dann bringen stabile Preise im Inland Exportüberschüsse. Will man diese aber vermeiden, so muß man die Preise notgedrungen im Gleichschritt mit dem Ausland steigen lassen.

Aufgabe der Konjunkturpolitik ist es, Auswege aus diesem konfliktträchtigen Zieldreieck zu beschreiben, auf denen sich die Ziele gleichzeitig erreichen lassen, zumindest aber solche zu nennen, die in ihre Nähe führen. Das **Stabilitätsgesetz** (vgl. den Exkurs auf den S. 257ff.) fordert die Beschränkung auf solche Mittel, die sich mit der marktwirtschaftlichen Ordnung vertragen, um die Vorzüge des Wettbewerbs, Effizienz und Wahlfreiheit auf den Märkten, zu erhalten. Zugleich mahnt es die Beachtung des **Wachstumszieles** an. Lediglich das Gebot des **Verteilungsgleichmaßes** wird im Stabilitätsgesetz nicht angesprochen, obgleich – man könnte aber auch sagen: gerade deswegen, weil – Verteilungskonflikte so häufig dem Streben nach konjunktureller Stabilität entgegenstehen.

Die überkommene **Abgrenzung der Konjunkturpolitik von der Wachstumspolitik** wird zunehmend aufgegeben. Früher verstand man die Konjunkturpolitik als kurzfristig angesetzt und auf die Nachfrage gerichtet, die Wachstumspolitik dagegen als langfristig konzipiert und auf den Umfang und die Struktur des Angebots zielend.

Spricht man heute von **angebotsorientierter Konjunkturpolitik,** so macht dies deutlich, daß ursprünglich der Wachstumspolitik zugeordnete Aspekte inzwischen in die Konjunkturpolitik einbezogen werden. Man geht nicht mehr davon aus, daß die aktuellen konjunkturellen Probleme allein mit kurzfristigen Erfolg suchenden und auf die Nachfrage gerichteten Instrumenten gelöst werden können. Man sieht zunehmend, daß ihr Einsatz durch langfristig wirksame, auf das Angebot, insbesondere dessen strukturelle Flexibilität und Rentabilität, zielende Instrumente ergänzt werden muß.

Da auf absehbare Zeit nicht damit gerechnet werden kann, daß die drei Ziele der Konjunkturpolitik gleichzeitig realisiert werden können, sind **Entscheidungen über die Rangfolge** bzw. die optimale Kombination unausweichlich. Diese Fragen können aber nur dann sinnvoll beantwortet werden, wenn der Gehalt der Ziele sorgfältig analysiert wird, bevor man sich für einen Mitteleinsatz entscheidet, der unvermeidbar die anderen Ziele zugleich trifft. Die Suche nach der optimalen Zielkombination und die Wahl des Mitteleinsatzes müssen simultan geschehen, da sich die Wirkung der Instrumente nicht auf ein Ziel begrenzen läßt. Trotz der engen sachlichen Verbindung von Zielfindung und Mittelentscheidung legen es didaktische Gründe aber doch nahe, Ziele und Wirkungsanalysen getrennt darzustellen.

1. Preisniveaustabilität

a) Inhaltliche Beschreibung

Die Preise haben in der Marktwirtschaft dienende Funktionen. Sie vermitteln Marktprozesse und bestimmen zukunftsgerichtete Entscheidungen. Stabile Preise werden deshalb angestrebt, weil erwartet wird, daß sie die gestellten Aufgaben –
psychologische,
allokative und
distributive Funktionen –
bestmöglich erfüllen helfen.

Psychologische Funktion

Preisniveaustabilität wird einerseits als **Selbstzweck** angestrebt, trägt also Zielcharakter. „Geldwertstabilität steht ... für Grundsätze und Werte wie Rechtssicherheit, Glaubwürdigkeit und Beständigkeit, also für das, was allgemein mit dem Begriff „Währung“ erfaßt wird.“[1] Sie ist – in subjektiver Sicht – Voraussetzung individueller Zukunftsvorsorge. Die materielle Sicherheit wird in Gefahr gesehen, wenn die Inflation droht, das Ersparte und das laufende Einkommen anzugreifen.

Zum anderen wird von ihr die **Erfüllung ökonomischer Funktionen** erwartet; sie ist also zugleich Mittel zur Erreichung anderer wirtschaftspolitischer Ziele.

---

[1] *Sachverständigenrat:* Jahresgutachten 1967, Ziff. 262

Allokationsfunktion

Preisniveaustabilität soll die **Allokationsfunktion** des Marktes sichern. Ökonomische Entscheidungen verlangen Voraussicht; bezogen auf das Währungssystem heißt das: eine **Transparenz** der zukünftigen monetären Bedingungen, die zeitlich differierende Zahlungsströme vergleichen hilft. Geboten wird diese Überschaubarkeit von

a) geldmengenbestimmten Konzepten
aa) mit konstanter Geldmenge oder
ab) mit stetiger und/oder wachstumsbestimmter Rate steigender Geldmenge oder
b) in preisbestimmten
ba) auf Nullstabilität oder auf
bb) gleichmäßig steigende Preise gerichteten Konzepten.

Das Preisniveau ist zwar die **dominierende Leitgröße** der Geldpolitik, es ist auch steuerbar. Die Preise reagieren aber mit beträchtlichen Verzögerungen auf stabilisierende Maßnahmen. Der ungeduldige Politiker sieht sich deshalb häufig gezwungen, auf der Suche nach schnellem Erfolg seine Eingriffe in der Intensität zu überziehen.

Er schießt damit über das Stabilitätsziel hinaus und führt ungewollt in die anschließende Rezession. Ein langfristig orientiertes **Geldmengenkonzept** will diesen Fehler vermeiden. Es zielt zwar auch auf Stabilität, zeigt sich aber geduldiger. *Friedman,*[2] Wegbereiter der „neuen" Geldpolitik, will den „langen Umweg" in Kauf nehmen, da er in ihm den „sichereren Weg" zum Stabilitätsziel sieht. Lieber den Spatz in der Hand als die Taube auf dem Dach, ist mithin seine Devise.

Das **Transparenzerfordernis** allein legt noch keine Entscheidung für ein bestimmtes monetäres Ziel nahe; wohl aber schließt es eine Politik zyklisch schwankender, dem Trend nach aber stabiler Preise aus, da hier die Entwicklung der Preise in der nahen Zukunft unübersichtlich ist und damit rationale Entscheidungen erschwert.

Zum Teil wird auch die aus einem stetig steigenden Preisniveau resultierende rechentechnische Mehrarbeit beklagt. In einer Welt flexibler Preise, in der sich ohnehin die Einzelpreise ständig ändern, ist der zusätzliche Rechenaufwand durch die Niveausteigerung indes als vernachlässigenswert gering anzusehen.

Mit **zunehmender Inflation** geraten die Preise allerdings ins Schwimmen. Die Beschaffung von Preisinformationen lohnt kaum noch, wenn sich die Listen in schneller Folge ablösen. Preisvergleiche werden zudem durch ständiges, aber nicht gleichzeitiges Ändern erschwert. Die Übersicht geht verloren. Der Preiswettbewerb wird dadurch wesentlich geschwächt. Die Inflation läßt überdies die Gewerkschaften nach immer kürzeren Laufzeiten der Tarifverträge rufen. Die Lohnschübe – und mit ihnen die Preisanpassungen – folgen in immer kürzeren Abständen aufeinander und beschleunigen die In-

---

[2] *Friedman, M.:* Die optimale Geldmenge und andere Essays, München 1970, S. 154

flationsspirale. Anders formuliert: Stabilität kann nur so lange als gewahrt gelten, „wie wir nicht in einen Prozeß hineingeraten, ... bei dem Preise und Löhne sich gegenseitig hochschaukeln".[3]

Zins- und Laufzeitstruktur

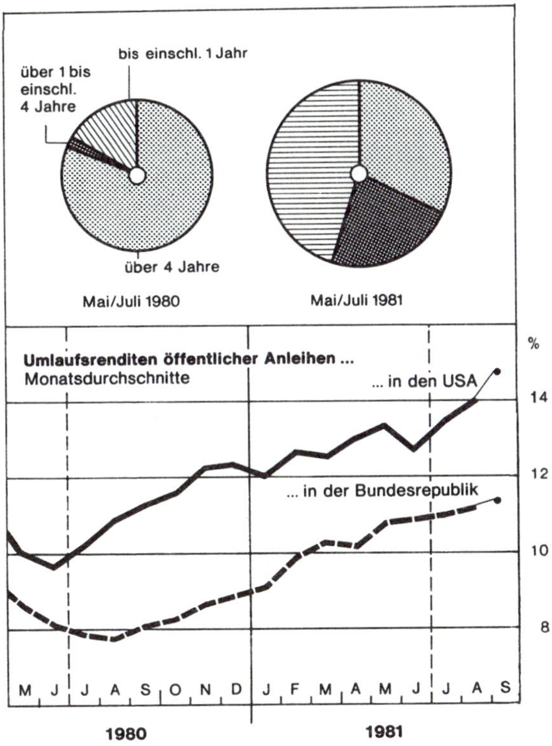

Quelle: Monatsberichte der Deutschen Bundesbank, September 1981, S. 15

Wenn man die **Funktionsfähigkeit des Marktes** erhalten will, muß Preissteigerungen eine unabdingbare Grenze dort gesetzt werden, wo sie die Verhaltensweisen der Wirtschaftssubjekte ändern (gekennzeichnet durch den Begriff „Flucht in die Sachwerte"), denn dann stören sie den gesamtwirtschaftlichen Allokationsprozeß (knappheitsgerechte Lenkung der Produktionsfaktoren). Der Begriff „Stabilität" läßt sich entsprechend auch als Stabilität der Verhaltensweisen interpretieren.

Die Suche nach **„Betongold"** brachte den Bauboom der Jahre 70/72. Während das Nominalvermögen durch die Inflation entwertet wurde, versprachen die kräftigen Baupreissteigerungen neben der Substanzsicherung auch Erträge, da die Preise für Bauleistungen schneller stiegen als die Schuldzinsen.

[3] *Schiller, K.:* Interview, Der Volkswirt, 23. Jg. (1969), H. 30, S. 15–18

Es lohnte, Käufe vorzuziehen. Das Bauvolumen wuchs innerhalb von vier Jahren um 50%. 1970 wurden 480, 1973 dann 715 Tsd. Wohnungen gebaut. Arbeitskräfte wurden aus dem Ausland und von anderen Wirtschaftszweigen angeworben, der Kapitalbestand ausgedehnt. Die stabilitätsorientierte Geldpolitik ließ dann aber die Zinsen steigen. Die Nachfrage nach Wohnungen brach abrupt ab. Die inflatorischen Erwartungen wurden gebrochen und die Bauträger mußten häufig feststellen, daß die erzielbaren Mieten auf Jahre hinaus nicht die Kosten decken werden. Die Käufer blieben aus. Anfang 1974 war die Zahl der Baugenehmigungen fast um die Hälfte gesunken und stabilisierte sich dann auf diesem mäßigen Niveau.

Nicht nur in den Wohnungshalden, auch in den ungenützten Sachkapazitäten ist Kapital gebunden, das nun brachliegt. Ohne diese **Fehllenkung** durch die inflationsbedingte Flucht in die Sachwerte hätte es an anderer Stelle, wo es galt, Engpässe im Produktionsprozeß auszugleichen, wachstumsfördernd eingesetzt werden können.

Gravierend beeinträchtigt wird die Allokationsfähigkeit auch im „monetären Vorfeld" der Investitionsentscheidung. Gläubiger wie Schuldner werden durch **inflationsbedingte Risiken** belastet, die Liquidität am Geldmarkt binden (inflationsbedingte Liquiditätsfalle) und damit den Investitionen vorenthalten.

Die Investoren, die auf langfristiges Kapital angewiesen sind, scheuen das Zinsrisiko (bei variablem Zins die Gefahr mit der Inflation steigender, bei festem Zins die Gefahr fallender Zinsen, die den abwartenden Konkurrenten durch die dann billigere Finanzierung begünstigt). Der Gläubiger will vermeiden, daß er durch inflationsbedingte Zinssteigerungen bei Festzinskrediten Kursverluste hinnehmen muß.

Die Inflation schafft neben Zins- auch Liquiditätsrisiken (ausgedrückt durch kürzere Laufzeiten), die die Investitionsentscheidung belasten. Sie ist damit nicht bloße Folge eines Steuerungsmangels, sie ist selbst Ursache Vollbeschäftigung und Wachstum verletzender allokativer Defizite.

Distributive Funktion

Weiterhin soll die Preisniveaustabilität **ungewollte Umverteilungseffekte** („Inflation ist Diebstahl") ausschließen. Sie werden durch überraschend steigende Preise ausgelöst, denen sich die Bezieher kontraktbestimmter Einkommen nicht oder nicht schnell genug anpassen können. *Stetig und vorhersehbar* steigende Preise erlauben den Unternehmen und Haushalten allerdings, die Preisentwicklung in ihren Plänen weitgehend zu antizipieren und in Verträgen zu berücksichtigen. Eine ungewollte, der Marktleistung widersprechende Umverteilung findet bei gelungener, allseitiger Anpassung dann nicht mehr statt. Entscheidend ist auch hier neben der Anpassungsfähigkeit wieder die Transparenz der zukünftigen Entwicklung der Preise und nicht das Niveau, auf dem diese verläuft.[4]

[4] Zur Verteilungswirkung der Inflation vgl. *Zierke, M.:* Die redistributiven Wirkungen von Inflationen, Göttingen 1970; *Hauser, R.:* Vermögensverteilung bei schleichender Inflation, Kallmünz 1969; *Koblitz, H. G.:* Einkommensverteilung und Inflation in kurzfristiger Analyse, Berlin – New York 1971

Unvorhergesehene Preissteigerungen stärken die Investitionskraft, denn sie erhöhen auf dem Wege des inflatorischen Zwangssparens die Gewinne. Mit den Investitionen steigt der Beschäftigungsgrad. Man schließt daraus, daß die Inflation einen höheren Beschäftigungsgrad bewirkt. Diese Aussage muß aber eingeschränkt werden. Lediglich überraschende Preissteigerungen erhöhen die Gewinne. Nehmen aber die Gewerkschaften in den Tarifverträgen (oder der Markt) die zukünftige Inflationsrate vorweg, dann gibt es keinen gewinnsteigernden Effekt der Inflation und somit auch keine von einer gewinnbestimmten Investitionsexpansion getragene Beschäftigungsausweitung. **Kurzgefaßt** heißt das: Lediglich eine dauernde und unerwartete Inflationsbeschleunigung (oder bei Erwartung eines Stabilisierungserfolges eine gleichbleibende Inflationsrate) dehnt die Beschäftigungsmöglichkeiten via Gewinnsteigerungen durch inflatorisches Zwangssparen aus.

Nutznießer von Preissteigerungen bleibt der Staat, solange inflatorische Scheingewinne versteuert werden müssen. Man wird dies begrüßen, wenn man der Meinung ist, daß der Fiskus unterversorgt ist und die bisherigen Umverteilungseffekte des Steuersystems unzureichend waren. Auch der Lohnsteuerzahler wird durch eine **„kalte" Steuererhöhung** getroffen, da die inflatorisch aufgeblähten Steigerungsraten des Einkommens infolge des progressiven Tarifs die relative Steuerlast erhöhen. Der Fiskus kann sich aber nicht ungetrübt der steigenden Steuereinnahmen erfreuen, denn mit der Inflation schnellen zugleich seine Ausgaben – vornehmlich für Löhne und Gehälter und arbeitsintensive Bauleistungen – in die Höhe.

Sind die Preise einmal über das angestrebte Maß hinaus angestiegen, weil versäumt wurde, die Expansion rechtzeitig zu bremsen, so hilft es nicht weiter, den Geldwert anschließend wieder auf das langfristig angestrebte Niveau zurückzuführen. Eine solche deflatorische Politik verletzte neben dem Vollbeschäftigungsgebot – sie müßte ihrem Ziel entsprechend eine Rezession erzwingen, damit die Preise wieder sinken – auch das verteilungspolitische Ziel. Sie könnte zwar die *funktionale* Distribution korrigieren, nicht aber die *personale* – und letztere ist die eigentliche verteilungspolitische Maxime – da die Faktoreinkommen, z.B. infolge des inflationsbedingten Wechsels in der Vermögensstruktur und -verteilung, inzwischen nicht mehr unbedingt den gleichen Personen zufließen.

Vorbeugende Stabilisierung gefordert

Im übrigen birgt jede Preisniveausteigerung den Kern weiterer Preissteigerungen in sich, da benachteiligte Gruppen regelmäßig in immer kürzeren Abständen ihrerseits mit Anpassungsforderungen folgen. Diese als **Preis-Lohn-** bzw. **Lohn-Preis-Spirale** bezeichnete Beschleunigungstendenz von Preisniveausteigerungen verlangt, daß die Konjunkturpolitik schon den Anfängen wehrt, also eingreift, noch bevor eine eventuell vorhandene preispolitische Toleranzgrenze überschritten wird. Die Antizipation der Preissteigerungsrate, verbunden mit den wechselseitigen verteilungspolitischen Anstrengungen, versetzen nämlich diese Spirale in eine immer schnellere Umdrehung. Ein Abbremsen des Aufwärtsprozesses der Preise wird dabei zunehmend schwerer. Eine immer stärkere Restriktion der Gesamtnachfrage und damit meist auch eine längere Phase oder ein höherer Grad an rezessivem Druck wird erforderlich, bevor die – teilweise gewohnheitsbedingten – Lohn- und Preisforderungen der autonomen Gruppen (der Tarifpartner bzw. der Unternehmen) auf den mit Oligopolen durchsetzten Märkten nachlassen. Umschrieben heißt das: Wer mit der Inflation flirtet, wird von ihr geheiratet – und Scheiden tut weh.

Die Zielvorgabe

Der Preisniveaustabilität stehen neben konjunkturellen auch **strukturelle** bzw. **wettbewerbliche Faktoren** entgegen. Löhne und Preise sind asymmetrisch flexibel. Sie passen sich – von Markt zu Markt verschieden – veränderten Nachfrage- und Kostenbedingungen an: nach oben relativ schnell, nach unten dagegen nur mit Verzögerung und nach scharfem restriktivem Druck. Mit anderen Worten: Der Markt setzt sich meist nur in Richtung steigender Preise durch (**Vorderlastigkeit**), während die oligopolistische Sperre das ausgleichende Sinken von Preisen in Branchen mit überdurchschnittlicher Produktivitätssteigerung hemmt.

Dieser strukturell bzw. wettbewerblich bedingte „*harte Kern*" von Preissteigerungen, der sich nur durch beträchtlichen, die Konkurrenz verschärfenden rezessiven Druck beseitigen ließe, wird deshalb in der Regel aus der Definition des konjunkturpolitischen Zieles herausgenommen. **Preisniveaustabilität** wird dann verstanden als Preissteigerungsrate, die einen bestimmten Prozentsatz, der dem „harten Kern" entspricht, nicht übersteigt, oder – alternativ – als die minimale Preissteigerungsrate, die ohne Gefährdung der Vollbeschäftigung erreichbar ist. In anderen Ländern (bspw. in Frankreich) wird die Definition der preispolitischen Aufgabe auf das Ziel des Handelsbilanzausgleichs (in einem System stabiler Wechselkurse) bezogen. Stabilität wird dann als erreicht angesehen, wenn die Preise nicht stärker steigen als im gewogenen Durchschnitt der Außenhandelspartner.

Heute wird auf eine ökonomische Begründung des monetären Zieles schon weithin verzichtet. Man zeigt sich zufrieden, wenn es gelingt, in der "Nachhut des internationalen Inflationsgeleitzuges zu fahren". Man glaubt vor dem Wähler mit dem Nachweis bestehen zu können, daß andere Länder höhere Preissteigerungsraten hinnehmen müssen.

Orientierungsmaß der Stabilisierungspolitik ist heute die **hausgemachte Preissteigerung** geworden (zur Berechnung vgl. die Tabelle). Von außen kommenden inflatorischen Druck glaubt man dulden zu müssen. Droht aber der externe Preisauftrieb die Inflationsspirale im Inneren in Gang zu setzen, sieht sich auch die – mit Blick auf das Beschäftigungsziel – restriktiven Druck scheuende Stabilisierungspolitik gefordert.

Die Furcht vor Arbeitslosigkeit und drohenden sozialen Konflikten begrenzt zunehmend antiinflatorische Initiativen. Die **Zahlungsbilanzrestriktion** in der Zeit der stabilen Wechselkurse, die zur Wahrung der internationalen Zahlungsfähigkeit – einem Regelmechanismus vergleichbar – stabilisierende Maßnahmen der Defizitländer erzwang, hätte sich zwar auch gegen den internationalen Gleichschritt in die Inflation als machtlos erwiesen. Sie hätte aber nicht zugelassen, daß stets dieselben Länder voraneilen.

Die Defizitländer hätten zur Sicherung der internationalen Zahlungsfähig-

Zur gesamtwirtschaftlichen Kostenentwicklung p)

Veränderung gegenüber Vorjahr in %

Position	1979	1980 ins-gesamt	1980 1. Hj.	1980 2. Hj.	1981 1. Hj.
Gesamtkosten **1)**	4,7	7,6	7,7	7,7	7,4
davon:					
„hausgemacht" **2)**	(2,8)	(4,7)	(3,9)	(5,5)	(5,2)
dar.: lohnkostenbedingt	(1,7)	(3,0)	(2,3)	(3,7)	(3,4)
„importiert" **3)**	(1,9)	(2,9)	(3,8)	(2,2)	(2,2)
Nachrichtlich:					
Preisindex der im In- und Ausland abgesetzten Güter	4,4	6,1	6,3	6,0	5,2

1 Aufwendungen je im In- und Ausland abgesetzte reale Gütereinheit. — **2** Mehraufwendungen für Löhne und Gehälter einschl. der Arbeitgeberbeiträge zur Sozialversicherung sowie für Abschreibungen und indirekte Steuern (abzüglich Subventionen). — **3** Mehraufwendungen für die Einfuhr von Waren und Dienstleistungen. — **p** Vorläufige Ergebnisse.

Quelle: Monatsberichte der Deutschen Bundesbank, Oktober 1981, S. 20

keit ihr Inflationstempo verringern müssen, was mit Sicherheit auch die Nachhutfahrer zur vorsichtigeren monetären Expansion veranlaßt und damit die weltweite Fahrt in die Inflation verlangsamt hätte.

b) Meßprobleme des Geldwertes

Der Wert des Geldes (die Kaufkraft) läßt sich durch die Menge der Güter ausdrücken, die man für das Geld erhält. **Meßprobleme** treten auf, da Güter und Dienste mit ihren mannigfaltigen qualitativen Abstufungen örtlich und zeitlich zu unterschiedlichen Preisen gehandelt werden. Außerdem wird die Mengenstruktur der nachgefragten Güter und Dienste von Person zu Person und im Zeitablauf verschieden sein. Die Vergleichbarkeit wird dadurch wesentlich beeinträchtigt. Der steil anschnellende Preis für Jachten wird den Armen ruhig schlafen lassen, der mäßig steigende Brotpreis ihn dagegen aufschrecken.

Qualitätsverbesserungen sind Geldwertsteigerungen gleichzusetzen. Ihr Preiseffekt läßt sich aber lediglich abschätzen, kaum zutreffend berechnen. Werden zwischenzeitliche Qualitätsänderungen bei der Geldwertmessung nicht oder – wie es vermutlich gegenwärtig der Fall ist – nur unzureichend berücksichtigt, dann wird der Verfall des Geldwertes durch den gewählten Index überhöht ausgewiesen.

Preisindices sind Meßziffern, die die durchschnittliche Änderung der Preise festumrissener Güter und Dienste wiedergeben. Sie werden vom *Statistischen Bundesamt* auf der Grundlage eines unverändert beibehaltenen Warenkorbes berechnet (**Laspeyres-Formel**). Mit zunehmender zeitlicher Entfernung vom Basisjahr werden sie aber unrealistisch. Sie überzeichnen den Geldwertverfall, da sie konstruktionsgemäß nicht berücksichtigen können, daß die Nachfrager Preissteigerungen auszuweichen versuchen, indem sie auf preisstabilere Angebote übergehen. Auch der allgemeine Einkommensanstieg bleibt nicht ohne Einfluß auf die Nachfragestruktur. Der Anteil des Grundbedarfs (Kleidung, Nahrung, Wohnung) wird zurückgehen, der gehobene Bedarf (Unterhaltung, Urlaub, Auto) steigen.

Entspricht der erfaßte Warenkorb nicht mehr der tatsächlichen Verbrauchsstruktur, dann muß dessen Mengenschema aktualisiert werden. Die Aussagekraft der Indices läßt sich nur dann erhalten, wenn sie in regelmäßigen Abständen umbasiert werden. Die Änderung im Mengenschema unterbricht allerdings die unmittelbare Vergleichbarkeit der Indexreihen. Um eine durchlaufende Zeitreihe zu erhalten, versucht man die beiden Zeitreihen mit den verschiedenen Warenkörben durch **„Verkettung"** miteinander zu verbinden. Sie werden „verkettet", indem für das Jahr der Umbasierung die Indexreihen nebeneinander berechnet und gleichnamig gemacht werden. Die neue Indexreihe mit angepaßtem Warenkorb beginnt im gleichen Jahr mit der Endziffer der ausgelaufenen.

Eine Rückrechnung auf der Grundlage des aktualisierten Warenkorbes wie auch eine weitere Beobachtung der Preise für den aufgegebenen Warenkorb macht den **Struktureffekt** im ausgewiesenen Preisanstieg deutlich. Neuangebotene bzw. in der Zwischenzeit zurückgezogene Artikel, für die Preisangaben fehlen, setzen diesem Vorhaben aber eine zeitliche Grenze.

Schnelle Änderungen in den Verbrauchsstrukturen verlangen häufige Anpassungen des Warenkorbes. Das *Statistische Bundesamt* sieht sich gezwungen, alle vier bis fünf Jahre eine Neuberechnung durchzuführen. Nach der Umstellung des Warenkorbes 1962 zeigte schon 1965 eine **Kontrollrechnung** mit aktualisiertem Mengenschema, daß der offizielle Index (der Lebenshaltung des Vier-Personen-Arbeitnehmerhaushaltes mit mittlerem Einkommen) den Preisanstieg um 0,9 Prozentpunkte, bei den Erzeugerpreisen industrieller Produkte bei einem ausgewiesenen Preisanstieg von 4% sogar um 1,1 Prozentpunkte zu hoch anzeigte. Bei dem Außenhandelspreisindex und bei dem Großhandelspreisindex vermutet das *Statistische Bundesamt* noch größere Differenzen.[5]

Für eine **Neuberechnung** der Preisindices, die diese Meßfehler ausschaltet, ist allerdings nicht jedes Jahr geeignet. Änderungen des Steuersystems (wie die Umstellung von der Brutto-Allphasen-Umsatzsteuer auf die Mehrwertsteuer) standen 1966–68 der Umbasierung entgegen, 1969 brachte neben dem boomhaften Preisanstieg eine Änderung der Währungsparitäten und fiel deshalb als Umstellungsjahr aus.

Erfaßt werden gegenwärtig **fünf Preisindices für die Lebenshaltung:**

1) für den Vier-Personen-Arbeitnehmerhaushalt mit mittlerem Einkommen,

---

[5] *Guckes, S.:* Zur Neuberechnung der Preisindices auf Basis 1970, Wirtschaft und Statistik, 12/1973, S. 691–693; *Rasch, H. G.:* Die Preisindices für die Lebenshaltung auf Basis 1970, ebenda, S. 693–697

2) für den Zwei-Personen-Renten-und-Sozialhilfeempfängerhaushalt
3) für den Vier-Personenhaushalt von Angestellten und Beamten mit höherem Einkommen
4) für die einfache Lebenshaltung eines Kindes
5) für die Gesamtheit der privaten Haushalte.

Die Indices stützen sich auf statistisch nachgewiesene Angaben über die Käufe privater Haushalte. Für den Preisindex für die Lebenshaltung aller privaten Haushalte werden diese Angaben den Einkommens-und Verbrauchsstichproben entnommen. Für die anderen Lebenshaltungsindices entstammen sie den laufenden Wirtschaftsrechnungen der entsprechenden Haushaltstypen, den sogenannten Indexhaushalten. Die Gruppierung nach der Höhe der Verbrauchsausgaben muß regelmäßig den gestiegenen Einkommen angepaßt werden.

Die Preisindices der Lebenshaltung – voran der für den Vier-Personenhaushalt mit mittlerem Einkommen – stehen im Mittelpunkt der politischen Diskussion. Sie weisen – mit den gemachten Einschränkungen – den Geldwertverfall für die angesprochenen Haushaltstypen nach. Daneben werden auf vorgelagerten Stufen zahlreiche Verkaufspreise erfaßt. Nach der Entfernung vom Letztverbraucher geordnet sind dies:

1) der Index für a) ausgewählte Grundstoffe
b) Bauten
c) landwirtschaftliche Betriebsmittel
3) die Erzeugerpreise industrieller und land- und forstwirtschaftlicher Produkte
3) der Index der Ausfuhr- und Einfuhrpreise
4) die Verkaufspreise des Großhandels
5) der Einzelhandelspreisindex.

Verzögerte Anzeige

Die Preisindexreihen für die Lebenshaltung können zwar den Geldwertverfall ausdrücken, sie eignen sich aber nicht für die Beschreibung der Intensität konjunktureller Auftriebstendenzen. Sogar die Erzeugerpreise industrieller Produkte laufen zuweilen mit Jahresabstand (so im Aufschwung 1963/64) hinter dem Index der Produktion der gesamten Industrie her. Danach werden sie dann mit beträchtlichem Zeitbedarf von Stufe zu Stufe weitergegeben bis sie schließlich beim Letztverbraucher ankommen und im Lebenshaltungsindex ihren Ausdruck finden.

Das heißt: Preissteigerungen sind das verspätete Resultat einer verfehlten Stabilitätspolitik. Sie sind keine Indikatoren, die dem Konjunkturpolitiker zeitgerechte Handlungsanweisungen geben. Gleichwohl stehen die Preisindices für die Lebenshaltung im Mittelpunkt der politischen Diskussion. Sie wecken den Wähler, sie lassen ihn die stabilitätspolitischen Versäumnisse spüren und machen damit die immer wieder aufgeschobenen restriktiven Maßnahmen schließlich durchsetzbar.

c) Instrumente der Preispolitik

Trotz restriktiver Konjunkturpolitik, rundum freier Kapazitäten steigen die Preise heute fast ungebrochen weiter. Der nachfolgende konjunkturelle

Aufschwung beginnt dann jeweils auf einem erhöhten Preissockel. Das Preisniveau steigt Zyklus für Zyklus treppenförmig an. Lediglich durch langanhaltenden Nachfragedruck (eine gewollte Rezession) ließe sich der Sockel abbauen. Die Gründe für diese Preissteigerungen, die trotz Rezession weitergehen, sind im wesentlichen im außerkonjunkturellen Bereich zu suchen. Auch bei Antworten auf vorangegangene zyklische Verteilungseffekte ist der Machteinsatz der Motor des Lohn- und Preisauftriebs, das Verlangen nach Korrektur lediglich das Motiv.

Kosten und Preise

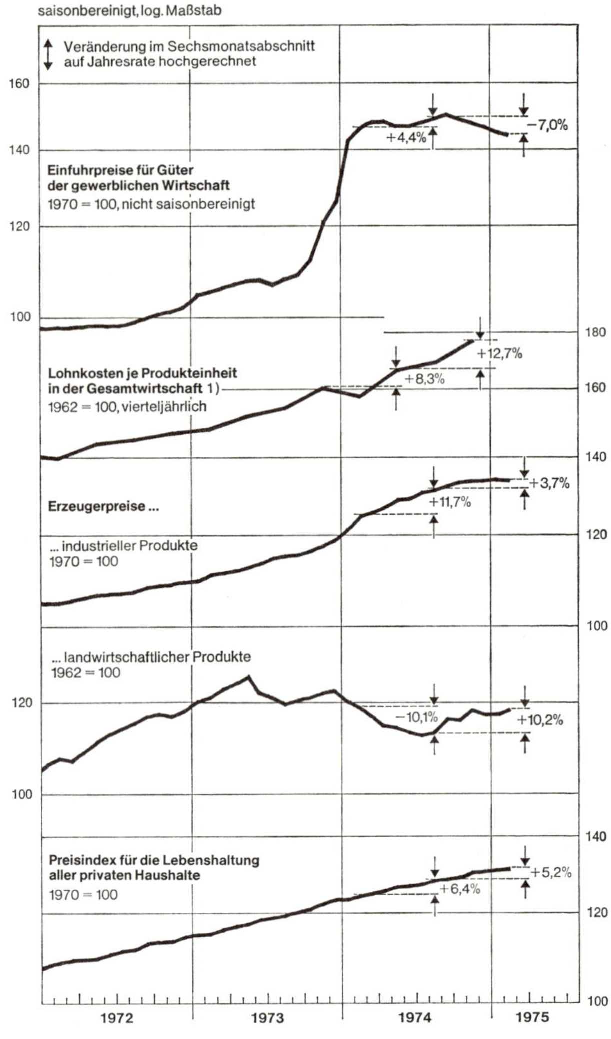

Quelle: Geschäftsbericht der Deutschen Bundesbank 1974, S. 15

Zur Begrenzung der machtbedingten Preissteigerungen sind zwar zahlreiche Vorschläge gemacht worden, ein überzeugendes Konzept konnte aber bisher noch nicht gefunden werden. Neben den konventionellen Mitteln zur **Intensivierung des Wettbewerbs** und der **Mißbrauchsaufsicht**, die in den Kartellgesetzen angesprochen werden, können noch eine Reihe begleitender Maßnahmen zur Begrenzung des Preisanstiegs herangezogen werden.

Die **Integration gemeinwirtschaftlicher oder öffentlicher Unternehmen** in oligopolistische Märkte könnte das gewinnorientierte, damit preistreibende Verhalten ändern. Gezielte **Strukturpolitik** könnte den Marktzutritt erleichtern und den vom Ausscheiden bedrohten Unternehmen Rationalisierungshilfen gewähren, die sie wieder den Anschluß finden lassen. Die Konkurrenz verschärfte sich dadurch.

Die ausschließliche Vergabe öffentlicher Aufträge an „stabilitätsbewußte" Unternehmen soll durch Drohung mit zukünftigem Nachfrageentzug von der Ausnutzung gegenwärtiger Überwälzungsspielräume abhalten. Die **Vergabepolitik** könnte zu einem Instrument der Preisdisziplinierung gemacht werden. Große Hoffnungen werden in eine **Verbraucheraufklärung** gesetzt, die über Preisvergleiche den Wettbewerb im Konsumbereich aktivieren will.

Globale **Preisstoppverordnungen** werden zwar allgemein abgelehnt, einzelne „gezielte" Eingriffe in unzureichend funktionierende Märkte aber gefordert, denn „eine schlechte Kontrolle (sei) besser als bloße Preiswillkür als Folge privater Gewinnplanung."[6] Vor allem bei Preisführerschaft und Lohnwirksamkeit der Preissteigerungen (bspw. der Mieten) und nachfolgendem Druck der Kosten auf die Preise scheint dieses partielle Vorgehen erfolgversprechend (**selektive Preispolitik**).

Über **Mitbestimmung** wird eine gewerkschaftliche Einflußnahme auf die Preisbildung aus den Unternehmen heraus angestrebt. Betriebsegoismus kann allerdings – das muß angemahnt werden – zur preispolitischen Expansion des verteilbaren Betriebsergebnisses mißbraucht werden und so das Stabilitätsziel verletzen.

Auch die nach den Quellen des Gewinns differenzierende **Steuerpolitik** ließe sich in den Dienst der selektiven Preispolitik stellen. Sie könnte Gewinne, die aus einer Angebotsausweitung resultieren, geringer belasten, als solche, die auf gestiegene Gewinnspannen zurückzuführen sind. Als vergleichsweise einfaches Verfahren bietet sich eine steuerliche Begünstigung der kapazitätswirksamen Investitionen bei gleichzeitiger Erhöhung der Gewinnsteuern an.

Eine indirekte Preisdämpfung wird über eine **Einkommenspolitik** versucht. Orientierungsdaten, Leitlinien und Lohnkontrollen sind – geordnet nach der Eingriffsintensität – die gebräuchlichen Instrumente hierfür. Man geht von einer engen Verbindung zwischen Kosten und Preisen aus. Man unterstellt, daß die Preise den Kosten folgen (Aufschlagkalkulation). Gelingt es nun, den Kostenanstieg durch Druck auf die Löhne zu dämpfen, so werden damit gleichzeitig die Preise zurückgehalten. Das Stabilitätsziel wird erreicht, ohne

---

[6] *Henschel, R.:* Der DGB zur marktwirtschaftlichen Ordnung, Marktwirtschaft, H. 4 (1975), S. 1–11

daß langanhaltende Arbeitslosigkeit in Kauf genommen werden muß. Die gefürchtete Lohn-Preis-Spirale wird unterbrochen (vgl. dazu Kap. 10, 4).

Wenn die Hoffnung auf baldige Rückkehr zur Stabilität verlorengeht, wird der Ruf nach **Indexbindungen** laut. Sie sollen die Einkommensbezieher, die den steigenden Preisen nicht schnell genug folgen können, vor inflatorischen Kürzungen durch Zwangssparen schützen. Die Inflation erhält durch die Indexbindung zwar neue Schubkraft, da die Einkommenssteigerungen den Preisen in kürzeren Abständen folgen; es gibt keine Inflationsverlierer mehr, deren Einkommen mit preisdämpfender Wirkung nachhinken.

Andererseits eröffnet die Indexbindung aber auch einen Weg, der wieder aus der Inflation heraushelfen könnte. Einmal macht die allumfassende Indexbindung jedem deutlich, daß niemand seinen Anteil am Sozialprodukt durch Preissteigerungen ausdehnen kann, weil die Indexbindung automatisch die alte Verteilungsstruktur wieder herstellt.

Sie hilft darüberhinaus den Tarifpartnern, wenn sie den Weg zur Stabilität gehen wollen. Sie schützt die Gewerkschaften vor Preisrisiken, die stabilitätsorientierte Tarifverträge unvermeidbar bergen. Die Gewerkschaften werden zwar eine Indexbindung ablehnen, da sie in ihr eine Beeinträchtigung der Tarifautonomie sehen. Gegen **Auflösungsklauseln,** die mit der Erreichung einer bestimmten Preissteigerungsrate die Laufzeit des Tarifvertrages beenden und neue Verhandlungen möglich nachen, werden sie jedoch kaum etwas einzuwenden haben.[7]

Die administrativen Eingriffe sind gegen machtbedingte Preissteigerungen gerichtet. Sie setzen voraus, daß sie durch eine effiziente Stabilitätspolitik begleitet werden, die keinen preistreibenden Nachfragesog zuläßt. Sie können zwar einen konjunkturellen Preisdruck vorübergehend aufstauen, auf die Dauer können sie ihm aber nicht standhalten. Die restriktive Konjunkturpolitik bleibt unverzichtbar. Bei gleichem Stabilisierungserfolg braucht sie jedoch nicht mehr so lang durchgehalten zu werden. Das heißt: Die preispolitischen Begleitmaßnahmen entlasten zugleich die Globalsteuerung; die restriktive heute, die expansive morgen, da mit einer milderen Rezession gerechnet werden kann.

2. Vollbeschäftigung

Zweites Ziel der Konjunkturpolitik ist die Vollbeschäftigung. Prinzipiell kann sie zwar auf die Produktionsfaktoren insgesamt bezogen werden; im Mittelpunkt der Beschäftigungspolitik steht aber der „Faktor" Arbeit: der Mensch, der in der Arbeit die persönliche Bestätigung sucht und zugleich damit seinen Lebensunterhalt verdient; denn – und damit ist ein Konflikt

[7] Zur Problematik von Indexbindungen vgl. *Giersch, H:* Indexklauseln und Inflationsbekämpfung, Kieler Diskussionsbeiträge, H. 32, Kiel 1973; *Issing, O.:* Indexklauseln und Inflation, Tübingen 1973; und das Gutachten des Wissenschaftlichen Beirats beim Bundesministerium für Wirtschaft über Indexierung wirtschaftlich relevanter Größen. *Der Bundesminister für Wirtschaft,* Studien-Reihe 9, Bonn 1975

angesprochen, mit dem die marktorientierte Konjunkturpolitik leben muß – das Wirtschaftssystem hat den Menschen zu dienen. Sie sollten sich nicht dessen Bedingungen und Notwendigkeiten unterordnen müssen.

a) Inhaltliche Beschreibung

Unfreiwillige Arbeitslosigkeit ist ein schweres menschliches und soziales Übel, das sich mit zunehmender Dauer verschlimmert. Sie schließt den Menschen von gesellschaftlichen Prozessen aus. Auf der anderen Seite darf Arbeit aber auch nicht zum Selbstzweck ausarten (wie im **Buddel-Plan,** der den einen Löcher graben läßt, die der andere dann wieder zuschüttet). Sie ist als Weg zu höherem Wohlstand der Gemeinschaft zu begreifen. Als sinnlos angesehene Arbeit gibt keine Befriedigung.

Die Beschäftigungspolitik hat demnach also **drei Aufgaben** zugleich zu erfüllen: Sie soll dem Arbeitsuchenden möglichst *schnell* persönlich *adäquate* und zudem *gesamtwirtschaftlich leistungsfähige* Arbeitsplätze schaffen.

Die **Arbeitslosigkeit** kann neben
1) saisonalen (jahreszeitbedingten) auch
2) friktionelle (übergangsbedingte),
3) konjunkturelle,
   a) keynesianische (durch globale Mindernachfrage verursacht)
   b) klassische (verteilungsbedingte Begrenzung des Angebots) und
4) strukturelle (regionale, sektorale oder qualifikationsspezifische)

Gründe haben.

Das Ordnungskriterium dieser Aufzählung ist der unterschiedliche Zeitbedarf für einen mit adäquaten Mitteln angestrebten Beschäftigungsausgleich. Das schließt aber ein Vorgehen auch gegen strukturelle Unterbeschäftigung mit kurzfristigen globalsteuernden Maßnahmen nicht aus. Beseitigt wird dann allerdings nur die Arbeitslosigkeit, nicht jedoch gleichzeitig die **Fehlstruktur auf der Angebotsseite,** die zur Unterbeschäftigung führte. Deren Beseitigung wird für spätere, konjunkturell günstigere Zeiten aufgehoben. Die strukturelle Beschäftigungspolitik bzw. die Strukturbereinigung durch den Markt kann dann in einer Phase der Vollbeschäftigung, in der den freigesetzten Arbeitskräften äquivalente Arbeitsplätze offenstehen, nachfolgen.

Bei klassischer Arbeitslosigkeit wird wegen „zu hoher Löhne" das (Güter- und damit das) Arbeitsplatzangebot rationiert (statt der Menge M_2 an Arbeitsplätzen wird nur M_1 angeboten). Geheilt werden könnte die entstandene Arbeitslosigkeit durch eine **Verteilungskorrektur** (Lohnsenkung von l_1 auf l_0) **mit anschließender Nachfrageausweitung.**

Bei keynesianischer Arbeitslosigkeit muß allein die Nachfrage ausgeweitet werden. Verteilungspolitische Schritte sind nur dann erforderlich, wenn sich in der Zeit der Arbeitslosigkeit der Lohn (bei gleicher Nachfrage und damit Beschäftigung) in Richtung l_1 oder l_2 bewegt hat. Wäre der Lohn auf l_1 gestiegen, dann müßte er vor der Nachfrageausweitung wieder reduziert werden, weil sonst die verteilungsbedingte Rationierung des Angebots den Anstieg der Beschäftigung begrenzt. Aus keynesianischer wäre in der Rezession klassische Arbeitslosigkeit geworden. Wäre der Lohn gefallen (auf l_2), dann müßte er wieder angehoben werden (auf l_0), um einem von der expandierenden Nachfrage ausgelösten inflatorischen Prozeß vorzubeugen.

Keynesianische und klassische Arbeitslosigkeit

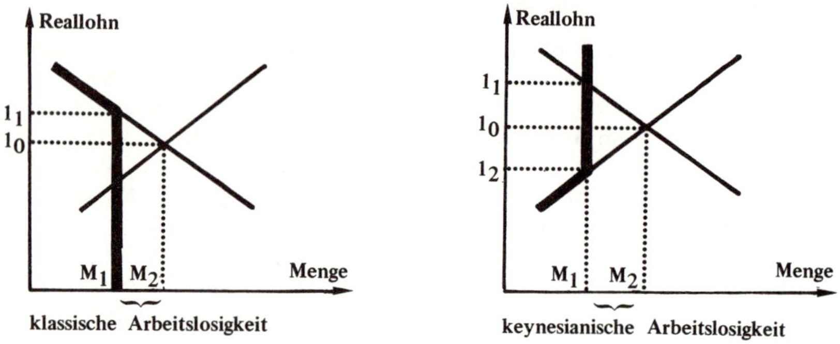

Die **friktionelle Arbeitslosigkeit** wird wesentlich von dem Verhalten der Arbeitsuchenden bestimmt. Kündigen sie, nachdem die die neue Stelle gefunden haben, wird die Übergangsarbeitslosigkeit gering bleiben. Beginnen sie die Suche erst nach Verlust oder Aufgabe des Arbeitsplatzes und nehmen sich dabei Zeit, wird die Arbeitslosigkeit höher ausgewiesen. Struktureller Wandel, Angebotsrationierung und globaler Nachfragerückgang bleiben gleichfalls nicht ohne Einfluß auf die Übergangsarbeitslosigkeit. Solange an „jeder Ecke" Arbeitskräfte gesucht werden, findet man schnell eine neue Stelle. Werden die Arbeitsplätze knapper, dann zieht sich die Zeit der Suche, die Übergänge dauern länger, Hilfe durch die Politik wird dringender.

Die Beschäftigungspolitik umfaßt: *erstens* eine quantitative **Nachfrageniveausteuerung,** die fehlende Nachfrage schafft und – das ist zu unterstreichen – gewinnversprechend macht; *zweitens* eine **Marktwirkungspolitik,** die in Ergänzung der Wettbewerbspolitik die Effizienz des Marktmechanismus erhöhen will, indem sie neben der Information und Vermittlung die vorhandenen Mobilitätsanreize durch zielgerichtete Subventionen (z.B. Lohnkostenzuschüsse und Mobilitätszulagen) und Umschulungs- und Fortbildungshilfen noch verstärkt; und *drittens* eine qualitative, strukturell differenzierende **Nachfragelenkungspolitik,** welche die kurzfristige sektorale und regionale Immobilität der Produktionsfaktoren erkennt und deshalb der Nachfrage mit Hilfe von Steuererleichterungen und Subventionen – den Signalen des Marktes widersprechend – den Weg zu den unbeweglichen Kapazitäten weist. Die kurzfristig orientierte Nachfragelenkungspolitik wird sinnvollerweise durch eine langfristig konzipierte Infrastrukturpolitik unterstützt, die die Angebotsbedingungen der gefährdeten Regionen und Industrien verbessert.

Diese drei beschäftigungspolitischen Konzeptionen unterscheiden sich nach Art und Intensität des Eingriffs in den Marktablauf. Während die erste lediglich das Nachfrageniveau reguliert, beeinflussen die beiden anderen auch die Angebots- und Nachfragestruktur; einmal, indem sie zurückbleibenden Regionen und Industrien zum Anschluß verhelfen – oder allgemeiner: durch Anpassung der Angebots- an die zukünftige Nachfragestruktur –; zum anderen aber auch dadurch, daß sie vorübergehend die Nachfrage in Richtung der vorhandenen Kapazitäten lenken.

Nach Jahren mit Investitionsdefiziten (verringertes Volumen bei gleichzeitiger Dominanz von Rationalisierungen) wird der Mangel an potentiellen Arbeitsplätzen zur Ursache der Arbeitslosigkeit. Bei gleichem Kapazitätsauslastungsgrad zeigt sich dann ein höherer Sockel an Arbeitslosigkeit (siehe Bild).

Kapazitätsauslastung und Arbeitslosigkeit in der Bundesrepublik Deutschland

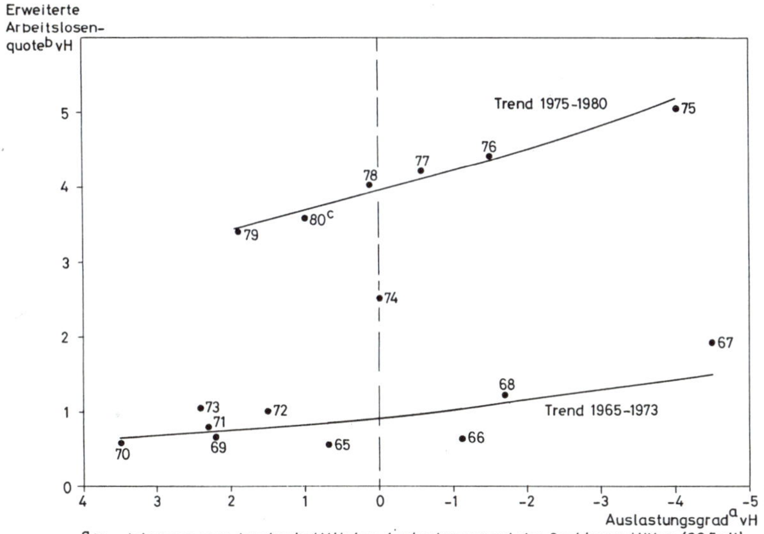

[a]Abweichungen vom durchschnittlichen Auslastungsgrad der Sachkapazitäten (96,5 vH) in vH. - [b]Erweiterte Arbeitslosenquote: Arbeitslose plus ein Drittel der Kurzarbeiterzahl in vH der Erwerbspersonen. - [c]Schätzung.

Quelle: Institut für Weltwirtschaft, Kiel

Arbeitsplätze schaffen kann in diesem Fall nicht mehr die Steigerung der Nachfrage, denn es fehlen die Kapazitäten. Die Investitionen müssen, das Defizit der vergangenen Jahre ausgleichend, ausgeweitet werden. Das heißt: Die Lohnpolitik und die Fiskalpolitik (Steuer- und Schuldenpolitik) müssen den Investoren den erforderlichen Finanzierungsspielraum lassen.

Bei Unterbeschäftigung herrscht ein ausgeprägtes Machtgefälle am Arbeitsmarkt. Die Arbeitskräfte haben eine schwache Position. Sie müssen erkennen, daß sie jederzeit ersetzbar sind, solange sie nicht über gesuchte Fertigkeiten verfügen. Wollen sie nicht den Verlust des Arbeitsplatzes riskieren, dann müssen sie sich dem Willen der Vorgesetzten beugen. Sie müssen sich fügen, wo sie früher widersprachen, selbst Forderungen vortrugen und gegebenenfalls die Stelle wechselten, wenn sie sich nicht entfalten konnten oder sich unterbezahlt fühlten. Der eine, der lediglich die betriebliche Effizienz im

Auge hat, mag den Disziplinierungseffekt der Arbeitslosigkeit begrüßen, achtet man aber auch die **Würde des Menschen** im Betrieb, dann wird das Machtgefälle aufgrund der Arbeitslosigkeit bedenklich. Erst die Rückkehr zur Vollbeschäftigung öffnet Alternativen und stellt die **Freiheit der Arbeitsplatzwahl,** die durch die Unterbeschäftigung beeinträchtigt wird, wieder her.

Arbeitslosigkeit schafft zudem **Widerstände gegen Innovationen.** Solange keine Beschäftigungsalternativen sichtbar sind, sperren sich die Arbeitskräfte gegen Rationalisierungen. Möglicher Produktivitätsfortschritt unterbleibt, wenn sich aus Furcht vor späterer Arbeitslosigkeit ein unüberwindbarer Widerstand formiert. Hier können Arbeitsplätze dann zwar behauptet werden, dort aber wo die Investitionsaufträge hingeflossen wären, fallen wegen Nachfragemangels Arbeitsplätze weg. Dieses **Dilemma** kann nur durch eine Vollbeschäftigungspolitik gelöst werden, die mit dem Angebot alternativer Arbeitsplätze die Abwehr gegen Rationalisierungen überwindet und damit nicht nur soziale Konflikte vermeidet, sondern zugleich die Tür zu dem für das Wachstum unverzichtbaren Strukturwandel öffnet.

b) Meßprobleme des Beschäftigungsgrades

Der Beschäftigungsgrad wird ausgedrückt durch die **Arbeitslosenquote.** Sie setzt (im Zähler) die Arbeitslosen in Beziehung zur Gesamtheit der Erwerbspersonen (im Nenner).

Die **internationale Vergleichbarkeit** wird wesentlich dadurch eingeschränkt, daß sowohl die Arbeitslosen als auch die Erwerbspersonen in den einzelnen Ländern unterschiedlich abgegrenzt werden. 1954 machte das *Internationale Arbeitsamt* einen Versuch, Arbeitslosigkeit einheitlich und allgemein verbindlich zu definieren. Als Arbeitslose sollten solche Personen gezählt werden, die arbeitsfähig, gegenwärtig aber stellungslos sind und nach einer Beschäftigung suchen, gleichgültig ob sie vorher beschäftigt waren, nur vorübergehend beurlaubt sind, bereits die Altersruhegrenze erreicht haben oder die Stelle erst für spätere Zeit suchen.

Auch bei gleicher begrifflicher Abgrenzung gibt es aufgrund unterschiedlicher Erhebungsarten Differenzen in der Zahl der erfaßten Arbeitslosen. **Stichprobenerhebungen** weisen regelmäßig eine höhere Zahl aus, da sie Personengruppen einbeziehen, die zwar eine Stelle suchen, sich aber nicht bei der Verwaltung arbeitslos melden, weil sie nicht leistungsberechtigt sind oder sich keine Vermittlungschance ausrechnen.

Die Vergleichbarkeit wird auch dadurch eingeschränkt, daß die Arbeitslosen einmal auf die Erwerbspersonen insgesamt, das andere mal allein auf die *abhängigen* Erwerbspersonen (Summe der Arbeitslosen und abhängig Beschäftigten) bezogen werden.

In den **USA** werden als Arbeitslose alle Personen ab 16 Jahre erfaßt, die in der Berichtswoche nicht erwerbstätig waren, jedoch nach einer Stelle suchen und arbeitsfähig sind. Sie werden auf die gesamte Erwerbsbevölkerung bezogen, die – wie die Arbeitslosen – in monatlichen Haushaltsstichproben ermittelt werden.

In **Belgien** werden alle Männer von 15 bis 65, alle Frauen von 15 bis 60 Jahren als Arbeitslose gezählt, die als arbeitsuchend gemeldet *und* Unterstützung beziehen, *einschließlich* der Umschüler und Kurzarbeiter. Sie werden auf alle Personen bezogen, die der Sozialversicherungspflicht unterliegen (ausgenommen bleiben der Öffentliche Dienst, Lehrlinge, Heimarbeiter, mithelfende Familienangehörige und Selbständige).

In **Frankreich** werden nur solche Arbeitsuchende gezählt, die eine Vollzeitbeschäftigung anstreben. Seit 1961 steigen dort die Arbeitslosenzahlen nur deshalb kontinuierlich, weil mit dem Ausbau des Systems sozialer Sicherung und der Arbeitsverwaltung sich immer mehr Arbeitsuchende wegen versicherungsrechtlicher Vorteile oder verbesserter Vermittlungschancen registrieren lassen.

In der **BRD** werden die bei der Arbeitsverwaltung gemeldeten Arbeitslosen (ab 15 Jahren) auf die abhängigen Erwerbspersonen (Arbeitslose und abhängig Beschäftigte) bezogen. Als arbeitslos gelten alle Personen, die nicht oder nur geringfügig (unter 18 Std.) beschäftigt sind und eine Stelle suchen, sofern sie beim Arbeitsamt registriert sind. Nicht erfaßt werden nicht-gemeldete Arbeitssuchende, rückkehrende Gastarbeiter (beide *im Zähler wie im Nenner*), Kurzarbeiter, Umschüler und Personen, die das Altersruhegeld vorgezogen haben. Durch die Zahlung von Schlechtwettergeld wird zudem die saisonale Arbeitslosigkeit wesentlich reduziert.

Man spricht von **Vollbeschäftigung,** wenn die Zahl der Arbeitslosen das (tatsächliche, nicht das statistisch ausgewiesene) Angebot an offenen Stellen nicht überschreitet. Sie gilt – anders definiert – als erreicht, wenn der Anteil der Arbeitslosen an der Zahl der abhängigen Erwerbspersonen eine bestimmte Grenze – genannt werden Sätze zwischen 0,8% und 4% (die auch von der Art der statistischen Erfassung abhängig sind) – nicht überschreitet. Diese Quoten entsprechen in der Regel dem – von Land zu Land unterschiedlichen – Grad der strukturellen, friktionellen und jahresanteiligen saisonalen Arbeitslosigkeit.

Als Ziel der Konjunkturpolitik, die gleichzeitig einen Weg an der Inflation vorbei sucht, wird zunehmend die **„politisch (noch) tragbare Arbeitslosenquote"** angesprochen. Sie verzichtet auf ökonomische Begründungen und wird ausschließlich durch politische, man könnte auch sagen: wahltaktische, Überlegungen bestimmt. Die Sache tritt gegenüber den politischen Zwängen zurück. Mit der Furcht vor Inflation und mit der Gewöhnung an niedrigere Beschäftigungsraten dürfte die politisch tragbare Arbeitslosigkeit allerdings zunehmen und dem Streben nach Stabilität wieder einen breiteren Spielraum lassen.

In **sozialistischen Ländern** ist „offene" Arbeitslosigkeit nahezu unbekannt. Entsteht sie aufgrund staatlicher Fehlplanungen doch, so wird sie statistisch nicht ausgewiesen. Vollbeschäftigung wird verordnet. Die gesamtwirtschaftlichen Probleme werden damit aber nicht gelöst, sondern lediglich auf die Betriebe verlagert. Sie müssen Arbeitskräfte „beschäftigen", obwohl die Nachfrage nach ihren Produkten fehlt.

In der **sozialistischen Marktwirtschaft** Jugoslawiens ist eine Garantie des Arbeitsplatzes durch staatliche Verordnung nicht vorgesehen. Das Beschäftigungsniveau wird dort durch die Nachfrage der Unternehmen nach Arbeitskräften bestimmt, diese wiederum – wie in den westlichen Marktwirtschaften – durch die Nachfrage nach Gütern und Diensten.

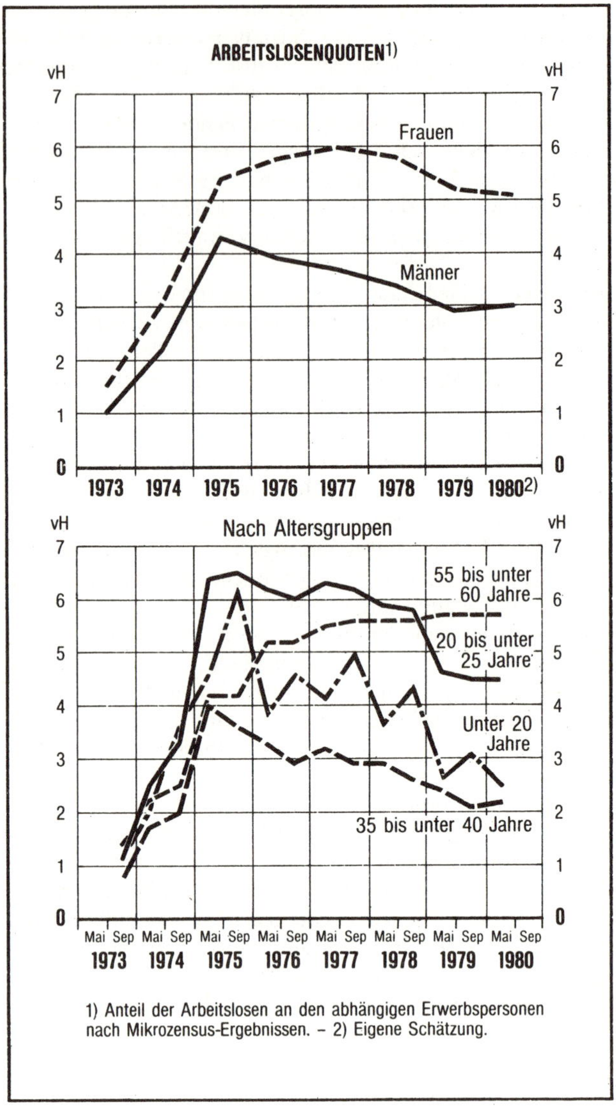

Quelle: Sachverständigenrat, Jahresgutachten 1980/81, S. 65

Hinter der globalen Arbeitslosenquote (8,2% im September 1986) verbergen sich gravierende strukturelle Unterschiede.[8] Die altersspezifischen Arbeitslosenquoten schwankten zum Beispiel zwischen 5,0% (in der Altersgruppe von 40 bis unter 45 Jahren) und 10,9% (in der Altersgruppe von 55

---

[8] *Bundesanstalt für Arbeit:* Amtliche Nachrichten, fortlaufende Jahrgänge

bis unter 60 Jahren). Überdurchschnittlich hoch war auch die Arbeitslosigkeit in der Altersgruppe der 20 bis 25-jährigen sowie bei den 25 bis 30-jährigen (jeweils 10,5%).

Differenziert man die Arbeitslosen[9] nach dem Geschlecht, so läßt sich feststellen, daß Frauen (10,3% Arbeitslose) stärker betroffen sind als Männer (6,9%). Dies ist jedoch keine neue Entwicklung, wie ein Vergleich mit dem Beginn der 80er Jahre zeigt (Männer 2,6% gegenüber Frauen 5,1% Arbeitslose bei einer Gesamtquote von 3,5%).

Waren noch Ende der 70er Jahre gerade die Berufsanfänger überdurchschnittlich in der Gruppe der Arbeitslosen vertreten, so liegen die unter 20-jährigen 1986 mit 7,6% unter dem Schnitt. Erklärt werden kann dies durch geburtenschwächere Jahrgänge, die auf einen aufnahmefähigeren Ausbildungsstellenmarkt treffen.

Mit der Rezession steigt auch die Dauer der Arbeitslosigkeit. Der Anteil der Langzeitarbeitslosen, die länger als ein Jahr ohne Arbeit waren, nahm von 1981 (13,0%) bis 1986 (31,9%) stark zu. Dagegen nahm der Anteil derer, die zwischen drei Monaten und einem Jahr arbeitslos waren, von 40,0% auf 35,8% ab. Nurmehr knapp ein Drittel (32,2%) aller Arbeitslosen waren Ende September 1986 kurzfristig (keine drei Monate), lediglich 12,2% weniger als einen Monat arbeitslos, gegenüber 47,1% bzw. 18,3% vor fünf Jahren. Die Dauer der Arbeitslosigkeit nimmt mit dem Alter zu. Während von den arbeitslosen Jugendlichen im September 1986 fast zwei Drittel (65,6%) keine drei Monate ohne Stelle waren, wartete schon jeder zweite 20 bis 25-jährige länger als drei Monate, bei den 40 bis 45-jährigen drei von vier, von den 60 bis 65-jährigen sieben von acht Arbeitslosen länger als drei Monate auf eine neue Stelle.

Auffällig ist, daß mehr als die Hälfte der Arbeitslosen keine abgeschlossene Berufsausbildung hatte. Dagegen verfügten fast 80% der Beschäftigten über eine Ausbildung. Daraus errechnet sich für Arbeitnehmer ohne Berufsausbildung eine Arbeitslosenquote von 16% und für Arbeitslose mit Berufsausbildung eine Quote von etwa 6%. Der Anteil der Arbeitslosen mit einer Fachhochschul- oder Hochschulausbildung liegt zwar relativ gesehen noch unter dem Durchschnitt (4,6% bzw. 5,7% bei einer Quote von 9,2% im Sept. 85), hat jedoch gerade bei Hochschulabsolventen im letzten Jahrzehnt überproportional zugenommen. Dies verdeutlicht, daß die akademische Ausbildung oftmals an den Anforderungen des Arbeitsmarktes vorbeigeht.

Von den arbeitslosen Arbeitern waren 21% schon einmal ohne Stelle. Diese **wiederholt Arbeitslosen** haben in den vergangenen fünf Jahren noch häufiger den Arbeitgeber gewechselt. Sie hatten 2,6 Arbeitgeber gegenüber 1,8 bei denen, die 1975 erstmals stellungslos wurden. Man kann sagen: Die Arbeitslosen weichen in ihrem Erwerbsverhalten deutlich von der Gesamtheit der Beschäftigten ab. Die Gründe dafür können in Besonderheiten des sektoralen oder regionalen Arbeitsmarktes liegen; Ausbildungsmängel können durchschlagen, für die ein Ausgleich durch häufigeren Stellenwechsel gesucht wird. Aber auch persönliche Faktoren, etwa die geringere Ausdauer

---

[9] *Bundesanstalt für Arbeit;* eig. Berechnungen

oder soziale Integrationsfähigkeit am Arbeitsplatz, können dafür verantwortlich sein.

Deshalb aber bereits von einer Tendenz zur **Dualisierung des Arbeitsmarktes** zu sprechen (hier die Beschäftigten mit sicheren Arbeitsplätzen, dort die Arbeitslosen und die immer wieder von Entlassung Bedrohten), hieße übersehen, daß der konjunkturelle Aufschwung die expandierenden Unternehmen auf die „Arbeitskraftreserve" verweist, und diese Zug um Zug wieder in den Produktionsprozeß integriert wird.

Allein von langanhaltender Arbeitslosigkeit geht eine Dualisierungsgefahr aus; denn mit der Zeit vergrößert sich die **Leistungsdifferenz zwischen Beschäftigten und Arbeitslosen** – einmal durch qualitative Auslese bei gleichzeitiger „Stigmatisierung" der Arbeitslosen (ihnen wird ungeprüft geringere Leistungsfähigkeit unterstellt) und zum zweiten durch Fertigkeitsverluste in der Zeit der Arbeitslosigkeit.

Arbeitslose sind eher bereit, bei der Art der Tätigkeit **Zugeständnisse** zu machen, als beim Verdienst und der beruflichen Position. Ein Wohnortwechsel wird überwiegend (82%) abgelehnt, längeres Pendeln würde dagegen von jedem zweiten hingenommen. Männer sind eindeutig konzessionsbereiter als Frauen. Die jüngeren sind mobiler als die älteren Arbeitsuchenden. Auch mit zunehmendem Ausbildungsgrad nimmt die Konzessionsbereitschaft ab; einmal weil Fachkräfte sich aufgrund des größeren Stellenangebots eine Ablehnung eher leisten können, zum anderen weil sie befürchten, den in der Vergangenheit aufgebauten sozialen und beruflichen Besitzstand zu verlieren.

Eine generelle Zunahme der Konzessionsbereitschaft war Anfang 1975 noch nicht zu beobachten. Dies kann sich ändern, wenn ein größerer Anteil Arbeitsloser die Anspruchsdauer auf Arbeitslosengeld überschritten haben wird. Eine leicht zunehmende Konzessionsbereitschaft zeichnet sich bereits hinsichtlich des Verdienstes und der Länge des Arbeitsweges ab. Nach mehr als vierwöchiger Arbeitslosigkeit wurden auch Umzüge in betracht gezogen. Abschließend sei aber, um keinen falschen Eindruck zu erwecken, deutlich gemacht, daß eine möglichst hohe Konzessionsbereitschaft nicht das Ziel der Arbeitsmarktpolitik sein darf, da sie – abgesehen von vermeidbaren Fluktuationskosten – Prozesse der beruflichen Qualifikation und sozialen Integration unterbrechen oder gar unterbinden kann. Gegenwärtig muß allerdings gesagt werden, daß die geringe Konzessionsbereitschaft die Vermittlungsprozesse des Arbeitsmarktes spürbar erschwert.

c) Instrumente der Arbeitsmarktpolitik

Die Arbeitsmarktpolitik ist eingepaßt in die globalsteuernde Konjunkturpolitik, in die Strukturpolitik, die dem wirtschaftlichen Wandel den Weg bereitet, und in die berufliche Bildungspolitik.

Ihr **Ziel** ist die Sicherung eines hohen Beschäftigungsstandes (quantitative Funktion) bei gleichzeitiger Steigerung der beruflichen Leistungsfähigkeit (qualitative Funktion). Sie will weder Arbeitslosigkeit noch unterwertige Beschäftigung entstehen lassen. Sie muß deshalb die berufliche Flexibilität fördern, damit die Arbeitskräfte den Anforderungen, die der Strukturwandel stellt, gewachsen sind. Bei begrenzter Mobilitätsbereitschaft und sozialpolitisch begründetem Verzicht auf materiellen Wanderungszwang muß das Arbeitsplatzangebot regional auf die Arbeitsuchenden ausgerichtet werden. Besondere Förderung verlangen die „Problemgruppen" (Behinderte, ältere Arbeitnehmer, Jugendliche, Frauen).

Trägerin der Arbeitsmarktpolitik ist die *Bundesanstalt für Arbeit.* Sie **informiert** über den aktuellen und zukünftigen Kräftebedarf, **berät** und **vermittelt,** fördert die **Fortbildung,** die regionale und sektorale **Mobilität** und finanziert **strukturverbessernde Maßnahmen** (**aktive Arbeitsmarktpolitik**). Bei Arbeitsausfall wegen Arbeitslosigkeit, Kurzarbeit oder schlechter Witterung leistet sie **Lohnersatz,** bei Einkommensverlust wegen Konkurs zahlt sie ein Ausfallgeld (**reaktive Arbeitsmarktpolitik**).

Vorrang hat die aktive Arbeitsmarktpolitik. Sie will dem Entstehen der Arbeitslosigkeit entgegenwirken bzw. eine schnelle Wiedereingliederung erreichen. Mit Hilfe strukturverbessernder Maßnahmen – Kredithilfen für ansiedlungswillige Betriebe, Wohnheimbau für Pendler, dem Bau von Kindertagesstätten – und der Förderung der beruflichen Bildung geht sie ihr Ziel an. Sie wird dabei unterstützt durch ein das gesamte Berufsleben begleitendes Beratungs- und Vermittlungsangebot. Neben allgemein zugänglichen finanziellen Hilfen (Erstattung von Bewerbungskosten u. a.) werden gegebenenfalls auch Lohnkostenzuschüsse gezahlt. Arbeitserprobung und Probebeschäftigung sollen helfen, Eignung und Leistungsfähigkeit bzw. -bereitschaft nachzuweisen.

Voraussetzung für die individuelle berufliche Förderung ist neben der **Neigung** und **Eignung** des Antragstellers die arbeitsmarktpolitische **Zweckmäßigkeit** der Umschulung oder Fortbildung. Gefördert werden Personen, die beitragspflichtig beschäftigt waren oder sein werden und deren Fähigkeiten und bisherige Tätigkeit einen Erfolg erwarten lassen.

Übernommen werden die Kosten für Ausbildung, auswärtige Unterkunft und Verpflegung. Daneben wird bei Vollzeitunterricht ein Unterhaltsgeld gezahlt (früher 80%, heute nurmehr 65% des Nettolohnes), wenn der Antragsteller arbeitslos ist, unmittelbar von der Entlassung bedroht wird oder einen beruflichen Abschluß nachholt. Gilt die Fortbildung oder Umschulung lediglich als *zweckmäßig,* nicht aber als unmittelbar *notwendig* für die Sicherung des Arbeitsplatzes, dann wird nur ein gekürztes Unterhaltsgeld von 58% des letzten Nettoverdienstes als Darlehen gewährt.

Das Arbeitsplatzangebot wird durch die finanzielle Unterstützung von zusätzlichen Beschäftigungsmöglichkeiten erweitert, die der Allgemeinheit dienen (**Arbeitsbeschaffungsmaßnahmen**). Voraussetzung für die Förderung ist die Beschäftigung von Arbeitslosen. Das Arbeitsamt weist bevorzugt ältere, leistungsgeminderte oder langfristig Arbeitslose zu. Nichtzugewiesene Arbeitnehmer dürfen nur in unvermeidlichem Umfang an der Durchführung beteiligt werden.

Der Zuschuß beträgt mindestens 60% des Arbeitsentgelts, soll 80% nicht übersteigen, war aber in Bezirken mit überdurchschnittlicher Arbeitslosigkeit zur Schaffung von Dauerarbeitsplätzen oder bei Beschäftigung von schwer Vermittelbaren auf 100%, in besonderen Fällen auf 120% angehoben werden. Daneben werden niedrig verzinsliche (2%), zuweilen zinsfreie Darlehen mit geringen jährlichen Tilgungsraten (4%) gewährt. Die Förderung ist deshalb auf 80% (in Ausnahmefällen auf 90%) der Gesamtkosten begrenzt, um eine Eigenbeteiligung des Trägers sicherzustellen.

Arbeitslose aus den genannten Bezirken erhalten **Mobilitätszulagen,** wenn der angebotene Arbeitsplatz außerhalb des früheren Wohn- oder Betriebsortes liegt oder ein Rückgang des Lohnes um mehr als 15% hingenommen werden muß oder eine andersartige Tätigkeit verlangt wird, ohne daß das Entgelt angehoben wird.

Finanzielle Entwicklung der Bundesanstalt für Arbeit

Position	1970	1975	1980	1981	1982	1983	1984	1985
	Mrd DM							
Einnahmen 1)								
Beiträge	3,10	7,79	17,32	18,14	24,29	28,67	30,45	29,49
Winterbauumlage	—	0,82	0,91	0,88	0,85	0,87	0,88	0,81
Konkursausfallgeldumlage	—	0,08	0,23	0,23	0,42	0,62	0,52	0,60
Sonstige Einnahmen	0,47	0,55	0,59	0,62	0,76	0,87	0,96	1,14
Insgesamt	3,57	9,23	19,05	19,87	26,31	31,04	32,80	32,04
Ausgaben								
Arbeitslosenunterstützungen	0,72	11,01	10,33	14,95	20,80	20,64	16,47	15,87
Arbeitslosengeld	0,65	7,77	8,11	13,29	18,03	17,10	14,14	14,09
Anschluß-Arbeitslosenhilfe	0,05	0,78	1,54	7) —	—	—	—	—
Kurzarbeitergeld	0,01	2,21	0,47	1,28	2,22	3,07	1,79	1,23
Konkursausfallgeld	—	0,26	0,21	0,37	0,56	0,47	0,53	0,56
Maßnahmen zur beruflichen Förderung	0,99	3,61	6,33	7,43	6,96	6,87	7,65	8,49
Berufliche Bildung 2)	0,78	2,87	2,93	3,82	3,78	3,50	3,67	4,01
Arbeitsbeschaffungsmaßnahmen 3)	0,14	0,31	1,75	1,64	1,26	1,49	2,09	2,58
Berufliche Rehabilitation	0,07	0,43	1,65	1,96	1,91	1,88	1,89	1,90
Winterbauförderung	1,30	1,12	1,97	2,53	2,22	1,56	1,61	1,44
Schlechtwettergeld	1,22	0,40	0,98	1,74	1,34	0,60	0,67	0,77
Wintergeld	—	0,66	0,86	0,67	0,61	0,64	0,65	0,49
Sonstiges 4)	0,08	0,07	0,13	0,12	0,26	0,32	0,29	0,18
Verwaltungsausgaben und Sonstiges	0,90	2,09	3,05	3,26	3,39	3,57	3,91	3,94
Insgesamt	3,91	17,84	21,67	28,17	33,36	32,64	29,64	29,74
Überschuß (+) bzw. Defizit (—)	— 0,33	— 8,60	— 2,62	— 8,29	— 7,05	— 1,61	+ 3,16	+ 2,31
Veränderung der eigenen Mittel	— 0,33	— 1,32	— 0,78	— 0,08	— 0,05	— 0,03	+ 3,16	+ 2,31
Finanzhilfen des Bundes	—	7,28	1,84	8,21	7,00	1,58	—	—
Vermögensbestand 5)								
Einlagen	0,97	0,16	0,22	0,44	0,53	0,19	3,37	5,36
Wertpapiere	1,98	0,28	0,14	0,14	0,13	0,12	0,12	0,41
Darlehen 6)	2,76	1,33	0,23	0,15	0,11	0,09	0,07	0,06
Insgesamt	5,71	1,77	0,59	0,73	0,77	0,40	3,56	5,82
	Empfänger von Leistungen der Bundesanstalt in Tsd 8)							
Arbeitslosenunterstützungen								
Empfänger von Arbeitslosengeld	96	707	454	698	926	1 014	859	836
Nachrichtlich: Arbeitslose	149	1 074	889	1 272	1 833	2 258	2 266	2 304
Kurzarbeiter	10	773	137	347	606	675	384	235
Berufliche Bildung								
Eintritte in Maßnahmen zur beruflichen Fortbildung, Umschulung und betrieblichen Einarbeitung	171	271	247	280	266	306	353	409
Empfänger von Unterhaltsgeld	34	116	73	97	103	100	102	106
Arbeitsbeschaffungsmaßnahmen								
Arbeitnehmer in Maßnahmen der Arbeitsbeschaffung	2	16	41	38	29	45	71	88
Berufliche Rehabilitation								
Bestand an Rehabilitanden am Berichtsjahresende	.	.	.	228	251	273	277	290
Nachrichtlich:								
Arbeitslosenhilfe in Mrd DM	0,02	0,20	0,36	2,85	5,01	7,12	8,72	9,13
Empfänger von Arbeitslosenhilfe in Tsd	17	110	122	170	291	485	598	617

1 Einnahmen ohne Liquiditätshilfen des Bundes. — 2 Berufliche Ausbildung, Fortbildung, Umschulung, institutionelle Förderung der beruflichen Bildung. — 3 Maßnahmen der Arbeitsbeschaffung, Förderung der Arbeitsaufnahme und sonstige Maßnahmen im Rahmen der Arbeitsmarktpolitik. — 4 Mehrkostenzuschüsse und sonstige Leistungen. — 5 Ohne Sachvermögen. Die Veränderung des Vermögens weicht aus buchungstechnischen Gründen etwas von dem Saldo aus Einnahmen und Ausgaben ab. — 6 Ohne Darlehen aus Haushaltsmitteln. Einschl. geringfügiger Beteiligungen. — 7 Ab 1981 wird die Anschluß-Arbeitslosenhilfe aus dem Bundeshaushalt gezahlt. — 8 Jahresdurchschnitte, soweit nicht in der Vorspalte gesondert angegeben.
Differenzen in den Summen durch Runden.
Quelle: Bundesanstalt für Arbeit

Quelle: Monatsberichte der Deutschen Bundesbank, März 1986, S. 32

Um die **Eingliederung langfristig Arbeitsloser** zu erleichtern, wurde erstmals im November 1976 von der Bundesregierung ein Sonderprogramm beschlossen. Unternehmen, die solche Arbeitskräfte einstellten, die ein Jahr und länger arbeitslos waren, erhielten längstens für zwei Jahre maximal 80% des Bruttolohnes (als **Lohnkostenzuschuß**) erstattet.

Ziel von **Lohnersatzleistungen** ist es, trotz Lohnausfall einen angemessenen, an dem früheren Einkommen orientierten Lebensunterhalt sicherzustellen.

Auf **Arbeitslosengeld** und **Arbeitslosenhilfe** besteht ein Rechtsanspruch, wenn die gesetzlichen Voraussetzungen erfüllt sind. **Arbeitslosengeld** erhalten Arbeitslose, die in den letzten drei Jahren mindestens zwölf Monate beitragspflichtig beschäftigt waren (Anwartschaftszeit) und der Arbeitsvermittlung zur Verfügung stehen. Als verfügbar werden nur solche Arbeitslose angesehen, die bereit sind, unter den *üblichen Bedingungen des Arbeitsmarktes* jede *zumutbare* Stelle anzunehmen. Der Bezug von **Arbeitslosenhilfe** setzt *Bedürftigkeit* voraus. Sie wird gezahlt, wenn der Anspruch auf Arbeitslosengeld (er läuft längstens ein Jahr) ausgeschöpft oder nicht entstanden ist.

Das Arbeitslosengeld orientiert sich am Lohn der letzten zwanzig Tage vor dem Ausscheiden, höchstens bis zur Beitragsbemessungsgrenze. Es beträgt 63%, mit Kind 68%, die Arbeitslosenhilfe 56%, mit Kind 58% des *Netto*verdienstes. Arbeitslosenhilfe wird nur bei Bedürftigkeit gewährt. Die Dauer des Bezuges von Arbeitslosengeld hängt von der Zeit der vorangegangenen beitragspflichtigen Beschäftigung ab. Es wird für ein Jahr (für Ältere länger) gezahlt, während die Arbeitslosenhilfe unbefristet bis zur Ruhestandsgrenze gewährt wird.

Der Leistungsbezug wird vorübergehend (acht Wochen) ausgesetzt (**Sperrzeit**), wenn der Antragsteller die Arbeitslosigkeit durch Kündigung selbst verursacht hat, nicht verfügbar ist, zumutbare Arbeit ausschlägt oder sich weigert, an Maßnahmen zur beruflichen Aus- und Fortbildung oder Umschulung teilzunehmen.

Verfügbarkeit und **Zumutbarkeit** sind die zentralen Begriffe des Leistungsrechts. Verfügbarkeit heißt, daß grundsätzlich die Möglichkeit – objektiv von der Arbeitsfähigkeit oder subjektiv vom Leistungswillen her – besteht, die Arbeitslosigkeit zu beenden. Die Zumutbarkeit wird in der Regel negativ formuliert: Als unzumutbar gelten Beschäftigungen, die für den Arbeitslosen körperlich zu anstrengend sind, einen sozialen Abstieg bedeuten oder einen Qualifikationsverlust bewirken.

Da die großzügige Auslegung des Begriffs Zumutbarkeit in vergangener Zeit die Vermittlung von Arbeitslosen behindert hat, sind die Ablehnungsgründe in der geplanten Novelle zum Arbeitsförderungsgesetz präziser beschrieben und die Anforderungen zugleich strenger gefaßt worden: Der Arbeitslose soll seine persönlichen Wünsche in bezug auf Zeit, Ort, Tätigkeit und Bezahlung stärker an den Bedingungen des Arbeitsmarktes orientieren. Die Drohung mit dem vorübergehenden Leistungsentzug bei ungerechtfertigter Ablehnung soll eine schnellere Annahme angebotener Stellen bewirken und damit die Gesamtheit der Beitragszahler entlasten.

Das **Kurzarbeitergeld** hat Lohnersatzfunktion und dient zugleich der Sicherung von Arbeitsplätzen. Dem Betrieb sollen die eingearbeiteten Arbeitnehmer, diesen die Stellen erhalten bleiben. Kurzarbeitergeld wird gewährt, wenn ein *wirtschaftlich begründeter* (auch auf betrieblichen Umstellungen beruhender) *vorübergehender* Arbeitsausfall durch ein *unabwendbares Er-*

eignis (z.B. Brand) *unvermeidbar* wird. Es wird *nicht* gezahlt, wenn der Arbeitsausfall branchen- oder betriebsüblich, saisonbedingt ist oder auf organisatorischen Gründen (z.B. Inventur) beruht.

Kurzarbeitergeld wird sechs Monate lang gewährt, die **Bezugsfrist** kann aber durch Rechtsverordnung auf 12 bzw. 24 (in der Stahlindustrie 36) Monate ausgedehnt werden. Nach einer Pause von drei Monaten kann es erneut beansprucht werden; immer vorausgesetzt, daß mindestens vier Wochen wenigstens für ein Drittel der Belegschaft mehr als 10% der Arbeitszeit ausfällt. Die **Höhe** des Kurzarbeitergeldes orientiert sich am entgangenen Lohn. 63% (mit Kind 68%) des ausgefallenen Nettoentgelts werden ersetzt.

Die **Winterbauförderung** will die witterungsabhängigen Arbeitsplätze der Bauarbeiter erhalten. Sie geht diese Aufgabe auf zwei Wegen an. Durch Zuschüsse an Arbeitgeber (Investitionskosten- und Mehrkostenzuschüsse) und Bauarbeiter (Fahrtkostenzuschüsse, Trennungsbeihilfen und Wintergeld) will sie erreichen, daß trotz ungünstiger Witterung möglichst weitergearbeitet werden kann. Bei unvermeidbarem Arbeitsausfall wird **Schlechtwettergeld** gezahlt, um Abwanderungen in durchgängig beschäftigte Industrien entgegenzuwirken und die Arbeitskräfte dem Baugewerbe zu erhalten.

Das **Konkursausfallgeld** schützt Arbeitnehmer vor Einkommensverlusten nach Konkursen. Obgleich Lohnansprüche bevorrechtigte Konkursforderungen sind, blieben sie häufig unerfüllt oder wurden erst nach langem Warten befriedigt. Konkursausfallgeld wird in Höhe des Nettolohnes für die letzten drei Monate vor der Eröffnung des Konkurses gezahlt. Finanziert wird es nachträglich aus einer Umlage bei den Arbeitgebern (eingezogen von den Berufsgenossenschaften).

Die Arbeitsmarktpolitik geht **zwei Ziele** zugleich an. Sie ist einmal auf den Erhalt bestehender und das Schaffen zusätzlicher Arbeitsplätze gerichtet; zum anderen gewährt sie Lohnersatz, sichert damit den Lebensunterhalt und gibt dem Arbeitslosen die Zeit, mit Blick auf das Angebot des Arbeitsmarktes eine Stelle zu finden, die in Anforderungen und Bezahlung seinen persönlichen Ansprüchen und Fähigkeiten möglichst nahe kommt.

Exkurs: Die *Phillips*-Relation

Die Analyse der Beziehungen zwischen Beschäftigungsniveau und Lohnsatz bzw. dessen Reagibilität auf Änderungen im Beschäftigungsgrad steht seit der originären Arbeit von *Phillips* (1958) im Mittelpunkt der empirischen Konjunkturforschung.[10] Erstellt wird ein Diagramm, die sog. *Phillips*-Relation, von dem sich ablesen läßt, welcher Beschäftigungsgrad in der Ver-

[10] *Phillips, A. W.:* The Relation between Unemployment and the Rate of Change of Money Wage Rates in the United Kingdom, 1861–1957, Economica, Vol. 25 (1958), S. 283–299. Umfassende Überblicke über die Studien zur *Phillips*-Relation geben: *Maneval, H.:* Die Phillips-Kurve, Tübingen 1973; *Zahn, P.:* Die *Phillips*-Relation für Deutschland, Berlin-New York 1973; *Schloenbach, K.:* Ökonometrische Analyse der Lohn- und Arbeitsmarktentwicklung in der Bundesrepublik Deutschland 1957–1968, Meisenheim am Glan 1972.

gangenheit welche Lohn- bzw. Preissteigerungsrate (**erweiterte *Phillips*-Relation**) brachte.

Originäre und modifizierte Phillips-Kurve

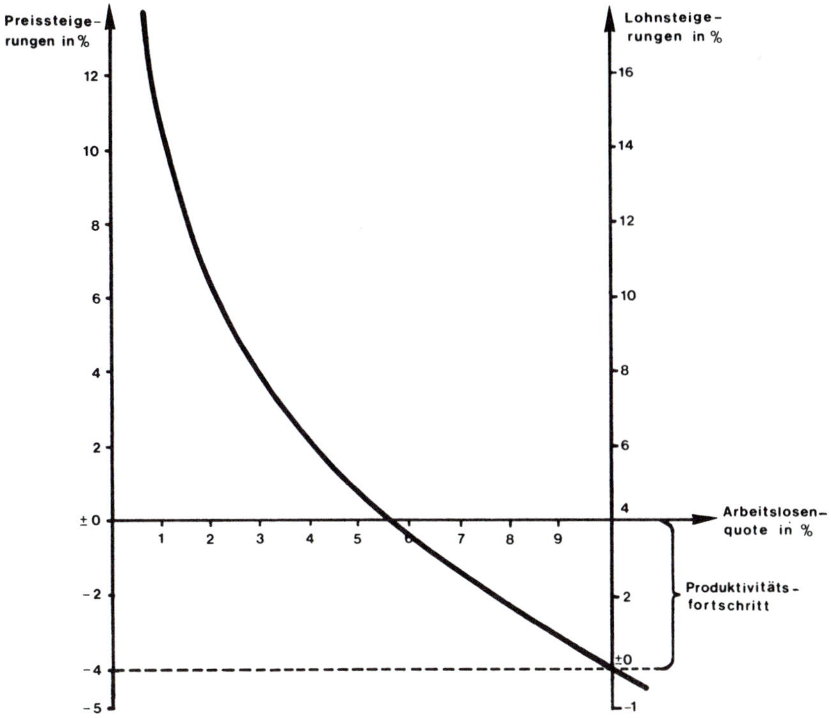

Hätte die ermittelte *Phillips*-Kurve auch in der Zukunft Bestand, zöge der gleiche Beschäftigungsgrad also immer die gleiche Preissteigerungsrate nach sich, dann könnte die Konjunkturpolitik ein Optimum in der Zielrealisierung wählen. Sie hätte mit der *Phillips*-Kurve eine **„Menükarte"**[11] zur Hand, die ihr die wählbaren Zielkombinationen anzeigte. Rechnete man der mangelnden Zielrealisierung soziale Kosten zu, dann könnte man auf diesem Weg zu einer **Minimalkostenkombination** gelangen, die der Konjunkturpolitik den einzuschlagenden Weg in der Konfliktlösung angäbe. Sie zeigte diejenige Zielkombination an, die von der Gesellschaft die geringsten Verzichte verlangt.

Eine weitere Lösung erhält man, wenn man der *Phillips*-Relation als Diagramm, das die Möglichkeiten der Konjunkturpolitik beschreibt, die Kurve gegenüberstellt, die die gesellschaftlichen Präferenzen ausdrückt. Der Berüh-

---

[11] *Rees, A.:* The Phillips-Curve as a Menu for Policy Choice, Economica, Vol. 37 (1970), S. 227–238

rungspunkt von der Möglichkeits- und der Wunschkurve gibt dann die optimale Kombination der Ziele an (vgl. hierzu die nachfolgende Abbildung).

Modell optimaler Konjunkturpolitik

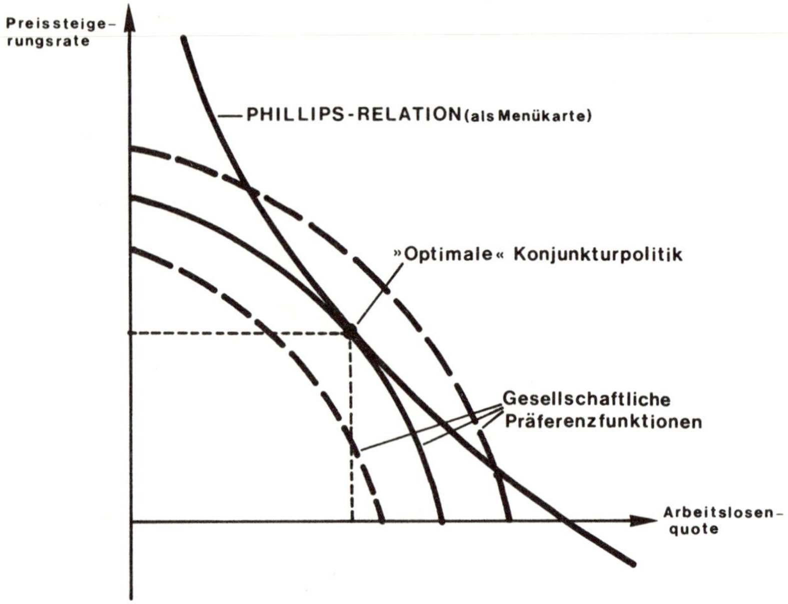

Nicht nur die Ermittlung der Kosten bzw. der Präferenzen dürfte indes unüberwindbare Schwierigkeiten bereiten, schon die *Phillips*-Relation ist für zukunftsbezogene Entscheidungen von zweifelhaftem Wert.

In den **theoretischen Begründungen** der *Phillips*-Relation wird einmal von einem wettbewerblichen Arbeitsmarkt ausgegangen und eine vorwiegend mikrotheoretische Erklärung für unterschiedliche Anpassungszeiten und Lohnvariationen als Folge der Änderungen im Beschäftigungsniveau gegeben; zum anderen wird die *Phillips*-Relation als Ausdruck unterschiedlicher, vom Beschäftigungsgrad abhängiger Verhandlungsbedingungen auf einem organisierten Arbeitsmarkt gesehen. Sie kann dabei als Resultante der Tarifverhandlungen interpretiert werden oder als unmittelbare gewerkschaftliche Verhaltensweise, wenn man den Widerstand der Arbeitgeber in Erwartung der anschließenden Überwälzung als vernachlässigenswert oder letztlich gar als erfolglos ansieht.

Über die Aussagekraft der erweiterten *Phillips*-Relation wurde lange Jahre heftig gestritten. Streng genommen erlaubt sie zwar nur den Schluß vom Beschäftigungsgrad auf die Preissteigerungsrate. Man zog sie aber auch heran, um im Umkehrschluß die These von der beschäftigungssteigernden Wirkung inflatorischer Prozesse zu stützen.

Es stritten zwei Schulen. Die einen beriefen sich auf *Keynes*'sche Gedanken und schrieben der Ausweitung monetärer Nachfrage ungeachtet inflatorischer Prozesse beschäftigungssteigernde Wirkung zu. Auf der Gegenseite standen die Monetaristen. Sie attestierten allein der überraschenden Inflation einen Beschäftigungseffekt. Bei erwarteter, in die Entscheidungen einbezogener Preissteigerung bestreiten sie die Beschäftigungsausweitung, da wegen der umfassenden Anpassung der Löhne die Inflation ohne Verteilungseffekt bleibt, auf den allein die Investitions- und damit die Beschäftigungsausweitung zurückgehe (siehe Bild).

Theoretische Varianten zur Phillips-Relation

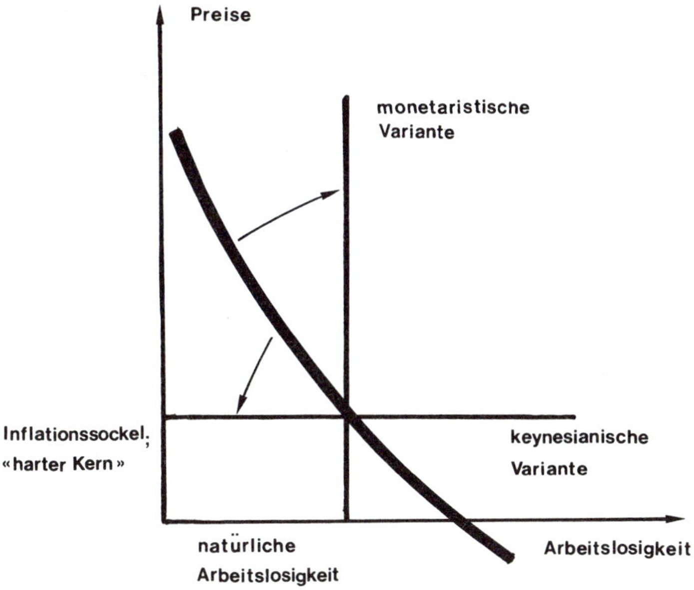

1. Mikrotheoretische Erklärung

Im Rahmen des wettbewerblich orientierten Ansatzes stellt *Holt*[12] die arbeitsmarktabhängigen **Suchzeiten** in den Mittelpunkt der theoretischen Begründung. Die Dauer eigener und fremder Arbeitslosigkeit führt zu einer Änderung in der Beurteilung der Beschäftigungschancen, hält von Kündigungen und Lohnforderungen ab und zwingt den Stellensucher, durch zunehmende Finanzierungsschwierigkeiten des Lebensunterhaltes seine subjektiven Vorstellungen über die Annehmbarkeit eines Arbeitsplatzes zu revidieren

---

[12] *Holt, Ch.C.:* Improving the Labor Market Trade-off between Inflation and Unemployment, A.E.R. (PP), Vol. LIX (1969), S. 135–146; vgl. auch *Phelps, E.S.:* The New Microeconomics in Inflation and Employment Theory, A.E.R. (PP), Vol. LIX (1969), S. 147–160 (und die anschließenden Diskussionsbeiträge von *Brechling, Eckstein, Lester*)

und den gegenwärtigen Marktbedingungen anzupassen. Anhaltend offene oder durch Abwanderung bedrohte Stellen machen andererseits dem Unternehmen deutlich, daß die Lohngebote angehoben werden müssen.

Neben den **Anpassungszeiten,** die als Indiz der Anspannung des Arbeitsmarktes dienen und die persönliche **Anpassungsbereitschaft** bestimmen, werden Kostenüberlegungen zur Begründung der Lohnreagibilität herangezogen. Die Beschaffung von Informationen über Beschäftigungsalternativen verlangt einen Einsatz finanzieller Mittel und einen Einkommensverzicht während der Zeit der Suche. Auf die Unternehmen, die durch Abwanderung bedroht werden oder zusätzliche Arbeitsplätze zu besetzen haben, kommen Such- und Einstellungskosten zu, die sie durch ein höheres Lohngebot an die Betriebsangehörigen zu vermeiden trachten. Mit der Anspannung des Arbeitsmarktes wächst für das Unternehmen die Gefahr der Abwanderung. Um unerwünschte Vakanzen auszuschließen, wird es deshalb bestrebt sein, den Lohnabstand zur Konkurrenz auf dem Arbeitsmarkt zu erhalten, indem es die Verdienste an die erwartete Steigerungsrate anpaßt.

2. Verhandlungstheoretische Erklärung

Kostenüberlegungen und die Anpassungsbereitschaft, die durch die Dauer der Arbeitslosigkeit und Vakanz geprägt wird, bestimmen neben dem Einfluß von Marktunvollkommenheiten den Veränderungsprozeß des Lohnes im wettbewerblichen Ansatz. Ihm gegenüber steht die verhandlungsorientierte Begründung der *Phillips*-Relation, in deren Mittelpunkt der Einfluß der Tarifpartner, insbesondere der Gewerkschaften, auf die Löhne während unterschiedlicher Arbeitsmarktsituationen steht. Die organisatorische **Macht der Gewerkschaften,** bestimmt durch Mitgliederbestand bzw. -anteil und von der kaum meßbaren Kampfbereitschaft, hilft unstreitbar sektorale, regionale und betriebliche Lohndifferenzen zu erklären.[13] Von diesen strukturellen Unterschieden geht dann wiederum ein „Zwang zum Anschluß" auf schwächere Gewerkschaften und nichtorganisierte Unternehmen aus, die im Lohnanstieg nachhinken. Diese „Lohnrunden" führen zur Expansion des gesamtwirtschaftlichen Niveaus.

Neben der organisatorischen Macht können **Marktfaktoren,** die ihrerseits nicht ohne Einfluß auf den gewerkschaftlichen Zusammenhalt und die Streikbereitschaft bleiben, zur Erklärung von Lohnsteigerungsraten, vor allem aber für deren Schwankungen im Zeitablauf herangezogen werden.

Den Gewerkschaften stehen die Arbeitgeber bzw. deren Verbände gegenüber und versuchen, durch hinhaltenden Widerstand die Lohnforderungen zu begrenzen. Ihr mäßigender Einfluß blieb aber in den vergangenen Jahren gering, da ihnen der Ausweg in die Überwälzung offenstand. Dies änderte sich, wenn Restriktionen den Preissteigerungen entgegengestellt werden, wenn das Tarifvertragssystem durch die Überwälzungssperre geschlossen, der Verteilungskonflikt also in die Tarifverhandlungen gezwungen wird.

---

[13] *Throop, A.W.:* The Union-Nonunion Wage Differential and Cost-Push Inflation, A.E.R. Vol. LVIII (1968), S. 79–99; *Pierson, G.:* The Effect of Union Strength on the U.S. „Phillips-Curve", A.E.R., Vol. LVIII (1968), S. 461 ff.

3. Empirische Tests

Die empirische Überprüfung führte in der Regel zu einer Bestätigung der *Phillips*-Relation.[14] Obgleich keine Einigung über den genauen Verlauf der Kurve erzielt worden und sicher auch in Zukunft nicht erreichbar ist, weil vielfältige Faktoren auf eine ständige Veränderung hinwirken, so besteht doch weitgehende Einigkeit darüber, daß die Lohnsteigerung vom Beschäftigungsgrad und vor allem von dessen Variationsraten abhängig ist, die Intensität der Dependenz aber im Zeitablauf schwankt und trendmäßigen Änderungen unterliegt.

Während *Enke* und *Maneval*[15] zu dem Ergebnis gelangen, daß für die Bundesrepublik mit Ausnahme der Jahre 1951 bis 1960, in die der Koreakrieg und der Abbau der strukturellen Nachkriegsarbeitslosigkeit fallen, ein enger Zusammenhang zwischen der Veränderung des Lohns und der Arbeitslosenrate „ziemlich schlüssig nachgewiesen" werden könne, kommt *Hoffmann*,[16] dem *Zahn*[17] „grobe ... nicht sehr sinnvolle Periodenwahl" vorwirft, aufgrund seiner Untersuchungen zu dem Schluß, daß eine *Phillips*-Kurve für „Deutschland im strengen Sinne nur für die Zeit von 1887 bis 1913 und mit Einschränkung für 1925 bis 1938 belegbar ist.

Koshal und *Gallaway*[18] widersprechen *Hoffmann*. Sie finden für die Jahre 1953 bis 1967 eine stabile *Phillips*-Kurve, während sie das Jahr 1951 infolge des Koreakrieges durch einen **Verhaltensbruch** gekennzeichnet sehen. *Zahn*[19] sieht gleichfalls für den Beobachtungszeitraum von 1951–1961 „eine nicht unwesentliche Abhängigkeit der Lohnratenänderung von den Arbeitsmarktindikatoren". Obgleich für die Jahre 1960–1968 nur „ein schwacher Zusammenhang" zwischen dem Beschäftigungsgrad und der Lohnsteigerung besteht, erwies sich die Arbeitslosenänderungsrate „trotzdem als ein sensibler Indikator der Marktverhältnisse". Das gilt insbesondere dann, „wenn die Arbeitslosenzahl, um einen relativ festen Wert oszilliert", d.h., die Gewöhnung an Vollbeschäftigung kräftigt die Reagibilität des Lohnes auf drohende Arbeitslosigkeit. Auch *Schloenbach*[20] stellt fest, daß „ein relativ enger Zusammenhang" zwischen der Veränderungsrate des Beschäftigungsgrades und der Steigerung des Lohnsatzes besteht, der in dem betrachteten Zeitraum von

---

[14] Da häufig aus den gleichen Daten unterschiedliche Funktionen abgeleitet werden, wollen *Rees, A.* und *Hamilton, M.F.* die Untersuchungen zur *Phillips*-Relation mit dem Etikett: „Zerbrechlich, mit äußerster Sorgfalt zu behandeln", versehen wissen (The Wage-Price-Productivity Perplex, J.P.E., Vol LXXV (1967), S. 70

[15] *Enke, H.* und *Maneval, H.:* Die Einflüsse des Beschäftigungsgrades und der Preisentwicklung auf die Lohnentwicklung in der Bundesrepublik Deutschland, Jb. f. Nat. ök. u. Stat., Bd. 180 (1967), S. 485–506

[16] *Hoffmann, W.G.:* Die „Phillips-Kurve" in Deutschland, Kyklos, Vol. 22 (1969), S. 219–231

[17] *Zahn:* Phillips-Relation, S. 72 und 77

[18] *Koshal, R.K.* und *Gallaway, E.:* The Phillips Curve for West Germany, Kyklos, Vol. 24 (1969), S. 346–349

[19] *Zahn:* Phillips-Relation, S. 156

[20] *Schloenbach:* Ökonometrische Analyse, S. 105 ff

1957 bis 1968 „sogar einen größeren Einfluß als das Arbeitslosenniveau“ hat und zudem während der Jahre 1961 bis 1968 enger wird.

Neigung und Niveau der *Phillips*-Relation bleiben im Zeitablauf aber nicht konstant, sondern ändern sich von Zyklus zu Zyklus. Vielfältige Faktoren, wie etwa die Laufzeit der Verträge, die konjunkturelle Phase des Tarifabschlusses, unterschiedliche Erwartungen, zunehmendes Horten von Fachkräften und strukturelle Probleme oder schlicht das „wirtschaftspolitische Klima“ zeichnen dafür verantwortlich. Heute ist kein systematischer Zusammenhang mehr erkennbar.

Zusammengefaßt heißt das: Neuere empirische Untersuchungen zeigen immer deutlicher, daß die *Phillips*-Relation keinen Bestand hat, daß sich die Verhaltensweisen in der Zeit – nicht zuletzt als Antwort auf konjunkturpolitische Aktivitäten und veränderte Zielrangfolgen – ändern und damit andere Relationen von Beschäftigungsgrad und Lohn- bzw. Preissteigerungsrate bringen. Solange sich die Reaktionsweisen nicht stabilisieren (lassen), muß die Konjunkturpolitik auf die „Menükarte“ von *Phillips* verzichten und ohne ihre Hilfe Auswege aus dem Zielkonflikt suchen.

3. Zahlungsbilanzausgleich

Wie in den Preisen und dem Beschäftigungsgrad drücken sich auch in der Zahlungsbilanz konjunkturelle Effekte aus, gehen sie nun vom Zyklus selbst oder von der korrigierenden Politik aus. Die Zahlungsbilanz rückt damit in den Blick der Konjunkturpolitik.

In offenen, mit dem internationalen Handels- und Zahlungsverkehr verflochtenen Volkswirtschaften ist das Gleichgewicht der Zahlungsbilanz drittes Teilziel der Konjunkturpolitik. Der Ausgleich der Zahlungsbilanz hat – wenn man von einem **merkantilistischen Denken** absieht, das Exportüberschüsse mit nationaler Leistungsfähigkeit gleichsetzt – eindeutig **Mittelcharakter.** Er soll zur optimalen internationalen Arbeitsteilung beitragen. In einem System stabiler Wechselkurse werden durch divergierende Entwicklungen der nationalen Preisniveaus bzw. Beschäftigungsgrade immer wieder Warenströme und durch konjunkturpolitisch motivierte Zinsänderungen die Kapitalströme umgelenkt. Die Kompensation der Salden durch eine Variation des Devisenbestandes der Zentralbank stellt nur *formal* den Ausgleich der Zahlungsbilanz wieder her, kann aber nicht die *inhaltliche* allokative Funktion erfüllen helfen.

Zahlungsbilanzprobleme resultieren einerseits aus **unterschiedlichen Prioritäten** in den wirtschaftspolitischen Zielsetzungen der einzelnen Länder, andererseits auch aus erheblichen **Strukturdifferenzen** der Welthandelspartner. Zu nennen sind hier neben der ungleichen Faktorausstattung vor allem die unterschiedliche Aggressivität der Gewerkschaften und die Vermachtung im Unternehmensbereich, welche die Erreichung der einzelnen Komponenten der gesamtwirtschaftlichen Zielkataloge selbst bei gleicher Gewichtung in höchst unterschiedlichem Maß ermöglichen. Gelingt die **Harmonisierung der Wirtschaftspolitik** nicht und will man interne Anpassungen an unerwünschte externe Entwicklungen vermeiden oder – überspitzt formuliert – eine außenwirtschaftliche Steuerung der Binnenkonjunktur ausschließen, dann muß man die ungewollten externen Störungen an der Grenze abfangen.

Neuerdings sind **Preissprünge** für Importe (bspw. für Rohstoffe) Ursache gravierender Zahlungsbilanzdefizite*. Verantwortlich hierfür ist nicht die interne Wirtschaftspolitik. Die Herausforderung wird – überraschend – von außen an sie gestellt. Auf sie gibt es keine schnelle Antwort. Das Zahlungsbilanzdefizit muß aus Devisenreserven oder durch Kapitalimporte (Recycling) finanziert werden, bis es – auf mittlere Sicht – ausgeglichen werden kann. Kapitalbilanz

* Eine Zahlungsbilanz ist immer ausgeglichen, Teilbilanzen können unausgeglichen sein.

a) Inhaltliche Beschreibung

Der grenzüberschreitende **Handel** folgt den gleichen Zeichen wie der Binnenhandel. Die verlangten Preise weisen der Nachfrage den Weg. Regionale Preisdifferenzen gibt es dann, wenn sich aufgrund unterschiedlicher Produktionsbedingungen die nationalen Preisstrukturen unterscheiden, wenn also das eine Gut hier billiger, das andere dort preisgünstiger angeboten wird (**komparativer Vorteil**).

Der Handel nützt diese regionalen Preisdifferenzen aus, indem er die Waren an der günstigsten Quelle bezieht und an den Ort des Nachfragers bringt, der sonst – bei geschlossenen Grenzen – auf das teuere heimische Angebot zurückgreifen müßte. Das Streben nach faktorsparender Arbeitsteilung setzt sich über nationale Grenzen hinweg. Die zunehmende Integration der BRD in die Weltwirtschaft wird durch den wachsenden Anteil der Exporte am Sozialprodukt ausgedrückt. Er stieg von 8,5% 1950 auf knapp 30% 1980 an.

Das **Kapital** folgt dem Renditegefälle. Es wandert an den Ort der höchsten Rentabilität, dorthin, wo es in der Kombination mit anderen Produktionsfaktoren am ergiebigsten genutzt werden kann. Einschränkungen dieser ökonomischen Regel gelten für in- wie ausländische Aktivitäten gleichermaßen.

Der reibungslose Ablauf des grenzüberschreitenden Handels – und Kapitalverkehrs setzt **Konvertibilität** voraus, die Möglichkeit, Geldeinheiten verschiedener Währungsgebiete „jederzeit" und an „jedem Ort" tauschen zu können. Da für die beteiligten Länder unterschiedliche Währungseinheiten gelten, muß ein Umrechnungsverhältnis (Wechselkurs) gefunden werden, das die Preise der nationalen Märkte vergleichbar macht.

Der **Wechselkurs** sollte Angebot und Nachfrage nach beiden Währungen – und damit die Zahlungsbilanz – ausgleichen. Er wäre dann einem Preis vergleichbar, wie er sich üblicherweise auf Warenmärkten bildet. Die angebotene „Ware" ist die fremde Währungseinheit, der Preis wird mit einheimischem Geld bezahlt. Wird der Wechselkurs *administrativ* bestimmt (wie im System stabiler und stufenflexibler Wechselkurse), dann können sich Salden zwischen den Zahlungen ergeben. Ein **Defizit** muß durch Hergabe von Devisenreserven (Auflösen fälliger Bankguthaben in fremder Währung), ein **Überschuß** durch Aufbau von Fremdwährungsbeständen ausgeglichen werden.

Zahlungsbilanzsalden sind ein Zeichen dafür, daß der gewählte Wechselkurs Angebot und Nachfrage nach fremden Währungseinheiten nicht zur Deckung bringt. In der Folge erlöst das Überschußland für seine Exporte

Außenhandel und Leistungsbilanz

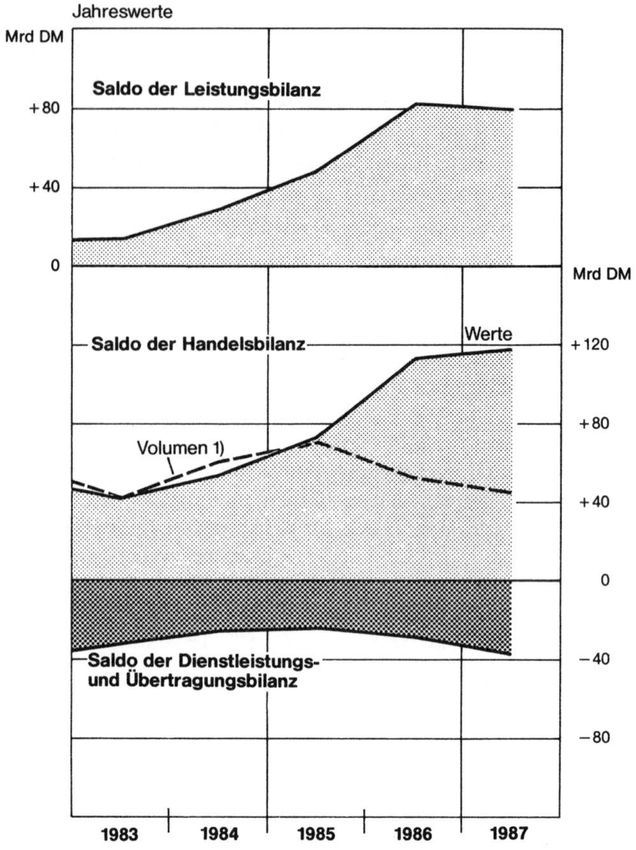

1) Mengen bewertet mit Durchschnittswerten von 1980.

Quelle: Monatsberichte der Deutschen Bundesbank, Februar 1988, S. 48

mehr fremde Zahlungsmittel als es für die Bezahlung der Importe benötigt, während der Handelspartner Devisenbestände auflösen oder sich um zwischenstaatliche Kredite bemühen muß. Das Überschußland leistet unfreiwilligen Konsumverzicht, während das Defizitland „über seine Verhältnisse lebt".

Grundsätzlich muß betont werden: Importe sind auf Dauer nur dann möglich, wenn durch Exporte ausländische Zahlungsmittel erworben werden, die diese Importe finanzieren. Den Zeigefinger auf das Überschußland gerichtet heißt das: Exporte sind nur dann möglich, wenn Importe in gleicher Höhe vorgenommen werden. Das Defizit in der Handelsbilanz kann aber auch durch einen Kapitalzufluß, der dem Renditegefälle folgt, finanziert werden.

Ist die Kapitalrendite im Defizitland tatsächlich höher, dann wird der Ausgleich durch Marktfaktoren und nicht durch internationale Kreditabkommen herbeigeführt.

Der Kapitalverkehr wird heute infolge des engen Verbundes der Märkte maßgeblich durch die Geldpolitik der einzelnen Länder bestimmt. Mit der Laufzeit der Kredite nimmt der Einfluß der kurzfristigen Notenbankpolitik allerdings ab und das „natürliche" Renditegefälle bestimmt die Richtung der Kapitalströme. Eine langfristig konzipierte Politik knappen Geldes (mit hohen Zinsen) zieht zwar dauerhaft Kapital ins Land, zugleich drückt sie aber auch auf die Preise und gleicht auf diesem Weg mit der Zeit die defizitäre Handels- (und damit die Zahlungs-)bilanz aus. Sie macht sich selbst überflüssig.

Zusammengefaßt heißt das: Durch fehlerhafte Wechselkurse wird der Preismechanismus unterbrochen, der ungeachtet der nationalen Grenzen die weltweite Arbeitsteilung regelt. Die relativen Knappheiten bestimmen nicht länger die Preise und steuern die Nachfrage. Der fehlerhafte Wechselkurs lenkt die Nachfrage von „überbewerteten", bei gleichgewichtigem Wechselkurs aber billiger anbietenden Regionen ab und zu unterbewerteten, *nur deshalb* billigeren, eigentlich aber teureren Ländern hin. Positiv formuliert: Die ausgeglichene Zahlungsbilanz ist Ausdruck einer ungestörten, dem Markt gehorchenden internationalen Arbeitsteilung.

b) Probleme der Zahlungsbilanzstatistik

Als **Zahlungsbilanz** eines Landes bezeichnet man die systematische wertmäßige Aufzeichnung aller ökonomischen Transaktionen zwischen in- und ausländischen Wirtschaftseinheiten für eine bestimmte Periode, normalerweise für ein Jahr. Wirtschaftseinheiten sind Haushalte, Unternehmen, Regierungen und sonstige Institutionen. Die Zahlungsbilanz informiert über Quellen und Umfang des Zu- und Abflusses von Devisen. Auf der Aktivseite werden die Zahlungseingänge, auf der Passivseite die Zahlungsausgänge des Inlandes aufgezeichnet.

Teilbilanzen sind die Handelsbilanz, die Dienstleistungsbilanz, die Übertragungsbilanz (früher Bilanz der unentgeltlichen Leistungen genannt) und die Kapitalverkehrsbilanz. Der Warenhandel, der Dienstleistungsverkehr und die Übertragungen werden in der **Leistungsbilanz** (auch Bilanz der laufenden Posten genannt) zusammengefaßt. In der Kapitalbilanz wird in der Regel zwischen lang- und kurzfristigem Kapitalverkehr unterschieden. Häufig werden noch die Leistungsbilanz und der langfristige Kapitalverkehr in der **Grundbilanz** zusammengefaßt. Von ihr erwartet man die Anzeige anhaltender Ungleichgewichte, gegen die langfristig wirksame Instrumente angesetzt werden müssen. Zugang und Abgang von Devisen (fällige Bankguthaben in fremder Währung) werden in der **Devisenbilanz** erfaßt.

Die in der Zahlungsbilanzstatistik übliche **Trennung von lang- und kurzfristigem Kapitalverkehr** beruht mehr auf oberflächlichen Erscheinungsformen als auf bedeutsamen inhaltlichen Unterschieden. So mancher ursprünglich auf kurze Sicht gewährte Kredit hat sich zu einem langfristigen ausgewachsen und viele Wertpapiertransaktionen, die die Statistik als langfristigen

Kapitalverkehr ausweist, sind rein spekulativer Natur und von vornherein nicht als dauerhafte Anlage gedacht.

Bei der Wahl der **Grundbilanz** als Indikator für die Zahlungsbilanzpolitik ging man davon aus, daß der Handel (durch Preisdifferenzen) und der langfristige Kapitalverkehr (durch Renditegefälle) ökonomisch bestimmt seien, der kurzfristige Kapitalverkehr dagegen durch die Geldpolitik im In- und Ausland. Die Statistik kann diese kausale Trennung nicht nachvollziehen. Sie muß sich an erfaßbare Kriterien halten. Diese stehen stellvertretend für die Inhalte, sie können sie aber nicht immer sachgerecht ausdrücken. Man muß deshalb die grobe Information, die die Grundbilanz Märkten und Politikern gibt, regelmäßig durch eine situationsbezogene umfassende Analyse des Kapitalverkehrs ergänzen, wenn man die Gefahr fehlerhafter Aussagen verringern will.

Auch der unaufgegliederte **„Restposten"** macht die Zahlungsbilanzstruktur undurchsichtig. Er stieg in der BRD 1973 auf 24 Mrd. DM an. Wesentlicher Bestimmungsgrund sind neben statistischen Fehlern und nicht erfaßten Posten Änderungen in den Zahlungsfristen (1973 Devisenzufluß von 7 Mrd. DM im Restposten registriert).

Bei der Umrechnung des Warenverkehrs in Geldströme werden **durchschnittliche Zahlungsfristen** (terms of payment) unterstellt, die aus der Vergangenheit übernommen wurden. Änderungen in den Zahlungsfristen schlagen sich nun im Restposten nieder. Zahlen die ausländischen Unternehmen schneller, die deutschen langsamer, dann fließen Devisen zu. Zögern die ausländischen Unternehmen ihre Zahlungen hinaus und die deutschen beschleunigen sie, dann fließen Devisen ab. Es bleibt aber festzuhalten: Devisenströme werden lediglich zeitlich verlagert, begründet sind sie im Warenverkehr. Beschleunigte Zahlungen heute belasten also die Zukunft. Wenn die Verschiebung der Zahlungsfristen nicht von Dauer ist, wird es später zu einer Zahlungslücke kommen. Fehlt nun eine **Aufgliederung des Restpostens,** dann wissen die Devisenhändler nicht, ob die grenzüberschreitenden Zahlungsströme fundiert sind oder ob es sich lediglich um ein spekulatives Vorziehen zukünftiger Zahlungen handelt. Beide Alternativen geben dem Devisenhändler aber verschiedene Anweisungen: Ist der Devisenzustrom fundiert, wird er mit einer Aufwertungstendenz rechnen. Handelt es sich lediglich um eine zeitliche Verschiebung, dann wird er ausgleichende Geschäfte tätigen und damit den Wechselkurs stabilisieren. Unzureichende Informationen können also zu gravierenden Störungen auf den Devisenmärkten führen, die häufig noch spekulativ verstärkt werden.

Die Zahlungsbilanz ist *formal* durch den Saldo der Devisenbilanz immer ausgeglichen; gleichwohl sind in den Sprachgebrauch die Begriffe aktive (Zunahme) und passive Zahlungsbilanz (Abnahme des Gold- und Devisenbestandes) eingegangen. Der formale Ausgleich der Zahlungsbilanz darf nicht mit dem *materiellen* Gehalt einer gleichgewichtigen Zahlungsbilanz verwechselt werden. Um den materiellen Gehalt zu bestimmen, unterscheidet man *autonome* und *zahlungsbilanzinduzierte* Transaktionen.

Zahlungsbilanzinduziert sind diejenigen (Anpassungs-) Transaktionen, die mit dem Ziel durchgeführt werden, einen Ausgleich der Zahlungsbilanz zu bewirken. Gemeint sind Maßnahmen wie Stützungsaktionen oder Regie-

Hauptposten der Zahlungsbilanz

Mrd DM

Position	1979	1980	1981	1982	1983	1984	1985	1986
A. Leistungsbilanz								
1. Außenhandel								
Ausfuhr (fob) **1)**	314,5	350,3	396,9	427,7	432,3	488,2	537,2	526,4
Einfuhr (fob) **1)**	282,7	331,4	357,3	365,2	378,5	421,4	451,1	402,9
Saldo	+ 31,8	+ 18,9	+ 39,6	+ 62,6	+ 53,8	+ 66,8	+ 86,0	+ 123,5
2. Ergänzungen zum Warenverkehr **2)** und Transithandel	+ 0,0	− 0,6	+ 0,6	+ 1,5	+ 3,2	− 1,7	− 1,3	− 1,3
Saldo des gesamten Warenhandels	+ 31,8	+ 18,3	+ 40,2	+ 64,1	+ 57,0	+ 65,1	+ 84,7	+ 122,2
3. Dienstleistungen								
Einnahmen	78,0	89,7	106,9	118,5	120,8	135,3	144,5	138,5
Ausgaben	101,3	114,0	134,5	147,2	141,9	146,4	154,8	156,7
Saldo	− 23,3	− 24,2	− 27,6	− 28,7	− 21,1	− 11,1	− 10,3	− 18,1
4. Übertragungsbilanz	− 19,6	− 22,6	− 24,3	− 25,5	− 25,3	− 30,1	− 29,8	− 27,6
darunter:								
Überweisungen ausländischer Arbeitskräfte	− 7,0	− 7,5	− 7,7	− 7,7	− 7,7	− 8,4	− 7,6	− 7,0
Nettoleistungen an die Europäischen Gemeinschaften	− 4,0	− 4,4	− 6,5	− 7,5	− 6,1	− 7,5	− 8,2	− 7,9
Saldo der Leistungsbilanz	− 11,0	− 28,5	− 11,7	+ 9,9	+ 10,6	+ 23,9	+ 44,6	+ 76,5
B. Kapitalbilanz								
1. Langfristiger Kapitalverkehr								
a) Deutsche Anlagen im Ausland (Zunahme: −)	− 20,3	− 28,4	− 27,4	− 29,1	− 36,5	− 45,1	− 61,9	− 49,8
Direktinvestitionen	− 8,2	− 7,6	− 9,3	− 6,8	− 8,1	− 12,5	− 14,3	− 16,2
Ausländische Wertpapiere	− 3,0	− 7,7	− 6,0	− 11,4	− 10,4	− 15,7	− 31,5	− 21,5
Kredite und Darlehen an Ausländer	− 7,8	− 11,1	− 9,6	− 8,7	− 14,7	− 14,3	− 13,1	− 9,3
Übrige Kapitalanlagen im Ausland	− 1,3	− 2,0	− 2,5	− 2,3	− 3,3	− 2,6	− 3,0	− 2,9
b) Ausländische Anlagen im Inland (Zunahme: +)	+ 32,5	+ 33,9	+ 35,3	+ 14,2	+ 29,5	+ 25,2	+ 51,9	+ 87,7
Direktinvestitionen	+ 3,2	+ 0,8	+ 0,8	+ 2,0	+ 4,6	+ 2,1	+ 2,2	+ 2,9
Inländische Wertpapiere und Schuldscheine inländischer öffentlicher Stellen	+ 6,2	+ 23,4	+ 23,3	+ 12,2	+ 25,5	+ 21,7	+ 40,1	+ 68,6
Wertpapiere	+ 5,9	+ 0,9	+ 1,0	+ 2,8	+ 13,6	+ 17,4	+ 42,1	+ 73,7
Schuldscheine	+ 0,3	+ 22,6	+ 22,3	+ 9,4	+ 11,9	+ 4,3	− 2,0	− 5,1
Kredite und Darlehen an Inländer **3)**	+ 23,2	+ 9,9	+ 11,2	+ 0,1	− 0,4	+ 1,4	+ 9,8	+ 16,2
Übrige Kapitalanlagen im Inland	− 0,0	− 0,2	− 0,0	− 0,1	− 0,2	− 0,0	− 0,1	− 0,1
Saldo des langfristigen Kapitalverkehrs	+ 12,2	+ 5,5	+ 7,9	− 14,9	− 7,0	− 19,8	− 10,0	+ 37,9
2. Kurzfristiger Kapitalverkehr (Netto-Kapitalexport: −)								
a) Kreditinstitute	+ 4,1	− 8,9	− 10,3	+ 8,1	+ 1,8	+ 0,1	− 27,7	− 58,8
Forderungen	− 1,7	− 7,1	− 11,2	+ 4,3	+ 5,3	− 17,8	− 33,4	− 65,8
Verbindlichkeiten	+ 5,8	− 1,8	+ 0,9	+ 3,8	− 3,6	+ 17,8	+ 5,7	+ 7,0
b) Wirtschaftsunternehmen und Privatpersonen	− 6,7	+ 5,5	+ 6,1	+ 1,7	− 7,3	− 15,5	− 13,3	− 42,8
Finanzbeziehungen mit ausländischen Banken	− 3,1	+ 9,8	+ 10,2	+ 5,7	− 0,3	− 1,7	− 8,7	− 36,2
Finanzbeziehungen mit ausländischen Nichtbanken	− 2,0	+ 1,4	+ 0,7	− 2,0	− 0,6	− 4,0	− 1,0	− 1,3
Handelskredite	− 1,7	− 5,7	− 4,8	− 2,1	− 6,5	− 9,7	− 3,7	− 5,2
c) Öffentliche Hand	− 0,3	− 0,4	+ 2,8	+ 0,7	− 3,3	− 1,8	+ 0,1	− 1,2
Saldo des kurzfristigen Kapitalverkehrs	− 2,9	− 3,7	− 1,4	+ 10,5	− 8,8	− 17,2	− 40,9	− 102,8
Saldo der Kapitalbilanz	+ 9,3	+ 1,8	+ 6,5	− 4,4	− 15,8	− 37,0	− 50,9	− 64,9
C. Saldo der statistisch nicht aufgliederbaren Transaktionen (Restposten)	− 3,2	− 1,2	+ 3,0	− 2,4	+ 1,1	+ 10,0	+ 8,1	− 5,6
D. Ausgleichsposten zur Auslandsposition der Bundesbank **4)**	− 2,3	+ 2,2	+ 3,6	− 0,4	+ 2,4	+ 2,1	− 3,1	− 3,2
E. Veränderung der Netto-Auslandsaktiva der Bundesbank (Zunahme: +) (A+B+C+D)	− 7,3	− 25,7	+ 1,3	+ 2,7	− 1,6	− 1,0	− 1,3	+ 2,8

1 Spezialhandel. — **2** Hauptsächlich Lagerverkehr auf inländische Rechnung und Absetzung der Rückwaren und der Lohnveredelung. — **3** Ohne Schuldscheine inländischer öffentlicher Stellen. — **4** Gegenposten zu Veränderungen der Auslandsposition der Bundesbank, die nicht auf den Leistungs- und Kapitalverkehr mit dem Ausland zurückgehen: Hauptsächlich Zuteilung von IWF-Sonderziehungsrechten und Änderungen des DM-Wertes der Auslandsposition der Bundesbank durch Neubewertungen; ab 1982 auch Differenzen zwischen den Transaktionswerten und den im Wochenausweis zu Bilanzkursen ausgewiesenen Veränderungen der Auslandsposition.
Differenzen in den Summen durch Runden der Zahlen.

Quelle: Geschäftsbericht der Deutschen Bundesbank 1986, S. 20

rungsimporte. Als **autonom** werden alle privaten und öffentlichen Transaktionen bezeichnet, die unabhängig von etwaigen Zahlungsbilanzsalden, also ohne Absicht die Zahlungsbilanz zu manipulieren, vorgenommen werden.

Staatliche Kapitalexporte zum Ausgleich einer überschüssigen Leistungsbilanz fließen regelmäßig über zusätzliche Auslandsaufträge wieder in das Inland zurück (**Bumerang-Effekt**). Sie entlasten das Defizitland (so heute die Bundesrepublik), das sich nicht länger gezwungen sieht, die Leistungsbilanz auszugleichen. Die Kredite helfen den Importsog finanzieren. Restriktionen im Defizitland glaubt man vertagen zu können. Sind die Kredite aber erschöpft, dann stellt sich die Zahlungsbilanzfrage wieder in unverminderter Dringlichkeit aufs Neue und macht deutlich, daß Kredite keine Lösung bringen, sondern lediglich Aufschub gewähren.

Langfristiger Kapitalverkehr der Bundesrepublik

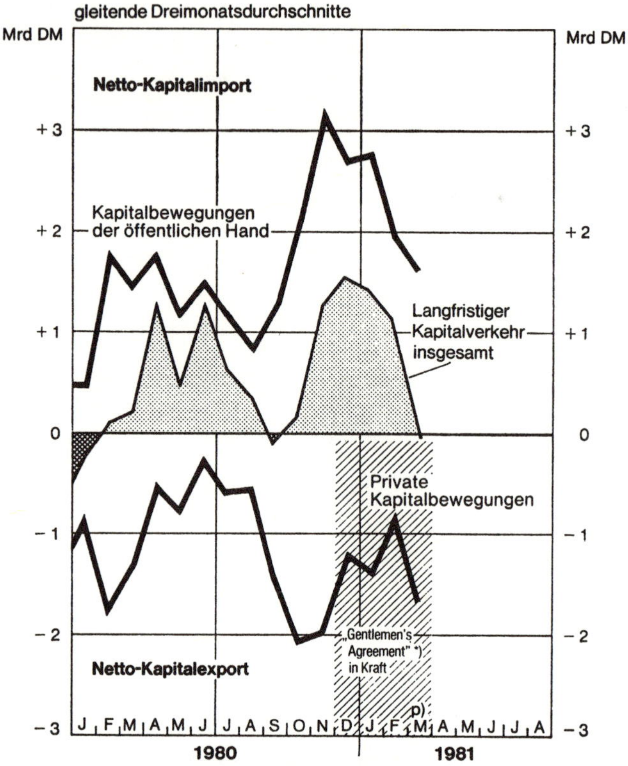

*) Vereinbarung zwischen Bundesbank und Kreditinstituten über die zeitweise Zurückhaltung bei der Kreditgewährung an das Ausland sowie der Emission von DM-Auslandsanleihen. - p) Vorläufig.

Quelle: Monatsberichte der Deutschen Bundesbank, Juni 1981, S. 38

Auch das kreditgebende Land muß erkennen, daß es mit dem Kapitalexport den Keim für erneute Handelsbilanzüberschüsse legt. Es muß deshalb darauf dringen, daß in Defizitländern wechselkurs- oder binnenpolitische Maßnahmen eingeleitet werden, die den Saldo ausgleichen und damit neue Kredite überflüssig machen. Dies entspricht dem Prinzip der Konditionalität, das die Aktivitäten des *IWF* bestimmt (vgl. den Exkurs auf den S. 299ff. hierzu).

Die Unterscheidung von autonomen und zahlungsbilanzorientierten Transaktionen ist theoretisch zwar überzeugend, im konkreten Fall stößt sie aber auf Schwierigkeiten; denn die Zuordnung fällt nicht immer leicht. Dennoch spricht vieles für die Beibehaltung der Trennung, da zahlungsbilanzinduzierte Transaktionen, die nicht separat – unter dem Strich – ausgewiesen werden, die Aussagekraft der Zahlungsbilanz beeinträchtigen.

Zahlungsbilanzsalden können daneben durch Zölle, Kontingentierungen und andere administrative Maßnahmen (Gentlemen's Agreements eingeschlossen) ausgeglichen werden. Um die Wirkung dieser Eingriffe auszuweisen, unterscheidet man zwischen **aktuellem** und **potentiellem Ungleichgewicht.** Die aktuelle Zahlungsbilanz erfaßt die tatsächlichen Transaktionen, in die potentielle geht der Leistungs- und Kapitalverkehr ein, der stattgefunden hätte, wenn die Regierung auf dirigistische Maßnahmen verzichtet hätte.

c) Instrumente der Zahlungsbilanzpolitik

Regierungen sind immer wieder versucht, bei Zahlungsbilanzsalden Zuflucht zu Beschränkungen des Leistungsaustauschs und des Kapitalverkehrs zu nehmen. Wechselkursschnitte (später, im 9. Kap., ausführlich beschrieben) zeigen ihre ausgleichende Wirkung immer erst dann, wenn sich die Mengen an die veränderten Preisrelationen angepaßt haben, in der Übergangszeit vergrößern sie den Saldo noch. Sie sehen zudem keine Differenzierungen vor, etwa zwischen einzelnen Warengruppen oder zwischen Waren- und Kapitalverkehr. Zuweilen sind es aber gerade diese **strukturellen Differenzierungen** und nicht die globale Zahlungsbilanzwirkung, mit denen administrative Beschränkungen des Leistungs- und Kapitalverkehrs begründet werden.

Handelshemmnisse bestehen vor allem aus:

1) mengenmäßigen Beschränkungen (Kontingente, Quoten) für Im- und Exporte,
2) preislichen Be- und Entlastungen an der Grenze (Zöllen, Ausfuhrprämien, steuerlichen und monetären Zoll- und Prämiensurrogaten),
3) Aus- und Einfuhrmonopolen,
4) nicht-tarifären Behinderungen.

Ihre fortschreitende Beseitigung ist das tragende Prinzip des **Allgemeinen Zoll- und Handelsabkommens (GATT).** In mehreren Verhandlungsrunden konnten in den sechziger Jahren bei der Senkung der Zollschranken erhebliche Fortschritte erzielt werden. Im Anschluß an die ***Kennedy*-Runde** (1963-67) wurden bspw. die Zollsätze der Verhandlungspartner von 1968 bis 72 bei gewerblichen Erzeugnissen um durchschnittlich 35 v.H. gesenkt. In der neuen, 1975 in Genf begonnenen GATT-Runde steht die **Beseitigung nicht-tarifärer Handelshemmnisse** im Vordergrund. Gemeint sind damit Gesetze, Verwaltungsvorschriften und deren Durchführung, die Benachteiligungen der ausländischen Anbieter zur Folge haben.

Zunehmende Bedeutung haben in den letzten Jahren quantitative Importrestriktionen in Form von **Selbstbeschränkungsabkommen** erlangt. In der Regel sind den Exportkontingenten Wachstumsraten eingebaut. Selbstbeschränkungen werden zwar gemeinsam beschlossen, das Importland hat aber durch die Androhung einseitiger Kontingentierungen eindeutig die stärkere Stellung inne.

Im Rahmen des GATT ist die Anwendung mengenmäßiger Einfuhrbeschränkungen nach Art. XI grundsätzlich untersagt. Bei drohenden oder bereits aufgetretenen Zahlungsbilanzdefiziten oder Marktstörungen lassen Schutzklauseln (Art. XII und XIX) allerdings mengenmäßige Beschränkungen der Importe zu. Auch der EWG-Vertrag (Art. 109) erlaubt „Schutzmaßnahmen".

Art. XI des GATT verbietet gleichfalls **Ausfuhrrestriktionen**, läßt aber auch hier Ausnahmen zu, wenn es die nationale Sicherheit verlangt, befristete Maßnahmen zur Beseitigung von Versorgungsengpässen im Inland notwendig werden oder Rohstoffvorkommen zu erschöpfen drohen. Die Zahlungsbilanz steht bei Ausfuhrrestriktionen zwar nicht im Vordergrund, sie schlagen sich aber unverkennbar in ihr nieder; vor allem dann, wenn der mengenmäßig begrenzte, deshalb im Preis steigende Rohstoff – wie bspw. das Erdöl – quantitative Bedeutung im Welthandel hat und auf eine starre Nachfrage trifft.

Auch die Diskriminierung ausländischer Anbieter durch **staatliche Monopole** oder öffentliche Unternehmen ist untersagt. Art. XVII und III verpflichten diese, ihre Beschaffungspolitik ausschließlich an ökonomischen Kriterien zu orientieren. Ausgenommen sind Güter, die für unmittelbare staatliche Zwecke bezogen werden (z.B. Rüstungsgüter).

In der Vergangenheit hat sich allerdings gezeigt, daß die Regeln des GATT nicht immer eingehalten werden. Die Chance, interne Strukturpolitik mit der Zahlungsbilanzwirkung verbinden zu können, führt vor allem in wirtschaftlichen Krisenzeiten Defizitländer in Versuchung, partiell aus der internationalen Arbeitsteilung auszuscheren. Importhemmnisse und Exportsubventionen (heute häufig in Form zinsverbilligter Exportkredite oder staatlicher Risikodeckung) bringen aber lediglich eine vorübergehende Entlastung. Solange es nicht gelingt, die **Ursachen** des Defizits zu beseitigen, müssen die Handelshemmnisse Stufe für Stufe bis zur völligen Trennung der Märkte und anschließender Devisenbewirtschaftung angehoben werden.

Die **Devisenbewirtschaftung** will mit Hilfe eines Systems von Zwangsmitteln die Zahlungsbilanz ausgleichen. Zahlungen an das Ausland unterliegen einem allgemeinen Verbot, von dem von Fall zu Fall Ausnahmegenehmigungen erteilt werden. Sie muß häufig bereits die Quellen der Einnahmen kontrollieren, um die Beschaffung der Devisen sicherzustellen (Ablieferungspflicht).

In Deutschland wurde die Devisenbewirtschaftung während der Weltwirtschaftskrise eingeführt. Mehrere Handelspartner folgten nach. Die Kontrollen mußten ständig erweitert werden. Devisenvergehen wurden mit Geld- und Gefängnisstrafen geahndet. An die Stelle des Preissystems tritt eine Behörde, setzt die Ablieferung durch und entscheidet über die Zuteilung von Devisen an die Importeure.

Nicht nur über Eingriffe in den Leistungsaustausch auch durch **Steuerung des Kapitalverkehrs** wird der „schnelle Weg" zum Ausgleich der Zahlungsbilanz gesucht. Bei Überschüssen in der Handelsbilanz wird der Zufluß abgewehrt, der Kapitalexport angeregt, bei Defiziten wird Kapital ins Land gezogen, der Abfluß behindert. Die gebräuchlichen Mittel hierfür sind neben administrativen Kapitalverkehrskontrollen (§§ 22, 23 Außenwirtschaftsgesetz) die policy mix, die Kurssicherungspolitik, erhöhte Mindestreserve auf Auslandseinlagen und Bardepotpflicht sowie gespaltene Wechselkurse.

Die **policy mix** hat *Mundell* entworfen. Er fordert, bildlich gesprochen, von der Politik abzugehen, die zwei Pferde vor den Wagen spannt, nämlich die Geld- und Fiskalpolitik, wobei immer beide notwendigerweise gleichzeitig angetrieben oder gezügelt werden müssen. Zusammengespannt läßt sich nicht das eine antreiben, das andere zügeln. Stattdessen schlägt er vor, mit der Fiskalpolitik Vollbeschäftigung und stabile Preise im Inneren zu sichern, die Geldpolitik aber für den Ausgleich der Zahlungsbilanz zu reservieren.

Der Zins soll die grenzüberschreitenden Kapitalströme zahlungsbilanzgerecht lenken, während die ungewollte Binnenwirkung der zahlungsbilanzorientierten Geldpolitik durch eine entgegengerichtete Fiskalpolitik ausgeglichen wird. Die Fiskalpolitik hat in dem *Mundell*'schen Konzept der policy mix also **zwei Aufgaben** gleichzeitig zu erfüllen. Einmal soll sie den Binneneffekt der Geldpolitik kompensieren und zum anderen die internen Zyklen korrigieren.

Bei überschüssiger Handelsbilanz und Unterbeschäftigung bzw. bei defizitärer Handelsbilanz und Nachfrageinflation decken sich interne Konjunktur- und Zahlungsbilanzpolitik. Geld- und Fiskalpolitik dienen beiden Zielen zugleich. Soll aber trotz zahlungsbilanzorientiertem Kapitalabfluß die Nachfrage im Inland ausgedehnt werden, dann stehen sich auf dem Binnenmarkt als Folge des Kapitalexportes ein restriktiver monetärer und ein expansiver fiskalischer Effekt gegenüber. Bei straff gesteuerter Geldmenge (siehe hierzu den Exkurs zur Kontroverse Fiskalismus-Monetarismus auf den S. 206ff) setzt sich zwar langfristig der restriktive Geldmengeneffekt durch. In der Zwischenzeit kann aber aufgrund der unbestrittenen kurzfristigen Wirksamkeit des expansiven Fiskaleffektes die Vollbeschäftigung bereits wieder erreicht und die konjunkturpolitische Aufgabe damit gelöst sein. Eine elastische Geldversorgung weitet den Spielraum der policy mix, da dann der gegenläufige monetäre Restriktionseffekt abgeschwächt wird.

Verlangt eine defizitäre Handelsbilanz Kapitalimporte, die Arbeitslosigkeit aber eine Nachfragebelebung, dann stehen sich im Inland restriktive Geld- und expansive Fiskalpolitik gegenüber. Hier genügt es, wenn durch Subventionen die Zinssteigerung ausgeglichen wird. Das zufließende Auslandskapital bringt dann die Liquiditätsausweitung, die den eingeleiteten Expansionsprozeß finanziert.

Auch die Geldpolitik allein läßt sich „an verschiedenen Zügeln geführt" auf Binnenstabilität und Zahlungsbilanzausgleich zugleich ausrichten. Der *kurzfristige* Zins kann zahlungsbilanzorientiert manipuliert werden, der *langfristige* Zins durch gezielte Interventionen mit Blick auf die Investitionen gesteuert werden (**Operation Twist**). Die Arbitrage (Geschäfte, die Zinsunterschiede ausnützen und damit verringern) setzt aber der Politik der getrennten Steuerung von Geld- und Kapitalmarkt enge Grenzen.

Zur **Kurssicherungspolitik** zählen die Swapsatzpolitik und Interventionen am Devisenmarkt. Sie dienen beide der Steuerung des grenzüberschreitenden Kapitalverkehrs. Im Rahmen der **Swapsatzpoltik** erklärt sich die Notenbank bereit, mit inländischen Kreditinstituten, die einen Teil ihrer liquiden Mittel an internationalen Geldmärkten anlegen wollen, Swapgeschäfte abzuschließen. Sie verkauft den Banken (bspw.) Kassadollar und nimmt die Dollar gleichzeitig zum Fälligkeitstag der vorgesehenen Geldanlage (per Termin) zurück. Diese Abschlüsse erfolgen zu Swapsätzen, die die Notenbank unabhängig von den tatsächlichen Risikoprämien am freien Devisenterminmarkt autonom festsetzt.

Kursrisiken entstehen durch vorübergehende oder dauerhafte Änderungen des Wechselkurses. Zur Zeit des Zahlungseingangs kann der Kurs gefallen bzw. sein Anstieg hinter den Erwartungen zurückgeblieben sein. Die Kursrisiken sind gegen Entgelt durch ein Gegengeschäft (die per Termin zufließenden Dollar werden schon heute zum gleichen Fälligkeitstag gegen DM verkauft) abdeckbar.

Will die Notenbank die Anlage an ausländischen Geldmärkten, den Geldexport, fördern, Devisenreserven gleichsam privatisieren, dann verbessert sie die angebotenen Kurssicherungsbedingungen. Sie berechnet den Banken niedrigere Deports (Abschläge) als der Markt verlangt oder zahlt zur Aufbesserung der Auslandsverzinsung einen Report (Aufschlag). Will sie den Geldexport einschränken, dann kann sie einen vorher gewährten Report kürzen bzw. höhere Deports berechnen oder die Kursschwankungen am Markt verstärken und dadurch größere Risiken schaffen.

Interventionen an den Devisenmärkten sind ein weiteres Mittel zur Steuerung des zwischenstaatlichen Geld- und Kapitalverkehrs. Sie sollen die Terminkurse der eigenen Währung auf einer Höhe festschreiben, die anlagebereiten Banken günstigere Kurssicherungskonditionen bieten als der interventionsfreie Markt verlangt. Die Zu- bzw. Abschläge müssen so manipuliert werden, daß die resultierende Nettozinssatzdifferenz zwischen In- und Ausland den angestrebten Kapitalstrom bewirkt. Bruttozinsen von 5% im Ausland können trotz eines Satzes von nur 2% im Inland erst dann Kapital abziehen, wenn die Kurssicherungskosten (der Deport) unter 3% gedrückt werden können und dadurch eine Nettozinssatzdifferenz zugunsten des Auslandes entsteht.

Swapsatzpolitik und Interventionen am Terminmarkt manipulieren beide die Nettozinsen. Während die Swapsatzpolitik aber auf den Kapitalverkehr begrenzt bleibt, tangieren die Interventionen alle grenzüberschreitenden Zahlungen, die über den Devisenterminmarkt abgewickelt werden. Dadurch werden für Importe und Exporte Kurssicherungsdaten gesetzt, die dem handelspolitischen Ziel sowohl aus der Sicht der Zahlungsbilanz als auch bezüglich der Binnenkonjunktur durch Vergrößerung eines bestehenden Saldos in der Handelsbilanz widersprechen können.

Devisenterminmarktoperationen wurden jedoch wiederholt durch sog. **Karussellgeschäfte** der Geschäftsbanken unterlaufen. Diese nehmen gleichzeitig mit dem durch die Bundesbank kursgesicherten (damit subventionierten) Geldexport über den Terminmarkt im Gegenzug einen Geldimport vor. Die Geschäftsbanken streichen die Nettozinsdifferenz ein, ohne daß per Saldo Liquidität abfließt.

Durch eine **erhöhte Mindestreservepflicht auf Auslandseinlagen** (bis zu 100% auf den Zuwachs und/oder den Gesamtbestand möglich) kann ein unerwünschter Kapitalimport begrenzt werden. Sie verlangt eine anteilige, in der Regel zinslose Stillegung von Zentralbankgeld (zuweilen werden sogar

Strafzinsen von den ausländischen Einlegern gefordert). Dadurch wird einmal dem Kreislauf zugeflossene Liquidität wieder entzogen, zum anderen wird der frei verfügbare Teil des Kapitalimportes mit der Zinsverpflichtung des Gesamtkredites belastet. Dem Kapitalimport wird eine Zinsbarriere entgegengestellt.

Die erhöhte Mindestreservepflicht versperrt aber lediglich dem Kapital den Zutritt, das den Weg über die Banken ins Inland gehen will. Sie erreicht nicht die Direktkredite der Unternehmen im Ausland. Die **Bardepotpflicht** schließt diese Lücke. Sie folgt dem gleichen Prinzip wie die erhöhte Mindestreserve auf Auslandseinlagen bei Banken. Zweck der Anfang 1972 in der BRD eingeführten Bardepotpflicht ist es, in Ergänzung zur erhöhten Mindestreserve auf Auslandseinlagen den Zufluß von Liquidität, der an den Banken vorbei über die Unternehmen ins Land fließt, zu begrenzen. Die Kompetenz liegt bei der *Bundesregierung* (§ 6a Außenwirtschaftsgesetz), nicht bei der *Bundesbank*. Letztere kann lediglich im Einvernehmen mit dem *Finanzministerium* den Bardepotsatz festlegen.

Veränderbar ist neben dem Bardepotsatz (Höchstgrenze ebenfalls 100%) der gewährte Freibetrag. Ursprünglich sollten lediglich Verbindlichkeiten, die über 2 Mio. DM hinausgingen, belastet werden. Man entschied sich dann aber für eine strenge Abschirmung, die lediglich Beträge unter 50 Tsd. DM generell bardepotfrei läßt. Durch nachträgliche Belastung von Altkrediten kann zudem erreicht werden, daß eingeflossene Liquidität wieder ins Ausland zurückgeführt wird.

Die enge Verbindung zwischen Handels- und Zahlungsverkehr erzwingt **Ausnahmen** von der Bardepotpflicht, will man nicht mittelbar den Handel belasten. Kredite, die an Warenlieferungen oder Dienstleistungen gebunden sind und deren Laufzeiten dem handelsüblichen Zahlungsziel entsprechen, werden deshalb von der Bardepotpflicht ausgenommen. Das gleiche gilt für handelsübliche Vorauszahlungen für Exporte.

Auch mit **gespaltenen Wechselkursen** läßt sich der grenzüberschreitende Kapitalverkehr steuern, gleichzeitig aber der Handel aussparen. Es können entweder für den Handels- und den Kapitalverkehr unterschiedliche Wechselkurse fixiert werden oder – wie es Frankreich 1971 tat – neben einem stabilen Wechselkurs für Handeslgeschäfte flexible für den Kapitalverkehr eingeführt werden, um einen unerwünschten Kapitalimport abzuwehren (oder dem Kapitalexport entgegenzuwirken). Der flexible Wechselkurs hält die Kapitalbilanz ausgeglichen. Er beseitigt damit eine Quelle unausgeglichener Zahlungsbilanzen, durchbricht aber die **Einheit von Leistungs- und Kapitalverkehr** in der arbeitsteiligen Weltwirtschaft. Die Exportfähigkeit bedingt Investitionen im Abnehmerland, die vom Aufbau und der Erweiterung der Absatzorganisationen über die Lagerhaltung und den Kundendienst bis hin zu Montagewerken reichen. Sie werden von einem diskriminierenden Wechselkurs für den Kapitalverkehr abgeschreckt. Nicht zu vergessen sind auch administrative Probleme, die man sich mit gespaltenen Wechselkursen aufbürdet. Da der verrechnete Wechselkurs an die Art des zugrundeliegenden Geschäftes gebunden ist, muß jedes einzeln nachgewiesen und von einer eigens geschaffenen Behörde überprüft werden.

Die genannten Instrumente sind in ihrer Zahlungsbilanzwirkung bei entsprechender Dosierung unbestritten. Sie setzen aber nicht an den *Ursachen* an, sondern kurieren lediglich die *Symptome*. Sie dienen zwar dem *formalen* Zahlungsbilanzausgleich, können aber nicht die *inhaltliche allokative* Funktion einer ausgeglichenen Zahlungsbilanz erfüllen, da sie prinzipiell diskriminieren, entweder einzelne Produkte (durch Zölle und Kontingente) oder indem sie dem Kapitalverkehr künstliche Barrieren entgegenstellen bzw. das marktbedingte Renditegefälle durch Subventionen oder Belastungen umkehren.

4. Die Zielprojektionen der Bundesregierung

1967 beschloß die *Bundesregierung*, **mittelfristig** – bis zum Jahre 1971 – folgende quantitativ umrissenen Ziele zu realisieren:

1. **Vollbeschäftigung** entspricht einer Arbeitslosenquote (Anteil der Erwerbslosen an der Zahl der abhängigen Erwerbspersonen) von 0,8% (bei normalem Winterwetter).

2. **Preisniveaustabilität** gilt als erreicht, wenn die jährliche Preisniveausteigerungsrate (Differenz der Zunahme des nominellen zum Wachstum des realen Bruttosozialproduktes) 1% nicht übersteigt.

3. **Außenwirtschaftliches Gleichgewicht** liegt dann vor, wenn der Anteil des Außenbeitrages (Exportüberschusses) den voraussichtlichen finanziellen Verpflichtungen (für Übertragungen – EG-Agrarfonds, Gastarbeiterüberweisungen, Wiedergutmachungen – und Kapitalexport) entspricht. 1967 schätzte man sie auf 1% des BSP.

4. **Angemessenes Wirtschaftswachstum** gilt bei Zuwachsraten des realen BSP von 4%.

Mittelfristige Zielvorgaben hat sich die *Bundesregierung* seitdem nicht mehr gesetzt. Sie entsprachen 1967 dem konjunkturpolitischen Ideal. Heute legt sie im Jahreswirtschaftsbericht nur noch jährliche Zielprojektionen mit prognostischem, aber zugleich auch programmatischem Charakter vor. Dahinter stehen zwar nach wie vor mittelfristige Vorstellungen, sie werden aber nicht mehr quantitativ und zeitlich umrissen. (Allein im jährlichen Finanzbericht werden noch mittelfristige Orientierungen angesprochen.)

Inzwischen haben sich auch die konjunkturellen Vorzeichen geändert. Die *Bundesregierung*[21] zeigte sich 1975 (1988) zum Beispiel zufrieden, wenn „aufgrund der gegenwärtigen binnen- und außenwirtschaftlichen Konstellation"

- ein Wirtschaftswachstum von rund 2% (1,5–2%) im Jahresdurchschnitt – mit deutlicher Beschleunigung im Jahresverlauf – möglich wird
- die Arbeitslosenquote auf rund 3% (9%) begrenzt werden kann
- der Preisanstieg auf 5 bis 5,5% (1%) reduziert wird

---

[21] Jahreswirtschaftsbericht 1975 (1988) der *Bundesregierung*, BT-Drucksache VII/3197 (11/1733, Ziff. 8), Ziff. 6

S. 144–157 fehlen

– der Außenbeitrag mit 35 bis 38 Mrd (oder höchstens 3 bis 3,5% (5%) des Sozialproduktes) höchstens die Größenordnung des Vorjahres erreicht.

Sie formuliert die **jährlichen Etappenziele** bescheidener und gibt als Ziel das vor, was in der angesprochenen Periode erreichbar erscheint. Mit den jährlichen Projektionen versucht sie dem Wähler das Maß in die Hand zu geben, nach dem sie beurteilt werden will. Sie scheut mittelfristige Zielvorgaben, weil diese heute eine große Kluft zwischen dem Ideal und der wirtschaftlichen Realität zeigen.

Entwicklung gesamtwirtschaftlicher Eckdaten

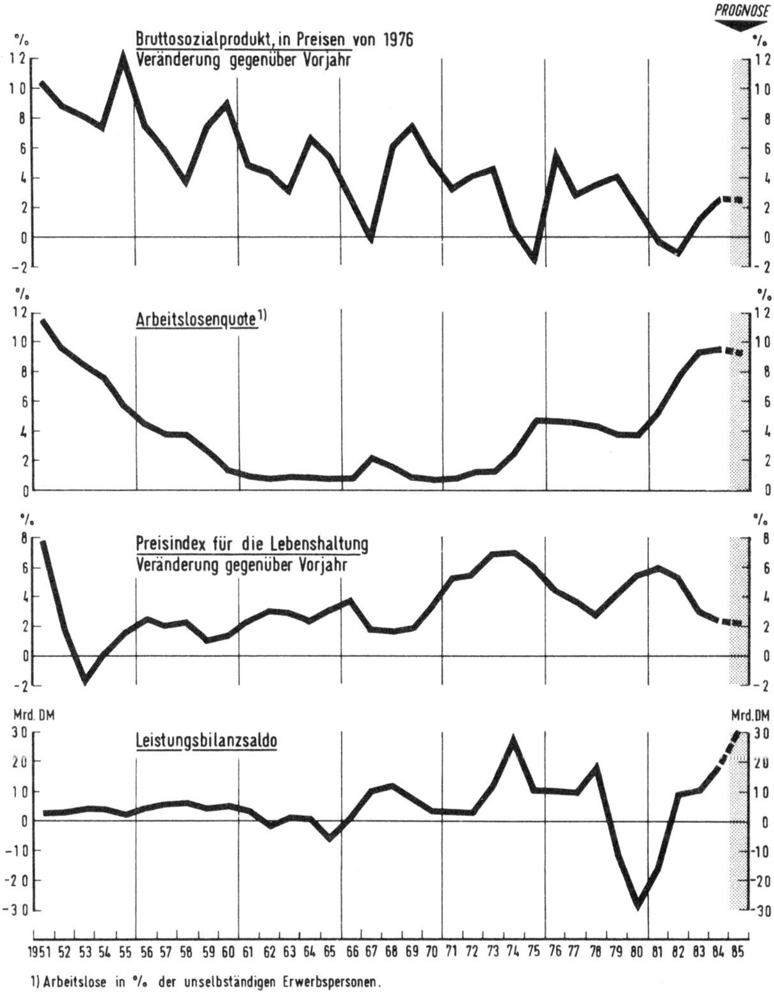

Quelle: Ifo-Schnelldienst, 38. Jg. (1985), H. 5, 1

Die Rezession überholte aber schon Mitte des Jahres 1975 die „quantifizierten Hoffnungen" der *Bundesregierung*. Der Nachfragerückgang konnte nicht gebremst werden, die Arbeitslosigkeit blieb folglich auf dem hohen Niveau und stieg im Herbst weiter an; es mußte ein Schrumpfen des realen Sozialproduktes hingenommen werden. Verantwortlich dafür war nicht zuletzt der Rückgang des Exportes. Man kam dadurch zwar der außenwirtschaftlichen Zielsetzung näher, dies ging aber auf Kosten der Beschäftigung und des Wachstums im Inneren.

Eine **Leitfunktion** können die Zielprojektionen in ihrer heutigen Form nicht ausüben. Die bloße Vorgabe von Zielvorstellungen bleibt so lange Wunschdenken, wie die Regierung nicht in der Lage ist, durch sachgerechten Mitteleinsatz für die Erfüllung der angestrebten Ziele zu sorgen. Nur wenn die Regierung unmißverständlich deutlich macht, daß sie die vorgegebenen Ziele durchsetzen will und kann, dann werden die privaten Entscheidungsträger ihre Dispositionen an der angestrebten Entwicklung und nicht an den Tendenzen ausrichten, die sich in der Gegenwart abzeichnen.

Die Differenz zwischen Ideal, jahresbezogenen politischen Willen und der Realität zeigt die Abbildung.

Literatur

Eine **politisch-ökonomische Begründung** der Ziele der Wirtschaftspolitik geben

Giersch, H.: Allgemeine Wirtschaftspolitik, 1. Bd.: Grundlagen, Wiesbaden 1960

Kirschen, E. S. u. a.: International vergleichende Wirtschaftspolitik. Versuch einer empirischen Grundlegung, Berlin 1967

Teichmann, U.: Wirtschaftspolitik. Eine Einführung in die demokratische und die instrumentelle Wirtschaftspolitik, 2. Aufl., München 1983

Tuchtfeldt, E.: Zielprobleme in der modernen Wirtschaftspolitik, Tübingen 1971

Vornehmlich dem Ziel **Preisniveaustabilität** gewidmet sind die Monographien von

Haller, H.: Das Problem der Geldwertstabilität, 2. Aufl., Stuttgart u. a. 1971

Streißler, E. u. a.: Zur Relativierung des Zieles der Geldwertstabilität, Göttingen 1976

Mit der **Inflationsproblematik** befassen sich

Frisch, H.: Die neue Inflationstheorie, Göttingen 1979

Klaus, J.: Inflationstheorie, Darmstadt 1974 (betont einfach gehalten)

Pohl, R.: Theorie der Inflation, München 1981

Riese, H.: Theorie der Inflation, Tübingen 1986

Steinmann, G.: Inflationstheorie, Paderborn 1979

Ströbele, W.: Inflation, 2. Aufl., München 1984

Woll, A. (Hrsg.): Inflation, München 1979

und auf **Stagflation** bezogen

Müller, U. u. a.: Stagflation, Ansätze und Theorie, Empirie und Therapie, Königstein 1980

Mit Fragen einer speziellen administrativen Therapie befaßt sich

Kern, M.: Marktmacht, Preiskontrollen und Stabilisierungspolitik, Stuttgart-New York 1983

Kuntze, O.-E.: Preiskontrollen, Lohnkontrollen und Lohn-Preis-Index-Bindungen in den europäischen Länder, Berlin-München 1973

Auf das **Beschäftigungsziel** bezogen sind die Arbeiten von

Bombach, G. u.a. (Hrsg.): Arbeitsmärkte und Beschäftigung – Fakten, Analysen, Perspektiven, Tübingen 1987

Bundesanstalt für Arbeit: Überlegungen II zu einer vorausschauenden Arbeitsmarktpolitik, Nürnberg 1978

Engelen-Kefer, U.: Beschäftigungspolitik. Eine problemorientierte Einführung mit einem Kompendium beschäftigungspolitischer Fachbegriffe, 2. Aufl., Köln 1981 (beeindruckend im empirisch-statistischen Teil; Zweifel sind aber an den beschäftigungspolitischen Vorschlägen anzumelden)

Görgens, E.: Beschäftigungspolitik, München 1981

Kösters, W.: Zur theoretischen und empirischen Bestimmung der Vollbeschäftigung, Göttingen 1986

Lutz, B. u. *Sengenberger, W.:* Arbeitsmarktstrukturen und öffentliche Arbeitsmarktpolitik, Göttingen 1974

Zerche, J.: Arbeitsökonomik, Berlin-New York 1979

Zum **Zielkonflikt** von Vollbeschäftigung und Preisniveaustabilität vgl. neben den auf S. 103ff. genannten Studien zur *Phillips*-Relation

Phelps, E. S.: Inflation Policy and Unemployment Theory, New York 1972

Kromphardt, J.: Arbeitslosigkeit und Inflation, Göttingen 1987

Zur Begründung des **Strebens nach ausgeglichener Zahlungsbilanz** vgl. die Lehrbücher von

Rose, K.: Theorie der Außenwirtschaft, 9. Aufl., München 1986

Borchert, M.: Außenwirtschaftslehre. Theorie und Politik, 3. Aufl., Opladen 1987

Berg, H.: Internationale Wirtschaftsbeziehungen, Göttingen 1976

Siebert, H.: Außenhandelstheorie, 3. Aufl., Stuttgart 1984

Die **Instrumente der Zahlungsbilanzpolitik** werden vorgestellt von

Frantz, U.: 25 Jahre Welthandelspolitik. Ziele und Ergebnisse des Allgemeinen Zoll- und Handelsabkommens (GATT) von 1948–1973, Berlin 1975

Glastetter, W.: Außenwirtschaftspolitik, 2. Aufl., Köln 1979

Hasse, R.; Werner, H. und *Willgerodt, H.:* Außenwirtschaftliche Absicherung zwischen Markt und Interventionismus – Erfahrungen mit Kapitalverkehrskontrollen, Frankfurt/M. 1975

Külp, B.: Außenwirtschaftspolitik, Tübingen-Düsseldorf 1978

Der Wechselkurspolitik als Instrument außenwirtschaftlicher Absicherung ist ein eigenes Kapitel gewidmet. Dort findet der Leser auch die Literaturhinweise zu diesem Sachgebiet.

Kontrollfragen

(1) Welche Faktoren führen dazu, daß sich die Rangfolge konjunkturpolitischer Ziele in der Zeit ändert?

(2) Wie wird begründet, daß Inflation die Funktionsfähigkeit des Marktmechanismus untergräbt?

(3) Welche Verteilungseffekte gehen von der Inflation aus?

(4) Welcher Nutzen, (aber auch) welcher Schaden kann von Indexbindungen ausgehen?

(5) Nennen Sie die Gründe von Arbeitslosigkeit! Welche Schwierigkeiten stehen einer sachgerechten begrifflichen Abgrenzung entgegen?

(6) Welche Aussagen legen die empirischen Untersuchungen zur *Phillips*-Relation nahe? Welche Kritik wird von Seiten der Monetaristen daran geübt?

(7) Sind die mikrotheoretische und die verhandlungstheoretische Erklärung alternative oder sich ergänzende Ansätze zur Bestimmung der *Phillips*-Relation?

(8) Wann kann man von ausgeglichener Zahlungsbilanz sprechen? Welche Vor- und Nachteile haben die verschiedenen definitorischen Ansätze?

(9) Welche Gründe können dafür sprechen, eine aus dem Gleichgewicht geratene Zahlungsbilanz durch Eingriffe, die auf die Kapitalbilanz zielen, auszugleichen? Beschreiben Sie drei Instrumente, die für diese Politik zur Verfügung stehen!

(10) Beschreiben Sie die Vorgehensweise der Swapsatzpolitik! Wodurch regt sie Karussellgeschäfte an?

Sechstes Kapitel
Die Asymmetrie in der Konjunkturpolitik

Die **ökonomische Gleichrangigkeit** von Preisniveaustabilität und Vollbeschäftigung wird stets betont, sie fand auch in Gesetze Eingang (Gesetz zur Förderung der Stabilität und des Wachstums der Wirtschaft (StabG) sowie in das Gesetz über die Bildung eines Sachverständigenrates zur Begutachtung der gesamtwirtschaftlichen Entwicklung), sieht man sich aber das konjunkturpolitische Handeln an, so kann man eine selten unterbrochene Dominanz des Beschäftigungsziels feststellen. Stabilisierende Maßnahmen werden gescheut und meist erst dann ergriffen, wenn die Preisteigerungen bedrohliche Ausmaße angenommen haben.

Deutlich wird der Vorrang der Beschäftigungssicherung immer dann, wenn Restriktionen die Arbeitsplätze gefährden, der Anstieg der Preise aber noch nicht gedämpft ist; sie werden dann regelmäßig aufgegeben. Die Stabilisierung tritt zurück; nachfragebelebende Schritte werden trotz der noch immer steigenden Preise eingeleitet. Der Inflationssockel wird nicht länger abgebaut. Der neue Aufschwung bringt einen beschleunigten Preisanstieg. Die Inflationsrate steigt treppenförmig von Zyklus zu Zyklus an.

Die **Dominanz der Beschäftigungspolitik** nimmt den Gewerkschaften die Sorge um die Sicherheit der Arbeitsplätze und öffnet den Unternehmen die Tür zur Überwälzung. Der Lohndruck der Gewerkschaften steigt, der Widerstand der Arbeitgeber läßt nach. Dem Preisauftrieb sind bei flexiblen Wechselkursen dann kaum noch Grenzen gesetzt. Nur effiziente Restriktionen können ihn noch aufhalten, die auch dann durchgehalten werden, wenn sich Gefahren für die Vollbeschäftigung zeigen. Die einzige Alternative sind Lohn- und Preiskontrollen. Aber auch die schaffen in der Regel nur vorübergehend Erleichterung. Das heißt: Obgleich die Politik geneigt ist, der Sicherung der Vollbeschäftigung Vorrang einzuräumen, sieht sie sich angesichts des beschleunigten Preisanstiegs schließlich doch zu durchgreifenden Restriktionen gezwungen. Unter dem Eindruck der Inflation werden diese durchsetzbar. Sie bringen aber volkswirtschaftliche Verluste, die man durch schnelleres Handeln hätte vermeiden können. Es muß deshalb dringend nach Wegen gesucht werden, die im Rahmen des demokratisch-parlamentarischen Regierungssystems die **Durchsetzbarkeit** stabilitätspolitischer Maßnahmen erleichtern und damit ihren Einsatz beschleunigen.

1. Die politologische Begründung der Asymmetrie

Politische Entscheidungen werden in der parlamentarischen Demokratie von Gremien oder Personen getroffen, die den Wähler repräsentieren, ihm verantwortlich, aber keinen unmittelbaren Weisungen (also keinem imperativen Mandat) unterworfen sind. In parlamentarischen Demokratien können Wähler, Parlament und Regierung durch Verfahrensregeln und verfassungsmäßige Kompetenzverteilungen mit unterschiedlichem Gewicht in den politischen Willensbildungsprozeß einbezogen sein. Die Mandatsträger können eigene Vorstellungen in die Entscheidungsfindung einbringen, wenn sie keine sofortige Abwahl befürchten müssen. Sie werden in der Regel einen **weiteren Horizont** haben und zudem über einen **besseren Informationsstand** verfügen. Dieser erlaubt es ihnen, sachgerechtere Entscheidungen zu treffen und liefert gleichzeitig die Argumente, um sie vor den Wählern (in den Fraktionen oder Parteien) zu vertreten.

Mit zunehmender **Dauer der Wahlperioden** verschiebt sich das Gewicht im Zielkatalog zugunsten längerfristiger Ziele, denn die politische Führung kann darauf vertrauen, daß sich bis zum nächsten Wahltermin ein Erfolg ihrer Maßnahmen zeigt, die Nachteile vorangegangener belastender Eingriffe in der Erinnerung verblassen oder sich in ihrem Wahleinfluß durch spätere vom Wähler begrüßte Entscheidungen kompensieren lassen. Das Mandat hängt nicht mehr an der anstehenden Entscheidung.

Vor Wahlen beherrschen dagegen tagespolitische Probleme die Diskussion. Mit dem Stimmzettel in der Hand drängt der Wähler auf schnelle und sichtbare Erfolge, sei es in Form der Realisierung konjunkturpolitischer Ziele, seien es die Person begünstigende Ausgabenprogramme oder Steuersenkungen. Geschenke werden verteilt, die nicht selten nach der Wahl widerrufen oder durch verschwiegene Steuererhöhungen finanziert werden müssen. Auch eine „lautlose" Finanzierung durch inflationäre Kreditausweitung kann lediglich den Verteilungskonflikt zwischen privatem und kollektivem Konsum vertagen, nicht aber lösen.

Neben der zeitlichen Transparenz kann auch der **regionale Horizont** eine unterschiedliche Reichweite haben. Durch räumliche Zusammenfassung können lokale Mehrheiten zu Minderheiten werden und dadurch an Einfluß in demokratisch, d.h. mit Mehrheit der Stimmen entscheidenden Parlamenten verlieren. Das kann sowohl positiv als auch negativ gesehen werden. Negativ ist, daß die Mehrheit der Minderheit ihren Willen aufzwingen kann, positiv ist anzumerken, daß die größere organisatorische Einheit die Verfolgung von Partikularinteressen erschweren kann.

Die Gefahr der **Überstimmung von Minderheiten** wird reduziert, wenn die Entscheidungsinstanz von der Basis vor allem zeitlich durch eine lange Wahlperiode getrennt wird – die Führungsinstanz benötigt dann nicht für jede einzelne Entscheidung eine Mehrheit. Sie kann auch durch wechselnde Begünstigung bzw. Berücksichtigung von Minderheiten am Wahltag eine Mehrheit für ihre Politik erhalten.

Gesellschaftliche Ziele ändern sich mit den geistigen und materiellen Horizonten der Menschen im Laufe der Zeit. Latent vorhandene Zielsetzungen, wie etwa die Vollbeschäftigung, können zur zentralen wirtschaftspolitischen Forderung werden, wenn die entsprechenden Mittel für ihre Realisierung gefunden werden.

Andererseits kann der Erfolg der Wachstumspolitik in der Vergangenheit die *quantitativ* meßbare Wohlstandssteigerung im Rang zurücktreten und *qualitative* Aspekte in den Vordergrund rücken lassen. Ein verantwortungsbewußter Politiker wird zwar stets bemüht sein, die gesellschaftlichen Zielsetzungen nicht meinungslos zu „repräsentieren", sondern den eigenen Sachverstand und seine persönlichen Wertungen in die Entscheidungsfindung einzubringen. Ein sichtbarer Erfolg, der auch in der Zukunft Bestand haben wird, dürfte aber gegen den Willen der Vertretenen in der Gegenwart nur innerhalb enger Grenzen erreichbar sein, die durch die Mehrheitsfähigkeit oppositioneller, um den Wähler konkurrierender Gruppen gezogen werden.

In einer parlamentarischen Demokratie werden in der Konjunkturpolitik mit der **Preisniveaustabilität** und der **Vollbeschäftigung** nun zwei Ziele mit unterschiedlichen zielspezifischen Durchsetzungschancen, aber mit gleichem ökonomischen Rang angesprochen. Während die Folgen steigender Preise sich nur allmählich zeigen, Nachteile zum Teil erst spürbar werden, wenn die unumgänglichen Restriktionen einsetzen und schließlich greifen, sind die Härten der Arbeitslosigkeit unmittelbar einsichtig und für jedermann als beklagenswert erkennbar.

Obgleich Inflation alle Wähler trifft, Arbeitslosigkeit aber nur eine kleine Minderheit, ist in der konjunkturpolitischen Aktivität eine Dominanz beschäftigungspolitischer Aktivitäten festzustellen. Mit Solidarität mit den Arbeitslosen wird dies nicht allein zu begründen sein. Zwar ist der **Grad an Betroffenheit** und damit die individuelle Wahlrelevanz bei tatsächlicher wie bei drohender Arbeitslosigkeit zweifellos höher, doch dürfte dies nicht die weitaus größere Zahl der Inflationsgeschädigten im Wahlkalkül des Politikers aufwiegen.

Entscheidend für die Dominanz der Beschäftigungspolitik dürfte sein, daß der erforderliche Mitteleinsatz, der auf die Integration der Arbeitslosen in den Erwerbsprozeß zielt, auf dem Weg dorthin durch die erforderlichen Steuersenkungen und Ausgabenprogramme die (Wähler-) Gesamtheit begünstigt.

Restriktionen müssen gegen befürchtete, also noch nicht eingetretene Preissteigerungen gerichtet werden. Gelingt der schnelle Einsatz, dann bleiben aber die vorausgesagten Preissteigerungen aus, zumindest wird deren Ausmaß reduziert. Der Politiker muß damit rechnen, daß sein Handeln vom Wähler nicht honoriert wird, da der Schaden, den er durch seine vorbeugende Aktivität abgewendet hat, überhaupt nicht sichtbar geworden ist. Er muß zudem befürchten, daß ihm Steuererhöhungen und Ausgabenverzicht „nachgetragen" werden.

Ferner birgt die erst mit langer Verzögerung auf die Nachfragedämpfung folgende Preisreaktion politische Gefahren für ein Stabilitätsprogramm. Sie verlangt Geduld, der Politiker muß auf den Erfolg warten können. Die **fehlende zeitliche Übereinstimmung** von belastenden Restriktionen und stabilitätspolitischem Erfolg kann ihn zur Aufgabe des eingeschlagenen Weges zwingen, wenn Wahlen anstehen und die Stimmenmehrheit gefährdet ist.

Maßnahmen zur Sicherung der Vollbeschäftigung bergen diese politischen Gefahren nicht. Vom Wähler wird hier kein Verzicht verlangt, er wird begünstigt. Im Prinzip gibt es keinen Widerspruch; allein über Zeitpunkt und Maß wird zuweilen gestritten. Entsprechend schnell und leicht lassen sich nachfragebelebende Maßnahmen durchsetzen.

Für die Stabilitätspolitik gilt dies nicht. Der Verlust der Glaubwürdigkeit des Geldsystems wird sicher bedauert, die ungewollte Umverteilungswirkung beklagt werden. Die volkswirtschaftlichen Verluste durch die Beeinträchtigung der Allokationsfähigkeit des Marktes, die Gefährdung zukünftiger Beschäftigungsmöglichkeiten durch inflatorische Preissteigerungen, vermag zudem nur der Ökonom einigermaßen sicher abzuschätzen. Er kann seine Mahnungen in den politischen Entscheidungsprozeß einbringen und Politiker von der Dringlichkeit von Restriktionen zu überzeugen versuchen. Bei der Entscheidung über stabilitätspolitische Maßnahmen stehen aber den kaum bewertbaren, unüberschaubaren langfristigen Vorteilen eine Gefährdung der gegenwärtigen Beschäftigungssituation und ein sofortiger steuerlicher Einkommensentzug gegenüber, dessen Stillegung den preistreibenden Nachfrageanstieg begrenzen soll. Diesen Konflikt hat der Politiker zu lösen, er muß die Mehrheit für die Maßnahmen suchen, die ihm Fachleute nahelegen.

Wirtschaftspolitische Ziele, die *ohne* Beeinträchtigung anderer Vorhaben realisierbar sind, werden in der Regel einhellige Zustimmung bei Bevölkerung, Verbänden, Parlament und Regierung finden. Die Wirkungen der Instrumente werden sich aber selten auf ein Ziel allein beschränken lassen.

Zur Verdeutlichung soll das folgende **Beispiel** dienen: Eine ungebremste Nachfrageexpansion führt zu unvorhergesehenen Preissteigerungen, schwächt die Allokationsfähigkeit des Marktes, verlangsamt damit das Wachstum und kürzt das zukünftige Arbeitsplatzangebot. Restriktive Maßnahmen werden notwendig. Eine Nachfragereduktion im Interesse der Stabilität kürzt jedoch heute die Einkommen der Haushalte und gefährdet die gegenwärtige Vollbeschäftigung. Sie beseitigt also nicht lediglich schmerzlos den Nachfrageüberschuß. Die **positiven Folgen** eingeleiteter Restriktionen zeigen sich dagegen erst in der langen Frist. Zum Teil sind sie sogar wegen des Fehlens einer adäquaten Vergleichsbasis kaum abschätzbar, da sich die konjunkturelle Entwicklung, die sich nach einem Verzicht auf restriktive Maßnahmen ergeben hätte, nur gedanklich nachvollziehen läßt. Die **Nachteile** von Restriktionen in Form sinkender Einkommen und Beschäftigungsmöglichkeiten werden jedoch sofort sichtbar.

Da obendrein die Preissteigerungen trotz der kontraktiven Maßnahmen vorerst noch ungebrochen bleiben, fehlt eine kurzfristig sichtbare, im demokratisch-parlamentarischen Entscheidungsprozeß mit kurzen Wahlperioden nutzbare Rechtfertigung der Restriktionen. Die Beschäftigungseinbuße jedoch, am Stand der Vorperiode gemessen, ist für jeden deutlich wahrnehmbar und wird die anstehenden Entschlüsse prägen.

Die Unternehmen ziehen nun aus der beschäftigungsorientierten Konjunkturpolitik der Vergangenheit ihre **Lehren.** Sie wissen, daß der Staat stets bemüht sein wird, einen Nachfragerückgang möglichst schnell wieder auszugleichen. Sie werden deshalb trotz sinkender Aufträge ihre Preise konstant halten bzw. an steigende Kosten anzupassen versuchen und auf einen baldigen konjunkturpolitisch eingeleiteten Aufschwung warten. Diese Starrheit der Preise im Abschwung führt dazu, daß im nachfolgenden Aufschwung die Gewinne mit der steigenden Kapazitätsauslastung und entsprechend sinkenden Stückkosten steil ansteigen und die gewinninduzierten Investitionen in der Regel über den Wachstumspfad hinaustragen, bevor die Löhne meist erst mit dem Beginn der Vollbeschäftigungsphase in stärkerem Maß zu steigen anfangen.

Die **Erwartung einer beschäftigungsorientierten Konjunkturpolitik** reduziert zusammen mit den Starrheiten, die sie mit sich bringt, die Wirksamkeit des Preismechanismus. Sie trägt dadurch – d.h. über die verspätete Lohnanpassung an die emporschnellenden Gewinne – zu strukturellen Divergenzen im Zyklus bei, die einen erhöhten Mobilitätsbedarf verlangen und obendrein Schwankungen verstärken.

Zusammengefaßt heißt das: Die gegenwärtige Konjunkturpolitik schafft mit der Dominanz des Beschäftigungsziels Verhaltensweisen, die die Realisierung des Stabilitätsziels in der Zukunft erschweren. Konjunkturpolitische Versäumnisse, gleich wie sie begründet sind, lassen sich nicht auf einen Zyklus beschränken, sie wirken mit der Änderung der Verhaltensweisen über ihn hinaus.

Solange sich die Wähler in ihrer Entscheidung an vorweisbaren Ergebnissen orientieren und Parlament und Regierung sich nicht vorübergehend von deren Willen lösen können, wird **kurzfristigen Zielen der Vorrang** eingeräumt werden. Langfristige Konzepte, deren Vorzüge zwar ihre vorübergehenden Nachteile überwiegen, werden gegenüber einer schnellen Erfüllung des dominierenden kurzfristigen Zieles vernachlässigt.

Sollen langfristige Konzepte im politischen Tageskampf nicht untergehen, dann müssen **institutionelle Vorkehrungen** getroffen werden, die ihre Durchführung auch dann sichern, wenn im Zeitpunkt des erforderlichen Einsatzes der Mittel die Mehrheit der Wähler oder des Parlamentes nicht mehr hinter der Entscheidung steht, deren spätere Einsicht und Billigung aber erwartet werden kann.

2. Lösungsvorschläge

Der Katalog wirtschaftspolitischer Ziele, wie er in den oben genannten Gesetzen niedergelegt ist, gibt der Regierung auf, „im Rahmen der marktwirtschaftlichen Ordnung gleichzeitig zur Stabilität des Preisniveaus, zu einem hohen Beschäftigungsstand und außenwirtschaftlichen Gleichgewicht bei stetigem und angemessenem Wachstum" beizutragen. Die Ziele sind vom Gesetzgeber gleichwertig nebeneinander gestellt worden, er hat es aber versäumt, die Regierung in die Lage zu versetzen, diese **Gleichrangigkeit** durch Bereitstellen entsprechender Mittel zu untermauern, die ohne Gefährdung der Regierungsmehrheit einsetzbar sind.

Da man davon ausgehen kann, daß in der Rezession expansive Maßnahmen in der Regel einhellige Zustimmung finden werden, Restriktionen aber meist hinausgezögert und unzureichend im Maß eingesetzt werden oder gar gänzlich unterbleiben, entsteht eine **Lücke zwischen der Proklamation des Gleichrangs** der Ziele **und den unterschiedlichen Realisierungsmöglichkeiten** konjunkturpolitischer Maßnahmen im parlamentarisch-demokratischen Regierungssystem.

a) Kompetenztransfer

Durch **Übertragung von konjunkturpolitischen Kompetenzen** vom Parlament, das in enger Verbindung zum (tagesorientierten) Wähler steht, auf die (weitsichtigere) Regierung ließe sich diese Lücke schließen. Einen Schritt auf diesem Weg geht das Stabilitätsgesetz. Obgleich sich das Parlament dort ein Kassationsrecht vorbehält, werden restriktive Maßnahmen – neben dem Beschleunigungseffekt – politisch erleichtert, da nicht die Regierung eine Mehrheit suchen, sondern der Widerstand sich im Parlament in begrenzter Zeit formieren muß. (Vgl. hierzu den späteren Exkurs über das StabG auf den S. 257ff.)

Das Stabilitätsgesetz brachte indes nicht die erhofften Erfolge, da es den Regierungen an Entschlußkraft fehlte. Zudem zeigte sich ein starkes Hineinwirken der Koalitionsfraktionen in die Regierung, die sich nicht gegen deren Forderungen durchsetzen konnte. Man kann sagen: Das Stabilitätsgesetz brachte zwar einen Schritt in die richtige Richtung; er erwies sich jedoch als zu kurz, da er lediglich der Regierung Instrumente in die Hand gab, diese aber nicht die Koalitionsfraktionen auf ihre Beschlüsse verpflichten konnte.

Eine Grenze könnte der inflatorischen Tendenz demokratischer Wirtschaftspolitik auch durch die Verfassung gesetzt werden. Das Überschreiten eines fest umrissenen **Verschuldungsmaximums** könnte generell – möglicherweise auch mit einer konjunkturellen Ausnahmeklausel – ausgeschlossen oder an die Zustimmung einer qualifizierten Mehrheit gebunden werden.

Erforderlich wäre hierfür eine „harte“, nicht auslegungsfähige Formulierung. Der „weiche“ Artikel 115 des Grundgesetzes der Bundesrepublik kann diese Bedingung nicht erfüllen. Er will zwar die staatliche Verschuldung auf den Umfang der Investitionen begrenzen. Wegen des auslegungsfähigen Investitionsbegriffs, vor allem aber wegen der Ausnahme für die Abwehr einer (nicht präzise definierten) Störung des gesamtwirtschaftlichen Gleichgewichts kann er diese Aufgabe nicht erfüllen.

b) Zentralbankautonomie

Die weitgehende Autonomie der Zentralbank verfolgt die gleiche Zielsetzung. Die häufig schmerzhafte Stabilisierungspolitik soll dem politisch-parlamentarischen, dem Wahlkalkül unterworfenen Entscheidungsprozeß entzogen und einer allein „der Sache“ verpflichteten Instanz übertragen werden. Man könnte auch sagen: Das Parlament will sich nicht der Versuchung aussetzen, die im freien Zugang zur Notenpresse gesehen wird. Es setzt sich selbst – einer Regelbindung vergleichbar – Grenzen, indem es die Kompetenz über die umlaufende Geldmenge der Zentralbank überträgt.

Die Effizienz geldpolitischer Maßnahmen wird aber im System stabiler Wechselkurse durch den internationalen Verbund der Geld- und Kapitalmärkte beeinträchtigt, da sich die Geschäftsbanken bei verweigerter Refinanzierung im Ausland verschulden können. Die *Bundesbank* kann deshalb ihrer stabilitätspolitischen Aufgabe nur innerhalb der engen Margen nachkommen, die der internationale Liquiditätsverbund läßt (ausführlicher im 9. Kap. auf den S. 312ff.).

Flexible Wechselkurse jedoch wehren Liquiditätszuflüsse ab. Sie schließen damit die „offene Flanke" der restriktiven Geldpolitik.

c) Zeitbegrenzte Regelbindung

Will man den Gedanken, der hinter der Autonomie der Zentralbank steht, auf die Fiskalpolitik übertragen, dann müßte man zur Sicherung restriktiver Maßnahmen zu einer **Regelbindung** greifen. Sie exkulpiert die Regierung, die glaubhaft nachweisen kann, daß ihr die Hände gebunden sind. Als langfristig notwendig erkannte nachfragedämpfende Maßnahmen werden quasi-automatisch durchgeführt, obgleich sie im Parlament, in dem kurzfristige Erfolge bzw. sichtbare Nachteile die Entscheidungen prägen, gegenwärtig keine Mehrheit fänden.

Die Regelbindung kann einen Beitrag zur Stabilisierungspolitik liefern. Sie bedarf aber – neben der außenwirtschaftlichen Absicherung – der Unterstützung durch gleichgerichtete fallweise Maßnahmen, da der selbsttätige Mitteleinsatz an das Erreichen einer Toleranzgrenze gebunden ist, die nicht zu eng gezogen sein darf. Denn sonst würde durch ständige gegenläufige Eingriffe die Allokationsfähigkeit des Marktes und die Effizienz der selbsttätig ausgelösten Maßnahmen beeinträchtigt (ausführlicher im 8. Kap. auf den S. 285 ff.).

Der Realisierungsgrad des stabilitätspolitischen Zieles läßt sich durch die Schaffung institutioneller Regeln erhöhen, welche die Durchsetzung restriktiver Maßnahmen erleichtern. Das Parlament braucht hierfür nicht entmachtet zu werden. Bereits die **zeitliche Trennung von Entscheidung und Einsatz** kann genügen, um Mittel durchsetzbar zu machen, die auf prinzipiell befürwortete Ziele gerichtet sind, im konkreten Fall aber an der Kurzsichtigkeit der Parlamentarier scheiterten, da diese im Interesse ihrer Wiederwahl der gegenwärtigen Einkommens- und Beschäftigungssicherung die Priorität einräumen.

Zukünftig erforderliche restriktive Maßnahmen könnten gleichzeitig mit den expansiven beschlossen werden, ihr Einsatz aber an das Erreichen bestimmter Indikatoren gebunden werden. Die Tatsache, daß lediglich über **potentielle Restriktionen** entschieden wird, dürfte den parlamentarischen Widerstand verringern. Das Parlament müßte zwar das Recht erhalten, gebilligte restriktive Schritte wieder rückgängig zu machen. Es ist aber damit zu rechnen, daß sich im Parlament für die Aufhebung allgemein für sinnvoll gehaltener, im voraus beschlossener restriktiver Maßnahmen nur schwer eine Mehrheit finden wird, während sich eine noch zu treffende positive Entscheidung gleichen Inhalts – auch dann, wenn die Regierung allein befinden kann – in der Regel nur nach langen Verzögerungen und meist erst unter dem Eindruck anhaltend steigender Preise herbeiführen läßt.

Das **Abwälzen der Last der Mehrheitsfindung** von den Befürwortern auf die Gegner restriktiver Maßnahmen könnte deren Einsatz beschleunigen helfen, ohne das Parlament formal zu entmachten. Die Gleichrangigkeit der Ziele bliebe dann nicht länger lediglich Proklamation, sie würde durch ein stabilitätspolitisches Konzept, das den Zyklus übergreift, untermauert.

Die Regelbindung stellt allerdings nicht die optimale konjunkturpolitische Lösung dar. Die ausführliche Darstellung und Kritik folgt in einem späteren

Kapitel (vgl. S. 285 ff.). Bleibt sie jedoch auf einen Zyklus beschränkt (zeitbegrenzte Regelbindung), dann entfallen wesentliche Einwände, die dort gegen sie vorgebracht werden. Die konjunkturelle Aussagekraft des gewählten Indikators kann durch strukturelle oder zufällige Einflüsse, zu denen die machtbestimmte Tarifpolitik zu rechnen ist, in der kurzen Zeitspanne von der Rezession zum späteren Boom nur geringfügig beeinträchtigt werden. Auch die Bindung zukünftiger Regierungen an gegenwärtig beschlossene, in den Toleranzgrenzen ausgedrückte Zielrangfolgen, die das langfristig konzipierte Regelsystem verlangt, wird zeitlich begrenzt.

Da indikatorgebundene Maßnahmen infolge der unumgänglich weiten Toleranzgrenzen lediglich extreme konjunkturelle Ausschläge korrigieren können, müßten sie durch diskretionäre Maßnahmen ergänzt werden, die auf einer eingehenden Analyse derjenigen Faktoren aufbauen, die den Konjunkturverlauf heute bestimmen. Damit könnte eine Feinsteuerung erreicht werden, die der Tarif- und Preispolitik eine transparente Leitlinie vorgeben kann.

Die verkürzte und korrigierbare Regelbindung trägt zugleich dazu bei, die Gleichrangigkeit von Stabilitätsziel und Vollbeschäftigungsgebot nicht nur mit Worten zu beschreiben, sondern durch Konjunkturpolitik zyklusübergreifend zu realisieren.

Literatur

Die **politisch-parlamentarischen Hindernisse,** die einer wirksamen restriktiven Konjunkturpolitik entgegenstehen, beschreiben

Giersch, H.: Rationale Wirtschaftspolitik in der pluralistischen Gesellschaft, in: *E. Schneider* (Hrsg.): Rationale Wirtschaftspolitik und Planung in der Wirtschaft von heute, Berlin 1967, S. 113–142

Heller, W. W.: Das Zeitalter des Ökonomen, Tübingen 1968 (beschreibt aus der Sicht des Beteiligten den konjunkturpolitischen Entscheidungsprozeß)

Schneider, H.K. (Hrsg.): Zielbestimmung für die Wirtschaftspolitik in der pluralistischen Gesellschaft, in: *Besters, H.* (Hrsg.): Theoretische und institutionelle Grundlagen der Wirtschaftspolitik, Berlin 1967, S. 37–57

Starbatty, J.: Erfolgskontrolle der Globalsteuerung. Konjunkturpolitik unter dem Einfluß der politischen Willensbildung, Frankfurt 1976

Intention und gesetzliche Regelung der **Autonomie der Bundesbank** sowie die veränderte Kompetenzverteilung, die das **Stabilitätsgesetz** brachte, kommentieren

Stern, K.; Münch, P. u. *Hansmeyer, K.-H.:* Gesetz zur Förderung der Stabilität und des Wachstums der Wirtschaft, 2. Aufl., Stuttgart u. a. 1972

Spindler, J. v.; Becker, W. u. *Starke, O.E.:* Die Deutsche Bundesbank. Grundzüge des Notenbankwesens und Kommentar zum Gesetz über die Deutsche Bundesbank, 4. Aufl., Stuttgart 1973

Den Handlungsspielraum der Zentralbanken beschreibt im **internationalen Vergleich**

Bonin, v. K.: Zentralbanken zwischen funktioneller Unabhängigkeit und politischer Autonomie, Baden-Baden 1979

Caesar, R.: Der Handlungsspielraum von Notenbanken, Baden-Baden 1981

Gegen die Autonomie der Zentralbank trägt Einwände vor

Arndt, H.-J.: Von der politischen zur plangebundenen Autonomie. Die Bundesbank in der parlamentarischen Demokratie, in: *Duwendag, D.* (Hrsg.): Macht und Ohnmacht der Bundesbank, Frankfurt/M. 1973

Nach Auswegen aus der offensichtlichen **Asymmetrie im konjunkturpolitischen Handeln,** nach effizienteren restriktiven Instrumenten unter Einschluß institutioneller Änderungen suchen

Der Wissenschaftliche Beirat beim Bundesministerium für Wirtschaft und Finanzen: Regelmechanismen und regelgebundenes Verhalten in der Wirtschaftspolitik (1971), Sammelband der Gutachten von 1948–1972, Göttingen 1973, S. 597–618

Der Wissenschaftliche Beirat beim Bundesministerium für Wirtschaft und Finanzen: Grundfragen der Stabilitätspolitik, Der Bundesminister für Wirtschaft, Studien-Reihe 2

Neumark, F.: Ermessensfreiheit oder Automatismus? Zur ökonomischen und politischen Problematik moderner Fiskalpolitik, Zürich 1971

Giersch, H.: Konjunktur- und Wachstumspolitik in der offenen Wirtschaft, Wiesbaden 1977

Rothschild, K. W. u. *Schmahl, H.-J.:* Beschleunigter Geldwertschwund und die Konsequenzen, Hamburg 1973

Kontrollfragen

(1) Welche politischen Hindernisse stehen einer straffen restriktiven Konjunkturpolitik entgegen? Welche Rolle spielt dabei die Nähe der nächsten Wahl?

(2) Zeigen Sie, welche Konsequenzen der Konjunkturpolitiker aus der zeitlichen Differenz zwischen der Preis- und der Beschäftigungswirkung für sein wahlorientiertes Handeln zieht?

(3) Unter welchen Bedingungen erzwingen stabile Wechselkurse eine stabilitätsgerechte Politik?

(4) Wie wird die Dominanz des Beschäftigungsziels in der Politik begründet? Wie argumentiert der Ökonom?

(5) Welchen konjunkturpolitischen Vorteil verspricht die zeitliche Trennung zwischen der Entscheidung und dem späteren regelgebundenen Einsatz der Instrumente?

(6) Gibt es einen Widerspruch zwischen dem Demokratiegebot und den Vorschlägen, zur Steigerung der Effizienz restriktiver Konjunkturpolitik dem Parlament Kompetenzen zu nehmen, der Regierung bzw. der Bundesbank zu übertragen oder an Regeln zu binden?

DRITTER TEIL
DER MITTELEINSATZ DER KONJUNKTURPOLITIK

Da der Markt offensichtlich die zyklischen Schwankungen der Nachfrage nur höchst unzureichend, zumindest aber mit einem als nicht hinnehmbar angesehenen großen Zeitbedarf korrigiert, muß die Konjunkturpolitik bei erkannten Steuerungsdefiziten unterstützend eingreifen, bildlich gesprochen: dem Markt mit seiner „unsichtbaren Hand" unter die Arme greifen. Sie hat dabei Entscheidungen über die **Dosierung,** die **Dauer** und den **Zeitpunkt** (timing) des Mitteleinsatzes zu treffen.

Surrogat-Funktion

Die Surrogat-Funktion der Konjunkturpolitik wird deutlich, wenn man ihren Einsatz mit dem Wirken des Preismechanismus (bei beidseitiger Flexibilität) vergleicht. Die zeitlichen Preisdifferenzen hätten Investoren wie Konsumenten angehalten, Käufe zu vertagen (wenn sinkende Preise erwartet worden wären) oder in die Rezession vorzuziehen (wenn mit steigenden Preisen im kommenden Boom gerechnet worden wäre). In die durch die Preisstarrheit entstandene Steuerungslücke tritt die Konjunkturpolitik, indem sie mit befristeten Belastungsvariationen **„künstliche" Preisdifferenzen** schafft, um Einfluß auf die zeitliche Verteilung der Käufe zu nehmen.

Inhaltliche Abgrenzung

Die Konjunkturpolitik kann

1. vom **Ziel** her gesehen
   a) als bloße Glättung der Zyklen (**reine Stetigkeitspolitik**) und/oder, wie die Konjunkturpolitik heute üblicherweise verstanden wird,
   b) als gleichzeitiges Anstreben eines bestimmten Beschäftigungsstandes (**Niveausteuerung**) definiert werden.
2. Beide Ziele lassen sich mit unterschiedlichen **Vorgehensweisen** verfolgen
   a) mit einer Politik, welche die Ursachen der konjunkturellen Schwankungen ausschalten will (der **Ursachentherapie**) und mit
   b) einer Politik, die deren Auswirkungen auf die gesamtwirtschaftliche Nachfrage auszugleichen versucht (**kompensatorische Konjunkturpolitik**).

Die Aufgabe verstetigender Konjunkturpolitik besteht allein darin, Nachfrage zeitlich zu verschieben – für später geplante Käufe, gleich ob Konsum oder Investitionen, in die Rezession vorzuziehen, im Boom Nachfrage zu verzögern und in die nachfolgende Rezession zu verlagern. Die Konjunkturpolitik steht damit vor einer erheblich einfacheren Aufgabe als eine Wachstumspolitik, die mittelfristig das Niveau der Nachfrage steigern will, also zusätzliche gewinnversprechende Nachfrage schaffen muß.

Ursachentherapie vs. kompensatorische Konjunkturpolitik

Steuerungsdefizite lassen sich auf drei – interdependente – Gründe zurückführen. Zu nennen sind zum ersten **Informationsmängel.** Sie verzögern die Marktkorrektur über den Preismechanismus und lassen die Investoren (aber auch die Konsumenten), die angesichts der konjunkturellen Risiken auf deutliche expansive Zeichen warten, ihre Pläne zurückstellen. Als zweiter Grund ist der **Verteilungsdefekt** zu nennen. Er führt zu rationiertem Angebot (mit Entlassungen und Investitionskürzungen als Folge), wenn die geforderten Renditen nicht erreichbar sind. Dritter Grund für zyklische Prozesse ist eine **Nachfragelücke** (bzw. **-überschuß**), durch Zufall oder externe Einflüsse verursacht, aber auch rückführbar auf Informationsmängel und Verteilungsdefekte, aufgegriffen und verstärkt jeweils durch den Akzelerator-Multiplikator-Prozeß.

Ursachen zyklischer Prozesse

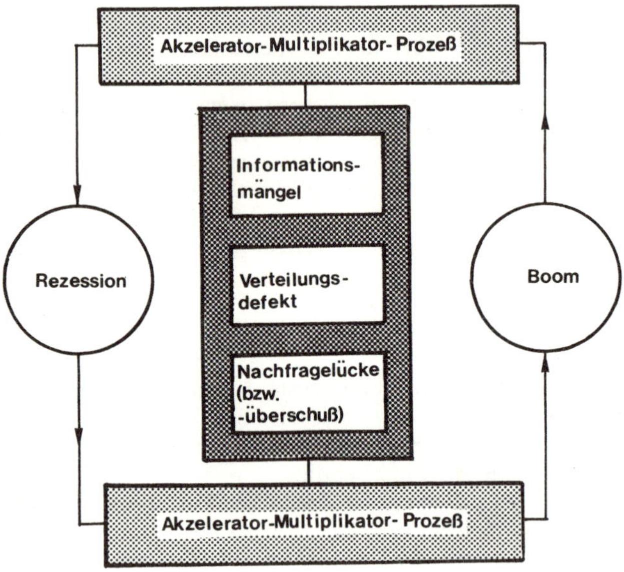

Trotz des unbestrittenen **Vorrangs der Ursachentherapie** bleiben dem Konjunkturpolitiker doch zumeist nur nachträgliche kompensierende Maßnahmen, da die Kausalfaktoren des Zyklus, die nicht von vornherein ausgeschaltet werden können, häufig erst an ihren späteren Auswirkungen zu erkennen sind. Zudem sind die Mittel, die an der Ursache ansetzen können, z.B. an der (informationsbedingten) Lohnverzögerung im Aufschwung (mit Verteilungskonsequenzen), im geeigneten Moment meist noch nicht verfügbar, weil – bezogen auf das genannte Beispiel der Lohnverzögerung – das Auslaufen von

Tarifverträgen abgewartet werden muß. Solange aber der Ansatz an den Ursachen aus prognostischen bzw. aus Gründen der politischen Durchsetzbarkeit nicht gelingt, bleibt der Konjunkturpolitiker auf den nachträglichen Ausgleich entstandener Nachfragelücken oder vorhandener Überhänge angewiesen.

Konjunkturelle Störungen können zwar aus den genannten Gründen meist nicht von vornherein ausgeschaltet werden, einzelne bekannte „Bruchstellen" aber, bezogen auf die BRD vor allem die Exportüberschüsse und die Geldzuflüsse aus dem Ausland, ließen sich – mit den Mitteln der außenwirtschaftlichen Absicherung – abdichten.

Als **Ersatzstrategie** gegen andere unausschaltbare Kausalfaktoren könnte versucht werden, zumindest die Folgewirkungen der ungewollten konjunkturellen Impulse zu unterbinden, also den primären Anstoß zu isolieren. Gelingt es der Ursachentherapie also beispielsweise nicht, einen Rückgang der Investitionen aufzuhalten, so sollte sie doch zumindest umgehend den negativen Einkommenseffekt auszugleichen versuchen, um das – mit Verzögerung auf die Investitionen folgende – Sinken des Konsums aufzuhalten, das seinerseits wiederum die Investitionsneigung beeinträchtigt. Mit dem steuerlichen Ausgleich des Einkommensausfalls, möglich auch durch Rentenerhöhungen oder Arbeitslosenunterstützung, ließe sich der konjunkturelle Impuls isolieren. Der kumulative Abwärtsprozeß unterbliebe. Die **Kausalkette** wäre dann zwar nicht am ersten Glied (den Investitionen), wohl aber am nachfolgenden (vor dem Übergreifen auf den Konsum) unterbrochen.

Bsp: Therapie von sekundären Implikationen

Globale oder strukturell differenzierende Konjunkturpolitik

Auch die kompensatorische Konjunkturpolitik begnügt sich heute nicht mehr mit dem bloßen Ausgleich globaler Lücken oder Überschüsse in der Nachfrage. Sie integriert zunehmend **strukturelle Komponenten.** So meidet sie nicht nur konjunktursteuernde Instrumente, deren intensiver Einsatz in vergangenen Jahren nicht selten ungewollte strukturelle Nebeneffekte hatte. Sie verzichtet heute bspw. auf scharfe geldpolitische Restriktionen, die kleineren und mittleren Unternehmen den Zugang zum Kredit versperrten. Sie sorgt darüberhinaus inzwischen für eine ausgewogenere strukturelle Wirkung der Nachfragesteuerung. So nimmt sie den öffentlichen Investitionen die Last der Konjunktursteuerung und überträgt sie zunehmend auf die breiter ansetzende Steuerpolitik. Auch der Außenhandel wird heute in die Konjunkturpolitik einbezogen und bleibt nicht länger verschont.

Die Vielfalt der eingesetzten Instrumente mit dem breit gestreuten Zugriff auf sämtliche Nachfragesektoren soll die ausgewogene strukturelle Wirkung der Konjunkturpolitik bringen. Mit dem Erreichen des strukturellen Gleichlaufs der Nachfragesektoren schaltet die Konjunkturpolitik einen der maßgeblichen Gründe für zyklische Schwankungen aus, denn strukturelle Ungleichgewichte drängen auf Korrekturen durch den Markt, die regelmäßig zur nächsten konjunkturellen Übersteigerung führen.

Deckt der konjunkturelle Abschwung strukturelle Schwächen in einzelnen Wirtschaftszweigen oder Regionen auf, dann wird ihnen heute durch **Sonderprogramme** begegnet. Diese gezielten Hilfen sind als Ausfluß der Dominanz des Beschäftigungszieles zu sehen, das auf Kosten langfristig wirksamer

Marktfaktoren den Vorrang für die Gegenwart reklamiert. Die Sonderprogramme verstoßen zwar gegen den Grundsatz der Globalsteuerung, die Lösung struktureller Fragen dem Markt zu belassen. Sie geben der Konjunkturpolitik aber andererseits die Chance, Restriktionen – zugunsten des Preisdämpfungseffektes – länger und damit erfolgversprechender durchzuhalten, bevor der Anstieg der Arbeitslosenzahlen im Zuge des konjunkturellen Abwärtsprozesses die Wende zur expansiven Konjunkturpolitik erzwingt. Die Beschäftigungssicherung durch die Sonderprogramme kann der restriktiven Konjunkturpolitik die Zeit geben, die sie braucht, um sichtbare Stabilisierungserfolge zu realisieren.

Die Verteilungsproblematik

Steuerungsdefizite entstehen nicht nur durch konjunkturelle Faktoren, sie können auch aus **verteilungspolitischen Schritten** resultieren. Gelingt es beispielsweise den Gewerkschaften durch die Tarifpolitik, den Gewinn der Unternehmen zu kürzen, so werden diese in der Regel das Angebot auf den gewinnversprechenden Umfang begrenzen und mit Investitionseinschränkungen antworten. Gleicht die durch den erhöhten Lohn finanzierte Konsumsteigerung (einschließlich der induzierten Investitionen) den Investitionsausfall als Folge des Gewinnrückgangs nicht aus, dann leitet die Lohnpolitik mit ihrem verteilungspolitischen Erfolg eine Rezession ein; es sei denn der verteilungsbedingte Nachfrageausfall wird umgehend durch einen anderen Sektor, etwa ein Budgetdefizit oder einen Exportüberschuß, ausgeglichen. Ursache des Abschwungs ist hier die Lohnerhöhung. Bei unbegrenzter Tarifautonomie zeigt sich die Konjunkturpolitik machtlos. Sie hat keinen direkten Einfluß auf die Lohnhöhe und damit den Beschäftigungsumfang. Sie kann nur hoffen, daß sich die Tarifpartner unter dem Einfluß der Arbeitslosigkeit zu einer Revision zusammenfinden (das wäre Ursachentherapie), oder durch expansive Konjunkturpolitik, die den Unternehmen die Überwälzung der Lohnerhöhung erlaubt, die Vollbeschäftigung wieder herzustellen. Die inflatorische Politik heilt dann zwar die Arbeitslosigkeit, verletzt aber das Stabilitätsgebot.

Angebotsanpassung oder Nachfragesteuerung

Prinzipiell könnte der Ausgleich von Angebot und Nachfrage auch über eine **Kapazitätsausweitung** gesucht werden. Bei erschöpftem Arbeitsmarkt hätten Rationalisierungen dafür zu sorgen, daß Arbeitskräfte freigesetzt werden, die dann an anderer Stelle durch Kapazitätsausbau entstehende Arbeitsplätze ausfüllen könnten. Eine Angebotsausweitung verlangt aber Investitionen, d.h. eine weitere Expansion der Nachfrage *heute*, die zusätzlich auf die Preise drückt. Der Kapazitätseffekt, die Lieferfähigkeit, stellt sich aber erst *morgen* ein, nachdem nicht selten ein oder zwei Jahre verstrichen sind bis der Investitionsprozeß von der Grundstücksuche (Standortwahl), dem Kauf, der Bauplanung, deren Ausführung, über die Bestellung der Sachausrüstung (evtl. ist eine zeitraubende Neukonstruktion vorgesehen), deren Lieferung (angesichts der langen Lieferfristen im Boom), dem Einbau, der Personalanwerbung (bei leergefegten Arbeitsmärkten) bis zum allmählichen probeweisen Anlaufen der Produktion abgeschlossen ist.

Kurzfristig ausdehnbar ist das Angebot auf dem Inlandsmarkt nur, indem man **zusätzliche Importe ins** Land zieht. Aufwertung, Zollsenkung und Kontingentsfreigabe sind die Mittel hierfür. Strittig ist aber, ob der grenzüberschreitende Leistungsverkehr aus konjunkturpolitischen Gründen gegen seine langfristige Orientierung manipuliert werden sollte (vgl. hierzu die Ausführungen im fünften Kapitel über den Zahlungsbilanzausgleich).

Ganz anders sieht es indes aus, wenn es in der Rezession nicht nur gilt, eine vorübergehende Nachfragelücke auszugleichen, sondern wenn die Wachstumsdynamik erlahmt ist, wenn also die Investitionskraft belebt werden muß („Revitalisierung"). Durch kostenmäßige Entlastungen muß dann Investieren wieder gewinnversprechend gemacht werden, sollen Spielraum und Anreiz für steigende Investitionen geschaffen werden (bezeichnet als **angebotsorientierte Konjunkturpolitik**).

Der instrumentelle Ansatz

Geld- und Fiskalpolitik bieten neben der Lohnpolitik und den Mitteln der außenwirtschaftlichen Absicherung der Konjunkturpolitik die Instrumente an. Während die **Geldpolitik** indirekt, sozusagen im „monetären Vorfeld" ansetzt, kann die **Fiskalpolitik** direkter, das will heißen: nachfragenäher, eingreifen. Über die Ausgabenpolitik wird sie selbst als Nachfrager tätig, über die Steuerpolitik kann sie immerhin noch den langen Übertragungsweg des monetären Impulses verkürzen. Sie braucht nicht abzuwarten, bis der monetäre Anstoß die Letztnachfrager erreicht, sie trifft unmittelbar die Kasse der Investoren und Konsumenten.

Die Fiskalpolitik hat demnach die geringere Wirkungsverzögerung. Sie verkürzt den Übertragungsweg. Die direkte Art ihres Zugriffs bringt aber politische Probleme. **Interessenkonflikte** werden mit der Steuer- und Ausgabenpolitik deutlich angesprochen. Partielle Interessen werden sich zusammenfinden und Entscheidungen in ihrem Sinn verlangen oder die im Zuge einer restriktiven Konjunkturpolitik erforderlich werdenden Ausgabenkürzungen oder Steuererhöhungen zu blockieren trachten (das bringt eine längere Verzögerung der Entscheidungen).

Geld- und Fiskalpolitik, abgeschirmt durch eine wirkungsvolle **außenwirtschaftliche Absicherung**, müssen aufeinander abgestimmt sein. Die Geldpolitik gibt der Fiskalpolitik den monetären Rahmen vor. Der Fiskus kann ihn allerdings durch Geldstillegungen im Zuge der Realisierung seines restriktiven Programmes darüber hinausgehend einengen oder, falls er einen direkten Zugang zum Notenbankkredit hat oder Konjunkturausgleichsrücklagen auflösen kann, auch erweitern. Eine restriktive Fiskalpolitik, die nicht von einer gleichgerichteten Geldpolitik begleitet wird, scheitert in der Regel daran, daß sie den Weg der Überwälzung der erhöhten Steuerbelastung offenläßt. Die Steuererhöhung wird auf die Preise aufgeschlagen, der steigende Finanzierungsbedarf durch Kreditaufnahme abgedeckt. Umgekehrt können expansive Fiskalimpulse bei einer kurzen Geldmengendecke ein schnelles Ende finden, bei gleichgerichteter Geldpolitik zusammen mit dem Geldmengeneffekt aber die gewünschte konjunkturelle Belebung bringen.

Für die **Lohnpolitik** sind die autonomen Tarifpartner verantwortlich. Die Koordinierungsfrage stellt sich hier nicht nur im Mittelbereich, es müssen mit dem Staat und den Tarifpartnern voneinander unabhängige Träger der Konjunkturpolitik mit zuweilen divergierenden Zielvorstellungen zu einem abgestimmten Handeln gebracht werden. Mittel und Wege hierfür stehen im Mittelpunkt der Ausführungen zur Lohnpolitik, mit denen die Analyse des Mitteleinsatzes in der Konjunkturpolitik abschließt.

Siebtes Kapitel

Der Mitteleinsatz der Geldpolitik

Die Geldpolitik wirkt mit ihren Instrumenten, die nach der Begründung und der inhaltlichen sowie rechtlichen Begrenzung der Autonomie der Zentralbank beschrieben werden, über Geldmenge und Zins auf das Nachfragevolumen (damit den Beschäftigungsgrad) und die Preise ein. Daneben kann sie über den Zins den grenzüberschreitenden Kapitalverkehr beeinflussen, wenn die Zahlungsbilanz dies verlangt und die betroffenen Länder nicht widersprechen. Durch gleichgerichtete Maßnahmen könnten sie die entstandene Zinsdifferenz wieder ausgleichen.

Andererseits begrenzt aber auch die Zinspolitik dritter Länder den nationalen Handlungsspielraum, denn ein Zinsgefälle löst (bei stabilen Wechselkursen) Kapitalströme aus, die der internen Zielsetzung widersprechen können: In der Rezession freigegebene Liquidität fließt ins Ausland. Die Zinssteigerung als Folge der Geldverknappung zieht Liquidität herein, die gewollte Restriktionen unterläuft.

Die Fragen der grenzüberschreitenden Kapitalströme bleiben aber zunächst noch ausgeklammert. Im folgenden wird von einer gelungenen außenwirtschaftlichen Absicherung ausgegangen. Damit verlieren unsere Aussagen zwar an Realitätsnähe, sie gewinnen aber an gedanklicher Geschlossenheit. Wir sparen die ständigen Hinweise auf störende Auslandseinflüsse, die die Effizienz monetärer Konzepte beeinträchtigen.

Gesundes Geld übt im Wirtschaftsleben drei Funktionen aus. Es dient als

(1) allgemeines Tauschmittel,
(2) Recheneinheit
und
(3) Wertaufbewahrungsmittel.

Um die **Tauschmittelfunktionen** erfüllen zu können, muß es knapp sein. Nur dann wird es als Entgelt für die Überlassung der Arbeitskraft und als Bezahlung für angebotene Güter und Dienste jederzeit und ohne Einschränkung angenommen. Da das erhaltene Geld nun wiederum den Anspruch auf andere Güter gibt, wird es nicht nur akzeptiert, sondern begehrt, um in freier Wahl Güter und Dienste kaufen zu können, kurz: um tauschbereit zu sein.

Als **Zahlungsmittel** verwendet das Publikum neben Banknoten und Münzen Sichteinlagen bei den Geschäftsbanken. Die Inhaber können durch Überweisung oder Scheck jederzeit über diese Depositen verfügen oder sie in Noten und Münzen eintauschen. Diese Guthaben auf den Sichteinlagenkonten, auch Girokonten genannt, sind Geld, das von den Geschäftsbanken geschaffen wird. Die Zentralbank beschreibt mit ihrer Geldpolitik lediglich die obere Grenze der Kreditausweitung.

Termineinlagen dienen nicht als Zahlungsmittel. Über sie kann weder durch Scheck und Überweisung verfügt werden, noch sind sie in Noten oder

Münzen umtauschbar. Erst muß der Ablauf der vereinbarten Festlegungsfrist abgewartet werden. Die Halter von Termineinlagen geben also für eine Zeit die Dispositionsmöglichkeit auf. Da die Bindungsfristen aber häufig recht kurz sind, werden die Termineinlagen als geldnahe Aktiva bezeichnet. Sie sind enge Substitute des Geldes.

Als **Recheneinheit,** als allgemeiner Bewertungsmaßstab, macht Geld die vielfältigen auf den Märkten angebotenen Güter vergleichbar und infolge der beliebigen Teilbarkeit ohne Schwierigkeiten austauschbar.

Schließlich hat Geld die Funktion des **Wertaufbewahrungsmittels** im Sinne einer Geldvermögensbildung (des Sparens). Die Erfüllung dieser Aufgabe setzt voraus, daß sein Wert, sprich: seine Kaufkraft, erhalten bleibt; zumindest aber, daß etwaige Verluste durch Zinszahlungen ausgeglichen werden.

Geld im Überfluß ist zwar persönlich erstrebenswert, die Volkswirtschaft macht es aber krank. Das Geld verliert seine Vermittlungsfähigkeit. Es wird nicht länger angenommen, weil (und solange) befürchtet wird, daß es nicht wieder in die gewünschten Güter rückgetauscht werden kann. **Ersatzwährungen,** in der Nachkriegszeit die sog. Zigarettenwährung, treten an die Stelle des Zentralbankgeldes und nehmen die Funktionen des Geldes als Tauschmittel, Recheneinheit und Wertaufbewahrungsmittel wahr. Zum Teil tritt auch der aufwendige Realtausch an die Stelle der Vermittlung durch das Geld oder man versucht, durch die „Flucht in das Betongold" Werte zu erhalten. Beide Beispiele machen die volkswirtschaftlichen Verluste deutlich, die entstehen, wenn das Geld seine Dienste nicht länger erfüllt.

„Ausreichend, aber knapp" heißt – auf eine griffige Formel gebracht – die Leitlinie der Geldversorgung, mit der die Notenbank die Funktionsfähigkeit des Geldsystems bewahren will. Daneben ist sie verpflichtet, zur Sicherung der Vollbeschäftigung beizutragen. Beide Ziele stehen bisweilen im Konflikt, wie wir im folgenden noch sehen werden.

Die Geldpolitik löst mit ihren Instrumenten monetäre Impulse aus, deren Weg wir von der Liquiditätsfreigabe über die finanzielle Anlage bis hin zum Güterkauf folgen werden. Da die Konjunkturpolitik nach schneller Wirkung verlangt, legen wir ein besonderes Augenmerk auf die Übertragungszeiten des monetären Anstoßes. Für ihr Handeln braucht die Notenbank Richtgrößen (Indikatoren), an denen sie die Wirkung ihrer Aktivität ablesen kann. Im Anschluß an die Beschreibung der Instrumente unterziehen wir die Indikatoren einer kritischen Betrachtung.

Nachdem die theoretischen Grundlagen gelegt sind, stellen wir die fallweise antizyklische Geldpolitik wie auch das trendorientierte Geldmengenkonzept dar, analysieren deren Mängel und machen Vorschläge, die die Effizienz der Geldpolitik erhöhen. Den Abschluß bildet die Beschreibung der Grenzen der Geldpolitik, wenn Markterfordernisse eine Mengenrationierung bei der Kreditvergabe erzwingen.

1. Die Zentralbankautonomie

Artikel 88 des Grundgesetzes schreibt vor: Der Bund errichtet eine Währungs- und Notenbank als Bundesbank. Zuweilen wird zwar der Versuch unternommen, die Autonomie der Bundesbank aus diesem Verfassungsartikel abzuleiten, die herrschende Lehre widerspricht aber.

Dem Gesetzgeber steht es jedoch frei, diese Unabhängigkeit gesetzlich zu begründen. Er hat dies im Bundesbankgesetz getan, hat aber zugleich die Deutsche Bundesbank mit § 12 Abs. 1 verpflichtet, unter Wahrung ihrer Aufgabe die allgemeine Wirtschaftspolitik der Bundesregierung zu unterstützen. Nach dessen Satz 2 ist sie jedoch bei der Ausübung der Befugnisse, die ihr nach dem Gesetz zustehen, von Weisungen der *Bundesregierung* unabhängig. Aufgabenbereich und Handlungsziel regelt § 3: Sie hat den Geldumlauf und die Kreditversorgung mit dem Ziel zu regeln, die Währung zu sichern.

§ 12 bindet die *Bundesbank* an die allgemeine Wirtschaftspolitik des Staates. Gemeint ist damit die Grundlinie der Wirtschaftspolitik, nicht jede einzelne Maßnahme. Sie wird in § 1 des Stabilitätsgesetzes formuliert, der die Gleichrangigkeit von Preisniveaustabilität, hohem Beschäftigungsstand, außenwirtschaftlichem Gleichgewicht und angemessenem Wirtschaftswachstum verlangt. Innerhalb dieses weitgefaßten Zielkataloges ist der *Bundesbank* als primäres Ziel die Währungssicherung zugewiesen. Sie hat aber dabei auch die übrigen Ziele des § 1 Stabilitätsgesetz zu beachten, da diese gesetzlicher Inhalt der Wirtschaftspolitik sind. § 13,3 des Stabilitätsgesetzes nimmt sie dazu in die Pflicht. Räumt die Bundesregierung gegen das Gebot des § 1 Stabilitätsgesetz bspw. der Vollbeschäftigung Vorrang ein, dann kann die Bundesbank widersprechen, sie braucht der Regierung nicht zu folgen, da die Regierung den durch § 1 Stabilitätsgesetz gesteckten Rahmen verläßt.

Neben dem **rechtlichen Kooperationszwang** steht das **sachliche Abstimmungserfordernis.** Effiziente Politik setzt voraus, daß die Träger auf die gleichen Ziele gerichteter Entscheidungskompetenz ihre Aktivitäten koordinieren. Selbst bei Differenzen über den Rang der Ziele oder die zeitliche Folge ihrer Realisierung bleibt die Abstimmung unverzichtbar, da sonst beide Träger die angestrebten Ziele verfehlen (eine dem Gefangenen-Dilemma vergleichbare Entscheidungs-Situation).

Die *Bundesbank* ist deshalb nicht nur in die allgemeine Wirtschaftpolitik, sondern auch in das vom Gesetzgeber geschaffene **Netz horizontaler Koordination** eingebunden. Sie hat gegenüber der *Bundesregierung* Beratungs- und Auskunftspflichten (§ 13,1); die *Bundesregierung* wiederum soll den *Bundesbankpräsidenten* zu währungspolitisch bedeutsamen Beratungen hinzuziehen (§ 13,3). Die Mitglieder der *Bundesregierung* können an den Sitzungen des *Zentralbankrates* teilnehmen, Anträge stellen und die Beschlußfassung bis zu zwei Wochen verzögern (§ 13,2). Die *Bundesbank* nimmt andererseits an den Beratungen des *Konjunkturrates* (§ 18, 3 StabG) und des Finanzplanungsrates (§ 51 Haushaltsgrundsätzegesetz) teil.

Auch über die **Bestellung der Mitglieder** des *Zentralbankrates* – ihm gehören die maximal zehn Direktoriumsmitglieder, die auf Vorschlag der *Bundesregierung,* und die elf Präsidenten der Landeszentralbanken an, die auf Vorschlag des *Bundesrates* vom *Bundespräsidenten* ernannt werden – nehmen die *Bundesregierung* und der *Bundesrat* mittelbar Einfluß auf die Geldpolitik. Dem *Zentralbankrat* steht lediglich ein Anhörungsrecht in der Bestellungsfrage zu. Die lange Laufzeit der Verträge (in der Regel acht Jahre) der Mitglieder des *Zentralbankrates* sichert deren persönliche Unabhängigkeit.

Der **Handlungsspielraum** der *Bundesbank* wird begrenzt durch die Effizienz der verfügbaren Instrumente. Aktiva-Zuwachsreserve, Kreditplafondierung, vor allem aber der generelle Übergang zu flexiblen Wechselkursen, die extern bestimmte Liquiditätsausweitungen unterbinden, würden ihn wesentlich ausweiten. Gegenwärtig kann die *Bundesbank* aber nicht auf ein effizienteres Instrumentarium hoffen; es sei denn, sie stimmte der **Zwei-Schlüssel-Theorie** zu, die den Einsatz der Instrumente an die Zustimmung des *Finanzministers* bindet.

Allerdings hat der Übergang zu flexibleren Wechselkursen die Geldpolitik griffiger gemacht und damit die Frage aufgeworfen, ob die Kompetenzen der Zentralbank nicht doch zu weit gehen; denn – das darf nicht vergessen werden – der *Zentralbankrat* trifft politisch relevante Entscheidungen, ohne dem Wähler oder dessen Repräsentanten, dem Parlament, unmittelbar verantwortlich zu sein. Das Parlament hat in weiser Voraussicht der eigenen Unzulänglichkeit – man kann auch sagen: es hat aus den Erfahrungen zweier Inflationen gelernt – geldpolitische Instrumente an ein autonom handelndes Gremium abgetreten. Es muß aber dafür sorgen, daß die Kompetenzen der Zentralbank nicht die Grenze überschreiten, die noch mit dem **Gebot der parlamentarischen Demokratie** vereinbar sind.

Die Notenbankgesetze des Auslandes (ausgenommen die Vereinigten Staaten, Kanada, Österreich und die Schweiz) sehen dagegen im allgemeinen einen wesentlichen Einfluß der Regierungen auf die Geldpolitik vor. Aber selbst dort, wo es eine unmittelbare Weisungsbefugnis der Regierung gibt, haben die Zentralbanken eine gewisse Sonderstellung erhalten. Sie gründet sich auf die besondere Schwierigkeit und Verantwortlichkeit ihres Aufgabenbereiches. Die Beziehungen zwischen Zentralbank und Staat nähern sich aber auch in diesen Ländern mehr einer partnerschaftlichen Zusammenarbeit als einer hierarchischen Weisungsgebundenheit.

2. Die Instrumente der Geldpolitik

Mit ihren Instrumenten will die Zentralbank das Geldangebot der Geschäftsbanken steuern und damit über Geldmengeneffekte bzw. über den Zins (er steht stellvertretend für die Vielfalt der nach Fristigkeit und Risikograd unterschiedlichen Zinssätze) die reale Aktivität und die Preise erreichen.

Das **Geldangebot** setzt sich aus dem Zentralbankgeld (der Geldbasis) und dem Buchgeld zusammen, das die Geschäftsbanken schaffen. **Geldschöpfung** findet dadurch statt, daß die Geschäftsbanken Forderungen gegen andere

Wirtschaftseinheiten mit Buch- oder Giralgeld kaufen. Da die Banken aus diesen Geschäften Gewinn ziehen, sind sie bestrebt, diese möglichst weit auszudehnen.

Bei dem Kauf der Aktiva geht die Geschäftsbank aber Zahlungsverpflichtungen in Zentralbankgeld ein, das sie nicht selbst schaffen kann. Sie darf also nur in dem Umfang ihre Bilanz verlängern, wie sie etwaige Abrufe in Zentralbankgeld aus eigenen Beständen oder über den Geldmarkt befriedigen kann. Das heißt: Die Zentralbank ist über die Ausgabe bzw. Bindung von Zentralbankgeld in der Lage die **Geldschöpfungsfähigkeit** der Geschäftsbanken und damit letztlich auch das Geldangebot zu steuern.

Anzumerken bleibt aber, daß die Zentralbank verbindlich nur die **Obergrenze des Geldangebots** bestimmen kann. Sie kann die Ausweitung der Geldmenge zulassen, aber nicht erzwingen. Um ein häufig gebrauchtes **Bild** anzuführen: Sie kann die Pferde zur Tränke führen, aber nicht zum Saufen zwingen. Ein **anderes Bild** trifft die Sache vielleicht noch besser: Es vergleicht die Geldpolitik mit einem Bindfaden. Mit ihm könne man zwar ziehen (sprich: die Expansion der Geldmenge begrenzen), aber nicht stoßen (die Geldnachfrage erzwingen).

Nicht selten wird in der Geldpolitik auf **Gentlemen's Agreements** zurückgegriffen, auf Verhaltensabsprachen der Zentralbank mit den Geschäftsbanken. So gab es zuletzt in der Bundesrepublik das Versprechen, den Kapitalexport zu begrenzen. Voraussetzung ihrer Effizienz ist aber zweifelsohne das Wissen von der Fähigkeit der Zentralbank, ihr Ziel widrigenfalls auch ohne Kooperation durch Instrumentensatz erreichen zu können.

a) Refinanzierungspolitik

Die Refinanzierungspolitik umfaßt die **Diskont- und Lombardpolitik** (geregelt in den §§ 15 und 19 BbankG). Die **Diskontpolitik** bestimmt die **qualitativen Anforderungen,** die an die Wechsel gestellt werden (drei als zahlungsfähig bekannte Verpflichtete, Höchst- und Mindestlaufzeit, Art der zugrundeliegenden Geschäfte), das **Rediskontkontingent** und den **(Re-) Diskontsatz.**

Die **Normkontingente** bemessen sich nach den haftenden Mitteln und nach der Fristigkeitsstruktur des Kreditgeschäftes. Sie können bei Bedarf global gekürzt werden. Um den Liquiditätszufluß aus dem Ausland einzudämmen, hat die *Bundesbank* zuweilen auch Auslandskredite auf die Kontingente angerechnet.

Der **Rediskontsatz** bestimmt den Preis der Refinanzierung. Die *Bundesbank* erklärt ihre Bereitschaft, zum angegebenen Diskontsatz Wechsel, die den qualitativen Anforderungen genügen, anzukaufen, sofern die geltenden Kontingente nicht erschöpft sind.

Der (Re-)Diskontsatz kann einmal am herrschenden (Geldmarkt –) Zinssatz ausgerichtet sein (**Konstatierungsfunktion**) zum anderen kann er auch eine **Leitfunktion** wahrnehmen, indem er die Richtung der zukünftigen Geldpolitik angibt und damit ein vor allem psychologisch wirksames Zeichen setzt.

Steuerungsgrößen am Geldmarkt

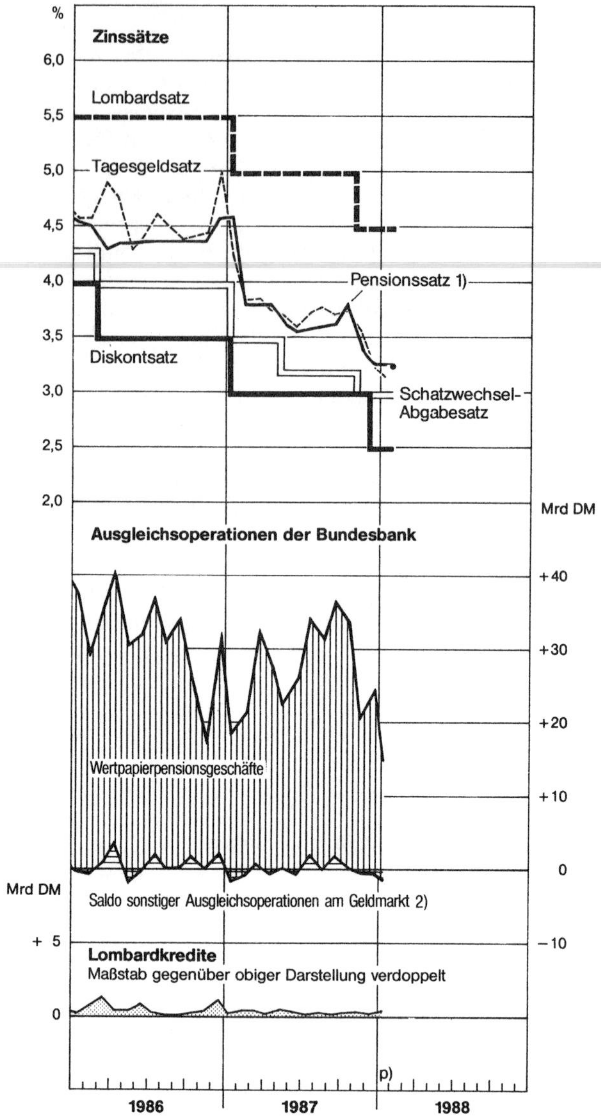

1) Monatsdurchschnittlicher Zinssatz für Offenmarktgeschäfte mit Rückkaufsvereinbarung über Wertpapiere (Festsatz bei Mengentendern, Zuteilungssatz bei Zinstendern); am aktuellen Ende Pensionssatz der einzelnen Geschäfte.- 2) Wechselpensionsgeschäfte, Devisenswap- und -pensionsgeschäfte, § 17-Verlagerungen von Bundesmitteln sowie kurzfristige Schatzwechselabgaben.- p) Vorläufig.

Quelle: Monatsberichte der Deutschen Bundesbank, Februar 1988, S. 11

Lombardkredit gewährt die *Bundesbank* gegen Verpfändung bestimmter Wertpapiere und Schuldbuchforderungen. Er soll unvorhergesehene kleine Zahlungslücken ausgleichen, nicht aber als Basis für die Ausweitung des Kreditangebots dienen. Die Beleihungsgrenze ist je nach Pfandtyp unterschiedlich festgesetzt.

Zinsentwicklung

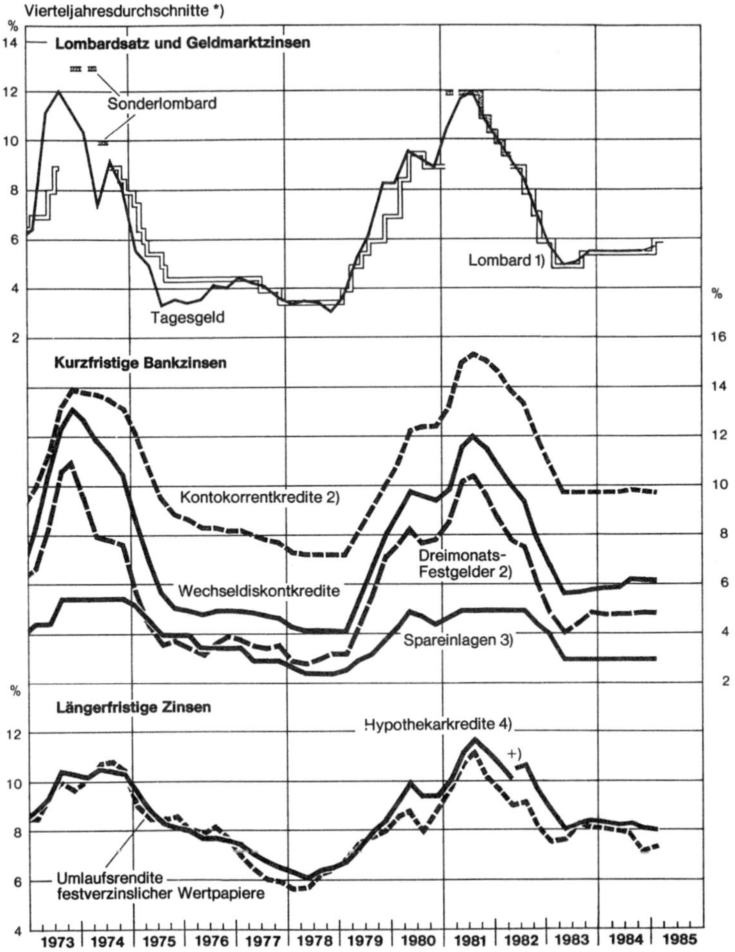

*) Bei den Bankzinsen bis zum 1. Quartal 1975 jeweils Sätze der Monate Febr., Mai, Aug. und Nov.- 1) Lombardkredit zum Lombardsatz wurde vom 1.6.1973 bis 3.7.1974 und vom 20.2.1981 bis 6.5.1982 nicht zur Verfügung gestellt; in dieser Zeit (erstmals ab 26.11.1973) gewährte die Bundesbank bei Bedarf sog. Sonderlombardkredit zum Sonderlombardsatz.- 2) Unter 1 Mio DM.- 3) Mit gesetzlicher Kündigungsfrist.- 4) Auf Wohngrundstücke, Effektivverzinsung.- +) Ab Juni 1982 ausschließlich Durchschnittssatz für Hypothekarkredite mit variablem Zinssatz; Angaben mit den früheren nur begrenzt vergleichbar.

Quelle: Deutsche Bundesbank, Geldpolitische Aufgaben und Instrumente, 3. Aufl. 1985

Der **Lombardsatz** lag stets über dem Diskont. Lange Zeit betrug der Abstand ein Prozentpunkt, stieg aber im Dezember 1969 einmal auf drei Prozentpunkte an. Gleichwohl gleichen die Banken trotz offenen Rediskonts kurzzeitige Liquiditätslücken zuweilen durch Beleihen aus, weil die *Bundesbank* den Diskont für mindestens fünf Tage abzieht, den Lombardkredit aber kontokorrentmäßig abrechnet.

Zum Ausgleich „besonderer Spannungen" am Geldmarkt bietet die *Bundesbank* nach Ankündigung **Sonderlombardkredit** an. Der Sonderlombardsatz kann täglich geändert und die Bereitschaft, den Sonderlombardkredit zu gewähren, täglich widerrufen werden. Während dieser Zeit steht der normale Lombardkredit nicht zur Verfügung.

Der Blick auf die Abbildung zeigt, daß die Bundesbank in der Vergangenheit durchaus in der Lage gewesen ist, die Zinsentwicklung am Geldmarkt zu steuern. Lediglich in den Zeiträumen, in denen der Lombardkredit ausgesetzt wurde, konnte sich der Zinssatz für Interbankgeschäfte vom kurzfristigen Refinanzierungssatz der Zentralbank abkoppeln.

Bemerkenswert ist auch der zeitliche Gleichlauf zwischen Lombardsatz und kurzfristigen Bankzinsen. Bis auf die bekannt träge reagierenden Zinsen für Spareinlagen mit gesetzlicher Kündigungsfrist folgen die kurzfristigen Marktsätze im wesentlichen der Notenbankvorgabe. Im langfristigen Bereich sind die Zinsbewegungen deutlich moderater, regieren aber gleichwohl ohne nennenswerte Verzögerung. Damit darf ein regelmäßiger Durchgriff der Geldmarktsteuerung der Bundesbank auf die Zinsentwicklung auf den langfristigen Märkten vermutet werden.

Damit die feinsteuernden Instrumente auf den Geldmarkt durchschlagen, bedarf es einer begleitenden Mengenpolitik (**Zangenpolitik**), die die Geschäftsbanken in die Zentralbank zwingt. Neben der Bestimmung der Rediskont- und Lombardkontingente sind die Offenmarkt- und Mindestreservepolitik die Instrumente, die den Liquiditätsspielraum der Banken beschreiben.

b) Offenmarktpolitik

Mit Offenmarktgeschäften (geregelt in § 21 BbankG) bezeichnet man den Kauf oder Verkauf von Wertpapieren durch die Zentralbank auf eigene Rechnung. Mit der Abgabe engt sie den Liquiditätsspielraum ein, mit dem Ankauf von Wertpapieren weitet sie ihn aus. Im wesentlichen bedient sie sich hierbei kürzerfristiger Titel, die vom Bund bereitgestellt werden. 1967 bezog die *Bundesbank* erstmals langfristige Titel in die Offenmarktpolitik ein, weil der sinkende Geldmarktzins unzureichend auf den Kapitalmarkt durchschlug (**Spaltung der Kreditmärkte**).

1971 ging sie dazu über, auch Nichtbanken in die Offenmarktoperationen mit kurzfristigen Titeln einzubeziehen, um auf breiterer Basis Liquidität absorbieren zu können, zum Teil auch weil sie sah, daß sich die Banken gegen den Liquiditätsentzug sperrten. Seit 1975 hat die Bundesbank die Abgabe von Papieren zur Geldmarktregulierung an Banken vollständig eingestellt.

Seit April 1971 bietet die *Bundesbank* sowohl Offenmarktpapiere *mit* als auch solche *ohne* Rückkaufzusage an. Für Titel, die nicht in die Marktregu-

Instrumente und Indikatoren der Geldpolitik

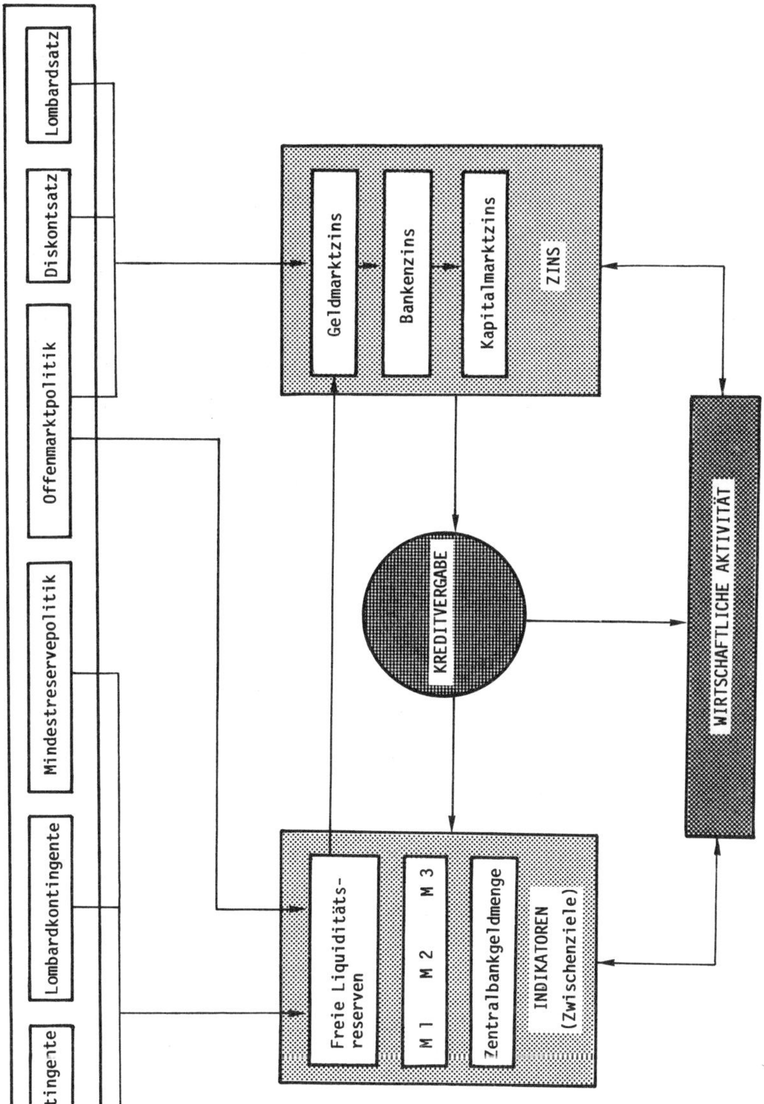

lierung einbezogen sind, zahlt die *Bundesbank* einen höheren Zins, um den Verzicht auf jederzeitige Liquidierbarkeit auszugleichen.

Ein nachhaltiger **Liquiditätsentzug** läßt sich nur dann erreichen, wenn die Zentralbank längerlaufende Titel ohne Rückkaufzusage abgibt. Kurzfristige Titel, voran solche, die in die Geldmarktregulierung einbezogen sind, können nämlich bei restriktiver Geldpolitik von den Geschäftsbanken der Zentralbank angedient werden, um auf diesem Weg den Liquiditätsentzug vorübergehend zu unterlaufen und damit dessen Wirkung zu verzögern.

Die Bundesbank wendet seit 1980 bei der Offenmarktpolitik zwei Ausschreibungsvarianten an. Sie kann einmal den **Zins fixieren** und Angebot und Nachfrage den Marktpartnern überlassen (Mengentender), zum anderen kann sie eine **bestimmte Menge** abgeben oder ankaufen und die Zinsfindung dem Markt überlassen (Zinstender): Den ersten Weg wird sie bei einem engen Markt wählen, den zweiten, wenn es einen größeren Markt zu steuern gilt, bzw. wenn sie die Bankenliquidität um einen beträchtlichen, mengenmäßig fest umrissenen Betrag verändern will.

Seit einiger Zeit verstärkt die Bundesbank ihre auf kurze Laufzeiten (überwiegend im Bereich von ca. 30 Tagen) ausgelegten Geschäfte mit Rückkaufvereinbarung (Pensionsgeschäfte). Von 1973 an werden fallweise Wechsel-Pensionsgeschäfte abgeschlossen, die den Banken für befristete Zeit Liquidität zur Verfügung gestellt hatten. Insbesondere die situationsgerechte Anpassung von Laufzeit, Zinsgestaltung und Gesamtvolumen begünstigen den Einsatz dieses flexiblen Instrumentes. 1979 begann die Bundesbank darüber hinaus, Pensionsgeschäfte mit Wertpapieren vorzunehmen. Sie wurden bisweilen zur Finanzierung des gestiegenen Zentralbankgeldbedarfs der Kreditinstitute eingesetzt, ehe durch Senkung der Mindestreservesätze oder Erhöhung der Rediskontkontigente der erforderlichen Liquiditätsrahmen dauerhaft festlegt wurde.

Neben die Offenmarktgeschäfte mit Rückkaufvereinbarungen traten zur „Feinsteuerung“ am Geldmarkt auch Operationen auf den Devisenmärkten. Die Bundesbank benutzte hierzu sporadisch Devisenswap- bzw. Devisentermingeschäfte. Bei den Swapgeschäften kauft die Bundesbank Devisen (per Kasse) bei gleichzeitig vereinbartem Rückkauf (per Termin). In Pension nimmt sie Auslandsaktiva für befristete Zeit (zumeist zwischen zwei und zwölf Wochen), wenn sie Liquidität binden will.

Die restriktive Offenmarktpolitik ist besonders wirksam. Sie zieht dort die Liquidität ab, wo sie verfügbar ist, während die **Mindestreservepolitik** eine anteilige Stillegung von allen Banken verlangt. Eine erhöhte Mindestreservepflicht zwingt Banken ohne ausreichende Liquiditätsreserven an den Geldmarkt, dessen Vermittlungsfähigkeit in Zeiten der Liquiditätsenge ohnehin eingeschränkt ist. Will die *Bundesbank* den Geldmarkt entlasten, muß sie entweder mit der Mindestreservepolitik langsam vorgehen (mit entsprechender Wirkungsverzögerung) oder die Offenmarktpolitik nutzen, die ihn weitgehend schont. Die Offenmarktpolitik bietet zudem den Vorteil, daß sie geräuschlos, fein dosierbar und ohne irritierende Ankündigungseffekte reversibel ist.

c) Mindestreservepolitik

Diskont-, Rediskontkontingent- und Offenmarktpolitik regulieren die Entstehung von Zentralbankgeld. Kreditplafondierung und Mindestreservepolitik beschränken die Verwendungsmöglichkeit vorhandener Liquidität. Die **Mindestreservepolitik** (geregelt in § 16 BbankG) hat dabei zwei Funktionen. Ursprünglich sollte sie die Bankgläubiger schützen, wenn das Kreditinstitut in unüberwindbare Liquiditätsschwierigkeiten gerät. In diesem Fall könnten die Mindestreserven aufgelöst werden. Heute ist die Mindestreserve vor allem ein geld- und kreditpolitisches Lenkungsinstrument. Die **Differenzierung der Mindestreservesätze** nach den Einlagefristen macht dies besonders deutlich. Es ist üblich, die Sicht- und Termineinlagen stärker zu belasten als die Spareinlagen. Verändert sich z.B. der Fristigkeitsfächer im Verlauf einer konjunkturellen Belebung zugunsten der Sichteinlagen, steigt die Mindestreservelast. Die Differenzierung der Mindestreservesätze wirkt wie ein eingebauter geldpolitischer Stabilisator.

Bis Februar 1977 berechnete die *Bundesbank* das Reservesoll der Geschäftsbanken nach Reserveklassen. Je nach Höhe der Kundeneinlagen wurde – in vier Klassen eingeteilt – für die *gesamten* Verbindlichkeiten der klassenspezifische, mit der Höhe der Verbindlichkeiten ansteigende Mindestreservesatz erhoben. Seit März 1977 wendet sie das **Progressionsverfahren** an. Dieses verlangt den höheren Mindestreservesatz lediglich für die Verbindlichkeiten, die über die vorangegangene Klasse hinausgehen. Der Anstieg der Mindestreservelast wird dadurch stetiger. Der sprunghafte Zuwachs im **Reserveklassenverfahren** nach Überschreiten der Klassengrenzen wird vermieden. Im Mai 1986 hat die Bundesbank die Reservesätze für befristete Verbindlichkeiten und Spareinlagen (nicht jedoch für Sichteinlagen) strukturell gesenkt und wendet seitdem für beide einen einheitlichen Reservesatz an. (Den damit verbundenen Freigabeeffekt hat sie durch eine gleichzeitige Kürzung der Rediskontkontingente ausgeglichen.)

Da das Reserve-Soll nicht täglich, sondern lediglich im Monatsschnitt zu erfüllen ist, können die Geschäftsbanken – mit Blick auf den Geldmarkt – entscheiden, wie sie über den Monat gesehen ihrer Mindestreservepflicht nachkommen wollen. In der Regel wird durch dieses Verfahren der Geldmarkt entlastet. Laufen die Zinserwartungen – und darauf bezogen die Mindestreservedisposition – in die gleiche Richtung, dann können daraus am Monatsende extreme Zinsausschläge resultieren (siehe Bild).

Von einer **Passiv-Mindestreserve** spricht man dann, wenn die Kreditinstitute einen Teil ihres Einlagevolumens – bezogen auf den Bestand oder Zuwachs – (in der Bundesrepublik unverzinst) in Form von Zentralbankguthaben halten müssen. Angerechnet werden dabei in der Bundesrepublik seit 1978 die Kassenbestände. Dafür fiel das Privileg der Banknebenplätze (Orte ohne Filiale der Landeszentralbank), das eine reduzierte Mindestreserve als Ausgleich für die dort erforderliche höhere Kassenhaltung vorsah. Wären die zinstragenden Aktiva der Bankbilanz die Bemessungsgrundlage für die Pflichteinlagen der Kreditinstitute bei der Zentralbank, läge ein **Aktiv-Mindestreservesystem** vor.

Die Verpflichtung der Banken, eine Mindestsumme öffentlicher Titel zu kaufen, wirkt nur dann liquiditätsmindernd, wenn der Fiskus die Erlöse aus dem Verkauf dem Bankensystem entzieht und bei der Notenbank stillegt. Die Verzinsung wäre in diesem sog. **Wertpapiermindestreservesystem** automatisch gegeben. Man könnte aber auch die Pflichtguthaben der Banken bei der Zentralbank verzinsen. Für die **Verzinsung** spricht, daß der Rentabilitätsdruck, der die Banken bei einer Erhöhung der Mindestreserveanforderungen zwingt, das Kreditvolumen auszuweiten, ausbliebe oder zumindest vermindert würde. In der Bundesrepublik müssen die Mindestreserven unverzinslich als Guthaben bei der Bundesbank (bzw. als Kasse) gehalten werden.

Mindestreserve und Geldmarkt

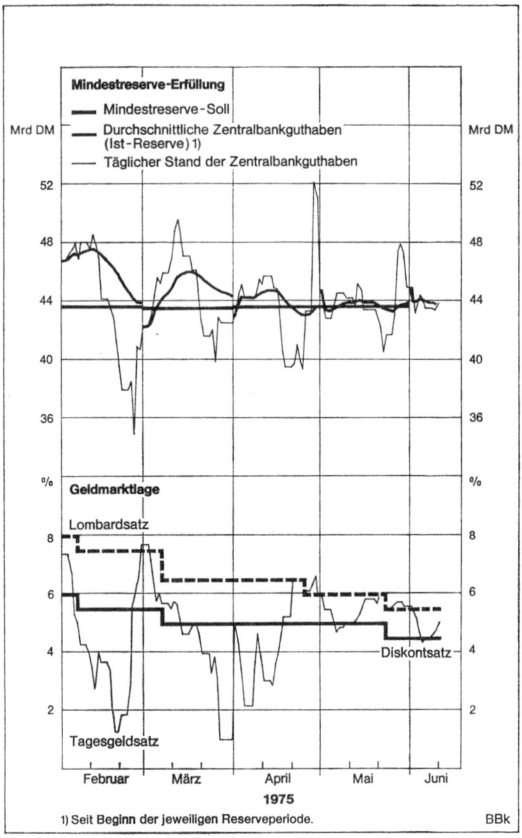

Quelle: Monatsberichte der Deutschen Bundesbank, Juni 1975, S. 10

Das Argument, die Mindestreservepolitik sei in expansiver Richtung wenig wirkungsvoll, weil man durch eine Herabsetzung der Mindestreservesätze zwar bisher gebundene Liquidität freisetzen, nicht aber über deren Verwendung verfügen könne, trifft sowohl die Aktiv- als auch die Passivmindestreserve. Hier handelt es sich aber nicht um einen spezifischen Nachteil der Mindestreservepolitik, sondern um ein Problem, das grundsätzlich alle geldpolitischen Instrumente berührt.

Erhöht die Notenbank die Passiv-Mindestreservesätze, können die Banken versuchen, die Mehrbelastungen auszugleichen, indem sie ihren Kunden Wertpapiere verkaufen. Der Einlagenrückgang senkt das Mindestreservesoll. In einem Aktivreservesystem, das die Wertpapiere von der Mindestreservepflicht befreit, könnten durch einen Wertpapierverkauf keine Mindestreserven freigesetzt werden, wohl aber wenn statt reservepflichtiger (Kredit-)Forderungen befreite Wertpapiere erworben würden. Auch Barabhebungen wirken in einem Aktiv- anders als im Passivreservesystem. Sie reduzieren die Mindestreservelast bei einer Passivreserve. Bei einer aktivischen Bemessungsgrundlage bliebe sie unverändert.

Der **Hauptvorteil einer Aktivreserve** besteht darin, daß sie gerade die Aktivität jener Banken bremst, die mit der Kreditgewährung am weitesten vorpreschen wollen. Anders als im Passiv-Mindestreservesystem entschiede über die Höhe der Mindestreserve nicht die sich aus der Kreditexpansion ergebende Einlagenentwicklung, sondern die Kreditvergabe selbst. Allerdings muß man berücksichtigen, daß die expansiven Banken in einem Passiv-Reservesystem damit rechnen müssen, daß ihnen im Verlauf des Kreditschöpfungsprozesses wieder Einlagen zufließen, die dann mit Mindestreserve belastet werden. Zu bedenken bleibt, daß mit der Aktivreserve gerade die „bestraft" werden, die – im beginnenden Aufschwung erwünscht – die Initiative zur Kreditausweitung ergreifen.

Wachsen die Kredite in einem Expansionsprozeß schneller als die Einlagen, sinkt der Liquiditätssaldo (Einlagen von Nichtbanken im Bankensystem abzüglich der Kredite an Nichtbanken). Wenn man davon ausgehen könnte, daß der schrumpfende Liquiditätssaldo das Kreditangebot ohnehin eindämmt, genügte eine Orientierung der Mindestreservepolitik an den Einlagen. Wachsen dagegen die Einlagen schneller als die Kredite, nimmt der Liquiditätssaldo zu. Passivreserven wirken in diesem Fall restriktiver als Aktivreserven.

Die Aktivzuwachsreserve ließe die Bremsen bei zunehmender Kreditgewährung automatisch immer stärker greifen, weil sich der Anteil der Kredite, für die Zuwachsreserve zu zahlen ist, gegenüber dem normalbelasteten Kreditbestand vergrößert. Eine Differenzierung der Mindestreservepflicht nach Wertpapieren und Krediten, die in einem bestandsbezogenen Aktivreservesystem nötig ist, um das Beschaffen von Liquidität durch Wertpapierverkauf der Banken auszuschließen, erübrigt sich in einem Aktiv-Zuwachsreservesystem; denn es belastet allein den Zuwachs. Durch Rückführung einzelner Aktivpositionen kann die Mindestreservelast nicht verringert werden.

Maßgebend für die Mindestreservepflicht sind traditionell die **Bestände.** Gegen Kreditausweitung und schnelleren Geldumlauf zugleich könnte man vorgehen, wenn man die Bindung an die Bestände aufgäbe und stattdessen den **Umsatz** entsprechender Aktiva oder Passiva der Mindestreservepflicht unterwürfe.

Liquiditätsbestimmende Faktoren, November 1987 bis Januar 1988*

Mrd DM;
berechnet auf der Basis von Tagesdurchschnitten der Monate

Position	1987 Nov.	1987 Dez.	1988 Jan. **ts)**	Dez. 1987 bis Jan. 1988 **ts)**
Bereitstellung (+) bzw. Absorption (—) von Zentralbankguthaben durch:				
1. Veränderung der Bestände an Zentralbankgeld (Zunahme: —)	— 2,1	— 8,7	+ 3,3	— 5,5
davon:				
Bargeldumlauf	(— 1,4)	(— 6,3)	(+ 3,4)	(— 2,9)
Mindestreserve auf Inlandsverbindlichkeiten (in jeweiligen Reservesätzen)	(— 0,7)	(— 2,4)	(— 0,2)	(— 2,6)
2. Devisenbewegungen (ohne Devisenswapgeschäfte)	+ 14,4	+ 4,9	+ 5,4	+ 10,2
3. Kassentransaktionen der zentralen öffentlichen Haushalte (einschl. § 17-Verlagerungen von Bundesmitteln)	+ 0,9	+ 1,2	+ 1,1	+ 2,3
4. Sonstige Einflüsse	— 0,3	— 0,2	— 0,5	— 0,7
Summe 1—4	+ 12,9	— 2,8	+ 9,2	+ 6,3
5. Liquiditätspolitische Maßnahmen	—13,0	+ 3,8	— 9,8	— 6,0
— Wertpapierpensionsgeschäfte	(—12,6)	(+ 3,8)	(— 8,5)	(— 4,6)
— kurzfristige Schatzwechselabgaben	(— 0,0)	(— 0,2)	(— 1,1)	(— 1,3)
— Devisenswapgeschäfte	(— 0,2)	(+ 0,1)	(— 0,2)	(— 0,0)
— § 17-Verlagerungen von Bundesmitteln	(— 0,3)	(+ 0,1)	(— 0,1)	(± 0,0)
Verbleibender Überschuß (+) bzw. Fehlbetrag (—)	— 0,1	+ 1,0	— 0,6	+ 0,3
absorbiert bzw. gedeckt durch:				
6. Rückgriff auf unausgenutzte Refinanzierungslinien (Abbau: +)	— 0,1	— 0,8	+ 0,4	— 0,3
7. Veränderung der Lombardkredite (Zunahme: +)	+ 0,2	— 0,2	+ 0,2	— 0,0
Nachrichtlich: 1)				
Unausgenutzte Refinanzierungslinien	2,3	3,1	2,7	2,7
Lombardkredite	0,3	0,1	0,3	0,3
Wertpapierpensionsgeschäfte	21,0	24,9	16,4	16,4
Saldo sonstiger Ausgleichsoperationen am Geldmarkt **2)**	— 0,1	— 0,2	— 1,5	— 1,5

* Zur längerfristigen Entwicklung vgl. S. 6*/7* im Statistischen Teil dieses Berichtes. — **1** Bestände (jeweils im laufenden bzw. letzten Monat der Periode). — **2** Wechselpensionsgeschäfte, kurzfristige Schatzwechselabgaben, Devisenswap- und -pensionsgeschäfte sowie § 17-Verlagerungen von Bundesmitteln (Nettoverbindlichkeiten gegenüber Kreditinstituten: —). — **ts** Teilweise geschätzt.
Differenzen in den Summen durch Runden der Zahlen. BBk

Quelle: Monatsberichte der Deutschen Bundesbank, Februar 1988, S. 12

d) Kreditplafondierung

Würde man den Satz der Aktivzuwachsreserve sehr hoch ansetzen, ergäben sich kaum Unterschiede zu einer Kreditplafondierung, die vorschreibt, daß entweder das Kreditvolumen einer Bank in einem Zeitraum einen festgelegten Betrag nicht überschreiten oder daß es nur um einen bestimmten Prozentsatz gegenüber der Ausgangsperiode wachsen darf. Die Bindung an das Kreditvolumen des Vorjahres würde solche Banken bevorteilen, deren Marktanteil in dieser Zeit expandierte. Sie schriebe (marktwidrig) die Strukturen fest, die vor der Einführung der Kreditplafondierung bestanden.

Wendet man die Kreditplafondierung lediglich auf die Banken an, dann können die Kreditnachfrager auf andere Quellen (Bausparkassen, Versicherungen, Auslandskredite) ausweichen. Konsequent müßte man eine **totale Kreditplafondierung** einführen, die auch die Direktkredite der Lieferanten und Kunden einschließt. Eine derart straffe Kreditkontrolle würde Marktmechanismen außer Kraft setzen. So hat die Diskussion über Kreditbegrenzungen neben dem konjunkturpolitischen auch einen ordnungspolitischen Aspekt.

Der Wettbewerb zwischen den Banken um die Liquiditätsquellen wird aufgehoben. Es bleibt allein die Konkurrenz der Kreditsucher um das kontingentierte Angebot. Da die Banken sich scheuen, den Zins als Auslesekriterium zu nehmen, sehen sie sich zu **verwaltungsmäßigen Zuteilungen** gezwungen. Sie erhalten eine Macht über die Investitionsstruktur (evtl. auch über die Verteilung der Kredite auf Investitionen und Konsum), die allenfalls dem Staat zusteht. Er könnte diese Aufgabe lediglich für kurze Zeit abgeben. Selbst kann er sie nicht übernehmen, da ihm der Verwaltungsapparat fehlt.

Gelingt die Stabilisierung in dieser Zeit nicht, dann droht nach der Aufgabe der Kreditplafondierung aber die Gefahr, daß der aufgestaute, jetzt befriedigte Kreditbedarf die Nachfrage und damit auch die Preise schließlich doch noch nach oben treibt.

3. Die Indikatoren der Geldpolitik

Erstmals im Monatsbericht Dezember 1974 der *Bundesbank* heißt es, daß der Zentralbankrat ein Wachstum der Zentralbankgeldmenge von 8% für das Jahr 1975 anstrebe. Diese Äußerung hat die Diskussion über einen geeigneten monetären Indikator (auch Zwischenziel genannt) erneut belebt.

Ein Indikator der Geldpolitik hat diesen drei Anforderungen zu genügen:

1. Er sollte möglichst eng mit den Zielgrößen der Geldpolitik verknüpft sein (Kontrollfunktion),
2. Fehlinterpretationen geldpolitischer Maßnahmen ausschließen (Prognosefunktion) und zudem
3. häufig beobachtbar und meßbar sein.

Die **kontroversen Auffassungen** über den geeigneten Indikator beruhen in erster Linie auf der unterschiedlichen Gewichtung der beiden erstgenannten

Kriterien. Ein Indikator, der die Kontrollfunktion erfüllt, muß nicht zugleich auch jederzeit verläßliche Prognosen liefern. Vielmehr läßt sich folgende These vertreten: Je enger eine monetäre Größe mit den geldpolitischen Zielvariablen verknüpft ist, desto geringer wird die Möglichkeit der Notenbank, diese monetäre Größe zu steuern.

Nach wenigen Jahren prinzipieller Geldmengensteuerung rückte die *Bundesbank* für das Jahr 1979 von der jährlichen Vorgabe des Geldmengenziels ab und setzt sich seitdem einen **flexiblen Geldmengenrahmen.** Sie will ihre Geldpolitik offensichtlich – aber unausgesprochen – wieder an der aktuellen Situation orientieren und ungebunden durch ein langfristiges Geldmengenkonzept nach dem „Gebot der Stunde" handeln können.

Der monetäre Rahmen muß, soll er der Stabilität des Geldwertes dienen, eng gezogen, soll er das potentielle Wachstum finanzieren, weit geschnitten sein. Die *Bundesbank* löst diesen Konflikt mit ihrer Entscheidung, lediglich den „unvermeidbaren" Preisanstieg zu finanzieren.

Auf der Basis eines mittleren Verlaufszieles (in der Regel vier Quartale) definiert die Bundesbank einen Korridor, in dem sich die Geldmenge bewegen soll. Sie orientiert sich dabei an den im Bild beschriebenen „Eckdaten". Die eingeräumte Bandbreite ist allerdings nicht als technisch bedingte „Unsicherheitsmarge" aufzufassen, die es erlauben würde, das Geldmengenziel willkürlich einmal eng oder einmal weit zu interpretieren. Sie bringt vielmehr vor allem den Spielraum für geldpolitische Anpassungen an gravierende exogene Datenänderungen (Inflationsimport, Wechselkursausschläge) zum Ausdruck.

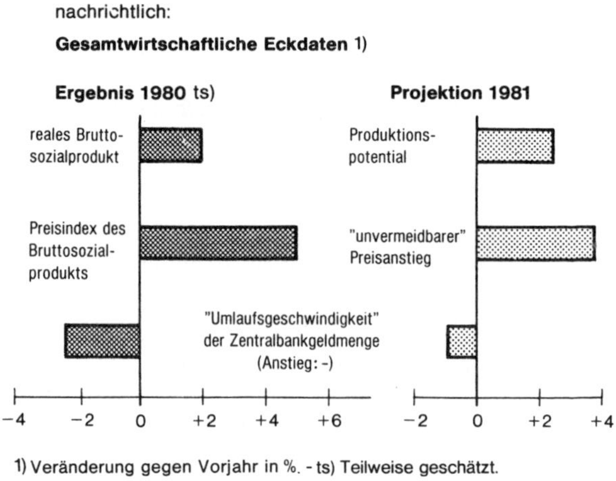

Quelle: Monatsberichte der Deutschen Bundesbank, Dezember 1980, S. 8

Dennoch hat die Anwendung dieser Bundesbank-Strategie gezeigt, daß selbst die Steuerung der Geldmenge innerhalb des vorgegebenen Rahmens nicht immer gelingt. So lag etwa die Zentralbankgeldmenge im Jahr 1980

*Wachstum des Geldvolumens M3 und der Zentralbankgeldmenge**

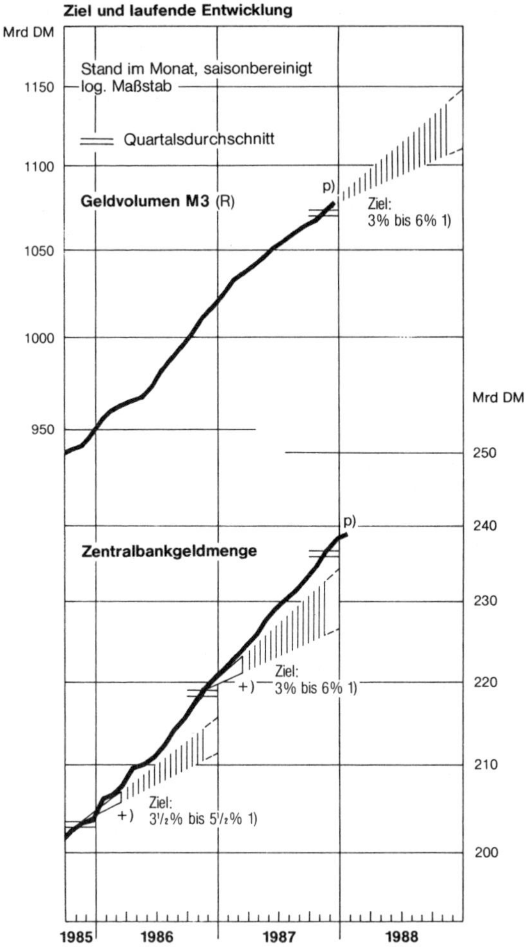

*) Geldvolumen M3: gemittelt aus den Endständen des jeweiligen und des vorangegangenen Monats. Zentralbankgeldmenge: Bargeldumlauf (ohne Kassenbestände der Kreditinstitute an inländischen Noten und Münzen) plus Reserve-Soll auf Inlandsverbindlichkeiten ohne reservepflichtige Bankschuldverschreibungen (mit konstanten Reservesätzen - Basis Jan. 1974- berechnet).- 1) Jeweils vom vierten Quartal des vorangegangenen Jahres bis zum vierten Quartal des laufenden Jahres.- +) Der Zielkorridor wurde jeweils bis März nicht schraffiert, weil das Wachstum der Zentralbankgeldmenge um die Jahreswende i.d.R. stärkeren Zufallsschwankungen unterliegt. Nach Berechnungen der Bundesbank überschreitet die durchschnittliche Marge dieser Zufallsabweichungen vom Trend die Breite des Korridors vom Frühjahr an nicht mehr.- (R) Saisonfaktoren neu berechnet.- p) Vorläufig.

Quelle: Monatsberichte der Deutschen Bundesbank, Februar 1988, S. 13

überwiegend unterhalb des Zielkorridors, während in den Jahren 1986 und 1987 die Geldmenge jeweils beträchtlich stärker gewachsen war als ursprünglich geplant. Diese Entwicklung ist nicht zuletzt auf einen Konstruktionsfehler der Zentralbankgeldmenge zurückzuführen, der in der zu starken Gewichtung des Bargeldumlaufs liegt. Da in den letzten Jahren – vor allem im Ausland – beträchtliche Bargeldbestände gehalten werden, hat zwar die Geldmenge deutlich zugenommen, eine damit (annahmegemäß) einhergehende Inflationsgefahr war jedoch nicht erkennbar.

Folgerichtig orientiert sich die Bundesbank seit 1988 an der Geldmenge M3 und versucht nunmehr, die Entwicklung dieser, auf Bargeldschwankungen weniger empfindlich reagierenden, Mengengröße in einem vorgegebenen Rahmen zu steuern. Zur Jahresmitte will die Bundesbank jeweils entscheiden, welchen Verlauf innerhalb des Korridors die Geldmengenexpansion – einer situationsbezogenen Prognose folgend – nehmen soll.

a) Die Bankenliquidität

Lange Zeit orientierte sich die *Bundesbank* an der Bankenliquidität. Dies trug ihr während der Rezession 1966/67 den **Vorwurf** ein, sie hätte ihren restriktiven Kurs zu lange durchgehalten. Die *Bundesbank* antwortete ihren Kritikern mit dem Hinweis auf die in der Rezession bewußt zugelassene „geräuschlose“ Verflüssigung im Bankensystem.[1] Sie wollte ihre Geldpolitik nicht nach der instrumentellen Aktivität beurteilt wissen. Sie sah die Entwicklung der Bankenliquidität als entscheidend für die konjunkturelle Wirkung an. Die Geldpolitik sollte schon dann als expansiv bezeichnet werden, wenn sie einen Anstieg der Liquidität im Bankensystem zuläßt, und nicht erst bei einem entsprechenden Instrumenteneinsatz.

Unter **Bankenliquidität** versteht die *Bundesbank* die freien Liquiditätsreserven der Geschäftsbanken. Sie umfassen die Überschußguthaben (Zentralbankgeld, das nicht durch die Mindestreservepflicht gebunden ist), die Offenmarkttitel, deren Rückkauf die *Bundesbank* zugesagt hat, und ungenutzte Rediskontkontingente sowie – bis März 1973 – den freien Lombardspielraum.

Gegen die Bankenliquidität wie auch die **Liquiditätsquote** (Quotient aus freien Liquiditätsreserven und mindestreservepflichtigen Einlagen) als Indikator der Geldpolitik wird eingewandt, daß sie monetäre Impulse vor allem in den kritischen Zeiten konjunktureller Wenden fehlerhaft ausdrücken, weil **Rückwirkungen aus dem realen Bereich** ihren Verlauf erheblich beeinflussen. Wenn bspw. in der Rezession die freien Liquiditätsreserven zunehmen und wegen mangelnder Kreditnachfrage die Einlagen sinken, dann steigt auch die Liquiditätsquote. Beide Indikatoren täuschen dann eine expansive Wirkung der Geldpolitik vor, obgleich allein Rückwirkungen aus dem realen Bereich für die Verflüssigung im Bankensystem verantwortlich sind. Im Aufschwung wird mit den Einlagen das Mindestreserveerfordernis steigen, die Liquiditätsreserven wie auch die Liquiditätsquote abnehmen und damit fälschlich eine restriktive Wirkung anzeigen.

---

[1] Vgl. *Deutsche Bundesbank*, Geschäftsbericht für das Jahr 1967, S. 4

Die Bestandteile der Geldmenge M3 und der Zentralbankgeldmenge

Anteile, Stand Dezember 1987

Geldmenge M3

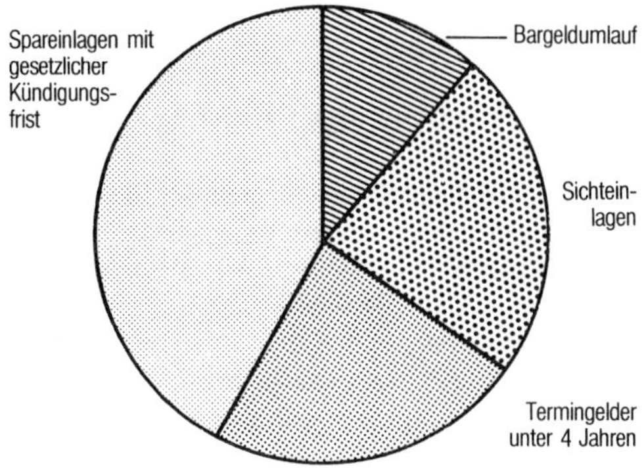

Zentralbankgeldmenge 1)

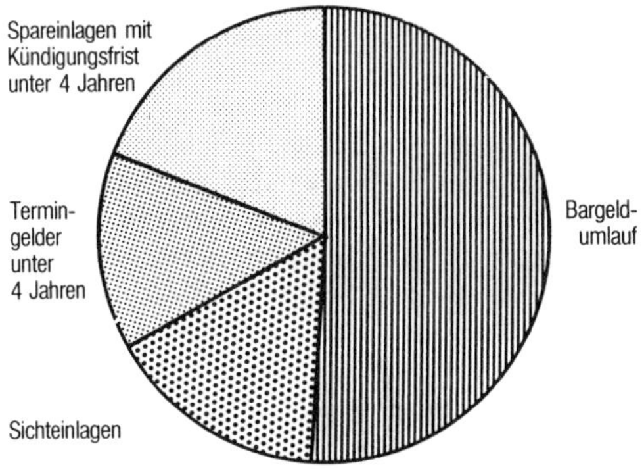

1) Bargeldumlauf und gewichtete Einlagen (Mindestreserve-Soll auf Inlandseinlagen). Die Gewichte betragen, den durchschnittlichen Mindestreservesätzen von Januar 1974 für die drei Einlagekategorien entsprechend, 16,6% für Sichteinlagen, 12,4% für Termingelder und 8,1% für Spareinlagen.

Quelle: Monatsberichte der Deutschen Bundesbank, Februar 1988, S. 9

b) Die Geldmenge

In ihrer liquiditätsorientierten Politik ging die *Bundesbank* davon aus, daß die Geschäftsbanken stets einen Teil ihrer Aktiva in freien Liquiditätsreserven halten. 1970 wurde aber deutlich, daß sich trotz erheblich reduzierter

Liquiditätsreserven die Kreditexpansion der Geschäftsbanken beschleunigen kann.

Bis zum März 1973 konnte die *Bundesbank* in einem allmählichen Prozeß die vorhandenen freien Liquiditätsreserven bis auf einen kleinen Rest abbauen. Die Möglichkeiten der Banken, sich über das Auflösen von Liquiditätsreserven Zentralbankgeld für wachsende Bargeldanforderungen durch die Nichtbanken sowie ein gestiegenes Reservesoll zu beschaffen, sind schrittweise eingeengt und schließlich „nahe Null" geführt worden. Damit zog die *Bundesbank* der Giralgeldschöpfung der Geschäftsbanken eine enge obere Grenze.

Die Einführung eines Geldmengenzieles bedeutet für die Deutsche Bundesbank jedoch nicht die Aufgabe jeder Zinsorientierung. Zum einen können Preissignale – etwa in Form von Diskontsatzvariationen – als Instrument der Mengensteuerung eingesetzt werden. Ein erhöhter Diskontsatz macht den Wechselkredit weniger rentabel, so daß tendenziell ein Rückgang der Kreditnachfrage und damit ein dämpfender Effekt auf die Geldmengenentwicklung erreicht werden kann. Weiterhin sind im Rahmen eines Zielkorridors für die Geldmenge Zinsausschläge auf den monetären Märkten begrenzbar. Die Zentralbank wird sich an der oberen Grenze des Korridors orientieren, wenn sie Zinssteigerungen vermeiden will, bzw. die untere wählen, um einen Rückgang der Zinsen zu verhindern.

ba) **Die Zentralbankgeldmenge**

Sie umfaßt **zwei Positionen: den Bargeldumlauf** ohne Kassenbestände der Kreditinstitute) **und** als Reflex der Ausweitung des Buchgeldes **das Mindestreservesoll auf Inlandsverbindlichkeiten** (bei *konstanten* Reservesätzen). Wegen des hohen formalen Gewichts des Bargeldumlaufes, das die inhaltliche Aussage des zusammengefaßten Indikators verfälschen kann, ist es jedoch angebracht, beide Positionen auch getrennt zu beobachten.

Die Bundesbank errechnet das Mindestreservesoll, indem sie die einzelnen Einlagenbestände (Sicht-, Termin- und Spareinlagen) mit den unterschiedlichen Mindestreservesätzen multipliziert. Dabei legt sie die durchschnittlichen Reservesätze vom Januar 1974 zugrunde. Eine Veränderung des Mindestreservesolls ist bei dieser Ermittlungsmethode nur durch eine Variation des Bestandsvolumens oder der Bestandsstruktur (innerhalb der Einlagenarten) möglich. Allerdings werden durch dieses Verfahren die Wirkungen der Mindestreservepolitik über Veränderungen der Reservesätze nicht sichtbar. Das heißt, die Bundesbank versucht, die Zentralbankgeldmenge um die Effekte der Mindestreservepolitik zu bereinigen. Eine Erhöhung der Mindestreservesätze hätte sonst die gleiche Wirkung auf die Zentralbankgeldmenge wie ein Wachstum der Bankeinlagen bei konstanten Reservesätzen; das Mindestreservesoll und damit die Zentralbankgeldmenge stiegen an.

Restriktive Maßnahmen werden nur dann auf die Zentralbankgeldmenge durchschlagen, wenn zuvor die freien Liquiditätsreserven nahe Null gebracht sind. Andernfalls können die Geschäftsbanken die Notenbankpolitik durch Auflösen von freien Liquiditätsreserven (bspw. durch Rückgabe von Offenmarktpapieren) unterlaufen.

Senkt die *Bundesbank* die Mindestreservesätze, dann bleibt das fiktive Mindestreservesoll von der Notenbankmaßnahme *zunächst* unberührt, da die Zentralbankgeldmenge auf der Basis konstanter Reservesätze berechnet wird. Entscheidend ist, wie die Kreditinstitute die freigegebenen Zentralbankguthaben verwenden. Angenommen die Geschäftsbanken kaufen Wertpapiere gegen bar, dann sieht der Effekt auf die Zentralbankgeldmenge folgendermaßen aus: Die Banken beschaffen sich für die geplanten Käufe Bargeld. Die Aktivseite ihrer Bilanz strukturiert sich um. Das Zentralbankguthaben nimmt ab, der Kassenbestand zu. Jetzt weist der Indikator „Zentralbankgeldmenge" die expansive Geldpolitik aus. Wenn die Geschäftsbanken die Wertpapiere aus dem Nichtbankensektor erwerben, entspricht dies einem weiteren Aktivtausch in der Bankbilanz. Der Wertpapierbestand steigt, die Kassenhaltung geht zurück. Gleichzeitig erhöht sich die Bargeldhaltung in der Hand der Nichtbanken, so daß jetzt der expansive Impuls auf den Indikator Zentralbankgeldmenge durchschlägt.

Regt die Mindestreservesenkung die Geschäftsbanken an, vermehrt Kreditwünsche zu erfüllen, dann verlängert sich die Bankenbilanz. Die Banken erwerben Forderungen gegen Einlagen des Publikums. Da die neuen Einlagen mit dem Mindestreservesatz multipliziert werden, vergrößert sich das Mindestreservesoll; die Zentralbankgeldmenge nimmt zu.

Überschußguthaben (wie sie etwa durch die Rückgabe von Offenmarktpapieren oder bei einer Kursstützung fremder Währungen entstehen) bezieht die Bundesbank nicht ein, weil sie anders als der Bargeldumlauf und die Mindestreserve auf Inlandsverbindlichkeiten nicht das *Ergebnis* der monetären Expansion, sondern ein *Teil* des noch vorhandenen Expansionsspielraumes der Banken sind. Da die *Bundesbank* aber neben der Zentralbankgeldmenge auch die freien Liquiditätsreserven beobachtet, kann man ihr nicht vorwerfen, sie vernachlässige in ihrer monetären Analyse die Überschußguthaben, die den zukünftigen Expansionsspielraum beschreiben.

Zusammengefaßt läßt sich feststellen, daß die Zentralbankgeldmenge zwar nicht ausschließlich vom Handeln der *Bundesbank* abhängt, aber von ihr seit dem Übergang zu flexibleren Wechselkursen eindeutig bestimmt wird. Ob die Notenbank diese beherrschende Rolle auch in Zukunft spielen kann, muß jedoch bezweifelt werden. Durch die Haushaltsdefizite, die mit den Krediten aus dem Bankensektor finanziert werden, bilden sich Liquiditätspolster, die auch ohne verbindliche Rückkaufzusage einer zukünftigen restriktiven Notenbankpolitik große Schwierigkeiten bereiten können.

bb) **Die Geldmenge M1**

Die Geldmenge M1 (**Bargeldumlauf,** ausschließlich Kassenbestände der Kreditinstitute **plus Sichteinlagen** inländischer Nichtbanken, ausgenommen Sichteinlagen öffentlicher Haushalte bei der *Bundesbank*) ist weniger als die Zentralbankgeldmenge geeignet, monetäre Impulse widerzuspiegeln, weil M1 im Vergleich zur Zentralbankgeldmenge in größerem Umfang durch Liquiditätsdispositionen Privater bestimmt wird, die *außerhalb* des unmittelbaren Einflußbereiches der Notenbank liegen.

Die Wirkung eines **Rückgangs des Bargeldumlaufes** auf M1 hängt von der

Entwicklung der Geldbestände im Bilanzzusammenhang

Mrd DM; Veränderung im Zeitraum

Position	Jahr	Okt.	Nov.	Dez. **p)**	Okt./Dez. **p)**
I. Kreditvolumen **1)**	1987	+ 17,9	+ 9,8	+ 15,4	+ 43,1
	1986	+ 11,6	+ 11,3	+ 15,1	+ 38,0
1. Kredite der Bundes-	1987	+ 0,2	+ 1,8	— 1,9	+ 0,1
bank	1986	+ 4,3	+ 0,4	— 2,4	+ 2,3
2. Kredite der Kredit-	1987	+ 17,7	+ 8,1	+ 17,2	+ 43,0
institute	1986	+ 7,3	+ 10,8	+ 17,5	+ 35,7
davon:					
an Unternehmen	1987	+ 6,8	+ 3,4	+ 13,5	+ 23,7
und Private	1986	+ 5,1	+ 7,8	+ 14,5	+ 27,4
darunter:					
kurzfristige	1987	— 1,5	— 3,6	+ 3,7	— 1,4
Kredite	1986	— 3,9	— 0,6	+ 2,6	— 1,8
längerfristige	1987	+ 7,7	+ 6,9	+ 9,2	+ 23,8
Kredite **2)**	1986	+ 8,4	+ 7,4	+ 13,1	+ 29,0
an öffentliche	1987	+ 10,9	+ 4,6	+ 3,7	+ 19,2
Haushalte	1986	+ 2,3	+ 3,0	+ 3,0	+ 8,3
II. Netto-Auslands-	1987	— 8,2	+ 19,7	+ 9,6	+ 21,1
forderungen **3)**	1986	+ 5,3	+ 14,3	+ 8,1	+ 27,7
III. Geldkapitalbildung **4)**	1987	+ 1,3	+ 6,2	+ 12,4	+ 20,0
	1986	+ 4,6	+ 3,8	+ 12,8	+ 21,2
darunter:					
Termingelder von	1987	+ 3,9	+ 3,4	+ 4,4	+ 11,7
4 Jahren und darüber	1986	+ 4,0	+ 2,9	+ 3,0	+ 9,9
Spareinlagen	1987	+ 0,4	+ 0,8	+ 7,7	+ 8,8
mit vereinbarter	1986	+ 1,4	+ 1,1	+ 9,1	+ 11,5
Kündigungsfrist					
Sparbriefe	1987	— 0,1	+ 0,7	+ 2,7	+ 3,2
	1986	+ 0,4	+ 0,8	+ 2,5	+ 3,6
Bankschuldverschrei-	1987	— 3,4	+ 1,2	— 2,6	— 4,9
bungen im Umlauf **5)**	1986	— 1,7	— 1,3	— 2,5	— 5,5
IV. Zentralbankeinlagen	1987	— 4,2	— 1,7	+ 3,8	— 2,1
inländischer öffentlicher	1986	— 2,3	— 0,9	+ 0,4	— 2,8
Haushalte					
V. Sonstige Einflüsse	1987	+ 3,0	— 4,9	— 13,2	— 15,1
	1986	+ 5,5	— 7,8	— 12,9	— 15,2
VI. Geldvolumen M3 **6)**	1987	+ 9,6	+ 30,0	+ 21,8	+ 61,4
(Saldo: I + II—III—IV—V)	1986	+ 9,1	+ 30,4	+ 22,9	+ 62,4
davon:					
M2 (M3 ohne Spar-	1987	+ 8,8	+ 29,0	+ 6,3	+ 44,1
einlagen)	1986	+ 6,6	+ 27,6	+ 6,5	+ 40,7
davon:					
M1 (Bargeld und	1987	+ 3,1	+ 28,6	— 3,1	+ 28,6
Sichteinlagen)	1986	+ 1,6	+ 28,0	+ 2,2	+ 31,8
Termingelder	1987	+ 5,8	+ 0,4	+ 9,4	+ 15,5
unter 4 Jahren	1986	+ 5,0	— 0,4	+ 4,3	+ 8,9
Spareinlagen	1987	+ 0,7	+ 1,0	+ 15,6	+ 17,4
mit gesetzlicher	1986	+ 2,5	+ 2,8	+ 16,4	+ 21,7
Kündigungsfrist					

1 Einschl. Schatzwechsel- und Wertpapierkredite. — **2** Ohne Wertpapierkredite. — **3** Kreditinstitute und Bundesbank. — **4** Ohne Termingelder unter 4 Jahren und ohne Spareinlagen mit gesetzlicher Kündigungsfrist. — **5** Ohne Bankbestände. — **6** Bargeld, Sichteinlagen, Termingelder unter 4 Jahren, Spareinlagen mit gesetzlicher Kündigungsfrist. — **p** 1987 vorläufig.
Differenzen in den Summen durch Runden der Zahlen. BBk

Quelle: Monatsberichte der Deutschen Bundesbank, Februar 1988, S. 15

Fristigkeit der Anlagen im Bankensektor ab. Eine Einzahlung auf Termin- oder Sparkonten läßt M1 sinken, da es die Kassenbestände von Kreditinstituten nicht umfaßt. M1 bliebe konstant, wenn die Sichteinlagen zunähmen.

M1 bleibt unberührt, wenn sich nach **kräftigen Lohnsteigerungen** der Bargeldumlauf zulasten der Sichtkonten der Unternehmen erhöht. Die Zentralbankgeldmenge reflektiert einen solchen Umschichtungsvorgang in zweierlei Hinsicht. Zum einen nimmt die Geldmenge mit steigenden Barbeständen der Nichtbanken zu, während – gleichsam als Gegenposition – das Mindestreservesoll durch die Auflösung von Sichtguthaben zurückgeht. Da jedoch der Barmittelzufluß bei den privaten Wirtschaftssubjekten in vollem Umfang, die Verringerung der Sichteinlagen hingegen nur mit dem Gewicht des Reservesatzes in die Zentralbankgeldmenge eingeht, wird per Saldo ein Anstieg der Zentralbankgeldmenge ausgewiesen.

Die Geldmenge M1 reagiert zudem empfindlich auf Zinsänderungen. Die nachfolgende Abbildung stellt die Entwicklung von M1 dem Zinsgefälle zwischen Geld- und Kapitalmarkt gegenüber. Sinkt die Zinsdifferenz zwischen Kapital- und Geldmarkt, dann wird die hochliquide Geldhaltung (relativ) teurer. Die Wirtschaftssubjekte schichten daraufhin verstärkt ihre Geldbestände um. Die Anlage in geldnahe und verzinsliche kurzfristige Termineinlagen nimmt zu. Als Folge sinkt die Geldmenge M1, wie die Abbildung für die Zeiträume I/1973 bis II/1974 und III/1979 bis II/1982 belegt.

Wir können unsere Überlegungen **zusammenfassen:** Sowohl die Zentralbankgeldmenge als auch M1 sind von individuellen Entscheidungen abhängig. Verlangt man von einem monetären Indikator allein die eindeutige Wiedergabe geldpolitischer Maßnahmen, dann dürfte man einzig den Bargeldumlauf zusammen mit den Kassenbeständen der Banken beobachten. Nur dieser Indikator wird *unmittelbar* und *ausschließlich* von der Notenbank bestimmt.

Aus **konjunkturpolitischer Sicht** interessiert die Straffheit des kausalen Verbunds zwischen der monetären Steuerungsgröße und der Gesamtnachfrage. M1 gilt als nachfragenäher, weil im Gegensatz zur Zentralbankgeldmenge Termin- und Spareinlagen aus der Betrachtung ausgeschlossen sind. Wenn Güterkäufe finanziert werden sollen, wird man zuerst auf die Sichteinlagen und das Bargeld zurückgreifen, bevor man Termin- und Spareinlagen auflöst. M1 betont somit die enge Substitutionsbeziehung zwischen Zahlungsmitteln und Güterkäufen. Aus diesem Grunde sind in M1 auch diejenigen Zahlungsmittelbestände nicht erfaßt, von denen man glaubt, daß für sie das enge Substitutionsverhältnis nicht gilt: Sichteinlagen ausländischer Anleger, Kassenbestände der Kreditinstitute, Sichteinlagen öffentlicher Haushalte bei der Bundesbank. Die Kaufentscheidungen öffentlicher Haushalte werden sich eher an gesamtwirtschaftlichen Kriterien als am Geldbestand orientieren. Die Banken werden ihre Bargeldbestände in erster Linie zum Kauf anderer Finanzaktiva nutzen.

Problematischer ist die Nichteinbeziehung der Sichteinlagen ausländischer Anleger, denn sie dürften (zumindest teilweise) im Zusammenhang mit der Nachfrage stehen, die Ausländer nach inländischen Gütern und Leistungen entfalten.

Die Geldmenge M1 und das Zinsgefälle zwischen Geld- und Kapitalmarkt

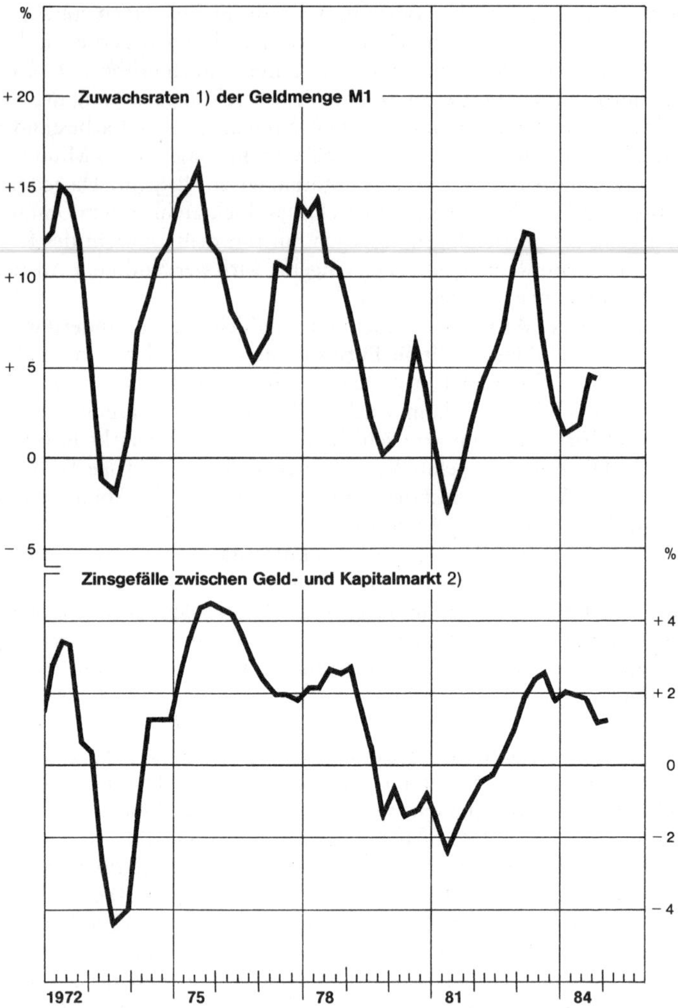

1) Veränderung gegenüber dem Durchschnittsbestand im Vorquartal, umgerechnet auf Jahresrate und geglättet (gleitender 3-Perioden-Durchschnitt).- 2) Umlaufsrendite festverzinslicher Wertpapiere minus Zinssatz für Dreimonatsgeld; Vierteljahresdurchschnitte.

Quelle: Deutsche Bundesbank, Geldpolitische Aufgaben und Instrumente, 3. Aufl. 1985, S. 83

bc) Die Geldmengen M2 und M3

Unter dem Aspekt der Nachfragenähe ist die Zentralbankgeldmenge im Vergleich zu M1 die weniger geeignete Größe, da sie ja auch Termin- und Spareinlagen berücksichtigt. Die Zentralbankgeldmenge rückt eher in die Nähe von **M2** (**Bargeldumlauf, Sichteinlagen und Termingelder bis unter vier Jahre inländischer Nichtbanken**) und **M3**. Die längerfristigen Termineinlagen können als Wertaufbewahrungsmittel betrachtet werden. Sie sind daher möglicherweise für die Beurteilung der mittelfristigen Nachfrageentwicklung bedeutsam. **M3** bezieht zusätzlich noch die **Spareinlagen** (mit gesetzlicher Kündigungsfrist) ein. Den Spareinlagen wird bisweilen die Zahlungsmittelfunktion abgesprochen. Das monatliche Abhebungspotential von DM 2000 und die relativ kurze (dreimonatige) Kündigungsfrist sorgen jedoch für eine hinreichende Liquiditätsnähe der Sparguthaben.

Eingewandt wird kritisch, daß die Geldmenge gerade in Zeiten des konjunkturellen Umbruchs unpräzise Zeichen gibt. So wird der Geldmengenanstieg auch dann beschleunigt, wenn sich im Aufschwung lediglich das Liquiditätsverhalten der Unternehmen ändert. Solange die Kreditversorgung gesichert erscheint, besteht für die Unternehmen kein Grund für eine liquiditätsmäßige Absicherung der Auftragsvergabe. Kredite werden im Zeitpunkt der Zahlungsverpflichtung aufgenommen. Mit der knapper werdenden Liquidität rücken aber die Finanzierungsvorbereitungen zeitlich vor die Auftragsvergabe. Die ausgewiesene Geldmenge steigt dadurch an, ohne daß eine beschleunigte Nachfrageausweitung dahintersteht.

Auch **strukturelle Faktoren** haben monetäre Konsequenzen. Bei sektoraler Differenzierung des Konjunkturverlaufs (gespaltener Konjunktur) stehen neben Unternehmen mit Finanzierungsüberschüssen solche mit Defiziten. Der Liquiditätsausgleich über zusätzliche Kreditgewährung bläht nun das Geldvolumen auf und täuscht eine geplante Ausgabensteigerung vor. Tatsächlich werden aber lediglich Finanzierungsdefizite ausgeglichen. Da die notwendigen Vermittlungsprozesse zudem Zeit erfordern und dadurch den Geldumlauf verlangsamen, wird nicht nur fälschlich eine Expansion angezeigt, sondern sogar eine restriktive Wirkung verdeckt. Ein **Spreizeffekt** ist gleichfalls dann festzustellen, wenn vor der Wende zum Abschwung Liquiditätspolster angelegt wurden, um drohende Zahlungsverzögerungen und etwaige Ausfälle überbrücken zu können.

c) Die Geldbasis

Zur **Geldbasis** zählen der **Bargeldumlauf und die Guthaben der Kreditinstitute bei der Notenbank** (**Mindestreserve plus Überschußguthaben**). Sie umfaßt mit den Überschußreserven der Banken und den Mindestreserven auf Auslandsverbindlichkeiten zwei Positionen, die nicht in die Zentralbankgeldmenge eingehen.

Die Geldbasis wird häufig über einen – empirisch zu ermittelnden – Geldangebotsmultiplikator mit den verschiedenen Geldmengen verknüpft. Könnte man die Entwicklung dieses Multiplikators abschätzen, so bekäme man über die Geldbasis auch die Geldmenge in den Griff. Der Multiplikator ist

Geldvolumen und Zentralbankgeldmenge

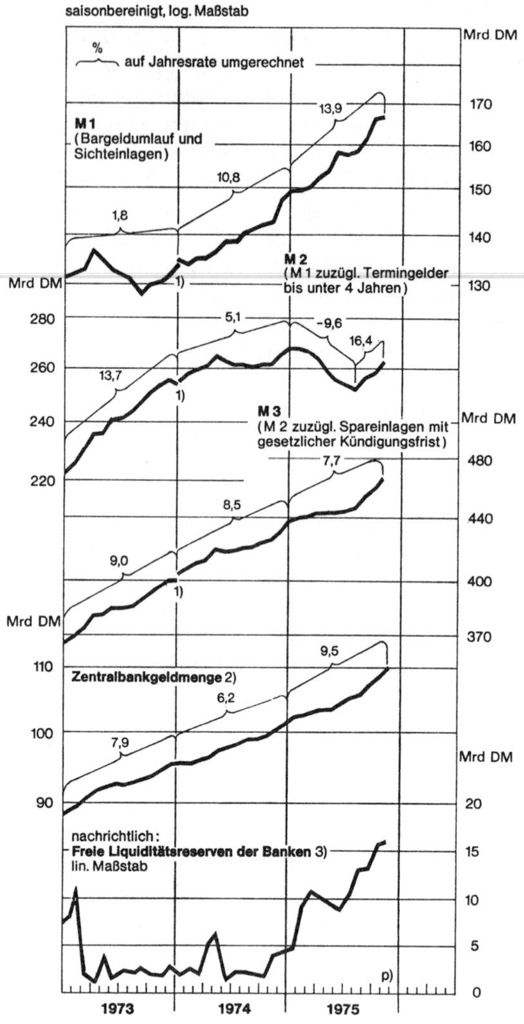

1) Änderung der Berichtspflicht bei den Kreditgenossenschaften.- 2) Bargeldumlauf und Mindestreserve auf Inlandsverbindlichkeiten zu konstanten Reservesätzen (Basis Januar 1974).- 3) Nicht saisonbereinigt.- p) Vorläufig.

Quelle: Monatsberichte der Deutschen Bundesbank, Dezember 1975, S. 9

aber weitgehend von der Geldnachfrage abhängig und entzieht sich damit der direkten Kontrolle.

Solange die Banken über Liquiditätsreserven verfügen, ist die Zentralbank nicht einmal Herr der Geldbasis. Die Banken können sich nach einer Erhöhung der Mindestreservesätze bspw. von Offenmarktpapieren mit Rückkaufzusage trennen, um sich aktuelles Zentralbankgeld zu beschaffen. Die Geldbasis steigt gegen den Willen der Zentralbank. Sie bildet sich auch dann nicht wieder zurück, wenn die Kreditinstitute die zusätzlichen Mindestreserveanforderungen erfüllen. Denn auch das in der Mindestreserve gebundene Zentralbankgeld zählt zur Geldbasis. Die Geldbasis interpretiert die Geldpolitik gerade dann als expansiv, wenn sie versucht, über eine Erhöhung der Mindestreservesätze dämpfend zu wirken. Diese Kritik läßt sich jedoch entkräften, wenn man die Geldbasis um die Veränderung der Mindestreserve bereinigt.

Da die Aktivgeschäfte der Banken die Hauptquelle des Geldmengenangebotes sind, muß man hinter die Aussagekraft der Geldbasis ein weiteres Fragezeichen setzen. Denn das in der Mindestreserve gebundene Zentralbankgeld und der Bargeldumlauf – beide zählen zur Geldbasis – können die Banken kaum zu Aktivgeschäften bewegen.

d) Das Kreditvolumen

Eine frühe Aussage über die zukünftige wirtschaftliche Aktivität erhofft man sich von der Statistik der **Kreditzusagen.** Die Zentralbank findet Hinweise dafür, ob ein Kurswechsel angezeigt erscheint; denn sie muß berücksichtigen, daß offene Zusagen als Puffer den Bremsweg ihrer Geldpolitik verlängern. Insbesondere kann sie sehen, ob auf Restriktionen mit dem angestrebten verminderten Anstieg in den Kreditzusagen geantwortet wird, ob ihr „Signal" verstanden wird oder ein deutlicheres Zeichen gesetzt werden muß.

Beanspruchte Kredite sind zwar der Nachfrage einen Schritt nähergerückt; es bleibt aber offen, ob sie Käufe finanzieren oder lediglich – wenn auch nur vorübergehend – der Geldkapitalbildung dienen sollen.

Mit dem **rechnerischen Kreditmaximum** glaubt der *Sachverständigenrat* (Jahresgutachten 1971) einen Indikator gefunden zu haben, der sowohl die Wirkungsrichtung als auch die Intensität monetärer Impulse wiedergibt. Der *Sachverständigenrat* geht von dem **Grundgedanken** aus, daß die Banken mit ihrer freien Liquidität über eine Basis für eine weitere Kreditschöpfung verfügen. Sie können ihre gesamten Liquiditätsreserven in Zentralbankgeld umwandeln und auf dieser Basis ein größeres Kreditvolumen anstreben.

Bei der **Berechnung des Kreditmaximums** wird unterstellt, daß über die Kredite nicht in bar verfügt wird. Es fließt also kein Zentralbankgeld aus dem Bankensektor ab. Das maximale Kreditvolumen ist dann erreicht, wenn die freie Liquidität vollständig in der Mindestreserve gebunden ist. Der *Sachverständigenrat* begründet die Vernachlässigung der „Sickerverluste", die im Kreditschöpfungsprozeß durch das Abfließen von Zentralbankgeld an das Publikum entstehen, damit, daß sie allenfalls das *Niveau,* nicht aber die *Richtung* des rechnerischen Kreditmaximums verändern. Wegen der engen Verwandtschaft mit dem Liquiditätskonzept kann hier auf eine Wiederholung der dort vorgebrachten Kritik verzichtet werden. Selbstverständlich läßt sich auch ein Kreditmaximum unter Berücksichtigung eines durchschnittlichen Barabzugs berechnen.

Kreditzusagen an inländische Unternehmen und Privatpersonen

saisonbereinigt; gleitende Viermonatsdurchschnitte

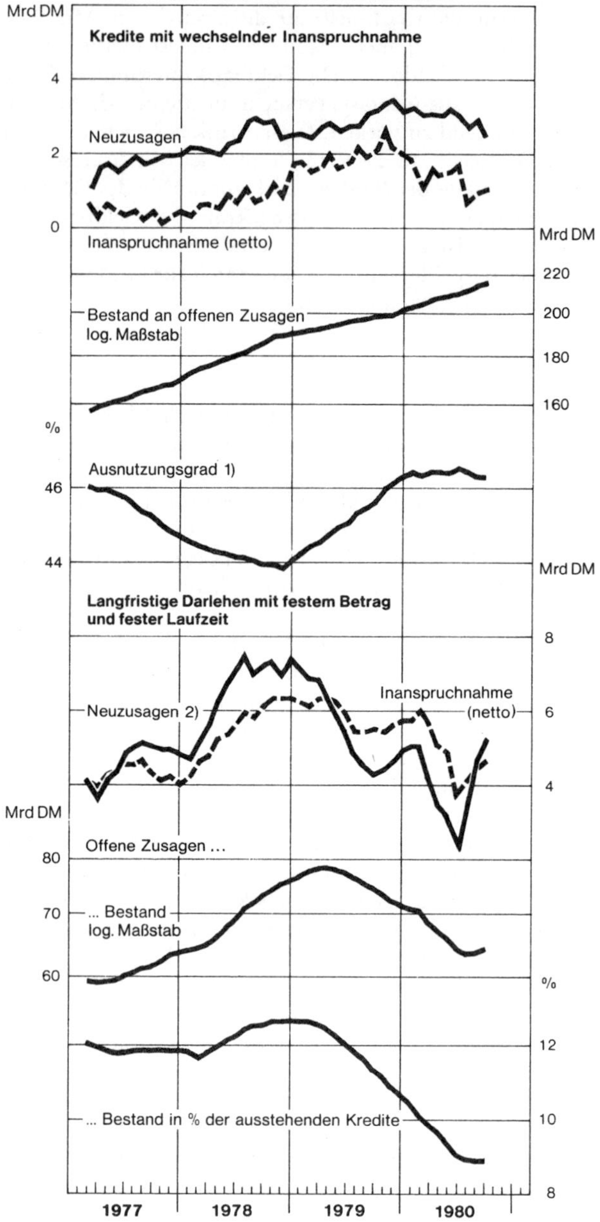

1) Stand der Kreditinanspruchnahme in % des Standes der zugesagten Kredite.- 2) Untergrenze der langfristigen Zusagen, errechnet aus den offenen langfristigen Darlehenszusagen lt. Kreditzusagenstatistik und der entsprechenden Nettokreditgewährung lt. Monatlicher Bilanzstatistik.

Quelle: Monatsberichte der Deutschen Bundesbank, Januar 1981, S. 13

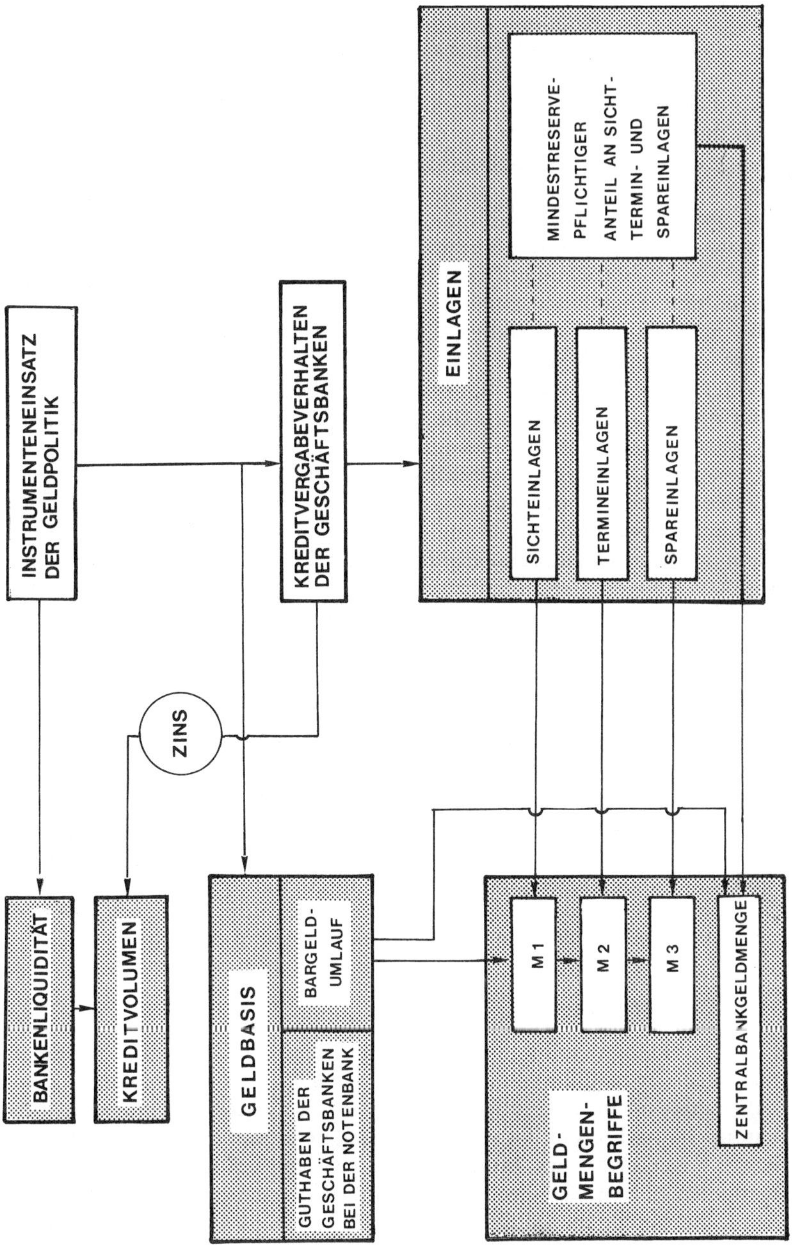

Indikatoren und Zwischenziele der Geldpolitik

e) Der Zins

Dem **keynesianischen Denkansatz** folgend orientierte sich die Geldpolitik lange Zeit allein am Zins. Ein sinkender Zins stand für eine expansive, ein steigender für eine restriktive Geldpolitik. Inzwischen hat man aber erkannt, daß die isolierte Beobachtung des Zinses zu Fehlschlüssen über die Wirkungsrichtung der Geldpolitik führen kann. Die Liquiditätsfreigabe wirkt zwar zuerst auf eine Senkung der Zinsen hin. Später aber, wenn durch die Wirkung der expansiven Geldpolitik verursacht, die Nachfrage steigt, folgen ihr die Zinsen trotz weitergehender Geldmengenausweitung. Ihr Anstieg wird zudem beschleunigt, wenn Banken und Unternehmen in **Erwartung zukünftiger Finanzierungsengpässe** vorsorglich Liquidität halten. Der Zins täuscht bereits eine restriktive Wirkung vor, obgleich der monetäre Spielraum noch expandiert.

Analoges geschieht nach der Wende zum Abschwung. Die Kreditnachfrage geht zurück. Der Zins sinkt. Die geldpolitischen Instanzen glauben an eine expansive Wirkung des Rückgangs. Sie übersehen den beginnenden Abwärtsprozeß. Das Umschalten in der Geldpolitik wird verzögert.

Inflatorische Erwartungen schlagen sich gleichfalls im Zins nieder, ohne eine restriktive Wirkung auszudrücken. Trotz steigender Nominalzinsen kann der Realzins aufgrund ständiger Liquiditätsfreigaben sinken und Investitionen anregen. Der (Nominal-) Zins zeigt sich als **irreführender Indikator.** Er läßt keinen Schluß auf die Wirkungsrichtung der Geldpolitik zu, da er in zeitlich aufeinander folgenden Konjunkturphasen unterschiedlicher Nachfrageintensität in entgegengesetzter Richtung auf den monetären Anstoß reagiert.

Bei (preislich und mengenmäßig) ruhigem Konjunkturverlauf gewinnt der Zins allerdings an Einfluß auf die Entscheidung der Investoren zurück. Bleibt es dann bei der starren Geldmengenvorgabe, dann könnte eine aus nichtkonjunkturellen Gründen schwankende Geld- und Kapitalnachfrage oder **spekulativer Attentismus** (Warten auf Zinsänderungen) unerwünschte Zinseffekte bringen, die ihrerseits wiederum die Gesamtnachfrage beeinflussen. In dieser Phase kann es deshalb ratsam sein, das starre Geldmengenkonzept vorübergehend zu verlassen und zur Zinssteuerung überzugehen.

Zusammenfassung

Die Indikatoren sollen nicht nur die Impulse der Geldpolitik richtungs- und intensitätsmäßig widerspiegeln, sie sollen vor allem der Notenbank Anhaltspunkte für ihr zukünftiges Handeln geben. Von den beschriebenen Indikatoren hat sich bisher keiner als eindeutig überlegen erwiesen. Die Lücken in der Aussagekraft sind heute bekannt. Sie können durch zusätzliche Informationen, das parallele Beobachten mehrerer, auch nicht-monetärer Zeitreihen in den beschriebenen Grenzen ausgeglichen werden (vgl. das vierte Kapitel, S. 78ff.). Innerhalb der monetären Zeitreihen dominieren heute die Geldmengenindikatoren. Der Zins dient nicht mehr als Indikator; er bleibt aber noch Instrument der Geldpolitik.

4. Übertragungswege des monetären Impulses

Heute ist man sich einig, daß monetäre Impulse über Zins und Geldmenge auf die Investitionen (und – mit Einschränkungen – auf den Konsum) einwirken. Bezüglich der Breite, Schnelligkeit und der einzelnen Stufen des Übertragungsweges bestehen jedoch tiefgreifende Meinungsunterschiede.

a) Der Kreditkostenmechanismus

Die klassische Theorie sieht das Geld als Schleier, der über den realen Größen liegt. Eine Veränderung der Geldmenge führe demnach lediglich zu einer gleichgerichteten Anpassung der Preise. Die Preisstrukturen hingegen blieben unberührt. Flexible Preise, Löhne und Zinsen hielten Faktor-, Güter- und Vermögenswerte im Gleichgewicht und ließen bei Störungen die Märkte schnell wieder zur Ruhe kommen.

Keynes hingegen weist dem Geld eine durchaus nennenswerte Rolle zu. Er geht dabei von einer (Kredit-) zinsreagiblen Investitionsnachfrage aus. Der Kreditkostenmechanismus knüpft am Zins an. Dieser wiederum ist abhängig von der Ausstattung des Bankensektors mit Liquidität und damit von Änderungen der Geldmenge.

Die keynesianische Wirkungskette setzt implizit voraus, daß die Geldnachfrage unabhängig vom angestrebten Einkommensanstieg ist, die freigegebene Liquidität also nicht in der Transaktionskasse gebunden wird. Nur dann bringt die Geldmengenausweitung den unverkürzten Zinssenkungseffekt. Würde die multiplikative Einkommenssteigerung von einer steigenden Geldnachfrage begleitet, dann zögen die Zinsen an und dämpften den aufkeimenden Expansionsprozeß. Nähmen die Wirtschaftssubjekte gar schon im Zeitpunkt der Geldmengenausweitung die vermeintliche Einkommenssteigerung vorweg, indem sie vorsorglich Geld nachfragen, mithin vom Kreditmarkt fernhalten, dann unterbliebe die Zinssenkung und mit ihr der erwartete Expansionsprozeß. Mit einem weiteren Liquiditätsschub könnte allerdings die gestiegene Kassenhaltung ausgeglichen werden.

Keynes beschrieb zwar die **Liquiditätsfalle,** er sah sie aber als seltenen Ausnahmefall und betonte stets die Effizienz geeigneter geldpolitischer Instrumente. Von den Keynesianern, Ökonomen, die sich auf *Keynes'* Gedanken berufen, wird sie aber in den Vordergrund ihrer konjunkturpolitischen Argumentation gerückt. Mit dem Hinweis auf die Liquiditätsfalle begründen sie ihren Ruf nach fiskalpolitischen Hilfen, die aus der Krise herausführen. Während *Keynes* der Geldpolitik bedeutenden Einfluß einräumt, bleibt sie bei seinen Nachfolgern im Hintergrund. Sie bestreiten deren ausgleichende Wirkung in der Rezession und weisen der Fiskalpolitik die entscheidende Rolle in der konjunkturellen Belebung zu.

Im Rahmen der **Liquiditätspräferenztheorie** beschäftigt sich *Keynes* nicht nur mit der Spekulationskasse, sondern auch mit der Transaktions- und Vorsichtskasse. Die Höhe der Transaktionskasse steht dabei in einem engen Zusammenhang mit den Zahlungsgewohnheiten der Wirtschaftssubjekte, die bestrebt sind, Zahlungsein- und -ausgänge aufeinander abzustimmen. Da sie nicht alle Zahlungen dem Umfang und der Fälligkeit nach im voraus kennen, werden sie bestrebt sein, eine Vorsichtskasse zu halten. Sie wollen dadurch vermeiden, zahlungsunfähig zu werden.

Die Möglichkeit, sich kurzfristig Geld zu beschaffen, und die Höhe der Opportunitätskosten spielen aber auch – so die Kritik an *Keynes* – als Bestimmungsfaktoren für die Transaktionskasse eine wichtige Rolle, denn die Wirtschaftssubjekte werden versuchen, die Kosten ihrer gesamten Kassenhaltung möglichst gering zu halten. Sie werden nach ertragbringenden Anlagealternativen suchen. Hier bieten sich aber nicht nur langfristige festverzinsliche Titel, sondern zahlreiche Zwischenstufen an, auf denen sich die gewünschte „Mischung" zwischen Ertrag und Liquiditätsverzicht finden läßt. Sie zeigen einen gangbaren **Ausweg aus der Liquiditätsfalle.**

Keynesianische Marktspaltung und portfoliotheoretischer treppenförmiger Übertragungsweg lassen sich im Bild vergleichen. Die keynesianische Theorie geht von getrennten („gespaltenen") Märkten aus, deren Grenzen durch das (markt-) spezifische Risiko gezogen, nicht immer durch den geldpolitischen Impuls überwunden werden. Der Portfolio-Ansatz geht von einem der Bindungsfrist folgenden kontinuierlichen Risikoanstieg aus.

Expansive Geldpolitik will nun – keynesianisch argumentiert – Liquidität aus dem risikoarmen Geldmarkt „vertreiben", indem sie dort den Zins senkt. Löst sich die Liquidität nicht aus der kurzfristigen Anlage, weil sie das Kapitalmarktrisiko scheut, bleibt die Geldpolitik wirkungslos.

Geht man nun – wie die Portfoliotheoretiker – davon aus, daß das Risiko graduell ansteigt, jeder Anleger also die Wahl zwischen zahlreichen Stufen mit marginalem Risikoanstieg und entsprechend hoher Rendite hat, wird verstehbar, daß der expansive monetäre Impuls seinen Weg Stufe für Stufe (ohne „Klimmzug") bis zur realen Aktivität zurücklegt.

Übertragungswege der Geldpolitik

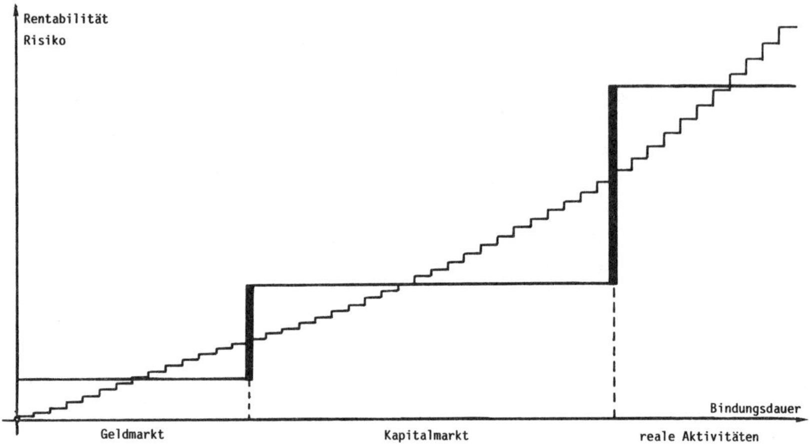

Zur Verringerung der Investitionstätigkeit und zur Dämpfung der Preissteigerungstendenzen muß die Zentralbank die Finanzierungsmöglichkeiten potentieller Investoren verteuern. Die Notenbank wird bspw. durch eine Erhöhung der Mindestreservesätze die Liquiditätsspielräume der Banken einschränken, um so auf das Kreditangebotsverhalten einzuwirken.

Dies hat zur Folge, daß die Geschäftsbanken einen Teil ihrer Liquiditätsreserven einbüßen und, unter der Voraussetzung, daß ein bestimmter Liquiditätsbestand unter allen Umständen aufrechterhalten werden soll, in ihrem Aktivgeschäft auf die geänderte Ausstattung mit Zentralbankgeld Rücksicht nehmen. Diese Wirkung beruht auf der Annahme, daß das Kreditangebotsverhalten der Banken im wesentlichen von ihrem Bestand an Liquiditätsreserven abhängt. Da wegen der Mindestreservepflicht nicht sämtliche Kundeneinlagen in Kredite umgewandelt werden können, und die unvollständige Kenntnis der zukünftigen Geschäftsentwicklung Vorsichtsmaßnahmen verlangt, werden die Banken einen Mindestbestand an Liquidität halten, um nicht handlungsunfähig zu werden.

Der tatsächliche Liquiditätsbestand kann jedoch aufgrund geldpolitischer Eingriffe vom angestrebten Umfang liquider Mittel abweichen. Der durch die Erhöhung der Mindestreservesätze eingetretene Verlust von Zentralbankgeld veranlaßt die Banken, ihr Kreditangebot einzuschränken. Durch das nunmehr knapper gewordene Angebot bewirkt die unveränderte Nachfrage nach Krediten eine Zinssteigerung, die zu einem neuen Kreditmarktgleichgewicht führt.

Der Zinsanstieg geht in den Investitionskalkül der Unternehmen ein und führt dazu, daß die geforderte Rendite für einen Teil der geplanten Investitionsvorhaben nicht mehr erreicht wird. Als Folge geht der Umfang der Investitionen gesamtwirtschaftlich zurück, wodurch – verstärkt durch Multiplikator-Akzeleratorprozesse – die Nachfrage sinkt.

Die Wirkung des Kreditkostenmechanismus ist allerdings von folgenden Voraussetzungen abhängig. Erstens können nur diejenigen Investitionsprojekte erreicht werden, die in nennenswertem Umfang durch Kredite finanziert werden. Dies gilt insbesondere für Investitionen mit langer Lebensdauer. Hinzu kommt, daß die Investitionsnachfrage in ausreichendem Maße auf Zinsänderungen reagieren muß.

Diese Erkenntnis ist eng verbunden mit der zweiten Wirkungsvoraussetzung des Kreditkostenmechanismus: Zinsänderungen müssen so groß sein, daß die geforderte (Mindest-) Rendite deutlich unterschritten wird. Dafür ist nicht nur die (absolute) Kreditzinshöhe von Bedeutung, sondern auch die von den Investoren erwartete Dauer der Hochzinspolitik. Von den Unternehmen als vorübergehend angesehene Zinsausschläge werden die Investitionspläne kaum berühren, wenn die Mindestrendite zwar kurzfristig unterschritten, langfristig hingegegen als gesichert angesehen wird. Der grundsätzliche Einfluß der Kreditzinsen auf den Investitionskalkül wird jedoch regelmäßig als gegeben angenommen.

Als drittes bleibt zu beachten, daß eine Erhöhung der Kreditzinsen nur dann konjunkturpolitisch erfolgreich sein kann, wenn Überwälzungs- oder Ausweichspielräume beschränkt sind. Zudem kann an konjunkturellen Wendepunkten auch ein Umkehreffekt in der Zins-Investitions-Beziehung auftreten, wenn zu Beginn des Zinsanstiegs in Erwartung weiterer Zinssteigerungen ein Wettlauf um den (noch) günstigen Kredit einsetzt.

Theoretische Erweiterungen hat das ursprüngliche Kreditkostenmodell dadurch erfahren, daß zunehmend die Entwicklung des Realzinses in die Unternehmensentscheidung integriert wird. Die investitionshemmenden Einflüsse der Geldpolitik treten nur dann ein, wenn durch eine Verringerung der liquiden Mittel der Banken der reale Kreditzins (= Marktzins abzüglich erwarteter Preissteigerungsrate) steigt, d.h. wenn die erwartete Inflationsrate niedriger ist als die Erhöhung des Marktzinses.

b) Der Kreditverfügbarkeitsmechanismus

Der Kreditverfügbarkeitsmechanismus löst sich insbesondere von der Voraussetzung einer zinselastischen Investitionsfunktion. In Situationen mit Inflationsgefahr, die den Einsatz restriktiver Geldpolitik fordern, ist der Überwälzungsspielraum der Investoren aufgrund der drängenden Nachfrage oft groß genug. Die Kreditkostenerhöhung wird dann an den Käufer weitergereicht. Der Zins für Fremdkapital ginge demzufolge nur noch mit geringem Gewicht in die Unternehmensplanung ein und führte nicht zur gewünschten Reduktion des Investitionsvolumens.

Im Modell des Kreditverfügbarkeitsmechanismus steht das tatsächliche Kreditvolumen in keinem direkten Bezug mehr zum Zins. Vielmehr erhält der Kreditnachfrager trotz Bereitschaft zur Zahlung höherer Zinsen kein zusätzliches Fremdkapital. Der Kreditzins ist also nicht mehr in der Lage, ein Marktgleichgewicht herbeizuführen. Gründe hierfür sind (a) veränderte Bonitätsanforderungen der Banken an ihre Kreditnehmer und (b) Unvollkommenheiten des Kreditmarktes. Werden durch den restriktiven Einsatz der Geldpolitik die Liquiditätsreserven der Banken verringert, so legen die Kreditinstitute steigenden Wert auf die Sicherheit ihrer ausgeliehenen Gelder.

Die begrenzte Kreditvergabe und das damit eingeschränkte realisierte Kreditvolumen bewirken, daß ein Teil der privaten Investitionsvorhaben aufgegeben werden muß. Trotz unterstellter Rentabilität können die erforderlichen Fremdmittel nicht mehr beschafft werden. Ein Rückgang der gesamtwirtschaftlichen Nachfrage ist die Folge. Der restriktive Einsatz des geldpolitischen Instrumentariums findet demzufolge über den Kreditverfügbarkeitsmechanismus den Weg in den realen Sektor, wenn ausreichende Gründe für die Banken bestehen, an sie herangetragene Kreditwünsche abzulehnen.

Dies wird u.a. dann der Fall sein, wenn der Kreditnehmer nicht die erforderliche Besicherung des Kredites gewährleisten kann; insbesondere dann, wenn die Verwertung des Sicherungsobjektes nicht ohne Schwierigkeiten möglich erscheint. Zudem können die Kreditgeber abweichende Erwartungen über die Rentabilität der zu finanzierenden Investitionen haben, wenn also die ordnungsgemäße Bedienung des Kredites aus den Rückflüssen der Investition gefährdet ist.

Als weiteres Argument für die Verweigerung von Kreditwünschen können die Schwierigkeiten und die Kosten der Informationsbeschaffung angesehen werden. Da der Liquiditätsspielraum der Banken eingeengt ist, wird den Kreditgebern vornehmlich daran gelegen sein, möglichst sichere und umfassende Informationen über das zu finanzierende Investitionsprojekt zu erhalten. Diese Informationsbeschaffung wird erleichtert, wenn der Kreditantrag von einem Investor stammt, der bereits in Geschäftsverbindung mit dem Kreditinstitut steht und dessen Zuverlässigkeit dementsprechend sicher beurteilt werden kann. Man darf davon ausgehen, daß Kreditwünsche dieser Kunden bevorzugt erfüllt werden. Allerdings kann diese Nachfragergruppe gleichsam die Wirksamkeit der Geldpolitik über Kreditverfügbarkeitseffekte infragestellen, wenn die Verweigerung des Kreditwunsches mit der Drohung der Aufkündigung des Geschäftsverhältnisses beantwortet wird.

Ein Kreditverfügbarkeitseffekt tritt auch ein, wenn der Kreditmarkt unvollkommen ist. Durch die restriktive Zentralbankpolitik werden die Liquiditätsreserven der Kreditinstitute eingeschränkt und das Kreditangebot der Banken entsprechend verringert. Können die Kreditzinsen nicht schnell genug an die neue Situation angepaßt werden, so ist das Kreditangebot bei gegebenem Zinssatz u.U. niedriger als die Nachfrage. Dieses Ungleichgewicht erfordert dann eine Rationierung der Kredite, die kurze Seite des Marktes bestimmt in diesem Falle das Transaktionsvolumen. Analog tritt ein Rationierungseffekt auf, wenn administrative Hemmnisse die Anpassung des Kreditzinses verhindern oder die Marktführerposition eines einzelnen Kreditinstitutes aufgrund unzureichenden Wettbewerbs einer Erhöhung der Sollzinsen entgegensteht.

Voraussetzung für die kredittheoretischen Transmissionsmechanismen ist ein funktionierender Wirkungszusammenhang „Liquiditätsreserven – Kreditschöpfung". Wenn sich die Verhaltensmuster des Bankensektor allerdings entgegen den Erwartungen der Zentralbank ändern, kann der Übertragungsweg gestört werden. So spielt die Variation der Liquditätsquote (= Verhältnis von Liquiditätsreserven zum Einlagevolumen der Geschäftsbanken) eine große Rolle bei der Bewertung der Wirksamkeit geldpolitischer Eingriffe. Es wurde insbesondere in der Restriktionsphase 1972/73 beobachtet, daß die Kreditinstitute die bis dahin von der Deutschen Bundesbank als kritische Grenze der „Mindest-Liquiditätsquote" angesehene Marke von 6% deutlich unterschritten und somit ihre Kreditschöpfung nicht der Verringerung der Liquiditätsreserven anpaßten.

Die Elastizität des Geld- und Kreditsystems sowie die Änderungen der Umlaufgeschwindigkeit des Geldes können in kredittheoretischen Ansätzen den Einfluß der Geldpolitik auf den realen Sektor unterlaufen. Die Deutsche Bundesbank geht nicht zuletzt aufgrund dieser Erfahrungen davon aus, daß eine Versorgung der Wirtschaft mit Zentralbankgeld auch dann gesichert ist, wenn die freien Liquiditätsreserven relativ gering sind. Dies kommt darüber hinaus dem Zeitbedarf für die Wirkung restriktiver Geldpolitik zugute. Dieser wird um so geringer sein, je weniger potentielles Zentralbankgeld über Zins- und Mengenpolitik der Investitionsnachfrage entzogen werden muß.

c) Das makroökonomische Portfoliokonzept

Ausgangspunkt der auf *Tobin* zurückgehenden (makroökonomischen) Portfoliotheorie ist die Annahme, daß private Haushalte, Unternehmen und Banken eine optimale Vermögensstruktur anstreben. Eine Renditestruktur, bei der die Grenzertragsraten aller Aktiva gleich groß sind, kennzeichnet das gleichgewichtige Portefeuille. Ziel der Zentralbank ist auch in diesem Konzept die Einflußnahme auf die gesamtwirtschaftliche Nachfrage. Den Investitionen, als dominierendem Bestimmungsgrund der Gesamtnachfrage, wird dabei besondere Aufmerksamkeit gewidmet.

Die Neigung privater Investoren, zusätzliches Realkapital zu bilden, hängt davon ab, welchen Ertrag sie für eine Einheit neu produziertes Kapital erwarten. Unterstellt man Gewißheit über die zukünftigen Einnahmen sowie über die Produktionskosten neuen Realkapitals, so wird die Renditeerwartung der Neuproduktion bestimmt durch das Verhältnis von Kapitalwert der erwarteten Einnahmen zu Produktionskosten. Diese Grenzertragsrate des Sachkapitals ist abhängig von der herrschenden Technologie, von den Angebotsverhältnissen und den Erwartungen über die künftige Wirtschaftsentwicklung. Sie kann daher nicht unmittelbar von der Notenbank beeinflußt werden.

Allerdings steht die Grenzertragsrate des Sachkapitals in einer Art „Konkurrenzbeziehung" zum Preis existierender Kapitalgüter. Diese Größe gibt die Rendite für vorhandenes Realkapital an und wird ermittelt durch das Verhältnis von Einnahmen aus dem Kapitalobjekt und seinem Marktpreis. Letzterer wiederum kann über eine Veränderung der Preise alternativer Vermögensobjekte beeinflußt werden. Der Angebotspreis für Sachkapital ist daher Bestandteil der Renditestruktur, die einem Portfolio-Gleichgewicht zugrunde liegt. Unter der Annahme gleicher Nettoeinnahmen sowohl für vorhandenes als auch für neu zu produzierendes Realkapital sind im Gleichgewichtszustand Grenzertragsrate des Sachkapitals und Angebotspreis des Kapitals gleich groß.

Der monetäre Impuls soll mithin, je nach Intention, zu einer Differenz dieser beiden Ertragsraten führen. Die reale Aktivität, sprich: Neuproduktion von Sachkapital, wird dann von den Wirtschaftssubjekten als lohnend erachtet, wenn die Grenzertragsrate für Sachkapital größer ist als der Angebotspreis für Produktionsgüter, oder – unter der Annahme konstanter Einnahmeströme – sobald die Herstellkosten neuen Realkapitals relativ zum Marktpreis bestehenden Sachkapitals sinken. Ein Rückgang der Neuinvestitionen ist tendenziell zu erwarten, wenn die umgekehrte Ertragsrelation besteht. Den Erklärungsansatz für die Übertragung des monetären Impulses bildet die (mikroökonomisch fundierte) relative Preistheorie.

Der Wirkungsprozeß sei für den Fall einer restriktiven Geldpolitik beschrieben. Die Zentralbank erhöht zu diesem Zweck den Diskontsatz. Von dieser Maßnahme werden zunächst die Geschäftsbanken getroffen. Die Verschuldung der Kreditinstitute bei der Notenbank wird teurer. Als Folge versuchen die Banken, ihre Verbindlichkeiten gegenüber der Zentralbank abzubauen. Dies kann durch Auflösung überschüssiger liquider Mittel geschehen.

Da die Risiko-Ertrags-Überlegungen der Kreditinstitute einen bestimmten Betrag liquider Mittel im Gesamtportfolio erfordern, versuchen die Geschäftsbanken, zusätzliches Zentralbankgeld zu erhalten, beispielsweise über den Verkauf von kurzfristigen Staatsschuldtiteln. Das dadurch erhöhte Angebot auf dem Markt für kurzfristige Papiere führt zu Kurssenkungen und zum Anstieg der Rendite. Unter Ertragsgesichtspunkten wird der Kauf von kurzfristigen Wertpapieren vorteilhafter.

Die Privaten, als potentielle Abnehmer dieser Papiere, sind bestrebt, den Renditeanstieg durch erhöhte Nachfrage nach kurzfristigen Titeln auszunutzen. Gleichzeitig stoßen sie relativ ertragsschwächere Aktiva ab, z.B. langfristige Staatsschuldtitel. Die zunehmende Nachfrage führt zu einem Wiederanstieg der Kurse auf dem kurzfristigen Markt, während auf dem langfristigen Markt die Angebotsausweitung Kurssenkungen hervorruft. Eben dadurch steigt die Rendite für langfristige Wertpapiere.

Zur Realisierung dieser Renditevorteile können die Wirtschaftssubjekte nicht mehr auf relativ ertragsarmes Finanzvermögen zurückgreifen. Als einziges, bisher in Substitutionsvorgänge nicht einbezogenes Aktivum verbleibt das Realkapital. Die Ertragsrate für vorhandenes Sachkapital (Angebotspreis für Produktionsgüter) wurde bisher nicht beeinflußt. Durch die positiven Veränderungen der Ertragsraten im Finanzvermögen ist das Renditegefälle zur Verzinsung des Realkapitals größer geworden. Die Wirtschaftssubjekte werden demgemäß danach trachten, ihren Sachkapitalbestand zugunsten von Finanzaktiva abzubauen. Sie bieten mehr Produktionsmittel an, um für den Erlös die zinsgünstigeren langfristigen Staatstitel zu erwerben. Der monetäre Impuls hat letztlich den realen Sektor erreicht.

Das zusätzliche Angebot von Realkapital bewirkt eine Senkung seines Marktpreises. In Verbindung mit den unveränderten Einnahmeströmen führt dies zu einem relativen Antieg des Angebotspreises des Sachkapitals. Im ursprünglichen Portfolio-Gleichgewicht bestand kein Gefälle zur Grenzertragsrate für Sachkapital. Nunmehr ist die Rendite für vorhandenes Realkapital höher als der Ertrag aus neuen (zusätzlichen) Investitionsprojekten. Die Folge ist ein Rückgang der Investitionstätigkeit.

Allerdings ist durch diese Schlußfolgerung noch keine Aussage über Ausmaß oder Geschwindigkeit des Anpassungsvorganges getroffen. Vielmehr hängt die Wirkung des geldpolitischen Impulses auf den realen Sektor von mehreren Voraussetzungen ab, die an den Mechanismus der relativen Preise gebunden werden.

Zunächst spielen die unterschiedlichen Risiken der einzelnen Aktiva eine große Rolle. Bei Finanzanlagen müssen hier Inflationstendenzen und Unsicherheit bei der Effektivverzinsung besonders beachtet werden. Vornehmlich bei langfristigen Wertpapieren wird, dem Planungshorizont Rechnung tragend, ein höherer Risikozuschlag verlangt. Nicht zuletzt der Verlauf der Zinsstruktur für Wertpapiere unterschiedlicher Laufzeiten gibt über diese Überlegung der Investoren Auskunft. Untereinander sind finanzielle Aktiva aber durchaus gute Substitute.

Hingegen bestehen für Realkapital andere Risikofaktoren: Es sind hier vornehmlich (konjunkturell bedingte) Nachfrageschwankungen und technologische Änderungen von Bedeutung. Zwar geht in den Angebotspreis für Sachkapital auch eine Risikokomponente ein, doch können divergierende Risikofaktoren von Finanz- und Realanlagen den Übertragungsmechanismus grundlegend stören oder sogar im finanziellen Sektor enden lassen. Die individuelle Risikoneigung muß daher durch genügend hohe Ertragsunterschiede zwischen finanziellem und realem Sektor gegenüber den Gewinnaussichten in den Hintergrund treten. Die Wirkung des monetären Impulses auf den realen Sektor ist demnach in hohem Maße abhängig von der Elastizität der

Vermögenstitelnachfrage auf die Ertragsdifferenzen bzw. deren Veränderungen.

Als zweite Voraussetzung ist die Teilbarkeit von Vermögensgegenständen zu nennen. Mag die beliebige Stückelung bei Finanzaktiva noch durchaus realistisch sein, so ist diese Prämisse in bezug auf Sachkapital problematisch. Insbesondere für größere und längerfristige Investitionsobjekte existieren nur die Alternativen Durchführung oder Verzicht.

Schließlich setzt die Wirksamkeit des Mechanismus der relativen Preise voraus, daß die Wirtschaftssubjekte umfangreiche Informationen über die bestehenden und sich verändernden Ertragsstrukturen erhalten können. Denn nur bei umfassender Kenntnis über Preis- und Mengenbewegungen auf allen relevanten Märkten kann der Investor Risiken abschätzen und das Renditegefälle ausnutzen. Diese spezielle Voraussetzung muß aber selbst unter der Annahme vollständiger Konkurrenz auf allen Märkten als unrealistisch angesehen werden.

d) Das monetaristische Konzept

Die Ausformulierung des monetaristischen Übertragungskonzeptes geht auf *Friedman* und *Brunner* zurück. Monetäre Steuerungsvariable ist die Geldbasis, die in einer stabilen Beziehung zur Geldmenge steht. Änderungen im realen Sektor können nach Auffassung der Monetaristen dadurch erreicht werden, daß die Geldmenge zur Steuerung der Wirtschaftstätigkeit korrigiert wird. Der Übertragungsmechanismus beruht – wie in der makroökonomischen Portfolio-Theorie – auf der Theorie der relativen Preise. Dennoch bestehen bei näherer Betrachtung Unterschiede.

Die Ausgangslage bildet die gleichgewichtige und optimale Portfoliostruktur aller Wirtschaftssubjekte. Hierbei sind die als Aktiva möglichen Vermögensgegenstände zahlreicher als im Portfolio-Konzept: *Friedman* nennt explizit Geld (Bargeld und Sichtdepositen), Obligationen, Aktien, Sachkapital und „Humankapital". Letzteres kann als menschliches Leistungsvermögen interpretiert werden, aber auch für Aus- und Fortbildungsmaßnahmen stehen. Das Sachkapital beeinhaltet zudem Lagerbestände und Konsumgüter der Haushalte. Der Terminus Obligationen umfaßt neben geldnahen Titeln (Termin- oder Spareinlagen u. ä.) auch geldferne Vermögensgegenstände (bspw. langfristige festverzinsliche Wertpapiere). Auf das optimale Verhältnis von Bargeld zu anderen Aktiva wird im monetaristischen Konzept besonderer Wert gelegt.

Das Gleichgewicht wird nunmehr via Heraufsetzung der Mindestreservesätze durch die Notenbank gestört, d. h. die Geldbasis wird verringert. Die Kreditinstitute registrieren eine Veränderung ihres Barmittelbestandes im Verhältnis zu Wertpapieren und Krediten. Um ihre Bargeldbestände wiederaufzufüllen, werden sie Wertpapiere anbieten. Als Käufer kommen private Anleger in Betracht. Das durch die Bankenverkäufe erhöhte Angebot an Wertpapieren kann nur bei sinkenden Kursen abgesetzt werden. Die Rendite steigt, die Anlage wird für das Publikum attraktiver. Durch den Kauf der Wertpapiere wird den Privaten Geld entzogen, womit die Geldmenge sinkt. Es hat eine Umverteilung von (Bar-) Geld zwischen Banken und Privaten stattgefunden. Die Substitutionsvorgänge in verschiedenartigen (und -fristigen) Wertpapieren setzen sich über das Renditegefälle fort.

Als weitere Konsequenz des notenbankpolitischen Eingriffes werden die Banken ihr Kreditangebot zurücknehmen. Zum einen aufgrund der veränderten Vermögenslage, und zum anderen, weil ihnen durch unverminderte Kreditgewährung ein Teil der Ausleihungen als Einlagen wieder zufließen würden. Dies könnte angesichts der erhöhten Mindestreserveanforderungen die Liquiditätsbestände weiter reduzieren. Gleichzeitig stellen aber die Privaten einen Rückgang ihres Bargeldbestandes fest. Da die Kreditzinsen bisher nicht von der Steigerungstendenz betroffen waren, werden zusätzliche Kredite nachgefragt. Jedoch trifft nun die erhöhte Nachfrage auf ein verringertes Angebot, die Folge ist ein (deutlicher) Ansteig der Kreditzinsen. Die Ausweichversuche, über andere Quellen zusätzliche Barmittel zu erhalten, führen zu einer analogen Preissteigerung.

Nunmehr wird auch der reale Sektor von den Anpassungsvorgängen erfaßt. Da die finanziellen Vermögenstitel in ihrer Rendite gestiegen sind, werden Sachaktiva vermehrt angeboten. Dies hat bei gleichzeitig rückläufiger Nachfrage – auch die Finanzierungskosten für Investitionen sind gestiegen – sinkende Preise und steigende Renditen zur Folge. Gleichgerichtet verläuft dieser Prozeß auf dem Aktienmarkt, der Anteile an nicht direkt gehandelten Realvermögensbeständen vermittelt. Da Realkapital jetzt relativ preisgünstiger geworden ist, wird auf (entgeltliche) Nutzungen vermehrt verzichtet (bspw. wird statt einer Mietwohnung jetzt der Eigenheimkauf lukrativ). Zudem erscheint aufgrund des erhöhten Angebots an vorhandenem Sachkapital eine Ausweitung von Investitionen wenig gewinnbringend.

Als letztes Glied der Substitutionskette erreicht der monetäre Impuls das Humankapital, dessen Ertragsrate bisher unverändert geblieben ist und nach der Verringerung der Geldbasis gegenüber alternativen Vermögensgegenständen unattraktiv geworden ist. Auch aufgrund knapper gewordenen Geldes gehen die Investitionen in Fortbildungsmaßnahmen zurück.

Die bisher betrachteten Effekte betreffen vornehmlich die Vermögensstruktur. Eine Besonderheit des monetaristischen Modells ist der Einfluß der Vermögenshöhe. Die sinkenden Preise für Vermögensgegenstände führen dazu, daß die Wirtschaftssubjekte ihr Nettovermögen niedriger einschätzen. Nach Auffassung der Monetaristen hat aber das Nettovermögen der privaten Anleger einen entscheidenden Einfluß auf ihr Konsumverhalten. Es verändert sich mit der Höhe des bewerteten Vermögens, im skizzierten Fall der Preissenkungstendenz nimmt die Konsumnachfrage ab. Der allgemein restriktive Einfluß der Notenbankpolitik greift also auch im Konsumbereich.

Verstärkt werden die Auswirkungen des monetären Impulses durch die Preisänderungserwartungen der Marktteilnehmer, einer weiteren Modifikation des relativen Preismechanismus durch die Neo-Quantitätstheoretiker. Die Wirtschaftssubjekte antizipieren die zukünftigen Preisänderungen in ihrem Verhaltenskalkül und prognostizieren für die nächsten Perioden weiter sinkende Preise. Dadurch erwarten sie einen anhaltenden Rückgang des Nominaleinkommens und ihres Nettovermögens, was insbesondere Investoren zur zusätzlichen Zurückhaltung veranlaßt.

Allerdings können im monetaristischen Konzept auch Rückkoppelungseffekte auftreten. Durch die sinkende Investitionsbereitschaft geht auch die Kreditnachfrage zurück. Dies wird zu tendenziell rückläufigen Sollzinsen führen, insbesondere dann, wenn der Rückgang der Kreditnachfrage größer als die Einschränkung des Kreditangebotes ist. Die Barreserven der Kreditinstitute sind in diesem Fall möglicher Auslöser für eine zusätzliche Wertpapiernachfrage, so daß ein neues (gesamtwirtschaftliches) Portfolio-Gleichgewicht schließlich durch gegenläufige Effekte zustande kommt.

Die an die Wirksamkeit des Übertragungsmechanismus zu knüpfenden Voraussetzungen sind grundsätzlich vergleichbar mit denen des makroökonomischen Portfolio-Konzeptes. Darüber hinaus sind freilich weitere Annahmen notwendig.

Zunächst sind Anpassungs- und Informationskosten zu berücksichtigen. Durch sie soll erklärt werden, warum zunächst Mengen- und erst anschließend Preisänderungen eintreten, aber auch, weshalb es zu Übertragungshindernissen innerhalb der Vermögensstruktur kommen kann. Gleichwohl werden, im Gegensatz zum Portfolio-Konzept, sämtliche Vermögensobjekte untereinander als gute Substitute angesehen.

Besondere Bedeutung kommt im Monetarismus der Kausalbeziehung „Geldmenge – nominales Sozialprodukt“ zu. Dabei wird behauptet, daß das Nominaleinkommen über einen Multiplikator (Umlaufgeschwindigkeit) von der Geldmenge abhängt und, unter Berücksichtigung anderer möglicher Einflußfaktoren, von dieser dominiert wird. Der Zusammenhang ähnelt stark der *Fisher'schen* Verkehrsgleichung und benötigt zusätzlich die Annahme einer – relativ – konstanten Umlaufgeschwindigkeit, um den von der Geldmenge ausgehenden monetären Impuls weiterzuleiten. Insbesondere über die Konstanz der Umlaufgeschwindigkeit herrscht unter Befürwortern und Gegner der Neo-Quantitätstheorie Uneinigkeit. Die empirischen Untersuchungen lassen aber die Schlußfolgerung zu, daß die Annahme einer stabilen (bzw. gleichgerichteten Veränderung der) Umlaufgeschwindigkeit wenig realistisch ist. Der Wirkungszusammenhang zwischen Geldmenge und Nominaleinkommen ist also bereits an einer entscheidenden Stelle unterbrochen.

Bisher wurde unterstellt, daß die Geldmenge der alleinigen Kontrolle der Notenbank unterliegt. Sie sei über einen Multiplikator fest mit der Geldbasis verknüpft. D.h., auch dieser Multiplikator muß stabil sein, um den behaupteten (direkten) Effekt zu erzielen. In diesem Multiplikator kommen die Geldhaltungsgewohnheiten der Banken und Privaten durch den Reservequotienten (= Verhältnis von Bankreserven zu Sichtdepositen) und den Bargeldhaltungsquotienten (= Verhältnis von Bargeldumlauf zu Sichtdepositen) zum Ausdruck. Beide Quotienten gelten im monetaristischen Konzept als hinreichend stabil.

Abschließend muß die Beherrschbarkeit der Geldbasis durch die Zentralbank geprüft werden. Nicht zuletzt die Modifikationen der (einfachen) Geldbasis durch Berücksichtigung von Mindestreserveeinflüssen sowie autonomer Refinanzierungsmöglichkeiten haben Kritikpunkten bezüglich der endogenen Beeinflussung der Geldbasis Rechnung getragen. Sofern der Auslandseinfluß, durch die von den Monetaristen ohnehin geforderte Einführung flexibler Wechselkurse, ausgeschaltet wird, kann die Geldbasis durchaus von der Zentralbank gesteuert werden. Allerdings ist – wie im Portfolio-Konzept

– eine Koordination mit den öffentlichen Haushalten erforderlich, um deren Einfluß auf die Geldbasis – via Verschuldungsvariationen – auszuschalten.

Der wesentliche Unterschied zwischen Monetaristen und makroökonomischen Portfolio-Theoretikern liegt im Umfang der betrachteten Aktiva. Die Neo-Quantitätstheoretiker beziehen hier eine größere Vielfalt von Vermögensgegenständen ein, wobei die Berücksichtigung von Konsumgütern und Humankapital hervorzuheben ist.

Zudem werden die Substitutionszusammenhänge im monetaristischen Übertragungsweg als sehr viel enger angesehen. Hier stellt Geld sowohl für Finanz- als auch für Sachaktiva ein gutes Substitut dar. Portfolio-Theoretiker betonen hingegen Risikoüberlegungen der Anleger und kommen so zu der Überzeugung, daß Nutzen- bzw. Ertragsmaximierung nur **ein** Bestandteil des Kalküls zur Bestimmung der optimalen Vermögensstruktur sein kann. Die Berücksichtigung der individuellen Risikoeinstellung kann zum einen dazu führen, daß Vermögensgegenstände als Komplemente betrachtet werden und zum anderen, daß der monetäre Impuls im finanziellen Sektor versickert. Das Portfolio-Konzept ist in hohem Maße von Zinselastizitäten abhängig, das monetaristische Modell vernachlässigt deren Einfluß.

Theoretisches Konzept	Vertreter	monetäre Steuerungsgröße	Transmissionsvariable	reale Steuerungsgröße
I. Kredittheoretische Konzepte				
1. Kreditkostenmechanismus	Keynes Hansen	Liquiditätsreserven	Kreditkosten	Investitionen
2. Kreditverfügbarkeitsmechanismus	Roosa Smith	Liquiditätsreserven	Kreditvolumen	Investitionen
II. Vermögenstheoretische Konzepte				
1. Portfolio-Konzept	Tobin Brainard	Renditestruktur	relative Preise	Realkapital, Investitionen
2. Monetaristisches Konzept	Friedman Brunner, Meltzer	Geldbasis	Geldvolumen, relative Preise	Realkapital, Investitionen

Weiterhin kann im Portfolio-Ansatz ein Substitutionsprozeß bereits inganggesetzt werden, wenn reine Zinsstruktureffekte eintreten, während das monetaristische Konzept nur bei Mengenänderungen Anpassungsvorgänge induziert. Diese unterschiedliche Auffassung weist auch dem Einfluß des Staatssektors eine unterschiedliche Bedeutung zu: In der Neo-Quantitätstheorie kann lediglich die Höhe der Staatsverschuldung den realen Sektor berühren, die Portfolio-Theorie läßt bereits die Veränderung der Staatschuldenstruktur (-fristigkeit) als Substitutionsimpuls zu. Dadurch wird verdeutlicht, daß der Monetarismus dem geldpolitischen Handlungskonzept Priorität einräumt, die in keynesianischer Tradition stehenden Portfolio-Theoretiker hingegen die Geldpolitik der Fiskalpolitik unterordnen wollen.

Pointiert charakterisiert läßt sich sagen: Der *Friedman'sche* Übertragungsmechanismus ist einem Schwarze-Peter-Spiel vergleichbar. Das überschüssige Geld wird auf der Suche nach Erträgen von Hand zu Hand gereicht, bis in der letzten Runde allein der Kauf von Gütern (oder Diensten) den gesuchten Ertrag verspricht. Die Aktivität geht – um es deutlich festzuhalten – vom Kassenhalter aus und nicht von dem Kaufwilligen, der eine Finanzierungsquelle für seine Nachfragewünsche sucht.

Brunner und *Meltzer* sehen den Übertragsweg des monetären Impulses als ununterbrochene Kette zinsinduzierter Vermögenssubstitutionen, an deren Ende das Realkapital mit seinem Preis steht. Über ihn kann die Geldpolitik auf die wirtschaftliche Aktivität Einfluß nehmen. Steigt der Preis für vorhandene Realkapitalgüter, dann läßt er neu produzierte relativ billiger erscheinen. Die Nachfrage nach Investitionen wird angeregt.

Exkurs: Zur Kontroverse Fiskalismus – Monetarismus

Die konjunkturpolitische Diskussion kreist um die Frage nach der **relativen Effizienz geld- und fiskalpolitischer Instrumente.** Auf der einen Seite stehen die **Monetaristen,** die den in Vergessenheit geratenen quantitätstheoretischen Ansatz wieder aufgreifen. Sie versuchen die Steuerbarkeit der Geldmenge empirisch zu belegen und betonen deren Einfluß auf Nachfrage und Preise.

Auf der anderen Seite stehen die **Fiskalisten,** die auf *Keynes*'schen Gedanken aufbauen. Sie sehen das Wirtschaftssystem im Gegensatz zu den Monetaristen als instabil an und verlangen deshalb neben der Geldpolitik korrigierende steuer- und ausgabenpolitische Schritte des Staates.

Mit kräftigen Worten wird in dieser Kontroverse nicht gespart. Die Monetaristen sind gegen „den überschwänglichen Glauben an die Macht der Fiskalpolitik"[2] angetreten. Die Fiskalpolitik sehen sie als „ein unzuverlässiges und schädliches Instrument"[3] an, solange sie nicht mit einer straffen Geldmengenregulierung verbunden ist. Sie verlangen deshalb eine radikale Abkehr von der keynesianischen Lehre.[4] Ihre Gegner halten den Monetarismus lediglich für eine „Modeströmung", die, wenn der Reiz des Neuen schwindet, wieder vorübergeht.[5] *Joan Robinson*[6] sieht in „der erhabenen Einfachheit" der Quantitätstheorie „ein überirdisches mystisches Element enthalten". Das scheinbar unaufhaltsame Vordringen monetaristischer Gedanken führen die Keynesianer nicht auf theoretische Überzeugungskraft und ein-

---

[2] *Brunner, K.:* Eine Neuformulierung der Quantitätstheorie des Geldes, Kredit und Kapital, 3. Jg. (1970), S. 17

[3] *Brunner, K.:* Die „Monetaristische Revolution" der Geldtheorie, *Kalmbach, P.* (Hrsg.): Der neue Monetarismus, S. 93

[4] Ebenda, S. 71

[5] *Klein, L. R.:* Fiskalisch und monetär orientierte Modelle und die empirischen Fakten, ebenda, S. 254

[6] *Robinson, J.:* Quantitätstheorien: Alt und Neu, ebenda, S. 138

drucksvolle empirische Belege zurück, sondern auf die Verbindung „von dem Missionseifer früher Christen mit der Überredekunst amerikanischer Werbefachleute"[7] bei führenden Monetaristen.

Umstrittene Stabilitätshypothese

Das Rückgrat des **monetaristischen Ansatzes** ist die Stabilitätsannahme. Der Markt wirke von sich aus auf die baldige Rückkehr zum Gleichgewicht hin, so wird von den Monetaristen behauptet. Sie verweisen die Politiker darauf, ihr eigenes Verhalten zu stabilisieren. Zyklische Ausschläge seien durch konjunkturpolitische Übersteuerungen entstanden und nicht (so sehr) durch die Instabilität des Marktsystems. Sie drängen deshalb auf gleichmäßige Geldpolitik, um Destabilisierungen zu beenden, die von „Überreaktionen" der antizyklischen Geldpolitik ausgehen.

Die **Keynesianer** halten dagegen das Marktsystem für instabil. Sie sehen zyklische Faktoren, die der Rückkehr zum Gleichgewicht nach einer Störung entgegenstehen, sie hinauszögern oder gar verhindern. Sie verlangen deshalb korrigierende Maßnahmen, um kumulative Verstärkungen der anfänglichen Störung durch Akzelerator-Multiplikatorprozesse zu unterbinden und die Nachfrage wieder an den Gleichgewichtspfad heranführen zu können.

Die **Fiskalisten** rufen deshalb nach intensiverem Instrumenteneinsatz als die Monetaristen, die auf dem Marktmechanismus vertrauen. Dieser soll die Barrieren (bspw. in Form einer unterbliebenen Verteilungkorrektur), die vor der Rückkehr zum Gleichgewicht liegen, beiseiteräumen oder durch einen kräftigen Nachfrageanstieg überspringen helfen. Man könnte auch sagen: Die Fiskalisten sind ungeduldiger. Sie wollen nicht auf die Zielrealisierung durch den Markt warten. Sie verlangen einen schnellen Ausgleich, insbesondere eine schnelle Heilung der Unterbeschäftigung. Auch der Weg des Geldes von der Bank, der der Zugang zur Refinanzierung geöffnet wird, bis hin zum Investor oder Konsumenten ist ihnen zu lang und klippenreich. Sie versuchen einzelne Stationen zu überspringen, indem sie durch Steuersatzvariationen das Nettoeinkommen verändern oder direkt die Staatsnachfrage erhöhen oder senken.[8]

---

[7] *Kaldor, N.:* Die neue Geldlehre, Ifo-Studien, 16. Jg. (1970), S. 42

[8] Ein interessantes Konzept, einen mittleren Weg zwischen fiskalpolitischem und monetärem Ansatz, schlägt *William Poole* vor. Er will den Einkommensstrom stabilisieren. Dessen Verstetigung will er durch eine modifizierte, schon vor Erreichen der Vollbeschäftigung bremsende antizyklische Geldpolitik erreichen (S. 602f.). In der anschließenden Diskussion schlägt *J. Pechman* eine Ergänzung durch die seiner Meinung nach schneller wirkende Fiskalpolitik vor (S. 514). Der verstetigende Strom des nominellen Einkommens – eine Inflationsrate wird einbezogen – ist aber nicht Mittel der Konjunkturpolitik, sondern ihr Ziel (S. 604). *Kareken* (S. 609) sieht in *Poole*s Vorschlag lediglich eine besondere Form trendorientierter Politik, uns scheint es aber flexibler handhabbar zu sein als *Friedmans* Konzept der starren Geldmengenausweitung; außerdem ist der Weg vom gewählten Einkommenspfad zu den konjunkturpolitischen Zielen kürzer und vorhersehbarer als der einer Geldmengenvorgabe. Er spart die Zeit für den Marsch des monetären Impulses über die Finanzmärkte zum Einkommen, die *Friedman* auf zwei bis drei Quartale schätzt. Vgl. *Poole, W.* Alternative Paths to a Stable Full Employment Economy, Brookings Papers, 3/1971, S. 579-606, und die anschließenden Diskussionsbeiträge von *Fand, Kareken, Gordon, Pechman* u.a.

Der **„reine Fiskaleffekt"** wird durch Umstrukturierungen des Budgets erreicht. Wollte man den maximalen Fiskaleffekt realisieren, dann müßte einerseits das Steuersystem so umgestaltet werden, daß der Steuerentzug möglichst wenig Nachfrage kürzt, hauptsächlich also die Ersparnis trifft, und die Ausgaben andererseits möglichst viele Folgeaufträge hervorrufen. Erhöhte man bspw. die Einkommensteuer mit dem Ziel der Konsumkürzung, dann müßte man den einkommensschwachen Haushalten die erhöhte Steuerzahlungspflicht auferlegen, da sie die höchste Konsumquote aufweisen. Investitionsprämien zur Nachfragebelebung dürfte man nicht in strukturschwache Regionen oder Sektoren geben, sondern müßte sie an Unternehmen zahlen, die nahe der Investitionsgrenze operieren. Bei ihnen gibt die Prämie den Anstoß zur Investitionsexpansion. Die Finanzierung der gestiegenen Nachfrage könnte durch intensivere Nutzung der vorhandenen Liquiditätsreserven erfolgen, also ohne begleitende geldpolitische Aktivität.

Da die Fiskalpolitik nicht lediglich dem Beschäftigungsziel im Rahmen der Globalsteuerung (und dies zudem nicht nur mit Hilfe des reinen Fiskaleffektes) untergeordnet werden darf, sondern andere, zumindest gleichrangige Ziele (z.B. Verteilungsgleichmaß oder regional ausgewogenes Wachstum) zu verfolgen hat, wird der reine Fiskaleffekt auch in der Zukunft von geringer konjunktureller Bedeutung bleiben. Die **Effizienz der Fiskalpolitik als ganzes** darf deshalb aber nicht geleugnet werden. Ihr steht noch der Weg des geldschaffenden Budgetdefizites oder des geldvernichtenden Überschusses offen. In diesem Zusammenhang sind allerdings Verdrängungseffekte (crowding-out) zu berücksichtigen. Das kreditfinanzierte Budgetdefizit führt auf dem Kreditmarkt zu einer Erhöhung der Nachfrage bei (zunächst) unverändertem Angebot. Die Zinselastizität des Kreditangebots bestimmt letztlich das Ausmaß der Verdrängung privater Nachfrager vom Kreditmarkt. Die folgenden Abbildungen geben ein Beispiel.

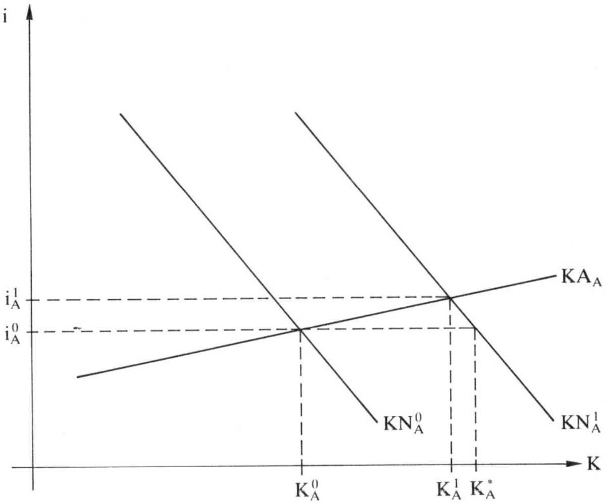

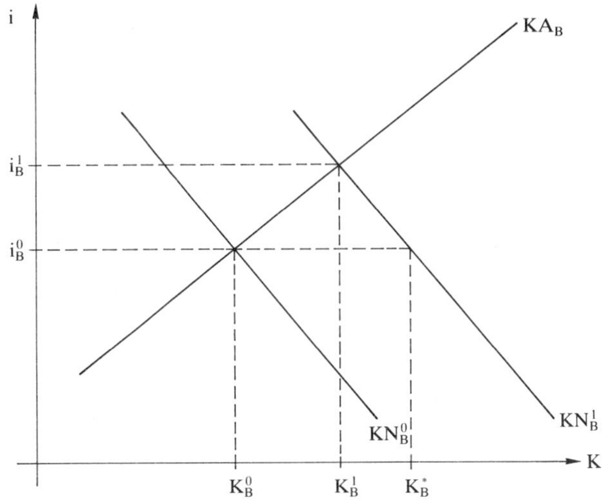

In der Variante A trifft die Kreditnachfrage KN_A^0 in der Ausgangssituation auf eine relativ flach verlaufende Angebotsfunktion KA_A. Der zusätzliche staatliche Kreditwunsch verlagert die Nachfragefunktion (KN_A^1) nach rechts. Die Folge ist ein neues Marktgleichgewicht, der Zinssatz ist (moderat) von i_A^0 auf i_A^1 gestiegen, das Kreditvolumen hat – von K_A^0 auf K_A^1 – kräftig zugenommen. Der Verdrängungseffekt läßt sich in diesem Schaubild ebenfalls ablesen: wäre durch den Nachfragezuwachs nicht der Zins gestiegen, hätte ein Kreditvolumen K_A^* realisiert werden können. Aufgrund der Zinserhöhung jedoch sind private Nachfrager vom Kreditmarkt zurückgetreten und zwar im Umfang der Differenz zwischen K_A^* und K_A^1.

Analog ist die Variante B zu interpretieren. Allerdings verläuft die Angebotsfunktion KA_B steiler, d.h. (relativ) weniger elastisch. Eine Verlagerung der Kreditnachfrage infolge des staatlichen Budgetdefizits führt sodann zu einer spürbaren Anhebung des Zinsniveaus (von i_B^0 auf i_B^1) bei einer nur mäßigen Zunahme des Kreditvolumens (K_B^1 nach K_B^0). Der crowding-out-Effekt ist hingegen deutlich größer, werden doch jetzt private Nachfrager im Umfang der Differenz zwischen K_B^* und K_B^1 vom Kreditmarkt verdrängt. Der crowding-out-Effekt wäre u.U. sogar noch gravierender, wenn die Banken in Erwartung der steigenden (Staats-) Nachfrage ihre liquiden Mittel vorübergehend zurückhalten und damit einen zusätzlichen Zinsanstieg auslösen, der wiederum den privaten Kreditwunsch belastet.

In der keynesianischen Argumentation sind Verdrängungseffekte der staatlichen Budgetfinanzierung in der Rezession (durch das annahmegemäß relativ elastische Kreditangebot) kaum zu befürchten. Nach monetaristischer Auffassung begrenzt die konstante Geldmenge die Expansion. Im Abschwung ziehen sich die privaten Investoren nach und nach vom Kreditmarkt zurück und hinterlassen so eine Lücke, die der Staat ausfüllen kann. Erst wenn die staatliche Nachfrage die private Investitionstätigkeit wieder rentabel erscheinen läßt, kehren die Unternehmen an den Kreditmarkt zurück. Jetzt allerdings führt ihre Nachfrage – aufgrund der begrenzten Menge – nur zu Zinssteigerungen. Während der Staat beim Zinsanstieg „mitzieht", können die Privaten nicht mithalten und werden vom Markt verdrängt.

Hinzu kommt, daß fiskalpolitische Maßnahmen von der Regierung als vorübergehende Aktivitäten bezeichnet und von den Wirtschaftssubjekten auch so angesehen werden. Solche Ankündigungen tragen aber dazu bei, daß die mittel- und langfristigen **Einkommenserwartungen** der Haushalte und Unternehmen durch den *einmaligen* Fiskalimpuls nicht angesprochen werden. Sein Einfluß auf das Ausgabeverhalten bleibt deshalb auf kurzfristig begründete Entscheidungen begrenzt. Um den antizyklischen Effekt der Fiskalpolitik nicht von der monetären Seite zu gefährden, sollte vorsorglich die expansive Fiskalpolitik durch eine Geldmengenausweitung, die restriktive durch eine Stillegung begleitet werden.

Die Monetaristen wollen dagegen warten. Sie vertrauen auf den Markt, der, geführt durch die kontinuierliche Geldmengenpolitik, allenfalls unterstützt durch eingebaute Stabilisatoren des Steuersystems, die Stabilität zurückbringen soll. Zudem vertrauen sie auf die relative Stabilität der Umlaufgeschwindigkeit des Geldes. Die privaten Wirtschaftssubjekte verändern demnach ihre Geldhaltungsgewohnheiten immer nur dann, wenn die Zentralbank durch unvorhergesehene Geldmengenvariationen die Liquiditätsspielräume entweder einengt (Anstieg der Umlaufgeschwinigkeit) oder ausweitet (Rückgang der Umlaufgeschwindigkeit). Der verstetigenden Wirkung

Umlaufgeschwindigkeit der Zentralbankgeldmenge[1)]

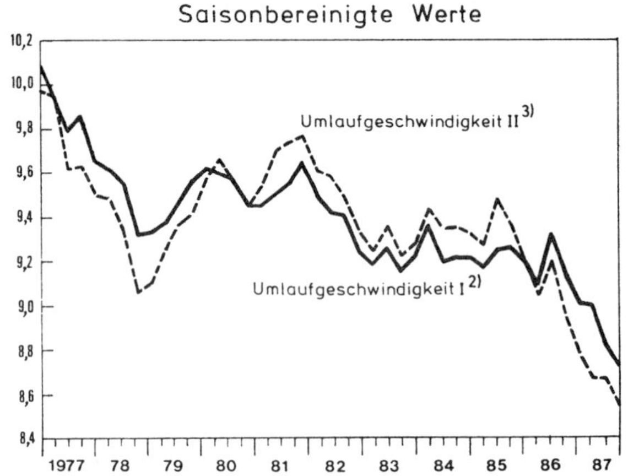

1) Nominales Sozialprodukt auf Jahresbasis, dividiert durch die Geldmenge
2) Auf Basis des nominalen Bruttosozialprodukts.
3) Auf Basis des mit dem Preisindex für die letzte inländische Verwendung "inflationierten" realen Bruttosozialprodukts.

Quelle: DIW-Wochenbericht 1–2/88 (55. Jg.), S. 11

des Geldmengenkonzeptes stehen im Verlauf des Zyklus aber unterschiedlich hohe **Hindernisse** entgegen. Sie haben ihren Ursprung vor allem in zyklisch bedingten Verschiebungen der Verteilungsstruktur, die wesentlich durch die mit beträchtlichen Verzögerungen auf konjunkturelle Datenänderungen reagierende autonome Lohnpolitik bestimmt werden.

Zentrale Rolle der Verteilungsstruktur

Die Entscheidungen, die die Verteilungsstruktur der kommenden Rezession bestimmen, werden in den vorangegangenen Phasen des Zyklus getroffen. Sie resultieren zum Teil aus Bedingungen, die in den frühen Aufschwung zurückreichen. Im ausklingenden Boom werden die Gewinnaussichten der Investoren zangenförmig beeinträchtigt. Einmal bringt der sinkende Kapazitätsauslastungsgrad steigende Stückkosten, zum anderen drängen die Gewerkschaften mit Streikdrohungen auf Lohnsteigerungen, die sich am ausgeprägten Gewinnanstieg des vorangegangenen Aufschwungs orientieren. Deren Überwälzung ist im ausklingenden Boom bei straffer restriktiver Geldpolitik aber nicht mehr ohne deutliche Abstriche am Gewinn durchsetzbar.

Der weitere Nachfragerückgang auf dem Weg in die Rezession drückt zusätzlich auf die Gewinnaussichten, die ihrerseits wiederum die Investoren zur Zurückstellung geplanter Projekte anhalten. Verluste drohen vor allem dann, wenn der Nachfragerückgang auch auf den Konsum übergreift. Die abschwungsbedingte ausgeprägte **Verschiebung in der Verteilungsstruktur** steht nun der baldigen konjunkturellen Erholung entgegen. Sie muß zuerst korrigiert werden, bevor expansive monetäre Impulse nachfragesteigernd wirksam werden können.

Da sich die Gewerkschaften gegen Senkungen des Nominallohnes sperren, bleibt ohne konjunkturpolitische Interventionen nur der langwierige Weg der Verteilungskorrektur durch Personalabbau und Rationalisierungen. Schnelleren Erfolg verspricht eine **Verteilungskorrektur durch inflatorischen Preisanstieg,** der zwar die Nominallöhne unangetastet läßt, die Reallöhne aber kürzt. Stemmen sich die Gewerkschaften auch hiergegen, dann gibt es keine Rückkehr zur Vollbeschäftigung; es sei denn, der Staat begänne einen Wettlauf mit den Gewerkschaften, ließe sie hinter den unablässig steigenden Inflationsraten herlaufen, um über die ständige unerwartete Beschleunigung der Inflation eine Verteilungskorrektur zu bewirken.[9]

Friedman sieht zwar den **Widerstand der Gewerkschaften** gegen Nominallohnsenkungen, weist aber auf den gewerkschaftsfreien, lohnflexiblen Arbeitsmarkt hin, in dem Entlassene in den Vereinigten Staaten Arbeit finden können.[10] Jedoch auch dessen Anpassungsreaktionen sind träge. Sie brauchen Zeit, also Konjunkturpolitiker und Arbeitslose, die warten können. In der Bundesrepublik mit ihrem industriellen Tarifvertragssystem erstreckt

---

[9] *Davidson* und *Weintraub* sehen zwar die Geldmenge als entscheidend für die Steuerung realer Größen an, erkennen aber ihr Scheitern bei Kostendruck-Inflationen; es sei denn, man nähme eine langanhaltende Unterbeschäftigung in Kauf (Money as Cause and Effect, Economic Journal, Vol. 83 (1973), S. 1117–1132

[10] Vgl. hierzu den Exkurs über die Verteilungsaktivität in den Inflationstheorien, S. 65 ff.

sich der Einfluß der Gewerkschaften auf den gesamten Arbeitsmarkt. Eine Verteilungskorrektur, die auf fiskalpolitische Hilfen verzichten will, setzt also die Mitarbeit der Gewerkschaften voraus, zumindest aber ihre Duldung der inflatorischen Reallohnkürzung. Hier fehlt der aufnahmefähige lohnflexible Teilarbeitsmarkt. Die Erfahrungen der Vergangenheit zeigen jedoch, daß die gegenwärtige Arbeitsmarktsituation nicht ohne Einfluß auf die gewerkschaftliche Tarifpolitik bleibt. Unter dem Eindruck von Arbeitslosigkeit mäßigen die Gewerkschaften in der Regel ihre Lohnforderungen.

Empirische Belege für die Effizienz expansiver Geldpolitik gibt es bisher lediglich für Zeiten der schleichenden Inflation, die mit ihren Preissteigerungen die Verteilungskorrektur erleichterte und damit die expansiven monetären Impulse zum Zuge kommen ließ. Verweigert eine straffe Geldmengenpolitik eine inflatorische Verteilungskorrektur, dann bleibt fraglich, ob die Geldpolitik ohne Unterstützung durch eine Fiskalpolitik, die zur Belebung der Investitionen Prämien zahlt oder selbst als Nachfrager auftritt, in erträglicher Zeit im Zusammenspiel mit dem Markt die konjunkturelle Wende aus der Rezession erreichen kann.

Schematischer Vergleich des monetaristischen und des fiskalistischen Ansatzes

	Konjunkturtheoretischer Standort	Methodischer Ansatz	Geldmengenbestimmung durch	Dominanz der ...	Präferenz für ...
Monetaristen	Stabilität des privaten Sektors	Eingleichungssysteme	Zentralbank (exogen)	monetären Impulse	Regelbindung
Fiskalisten	Instabilität des privaten Sektors	Strukturmodelle	Kreditnehmer (endogen)	Fiskalimpulse	fallweise strukturell differenzierte Konjunkturpolitik

Überblick über empirische Studien zur relativen Effizienz von Geld- und Fiskalpolitik

Die Monetaristen sehen sich durch die konjunkturelle Entwicklung der letzten Jahre in den Vereinigten Staaten bestätigt. Die restriktive Geldpolitik des Jahres 1966 hat die erwartete Verlangsamung in der Wachstumsrate der Wirtschaftsaktivität im Jahre 1967 gebracht. Mit der Wende zur expansiven Geldpolitik im Frühjahr 1967 stieg das Einkommen mit der üblichen Verzögerung von zwei bis drei Quartalen wieder an. Das Jahr 1968 brachte den gleichzeitigen Einsatz von restriktiver Fiskalpolitik und expansiver Geldpolitik. Die Geldpolitik setzte sich durch, sie dominierte die Fiskaleffekte. Der inflatorische Boom, dessen Dämpfung man von der Fiskalpolitik erwartete, blieb ungebrochen. *Andersen* und *Jordan* bestätigten *Friedmans* Sicht.[11] Sie stellen für die Jahre 1952 bis 1968 gleichfalls eine Dominanz der Geldpolitik fest.

Die Kritik setzt sowohl am theoretischen Konzept (der Exogenität der Geldmenge) als auch am gewählten Meßverfahren an. *Klein*[12] sucht die Ursachen für das Versagen der Fiskalpolitik außerhalb des monetaristischen Erklärungsmusters. Er macht Prognosefehler für den Mißerfolg der restriktiven Steuerpolitik verantwortlich. Einmal konnte der „unerklärliche Einkaufstaumel" der Konsumenten im dritten Quartal 1968 nicht erkannt werden, Preissteigerungstendenzen wurden unterschätzt, die dann die restriktive Fiskalpolitik überrollten. Die amerikanische Inflation 1970/71 sieht er als lohnkostenbestimmt an. Die Effizienz der Geldpolitik bestreitet er nicht, rückt sie aber ins zweite Glied.

Für die Bundesrepublik gibt *Neumann*[13] eine Konjunkturanalyse aus monetaristischer Sicht. Sowohl die Wende zum steilen Aufschwung aus der Rezession Mitte 1967 als auch die Abschwächung der Jahre 1970/71 sieht er als wesentlich durch monetäre Faktoren bestimmt an. Konjunkturrelevanten Einfluß räumt er daneben lediglich noch dem **Außenimpuls** (steigende Exportüberschüsse) ein.

Neumann sieht zwar eine „der Intention nach", aber keine „faktisch wirksame" Fiskalpolitik. Faktisch wirksam heißt bei ihm, in Zahlen ablesbar. Psychologische Wirkungen, die von der sichtbaren Entschlossenheit der Regierung ausgingen, das Wachstum zu erzwingen, der **„Vertrauensfaktor"**, wie *Neumark*[14] ihn nennt, spielt in seiner Konjunkturerklärung keine Rolle. Kritischer ist, daß er mit keinem Wort auf die **sprunghaften Gewinnsteigerungen** eingeht, die der Aufschwung brachte. Die erneute Auslastung vorhandener Kapazitäten, erfolgreiche Rationalisierungen während der vorangegangenen Rezession, lange Laufzeiten der Tarifverträge mit mäßigen Lohnsteigerungen ließen die Gewinne steil anschnellen und die Investitionen expandieren.

---

[11] *Andersen, L. C.* und *Jordan, J. L.:* Geld- und fiskalpolitische Maßnahmen: Ein Test ihrer relativen Bedeutung für die wirtschaftliche Stabilisierung, *Kalmbach, P.* (Hrsg.): Der neue Monetarismus, S. 217ff. *Friedman, M.:* Die Gegenrevolution, S. 60f.

[12] *Klein, L. R.:* Fiskalisch und monetär orientierte Modelle. S. 254ff. Vgl. auch *Gramlich, E. M.:* The Usefulness of Monetary and Fiscal Policy as Discretionary Stabilization Tools, Journal of Money, Vol. 3 (1971), S. 506ff.; *de Leeuw, F.* und *Kalchbrenner, J.:* Monetary and Fiscal Actions: A Test of Their Relative Importance – Comment, Review. Fed. Res. Bank of St. Louis, Vol. 51 (April 1969), S. 6ff.; *Cassel, D.* und *Thieme, H. J.:* Die US-Inflationsbekämpfung 1966 bis 1970: Einige Konsequenzen für die Bundesrepublik Deutschland, Kredit und Kapital, 4. Jg. (1971), S. 264ff.

[13] *Neumann, M. J. M.:* Zur relativen Bedeutung fiskalischer und monetärer Impulse, WSI-Mitteilungen, 26. Jg. (1973), S. 14ff.; dazu die Kritik von *Pohl, R.:* Bestätigt die westdeutsche Konjunktur von 1965 bis 1971 den Monetarismus? ebenda, S. 153ff. und die Erwiderung von *Neumann:* Hypothesen – Evidenz – Kritik, ebenda, S. 251ff.

[14] *Neumark, F.:* Fiskalpolitische Maßnahmen als Mittel der Konjunkturpolitik, Zeitschrift für betriebswirtschaftliche Forschung (N. F.), 20. Jg. (1968), S. 491

Auch die schnelle Wirkung der restriktiven Konjunkturpolitik im Jahre 1973 läßt sich vor dem Hintergrund der in den Vorjahren knapper gewordenen Gewinnspannen leichter verstehen. Durch wilde Streiks erzwungene Lohnerhöhungen verhinderten den üblichen **aufschwungsbedingten Gewinnanstieg.** Lohnpolitik und restriktive Konjunkturpolitik unterbanden ihn Hand in Hand. Angesichts des unerwartet geringen Gewinnanstiegs und der durch die entschlossene restriktive Haltung gedämpften Zukunftsaussichten gingen trotz hohen Auftragsbestandes die Bestellungen rapide zurück. Die Produktion (und damit der Beschäftigungsgrad) wurde ungeachtet der Bestände am laufenden Auftragseingang orientiert. Man schob die Auftragsbestände vor sich her, um gegen den für die Zukunft befürchteten Nachfragemangel gewappnet zu sein.

Neumann sieht die **Verteilungsstruktur** nicht als zyklisches Moment. Um das Geld auf den Thron zu heben, vernachlässigt er andere Faktoren, deren Bedeutung weithin als unstrittig gilt. Auch *Willms*[15] sieht „die Geldmenge als entscheidende Bestimmungsgröße" an, sowohl in der Kontrolle der Nachfrage als auch, wenn die Kapazitätsgrenzen erreicht sind, im nachfolgenden Inflationsprozeß. Er findet zwar gegenwärtig noch Lücken in der Steuerbarkeit der Geldmenge, hält sie jedoch durch binnen- und außenwirtschaftliche Maßnahmen (flexible Wechselkurse) für schließbar.

Die empirischen Befunde dürften auf absehbare Zeit keine schlüssige Antwort auf die Frage nach der relativen Effizienz von Geld- und Fiskalpolitik geben. Selbst wenn die Verfeinerung der Meßverfahren gelingt, ist auf dem langen Weg bis dorthin lediglich ein Schritt zurückgelegt. Noch genügt das Erfahrungsmaterial nicht. Den untersuchten Zyklen war stets ein kräftiger positiver Wachstumstrend unterlegt, der von einer verteilungskorrigierenden schleichenden Inflation begleitet wurde. Ob die expansive Kraft des Geldmengenkonzeptes ausreicht, wenn diese beiden Begleiter einmal fehlen, läßt sich heute nicht sagen. Die Beantwortung dieser Frage müssen wir der Zukunft überlassen.

5. Übertragungszeiten des monetären Impulses

Konjunkturpolitische Maßnahmen sind zukunftsbezogen. Bis die Entscheidungen getroffen sind und die Instrumente schließlich greifen, vergeht Zeit. Man spricht von Wirkungsverzögerungen (time lags). Sie beschreiben die zeitliche Struktur konjunkturpolitischen Handelns, an dessen Ende die Ziele, der angestrebte Beschäftigungsgrad und stabile Preise, stehen.

Ein sinnvoller Einsatz der Instrumente setzt eine zuverlässige Prognose voraus (vgl. das 3. Kapitel). Zwischen der Änderung der wirtschaftlichen Lage, ihrem Erkennen und der anschließenden Prognose liegt die erste, ge-

---

[15] *Willms, M.:* Der Inflationsprozeß in der Bundesrepublik und die Geldpolitik der Bundesbank, *Cassel, D.* u. a. (Hrsg.): 25 Jahre Marktwirtschaft in der Bundesrepublik Deutschland, Stuttgart 1972, S. 188 ff.

meinsam mit der Fiskalpolitik gegangene Etappe auf dem langen Weg der Geldpolitik, die **Erkennungsverzögerung** (recognition-lag).

Zeigt die Prognose einen Steuerungsbedarf an, wird über Gegenmaßnahmen beraten. Möglicherweise gehen schon im Entscheidungsgremium der Geldpolitik, dem *Zentralbankrat*, die Meinungen über den angemessenen Instrumenteneinsatz auseinander. Interessenvertreter können versuchen, sich auf dem Umweg über die Bundesregierung Gehör zu verschaffen. Mit dem Austausch der Argumente verstreicht Zeit. *Müller*[16] setzt mit Blick auf amerikanische Untersuchungen für die **Innenverzögerung** (umfaßt Erkennungs- und Entscheidungs- einschl. Verwaltungsverzögerung) einen Zeitraum von drei Monaten an. Er bleibt kurz, da der formal unabhängige Zentralbankrat keine parlamentarische Zustimmung suchen muß und über fein dosierbare Instrumente verfügt (die ausführliche Analyse der bei der autonomen Geldpolitik weitgehend ausgesparten politisch-administrativen Verzögerungen folgt bei der Betrachtung der Übergangszeiten des Fiskalimpulses nach).

Wir nennen die Zeit, die die Notenbank benötigt, um eines ihrer Zwischenziele (Zins oder Geldmenge) zu erreichen, **Zwischenverzögerung** (intermediate-lag).

Verzögerungen konjunkturpolitischer Maßnahmen

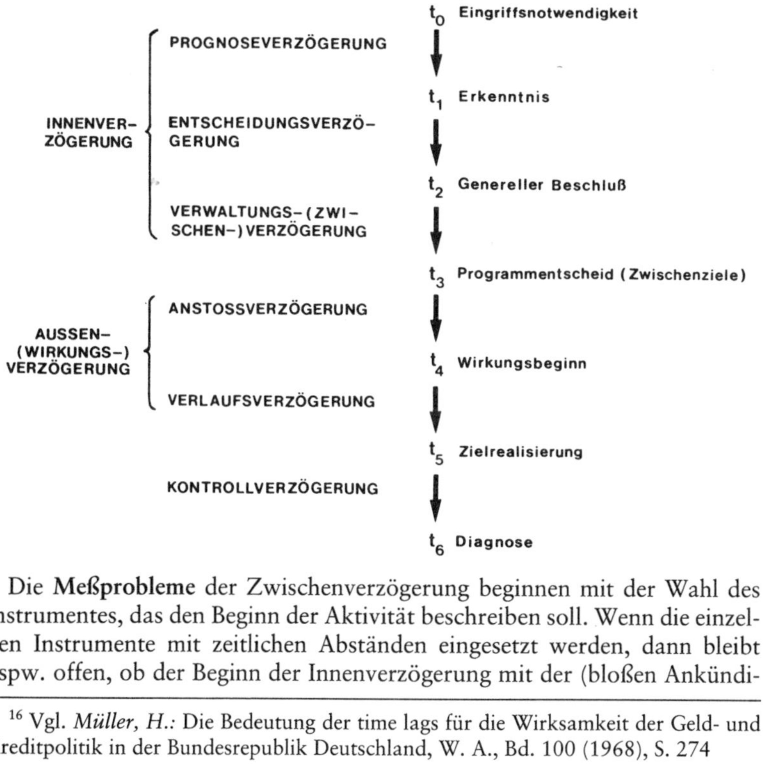

Die **Meßprobleme** der Zwischenverzögerung beginnen mit der Wahl des Instrumentes, das den Beginn der Aktivität beschreiben soll. Wenn die einzelnen Instrumente mit zeitlichen Abständen eingesetzt werden, dann bleibt bspw. offen, ob der Beginn der Innenverzögerung mit der (bloßen Ankündi-

[16] Vgl. *Müller, H.:* Die Bedeutung der time lags für die Wirksamkeit der Geld- und Kreditpolitik in der Bundesrepublik Deutschland, W. A., Bd. 100 (1968), S. 274

gungscharakter tragenden) Diskont- oder dem (massiven) Liquiditätsentzug der Mindestreservepolitik zu terminieren ist.

Die Länge der Zwischenverzögerung hängt zudem entscheidend vom *Maßstab* ab, an dem man die Wirkung des Mitteleinsatzes abliest. Am Beispiel der zahlreichen Geldmengenbegriffe läßt sich dies verdeutlichen: Man kann die Zwischenverzögerung für beendet ansehen, wenn die Geldbasis, die Zentralbankgeldmenge, M1 (Bargeld und Sichteinlagen), M2 (Bargeld und Termineinlagen bis vier Jahre) oder gar M3 (Bargeld und alle Einlagen) auf den Mitteleinsatz geantwortet hat.

Wird ein enger, unmittelbar angesprochener Geldmengenbegriff (z.B. die Geldbasis) zur Messung der Zwischenverzögerung gewählt, so dürfte die Zeitspanne zwischen dem Mitteleinsatz und der Antwort des monetären Impulses relativ kurz sein. Die Geldbasis gibt zwar sofort die Notenbankmaßnahmen wieder, sie bleibt dafür jedoch weit von der realen Aktivität entfernt, auf die die Geldpolitik letztlich zielt. Auch das Verhalten der Geschäftsbanken sollte sich im gewählten Geldmengenbegriff niederschlagen, denn sie können die Geldpolitik durchkreuzen und damit die Zwischenverzögerung verlängern.

Am **Beispiel** einer restriktiven Geldpolitik sollen die Ausweichmöglichkeiten der Banken kurz dargestellt werden: Trotz Diskonterhöhung können die Banken der *Bundesbank* im Rahmen ihrer Kontingente Wechsel präsentieren, Offenmarktpapiere mit Rückkaufzusage andienen oder Auslandsgelder zurückrufen. Wenn die Rediskontkontingente und die freien Liquiditätsreserven erschöpft sind, steht den Banken noch der Gang an den Geldmarkt offen, um den dringenden Liquiditätsbedarf zu befriedigen. All dies bewirkt, daß die Maßnahmen nur verzögert greifen.

Empirische Untersuchungen zeigen, daß mindestens sechs Monate vergehen, häufig aber eine noch längere Zeit verstreicht, bis sich der Einsatz der Instrumente im Geldvolumen niederschlägt. Legt man einen engeren Geldmengenbegriff (bspw. die Geldbasis) zugrunde, dann ändert sich zwar die **Lag-Struktur,** nicht aber die Gesamtverzögerung: Die Zwischenverzögerung wird kürzer, die **Außenverzögerung** (vom Zwischenziel bis zur realen Aktivität) dafür aber länger.

Da der **Zins** nicht dominierend durch den monetären Anstoß bestimmt wird, sondern gleichzeitiger Ausdruck von Angebot und Nachfrage ist, eignet er sich nicht für die Messung einer Zwischenverzögerung. Erhöhtes Geldangebot z.B. senkt den Zins und regt Investitionen (über den Vermögenseffekt den Konsum) an. Die Geldnachfrage steigt. Erwartete Zinssteigerungen empfehlen zudem die vorsorgliche Liquiditätshaltung. Trotz der Liquiditätsfreigabe beginnt der Zins zu steigen. Der Nachfrageeffekt dominiert die Wirkung der Liquiditätsfreigabe. Sie läßt sich nicht länger am Zins ablesen. Allenfalls in der Anfangsphase der Liquiditätsfreigabe, wenn die Nachfrage vom monetären Impuls noch nicht erreicht ist, kann der Zins die Zwischenverzögerung beschreiben.

Die gemessene **Außenverzögerung** (outside-lag) wird immer dann kurz sein, wenn die Zentralbank die Geldmenge nicht im Griff hat, wenn den Wirtschaftssubjekten ein Spielraum bleibt, M1 ihren Zahlungsnotwendigkeiten anzupassen, M1 also bloßer Reflex des Zahlungsbedarfes ist (umgekehrte

Kausalität). Sie wird lang sein, wenn der Impuls von der Geldpolitik ausgeht, wenn es wegen eines Nachfragemangels gilt, über den monetären Anstoß die reale Aktivität zu beleben. Hier muß der gesamte Übertragungsweg mit all seinen vorübergehenden Sperren zurückgelegt werden, bis die Letztnachfrage erreicht wird.

Friedman[17] berechnete anfangs die **Außenverzögerung,** indem er den zeitlichen Verlauf der Wachstums*rate* der Geldmenge mit der Entwicklung des Einkommens*niveaus* verglich. Die Wirkungsverzögerung beschreibt damit die zeitliche Differenz zwischen dem Maximum (Minimum) der *Wachstumsrate* der Geldmenge und dem relativen Maximum (Minimum) des Sozialprodukts. Auf diese Weise kam *Friedman* zu **sehr langen** und **stark schwankenden** Verzögerungen. Als durchschnittliche Zeitspanne zwischen dem Maximum der Wachstumsrate der Geldmenge bis zum Maximum des Sozialproduktes ermittelte er 16 Monate. Der entsprechende Durchschnittswert für den Zeitraum zwischen dem Minimum der Wachstumsrate der Geldmenge und dem Minimum des Sozialproduktes betrug 12 Monate. *Culbertson*[18] hat dieses Meßverfahren kritisiert: *Friedman* müsse aus arithmetischen Gründen zu einer dem Sozialprodukt vorauseilenden Geldmenge selbst dann kommen, wenn Geldmenge und Einkommen, *beide* gemessen am Niveau oder an den Wachstumsraten, synchron verlaufen. Durchläuft nämlich die gewählte Variable sinusförmige zyklische Schwingungen, so liegen die Maxima ihrer Wachstumsraten jeweils um eine viertel Zykluslänge vor den absoluten Maxima.

Rechtfertigen ließe sich der Erfassungsansatz *Friedmans* nur dann, wenn man nachweisen könnte, daß nicht die Geldmenge oder deren *absolute* Veränderung, sondern die Veränderungs*rate* kausal die wirtschaftliche Aktivität (gemessen am Niveau des Einkommens) beeinflußten.

Inzwischen hat *Friedman* die These von den extrem langen und variablen Wirkungsverzögerungen der Geldpolitik aufgegeben. Lediglich noch sechs bis neun Monate sieht er zwischen der *Änderung* der Geldmenge und dem gleichgerichteten *Anstieg* des Einkommens verstreichen. Zahlreiche andere Autoren stellen einen gleichlangen Nachlauf fest.[19]

Zwischem dem Anstieg der **freien Liquiditätsreserven,** auf den die Notenbank unmittelbar Einfluß hat, und deren Wirkung auf die industrielle Produktion sieht *Schips*[20] (1962–71) im Schnitt 16 Monate verstreichen. Berücksichtigt man, daß zwischen der Auftragsvergabe und der Produktion im gleichen Zeitraum im Mittel aufgrund des trendmäßig hohen Kapazitätsauslastungsgrades 9 Monate lagen, so spricht auch diese Untersuchung für eine relativ schnelle Wirksamkeit der Geldpolitik.

---

[17] *Friedman, M.:* Geldangebot, Preis- und Produktionsänderungen, *Dürr, E.* (Hrsg.): Geld- und Bankpolitik, Köln-Berlin 1969, S. 117 – 133

[18] *Culbertson, J. M.:* Friedman über den Wirkungslag der Geldpolitik, ebenda, S. 134–141

[19] Vgl. dazu den Überblick von *Ketterer, K. H. :* Probleme der Neo-Quantitätstheorie und der Geldmengenpolitik, Berlin 1975, S. 90f.

[20] *Schips, B.:* Lag-Hypothesen in makroökonomischen Konjunkturmodellen, *Ott, A. E.* (Hrsg.): Wachstumszyklen, Berlin 1973, S. 79ff.

Die **Preise** werden erst mit einer weiteren Verzögerung erreicht. Sie folgen im Schnitt der Änderung der Produktion zwei bis drei Quartale nach. Bleiben die Inflationserwartungen trotz leichter Rezession ungebrochen – wie 1972 in der BRD –, dann laufen die Preise ohne nennenswerte Verzögerung dem Auftragseingang nach. Sie steigen evtl. schon, bevor die Produktion ausgeweitet wird, wenn die Unternehmen Überwälzungen nachholen oder – weitergehend ihre Preispolitik (und die Gewerkschaften ihre Tarifpolitik) an der Geldmengenexpansion orientieren. Die – relativ gesehen zum Lastendruck und Nachfragesog – straffere Geldmengenpolitik der siebziger Jahre hat ihre Wirkung auf die Preise beschleunigen können (siehe Bild).

Anpassung der Preise an Geldmengenänderungen

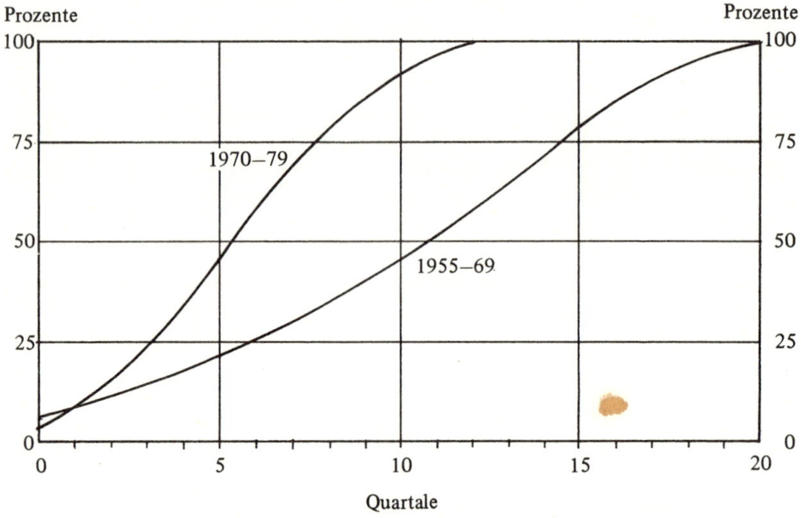

Quelle: Carlson, Keith M.: The Lag From Money to Prices, Federal Reserve Bank of St. Louis, Vol. 62, No. 8 (Okt. 1980), S. 6

Nach einer **tiefen Rezession** können dagegen trotz schnell steigender Nachfrage Preiseffekte längere Zeit ausbleiben. Die Gründe hierfür sind – wie bereits beschrieben – lange Laufzeiten der Tarifverträge und nicht zuletzt die Scheu der Unternehmen, nach einer langen Stabilitätsphase als erste mit höheren Preisforderungen vor die Kunden zu treten.

Auch die **Beschäftigung** reagiert häufig mit beträchtlicher Verzögerung auf die Belebung der Nachfrage. Da die Unternehmen Fachkräfte während der Rezession nach Möglichkeit durchhalten, können sie mit diesen den ersten Nachfrageanstieg bewältigen. Danach werden sie, wenn sie eine baldige Wende befürchten, Mehrarbeit vorziehen. Neueinstellungen erwägen sie erst dann, wenn das vorhandene Personal ausgelastet und ein weiterer Anstieg der Nachfrage erwartet wird.

Auch im **Abschwung** zeigen sich variable Verzögerungen. Während 1965/66/67 die Produktion und damit der Arbeitsmarkt lange Zeit von der Entwicklung auf der Nachfrageseite weitgehend unberührt blieb – die Investitionstätigkeit erreichte ihren Gipfel schon Mitte 1965 und ging von diesem Zeitpunkt an zurück, Auswirkungen auf die Beschäftigung zeigten sich erst im November 1966 (Verzögerung von 15 Monaten) – sind die Unternehmen heute *zyklusbewußter* und versuchen frühzeitig, durch Beschäftigungseinschränkungen den Auftragsbestand zu strecken. Höhepunkt der Investitionstätigkeit war in diesem Zyklus der Mai 1973, merkliche Beschäftigungsrückgänge zeigten sich schon im Oktober 1973 (Verzögerung von 6 Monaten), saisonbereinigt sogar schon seit demselben Monat.

Die Berechnungen der Verzögerungen können der Geldpolitik nur ungefähre Anhaltspunkte geben. Sie beschreiben die Lag-Struktur *vergangener* Zyklen, ermitteln dabei minimale, maximale und durchschnittliche Verzögerungen. Eine **veränderte zyklische Intensität** wird nicht ohne Einfluß auf den Zeitbedarf der Geldpolitik bleiben. Bei einer leichten Rezession auf dem Hintergrund ungebrochener Wachstumserwartungen wird die Nachfrage schneller auf eine expansive Geldpolitik ansprechen. Ein tiefer Einbruch wird sich dagegen häufig erst in einem langwierigen Prozeß, evtl. auch nur mit Unterstützung der Lohn- und Fiskalpolitik, die gemeinsam auf eine Verteilungskorrektur zugunsten der Investoren hinwirken, überwinden lassen.

6. Der Einsatz der Geldpolitik im Konjunkturzyklus

Die Geldpolitik, die lange Zeit im Schatten der Fiskalpolitik stand, rückt heute wieder stärker in den Mittelpunkt der konjunkturpolitischen Diskussion; dies weniger durch subtilere instrumentelle Vorschläge als vielmehr durch die strikte Forderung der **Monetaristen,** auf antizyklische Maßnahmen zu verzichten.

Sie leugnen nicht, daß die Geldpolitik die Gesamtnachfrage verändern kann, ihre antizyklische Wirkung sei in der Vergangenheit aber stets zu spät erfolgt und deshalb auf eine inzwischen veränderte konjunkturelle Situation getroffen und habe dadurch prozyklisch und nicht – wie gewollt – verstetigend gewirkt; kurz: Die Geldpolitik selbst sei in der Vergangenheit eine „Hauptquelle ökonomischer Störungen" gewesen.

Diesem **Vorwurf** wollen wir im folgenden nachgehen, dessen empirischen und theoretischen Gehalt überprüfen und versuchen, Auswege aus der gegenwärtigen Erfolglosigkeit der Geldpolitik aufzuzeigen.

a) Die fallweise Geldpolitik

Die Geldpolitik wirkt über das Bankensystem auf die Gesamtnachfrage, vorwiegend die Investitionen, ein. In der Rezession weitet sie entsprechend ihrer antizyklischen Zielsetzung dessen Refinanzierungsspielraum aus, um über den Geldmengeneffekt und Zinssenkungen die Nachfrage zu beleben. Drohen Preissteigerungen, weil die expandierende Nachfrage an die Kapazitätsgrenzen stößt, dann engt sie den Refinanzierungsspielraum ein. Zinssteigerungen und liquiditätsbedingte Kreditverweigerungen sollen die Nachfrage verringern.

So einfach wie dieses Rezept klingt, so schwierig ist es zu realisieren. Zu den **Prognoserisiken** kommt als weiteres erschwerendes Moment die **unzureichende Kontrolle über den Geldumlauf.** Die konjunkturelle Expansion trifft in der Regel (auch bei flexiblen Wechselkursen) auf einen elastischen Finanzierungsspielraum. Die Banken verfügen noch über freie Liquidität, zudem steht den Unternehmen die interindustrielle Verschuldung offen. Der Nachfragedruck und die konjunkturelle Sicherheit verdecken die steigenden Finanzierungsrisiken.

Im fortgeschrittenen Aufschwung ist zudem die verlangte Mindestrendite häufig weit überschritten. Da die Unternehmen an vielen Stellen der drängenden Nachfrage nicht mit den Kapazitäten folgen konnten, sehen sie einer verlangsamten Nachfrageexpansion anfangs gelassen entgegen (vgl. im 3. Kap. die S. 73ff).

Die gegenläufige, „paradoxe" Geld- und Fiskalpolitik im ausklingenden Boom

Ganz anders sieht das allerdings aus, wenn Liquiditätsengpässe drohen. Die Gewinnerwartungen sind mittelfristig orientiert, sie sinken allmählicher. Das Liquiditätsrisiko dagegen wird von der extrem kurzen Frist geprägt.

Die Unternehmen müssen unverzüglich auf eine veränderte konjunkturelle Situation reagieren, wenn die Liquidität im Boom bis an die Grenzen erschöpft ist. Drohen die zukünftigen Einnahmen zu sinken, dann müssen die heutigen Aufträge, die zu späteren Auszahlungen führen, gekürzt werden.

Ohne Liquiditätsdruck könnten die im Boom unerledigten Auftragsbestände und die aufgeschobenen Rationalisierungsinvestitionen einen von Multiplikator und Akzelerator bestimmten güterwirtschaftlichen Abwärtsprozeß auffangen. Mit den ersten Anzeichen einer restriktiven Wirkung setzt aber meist schon der **Wettlauf nach Liquidität** ein und damit gleichzeitig der Rückzug der gegen den Willen der Zentralbank im Aufschwung geschaffenen objektiven (durch interindustrielle Verschuldung) und subjektiven (durch eine verringerte Liquiditätspräferenz) Liquidität ein – in einem Moment also, in dem die konjunkturelle Fehlentwicklung dem gleichgewichtigen Verlauf einen Schritt nähergebracht ist, die Stabilität als erreicht erscheint. Eine deflatorische Abwärtsspirale droht.

Dieser Prozeß – wir nennen ihn den **monetären Verstärker** – ist die Nachwirkung des ständigen Liquiditätsentzuges und des Druckes der Nachfrage, die beide zusammen die Unternehmen während der vorangegangenen Expansionsphase zu außerbanklichen (und deshalb) risikoreicheren Liquiditätsquellen getrieben haben. Gelingt es nach weiteren Liquiditätsstillegungen, die Nachfrage – meist erst verspätet – noch zu kürzen, dann zwingt dieser momentane Erfolg den Unternehmen Ausgabenkürzungen zur Liquiditätssicherung auf. Die Restriktion wird ungewollt verschärft und führt in die Rezession, also zum anschließenden Mißerfolg der Geldpolitik führt.

Um den monetären Verstärker auszuschalten, hätte die Zentralbank schon bei den ersten Anzeichen einer nachlassenden güterwirtschaftlichen Expansion zusätzliche Liquidität in den Kreislauf zu geben, d.h. die angespannte

Geldpolitik zu lockern, um den Rückgang der außerbanklichen Mittel bzw. der steigenden Liquiditätspräferenz auszugleichen. Mit ihr gäbe sie den Unternehmen in der Phase sinkender Aufträge **externen finanziellen Rückhalt.** Sie könnten dann der weiteren Entwicklung mit mehr Ruhe entgegensehen.

Das behutsame Lockern der monetären Restriktionen heißt nun aber nicht unbedingt, daß die konjunkturpolitische Aufgabe erfolgreich abgeschlossen ist. Allein der monetäre Verstärker wird damit unterlaufen und das Netz befestigt, das den, aus dem verzögerten, dann aber harten Greifen der geldpolitischen Bremsen folgenden Abschwung auffangen kann.

Falls die bisherigen Dämpfungsmaßnahmen nicht genügen, kann es sinnvoll sein, zum **Ausgleich des expansiven Effektes** der vorbeugend aufgelokkerten Geldpolitik die Nachfrage mit fiskalpolitischen Mitteln zusätzlich zu kürzen und noch näher an die Angebotsmöglichkeiten heranzuführen, bevor die weitere Aufgabe der Entspannung Marktfaktoren überlassen werden kann. Ist die kontraktive Fiskalpolitik mit Geldstillegungen verbunden, so müßte dieser Entzugseffekt zusätzlich ausgeglichen werden. In diesem Fall stünden – zur gleichen Zeit getroffen – restriktive und expansive Maßnahmen nebeneinander, die aber auf verschiedene, aufeinanderfolgende Phasen des Zyklus zielen.

Auf den ersten Blick erscheint diese Strategie zwar widersprüchlich, man könnte fast sagen: paradox. Da die einzelnen Phasen des Zyklus aber jeweils kausal miteinander verknüpft sind, gleichsam aus den vorhergehenden erwachsen, hat eine Stetigkeitspolitik bei ihren Maßnahmen auch die Auswirkungen auf die zukünftigen Phasen mit in das Kalkül einzubeziehen. Sie muß gegebenenfalls schon bzw. noch während der Restriktionen **Vorsorge** treffen, um deren mögliche übertreibende, nicht gewollte Folgen, z.B. den monetären Verstärker, zu mildern.

Maßnahmen einer **gesamtzyklischen Politik** müssen keineswegs immer und unbedingt gleichzeitig und gleichgerichtet getroffen werden – wie es üblicherweise gefordert wird – oder gleichmäßig wirken. Sie haben nicht lediglich eine Situation zu verändern, z.B. eine Übernachfrage abzubauen. Mit ihnen wollen wir den gesamten Zyklus in die Hand bekommen, d.h. die konjunkturellen Schwankungen minimieren. Und hierzu kann es nötig werden, daß monetär expansive und fiskalpolitisch restriktive Mittel zwar zur gleichen Zeit eingesetzt, aber aufeinanderfolgende Phasen, das eine vorbeugend, das andere gegen die jetzige Übersteigerung gerichtet, vorübergehend nebeneinander bestehen.

Die **prophylaktische Lockerung** der monetären Restriktionen gewährt zwar zusätzliche Überwälzungsspielräume, verletzt also – auf den ersten Blick – das Ziel Preisniveaustabilität. Auf längere Sicht kann sie aber auch positive, d.h. hier preisdämpfende Wirkungen haben, falls sie den Abschwung in der Nähe des Vollbeschäftigungspfades auffängt, die Produktions- und Investitionsausfälle mindert und damit den Kapazitätsspielraum ausdehnt, in den die Nachfrage hineinwachsen kann, ohne preissteigernd zu wirken.

In der vorgeschlagenen **„paradoxen" Konzeption** wird ein Teil der restriktiven Kompetenzen im ausklingenden Boom von der Notenbank auf die Fiskalpolitik übertragen. Sie stellt hohe Anforderungen an die fiskalpolitischen Instanzen, die bei restriktiven Maßnahmen in der Regel zahlreiche parlamentarische und außerparlamentarische Widerstände zu überwinden haben. Es ist deshalb zweifelhaft, ob die konjunkturpolitische Praxis unserer theoretischen Konzeption in absehbarer Zeit folgen kann.

Wir fassen zusammen: Bezogen auf die Restriktionen im späten Boom können wir *Friedman* beipflichten. Die restriktive Geldpolitik trägt im ausklingenden Boom zwar dazu bei, diesen zu verkürzen, aber meist erst dann, wenn sich dessen Ende ohnehin abzeichnet. Sie löst damit aber den **monetären Verstärker** aus, der die Fahrt in die Rezession wesentlich beschleunigt.

Ein Verzicht auf eine restriktive Geldpolitik, die die Wende erzwingen will, hätte eine stetigere Entwicklung gebracht. Das soll aber noch lange nicht heißen, daß wir für einen generellen Verzicht auf antizyklische Geldpolitik plädieren; nur für diese eine Phase, den ausklingenden Boom, gilt unser Urteil, d.h. es ist *phasenbezogen*. Unsere geldpolitische Strategie, die wir dem *Friedman*'schen Konzept und der konventionellen Geldpolitik gegenüberstellen wollen, soll aber Antworten für den *gesamten* Zyklus und die durch ihn gestellten Fragen an eine Stetigkeitspolitik geben.

Verzögerte Wirksamkeit der Geldpolitik

In der Rezession wirkt die Zentralbank ihrer antizyklischen Konzeption entsprechend auf niedrigere Zinsen hin. Um die restriktionsbedingten hohen Sätze des vergangenen Booms auf ein Niveau zu drücken, das die sinkende Nachfrage auffängt, Kreditwünsche, d.h. neben einer finanziellen Konsolidierung auch Investitionen hervorruft (und den Konsum anregt), bedarf es einer bestimmten Zeit, da die Notenbank in der Regel den *gegenwärtig* geltenden Refinanzierungsspielraum verändert, die Unternehmen (und Haushalte) aber vor allem *langfristige* Zusagen der Banken verlangen.

Der **Kapitalmarktzins** steht zwischen zwei erwartungsbestimmten Polen. Auf ihn wirkt (1) die vermutete zukünftige Zinsentwicklung, die abgeleitet wird aus Erfahrungen, evtl. modifiziert durch situationsspezifische Momente – durch sie wirft die Restriktionspolitik noch ihren Schatten auf eine nachfolgende monetäre Expansion –, und (2) die angenommene Dauer der auflockernden Maßnahmen.

Anfangs (bspw. Nov. 1974 bis Jan. 1975), wenn die Zinssenkungserwartungen Kursgewinne versprechen, greifen die Liquiditätsausweitung und der fallende Geldmarktzins zügig auf den Kapitalmarkt über, geraten dann aber bald ins Stocken, wenn sich das Ende der Kursgewinne abzeichnet, weil für mittlere und längere Fristen wieder steigende Zinsen erwartet werden (Mai 1976).

Eine in früheren Zyklen ausgeprägte, schnell von Expansion auf Restriktion umschaltende Politik läßt auch jetzt auf eine rasche Wende und damit nur kurze Zeit billigen Geldes schließen. D.h., die Art des früheren Einsatzes der geldpolitischen Mittel bestimmt deren jetzige Wirksamkeit, hier den Einfluß auf den langfristigen Zins. Sie unterbricht den Übertragungsweg. Die Liquidität staut sich im „Vorhof" des Kapitalmarktes. Die Zeit wird lang, bis die widerrufbare Liquiditätsfreigabe den langfristigen Kredit erreicht. Sie ließe sich allerdings verkürzen, wenn man den Kapitalmarkt in die Offen-

Renditenstruktur am Rentenmarkt 1978 bis 1982

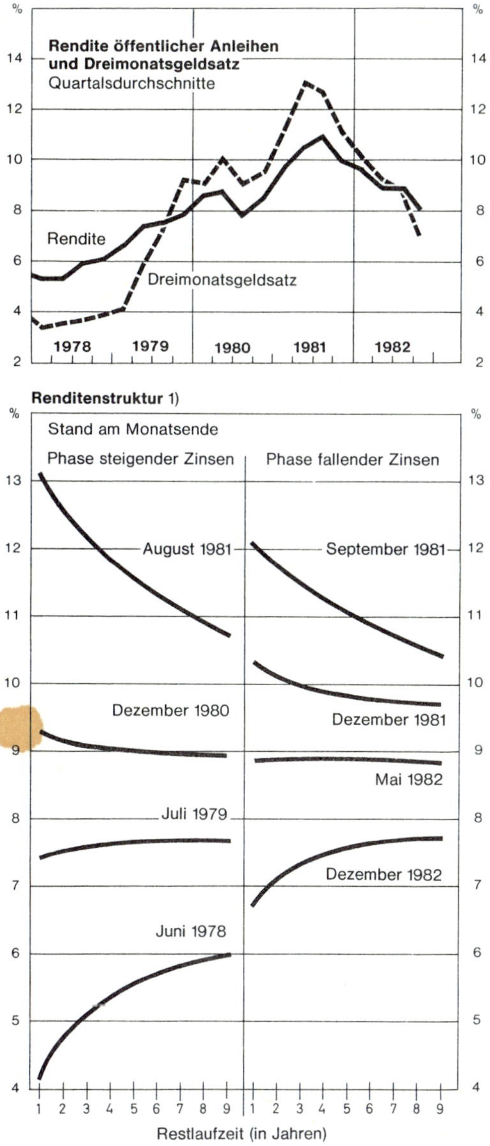

1) Regressionslinien für die Umlaufsrenditen tarifbesteuerter Anleihen von Bund, Bahn und Post; ab Anfang 1981 bereinigt um Kuponeffekte.

Quelle: Monatsberichte der Deutschen Bundesbank, Januar 1983, S. 22 marktpolitik einbezöge, mit der Geldpolitik also näher an die Letztnachfrage heranginge.

Um das **langsame Sinken der Zinsen** (bzw. den Anstieg der Geldmenge) zu beschleunigen, werden deshalb bei anhaltender Unterbeschäftigung die Liquiditätsschleusen weit geöffnet (vgl. die Abb. auf S. 190). Das hilft zweifelsohne. Ausmaß und Schnelligkeit des Zinsrückgangs reichen aber dennoch in der Regel nicht aus, um den schon begonnenen Abschwung noch aufzufangen. Die Zentralbank hat dann zwar auf ihrer Seite die Liquidität freigegeben, die unsichere konjunkturelle Entwicklung hält die Unternehmen und Haushalte aber noch eine Zeit davon ab, im notwendigen, die Vollbeschäftigung sichernden Umfang die von den Banken bzw. dem Kapitalmarkt vermittelten zinsgünstigeren Kredite aufzunehmen. In Erwartung weiterer Zinssenkungen werden Finanzierungslücken aus dem kurzfristigen Geldmarkt gedeckt, wodurch zeitweise die Geldmarktzinsen über den Sätzen am Kapitalmarkt liegen können.

Mit dem Gelingen der expansiven Politik, zu dem auch fiskalpolitische Mittel oder ein wachsender Exportüberschuß beigetragen haben können, und dem sich allmählich verstärkenden Aufschwung fallen dann aber auch auf der Seite der Investoren und Konsumenten die psychologischen Sperren. Die von der Zentralbank zur Unterstützung der Zinssenkungstendenz freigegebenen Mittel werden zunehmend beansprucht.

Frühzeitige Eingriffe mit dem Ziel, die Liquidität der *späteren* Nutzung zu entziehen, wären deshalb notwendig, um den verspäteten und dann ungewollten expansiven Effekt zu verhindern. Da der Liquiditätsabbau Zeit erfordert, müßte damit schon begonnen werden, *bevor es* von der Entwicklung der Nachfrage her gesehen notwendig wird zu bremsen. Das Binden der Liquidität darf aber nicht den beginnenden Aufschwung hemmen. Es soll lediglich die Voraussetzung für eine spätere, ohne längere Verzögerung wirksame restriktive Geldpolitik schaffen. Der jetzige quantitative und qualitative Liquiditätsbedarf soll erfüllt, allein dem zukünftigen soll widersprochen werden können. Mit anderen Worten: Der Entzug soll noch nicht nachfragewirksam werden, nur **instrumentelle Vorsorge** wird getroffen, um den erwarteten, schon programmierten Boom effizienter dämpfen zu können.

Die Notenbank setzt damit aber gleichzeitig ein **Zeichen.** Ihr Handeln kann – und wird wohl auch – ausgelegt werden, als sähe sie schon jetzt eine Notwendigkeit, gegen den Aufschwung, d.h. im Moment vor allem gegen die steigenden Investitionen, vorzugehen. Auch das bloße Vorbereiten des späteren Mitteleinsatzes greift eine noch nicht gefestigte Investitionsbereitschaft an der noch **offenen psychologischen Flanke** an. Unternehmen, die ihre Investitionen den gestiegenen Absatzerwartungen anpassen wollten, werden ihre Pläne revidieren und evtl. erst die weitere Entwicklung abwarten, wenn sie baldige wirksame Restriktionen fürchten.

Risiken bergen insbesondere **spekulative Momente.** Die Erwartung steigender Zinsen hält zur *Vor*-Finanzierung geplanter Investitionen an, während andererseits das Liquiditätsangebot zurückgehalten wird. Der Zins kann sich erwartungsbedingt von seiner realen Basis lösen und die auflebende Investitionsbereitschaft „ersticken“.

Der **Signaleffekt** einer vorsorgenden Geldpolitik, die allein die momentan noch „faule“, später aber den Boom finanzierende Liquidität stillegen will, kann die sich sonst mit der Expansion verstärkende Investitionsneigung abbrechen. Der Aufschwung kippt dann, noch bevor er die Vollbeschäftigungsgrenze erreicht hat. Der Signaleffekt bindet deshalb der Notenbank so lange die Hand, bis die Expansion sich gefestigt hat, bis sie nicht mehr auf Zeichen allein reagiert, die psychologische Flanke also von der konjunkturellen Auftriebskraft geschlossen ist. Während eine erst dann einsetzende restriktive Geldpolitik die erste durch die Liquiditätsschwemme in der Rezession selbsterrichtete Hürde überwindet, baut aber der Nachfragesog des Aufschwungs schon die nächste mit den außerbanklichen Quellen und der sinkenden Liquiditätspräferenz auf.

Zusammengefaßt heißt das: In der Rezession verzögert sich die expansive Wirkung der auflockernden Kreditpolitik. Nicht benötigte quantitative Liquidität muß freigegeben werden, um sie qualitativ zu verbessern, den Kapitalmarktzins zu senken. Der Signaleffekt hindert den rechtzeitigen Abbau dieses Überschusses, der später den eingeleiteten Aufschwung beschleunigen hilft. Ein späteres Anziehen der geldpolitischen Schraube dämpft nach langer Verzögerung die Nachfrage zwar, kann aber über den monetären Verstärker in die Rezession führen.

Zeitlich abgestimmte Geld- und Fiskalpolitik

Die Geldpolitik der Vergangenheit war bisher stets den sichtbaren konjunkturellen Übersteigerungen entgegengerichtet, teils beabsichtigt, teils gezwungen durch die genannten Verzögerungen, die sie jeweils erst verspätet greifen ließen. Meist reagierte sie sogar erst auf die steigenden Preise, die der Nachfrage mit zeitlichem Abstand folgen. Die extremen Situationen aber erforderten außergewöhnliche Anstrengungen, die sich, in die entgegengesetzten Richtungen gehend, infolge der kurzen vier- bis viereinhalbjährigen Zyklen zudem häufig gegenseitig behinderten, da die in der vorangegangenen Phase geschaffenen monetären Bedingungen nicht rechtzeitig geändert werden konnten. Zu erkennen, daß diese Politik erfolglos bleiben muß, darf aber nicht heißen, daß monetäre Mittel ganz allgemein untauglich sind, Konjunkturschwankungen zu mindern.

Der Zyklus besteht nicht nur aus Rezession und Boom. Dazwischen liegen die Phasen des Auf- und Abschwungs, in denen sich die konjunkturelle Schubkraft entfaltet. Diese Tatsache ist zwar allgemein bekannt, wird aber in der konjunkturpolitischen Diskussion kaum beachtet, da Rezession und Boom als markante Einschnitte die Aufmerksamkeit meist allein auf sich ziehen. In den **Zwischenphasen** schon könnte versucht werden, die konjunkturelle Entwicklung näher an den angestrebten Wachstumspfad heranzuführen; denn die expandierende, in die Kapazitäten hineinwachsende Nachfrage reagiert noch wesentlich feinfühliger auf antizyklische Maßnahmen.

Solange der Aufschwung die Auftragsbücher und die Kassen noch nicht gefüllt hat, besteht die Möglichkeit, mit kleineren, noch ohne längere – deshalb häufig mit prozyklischen Wirkungsverzögerungen – gehbaren Schritten die Gesamtnachfrage zu steuern. Das **konjunkturelle Risiko,** das von fein abgestuften Maßnahmen ausgeht, wird geringer, weil diese wesentlich leichter korrigierbar sind. Die Politik wird *elastischer, ruhiger* und *transparenter,* da sie keine unvorhersehbaren Wenden – mit kaum abschätzbaren psychologischen Wirkungen – kennt, sondern *gleitend* der Entwicklung angepaßt werden kann.

Zusammengefaßt heißt das: Die Geldpolitik sollte nicht so gehandhabt werden, daß sie die Wirtschaft in der Rezession mit Liquidität überhäuft, deren langwieriger Abbau eine effiziente Geldpolitik im Aufschwung verzögert (in kurzen Zyklen sogar ausschließt), in einer Phase also, in der durch sie ein Boom, dessen Überwindung dann wiederum außergewöhnlich scharfe, (jetzt) restriktive Maßnahmen erfordert, verhindert werden könnte. Um ein **Bild** zu gebrauchen: Der monetäre Anzug soll maßgeschneidert sein; nicht einmal schlottern, das andere Mal die Luft abpressen.

Zeichnet sich gleichwohl eine Übersteigerung ab, dann sollte die Geldpolitik im ausklingenden Boom vorzeitig den Druck lockern, ihn auf keinen Fall aber noch verschärfen, und die weitere Dämpfung, die sie zwar auch erzwingen könnte, der Fiskalpolitik überlassen. Eine **abwartende Geldpolitik,** die sich darauf konzentriert, den aus der oberen Wende folgenden Abschwung aufzufangen, hat dann bessere Möglichkeiten – vom ausgeschalteten monetären Verstärker einmal ganz abgesehen.

Ein nicht leistungsfähiger Kapitalmarkt zwingt die Unternehmen, verstärkt auf eigene Mittel zurückzugreifen, d.h. der Geldpolitik auszuweichen, sie ineffizienter zu machen. Investitionen werden dadurch evtl. nicht nur im Boom (das ist gewollt), sondern auch in der nachfolgenden Rezession (hier jedoch unerwünscht) zurückgestellt, bis interne Mittel verfügbar sind.

Der Verzicht, an der Liquiditätsschraube weiterzudrehen, hält den Übertragungsweg funktionsfähig. Die Kanäle, in denen das kurzfristige Geld zum langfristigen Kredit fließt, bleiben erhalten. Die freigegebene Liquidität findet in der Rezession entsprechend schneller und reichlicher – ohne sich hier und dort an **erwartungsbedingten Sperren** zu stauen – den Weg zum Kapitalmarkt und schafft Finanzierungskonditionen, die die Nachfrage stützen und Investitionen anregen.

Gelingt es mit dieser **vorzeitig auflockernden Konzeption,** den Nachfrageabfall näher am mittelfristig angestrebten Wachstumspfad aufzufangen, so erleichtert sich damit gleichzeitig die nachfolgende expansive Politik. Die Gewinnerwartungen und die Kapazitätsauslastungsgrade sind dann nicht so weit gesunken. Die Unternehmen greifen schneller anregende monetäre Impulse auf und vervielfältigen sie über Investitionen oder Lageraufbau. Bleibt die den Abschwung auffangende Politik dagegen erfolglos und sinkt die Nachfrage weiter ab, sollten *auch dann nicht* die Banken mit Liquidität überhäuft werden, um noch stärker auf den Zins zu drücken, sondern fiskalpolitische Mittel für die konjunkturelle Belebung genutzt werden.

Im entfalteten und sich weiter verstärkenden Aufschwung brauchte dann nicht soviel – vorübergehend zwar *funktionslose,* später aber den Boom finanzierende – Liquidität abgetragen zu werden. Die Geldpolitik griffe früher, ohne daß sie ein vorzeitiges Kippen durch den **Signaleffekt** einer vorsorgenden Geldpolitik riskieren müßte. Schon der beginnenden Übersteigerung könnte mit dieser Strategie gewehrt werden, also noch bevor ein Nachfragedruck den Bremsweg verlängernde Auswege zu außerbanklichen Quellen öffnet und die Liquiditätspräferenz senkt.

Mit unseren Ausführungen verfolgten wir **zwei Ziele.** Wir wollten die Ursachen für die verspätete und deshalb meist prozyklische Wirkung der konventionellen Geldpolitik herausarbeiten und daran ansetzend Wege aufzeigen, um diesen unerwünschten Effekt wenigstens begrenzen, wenn nicht gar gänzlich ausschalten zu können. Die vorgeschlagene Therapie wies den Weg zu effizienteren Einsatzmöglichkeiten der Geldpolitik: Ist die ausgeprägte Übersteigerung einmal eingetreten, weil die konjunkturelle Dynamik die Wirkung der antizyklischen Mittel überwog, so sind die Möglichkeiten der Geldpolitik, diese nachträglich durch Liquiditätsentzug zu kompensieren, ohne gleichzeitig dadurch den Grundstein für die nächste, wiederum übertreibende Gegenbewegung in die Rezession zu legen, eng begrenzt. Eine Geldpolitik aber, die weniger auf die Extreme und mehr auf die Zwischenphasen gerichtet ist, kann es eher erreichen, die wirtschaftliche Entwicklung in die Hand zu bekommen. Diese **gesamtzyklische Strategie** ist nicht mehr allein kurzfristig ausgerichtet, sondern beachtet bei ihren Eingriffen die Auswirkungen auf die folgenden Phasen. Sie verzichtet u.U. auf den heutigen Einsatz eines Mittels zugunsten einer späteren Phase, in der es dadurch geeigneter genutzt werden kann und vollendet die jetzige Aufgabe mit Instrumenten aus anderen Bereichen der Konjunkturpolitik.

b) Das trendorientierte Geldmengenkonzept

Die Monetaristen schließen aufgrund empirischer Analysen, daß die fallweise Geldpolitik kein geeignetes Mittel sei, den Zyklus zu verstetigen. Und – weitergehend – sie sei selbst *Ursache* konjunktureller Übersteigerungen, ein Faktor also, der Zyklen bildet und nicht einebnet. Sie fordern deshalb den Verzicht auf eine Geldpolitik, die den kurzfristigen Ausgleich sucht und rufen nach einem **trendbezogenen Geldmengenkonzept.**

Lediglich die stabilisierenden Effekte eines stetig wachsenden öffentlichen Ausgabenprogramms, das in Verbindung mit einem trotz unverändertem Steuersystem mit dem Zyklus schwankenden Steueraufkommen zu entsprechenden antizyklischen Defiziten oder Überschüssen des Budgets führt, sollen in Ergänzung des starren Geldmengenkonzepts genutzt werden („stabilizing budget policy“) – bei gleichzeitiger außenwirtschaftlicher Absicherung durch flexible Wechselkurse.[21]

Die **Geldmenge** soll kontinuierlich, mit einer festen jährlichen Rate steigen. Als wichtig sieht *Friedman* hierbei nicht deren Höhe an, sondern daß überhaupt ein fester Satz gewählt wird (S. 71f.).

Er behauptet nun nicht, daß mit diesem trendorientierten Geldmengenkonzept konjunkturelle Schwankungen ganz auszuschließen seien. Er sieht auch die **Reibungen beim Übergang** von einer inflatorischen zu einer auf stabile Güterpreise und schließlich auch auf stabile Faktorpreise bzw. auf einen nominellen Zinssatz von Null (S. 53) zielenden Geldmengenausweitung (S. 69). In seinem langfristigen Konzept unterstellt er eine enge Beziehung zwischen der von der Zentralbank kontrollierbaren Geldmenge, dem nominellen Volkseinkommen und dem Preisniveau. Im Konjunkturverlauf und

---

[21] *Friedman, M.:* Die optimale Geldmenge, S. 135ff.

nicht zuletzt durch antizyklische monetäre Maßnahmen wird der enge Zusammenhang zwar gestört; *Friedman* glaubt aber, daß sich durch die Vorgabe eines langfristigen Geldmengenrahmens auch die kurzfristigen Verhaltensweisen bzw. Erwartungen stabilisieren und damit extreme konjunkturelle Ausschläge ausschließen lassen. Auf eine konjunkturelle Feinsteuerung, die er bei dem heutigen Kenntnisstand, vor allem in Anbetracht der unzureichenden Diagnose- und Prognosefähigkeiten und der Durchsetzungsverzögerungen im politischen Bereich als eher prozyklisch denn verstetigend ansieht, will er verzichten.

Das Geldmengenkonzept vermeidet zwar die Gefahr einer fehlerhaften Konjunktursteuerung aufgrund von Mängeln in der Konjunkturprognose, es kann aber nicht die **Risiken trendbezogener Vorausschätzungen** ausschalten. Die Frage, welcher Prognosehorizont, Trend- oder Konjunkturvorausschau, das größere Risiko birgt, läßt sich kaum entscheiden; meist sind beide ohnedies eng miteinander verbunden und auf die gleichen Ursachen zurückzuführen.

In diesem Zusammenhang sei daran erinnert, daß während der Rezession 1966/67 unter dem Eindruck der Krise sowohl die kurzfristige als auch die längerfristigen Wachstumsprognosen beträchtlich von den Steigerungsraten abwichen, die die Jahre danach brachten. Eine Geldpolitik, die sich streng an den geschätzten niedrigen Wachstumsraten orientiert hätte, hätte sicher nicht die hohen realen Wachstumsraten der Jahre 1968–70 zugelassen.

Am Geldmengenkonzept kritisiert wird – wie bereits in einem anderen Kapitel (vgl. S. 202ff.) ausgeführt – hauptsächlich die **unzureichende Steuerbarkeit der monetären Normgröße.** In der Kritik vernachlässigt erscheint uns die durchaus offene **Frage der Anpassungsfähigkeit von Löhnen und Preisen** an eine vorgegebene Geldmengenausweitung. Es ist zweifelhaft, ob die erforderliche Wettbewerbsintensität herstellbar ist, die die Preise (nach unten) flexibel hält,[22] bzw. ob es überhaupt sinnvoll ist, diesen Grad unter den heutigen technischen und finanziellen Bedingungen noch zu verwirklichen.

Vor allem aber die **Flexibilität der Löhne** (und die nach oben) – in einem auf Preisniveaustabilität gerichteten Geldmengenkonzept hätten sie entsprechend der Produktivität zu steigen – scheint in einem gewerkschaftsfreien Wirtschaftssystem nur unzureichend gesichert zu sein, solange ein hoher Beschäftigungsgrad nicht für den notwendigen Wettbewerb auf dem Arbeitsmarkt sorgt. Die Vermutung, daß sich das Wachstum (und damit der Beschäftigungsgrad, der die Wettbewerbsintensität und damit wiederum den Lohnanstieg bestimmt) ohne Lohndruck verlangsamt, läßt sich zwar mit theoretischen Argumenten begründen, empirisch aber kaum bzw. nur unzureichend belegen.

Die verstetigende Wirkung des „stabilen Rahmens" auf die Verhaltensweisen der Investoren und Konsumenten wird kaum bestritten. Anhaltende

---

[22] Das sieht auch *Friedman* („True, wages and prices might be sticky and decline only slowly"), aber er sieht darin lediglich eine hinnehmbare Verzögerung des marktgesteuerten Anpassungsprozesses. *Friedman, M.:* What Price Guideposts, *Shultz, G. P.* und *Aliber, R. Z.* (Hrsg.): Guidelines. Informal Controls and the Market Place, Chicago-London 1966, S. 21

Nachfrageschwankungen können sie allerdings verzögern. Das Fortdauern von Zyklen stellt die Disponenten vor die Frage, ob sie ihre Entscheidung an der schwankenden Nachfrage oder an dem stabilen Geldmengenrahmen ausrichten sollen.

Mit der Forderung auf kurzfristig wirksame stabilisierende Maßnahmen zu verzichten, verlangt *Friedman* von der amtierenden Regierung, daß sie Phasen der Unterbeschäftigung bzw. steigender Preise duldet. Er schreibt ihr indirekt eine bestimmte Gewichtung der wirtschaftspolitischen Ziele vor. Gegenwärtige Ungleichgewichte sollen zugunsten einer zukünftig zielgerechten Allokation hingenommen werden. Der Regierung soll es z.B. verwehrt bleiben, ihrem Ziel – permanente Vollbeschäftigung, evtl. sogar unbedingte Vermeidung von Arbeitslosigkeit – gemäß zu handeln. Sie könnte durch das trendorientierte Regelsystem gezwungen werden, vorübergehend Unterbeschäftigung zu dulden, zu warten bis Marktfaktoren die Unterbeschäftigung heilen. Diese „Lücke" der regelgebundenen Konjunkturpolitik, die **Bindung zukünftiger wahlabhängiger Regierungen** mit möglicherweise unterschiedlichen Prioritäten, wird leider zu selten gesehen und bei der Abwägung beider Konzepte kaum berücksichtigt.

Das Geldmengenkonzept läßt prinzipiell der fallweisen wie auch der regelgebundenen Fiskalpolitik freie Hand. Es gibt lediglich den monetären Rahmen vor, innerhalb dessen die Steuer- und Ausgabenpolitik nach Bedarf restriktiv oder expansiv eingesetzt werden können. Ihre Aktivität bleibt allerdings auf den „reinen" Fiskaleffekt beschränkt. Geldschöpfende Budgetdefizite bzw. geldvernichtende Überschüsse bleiben konzeptgemäß ausgeschlossen.

Denkbar wäre außerdem noch ein – indikatorgebundener – **„Notausgang"** aus dem starren Geldmengenkonzept. Bei Arbeitslosen- oder Preissteigerungsraten, die ein tolerierbares Ausmaß übersteigen, könnte die Geldmengenregel außer Kraft gesetzt und zur Handsteuerung übergegangen werden oder – als Vorstufe – der Geldmengenrahmen je nach Bedarf – evtl. auch wieder indikatorgebunden – erweitert oder eingeengt werden, um die ausgleichende Wirkung zu verstärken. Notausgang und freie Hand für die Fiskalpolitik im Rahmen des Geldmengenkonzeptes weisen auf mittlere Wege hin, auf denen die Zukunft der Konjunkturpolitik zu suchen sein wird.

7. Grenzen der Geldpolitik bei rationierten Kreditmärkten

Obgleich hinsichtlich der Übertragung monetärer Impulse auf den realen Sektor unterschiedliche Hypothesen diskutiert werden (vgl. Kapitel 7.4.), hängt die Wirksamkeit geldpolitischer Eingriffe in allen Transmissionsmechanismen wesentlich vom Verhalten der institutionellen Kreditgeber ab. In jedem theoretischen Ansatz nehmen die Zentralbankmaßnahmen regelmäßig ihren Anfang bei den Kreditinstituten.

In der klassischen Argumentation wird davon ausgegangen, daß es sich bei dem Kreditmarkt um einen vollkommenen Markt handelt. Der Zins erfüllt alle Aufgaben eines Preises auf funktionsfähigen Märkten, das Kreditangebot und die -nachfrage sind (typisch) zinsreagibel. Soweit die Ausstattung mit Zentralbankgeld eine Ausdehnung des Kreditvolumens zuläßt, beantworten (gewinnmaximierende) Banken eine Zunahme der Nachfrage mit einer Ausweitung des Angebots bei steigenden Zinssätzen. Es kommt – in vollständiger Analogie zu Gütermärkten – zu einem preisabhängigen Gleichgewicht auf dem Kreditmarkt.

Nähert man sich der Realität und berücksichtigt das Risiko der Kreditvergabe, so präsentiert sich der Kreditmarkt als unvollkommener Markt. Neben der unzureichenden Homogenität der Güter sind vor allem die für Schuldner und Gläubiger offenkundige mangelnde Markttransparenz bzw. ein ausgeprägtes Informationsgefälle zwischen den Marktteilnehmern als Begründung anzuführen. Einen wesentlichen Einfluß auf das Bankenverhalten hat die Bonität, also die persönliche und materielle Kreditwürdigkeit des antragstellenden Unternehmens. Nicht die (mengenmäßige) Kreditnachfrage an sich ist für die Banken maßgebend, sondern die begründbare Absicht, nur (nachweisbar) (rück-) zahlungsfähige Nachfrager mit Fremdmitteln zu bedienen. Im Vorfeld der Kreditvergabe werden Gläubiger daher versuchen, die Bonität (etwa repräsentiert durch die Eigenkapitalausstattung oder das Finanzierungspotential) des Schuldners zu ermitteln.

Der Kreditzins als Regulativ von Angebot und Nachfrage auf Kreditmärkten verliert dadurch seine (behauptete) alleinige Allokationsfunktion. Unter Berücksichtigung der Informationsasymmetrie zwischen Schuldner und Bank wird das Kreditinstitut bei alternativen Nachfragern nicht stets dem Kunden mit dem höchsten Zinsangebot ein Darlehen zusagen. Die Begründung liegt im Verhaltensspielraum des Kreditnehmers. Zum einen verfügt das antragstellende Unternehmen in der Regel über einen Informationsvorsprung bei der Einschätzung von Erfolgsaussichten für geplante Investitionsprojekte. Zum anderen erfährt der Investor früher und direkter von möglichen Änderungen der Rahmenbedingungen – etwa Kostensteigerungen oder Nachfrageeinbußen –, die dann ohne größere Verzögerung zu Anpassungsreaktionen der Unternehmung führen können. Dadurch wird jedoch das Verlustrisiko der Bank (nach der Kreditvergabe) vom Schuldner beeinflußbar, ohne daß der Kreditgeber unmittelbar Gegenmaßnahmen treffen kann.

Wenig Aussagekraft ist dem Zins als Auslesekriterium beizumessen. Läßt auf Gütermärkten die Zahlungsbereitschaft eines Nachfragers auch auf dessen Zahlungsfähigkeit schließen, weil Bezahlung und Übergabe des gehandelten Gutes gleichzeitig stattfinden, so liegen bei der Kreditvergabe Leistung (Darlehensbereitstellung) und Gegenleistung (Zins- und Tilgungszahlungen) zeitlich auseinander. Der Kreditgeber kann nicht ausschließen, daß ein (vordergründig) zahlungsbereiter Schuldner, der für die Überlassung von Fremdkapital hohe Zinsgebote abgibt, letztlich den überlassenen Kredit nicht ordnungsgemäß bedienen oder zurückführen wird. Die signalisierte Zinszahlungsbereitschaft könnte Ausdruck des dringenden Liquiditätsbedarfs sein, spiegelt aber nicht zwangsläufig überdurchschnittliche Bonität wider. Orientierte sich der Gläubiger vornehmlich am Zinsgebot, liefe er Gefahr, die (relativ) schlechten Nachfrager zu befriedigen, während die guten Schuldner bei hohen Zinsen die Rückzahlungslast bedenken und deshalb auf Kredite verzichten (**adverse Selektion**).

Denkbar wäre auch, daß Unternehmen alternative Investitionsprojekte zur Verfügung stehen. Dabei unterscheiden sich die Vorhaben sowohl im Hinblick auf die (erwartete) durchschnittliche Rendite als auch hinsichtlich ihres Risikogrades: größere Gewinnchancen gehen regelmäßig mit höheren Investitionsrisiken einher. Dem Gläubiger liegt allerdings weniger daran, daß der Kreditnehmer möglichst hohe Erträge erwirtschaftet, er ist vielmehr an sicheren Zahlungsüberschüssen zur ordnungsgemäßen Bedienung des gewährten Darlehens interessiert. Verlangen die Kreditinstitute bei knapperer Liquiditätsausstattung höhere Zinsen für neue Kontrakte, so kann dies zur Folge haben, daß die Schuldner riskantere Projekte realisieren, um die Fremdkapitalkosten decken zu können. Das Kreditausfallrisiko der (passiven) Bank könnte dadurch beträchtlich zunehmen (moral hazard).

Die Bank wird der Verlustgefahr durch extensive Informationsbeschaffung begegnen wollen. Da die Erfüllung der Kreditverpflichtungen von der zukünftigen Entwicklung der Schuldner-Unternehmung abhängt, wird der Gläubiger vornehmlich Kenntnisse über die Zukunft des Kreditnehmers anstreben. Diese sind indes aus der Natur der Sache heraus schwerlich zu erhalten. Somit bietet allenfalls die Vergangenheit des Kreditantragstellers Anhaltspunkte für seine Bonität. Dann aber wird sich der Gläubiger weniger am (unsicheren) Zahlungsversprechen orientieren, sondern bestenfalls an der momentanen Zahlungsfähigkeit. Folglich entscheidet sich eine Bank, die Kreditausfälle vermeiden will, anhand des vom Kunden maximal bedienbaren Kreditvolumens – bei gegebenem Zinssatz – und wählt damit die Kreditmenge (bzw. die Schuldnerbonität) als Allokationsprinzip. Im Ergebnis kommt es auf Kreditmärkten regelmäßig zu (mengenmäßigen) Rationierungen.

Dieses Verhalten bleibt nicht ohne Konsequenzen für die Geldpolitik. Expansive Maßnahmen der Zentralbank können nunmehr – unabhängig vom Übertragungskonzept und bei durchaus vorhandener Investitionsbereitschaft – im Bankensektor verebben. Finden die Kreditinstitute trotz existierender Liquiditätsspielräume nicht die zur Kreditvergabe notwendige Schuldnerbonität vor, so werden sie aufgrund der zu befürchtenden Verluste auf eine Ausweitung des Kreditvolumens verzichten. Den Banken steht zwar die Kreditvergabemöglichkeit offen (und auch ihre grundsätzliche Vergabewilligkeit ist gegeben), für den (schlechten) Schuldner indes wird das benötigte Fremdkapital unerreichbar.

Übertragungsweg des geldpolitischen Impulses

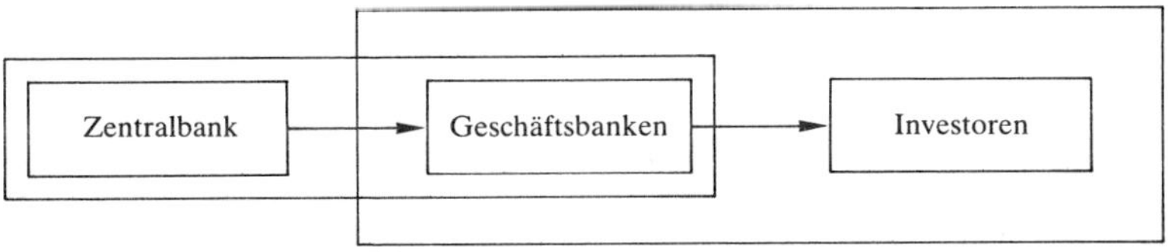

Die Zentralbank ist in einer solchen Situation in der Rolle des passiven Zuschauers, versiegt doch die bereitgestellte Liquidität ohne reale Effekte im finanziellen Sektor. Gerade in der Rezession stehen die Unternehmen vor drängenden Finanzierungsproblemen. Die rückläufigen Einnahmen und die verzögert gestiegenen (Lohn-) Kosten des vorangegangenen Abschwungs verringern die Eigenfinanzierungsbasis, die Eigenkapitalausstattung hat unter den Gewinneinbußen des Abschwunges gelitten.

Der offenkundige Konsolidierungsbedarf beeinträchtigt die (objektive) Kreditwürdigkeit. Die Bereitstellung zusätzlicher Fremdmittel stellt für die Banken ein Kreditrisiko dar, das diese – trotz günstiger Refinanzierungsmöglichkeiten – nicht übernehmen wollen. Nicht die Zahlungsbereitschaft des Kreditnehmers wird bestritten, seine Zahlungsfähigkeit jedoch muß angesichts der konjunkturell bedingten Investitionsrisiken – und ungeachtet der relativ günstigen Konditionen – bezweifelt werden. So bleibt der Zentralbank allenfalls die Möglichkeit, den finanziellen Rahmen abzustecken. Ausgefüllt wird er nur durch Schuldner einwandfreier (und durch die Geldpolitik nicht beeinflußbarer) Bonität, denen die Banken Kredite im geforderten Maße gewähren.

Literatur

In den letzten Jahren sind zahlreiche **Lehrbücher der Geldtheorie** erschienen, die neben der keynesianischen Geldtheorie auch die monetaristische Variante einbeziehen

Borchert, M.: Geld und Kredit. Eine Einführung in die Geldtheorie und Geldpolitik, Stuttgart u. a. 1982

Duwendag, D. u. a.: Geldtheorie und Geldpolitik, 3. Aufl., Köln 1985

Fuhrmann, W.: Geld und Kredit. Prinzipien monetärer Makroökonomik, 2. Aufl., München/Wien 1987

Issing, O.: Einführung in die Geldtheorie, 6. Aufl., München 1987

Jacob, K.-D.: Geldlehre. Theorie und Politik, Wiesbaden 1981

Jarchow, H.-J.: Theorie und Politik des Geldes, I. Geldtheorie, 6. Aufl., Göttingen 1984

Richter, R.: Geldtheorie. Vorlesung auf der Grundlage der Allgemeinen Gleichgewichtstheorie und der Institutionenökonomik, Berlin u. a. 1987

und folgende **Sammelbände**

Badura, J. u. *Issing, O.* (Hrsg.): Geldtheorie, Stuttgart 1979

Badura, J. u. *Issing, O.* (Hrsg..): Geldpolitik, Stuttgart 1980

Thieme, H. J. (Hrsg.): Geldtheorie. Entwicklung, Stand und systemvergleichende Anwendung, 2. Aufl., Baden-Baden 1987

Vorwiegend **monetaristisch ausgerichtet** sind die Arbeiten von

Siebke, J. u. *Willms, M.:* Theorie der Geldpolitik, Berlin u. a. 1974

Woll, A. u. *Vogl, G.:* Geldpolitik, Stuttgart 1976

Nach einem **Weg zwischen monetaristischer und keynesianischer Geldtheorie,** mit Anleihen aus beiden Lehren, suchen

Köhler, C.: Geldwirtschaft, 1. Bd.: Geldversorgung und Kreditpolitik, 2. Aufl., Berlin 1977

Claassen, E. M.: Grundlagen der Geldtheorie, 2. Aufl., Berlin u. a. 1980

Zur **Kontroverse Fiskalismus – Monetarismus** liegen folgende deutschsprachigen Aufsatzsammlungen vor

Brunner, K.; Monissen, H. G. u. *Neumann, M. J. M.* (Hrsg.): Geldtheorie, Köln 1974

Ehrlicher, W. u. *Becker, W.-D.* (Hrsg.): Die Monetarismus-Kontroverse, Berlin 1978

Friedman, M.: Die optimale Geldmenge und andere Essays, München 1970

Kalmbach, P. (Hrsg.): Der neue Monetarismus, München 1973
Köhler, C. (Hrsg.): Geldpolitik kontrovers, Köln 1973

Eine **vergleichende Analyse** versuchen
Robert, D.: Makroökonomische Konzeptionen im Meinungsstreit. Zur Auseinandersetzung zwischen Fiskalisten und Monetaristen, Baden-Baden 1978
Schröder, W.: Theoretische Grundstrukturen des Monetarismus, Baden-Baden 1978

Zur **Effizienz der Geldmengenpolitik** vgl.
Gutowski, A. (Hrsg.): Geldpolitische Regelbindung: theoretische Entwicklungen und empirische Befunde, Berlin 1987
Rohde, A.: Mengensteuerung und Zinssteuerung, Berlin 1985
Rühmann, P.: Der Einfluß der Geldmengenentwicklung auf den Konjunkturverlauf, Tübingen 1980
Trapp, P.: Geldmenge, Ausgaben und Preisanstieg in der Bundesrepublik Deutschland, Tübingen 1976

Die **Instrumente und Strategien der Geldpolitik** stellen vor
Deutsche Bundesbank: Die Deutsche Bundesbank. Geldpolitische Aufgaben und Instrumente, 4. Aufl., Frankfurt/M. 1987
Dickertmann, D. u. *Siedenberg, A.:* Instrumentarium der Geldpolitik, 4. Aufl., Tübingen/Düsseldorf 1984
Ehrlicher, W. u. *Simmert, D. B.* (Hrsg.): Wandlungen des geldpolititschen Instrumentariums der Deutschen Bundesbank, Berlin 1988
Issing, O.: Einführung in die Geldpolitik, 2. Aufl., München 1987
Jarchow, H.-J.: Theorie und Politik des Geldes, II. Geldmarkt und geldpolitische Instrumente, 5. Aufl., Göttingen 1988
Köhler, C.: Geldwirtschaft. 3. Bd.: Wirtschaftspolitische Ziele und wirtschaftspolitische Strategie, Berlin 1983

Rationierte Kreditmärkte beleuchten ausführlich
Clemenz, G.: Credit Markets with Asymmetric Information, Berlin u. a. 1986
Devinney, T. M.: Rationing in a Theory of the Banking Firm, Berlin u. a. 1986
Gischer, H.: Kreditmärkte, Investitionsentscheidung und Grenzen der Geldpolitik, Baden-Baden 1988
Terberger, E.: Der Kreditvertrag als Instrument zur Lösung von Anreizproblemen, Heidelberg 1987

Kontrollfragen

(1) Welche Vorteile hätte eine Ursachentherapie? Woran scheitert sie? Welche Ersatzstrategien können Sie empfehlen?
(2) Wie läßt sich die Autonomie der Zentralbank begründen? Wie ist in der Bundesrepublik die Anbindung der Zentralbank an die staatliche Konjunkturpolitik gesetzlich geregelt?
(3) Welche Funktionen erfüllt das Geld? Wird es in seiner Funktionserfüllung durch Inflation gelähmt?
(4) Welche Funktionen kann die Diskontpolitik im Rahmen der antizyklischen Geldpolitik übernehmen?
(5) Welche Vorzüge hat
   (a) die Aktiv- gegenüber der Passivmindestreserve,
   (b) die Bestands- gegenüber der Umsatzmindestreserve?
(6) Grenzen Sie die wichtigsten Geldmengenbegriffe definitorisch gegeneinander ab! Begründen Sie Ihre Entscheidung für einen dieser Begriffe als Indikator für die Geldpolitik!

(7) Welche Kritik läßt sich am Zins als Indikator der Geldpolitik vorbringen?
(8) Erklären Sie die wesentlichen Unterschiede zwischen dem keynesianischen und dem quantitätstheoretischen Ansatz in der Geldpolitik!
(9) Wie erklärt *Keynes* die Liquiditätsfalle? Wie begründen die Monetaristen den lückenlosen Übertragungsweg monetärer Impulse?
(10) Aus welchen Gründen erreicht die Liquiditätsfreigabe in der Rezession den Kapitalmarkt mit beträchtlicher Verzögerung? Wie ließe sich der Übertragungsprozeß beschleunigen?
(11) Warum sollte die restriktive Geldpolitik gegen Ende des Booms vorsichtig gelokkert werden, gegebenenfalls bei weiterer Anspannung der reinen Fiskalpolitik?
(12) Kann das trendorientierte Geldmengenkonzept auch bei der heutigen mangelhaften Lohn- und Preisflexibilität die behauptete Stabilisierung bewirken?

Achtes Kapitel
Der Mitteleinsatz der Fiskalpolitik

Die klassische Finanzwissenschaft formulierte Regeln für die möglichst reibungslose Beschaffung der Haushaltsmittel und deren „sparsame“ Verwendung. Die Ausgaben des Staates sollten auf ein Minimum begrenzt werden; denn sie galten überwiegend als unproduktiv. Sie forderte den **jährlichen Budgetausgleich** und (Markt-) **Neutralität** im Handeln, d.h. die fiskalische Orientierung der Einnahmen- und Ausgabenpolitik.

Inzwischen ist die Finanzpolitik zu einem **integrierenden Bestandteil** des gesamtwirtschaftlichen Prozesses herangewachsen; das Volumen der Budgets hat sich von Jahr zu Jahr ausgedehnt. Betrug es 1910 etwa 12% des Bruttosozialproduktes, so ist es mittlerweile auf ungefähr 30%, zuzüglich der Sozialversicherungen (Parafisken) auf insgesamt rund 47% (1986) angestiegen.

Der Staat wuchs in neue Aufgaben hinein: *Keynes* stellte die Instrumente bereit, die das Verlangen nach **wirtschaftlicher Stabilität** zu erfüllen versprachen. Er wies dem Staat mit seiner Einnahmen- und Ausgabenpolitik die zentrale Rolle in der Sicherung der Vollbeschäftigung zu, nachdem zuvor die Weltwirtschaftskrise den Glauben an die Selbstheilungskraft des Marktes erschüttert hatte. Aus dem liberalen Nachtwächterstaat wurde der (konjunkturpolitisch handelnde) Interventionsstaat. Durch die veränderte Aufgabenstellung verloren die klassischen Budgetprinzipien ihre Gültigkeit.

Der schnelle wirtschaftliche Fortschritt der vergangenen Jahre zeigte immer deutlicher, daß die Fiskalpolitik auch im Wachstumsprozeß eine Schlüsselstellung einnimmt. Einmal müssen Engpässe in der Infrastruktur, die das Wachstum begrenzen, beseitigt werden (*reaktive* Wachstumspolitik), zum anderen kann der Staat bspw. durch die Förderung des technischen Fortschritts selbst expansive Impulse geben (*aktive* Wachstumspolitik). Daneben gilt es, die **kollektiven Bedürfnisse** zu befriedigen, deren Gewicht mit zunehmendem Wohlstand wächst.

Auch in die **Verteilung** der individuellen Einkommen greift der Staat zunehmend ein. Der Interventionsstaat zieht eine weitere Aufgabe an sich. Er wird zum **sozialen Wohlfahrtsstaat**, der die Marktverteilung nach mehrheitsfähigen Gerechtigkeitsvorstellungen zu korrigieren versucht.

Pluralismus und Koordinierungsbedarf

welche Kompetenzträger? S. 257

Die staatliche Entscheidungsbefugnis ist dabei auf mehrere Träger verteilt, die teils eigenständig arbeiten, teils auf gemeinsame Aktivitäten verwiesen sind. Wenn man bedenkt, daß die Träger der Kompetenzen ihren jeweiligen Zielsetzungen folgend unterschiedlichen Programmen Vorrang einräumen – so könnte beispielsweise der *Bundesrat*, mehrheitlich bestimmt durch konservative Landesregierungen, eine Begrenzung der Budgetdefizite fordern, während eine der Koalitionsfraktionen die zögernde *Bundesregierung* drängt, ein Beschäftigungsprogramm aufzulegen, in das wiederum Länder und Gemeinden einbezogen werden müßten – wird deutlich, welcher langwierige Koordinierungs- (besser vielleicht sogar: Kompromißfindungs-) Prozeß vor der konjunkturpolitischen Entscheidung liegt.

Die Träger fiskalpolitischer Entscheidungskompetenz

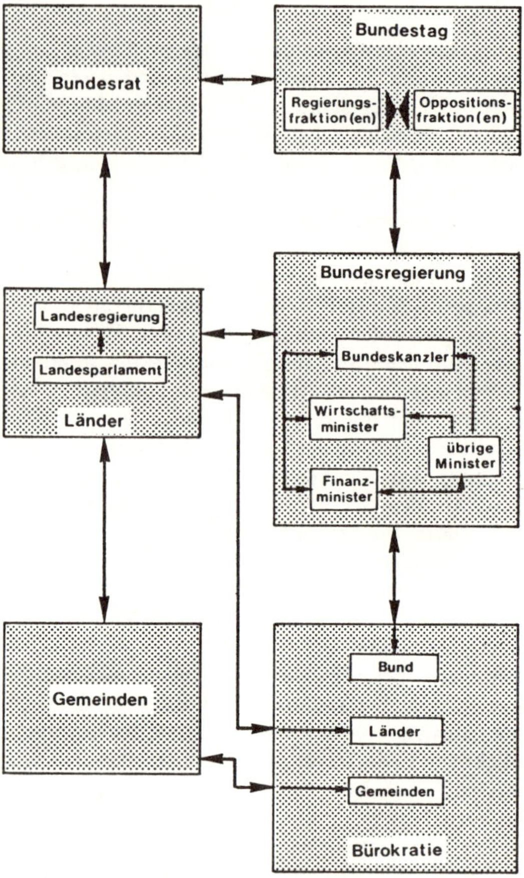

1. Die Funktionen der Fiskalpolitik

Musgrave beschreibt den Aufgabenbereich der Fiskalpolitik mit den folgenden drei eigenständigen Funktionen, die er gleichrangig nebeneinanderstellt:

1) Die Fiskalpolitik hat für eine optimale Abstimmung der privaten und der kollektiven Bedürfnisbefriedigung, für das soziale Gleichgewicht, zu sorgen (**allokative Funktion**), sodann

2) für stetiges Wachstum (**stabilisatorische Funktion**), und schließlich
3) für eine Korrektur der Markteinkommen, sofern die Marktverteilung dem politischen Willen widerspricht (**distributive Funktion**).

Konflikt zwischen Verteilungs- und Stabilisierungspolitik

Die Instrumente lassen sich nun aber nicht in ihrer Wirkung auf ein Ziel isolieren, sie sprechen regelmäßig zugleich die anderen an. So besteht ein ständiger **Konflikt** zwischen distributiver und stabilisierender Fiskalpolitik. Die Konjunkturpolitik muß jeweils sagen, wen sie in der Rezession begünstigen, wen sie im Boom belasten will. Die expansive Politik weckt die Begehrlichkeit, die restriktive schafft Widerstände gegen drohende Lasten. So scheiterte 1970 *Schillers* stabilitätspolitischer Plan: die direkten Steuern (Lohn-, Einkommen- und Körperschaftsteuer) nach § 26, 27 StabG (vgl. hierzu den Exkurs auf S. 257ff.) um 10% durch Regierungsverordnung zu erhöhen, nicht an konjunktur-, sondern an verteilungspolitischen Widerständen.

Statt dessen wurde mit viermonatiger Verzögerung (Verstoß gegen das **Schnelligkeitsgebot** der Konjunkturpolitik) ein befristeter rückzahlbarer Zuschlag auf die Einkommensteuer im parlamentarischen Gesetzgebungsverfahren beschlossen, der zudem die Niedrigverdiener (bis zur monatlichen Steuerschuld von 100 DM) ausnahm. Die stabilisierende Wirkung wurde dadurch wesentlich abgeschwächt.

Der Streit um die **distributiven Konsequenzen** kann die Konjunkturpolitik blockieren. Andererseits können aber auch verteilungspolitische Schritte (erhöhte Vermögensteuer) unerwünschte konjunkturelle Folgen (Investitionskürzung) haben, die eine Korrektur (Zahlung von Investitionsprämien) verlangen.

Übersehen werden darf zudem nicht, daß verteilungspolitisch motivierte Steuer*satz*steigerungen das Wachstum verlangsamen können und damit das Steueraufkommen trotz gestiegener Steuerquote sinken kann. Muß in die Entscheidung einbezogen werden, daß von einer bestimmten Anspannung der „Steuerschraube" an das Aufkommen sinkt (wie die ***Laffer*-Kurve** vorgibt), dann wird der verteilungspolitische Spielraum – in *relativer* Sicht – durch Marktreaktionen begrenzt.

Im Umkehrschluß gilt dann zugleich, daß ein generelles Steuersenkungsprogramm (im Rahmen einer angebotsorientierten Wirtschaftspolitik) mit dem angestrebten Wachstum (durch „Revitalisierung" der Wachstumsdynamik) das Aufkommen über die Zeit gesehen steigen läßt und damit – *absolut* gesehen – verteilungspolitische Aktivitäten finanzieren hilft.

Konflikt zwischen Stabilisierungserfordernis und Allokationspolitik

Allokative und stabilisierende Funktion innerhalb der Fiskalpolitik geraten einmal dann in Konflikt, wenn die restriktive Konjunkturpolitik die geplanten, auf das **soziale Gleichgewicht** zugeschnittenen Ausgabenprogramme kürzen oder strecken will, zum anderen dann, wenn zusätzliche Projekte beschlossen werden, ohne daß es gelingt, deren inflationsfreie Finanzierung sicherzustellen.

Die Finanzierung öffentlicher Leistungen bedingt den **Verzicht auf private Konsumhoheit.** In der Demokratie entscheidet stellvertretend für den Wähler das Parlament über die alternative Verwendung der Einkommen. Für den Wähler ist das private Gut, das Auto vor der Tür, ein greifbarer Gegenstand. Hier kann er Preis bzw. Kosten und Nutzungsmöglichkeiten miteinander vergleichen. Die gebauten Straßen liegen irgendwo im Land; sie sind nutzen- und kostenmäßig vom Einzelnen kaum bewertbar.

Jeder Wähler kennt zudem Ausgabenprogramme, die ihm mißfallen, deren Kürzung er verlangt. Oder er hat Erfahrungen mit einer trägen, vorwiegend sich selbst beschäftigenden Verwaltung gemacht, die ihn nach Rationalisierungen rufen lassen, bevor er gewillt ist, privaten Konsumverzicht zu leisten. Steuererhöhungsplänen stehen deshalb regelmäßig hohe politische Hürden entgegen.

Das unentgeltliche oder verbilligte Angebot von Kollektivleistungen führt zudem häufig zu einer geringeren Wertschätzung, da vor der jeweiligen Nutzung keine Entscheidung über die alternative Verwendung des persönlichen Einkommens getroffen werden muß; z.T. auch deswegen, weil subventionierter Preis und Wert unbewußt gleichgesetzt werden. Das Angebot an staatlichen Leistungen kann den Wähler deshalb kaum zu Einkommensverzichten (und damit zur Zustimmung zu Steuererhöhungen) in dem Umfang bewegen, der eine optimale Abstimmung zwischen privater und kollektiver Bedürfnisbefriedigung erlaubt. Das staatliche Leistungsangebot wird deshalb in der Regel hinter der privaten Bedürfnisbefriedigung herhinken, bis das Mißverhältnis in Form eines sozialen Ungleichgewichtes offensichtlich und eine Steuererhöhung damit politisch durchsetzbar wird.

Es zeigt sich ein **durchgängiger Konflikt** zwischen Leistungsverlangen und Finanzierungsbereitschaft. Hier liegt der Grund dafür, daß trotz der Tendenz zur Unterversorgung mit kollektiven Leistungen von der öffentlichen Hand immer wieder inflatorische Impulse ausgehen, die nur mühsam begrenzt werden können.

Ökonomische Rationalität und Wahlkalkül

Um im Parlament Mehrheiten zu finden, müssen zudem häufig einzelnen Gruppen „Bonbons" zugesteckt werden, damit sie dem Gesamtprogramm zustimmen. Manche Konzepte, die anfangs wegen ihrer Geschlossenheit überzeugten, sind, nachdem sie den parlamentarischen Entscheidungsprozeß durchlaufen haben, kaum noch wiederzuerkennen. Steuererhöhungspläne sind „durchlöchert", Ausgabenprogramme an verschiedenen Stellen erweitert.

Mit Krediten läßt sich die Lücke zwischen Steueraufkommen und Staatsausgaben schließen. Beruhen sie auf Geldschöpfung, dann bewirken sie in der vollbeschäftigten Wirtschaft ein **inflatorisches Zwangssparen.** Wird die freiwillige Ersparnis herangezogen, dann wird der Spielraum für die inflationsfreie Kreditfinanzierung privater Investitionen eingeengt. Entweder müssen diese gekürzt oder inflatorisch finanziert werden. Letztlich zahlt der Wähler also doch. Er merkt es nur etwas später. Aber gerade diese Verzögerung reizt den Politiker, denn sein zeitlicher Horizont endet häufig mit dem Ablauf der Legislaturperiode. Solange der Wähler nach dem Zustand am Wahltag und nicht nach den angelegten Tendenzen entscheidet, wird der Politiker immer wieder versucht sein, gegenwärtige Finanzierungslücken kreditär zu überbrücken und die Begleichung der Schulden der Zukunft zu überlassen.

Andererseits zeigt sich, daß in Rezessionen unter dem „Diktat der leeren Kasse" überzogene Ausgabenprogramme kürzbar sind. Das Budget könnte „saniert" werden, der Preis dafür wäre aber die Streichung von Ausgaben in einer Zeit, die expansive Anstöße durch die Fiskalpolitik verlangt. Im Aufschwung werden die geplanten Kürzungen zwar konjunkturpolitisch vertretbar, die reichlicher fließenden Steuerquellen schaffen aber Widerstände im Parlament und wecken neue Ausgabenwünsche („Kasse macht sinnlich").

In diesem **Spannungsfeld** zwischen konkurrierenden ökonomischen Anforderungen und politischer Durchsetzungsproblematik lebt die antizyklische Fiskalpolitik. Sie beherrscht zuweilen zwar die politische Diskussion; sie kann wahlentscheidend werden. Es darf aber nicht übersehen werden, daß vor dem Konjunkturprogramm nicht nur die Abstimmung mit allokativen Erfordernissen und distributiven Zielen steht, sondern auch der Gang durch das Parlament, bei dem widerstrebende Interessen auf ein mehrheitlich getragenes Programm verpflichtet werden müssen.

2. Die Instrumente der Fiskalpolitik

Das klassische Prinzip des jährlichen Haushaltsausgleichs (die sog. **Parallelpolitik**) verlangte bei einem Konjunktureinbruch und dem damit verbundenen rückläufigen Steueraufkommen eine Kürzung der Ausgaben und/oder eine Steigerung der laufenden Einnahmen. Ließ der Boom mit der wirtschaftlichen Aktivität das Steueraufkommen steigen, dann mußten zum Ausgleich des Budgets parallel die Ausgaben erhöht oder die Steuern (und Beiträge oder Gebühren) gesenkt werden. Es ist offenkundig, daß die Parallelpolitik keine Glättung der Zyklen, sondern deren Verstärkung brachte.

Die heutigen Budgetkonzepte, die der Stabilität verpflichtet sind, brechen mit dem Gebot des jährlichen Haushaltsausgleichs. Sie verlangen einen bewußten antizyklischen Einsatz der Steuer- und Ausgabenpolitik: Zum einen Defizite in der Rezession, stillgelegte Überschüsse im Boom (**Saldeneffekte**) und zum anderen **„reine" Fiskaleffekte** durch nachfragedämpfende – bzw. belebende Änderungen der Steuer- und Ausgabenstruktur bei gleichem Budgetsaldo.

a) Die Instrumente der Einnahmenpolitik

Die staatlichen Einnahmen setzen sich aus Steuern (und Gebühren sowie Beiträgen) und Krediten zusammen. Die konjunkturellen Effekte differieren sowohl zwischen als auch innerhalb der beiden Finanzierungsalternativen. Die Einnahmen decken zwar die gleichen Ausgaben, verweigern aber in unterschiedlicher Strenge Privaten geplante Käufe.

Zwei **Beispiele** sollen dies verdeutlichen: Der restriktive Effekt einer *Steuererhöhung* wird größer sein, wenn Haushalte mit geringem Einkommen

Zur finanziellen Entwicklung der Gebietskörperschaften

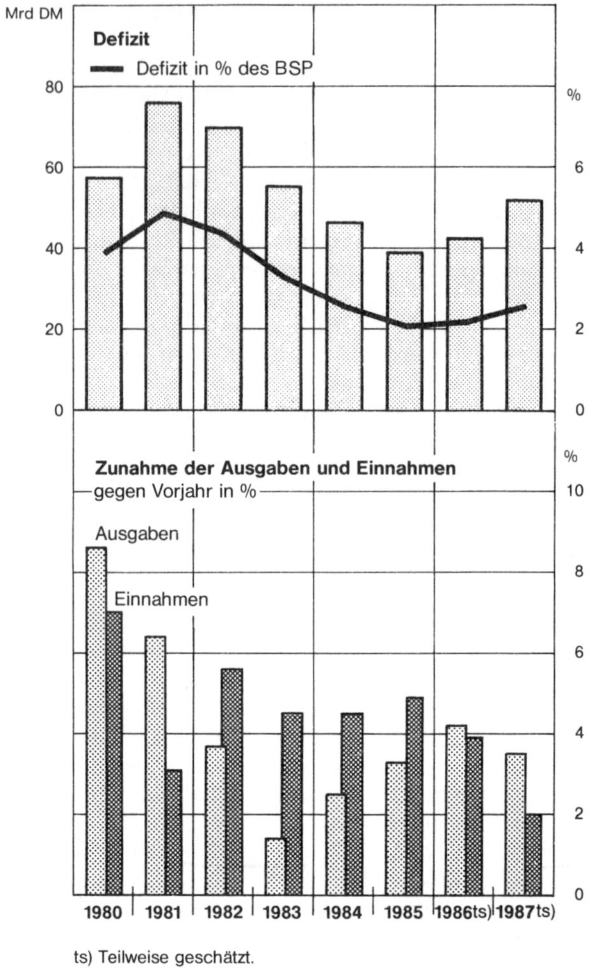

Quelle: Monatsberichte der Deutschen Bundesbank, Februar 1988, S. 23

(also hoher Konsumquote) belastet werden. Die staatliche *Kreditaufnahme* wird nur dann von einem restriktiven monetären Effekt begleitet, wenn sie private Nachfrage vom Kapitalmarkt verdrängt. Dieser bleibt aus, wenn der Staat Zugang zum Notenbankkredit hat oder überschüssige Liquidität am Geldmarkt aufnimmt. Bei der Wirkungsanalyse ist also nicht lediglich auf das erzielbare Mittelaufkommen zu sehen, gleichzeitig müssen die begleitenden Verdrängungseffekte beachtet werden, wenn man die Effizienz eines Instrumentes beurteilen will.

aa) Schuldenpolitik

Wenn der Staat im Zuge seiner Vollbeschäftigungspolitik die Ausgaben erhöht und/oder die Steuern senkt, entstehen Budgetdefizite. Sie müssen durch Kreditaufnahme (**Deficit Spending**) ausgeglichen werden. Die belebende Wirkung des Defizits wird nur dann ungekürzt bleiben, wenn die **Entzugswirkungen** bei Haushalten, Unternehmen und ausländischen Importeuren gering gehalten, andere Nachfrager also möglichst nicht von den Finanzierungsquellen verdrängt werden. Sonst dämpfte ein gegenläufiger monetärer Effekt im privaten Sektor die expansive Wirkung des Budgetdefizites (**crowding-out-Effekt**).

aaa) Schuldenumfangbestimmung

Falls der Staat in den vergangenen Jahren Überschüsse (**Konjunkturausgleichsrücklagen**) bei der Zentralbank stillgelegt hat, können diese zunächst aufgelöst und ohne Entzugswirkung für die Defizitfinanzierung herangezogen werden. Steht keine Kassenreserve zur Verfügung, dann könnte sich der Staat bei der Zentralbank verschulden. In der Bundesrepublik Deutschland ist ihm dieser Weg allerdings verschlossen. Lediglich zum Ausgleich kurzfristiger Zahlungslücken (und nicht zur Finanzierung von Budgetdefiziten) sind Kassenkredite in begrenzter Höhe nach § 20,1 BBankG zugelassen. Die **Kreditplafonds** betragen für den Bund 6000, die Bundesbahn 600, die Post 400, den Lastenausgleichsfonds 200, das ERP-Sondervermögen 50 Mio DM, für die Länder 40 DM und für die Stadtstaaten 80 DM je Einwohner. Die Gemeinden haben keinen Zugang zum Bundesbankkredit.

Will die *Bundesbank* gleichwohl die Kreditfinanzierung der expansiven Fiskalpolitik fördern, kann sie die Liquidität der Geschäftsbanken erhöhen. Diese können dann zusätzliche Kredite an die öffentliche Hand vergeben. Daneben kann die Bundesbank direkt und auf eigene Rechnung am Geld- und Kapitalmarkt zugunsten staatlicher Papiere (Schatzwechsel, Schatzanweisungen, Anleihen) intervenieren.

Der Umweg über das Bankensystem braucht zwar Zeit, das indirekte Verfahren stellt aber sicher, daß der Staat nicht gegen den Willen der Zentralbank seine Kreditfinanzierung ausweiten kann. D.h., ein erfolgversprechendes **Deficit Spending** muß mit der Zentralbank abgestimmt und durch eine expansive Geldpolitik unterstützt werden.

Solange Investoren und Konsumenten trotz steigender Ersparnis keine Mittel beanspruchen, könnte der Staat auch ohne Liquiditätsfreigabe seinen Kreditbedarf befriedigen. Er unterbräche damit aber die **Zinssenkungstendenz,** von der eine expansive Wirkung auf die Nachfrage von Unternehmen und Haushalten erwartet wird. Das heißt: Nur die Liquiditätsausweitung hilft, Budgetdefizite ohne Verdrängungseffekte zu finanzieren, und sichert damit deren ungeschmälerte expansive Wirkung.

Die restriktive Fiskalpolitik verlangt im Boom die Stillegung der Einnahmen aus Steuererhöhungen bzw. der Minderausgaben; eine Stillegung deshalb, um neben dem Fiskaleffekt auch die restriktive monetäre Wirkung zu realisieren. Aus dem gleichen Grund verbietet sich eine Schuldentilgung bei Privaten. Sie gäbe Liquidität in den Kreislauf zurück und fundierte damit die multiplikative Geldschöpfung, die preistreibende Käufe der Unternehmen und Haushalte finanzieren hilft.

Zur Unterstützung der restriktiven Geldpolitik kann es sogar angebracht sein, (Stabilitäts-)Anleihen am (für private Investoren relevanten) Kapitalmarkt aufzunehmen und die Mittel vorübergehend bei der Zentralbank stillzulegen. Die Fiskalpolitik (vom Träger her gesehen) wirkt in diesem Fall jedoch *ausschließlich* über den monetären Effekt auf den Konjunkturverlauf ein. Fiskaleffekte werden nicht angesprochen.

Obgleich die expansive Wirkung steigender Budgetdefizite unbestritten ist, zögern Politiker (und die Öffentlichkeit) angesichts der sprunghaft steigenden Schuldenlast (im Rezessionsjahr 1975 wuchs das Finanzierungsdefizit der Gebietskörperschaften auf 63,5 Mrd. DM [bei einem BSP von 1.023 Mrd. DM]) noch immer, diesen Weg zu gehen. Zusätzliche Konjunkturprogramme werden zwar durchgeführt, gleichzeitig aber – wie auch 1966/67 – in den Kernhaushalten vorgesehene Projekte gestrichen oder gestreckt. Der Index für Tiefbauaufträge der öffentlichen Hand zeigt dies an. Diese *sanken* im ersten Halbjahr 1975 im Bund um 2, in den Ländern um 1 und in den Gemeinden, die zwei Drittel der Bauinvestitionen durchführen, gar um 5%.[1]

Die **Furcht vor der Schuldenlast** verleitet die Politiker gegen das Gebot der Konjunkturpolitik zu einer *prozyklischen* Ausgabenpolitik. Ihnen sei deshalb deutlich gesagt: Budgetdefizite, die den Aufschwung einleiten, finanzieren sich gleichsam selbst. Sie steigern das Steueraufkommen (1975 brachte einen rezessionsbedingten Steuerausfall von ungefähr 25 Mrd DM) und senken die Zahlungen an Arbeitslosen- und Kurzarbeitergeld (1975 knapp 10 Mrd DM).

Vor einem **Dilemma** steht die expansive Konjunkturpolitik dann, wenn in den vergangenen Jahren strukturelle Defizite entstanden sind. Dem weiteren „Schuldenmachen“ sind dann, wiewohl von der Konjunkturpolitik gefordert, Grenzen gesetzt – einmal vom Kapitalmarkt: Der anstehende Finanzierungsbedarf treibt dort die Zinsen und verdrängt private Investoren, und zum zweiten durch psychologische Momente: Der Steuerzahler wird davon ausgehen, daß das Defizit auf mittlere Sicht ausgeglichen werden muß, daß also Steuererhöhungen anstehen. Diese werden – soweit sie die Erwartungen bestimmen – heutige Investitions- und Konsumentscheidungen belasten (**erwartungsbedingter Verdrängungseffekt**).

Der Korrekturbedarf wird mit der aktuellen Situation begründet. Die **Steuerungsfähigkeit** hätte in den vorangegangenen Jahren geschaffen werden müssen. Entstandene strukturelle Defizite hätten beizeiten auf ein Maß reduziert werden müssen, das eine reibungslose Finanzierung späterer Konjunkturprogramme ermöglicht.

aab) Schuldenstrukturpolitik (debt management)

Nicht nur über den Umfang der Defizitfinanzierung zusätzlicher Ausgaben oder Steuersenkungen kann der Staat auf den Konjunkturverlauf Einfluß nehmen. Auch die **Schuldenstrukturpolitik** (Variation des Fristenfächers)

---

[1] *Deutsche Bundesbank:* Statistische Beihefte zu den Monatsberichten, Reihe 4; DIW-Wochenbericht, 33/1975.

zeigt sich als durchaus wirksames Instrument. In der Rezession verzichtet der Staat bspw. auf langfristige Finanzierung, er schont den Kapitalmarkt und überläßt dessen Angebot privaten Investoren. Sich selbst bedient er am Geldmarkt oder verschuldet sich im Ausland.

Bedeutung gewinnt die Schuldenstrukturpolitik vor allem bei **„gespaltenen Kreditmärkten“**, wenn die kurzfristig freigegebene Liquidität nur unzureichend oder zu langsam vom Geld- zum Kapitalmarkt fließt. Da die Investoren in der **Rezession** langfristige Kreditzusagen verlangen, würde eine gleichzeitige Beanspruchung des Kapitalmarktes durch den Staat dort die Zinsen steigen lassen und die Investitionsentscheidung der Unternehmen belasten. Dem expansiven Fiskaleffekt stünde dann ein (möglicher) Nachfrageverzicht der Investoren (oder auch der Konsumenten) gegenüber. Dieser kontraktive Effekt ließe sich vermeiden, wenn man dem Kreditverlangen der Privaten ausweicht und die Budgetdefizite über den Geldmarkt finanziert, der unmittelbar von der Notenbank angesprochen wird. Dort sucht in der Rezession regelmäßig „überschüssige“ Liquidität (Geldschwemme) eine zinstragende Anlage. Tagesgeld brachte 1975 bspw. zeitweise nur „symbolische“ Zinssätze von 0,2 bis 0,5%.

Mit der kurz- und mittelfristigen Finanzierung seiner Defizite belastet der Staat aber die zukünftige Geldpolitik. Der ständig vor dem Kapitalmarkt stehende Finanzbedarf kann dann, wenn die Investitionen zu steigen beginnen, **spekulative Zinssteigerungen** bewirken, die den aufkommenden investorischen Aufwärtsprozeß brechen können. Diese Gefahr kann die Notenbank zwingen, den Geldmarkt flüssiger zu halten, als bei der gegenwärtigen Auftriebskraft angebracht wäre. Eine restriktive Wirkung der Geldpolitik, die bei anhaltendem Nachfrageanstieg erforderlich wird, verzögerte sich dadurch. Der Bremsweg verlängerte sich.

Die Schuldenstrukturpolitik kann den globalen Liquiditätsentzug in seiner Wirkung unterstützen, indem sie bevorzugt den Kapitalmarkt beansprucht, dort die Zinsen treibt, damit die Investoren (und Konsumenten) belastet oder auf die kurzfristige Finanzierung verweist und ihnen ein Liquiditätsrisiko aufbürdet.

Die Schuldenstrukturpolitik ergänzt die **Offenmarktpolitik,** die gleichfalls eine strukturelle Differenzierung erlaubt. Üblicherweise geht sie davon aus, daß die Zentralbank am Geldmarkt ansetzend Zinsen und Angebot aller Fristen und Risikograde erreicht. Zeigen sich aber unerwünschte Verzögerungen auf dem Übertragungsweg, dann kann sie bewußt auf dem speziellen Markt als Anbieter oder zinssteigernd als Nachfrager intervenieren. Die Arbitrage zwischen den einzelnen verbundenen Märkten wirkt zwar ausgleichend, je weiter die Märkte aber in Frist und Risikograd voneinander getrennt sind, desto effizienter wird die Schuldenstrukturpolitik sein.

Die **Monetaristen,** die von einem fugenlosen Übertragungsweg von der Geldbasis über die einzelnen Finanzmärkte bis zur realen Aktivität ausgehen, sehen entsprechend ihrer theoretischen Position eine **strukturelle Geldpolitik** als erfolglos, besser: als überflüssig, an. Entscheidend ist in ihrer Sicht die Geldmenge, nicht der gewählte Hebel ihrer Steuerung.

Die **Fiskalisten,** die von gespaltenen Kreditmärkten ausgehen und im Kapitalmarktzins eine wesentliche Determinante der Investitionen sehen, werden dagegen eine unmittelbare Steuerung des Kapitalmarktes verlangen. Ihrer Meinung nach staut sich die Liquidität am Geldmarkt und erreicht den Kapitalmarkt lediglich in geringem Umfang und mit Verzögerung.

Die konjunkturgerechte Schuldenstrukturpolitik widerspricht dem fiskalischen Ziel der **Zinslastminimierung.** Dieses Prinzip verlangt, daß der Staat in der Zeit hoher Zinsen darauf verzichtet, langfristige Kredite aufzunehmen, und seinen unaufschiebbaren Bedarf kurzfristig finanziert. Er könnte später bei sinkenden Zinsen in langfristige Kredite umsteigen. Bei hohen Zinsen im Boom hätte der Staat also gemäß dem **fiskalischen Prinzip** den langfristigen Kredit zu meiden und sich bei Bedarf kurzfristig zu verschulden. Selbst dann, wenn der Geldzins über dem Kapitalmarktzins liegt, führt dies zu einer niedrigeren Gesamtzinslast, da die hohen Zinsen nur für kurze Zeit gezahlt werden müssen.

Die konjunkturpolitische Aufgabe verlangt den **Entscheid gegen die fiskalischen Interessen;** sie treten hinter das Stabilisierungsziel zurück, oder besser: Sie sind als Mittel (Kosten) zur Erreichung des konjunkturpolitischen Zieles zu sehen. Das fiskalische Prinzip gewinnt aber dann wieder an Gewicht, wenn alternative Stabilisierungsinstrumente zur Verfügung stehen, die fiskalisch gesehen „billiger“ den angestrebten Erfolg bringen. (Zur differenzierteren Analyse der konjunkturellen Wirkungen von Budgetdefiziten vergleiche auch die späteren Ausführungen über die Meßkonzepte des Fiskalimpulses.)

ab) Steuerpolitik

Die Steuerpolitik geht auf *drei* Wegen vor. Sie kann *einmal* dafür sorgen, daß das Steueraufkommen aufgrund eines progressiven Tarifs und/oder einer konjunkturreagiblen Bemessungsgrundlage den Bewegungsablauf der wirtschaftlichen Aktivität möglichst vergrößert widerspiegelt (**passive Flexibilität**). Sie kann zum *zweiten* prozentuale Änderungen der Steuerschuld an das Erreichen konjunktureller Daten binden (**Formelflexibilität**), und zum *dritten* kann sie versuchen, durch **fallweise Eingriffe** den Konjunkturverlauf zu glätten.

Gegenüber der Geldpolitik hat die Steuerpolitik den Vorteil, daß sie mit dem Griff auf die Nettoeinkommen näher (und damit schneller) an den **Konsum** herankommt und nicht – abgesehen von dem verschließbaren Zugang zu Konsumentenkrediten und möglichen Vermögenseffekten – den Umweg über den Einkommenseffekt der Investitionen gehen muß.

In der Steuerung der **Investitionen** gehen Geld- und Fiskalpolitik den gleichen Weg. Investitionen werden zinslich bzw. steuerlich be- oder entlastet. Während die Geldpolitik aufgrund ihrer Autonomie schnelle Entscheidungen treffen kann, aber längere Zeit braucht, um den gewollten Zinseffekt durchzusetzen, durchläuft die Fiskalpolitik einen längeren Entscheidungsprozeß, die Belastungsvariation tritt aber unmittelbar ein. Die Gesamtverzögerung dürfte gleich lang sein. Der Geldpolitik sind allerdings in dem unteren Zinsausschlag Marktgrenzen gesetzt. Die Fiskalpolitik kann dagegen in der Dosierung formal frei entscheiden.

aba) Die passive Flexibilität

Unter **eingebauter** bzw. **passiver Flexibilität** (built-in flexibility) versteht man eine automatische Reaktion des Steueraufkommens auf Veränderungen des Sozialproduktes. Sie wird an Hand der **Aufkommenselastizität** gemessen (Verhältnis der relativen Veränderungen des Aufkommens einer Abgabe zur gleichzeitigen relativen Veränderung des Bruttosozialproduktes).

Die passive Flexibilität läßt sich steigern, indem der Anteil der Steuern mit konjunkturreagibler Bemessungsgrundlage, mit progressivem Tarif und unverzögertem Zugriff am Gesamtaufkommen erhöht wird.

Bei der Einkommen- (wegen des **progressiven Tarifs**) und der Körperschaftsteuer (wegen der **konjunkturreagiblen Bemessungsgrundlage** Gewinn) eilt die Steuerschuld der wirtschaftlichen Aktivität im Anstieg voraus. Wegen der lange nach Abschluß des Geschäfts- bzw. Steuerjahres erfolgenden Veranlagungen entsteht aber eine beträchtliche **Verzögerung bei der Steuerzahlung,** die die ausgleichende Wirkung der passiven Flexibilität beeinträchtigt. Bei einer schnellen Wende zum Abschwung können die fälligen Nachzahlungen sogar die Rezessionstendenz verstärken.

Bei den speziellen Verbrauchsteuern bleibt das Aufkommen – wie der Konsum – im Aufschwung in der Regel zeitlich hinter dem Anstieg des Sozialproduktes zurück; bei der Mehrwertsteuer steigt es dagegen in gleichem Schritt mit dem Sozialprodukt.

Bei gleichbleibenden Staatsausgaben führt das steigende Steueraufkommen im Aufschwung zu einem nachfragedämpfenden Haushaltsüberschuß (bzw. verringerten Defizit); sinkende Einnahmen im Abschwung zu einem belebend wirkenden Fehlbetrag. Die konjunkturpolitische Antwort auf die Herausforderung durch den Zyklus ist vorentschieden. Sie ist in das Steuersystem eingebaut (built-in flexibility) und erfolgt selbsttätig. Es sind keine politischen Entscheidungen erforderlich, die regelmäßig Verzögerungen bringen.

Die eingebaute Flexibilität wird erhöht, wenn ein **Verlustrücktrag** erlaubt wird. Steuerpflichtige können dann die Verluste eines Jahres mit den Gewinnen früherer Perioden verrechnen und damit ihre fälligen Steuervorauszahlungen mindern oder Steuererstattungen verlangen. Der rückwirkende Verlustausgleich wird bereits in einigen EG-Ländern gestattet und ist in den angelsächsischen Ländern verbreitet (in der BRD ist er auf zwei Jahre und höchstens fünf Mio. DM begrenzt (§ 10d EStG).

Der **Verlustrücktrag** hat nur dann eine ausgleichende Wirkung, wenn die Steuererstattung noch während der Rezession durchgeführt wird. Wartet man dagegen die Vorlage der Steuerbilanz des Verlustjahres ab, dann kann in den heutigen kurzen Zyklen die Erstattung schon zu spät kommen und den Aufschwung unerwünscht beschleunigen. Die Steuerverwaltung muß sich deshalb – dem Schnelligkeitsgebot folgend – mit Schätzungen begnügen. Durch **Verzinsung der Rückforderungen** bei überschätzten Verlusten könnten die Unternehmen zu einer realistischen Beurteilung ihrer erwarteten Verluste angehalten werden.

Durch eine **Befristung** des Verlustrücktrages wird der Kreis der Begünstigten auf „gesunde" Unternehmen begrenzt, die in den Vorperioden noch ausgleichsfähige Gewinne erzielt haben. Nur von solchen Unternehmen kann erwartet werden, daß sie die zufließende Liquidität aufgrund der Rückerstattung nutzen, um Investitionen durchzuführen.

Das deutsche Steuerrecht kannte bis 1976 nur den **Verlustvortrag** (§ 10 EStG). Mit dem Verlustvortrag können heutige Verluste mit den Gewinnen kommender Jahre verrechnet werden. Er hat eindeutig *prozyklische* Wirkung, bringt Steuerkürzungen, wenn sich der Aufschwung schon durchgesetzt hat, und unterläuft die passive Flexibilität der konjunkturreagiblen Bemessungsgrundlage und/oder des progressiven Tarifs.

Durch die **Besteuerung von Scheingewinnen** wird die eingebaute Flexibilität gleichfalls erhöht. Nach der gegenwärtigen steuerrechtlichen Gewinnermittlung dürfen verbrauchte Güter nur gemäß ihren Anschaffungs- oder Herstellungskosten abgeschrieben werden; dies selbst dann, wenn die Wiederbeschaffungspreise gestiegen sind. Die Differenz zwischen beiden Preisen wird als Scheingewinn bezeichnet. Mit ihrer Besteuerung wird den Unternehmen Liquidität entzogen, die sie für die Ersatzbeschaffungen benötigen. Substanz wird entzogen.

Durch die Bindung der Abschreibung an die Anschaffungspreise entsteht bei Inflation eine Finanzierungslücke. Die Unternehmen werden gezwungen, ihre Ausschüttungen und/oder Personalausgaben zu senken oder die Investitionen zu kürzen. Die restriktive Wirkung stellt sich aber nur dann ein, wenn das erhöhte Steueraufkommen stillgelegt wird und den Unternehmen der Ausgleich des Liquiditätsentzuges verwehrt wird.

abb) Formelflexibilität

Unter **Formelflexibilität** (formula flexibility) versteht man die Bindung antizyklischer Maßnahmen an vorbestimmte Indikatorwerte. Werden die festgeschriebenen Toleranzgrenzen in den entsprechenden Zeitreihen überschritten, dann werden selbsttätig antizyklische Maßnahmen ausgelöst. Parlamentarische Beschlüsse, die häufig erst mit langen Verzögerungen nach dem Erkennen der Eingriffsnotwendigkeit erfolgen, werden durch Indikator-Befehle ersetzt. Die Indikatoren sollen sowohl die Eingriffsnotwendigkeit ausdrücken als auch in einem Gang die Dosierung des Mitteleinsatzes bestimmen.

Eine stabilisierende Wirkung ist von der Formelflexibilität daher nur dann zu erwarten, wenn es gelingt, Indikatoren zu finden, die die konjunkturelle Entwicklung zutreffend wiedergeben. Drücken gleiche Indikatorwerte unterschiedliche konjunkturelle Sachverhalte aus, weil etwa ein Lohnkostenschub Preissteigerungen brachte, werden Maßnahmen ausgelöst, die der gegenwärtigen konjunkturellen Situation nicht angemessen sind. Die Preissteigerungen täuschen einen Boom vor, während tatsächlich Unterbeschäftigung herrscht und durch die Restriktion noch vergrößert wird. (Ausführlicher in dem nachfolgenden Abschnitt über die zyklenorientierte Regelbindung dargestellt.)

Formelflexible Verfahren lassen sich nach der **Strenge der Bindung** des Mitteleinsatzes an die Indikatoren unterscheiden. Zum einen können festumrissene Instrumente mit den jeweiligen Indikatorwerten verknüpft sein – der Regierung bzw. dem Parlament bleibt dann kein eigenständiger Handlungsspielraum –, zum anderen können die Indikatoren nur die Handlungsanweisung geben, dem Träger der Konjunkturpolitik aber die Instrumentenwahl, Dosierung und Zeitraum des Mitteleinsatzes freistellen.

Schwache Regelbindungen sprechen lediglich Empfehlungen aus und/oder wählen „offene" Indikatoren, die dem Träger einen Interpretationsspielraum bei der Auswertung der Daten lassen. Dies ist immer dann der Fall (bspw. im StabG), wenn die Handlungsanweisung an qualitative Sachverhalte (bspw. Störung des gesamtwirtschaftlichen Gleichgewichts) gebunden und nicht durch quantitativ erfaßte Indikatoren bestimmt wird.

Eine **Mischform** zwischen den beiden beschriebenen Verfahren könnte für die Grobsteuerung Indikatorbefehle vorsehen, ergänzende (feinsteuernde) – abschwächende oder verstärkende – Maßnahmen aber der freien Entscheidung überlassen.

abc) Fallweise Steuerpolitik

Unter fallweiser oder diskretionärer Steuerpolitik versteht man den bewußten, auf die gegebene konjunkturelle Situation zugeschnittenen Einsatz steuerpolitischer Mittel.

Die antizyklische Steuerpolitik kann an dem Tarif und/oder der Bemessungsgrundlage ansetzen, neue Tatbestände steuerpflichtig machen bzw. bisherige aus der Steuerpflicht entlassen und die Zahlungstermine verschieben.

Nach dem sektoralen Vorgehen kann man Belastungsvariationen, die bevorzugt auf den Konsum zielen, von solchen, die auf die Investitionen gerichtet sind, unterscheiden. Die Steuerpolitik kann dabei einmal an den Einkommen der Konsumenten und Investoren oder an deren Aktivität ansetzen.

Auf die Investitionen gerichtete Instrumente

„Unechte" Investitionsprämien (wie sie das Stabilitätsgesetz vorsieht) bleiben auf solche Unternehmen begrenzt, die einen Teil der Investitionsausgaben (bis zu 7,5%) im laufenden Veranlagungszeitraum von der Einkommen- bzw. Körperschaftsteuerschuld abziehen können. In den Genuß der Steuergutschrift kommen also nur gewinnerzielende Unternehmen. **„Echte" Investitionsprämien** werden dagegen an jeden Investor gezahlt; unabhängig davon, ob er im betreffenden Jahr steuerpflichtige Gewinne erzielt hat und somit die Prämie von seiner fälligen Steuerschuld abziehen kann.

Mitnehmereffekte, wie sie immer wieder aus fiskalischer und verteilungspolitischer Sicht beklagt werden, lassen sich nur durch erheblichen Verwaltungsaufwand ausschließen. Der gängige Vorschlag zielt auf einen Vergleich mit einer Referenzperiode. Er will nur solche Investitionen prämiert sehen, die einen bestimmten Prozentsatz der Aktivität in dem Bezugszeitraum übersteigen. Da sachliche Gründe (ein in der Zeit unstetiges Investitionsverhalten) eine mehrjährige Referenzperiode verlangen, müßten vom Antragsteller für diese Zeit alle relevanten Investitionen nachgewiesen und von der Verwaltung überprüft werden.

Aber auch dieses aufwendige Verfahren kann Mitnehmereffekte nicht ausschließen, denn der Vergleich des vergangenen mit dem heutigen Investitionsvolumen läßt allenfalls vage auf die vor dem Prämienversprechen geplanten Investitionen schließen. Alle Unternehmen, die in den vergangenen Jahren kräftig expandierten und nun vorübergehend „einen Gang zurückschalten" wollen, gingen leer aus, was weder verteilungs- bzw. strukturpolitisch noch konjunkturpolitisch vertretbar erscheint.

Um einen **spekulativen Aufschub** anstehender Investitionsentscheidungen (Attentismus) zu vermeiden, sollte mit dem Beginn der politisch-parlamentarischen Diskussion unmißverständlich versprochen werden, daß der kommende Mitteleinsatz rückwirkend in Kraft tritt. Ein Auftragsloch, das sonst durch das Warten auf politische Entscheidungen entstünde, wird damit ausgeschlossen.

Die Prämienzahlung wird zumeist zeitlich begrenzt. Mit der **Befristung** will man erreichen, daß Investitionen – auch in Erwartung der durch das Versprechen ausgelösten steigenden Nachfrage – vorgezogen werden (bzw. aufgrund von **Investitionssteuern** im Boom aufgeschoben werden). Diese expansive Wirkung ist zwar möglich, sicher wird sie aber nur dann, wenn hinreichend hohe Prämien zugesagt werden, die die Investoren auf den Erfolg des Programms vertrauen lassen. Es fehlen aber die Informationen über deren erforderliche Höhe.

Schrittweise Anpassungen können keine Lösung bringen. Sie führen zu spekulativem Warten auf das nächsthöhere Prämienversprechen. Die Fahrt in die Rezession kann sich in der verlorenen Zeit beschleunigen. Um die Wende zu erreichen, müßte dann zu entsprechend kräftigeren Dosierungen gegriffen werden. Das heißt: Da der konjunkturelle Prozeß nicht stehen bleibt, stellt sich das Prognoseproblem vor jedem anstehenden Mitteleinsatz aufs Neue. Es kann nicht durch schrittweise Anpassungen gelöst werden.

Die Befristung tendiert dahin, erst die eingeleitete sichtbare Zunahme der Nachfrage zu beschleunigen. Die fehlende Nachhaltigkeit läßt die Unternehmen nur sehr vorsichtig an Kapazitätserweiterungen herangehen, die der zukünftigen Nachfrage vorgreifen. Sie sehen allein die kurzfristige Belebung, die – so wird möglicherweise befürchtet – nach Ablauf der Frist wieder nachläßt. Es droht sogar ein **„Auftragsloch"**, wenn lediglich für die nächsten Monate ohnehin geplante Käufe vorgezogen worden sind.

Befristeten Belastungen werden die Unternehmen auszuweichen versuchen. So läßt sich die Steuerpflicht mindern, wenn es gelingt, Gewinne in Zeiten niedrigerer Steuern zu verlagern. Befristete Investitionssteuern können nach ihrem Beginn durch Rückdatierung von Aufträgen, vor ihrem Ende durch informelle Auftragsvergabe unterlaufen werden. Die Anbieter „reservieren unverbindlich", der formale Auftrag wird dann erst nach der Aufgabe der Restriktionen erteilt.

Als Restriktion gedachte Erhöhungen der Gewinnsteuern können allerdings auch **expansive Wirkungen** haben: Die Unternehmen ziehen Investitionen – wegen der gewinnreduzierenden Abschreibungen – in die Zeit der höheren Steuersätze vor. Nach dem Auslaufen der Zuschläge realisieren sie dann die aufgrund der vorangegangenen Investitionen gestiegenen Gewinne.

Vermeiden ließe sich dieser **prozyklische Effekt**, wenn die restriktive Steuerpolitik nicht am Tarif, sondern an der Bemessungsgrundlage ansetzte, die Abschreibungen quantitativ begrenzte oder deren Dauer verlängerte. Dann zeigt sich den Unternehmen kein Weg, auf dem sie mit prozyklischer Wirkung dem Steuerzugriff ausweichen können.

Geplante und tatsächliche Investitionen unter dem Einfluß befristeter Investitionssteuern und -zulagen

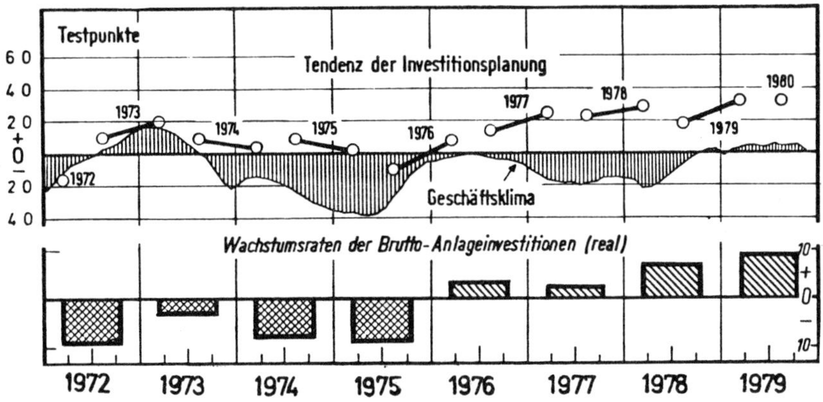

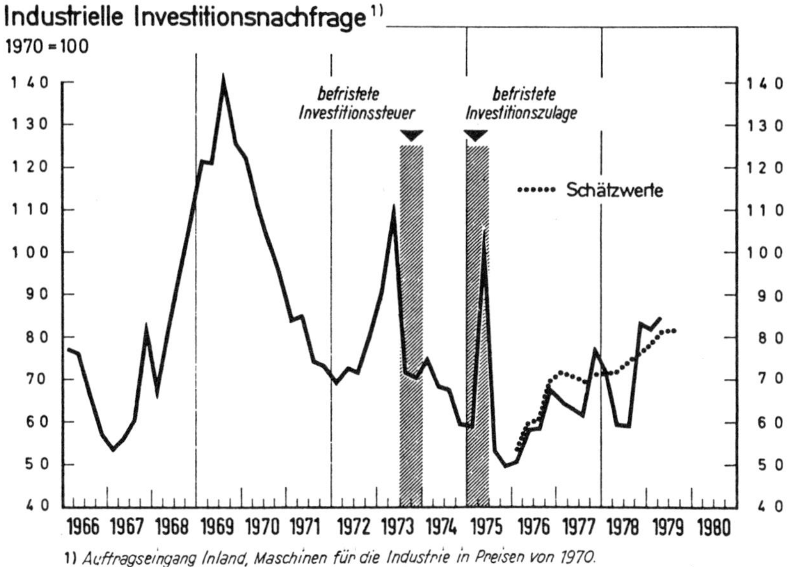

Quelle: ifo-schnelldienst 35–36/79

Steuerliche Belastungsvariationen wollen über den Preis – also auf einem Umweg – die Mengen steuern. Da sich die Mengenreaktionen aber nur innerhalb erheblicher Fehlermargen prognostizieren lassen, ist die **indirekte Mengensteuerung** mit erheblichen Risiken verbunden.

Eine präzisere Mengensteuerung ließe sich mit dem **Tenderverfahren** (analog zur Geldpolitik) erreichen. Die Fiskalpolitik bestimmt das angestrebte

Investitionsvolumen und fordert die Unternehmen auf, die Prämiensätze zu nennen, zu denen sie gewillt sind, in der beschriebenen Frist bestimmte Investitionsvolumina durchzuführen. Der Prämiensatz, der fiskalpolitisch gewolltes und von den Unternehmen angebotenes Investitionsvolumen ausgleicht, wird gezahlt.

Investitionsprämie im Tenderverfahren

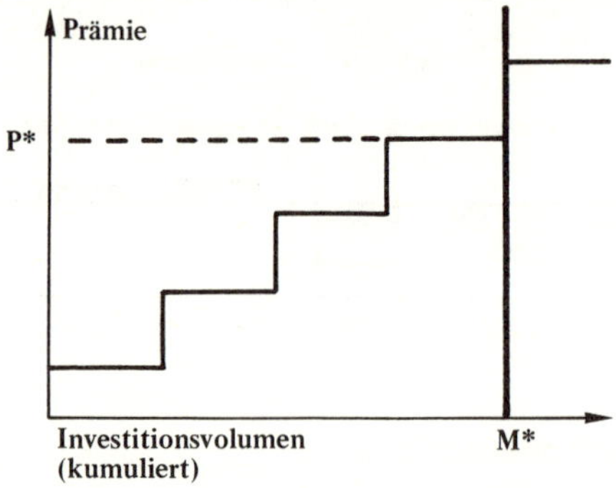

Vordergründig sieht es zwar aus, als ließe das Tenderverfahren das **finanzielle Risiko** beim Fiskus. Zieht man aber in Rechnung, daß es eine präzise Mengensteuerung erlaubt, also den konjunkturellen Aufschwung gleichsam garantiert, kann man das fiskalische Risiko hintanstellen, denn der kommende Aufschwung wird die staatlichen Kassen füllen.

Auch **verwaltungsmäßige Einfachheit** spricht für das Tenderverfahren, denn die Firmen müssen keine „fertigen" Investitionsprojekte vorlegen. Sie müssen allein alternative Investitionsvolumina benennen, die sie bei entsprechenden Prämiensätzen im angesprochenen Zeitraum durchzuführen bereit sind – bei gleichzeitig sicherem Wissen, daß das politisch gewollte Investitionsvolumen – garantiert durch das gewählte Verfahren – auch realisiert wird.

Eine in der BRD nicht vorgesehene Steuerungsmöglichkeit bieten **Investitionsreserve-Fonds.**[2] Neben Schweden, das bereits 1938 einen Fonds einrichtete, gibt es sie in der Schweiz und in Finnland. Die schwedischen Unternehmen können dort maximal 40% ihres jährlichen Gewinns steuerfrei einstellen. Die Mittel bleiben gesperrt, bis sie bei drohender Rezession freigegeben werden. Um den Investitionsanreiz zu erhöhen, werden zumeist zusätzliche Prämien gezahlt und/oder eine beschleunigte, zuweilen eine sofortige Abschreibung zugelassen.

Das Investitionsfondskonzept ist zyklusübergreifend angelegt. Es arbeitet lediglich mit finanziellen Anreizen, also ohne Zwang. Die Mittel können im Boom, sie müssen aber nicht dem Investitionsreservefonds zugeführt werden. Die erreichbare Steuerersparnis bestimmt den Umfang der stillgelegten Mit-

---

[2] Vgl. *Pfaffenberger, W.*: Investitionssteuerung mit Hilfe steuerfreier Rücklagen, Berlin 1969

tel. Bleiben sie unverzinst, dann wird die Steuerersparnis um die entgangenen Zinsen (auf den Gewinn nach Steuern) vermindert. Um den Zinsverlust zu begrenzen, dürfen die Betriebe in Schweden über 30% der Rücklage frei verfügen, wenn der Fonds fünf Jahre nicht geöffnet wurde.

Der Anreiz zur Stillegung ließe sich noch dadurch stärken, daß man einen Teil des Fondsbetrages verzinst. Die Zinszahlung hätte aber die Zentralbank bzw. der Staat zu leisten, da bei einer zinstragenden Anlage am Kapitalmarkt der restriktive Geldmengeneffekt verlorenginge.

In Schweden verbleiben 54% der Fondsmittel zur freien Disposition im Unternehmen, sie sind lediglich für Sachinvestitionen gesperrt. Bilanztechnisch werden sie als Rücklagen gebucht, die für spätere Investitionen vorgesehen sind. Erst 1955 wurde bestimmt, daß die restlichen 46% der Rücklage auf einem **zinslosen Sperrkonto** der Zentralbank gehalten werden müssen. Dieser Schritt brachte die unverzichtbare Geldstillegung. Ohne ihn hätte das reichlichere Kapitalangebot mit seiner zinssenkenden Tendenz an anderer Stelle zusätzliche Investitionen anregen können.

1960 erkannte man die unzureichende restriktive Wirkung und verlangt seitdem die Einzahlung der gesamten steuerfreien Rücklagen auf das Sperrkonto. Zum Rentabilitätsausgleich wurde eine Steuerermäßigung beschlossen, die einer zehnprozentigen Verzinsung entspricht.

Auf den Konsum gerichtete Instrumente

Die Lenkung des Konsums kann über die Be- oder Entlastung der Einkommen oder über eine zeitlich begrenzte Variation der Verbrauchsteuersätze erfolgen.

Mehrwertsteuervariationen, die preiswirksam werden, sprechen die *Kaufwilligkeit* an. Sie weisen die Konsumenten auf die zeitliche Verschiebung der Käufe hin. Die Einkommensteuer setzt an der *Kauffähigkeit* an. Die konjunkturelle Wirkung läßt sich steigern, wenn bevorzugte Haushalte mit hoher marginaler Konsumquote (das sind in der Regel Niedrigverdiener) bzw. der Grundbedarf im Boom be- und in der Rezession steuerlich entlastet werden.

Auch bei **gleichem Aufkommen** läßt sich mithin ein (expansiver) Fiskaleffekt realisieren, indem man (bspw.) in der Rezession die Niedrigverdiener steuerlich entlastet, die wohlhabenden Haushalte aber mit geringer marginaler Konsumquote um den gleichen Betrag zusätzlich belastet. Durch diese Umverteilung der Steuerlast steigt der Gesamtkonsum an.

Der Steuerpolitik stehen stets zwei **Wirkungswege** offen. Sie kann einmal den **Saldeneffekt** nutzen (Bilden von Budgetüberschüssen bzw. Ausgleich des verringerten Steueraufkommens durch Deficit Spending), zum anderen kann sie ihr Ziel durch Umstrukturierung des Steueraufkommens und der Ausgaben bei gleichem Saldo (**reiner Fiskaleffekt**) angehen.

b) Die Instrumente der Ausgabenpolitik

Die staatliche Ausgabenpolitik geht mit ihren Instrumenten unterschiedlich nahe an die Nachfrage heran. Mit den Personal- und Sozialausgaben spricht sie – wie die Steuerpolitik – die Einkommen mit Blick auf den Konsum an. Die öffentlichen Investitionen dagegen werden unmittelbar nachfragewirksam. Es gibt **keine Sickerverluste durch Sparen.** Der Konsum wird über den Einkommenseffekt ebenso wie die induzierten Investitionen in der „zweiten Runde" erreicht.

Eine Ausweitung der öffentlichen Investitionen bewirkt selbst dann eine Steigerung des Sozialprodukts, wenn gleichzeitig die Personal- und Sozialausgaben gekürzt werden (**Haavelmo-Theorem**); denn die öffentlichen Investitionen steigern ohne Abstriche die Nachfrage, während die Personal- und Sozialausgaben um die Ersparnis gekürzt in den Konsum geflossen wären. Der expansive Effekt der Umstrukturierung entspricht der Nachfragesteigerung in Höhe der Ersparnis vor der „ersten Runde" sowie den nachfolgenden multiplikativen und akzelerativen Wirkungen.

ba) Personal- und Sozialausgaben

Über die Personal- und Sozialausgaben kann die Fiskalpolitik, ohne die Basis langfristiger privater Investitionen zu berühren, Konsumausgaben kurzfristig vom Verlauf der Zyklen lösen. Allerdings ist auch den staatlichen Leistungsempfängern nicht zumutbar, längere Zeit die Last der konjunkturellen Steuerung allein oder überwiegend zu tragen. Aber schon ein **gemäßigtes Absetzen** hilft. Die Einkommen könnten in der Rezession stärker, im Boom schwächer als in den anderen Bereichen angehoben werden. Ohne soziale Nachteile bliebe diese Politik, wenn sie in der Rezession beginnen und der allgemeine Einkommenstrend nicht unterschritten würde.

Nicht möglich dürfte es dagegen sein, in einer Welt konjunktureller Schwankungen den öffentlichen Dienst auszuklammern und allein dessen Einkommen antizyklisch zu gestalten. Lediglich die begrenzte **Variation der Zuwachsraten** erscheint durchsetzbar; aber auch nur dann, wenn die Konjunkturpolitik Vertrauen genießt und die Erwartung rechtfertigt, daß der Einkommensverzicht nicht unzumutbar lange dauert.

Der Staat kann aber nur die Beamtenbesoldung durch Gesetz regeln, die Bezahlung der Arbeiter und Angestellten wird tarifvertraglich vereinbart. Der Staat müßte gegebenenfalls einen Arbeitskampf riskieren, um seine besoldungspolitische Linie durchzusetzen.

Eine unterschiedliche Bezahlung läßt sich heute nicht mehr überzeugend vertreten; denn die Tätigkeiten von Arbeitern bzw. Angestellten und Beamten sind nicht mehr eindeutig voneinander abgrenzbar. In den vergangenen Jahren wurden deshalb regelmäßig die tarifvertraglichen Lohnsteigerungsraten auf die Beamtenbesoldung übertragen. Aber dennoch sollte die Konjunkturpolitik auf der Suche nach „steuerbarer Masse" am Personaletat nicht vorübergehen. **Ansatzpunkte** sollten aber nicht die *Besoldungshöhe* sein, wohl aber der *Zeitpunkt* der Anhebungen. Dem öffentlichen Dienst mit seiner Arbeitsplatzgarantie müßte es zumutbar sein, daß seine Bezahlung von den Lohnzyklen gelöst und am mittelfristigen Trend orientiert wird.

Bei erfolgloser Stabilisierungspolitik wird auch der in seinen Erwartungen enttäuschte öffentliche Dienst nachziehen. Die Einflußnahme auf den Konsum über die staatlich bestimmten Einkommen ist somit kein isoliert und intensiv anwendbares Instrument; es bedarf der Unterstützung durch ergänzende antizyklische Maßnahmen.

Die **Sozialpolitik** verfügt heute über ein knappes Drittel des Sozialproduktes. Sie hat damit eine quantitative Bedeutung, an der die Konjunkturpolitik nicht vorbei gehen kann. Es müssen deshalb Wege der Koordination gesucht werden, die soziale Sicherheit mit stabilitätspolitischen Erfordernissen vereinbar machen.

Das **Arbeitslosengeld** sowie Arbeitslosen- und Sozialhilfe dienen der finanziellen Sicherung Erwerbsloser und stützen als automatischer Stabilisator in der Rezession mit den Lohnersatzzahlungen die Nachfrage. Im Boom wird über die Beiträge Liquidität entzogen und stillgelegt.

In der **Rentenversicherung** widersprechen sich aber in Boomphasen stabilitätsgerechtes Handeln und die Sozialverpflichtung. Die restriktive Konjunkturpolitik verlangt geringe Steigerungsraten der Renten. Die Sozialpolitik will die Rentner am Wachstum des Volkseinkommens beteiligen. Dieser **Konflikt** wird gegenwärtig gelöst, indem man die Renten nicht synchron mit dem allgemeinen Einkommensanstieg anhebt, sondern mit einer zeitlichen Verzögerung nachfolgen läßt. Durch die Rentenreform von 1957 wurde das Finanzierungssystem der gesetzlichen Rentenversicherung als **Abschnittdeckungsverfahren** konzipiert: Für einen zehnjährigen Deckungsabschnitt war der Beitragssatz so festzusetzen, daß für diesen Zehnjahreszeitraum die Einnahmen ausreichten, um die im gleichen Zeitraum zu erwartenden Ausgaben zu decken und eine Rücklage in Höhe der Zahlungen des letzten Jahres zu bilden.

1969 wurde das Abschnittdeckungsverfahren aufgehoben und das Finanzierungssystem dem **Umlageverfahren** angenähert. Die Rücklage wurde zur bloßen Liquiditätsreserve, die die Zahlungen ursprünglich für drei Monate, heute nurmehr für einen Monat, sichern soll. Bei stärkeren konjunkturellen Einbrüchen mit entsprechenden Einnahmeausfällen wird der Bund zur Liquiditätshilfe verpflichtet. Die Beitragssätze selbst bleiben nach wie vor überkonjunkturell bestimmt, stabilisierende Effekte werden allein über die verzögerten Rentenanpassungen und das mit den Einkommen schwankende Beitragsaufkommen gesucht. Lediglich auf längere Sicht wird ein Ausgleich von Einnahmen und Ausgaben angestrebt.

Während das Beitragsaufkommen mit dem Zyklus geht, folgen die Rentenausgaben mit dreijähriger (nach der „Aktualisierung" mit Beginn des Jahres 1979 nurmehr mit zweijähriger) Verzögerung den Lohnsteigerungsraten nach. Auf dem Weg zum Boom bilden sich dann Überschüsse (teils stillgelegt, teils in den Geld- und Kapitalmarkt geflossen), da die Renten noch entsprechend den niedrigeren Lohnsteigerungsraten der vorangegangenen Rezession angehoben werden. In dem kommenden Abschwung steigen dann die Ausgaben gemäß den kräftigen Lohnsteigerungsraten des Booms, während der Einnahmenanstieg nachläßt. Es entstehen Finanzierungsdefizite, die nachfragebelebend wirken. Das heißt: dem Rentenversicherungssystem ist mit der verzögerten Rentenanpassung ein geringfügiger **automatischer Stabilisator** eingebaut. Das Versicherungssystem verspricht den Rentnern zwar (obgleich formal immer noch fallweise über die jährliche Rentenanpassung entschieden wird) trendmäßig Steigerungsraten, die dem Anstieg des Volkseinkommens entsprechen, mutet ihnen aber kurzfristig ein Nachhinken hinter dem allgemeinen Einkommensanstieg zu.

Sozialversicherungen

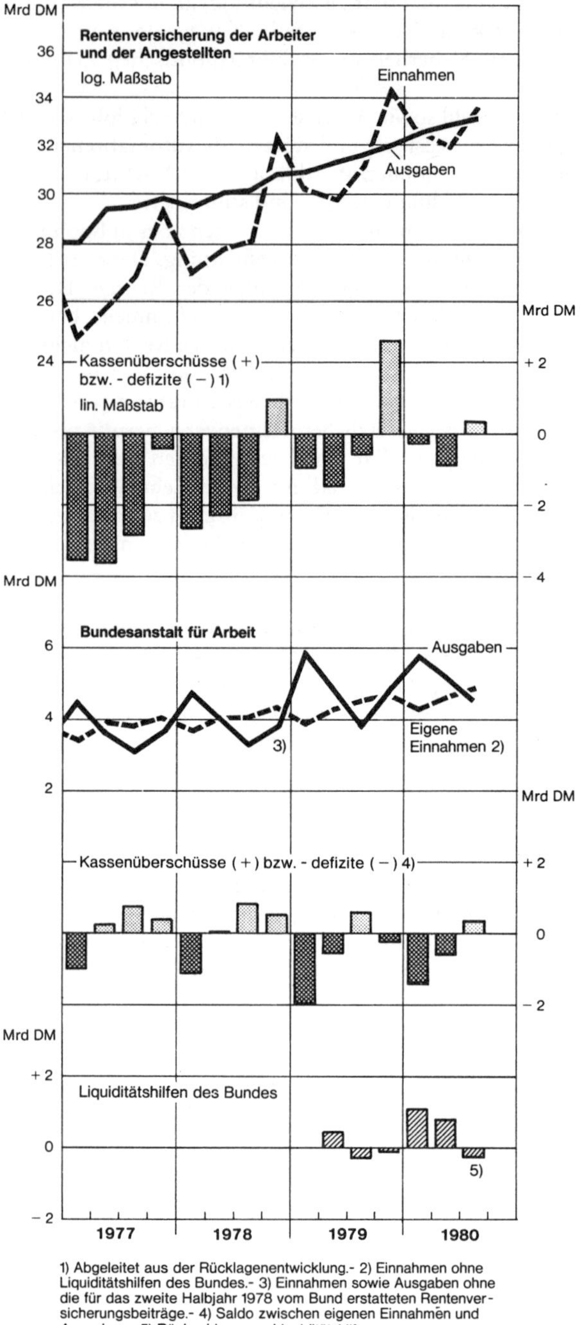

1) Abgeleitet aus der Rücklagenentwicklung.- 2) Einnahmen ohne Liquiditätshilfen des Bundes.- 3) Einnahmen sowie Ausgaben ohne die für das zweite Halbjahr 1978 vom Bund erstatteten Rentenversicherungsbeiträge.- 4) Saldo zwischen eigenen Einnahmen und Ausgaben.- 5) Rückzahlung von Liquiditätshilfen.

Quelle: Monatsberichte der Deutschen Bundesbank, Juli 1987, S. 27

Auf *aktive* Konjunkturpolitik wird in der Rentenversicherung aber weitgehend verzichtet. Im Boom könnten die Beiträge erhöht, in der Rezession gesenkt werden. Rentenerhöhungen könnten in der Rezession vorgezogen, im Boom hinausgeschoben werden. Dem **Gebot der Kontinuität in der sozialen Sicherung** wird aber der Vorrang vor der **konjunkturpolitischen Flexibilität** eingeräumt. Die Stabilisierungspolitik wird auf andere Instrumente verwiesen, mit denen sie ihre Ziele gleichfalls angehen kann.

Die anhaltende, stetig steigende Inflation der Jahre nach 1969 brachte aufgrund der verzögerten Anpassung eine ständige Abnahme des Rentenniveaus. Die Rentner leisteten einen unfreiwilligen, von der Konjunkturpolitik jedoch begrüßten Stabilisierungsbeitrag. Die Sozialpolitik, die dringend eine Korrektur verlangte, setzte sich aber gegen die Konjunkturpolitik durch. 1972 – mitten im Boom – wurde eine Rentenanpassung vorgezogen. Um auf Dauer ein Absinken des Rentenniveaus unter eine – aus sozialen Gründen als unzumutbar angesehene – Grenze auszuschließen, wurde 1972 darüber hinaus eine **Sicherungsklausel** in das Gesetz eingefügt. Sie reduziert zugunsten der sozialen Sicherheit den Stabilisierungsspielraum des Rentenversicherungssystems im Boom.

Jeweils im Boom gerät die Sozialpolitik in den Konflikt mit der Stabilisierungspolitik. Die soziale Sicherung fordert die Ausweitung der Zahlungen, die restriktive Konjunkturpolitik drängt auf Begrenzung des Sozialetats. Kompromisse, Abstriche an beiden Zielsetzungen, werden erforderlich.

In der Rezession stimmen Sozial- und Konjunkturpolitik überein. Beide verlangen die Ausweitung konsumwirksamer Transferzahlungen. Beachtet werden muß jedoch, daß Sozialausgaben politisch kaum reversibel sind. Ohne zukünftige Budgets unangemessen vorzubelasten, dürften also lediglich solche Leistungen vorgezogen werden, die für die nahe Zukunft ohnehin geplant sind.

bb) Sachausgaben

Öffentliche Investitionen sind wegen ihres besonderen Charakters – auch innerhalb des Rahmens eines mittelfristigen Finanzplanes – nur bedingt zur kurzfristigen Variation geeignet: *Einmal* konzentrieren sie sich auf einzelne Branchen (vor allem Hoch- und Tiefbau), die dann allein das konjunkturpolitische Risiko aufgebürdet bekämen (bei einer Einbeziehung der öffentlichen Unternehmen ergeben sich freilich zusätzliche Wege), oder es fehlen die Kapazitäten – sie sind langfristig ausgerichtet –, um vorgezogene Aufträge neben den ohnehin vorgesehenen ausführen und damit die Nachfrage über Aufträge und Lohnzahlungen sofort weitergeben zu können. *Zum anderen* verbieten übergeordnete allgemeinpolitische Gesichtspunkte ein Zurückhalten von – meist ohnehin im Schatten des wachsenden privaten Sektors stehenden – Gesundheits-, Bildungs- und ähnlichen Aufgaben; ein allerdings langsames Beschleunigen in rezessiven Phasen ist dagegen weit unbedenklicher bzw. meist sogar begrüßenswert. *Schließlich* kommen zu diesen politischen und technischen Gründen meist noch administrative Verzögerungen hinzu. Sie haben merklich zugenommen und beeinträchtigen die Schnelligkeit verlangende Effizienz der staatlichen Ausgabenpolitik.

Entwicklung der Ausgaben für einzelne Sozialleistungen

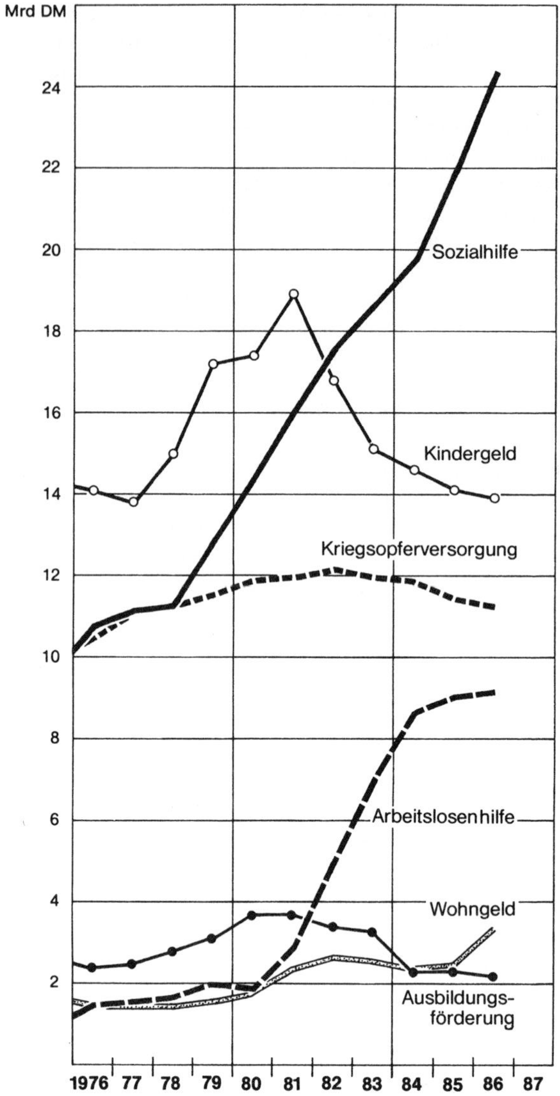

Die Unternehmen können zudem die antizyklische Ausgabenpolitik unwirksam machen, wenn sie die vorgezogenen Aufträge zwar hereinnehmen, nicht aber an die Produktion weitergeben. Sie tun dies dann, wenn sie für die nahe Zukunft ein „Auftragsloch" befürchten, das sie mit den Auftragsbeständen ausgleichen wollen.

Sowohl der primäre Anstoß als auch die nachfolgenden abgeleiteten Effekte (Akzelerator und Multiplikator) werden aufgehalten, wenn die antizyklische Auftragsvergabe nicht unverzögert die Produktion erreicht.

Zusammenfassend läßt sich sagen:
Die Fiskalpolitik setzt *nachfragenäher* als die Geldpolitik an. Während die Zentralbank über Zins- und Geldmengeneffekte das Einkommen zu erreichen versucht, spricht die Fiskalpolitik mit der Steuerpolitik und über die Personal- und Sozialausgaben das Einkommen unmittelbar an. Mit den öffentlichen Investitionen tritt der Staat sogar selbst als Nachfrager auf, vermeidet also die Sickerverluste auf dem Weg vom Einkommen zum Konsum.

Exkurs: Das Gesetz zur Förderung der Stabilität und des Wachstums der Wirtschaft

Vorrangiges Ziel des Stabilitätsgesetzes[3] ist die **Beschleunigung** konjunkturpolitischer Eingriffe. Es beschreibt Instrumente und nennt Bedingungen ihres Einsatzes. Bund und Länder werden auf eine antizyklische Konjunkturpolitik verpflichtet und zur besseren **Koordinierung** ihrer Maßnahmen angehalten. Sie haben nach § 1 „im Rahmen der marktwirtschaftlichen Ordnung gleichzeitig zur Stabilität des Preisniveaus, zu einem hohen Beschäftigungsstand und außenwirtschaftlichem Gleichgewicht bei stetigem und angemessenem Wirtschaftswachstum bei(zu)tragen."

I. Die Verteilung der Kompetenzen

Konjunkturpolitik ist *primär* Aufgabe des Bundes: Von ihm geht die Initiative aus. Mit Zustimmung des Bundesrates können durch Bundesgesetz Bund, Länder und mittelbar die Gemeinden auf ein *gemeinsames* antizyklisches Handeln verpflichtet werden (Art. 109, 3 Grundgesetz).

Die Bundeskompetenz in der Konjunkturpolitik empfiehlt sich auch von der Sache her: Zahlt man dem Investor Prämien und läßt die Auftragsvergabe frei, dann streut die Nachfrage auf der Suche nach dem preisgünstigsten Angebot und mit ihr die Beschäftigungseffekte über die Ländergrenzen hinaus. Sie lassen sich nur dann regionalisieren, wenn der Anbieter subventioniert wird. Nur dann bleibt der Beschäftigungseffekt „im Land". Die Subventionen schaffen einen Kostenvorteil und sind damit Zollbarrieren vergleichbar, die die regionalen Märkte trennen. Das heißt: wirksame Konjunkturpolitik, die nicht durch Anbietersubventionen willkürliche Marktgrenzen ziehen will, läßt sich nur durch gleichzeitiges, abgestimmtes Vorgehen der regionalen bzw. durch zentrale Instanzen durchführen.

Das relativ große Volumen der Länder und Gemeindehaushalte macht deren Mitarbeit unerläßlich. Deshalb werden Länder und über § 16,1 (kon-

---

[3] *Stern, K.; Münch, P.* u. *Hansmeyer, K.-H.*: Gesetz zur Förderung der Stabilität und des Wachstums der Wirtschaft, 2. Aufl., Stuttgart u.a. 1972; *Möller, A.* (Hrsg.): Kommentar zum Gesetz zur Förderung der Stabilität und des Wachstums der Wirtschaft, 2. Aufl., Hannover 1969

junktur- und wachstumsgerechte Haushaltswirtschaft der Gemeinden) auch die Gemeinden auf die Ziele der Konjunkturpolitik verpflichtet.

Zur Struktur der öffentlichen Investitionen

Jahr	Sachinvestitionen brutto, in Mrd. DM				Anteil der Sachinvestitionen	Ausgaben des öffentlichen Gesamthaushalts	
	Bund	Länder	Gemeinden	insgesamt	am BSP in %	Mrd. DM	Anteil am BSP in %
1962	2,95	3,09	10,51	16,55	4,9	106,4	29,5
1972	6,63	6,73	25,77	39,13	4,7	252,0	30,5
1982	6,96	9,94	35,12	52,02	3,3	561,6	35,2
1983	7,12	9,87	31,51	48,50	2,9	570,1	33,9
1984	7,12	9,96	30,54	47,62	2,7	583,6	33,1
1985	7,39	10,61	31,98	49,98	2,7	604,0	32,7
1986	7,52	10,86	34,63	53,00	2,7	627,4	32,2

Quelle: Bundesministerium der Finanzen; Finanzbericht, laufende Jahregänge; eigene Berechnungen

1. Bundeskompetenzen

Effiziente Konjunkturpolitik verlangt, daß die Instrumente *rechtzeitig* eingesetzt werden. Vor dem Mitteleinsatz steht aber ein langwieriger Instanzenweg. Das Stabilitätsgesetz verkürzt die Entscheidungsverzögerung. Es bietet der Bundesregierung die rechtliche Handhabe, nach Anforderung der Lage (und teilweise ohne vorherige Zustimmung des Parlaments) zu handeln.

Im Stabilitätsgesetz vorgesehene antizyklische Maßnahmen können durch Rechtsverordnung auf einfachen Regierungsbeschluß erlassen werden. Ein Machtverlust des Parlaments wird deswegen befürchtet. Dessen Stellung ist jedoch durch ein System von Vorbehalten abgesichert: **Wichtigstes Kontrollinstrument des Parlaments** ist das Recht, die Aufhebung der Verordnung zu verlangen. Zwar kann das Parlament nicht durch Abänderungen oder Ergänzungen deren Inhalt angreifen, wohl aber – sofern im Stabilitätsgesetz nicht besonders geregelt - erlassenen Rechtsverordnungen ganz oder teilweise die ausdrückliche oder stillschweigende Zustimmung versagen. In Streitfällen könnte der Bundestag seinen Willen entweder auf dem Wege des Organstreits oder durch ein Gesetz – das als höherwertiges Recht die Verordnung bricht – durchsetzen.

Die ausdrückliche **Zustimmung des Bundestages** ist erforderlich bei Rechtsverordnungen zur Änderung der Einkommen- und Körperschaftsteuer (§ 26, 3b, 3 und § 27). Die Mehrheit muß hier *für* die steuerpolitischen Schritte gesucht werden. Bei Maßnahmen nach den §§ 8 (Verfahren bei konjunkturpolitisch begründeten Mehrausgaben), 15 (Bildung und Freigabe von Konjunkturausgleichsrücklagen), 26, 3a (Änderung des § 51 EStG) und 3b (Änderung des § 51, 2 EStG) gilt die Zustimmung als erteilt, wenn der Bundestag nicht innerhalb vier, bei Maßnahmen nach den §§ 19 (Kreditlimitierung) und 30, 1 und 2 (Anlageverpflichtung für die Träger der Rentenversicherung und die Bundesanstalt für Arbeit) binnen sechs Wochen die Aufhebung der Rechtsverordnung verlangt. Hier muß sich die Mehrheit in begrenzter Zeit *gegen* die Initiative der Bundesregierung formieren. Diese Verlagerung der Last der Mehrheitsfindung läßt die Durchsetzbarkeit der angesprochenen Mittel steigen.

2. Länderkompetenzen

Die **Mitarbeit** und **Mitverantwortung** der Länder ist durch die Art. 80, 2 und 109, 2-4 GG geregelt. Hier ist bestimmt, daß Gesetze, die der Bundesregierung den Erlaß von Rechtsverordnungen erlauben (Art. 109, 4 GG) oder für Bund und Länder gemeinsam geltende Haushaltsgrundsätze zum Inhalt haben (Art. 109, 3 GG), der Zustimmung durch den Bundesrat bedürfen. Auch die späteren Rechtsverordnungen müssen genehmigt werden.

Die **Kontrollrechte** des Bundesrates sind abgestuft: Hat die Bundesregierung nach § 2 (Jahreswirtschaftsbericht) und § 12 (Subventionsbericht) sowie nach § 6 (antizyklischer Haushaltsvollzug) nur die Pflicht, Berichte vorzulegen bzw. beabsichtigte Maßnahmen zu begründen, so steht dem Bundesrat bei Ausgaben aus Leertiteln für konjunkturbedingte Mehrausgaben nach § 8 bereits das Recht zur Stellungnahme gegenüber dem Bundestag zu.

Der **Zustimmung des Bundesrates** bedürfen neben Verordnungen bezüglich Kreditlimitierungen (§ 19), Ausgleichsrücklagen (§ 15) und Anlageverpflichtungen für die Träger der Rentenversicherung und der *Bundesanstalt für Arbeit* (§ 30), auch Steuersatzvariationen (§§ 26, 27).

II. Instrumente des Stabilitätsgesetzes

Zur Bewältigung der in § 1 beschriebenen Aufgaben bietet das Stabilitätsgesetz eine Reihe von Instrumenten an. Sie lassen sich einteilen in Informations- und Planungsinstrumente sowie Koordinations- und Eingriffsinstrumente.

1. Informationsinstrumente

Nach § 2 hat die Bundesregierung Bundestag und Bundesrat einen **Jahreswirtschaftsbericht** vorzulegen. Dieser enthält neben einer Stellungnahme zum Jahresgutachten des *Sachverständigenrates* eine Darlegung der für das laufende Jahr angestrebten Ziele der Wirtschaftspolitik (Jahresprojektion) und der geplanten Maßnahmen. Daneben ist die Bundesregierung gehalten, alle zwei Jahre einen Subventionsbericht aufzustellen (§ 12).

2. Planungsinstrumente

Die Planungsinstrumente sind in den §§ 9 (Finanzplanung) und 10 (Investitionsprogramme) beschrieben. Nach § 9 hat die Bundesregierung einen **mittelfristigen Finanzplan** aufzustellen, der „Umfang und Zusammensetzung der voraussichtlichen Ausgaben und die Deckungsmöglichkeiten in ihren Wechselbeziehungen zu der mutmaßlichen Entwicklung des gesamtwirtschaftlichen Leistungsvermögens", gegebenenfalls mit Alternativrechnungen, beschreibt. Er geht aus den mehrjährigen Investitionsprogrammen und Bedarfsschätzungen der einzelnen Bundesministerien hervor und wird vom Bundesminister der Finanzen aufgestellt und begründet (§§ 9 und 10). Die

Investitionsprogramme müssen nach Dringlichkeit und Jahresabschnitten gegliedert die in den nächsten Jahren anstehenden Projekte erfassen (§ 10, 2). Die Planung ist jährlich fortzuschreiben. Dadurch wird die Voraussetzung geschaffen, daß Investitionen im Bedarfsfall zeitlich vorgezogen oder hinausgeschoben werden können (Schubladenprojekte § 11).

3. Koordinationsinstrumente

Mit der Konzertierten Aktion, dem Finanzplanungsrat (geregelt im Haushaltsgrundsätzegesetz) und dem Konjunkturrat sind die Institutionen genannt, die das koordinierte Vorgehen der einzelnen Entscheidungsträger im Bereich der Konjunkturpolitik ermöglichen sollen.

Für eine Abstimmung der Tarifpolitik mit der staatlichen Konjunkturpolitik soll die **Konzertierte Aktion** sorgen (§ 3). In dieser Gesprächsrunde – der Vertreter von Gebietskörperschaften, Gewerkschaften und Unternehmensverbänden angehören – stellt die Bundesregierung **Orientierungsdaten** für ein gleichzeitiges, abgestimmtes Verhalten zur Diskussion.

Konjunkturrat (§ 18) und **Finanzplanungsrat** (§ 51 Haushaltsgrundsätzegesetz) sollen die Koordination und bessere Durchführung konjunkturpolitischer Maßnahmen ermöglichen. Ihnen gehören neben Vertretern der Gemeinden und Gemeindeverbände die Bundesminister für Wirtschaft und Finanzen sowie die Fachminister der Länder an. Keines dieser Gremien kann bindende Entscheidungen treffen. Während die Konzertierte Aktion hauptsächlich dem Meinungsaustausch und der Information der Beteiligten durch die Regierung dient, haben Konjunktur- und Finanzplanungsrat den Charakter von Beiräten, die den einzelnen Fachministerien zugeordnet sind und das Kabinett bei der Entscheidungsfindung beraten sollen.

Bund und Länder sind zu **gegenseitiger Information** verpflichtet. Gemäß § 2 müssen Maßnahmen der Bundesregierung nach § 6, 2 und 3 (Haushaltsvollzug und Kreditermächtigung), nach den §§ 15 (Konjunkturausgleichsrücklage), 19 (Schuldendeckel), 26, 3b (Änderung der Einkommensteuer) und 27 (Variation der Körperschaftsteuer) von der Regierung gegenüber Bundesrat und Bundestag begründet werden. Die Länder sind ihrerseits gehalten, dem Bundeswirtschaftsminister auf dessen Aufforderung hin Auskunft über den Kreditbedarf des Landes, der Gemeinden, Gemeindeverbände und Zweckverbände zu geben (§ 25). Desgleichen müssen die Länder und über sie die Gemeinden auf Anfrage Art und Umfang bereits aufgenommener Kredite mitteilen. Das gilt nicht nur für die direkten Kreditaufnahmen, sondern auch für die ausgegliederter öffentlicher Unternehmen, deren Verschuldung wirtschaftlich einer eigenen gleichkommt (§ 25).

4. Eingriffsinstrumente

Ist eines der Ziele des § 1 gefährdet, so kann die Bundesregierung im Rahmen der Einnahmen-, der Ausgaben-, der Rücklagen- sowie der Geldpolitik dem entgegenwirken.

a) Einnahmenpolitik

aa) Steuerpolitik

Ziel der antizyklischen Steuerpolitik ist die Anpassung der Nachfrage an das Angebotspotential. Das Stabilitätsgesetz (§§ 26–28) stellt dafür eine **Reihe von Instrumenten** bereit: Bspw. kann die **Einkommensteuer** ebenso wie die **Körperschaftsteuer** für längstens ein Jahr bis zu 10% herauf- oder herabgesetzt werden.

Zur Belebung der Nachfrage sind **Investitionsprämien** in Form eines Abzuges in Höhe von 7,5% der Investitionsausgaben von der Einkommen- und Körperschaftsteuerschuld vorgesehen. Dieser Abzug nach § 26, 3a ist im Gegensatz zu Sonderabschreibungen keine Steuerstundung, sondern ein endgültiger Einnahmeverzicht des Fiskus.

Zur Dämpfung der Investitionen kann die Regierung aufgrund § 26, 3b für ein Jahr **Sonderabschreibungen** ausschließen und die **degressive Abschreibung** aussetzen. Durch den Ausschluß derartiger Abschreibungsmethoden werden bei gleichen Investitionen in der betreffenden Periode höhere Gewinne ausgewiesen und somit auch besteuert. Den Unternehmen wird Liquidität entzogen.

Die **Zustimmungsbedürftigkeit der Verordnungen** ist unterschiedlich normiert: Verordnungen über Investitionsprämien und über das Aussetzen der degressiven Abschreibung und der Sonderabschreibungen bedürfen der Zustimmung des Bundestages; sie gilt als erteilt, wenn dieser nicht innerhalb von vier Wochen nach Eingang der Vorlage widerspricht. Bei diesen Maßnahmen ist auch für den Bundesrat nur die auf drei Wochen befristete Verweigerung vorgesehen. Bei einer Variation der Einkommen- und Körperschaftsteuer (§ 26, 3b, bzw. § 51, 3 EStG, § 27 bzw. 19c KstG) verlangt das Stabilitätsgesetz dagegen die ausdrückliche Zustimmung sowohl von Bundesrat als auch Bundestag.

Das steuerpolitische Instrumentarium wird abgerundet durch die mit § 26, 1 geschaffene Möglichkeit, **Steuervorauszahlungen** schneller als bisher der jeweiligen konjunkturellen Situation anzupassen. Der Einkommensteuerpflichtige wird nach Ablauf des Kalenderjahres veranlagt. Bis zur endgültigen Feststellung der Steuerschuld sind jeweils am 10. der Monate März, Juni, September und Dezember Vorauszahlungen zu leisten, die sich (erhebungstechnisch bedingt) nach den Verhältnissen der letzten Veranlagung richten.

Vor der Änderung des § 37, 3 EStG 1975 konnten die Vorauszahlungen veränderten Einkommensverhältnissen nur während des Veranlagungszeitraumes angepaßt werden; nach der jetzigen Rechtslage haben die Finanzämter auch noch im nachfolgenden Kalenderjahr die Möglichkeit, eine zusätzliche Vorauszahlung zu verlangen. Sie wird dabei wie eine vorgezogene Abschlußzahlung behandelt und ist auf diese anrechenbar. Für Körperschaft- sowie Gewerbesteuer gilt entsprechendes.

ab) Schuldenpolitik

Die beabsichtigten **Kreditaufnahmen** der einzelnen Gebietskörperschaften sind in deren jährlichen Haushaltsgesetzen geregelt. Reichen die Kreditermächtigungen nicht aus, dann erlaubt § 6, 2 dem Bundesminister der Finanzen eine zusätzliche Kreditaufnahme.

Fehlende Mittel sind gemäß § 6, 2, 3 zunächst der Konjunkturausgleichsrücklage zu entnehmen. Ist diese Quelle erschöpft, kann die **Ermächtigung des Bundesfinanzministers** in Anspruch genommen werden. Danach kann er „Kredite, über die im Haushaltsgesetz erteilten Kreditermächtigungen hinaus bis zur Höhe von 5 Mrd. DM, gegebenfalls mit Hilfe von Geldmarktpapieren", aufnehmen (§ 6, 3, 1). Werden derartige Kredite auf nachträglich vom Parlament beschlossene Kreditermächtigungen angerechnet, so „kann das Recht zur Kreditaufnahme erneut in Anspruch genommen werden" (§ 6, 3, 2). Mittel, die im Rahmen dieser „Dauerermächtigung" aufgenommen werden, dürfen nur für *zusätzliche* Ausgaben „bei einer die Ziele des § 1 gefährdenden Abschwächung der allgemeinen Wirtschaftstätigkeit" verwendet werden und müssen im Finanzplan (§ 9 in Verbindung mit § 10) vorgesehen sein (§ 6, 2, 1 und 6, 2, 2).

Zur Dämpfung der Nachfrage dient die **Beschränkung der Kreditaufnahme für die öffentlichen Hände.** Adressaten sowie Umfang, Zeitraum und deren Höhe sind in den §§ 19–25 geregelt. Sie will einmal verhindern, daß Einnahmestillegungen durch Schuldentilgung oder Zuführungen zur Ausgleichsrücklage durch erhöhte Kreditaufnahme umgangen werden können und zum zweiten eine zusätzliche Belastung des angespannten Kapitalmarktes vermeiden, seiner „Austrocknung" entgegenwirken.

Auch die Gemeinden, Gemeindeverbände und Zweckverbände werden angesprochen. Von Bedeutung ist dies vor allem deshalb, weil die Gemeinden von der Pflicht zur Liquiditätsstillegung in der Konjunkturausgleichsrücklage ausgenommen sind. Kredite, die von den Gemeinden, den Gemeinde- und Zweckverbänden „zur Finanzierung von Investitionsvorhaben ihrer wirtschaftlichen Unternehmen ohne eigene Rechtspersönlichkeit aufgenommen worden" sind, fallen nicht unter die Kreditbegrenzung (§ 19).

Der **Höchstbetrag** kann für Gemeinden und Gemeindeverbände – anders als für die übrigen „einzelnen Stellen", für die eine Begrenzung der Kreditaufnahme auf 80 v.H. vorgesehen ist, – auf 70 v.H. der im Durchschnitt der letzten fünf Haushaltsjahre vor Erlaß der Rechtsverordnung als Kredit aufgenommenen Mittel begrenzt werden. Entsprechende Rechtsverordnungen (§ 19) sind auf längstens ein Jahr zu befristen. Sie setzen die Zustimmung des Bundesrates voraus und sind unverzüglich aufzuheben, wenn es der Bundestag binnen sechs Wochen nach der Verkündung verlangt.

Die Gemeinden, Gemeinde- und Zweckverbände sind zwar am Entscheidungsprozeß nicht direkt beteiligt und haben – anders als Bundestag und Bundesrat – auch keine Möglichkeit, diese Rechtsverordnung der Bundesregierung zu kontrollieren. Sie können aber ihre Vorstellungen im Konjunkturrat einbringen, der gemäß § 18 vor Entscheidungen nach § 19 und § 20 zu hören ist.

b) Rücklagenpolitik

Aufgrund des § 19 ist die Bundesregierung ermächtigt, durch eine mit Zustimmung des Bundesrates erlassene Rechtsverordnung liquide Mittel von

Bund und Ländern einer **Konjunkturausgleichsrücklage** zuführen zu lassen. Diese ist nach Art. 109 GG bei der Bundesbank zu unterhalten und nicht verzinslich. Die Rechtsverordnung muß auf Verlangen des Bundestages aufgehoben werden (§ 109, 4 GG). Daneben hält § 5, 2 den Bund, § 14 die Länder zu einer eigenverantwortlichen Schuldentilgung und Rücklagenbildung bei der Bundesbank an.

Zwar werden die **Gemeinden** von § 15 nicht angesprochen; durch die geringere finanzielle Unterstützung ihrer kommunalen Vorhaben durch die Länder werden aber auch sie indirekt betroffen und in ihrer Ausgabentätigkeit gebremst.

Werden in der Rezession zusätzliche Ausgaben beschlossen, so sind die „erforderliche(n) Deckungsmittel zunächst der Konjunkturausgleichsrücklage" zu entnehmen (§ 5, § 6). Mittel, die aufgrund einer Rechtsverordnung nach § 15, 1 oder 15, 4 der von Bund und Ländern gemeinsam gebildeten Konjunkturausgleichsrücklage zugeführt worden sind, können wiederum nur durch Rechtsverordnung der Bundesregierung mit Zustimmung des Bundesrates freigegeben werden, sofern (§ 15, 5) eine „die Ziele des § 1 gefährdende Abschwächung der allgemeinen Wirtschaftstätigkeit" droht. Freiwillige Rücklagen, also solche Mittel, die nicht aufgrund des § 15, 1 stillgelegt oder nach § 15, 3, 3 auf diese nach § 15, 1 zu bildende Rücklage angerechnet werden, unterliegen bei der Freigabe keiner Bindung.

c) Ausgabenpolitik

Das Stabilitätsgesetz regelt ausgabenpolitische Befugnisse sowohl für öffentliche Investitionen als auch für Finanzhilfen zur Förderung privater Investitionen.

§ 6 gibt der Bundesregierung die Handhabe, die „Verfügung über bestimmte Ausgabenmittel, den Beginn von Baumaßnahmen und das Eingehen von Verpflichtungen zu Lasten künftiger Rechnungsjahre" von der Einwilligung des Bundesfinanzministers abhängig zu machen. Droht eine Rezession, dann sind Bund und Länder nach § 11 verpflichtet, „die Planung geeigneter Investitionsmaßnahmen so zu beschleunigen, daß mit ihrer Durchführung kurzfristig begonnen werden kann". § 8 regelt die Finanzierung zusätzlicher Ausgaben nach § 6, 2.

Finanzhilfen der öffentlichen Hand zur strukturpolitisch begründeten Förderung privater Investitionen werden in § 12, 1 angesprochen: Sie sollen stets so gewährt werden, daß ihre Vergabe den Zielen des § 1 nicht widerspricht, gegebenenfalls also der Konjunkturpolitik untergeordnet werden.

d) Geldpolitik

Geldpolitische Maßnahmen regeln die §§ 29 und 30. Durch die (in § 29) neugefaßten §§ 42, 1 und 42 a BBankG wird der Bund verpflichtet, der Bundesbank auf deren Verlangen „Schatzwechsel oder unverzinsliche Schatzanweisungen in einer Stückelung und Ausstattung nach deren Wahl (Mobilisierungspapiere) . . . auszuhändigen." Die frühere Höchstgrenze von 4 Mrd. DM wurde aufgehoben und der Umtausch der gesamten Ausgleichsforderungen[4] in Schatzwechseln oder unverzinsliche Schatzanweisungen ermöglicht. § 42a erweitert den **Handlungsspielraum der Offenmarktpolitik** der Bundesbank um weitere 8 Mrd. DM. Daneben können auf Vorschlag der *Bundesbank* die Träger der Arbeiterrentenversicherung und die *Bundesanstalt für Arbeit* durch eine Rechtsverordnung der Bundesregierung, die nicht der Zustimmung des Bundesrates bedarf, für die Dauer eines Jahres verpflichtet werden, Teile ihrer Liquiditätsreserven – höchstens 60% der durchschnittlichen Monatsausgaben im vorangegangenen Kalenderjahr – in Mobilisierungs- und Liquiditätspapieren anzulegen. Die Zahlungsfähigkeit der Anstalten wird durch eine Rücknahmeverpflichtung der Bundesbank gesichert.

Kritik

Dem Stabilitätsgesetz wird mangelnde Effizienz vorgeworfen. Die Gründe dafür werden vor allem im instrumentellen Bereich gesucht: Bemängelt werden nicht die Instrumente an sich, die Kritik richtet sich gegen die als zu niedrig angesehenen **Höchstgrenzen.** So darf das durchschnittliche Kreditvolumen der letzten fünf Jahre nur um maximal 20 (bzw. 30) v.H. herabgesetzt werden. Auch die Variation der Einkommen- und Körperschaftsteuer um höchstens 10% sowie die Absetzung der Investitionsausgaben von der Einkommen- und Körperschaftsteuerschuld um maximal 7,5 v.H. werden als zu gering bezeichnet.

Der „Instrumentenkasten" ist zudem nicht vollständig bestückt: Hier sei insbesondere auf die **mangelhafte Einbindung der Gemeinden** und auf das weite Feld der **Umgehungsmöglichkeiten** obligatorischer Rücklagen hingewiesen (Auflösung freiwilliger Rücklagen, Ausnutzen von Kassenkrediten und von Kreditermächtigungen früherer Haushaltsjahre, vorzeitige Aufnahme von Krediten bei gleichzeitiger Wiederanlage).

Andere führen Fehler der Politik auf unzureichende theoretische Kenntnisse über die Wirkungen der eingesetzten Instrumente zurück. Bspw. ist es möglich, daß steuerliche Kaufkraftabschöpfungen abgewälzt werden und den Preisauftrieb gar beschleunigen; fraglich ist ferner, ob das Anstreben des einen Zieles nicht gleichzeitig andere durch fehlerhaften Einsatz oder unvermeidbare Nebeneffekte desselben Instrumentes verletzt. Hinzukommt die kaum verkürzbare Wirkungsverzögerung des eingesetzten Instrumentariums, die auch durch schnellere Entscheidungsfindung nicht ausgeglichen werden kann.

Vor allem muß man feststellen, daß die Verfügbarkeit allein nicht genügt. Es kommt auf die richtige Anwendung der Instrumente an. Das heißt: Neben den Sachverstand muß noch der Wille und auch der politische Mut zur Durchführung der erforderlichen Maßnahmen treten. Zwar kann man sagen: Die Eingriffsschwelle und die Rangfolge der Maßnahmen sind der Bundesregierung durch das Stabilitätsgesetz vorgegeben. Da die Voraussetzungen für den Einsatz der Mittel aber nur als „unbestimmte Rechtsbegriffe" genannt werden und nicht näher definiert sind, ist es der Regierung weitge-

---

[4] Aus der Währungsumstellung entstandene Forderungen an den Bund; gegenwärtige Höhe etwa 8 Mrd. DM

hend freigestellt, was sie unter „Gefährdung“, „Störung“ oder „gesamtwirtschaftlichen Erfordernissen“ verstehen will. Somit steht es faktisch im Ermessen der Regierung, ob, wann und in welchem Ausmaß sie in das wirtschaftliche Geschehen eingreifen will. Umfang und Ausmaß des antizyklischen Mitteleinsatzes hängen davon ab, inwieweit die Regierung meint, auch als unpopulär angesehene Maßnahmen politisch verkraften zu können und welchen Einfluß Interessengruppen innerhalb und außerhalb des Parlamentes auf Entscheidungen der Regierung haben.

Das Stabilitätsgesetz gibt der Politik (besser: der Regierung) lediglich ein verbessertes Steuerrad in die Hand. Fahren muß sie nach wie vor allein. Die Verkehrswege (sprich: die ökonomischen Kenntnisse) sind in den letzten Jahren nicht merklich besser geworden. Die Verkehrszeichen sind nicht deutlich angebracht und werden auch nicht von allen Beteiligten eingehalten. An jeder Kreuzung (sprich: Wahltag) steht der Wähler und droht mit Strafmandaten oder gar Führerscheinentzug, meist ohne die Schuldfragen an den Unfällen (sprich: Inflation und Arbeitslosigkeit) klären zu können.

3. Die Meßkonzepte des Fiskalimpulses

In den entwickelten Volkswirtschaften ist der Anteil des Staates am Sozialprodukt in den letzten Jahren ständig gestiegen. Diese Tendenz wird angesichts der zunehmenden Aufgaben, die auf den Staat zukommen, auch in der Zukunft bestehen bleiben. Beschleunigt wird sie noch durch die überdurchschnittlich steigenden Preise, die für die Staatskäufe (Dienste und Bauten) gezahlt werden müssen. Damit nimmt zugleich die Bedeutung des finanzpolitischen Verhaltens des Staates für den Wirtschaftsablauf ständig zu.

Der Staat beeinflußt über die Wirkungen seiner Ausgabentätigkeit einerseits und über die Entzugseffekte der Erhebung von Steuern, Gebühren und Beiträgen andererseits maßgeblich die Gesamtnachfrage und damit den Konjunkturverlauf. Bei der Aufstellung und dem Vollzug des Haushaltes müssen deshalb seine konjunkturellen Wirkungen bedacht werden. Bisher besteht jedoch weder unter den verantwortlichen Politikern noch in der Wissenschaft Einigkeit darüber, wie die konjunkturellen Wirkungen des Budgets gemessen werden können. Es fehlt noch das wissenschaftlich überzeugende und zugleich praktikable Konzept. Gegenwärtig diskutiert werden (a) das einfache Saldenkonzept, (b) das Vollbeschäftigungsbudget, (c) der Fiskalstimulus, (d) das Zykluskonzept und (e) das Konzept des konjunkturneutralen Haushalts.

a) Das Saldenkonzept

Im Mittelpunkt der politischen Diskussion steht noch immer das einfache Saldenkonzept. Es will die konjunkturellen Wirkungen anhand des geplanten bzw. des realisierten Budgetsaldos ablesen (vgl. die Abb. auf S. 240). Einem Haushaltsüberschuß wird eine restriktive, einem Defizit eine expansive Wirkung zugeschrieben, wobei zu beachten ist, daß nicht die *absolute Höhe* des Saldos, sondern allein dessen *periodische Veränderung* eine konjunkturelle Wirkung ausdrücken kann.

Das Saldenkonzept übersieht, daß die Höhe des anfallenden Budgetsaldos nicht nur vom staatlichen Handeln, d.h. von der Steuerpolitik und dem Ausgabeverhalten, bestimmt wird, sondern zugleich von der konjunkturellen Lage; denn die Höhe des Steueraufkommens ist bei gegebenem Steuersystem vom Volkseinkommen abhängig. Der Saldo ist also gleichzeitiges Ergebnis fiskalischen Handelns und des Konjunkturverlaufs, der durch den Staat nur begrenzt beeinflußbar ist. Er läßt somit keinen Schluß auf die konjunkturelle Wirkung des Budgets zu.

b) Das Vollbeschäftigungsbudget

Das Vollbeschäftigungsbudget (Full-Employment-Budget) beseitigt einen wesentlichen Mangel des einfachen Saldenkonzeptes. Die Rückwirkungen der konjunkturellen Lage auf den Saldo des Budgets werden nicht länger vernachlässigt. Der Vollbeschäftigungssaldo gibt an, wie hoch der Budgetsaldo bei gegebener staatlicher Aktivität wäre, wenn Vollbeschäftigung herrschte. Von konjunkturellen Schwankungen wird also abstrahiert.

Einnahmen und Ausgaben des Staates werden auf folgende Weise ermittelt: Es wird das potentielle reale Bruttosozialprodukt geschätzt, das bei unterstellter Vollbeschäftigung erreicht werden könnte. Mit Hilfe des Preisindex für das Bruttosozialprodukt wird es in eine monetäre Größe zu laufenden Preisen umgerechnet. Aus dem Vollbeschäftigungseinkommen werden dann die einzelnen Steuergegenstände (bspw. Einkommen, Mehrwert, Gewerbeertrag) in ihrer Höhe abgeleitet und anschließend mit Hilfe der jeweiligen Steuersätze das Gesamtaufkommen berechnet.

Den hypothetischen Einnahmen werden dann die Ausgaben bei Vollbeschäftigung gegenübergestellt. Das sind die tatsächlichen Ausgaben. Sie werden als unabhängig von der wirtschaftlichen Aktivität angesehen und lediglich um Transferausgaben korrigiert, die mit dem Beschäftigungsgrad schwanken. Als Differenz zwischen Einnahmen und Ausgaben bei Vollbeschäftigung ergibt sich ein fiktiver Saldo. Seine Höhe ist unabhängig von automatischen Reaktionen auf Schwankungen des Sozialproduktes, sie ist nur durch fallweise steuer- oder ausgabenpolitische Maßnahmen beeinflußbar.

Ein Budget gilt dann als expansiv, wenn es einen höheren, restriktiv, wenn es einen geringeren Vollbeschäftigungssaldo als in der Vorperiode ausweist. In einer wachsenden Wirtschaft müssen die Salden relativiert werden. Sie müssen auf das steigende potentielle Sozialprodukt bezogen werden.

Die **Aussagekraft** des Vollbeschäftigungssaldos wird wesentlich dadurch eingeschränkt, daß er *strukturelle* Faktoren unberücksichtigt läßt. Nicht alle Einnahme- und Ausgabearten üben den gleichen Effekt auf die Nachfrage aus. Diese Tatsache wird bereits vom **Haavelmo-Theorem** beschrieben. Mit den entsprechenden Anteilen von Investitions- und Transferausgaben am Budget wird sich dessen konjunkturelle Wirkung ändern. Auch die Entzugseffekte direkter Steuern sind nicht mit denen indirekter Steuern identisch. Innerhalb der direkten Steuern zeigt sich wiederum bei den einzelnen Einkommensgruppen eine unterschiedliche konsumkürzende Wirkung. Das heißt: Ohne Berücksichtigung der strukturellen Faktoren kann der Vollbeschäftigungssaldo keine verläßliche Auskunft über die konjunkturelle Wirkung des Budgets geben. Ebenso wie das Saldenkonzept ist das Vollbeschäftigungsbudget allein auf die Messung der primären Nachfragewirkungen der öffentlichen Haushalte durch einen Vorperiodenvergleich abgestellt. Es fehlt die Analyse der Folgewirkungen, die durch die Staatstätigkeiten induziert werden und über die unmittelbaren Nachfrageeffekte hinausgehen. Gegenüber dem einfachen Saldenkonzept hat es den Vorteil, daß es mit der Vollbeschäftigung einen einheitlichen Bezug wählt und damit den Einfluß konjunktureller Schwankungen auf den Saldo ausschaltet.

c) Der Fiskalstimulus

Der Fiskalstimulus vermeidet die Schätzprobleme, die sich bei der Umrechnung der Einnahmen und Ausgaben auf das Vollbeschäftigungsniveau ergeben. Er stellt auf das erzielte Einkommen ab, erfaßt jedoch nur die diskretionären Wirkungen des Budgets, also die Wirkungen, die sich aus der Änderung von Steuersätzen, Bemessungsgrundlagen und Zahlungsverfahren ergeben. Die Staatsausgaben werden insgesamt als diskretionär, also konjunkturunabhängig, angesehen. Die unterschiedlichen konjunkturellen Effekte der einzelnen Einnahmen- und Ausgabenarten werden durch Gewichtungsfaktoren ausgeglichen.

Der Fiskalstimulus kann – wie das Vollbeschäftigungsbudget – nur die **Wirkungsrichtung** der Fiskalpolitik beschreiben. Er gibt keinen Hinweis auf den Stabilisierungsbeitrag. Der Fiskalstimulus geht zwar mit der unterschiedlichen Gewichtung der Einnahmen- und Ausgabenkategorien die Strukturfragen an, kann aber deren zufriedenstellende Lösung noch nicht bringen.

d) Das Zykluskonzept

Das Zykluskonzept will neben den primären Budgeteffekten auch die abgeleiteten multiplikativen Nachfragewirkungen erfassen. Es mißt den Gesamteffekt des Budgets an der Differenz zwischen dem tatsächlichen und dem hypothetischen Bruttosozialprodukt, das sich *ohne* Veränderung der staatlichen Einnahmen und Ausgaben gegenüber der Vorperiode ergeben hätte (dem pure cycle). Liegt das tatsächliche Sozialprodukt näher an der Trendlinie, dann spricht man von einer stabilisierenden, entfernt es sich, dann spricht man von einer prozyklischen Wirkung des Budgets.

Der **Stabilisierungseffekt** wird anhand einer Trendlinie gemessen, die durch die tatsächlichen Wachstumsraten der vergangenen Jahre beschrieben wird.

Dem Zykluskonzept fehlt der **Zielbezug.** Es orientiert sich an einer mittleren Linie und nicht an dem Vollbeschäftigungspfad. *Snyder*[5] überwindet diesen Mangel. Er nimmt das Produktionspotential als Bezug, mißt das Budget daran und stellt fest, inwieweit fiskalpolitische Maßnahmen zur Auslastung der Kapazitäten beitragen.

---

[5] *Snyder, W. W.*: Measuring Economic Stabilization, A.E.R., Vol. LX (1970), S. 924ff.

Die multiplikativen Wirkungen wurden mit Hilfe eines aufwendigen ökonometrischen Modells (vgl. hierzu S. 95 ff.) geschätzt, in das allerdings Investitionen und Exporte mangels verläßlicher Funktionen lediglich als exogene Variable eingehen. Da induzierte Investitionen unberücksichtigt bleiben, wird der Fiskaleffekt systematisch unterschätzt. Unbeachtet bleiben auch mögliche Änderungen in den Verhaltensweisen im Zyklus, auch solche, die die Fiskalpolitik selbst bewirkt. Zu bemängeln ist weiter, daß für befristete und permanente Steuerpolitik gleiche Effekte unterstellt werden.

Im Zykluskonzept werden lediglich Budgeteffekte eliminiert, nicht dagegen die Wirkungen anderer konjunkturrelevanter Maßnahmen, so der Geld- und Lohnpolitik oder einer außenwirtschaftlichen Absicherung. Der konjunkturelle Effekt wird uneingeschränkt der Fiskalpolitik zugerechnet. Sie wird also zuweilen mit falschem Lob bedacht, ein anderes Mal für fremdes Handeln getadelt.

e) Der konjunkturneutrale Haushalt

Ein weiteres Konzept zur Messung der konjunkturellen Wirkung des Budgets hat der *Sachverständigenrat* entwickelt. Sein konjunkturneutraler Haushalt knüpft ebenso wie das Vollbeschäftigungsbudget und *Snyders* Zykluskonzept an dem Produktionspotential als Bezugsgröße an. Anders als diese Konzepte ist es aber nicht nur auf konjunkturelle, also kurzfristige, sondern zugleich auf *mittelfristige* Aspekte abgestellt.

Der konjunkturneutrale Haushalt wurde erstmals im Jahresgutachten 1967 vorgestellt. Angeregt durch die lebhafte öffentliche Diskussion, hat der *Sachverständigenrat* sein Konzept in den folgenden Jahren weiter ausgeführt. Er will mit dem konjunkturneutralen Haushalt dem Staat keine Handlungsanweisung geben, wie ihm verschiedentlich vorgeworfen wird. Sein Konzept hat im wesentlichen eine **Maßstabsfunktion.** Gleichwohl enthält es **normative Elemente,** denn im politischen Bereich ist Wirkungsanalyse immer zugleich Zurechnung von Verantwortung. Der *Sachverständigenrat* leugnet dies auch gar nicht. Bei Abweichungen vom konjunkturneutralen Haushalt trifft die Finanzpolitik die Verantwortung. Allerdings muß hier deutlich gesagt werden, daß konjunkturneutral nicht mit konjunkturgerecht verwechselt werden darf. Die Rezession verlangt expansive, der Boom restriktive Impulse und kein konjunkturneutrales Handeln.

Der *Sachverständigenrat* hält das Haushaltsvolumen dann für konjunkturneutral, wenn es mit seinen Ansprüchen an das Produktionspotential (gemessen an den Ausgaben) keine Abweichung von der mittelfristig als normal angesehenen Auslastung bewirkt. Voraussetzung dafür ist, daß der Staat mit seinen Ausgaben das Produktionspotential nur in dem Maß in Anspruch nimmt, auf das die Wirtschaft eingestellt ist, oder mit Hilfe der Einnahmenpolitik zusätzliche Kapazitäten räumt (JG 1974, Ziff. 212). Erhöht der Staat seine Ansprüche an das Sozialprodukt, ohne die Nachfrage der Privaten in gleichem Umfang zu kürzen, dann geht von seinem Handeln ein expansiver Impuls aus. Gemessen wird der Fiskalimpuls durch die Differenz zwischen konjunkturneutralem und tatsächlichem Haushalt.

Das Konzept des konjunkturneutralen Haushalts ist niveauorientiert.

Strukturfragen läßt der *Sachverständigenrat* unberücksichtigt, obgleich er sehr wohl sieht, daß auch Änderungen in der Struktur der staatlichen Ansprüche sowie finanzpolitische Einflüsse auf die Struktur privater Ausgaben erhebliche konjunkturelle Bedeutung haben können. Das Wissen über die Struktureffekte reicht aber seiner Meinung nach nicht aus, um sie quantitativ erfassen zu können. Er verzichtet deshalb auf deren Berücksichtigung.

Der *Sachverständigenrat* legt seinen Rechnungen ein festes Basisjahr zugrunde. Er entschied sich für das Jahr 1966 und damit dessen **Strukturquoten** im öffentlichen Sektor (Staatsquote, Steuerquote, konjunkturbereinigte Finanzierungsquote). Eine Revision des Basisjahres nahm er lange Zeit nicht vor, obgleich Quotenverschiebungen unverkennbar waren. Heute strebt er den Übergang zu einer beweglicheren Basis an.

4. Die Übertragungswege des Fiskalimpulses

Die Fiskalpolitik will die Gesamtnachfrage an das Angebotspotential anpassen. Sie geht dieses Ziel mit ihren Instrumenten auf unterschiedlichen Wegen an, die teils parallel verlaufen, teils mit zeitlichem Abstand aufeinander folgen.

a) Die realen Effekte

Mit den öffentlichen Investitionen spricht die Fiskalpolitik unmittelbar die Nachfrage an. Bereits mit der **Ankündigung** kann das geplante Ausgabenprogramm (wie auch steuerpolitische Schritte) konjunkturwirksam werden. Die potentiellen Auftragnehmer sehen, daß demnächst zusätzliche Nachfrage auf sie zukommt. Sie können deshalb bereits heute vorausschauend die Kapazitäten bereitstellen, gegebenenfalls Investitionen vornehmen, auf Entlassungen verzichten bzw. Neueinstellungen vorbereiten. Dringlich werden die **Vorarbeiten** dann, wenn Aufträge nur an Unternehmen vergeben werden, die eine schnelle Durchführung versprechen können.

Mit dem Ausgabenprogramm soll nicht die entstandene Nachfragelücke ausgeglichen werden. Dies wäre auch gar nicht erreichbar, da die Kapazitäten in ihrer sektoralen und regionalen Struktur kurzfristig nicht auf den öffentlichen Bedarf umgestellt werden können. Lediglich ein **Anstoßeffekt** wird von ihnen erwartet. Bei den Auftragsnehmern sollen Investitionen angeregt werden; bei der späteren **Durchführung** entstehen Einkommen (abgeleitete **Verstärkereffekte**), die – abzüglich der Ersparnis – in den Konsum fließen. In der nächsten und allen nachfolgenden Runden lassen die induzierten Investitionen wiederum das Einkommen steigen, der Konsumstoß seinerseits wird Kapazitätsanpassungen nahelegen.

b) Der monetäre Effekt

Die **Steuerpolitik** (einschl. der Transferzahlungen und Personalausgaben) setzt einmal an der **finanziellen Basis** zukünftiger Käufe an, zum anderen kann sie die **wirtschaftliche Aktivität** selbst steuerlich be- oder entlasten.

Zwischen dem Entstehen der Steuerschuld und den Liquiditätsentzug treten **zeitliche Differenzen** auf, wie die folgenden **Beispiele** belegen. Der (monatliche) Quellenabzug greift schneller als die Veranlagung zu, die nach Ablauf des Steuerjahres eingeleitet wird. Bei der Umsatzsteuer geht die Belastung in den Preis ein. Die Liquidität wird mit dem Kauf entzogen. Bei Investitionssteuern (bzw. -prämien) können Zahlungsverpflichtung (bzw. -versprechen) und tatsächliche Zahlung, d. h. Be- oder Entlastung und monetärer Effekt, zeitlich auseinanderfallen; es sei denn, man könnte sich entschließen, steuerlich an der Bestellung (und nicht an der Lieferung) anzusetzen. Bei öffentlichen Investitionen könnte durch Vorauszahlungen die Liquiditätswirkung vorgezogen werden.

Die monetären Effekte der Steuerpolitik haben fast durchweg einen langen Nachlauf. Die **Gesamtwirkung** verteilt sich dadurch auf einen längeren Zeitraum und reicht möglicherweise noch in die Zeit nach der konjunkturellen Wende hinein. Nachdem das Gewicht des monetären Begleiteffektes erkannt ist, sollte die Fiskalpolitik dringend dafür sorgen, daß die Zahlungen möglichst unverzögert auf den Verpflichtungsgrund folgen, damit der Mitteleinsatz ungeschmälert zur Wirkung kommt.

c) Die Erwartungsbildung

Ein Fiskalprogramm schlägt sich nicht nur in Auftragsbuch und Kasse nieder. Es bildet zugleich die **Erwartungen** über den weiteren Konjunkturverlauf. Macht die Dosierung des tatsächlichen und des potentiellen, im Bedarfsfall nachschiebbaren Mitteleinsatzes glaubhaft, daß das angestrebte Ziel erreicht wird, dann werden die konjunkturellen Impulse des Programmes von Haushalten und Unternehmen aufgegriffen und über Akzelerator und Multiplikator vervielfältigt.

Wird kein durchschlagender Erfolg erwartet, dann wird es nur einen vorübergehenden Einschnitt bewirken, vielleicht sogar lediglich die Auftragsbestände verlängern oder kürzen, die Produktion also nicht erreichen. Der Zugriff auf das laufende Einkommen wird durch eine Variation der Ersparnis oder der Kreditaufnahme ausgeglichen. Ohne **erwartungsabhängige Verstärkereffekte** bleibt die angestrebte konjunkturelle Wende aus.

Zu unterscheiden ist nach dem **zeitlichen Horizont** der Erwartungen. Denkbar ist, daß Konsumenten wie Investoren zwar mit einem kurzfristigen Erfolg rechnen (Strohfeuer-Effekt), aber nicht auf eine nachhaltige Wirkung vertrauen.

Die „Spaltung" im Erwartungsbildungsprozeß hat in der Regel einen ökonomischen Hintergrund. Zum einen kann es sein, daß die potentiellen Käufer befürchten, daß die Budgetdefizite aufgrund kreditfinanzierter Konjunkturprogramme durch spätere Steuererhöhungen oder Ausgabenkürzungen getilgt werden müssen, daß sie also über die Zeit gesehen nicht bessergestellt werden. Zum anderen lehrten die vergangenen Jahre, daß bereits vage expansive Hoffnungen die gewerkschaftliche Tarifpolitik zu einem verteilungspolitischen Zugriff veranlaßten – mit der Konsequenz, daß die Investoren in ihrer Reaktion auf Konjunkturprogramme nicht mehr – wie früher üblich – den mit dem angestrebten Aufschwung steigenden Selbstfinanzierungsspielraum in ihre Investitionsentscheidungen, der Zukunft vorgreifend, einbeziehen.

Auch die restriktive Konjunkturpolitik erreicht heute nicht mehr die langfristigen Erwartungen; denn immer wieder hat man in den vergangenen Zyklen gesehen, daß sie vorzeitig, also bevor der inflatorische Prozeß gebrochen werden konnte, unter dem Druck steigender Arbeitslosenzahlen aufgegeben wurde. Werden aber die langfristigen Erwartungen nicht angesprochen, verlängert sich der Bremsweg selbst bei härteren Eingriffen erheblich. Investoren wie Konsumenten orientieren ihre Entscheidungen dann nicht am für „kurzatmig" gehaltenen Eingriff, sondern an den langfristigen Wachstums- bzw. Inflationserwartungen und werden die Belastungen – soweit wie möglich – tragen, ohne ihre Pläne wesentlich zu revidieren.

5. Übertragungszeiten des Fiskalimpulses

Die Schwierigkeiten der **Konjunkturanalyse** sind bereits im 4. Kapitel ausführlich besprochen. Verzögerungen und Risiken können nur verringert, nicht aber ausgeschlossen werden. Vage Tendenzen, die sich in der Vergangenheit andeuteten, können sich zwar von Monat zu Monat verfestigen, andererseits können zufällige Schwankungen das Bild aber wieder trüben und ein weiteres Abwarten nahelegen (Erkennungsverzögerung).

Mit der Prognose ist der Prozeß der Konjunkturanalyse nicht abgeschlossen. Neue Daten können Revisionen erzwingen. Er tritt jedoch zurück, wenn die Eingriffsnotwendigkeit erkannt ist und nicht länger bezweifelt wird. In den Vordergrund rückt dann der **politische Entscheidungsprozeß.** In ihn spielen aber immer wieder Prognoserisiken hinein, die einzelne Politiker zögern lassen. Sie verlangen vor ihrer Zustimmung „letzte Wahrheit" über die Situation und über die Wirkung des geplanten Mitteleinsatzes. Nicht selten verbirgt sich hinter dem Ruf nach mehr Prognosesicherheit aber auch Entscheidungsschwäche oder gar der Unwille zum Handeln.

Entscheidungsvorbereitung

Die Öffentlichkeit wird durch zahlreiche Gutachten auf bevorstehende konjunkturpolitische Entscheidungen vorbereitet. Der *Sachverständigenrat* gibt jährliche und bei Bedarf spezielle Gutachten, die Konjunkturforschungsinstitute geben monatliche Berichte und fertigen im Frühjahr und im Herbst jeden Jahres gemeinsame Gutachten an.

Regierungsamtliche Stellen halten sich anfangs meist zurück, um nicht ungewollte **Ankündigungseffekte** oder einen **Handlungszwang** auszulösen. Dies gilt nicht für die *Bundesbank*. Sie handelt mit ihren Instrumenten – und mahnt die Fiskalpolitik.

Das Wirtschaftsministerium bereitet mit **Alternativrechnungen** die Entscheidungen vor. Die Politiker beginnen, die vorgelegten Strategien gedanklich in politische Konsequenzen umzusetzen und tasten zugleich ihren Handlungsspielraum ab.

Ein Grund für die Verspätung expansiver Fiskalprogramme ist häufig das lange **Warten auf den Stabilisierungseffekt** der vorangegangenen Restriktionen, der sich meist erst mit langer Verzögerung auf den Nachfragerückgang zeigt. Orientiert sich die Konjunkturpolitik allein an der Nachfrage bzw. dem Beschäftigungsziel, dann gefährdet sie den Stabilisierungserfolg, da ihre expansiven Programme eine nachträgliche Überwälzung erlauben, deren Begrenzung die konjunkturelle Wende zum Abschwung gebracht hat. Die Fiskalpolitik muß sich zwischen beiden Zielen, dem gegenwärtig verletzten Stabilitätsgebot und der drohenden Unterbeschäftigung, entscheiden. Sie tut dies meist, indem sie erste Preisreaktionen abwartet, bevor sie – aus beschäftigungspolitischer Sicht – mit Verspätung in der Fiskalpolitik auf Expansion umschaltet.

Auch ein theoretisch überzeugendes Programm setzt sich nicht von alleine durch. Es braucht „Träger", die es über die politischen Hürden bringen. Schon bei der internen Vorbereitung müssen politische „Eckwerte" der Regierung und der Fraktionen, die sie tragen, berücksichtigt werden. Institutionelle Regelungen, sei es eine erforderliche Bundestags- oder Bundesratszustimmung, seien es internationale Verpflichtungen, können den Einsatz von Instrumenten begrenzen oder gar blockieren. Aber auch Wahltermine und Vorschläge der Opposition, die man, bedacht auf eigenes Profil, nicht übernehmen will, sowie der Einfluß der Interessengruppen bestimmen die Programm- und auch die Instrumentenentscheidung.

Eine rechtzeitige Abstimmung mit führenden Politikern der Regierungsparteien ist unerläßlich. Die Arbeitskreise der Fraktionen und die übrigen Ministerien müssen auf die Wende in der konjunkturpolitischen Linie vorbereitet werden. Externe Gutachten können die Politiker auf die drängenden konjunkturpolitischen Probleme hinweisen. Koordinierungsgremien wie die Konzertierte Aktion oder der Konjunkturrat bieten die Möglichkeit, die Durchsetzbarkeit alternativer Strategien zu testen.

Die anstehende Entscheidung in der Konjunkturpolitik rückt Schritt für Schritt in den Vordergrund der politischen Diskussion. Therapievorschläge lösen hier Protest, dort Zustimmung aus, provozieren Gegenvorschläge, die auch nicht ohne Widerspruch bleiben, bis sich allmählich ein durchsetzbares Programm herauskristallisiert.

Der formelle Entscheidungsprozeß

Danach steht das formelle Gesetzgebungsverfahren an. Regierungsfraktionen, *Bundestag, Bundesrat* und die Ausschüsse müssen gefragt werden. Besteht Einigkeit über ein Programm, dann läßt es sich schnell über die parlamentarischen Hürden bringen. Obgleich 1970 das Parlament bereits in die Ferien entlassen war, wurde es zurückgerufen. Am 10. 7. wurde in erster Lesung der Gesetzentwurf behandelt, den die Regierungsfraktionen eingebracht hatten, am gleichen Tag an die Ausschüsse überwiesen, dort sogleich Punkt für Punkt beraten. Die Ausschußberichte wurden in der Nacht vom 10. auf den 11. 7. fertiggestellt und dem Parlament zugeleitet, am 11. 7. wurde der Gesetzentwurf in 2. und 3. Lesung beraten und verabschiedet. Der *Bundesrat* stimmte am 15. 7. zu.

Bleibt das Programm aus sachlichen (wegen der Prognoserisiken) oder aus politischen Gründen (innerhalb der Regierungsfraktionen, im *Bundestag* oder im *Bundesrat*) umstritten, dann wird sich das Gesetzgebungsverfahren hinziehen. In immer neuen Kompromissen – in der Regel mit geringerer Eingriffsintensität bei Restriktionen – werden Auswege aus der verfahrenen konjunkturpolitischen Kontroverse gesucht. Unter dem Eindruck ständig schneller steigender Preise wird man sich aber schließlich doch zu einem Stabilitätsprogramm durchringen (Entscheidungsverzögerung).

Aber auch mit dem Verabschieden sind die politischen Probleme noch nicht gelöst. Öffentlichkeit und politische Gruppen sind ungeduldig und verlangen schnelle Erfolge. Die Regierung muß versuchen, deren Erwartungen mit den voraussichtlichen Stabilisierungswirkungen zu synchronisieren, damit sie sich nicht zur Aufgabe der Restriktionen oder zur – sachlich unbegründeten – Verschärfung der Maßnahmen gezwungen sieht.

Instrumentspezifische Wirkungsverzögerungen

Die Wirkung der eingeleiteten Schritte muß sorgfältig überprüft werden. Auf die Situationsanalyse, die den konjunkturpolitischen Entscheidungsprozeß einleitete, folgt die Wirkungsanalyse. Reicht die Dosierung nicht aus, sei es, weil während des Entscheidungsprozesses die konjunkturelle Schubkraft gestiegen ist, sei es, weil im politischen Kompromiß das Maßnahmenbündel beschnitten wurde, dann müssen Instrumente nachgeschoben werden. Das heißt: Der langwierige Entscheidungsprozeß beginnt von neuem.

• in der Steuerpolitik

Die Steuerpolitik muß nach der parlamentarischen Verabschiedung mit folgenden, instrumentspezifischen Wirkungsverzögerungen rechnen: Der Zeitbedarf des Zugriffs mit Verkehr- und Verbrauchsteuern auf die finanzielle Basis (als Zwischenziel) ist gering. Die Zahlungspflicht tritt mit der belasteten Aktivität ein, die Abführung erfolgt (in Form von Abschlägen) überwiegend monatlich. Bei der Einkommensteuer bestimmt die Erhebungstechnik den Zeitbedarf. Ist der Quellenabzug vorgeschrieben, dann schlägt die Steuerpolitik unverzögert auf das verfügbare Einkommen durch, beim Veranlagungsverfahren lediglich auf die vierteljährlichen Vorauszahlungen. Der abschließende Bescheid hat einen Nachlauf von eineinhalb Jahren, die Zahlung erfolgt mit zweijähriger Verzögerung. § 26, 1 StabG gibt dem Finanzamt zwar auch noch nach Ablauf des Steuerjahres die Befugnis, eine zusätzliche Vorauszahlung zu verlangen; diese muß in Monatsfrist geleistet werden. Personalengpässe im Finanzamt können aber beträchtliche Verzögerungen bewirken, da in jedem Einzelfall geprüft werden muß, ob der Anstieg des Einkommens die zusätzliche Vorauszahlung rechtfertigt.

Der Staat zieht nicht nur ausstehende Zahlungen verspätet ein, auch seine Verpflichtungen erfüllt er meist mit Verzögerung. Be- oder Entlastungen und monetärer Effekt differieren in diesen Fällen beträchtlich. Verspricht der Staat den Investoren Prämien, dann ziehen diese Bestellungen vor. Er zahlt sie aber erst nach der Ausführung der Aufträge und abschließender Prüfung des Antrages. Es wird damit gerechnet, daß die Zahlungen im Schnitt 18 Monate nach Ablauf der prämienbegünstigten Bestellfrist erfolgen.

Mit der finanziellen Basis spricht die Steuerpolitik aber lediglich die **Kauffähigkeit** an. Diese ist jedoch weder in der Rezession – hier können die zufließenden Mittel gespart werden – noch im Boom – hier könnte der Entzug durch Verschuldung ausgeglichen werden – allein maßgeblich für Umfang und Zeitbedarf, mit dem die Steuerpolitik über die finanzielle Basis auf die reale Aktivität durchgreift. Sie muß mit dem **Kaufwillen** zusammentreffen. Dieser wird durch die Steuerpolitik nur mittelbar angesprochen, bestimmt wird er durch die Erwartungen, die sich mit ihr (besser den Erfolgschancen des gesamten Konjunkturprogramms) verbinden.

Der *dauerhafte* Mitteleinsatz wird schneller und intensiver auf die Käufe durchschlagen als der *einmalige* Eingriff, dessen Wirkung sich über mehrere Jahre verteilen kann. Investitionsprämien werden dann Erfolg haben, wenn sie nicht nur die finanzielle Basis ausweiten, sondern zugleich Erwartungen auf einen kommenden Aufschwung begründen, wenn es der Steuerpolitik also gelingt, mit dem gewählten Instrument sowohl die Investitionsfähigkeit als auch die Investitionsbereitschaft anzusprechen.

Wegen der lockeren kausalen Beziehung zwischen finanzieller Basis und realer Aktivität lassen sich zeitliche Aussagen über das Durchgreifen der Steuerpolitik kaum machen. Allein für die Nachfrage nach Konsumgütern wagt man quantitative Angaben. Man schätzt, daß bei einmaligen Zahlungen etwa ein Drittel, bei dauerhaften zumindest die Hälfte im ersten Jahr in den Konsum fließt (ausführlicher im anschließenden Abschnitt).

Die Wirkung der **restriktiven Steuerpolitik** wird wesentlich dadurch bestimmt, ob sich Konsumenten und Investoren alternative Finanzierungsquellen anbieten. Hat die Geldpolitik die Wege dorthin bereits versperrt, dann wird die Steuerpolitik unverzögert auf die Käufe durchschlagen. Die Geldpolitik hat gleichsam die offene Kette zwischen finanzieller Basis und realer Aktivität geschlossen. Kann die entzogene Liquidität ersetzt werden, dann lockert sich die kausale Beziehung wieder. Die Antwort der Konsumenten und Investoren wird dann wesentlich von den konjunkturellen Erwartungen bestimmt. Macht die Dosierung des Mitteleinsatzes den Erfolg glaubhaft, wird die Restriktion trotz der Verschuldungsmöglichkeit die reale Aktivität umgehend erreichen, wird vermutet, daß der Boom vorerst nicht gebrochen werden kann, wird die Steuerpolitik fehlschlagen. Gelingt die Überwälzung der Lasten, wird sie gar die Preise treiben.

- **bei den Sachausgaben**

Die (Sach-)Ausgabenpolitik spricht zwar die Nachfrage unmittelbar an; öffentliche **Bauinvestitionen** zeigen aber lange Wirkungsverzögerungen. Grundstücke müssen erst gefunden und erworben, bau- und nachbarschaftsrechtliche Genehmigungen eingeholt werden. Allein hierfür kann durchaus ein Jahr veranschlagt werden. Nach der Bauplanung gilt das Objekt als baureif und die Ausschreibung kann erfolgen.

Das anschließende Vergabeverfahren läßt sich schnell abschließen. Die Angebotsfrist kann in dringenden Fällen von 31 auf 9 Werktage herabgesetzt werden. Die Zuschlagsfrist soll 24 Werktage nicht überschreiten. Sie dürfte allerdings auch in dringenden Fällen nicht wesentlich zu verringern sein.

Für die Ausführung ergibt sich ein durchschnittlicher Zeitbedarf von 15 bis 20 Monaten. Die reine Bauzeit (Aushub bis Fertigstellung des Rohbaus) bewegt sich dabei um acht Monate, etwa die Hälfte der Baukosten sind hierfür anzusetzen.

Für die einzelnen Bauabschnitte sind Abschlagszahlungen – allerdings ohne Mehrwertsteuer – zu leisten. Die Schlußzahlung ist (§ 16, 3 VOB) nach Prüfung der Rechnung, spätestens zwei Monate nach deren Eingang zu begleichen. Sie beläuft sich im Regelfall auf 5–10% des Gesamtbetrages. Regelmäßig wird eine Sicherheitsleistung (rund 5% der Gesamtsumme) vereinbart, die von den fälligen Teilzahlungen einbehalten wird. Eine nicht verwertete Sicherheit ist zum vereinbarten Zeitpunkt, spätestens nach Ablauf der Verjährungsfrist (im Regelfall ein Jahr) zu erstatten.

Sowohl im privaten als auch im öffentlichen Sektor spricht die expansive Fiskalpolitik baureife Projekte an. Mit einem Prämienversprechen (oder Zinssubventionen) will sie deren vorgezogene Durchführung erreichen. Da die befristete Subvention die Bauherren aber nicht anhält, Planungsprozesse einzuleiten und laufende zu beschleunigen, kann ein Auftragsloch nach Ablauf der gesetzten Frist entstehen.

Öffentliche Investitionsprojekte sind der **mittelfristigen Finanzplanung** zu entnehmen. Werden nur die Ausführungen geplanter Vorhaben vorgezogen, neue Projekte aber nicht gleichzeitig an die Baureife herangeführt, dann droht auch hier ein Auftragsloch. Befürchten die Unternehmen einen zukünftigen Mangel, dann werden sie bestrebt sein, die Durchführungen zu strecken und Aufträge zu horten, um die Beschäftigung trotz antizyklischer Vergabe mittelfristig zu sichern.

Der Staat kann als Auftraggeber durch **Fristsetzung** zwar die schnelle Durchführung erzwingen, dem privaten Bauherrn kann er aber keine zu knappe Frist für den Abschluß setzen, denn Arbeiten unter Zeitdruck wirkt kostensteigernd und kann – verbunden mit der Gefahr, daß die versprochene Prämie wegen Fristüberschreitung verlorengeht – von dem Vorziehen des Baus abhalten.

Ausrüstungsinvestitionen sind prinzipiell schneller durchführbar. Allerdings können auch hier mehrere Monate vergehen, bevor sich konjunkturelle Effekte zeigen. Einmal muß den öffentlichen Unternehmen (wie auch den privaten) Zeit für die Auswahl der Projekte gelassen werden. Sie müssen kalkulatorisch überprüft und mit den übrigen Aktivitäten des Unternehmens abgestimmt werden. (Das Konjunkturprogramm vom 12. 12. 74 räumte den Unternehmen bspw. eine Frist von fast sieben Monaten ein.)

Der **Auftrag** wird zudem in der Regel Lieferanten erreichen, die trotz Rezession hohe Auftragsbestände (im Rezessionsjahr 1975 im Schnitt fünf Monate) vor sich herschieben. Gehofft wird, daß die Anbieter Personal- und Sachkapazitäten ausdehnen. Ob sie dies tun, hängt neben den vorhandenen Reserven wesentlich von den Erwartungen ab, die sie mit dem Konjunkturprogramm verbinden. Fürchten sie ein nachfolgendes Auftragsloch und dehnen ihre Produktion nicht aus, dann verzögern sich die Durchführung und die Folgeeffekte um die Reichweite der vorhandenen Auftragsbestände.

Der **monetäre Effekt** läßt sich durch Vorauszahlungen beschleunigen, wie sie die beiden Konjunkturprogramme von 1967 vorsahen. Die Anbieter erhalten dann zeitgleich den Auftrag, der die Kapazitätsausweitung verlangt, und die Zahlung, die die erforderlichen Investitionen finanzieren hilft.

1. Konjunkturprogramm 1967[1]
Auftragsvergabe, Produktion, Lieferung und Zahlung in Quartalen

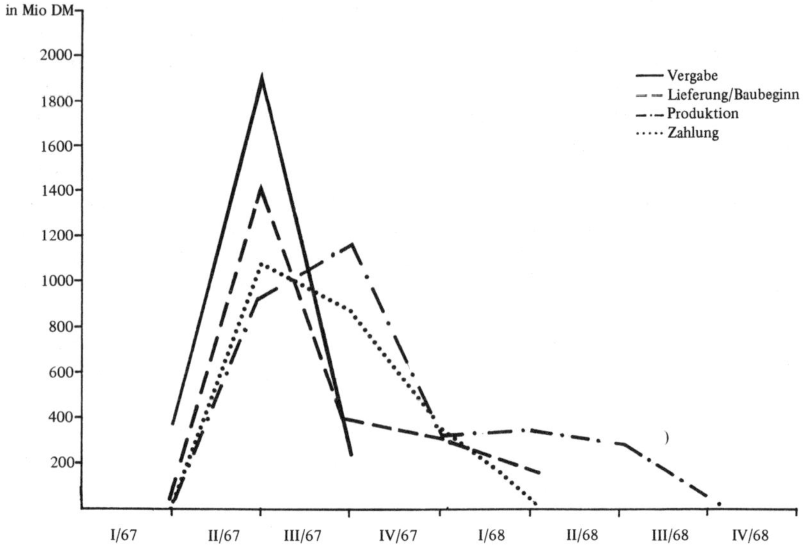

Ankündigung eines Eventualhaushalts: 13.12.66
Kabinettsbeschluß: 19.1.67
Freigabe der Mittel: 17.2.67
[1] Hälftig Bau- und Ausrüstungsinvestitionen
[2] ermittelt aus Vergabe- und Abschlußterminen

Quelle: Bundestagsdrucksache V/3630

Die staatliche Nachfrage nach Bau- und Ausrüstungsinvestitionen kann im Boom nur allmählich und in begrenztem Umfang gekürzt werden. Sofern keine terminlichen Bindungen eingegangen sind, können erteilte Aufträge verschoben, laufende Projekte gestreckt oder vorübergehend stillgelegt werden (Stabilitätsruinen). Abgewogen werden muß hierbei aber immer das stabilitätspolitische Interesse an dem Bauverzicht gegenüber dem allokativen Aspekt der Versorgung mit öffentlichen Gütern.

Solange die Unternehmen über **hohe Auftragsbestände** verfügen, belastet sie der staatliche Nachfrageverzicht nicht. Er erreicht ihre Investitions- und Personaldispositionen kaum. Erst wenn der Auftragsberg abgearbeitet ist, die

Reichweiten der Bestände kürzer werden, wird der staatliche Nachfrageverzicht beschäftigungswirksam.

Der **monetäre Effekt** dagegen zeigt sich sofort, wenn die gesparten Mittel stillgelegt werden. Voraussetzung ist allerdings, daß zuvor die Zentralbank die Geldmenge in den Griff bekommen hat und die Stillegung nicht aus anderen Liquiditätsquellen ausgeglichen werden kann.

Zur Verzögerung, mit der die Nachfrage auf Preise und Beschäftigung durchschlägt, sei der Leser auf die Ausführungen über den Zeitbedarf der Geldpolitik verwiesen (S. 214ff.).

6. Die Fiskalpolitik im Konjunkturzyklus

Die Fiskalpolitik kann – wie die Geldpolitik – ihre Aufgabe auf alternativen Wegen angehen; einmal kann sie zu situationsspezifischen **fallweisen Antworten** auf die Herausforderung durch den Zyklus greifen, zum anderen kann sie versuchen, ein **generelles Regelungsystem** zu konzipieren, das an Indikatoren gebundene selbsttätige Korrekturen am Konjunkturverlauf anbringt. Beide Wege unterziehen wir im folgenden einer kritischen Betrachtung, zeigen Mängel auf und suchen nach einem verbesserten fiskalpolitischen Konzept, das die Vorzüge beider Vorgehensweisen vereint und die Nachteile möglichst meidet.

a) Die fallweise Fiskalpolitik

Gegen das konventionelle Vorgehen der Globalsteuerung lassen sich gewichtige Einwände vorbringen; einmal der kaum widerlegbare **Vorwurf mangelhafter Effizienz:** Zyklen seien in der Vergangenheit häufig *verstärkt* und nicht *verstetigt* worden; zum zweiten der **Vorwurf der Marktwidrigkeit:** Fallweise Eingriffe in den Wirtschaftsablauf beeinträchtigten die Allokationsfähigkeit des Marktes, indem sie die Basis rationaler ökonomischer Entscheidungen: die Transparenz der zukünftigen wirtschaftlichen Bedingungen, durch unvorhergesehene Datenvariationen nach einem „im einzelnen schwer überschaubaren Prozeß der Machtausübung“[6] stören. Diese These ist gleichfalls kaum bestreitbar.

Allerdings ist sie das Ergebnis einer einseitigen Beurteilung. Prinzipiell „stören“ Datenvariationen zwar, sie werden aber allein mit dem – häufig allerdings nicht erreichten – Ziel vorgenommen, die gesamtwirtschaftliche Entwicklung zu verstetigen und damit letzlich wieder transparenter zu machen. Der **Konstanz der Daten** im interventionsfreien marktwirtschaftlichen System steht bei erfolgreicher Konjunkturpolitik dann die **Transparenz bzw. Stetigkeit der wirtschaftlichen Entwicklung** gegenüber. Voraussetzung ist allerdings, daß Sacherfordernisse die Entscheidungen bestimmen und nicht „politischer Poker“.

---

[6] Der *Wissenschaftliche Beirat:* Regelmechanismen und regelgebundenes Verhalten in der Wirtschaftspolitik, S. 598.

Die konjunkturrelevanten Verhaltensweisen – Folge und Bezug der Fiskalpolitik

Die Effizienz der Stabilitätspolitik beeinträchtigen antizyklische Maßnahmen, indem sie konjunkturpolitisch relevante Verhaltensweisen ändern. So senken etwa die Anbieter in Erwartung baldiger expansiver Maßnahmen nicht die Preise, um zusätzliche Nachfrage anzuregen, während die Nachfrager angesichts unveränderter Preise geplante Aufträge zurückhalten, mit der einsetzenden Expansion diese dann aber stoßweise vergeben. Mit anderen Worten: In der globalgesteuerten Wirtschaft verlieren die Signale des Marktes an Gewicht, konjunkturpolitisch begründete Verhaltensweisen bestimmen zunehmend die gesamtwirtschaftliche Entwicklung.

Diese **Änderungen der Reaktionen,** auf die die Konjunkturpolitik sich bis jetzt nicht hat einstellen können, werden – neben dem verspäteten und fehlerhaften Einsatz der Mittel – als die Ursache der heutigen Instabilität gesehen. Vor allem die permanente Verletzung des stabilitätspolitischen Zieles macht dieses Versagen deutlich.

Die Einwände gegen die konventionelle Konjunkturpolitik werden vor allem aus **neoliberaler Sicht** vorgetragen. Sie vertraut bei effizienter Wettbewerbspolitik auf die Leistungsfähigkeit des Marktmechanismus. Aus dem Fortdauern konjunktureller Schwankungen trotz – oder gerade wegen – antizyklischer Maßnahmen wird geschlossen, daß der diskretionäre konjunkturpolitische Ansatz verfehlt ist.

Lücken im konjunkturtheoretischen Wissen, die Variabilität der Verhaltensweisen im Zyklus und von Zyklus zu Zyklus, verspätete, oft unzureichende Diagnosen, langwierige Entscheidungsprozesse stehen dem Ziel des stetigen Wachstums zwar entgegen, erreichbar dürfte aber doch eine erhebliche Dämpfung der Nachfrageschwankungen sein.

Korrektur struktureller Divergenzen

Ein bedeutsamer zyklenverursachender Faktor ist der **Nachlauf des Lohnanstiegs** – und damit entsprechend des lohnfinanzierten Konsums – im Aufschwung. Die in die (inzwischen leistungsfähigeren) Kapazitäten hineinwachsende, vorwiegend von den privaten Investitionen geprägte Nachfrageausweitung bläht die Gewinnraten auf. Die steigenden Gewinne ziehen weitere Investitionen nach. Ein gewinngetriebener investorischer Aufwärtsprozeß beginnt. Bis der lohnfinanzierte Konsum aufschließt und schließlich den Aufschwung beschleunigt, können und müssen die Investitionen – sehen wir einmal von einem steigenden Exportüberschuß oder einer erhöhten Staatsnachfrage ab – quotal wachsen und in einem Ausmaß die Kapazitäten auslasten, wie es unter dem späteren Druck des lohnfinanzierten Konsums nicht behauptet werden kann.

Die Effektivlöhne beginnen erst dann zu steigen, wenn der Arbeitsmarkt in einigen Bereichen enger wird. Bevor expansive Tarife durchgesetzt werden können, muß die Beschäftigung gesichert erscheinen und das Auslaufen der Verträge abgewartet werden. Im weiteren Verlauf des Aufschwungs und im Boom kürzt die anhaltende Lohnexpansion – angetrieben durch gewerkschaftliche Macht, die sich an den Steigerungsraten der Gewinne im Aufschwung orientiert – bei wirksamer Geldpolitik im **zangenförmigen Zugriff** die Gewinne. Das Sinken der gewinnbestimmten Investitionen leitet die konjunkturelle Abwärtsspirale ein, die den Konsum – mit Verzögerung – nachzieht.

Auch **eingebaute Stabilisatoren** gleichen ohne fallweise Korrekturen die strukturelle Divergenz im Konjunkturverlauf nicht aus. Das Beispiel der passiven Flexibilität der Einkommen- und Körperschaftsteuer soll dies verdeutlichen: Der flexible Liquiditätsentzug muß an steuerlich erfaßbare Kriterien anknüpfen und gleichzeitig in hinreichendem Ausmaß geeignete konjunkturbestimmende Faktoren treffen. Beide Bedingungen erfüllen infolge der konjunkturreagiblen Bemessungsgrundlage bzw. des progressiven Steuertarifs Löhne und Gewinne. Genügen diese Kriterien aber schon, um einen sachgerechten steuerpolitischen Ansatz zu beschreiben, mit dem die konjunkturelle Entwicklung automatisch die ihr angemessenen antizyklischen Maßnahmen auslöst?

Periodengewinne zu ermitteln ist eine schwierige Aufgabe, da diese einen durch den Kalender diktierten Ausschnitt einer auf dauerhaften Erfolg gerichteten Unternehmenspolitik beschreiben. Den Unternehmen muß zumindest Zeit gelassen werden, bis ein Urteil über die wichtigsten, das Geschäftsjahr betreffenden Vorgänge möglich ist. Bis der Fiskus daher – abgesehen von vorsichtig geschätzten, an die Ergebnisse der vergangenen Periode anknüpfenden Vorauszahlungen – zugreifen kann, wird er kaum vermeidlich den Unternehmen eine bestimmte Frist einräumen müssen.[7] Vor allem aber: Die konjunkturbestimmenden Investitionen werden von dem *erwarteten* Gewinn, der vom laufenden Auftragseingang geprägt wird, beeinflußt. Der Fiskus setzt dagegen an einer aus einer früheren Phase des Zyklus resultierenden Größe, dem nach Ablauf des Steuerjahres *ermittelten* Gewinn, an keinem die konjunkturelle Entwicklung bestimmenden Faktor an. Der steuerlich erfaßbare Gewinn und der laufende (und, diesen fortgeschrieben, der erwartete) Gewinn sind auf verschiedene Perioden bezogen. Der erste ist *vergangenheitsbestimmt,* der letztere (in der Gegenwart erzielt) *zukunftsbestimmend.* Der an die jährlich erfaßten Gewinne gebundene Liquiditätsentzug bleibt beträchtlich hinter den tatsächlichen bzw. dem laufenden Auftragseingang entsprechenden Gewinnen, die den Zyklus gestalten, zurück. Diese Verzögerung begünstigt im Aufschwung die Investitionen, da die Liquidität den Unternehmen länger zur Verfügung steht.

Erst mit den nachziehenden Löhnen und einer strafferen Geldpolitik gewinnt die passive Flexibilität an restriktiver Wirkung – kaum vorher. Bis

[7] Die *Finanzreformkommission* will *schon* – aus der Sicht des Bilanzierenden – bzw. *erst* – vom konjunkturpolitischen Aspekt her gesehen – drei bis vier Monate nach Abschluß des Steuerjahres eine – allerdings – vorläufige Erklärung verlangen: Gutachten über die Finanzreform in der Bundesrepublik Deutschland, Stuttgart u.a. 1966, Ziff. 504. Die Zahlungsverzögerung in der BRD schätzte *Albers* auf 1,5 bis 2 Jahre (Die automatische Stabilisierungswirkung der Steuern – Möglichkeiten und Problematik in der Bundesrepublik Deutschland, Jahrbücher für Nationalökonomie und Statistik, Bd. 180 (1967), S. 119f.). In den gegenwärtig kurzen Zyklen hat dieser Nachlauf eine unbestreitbar prozyklische Wirkung.

dahin ist aber die nächste konjunkturelle Übersteigerung schon in der Struktur des Aufschwungs angelegt.

Im beginnenden Abschwung sinken mit dem Auftragseingang und dem nicht länger ausweichbaren Kostendruck die laufenden Gewinne. Der steuerlich erfaßte Gewinn drückt dagegen noch die günstigeren Bedingungen der Vorperiode aus. An ihm setzt der Fiskus an, entzieht in einer Zeit ohnehin knapper werdender Liquidität Finanzierungsmittel, die den *höheren steuerlich erfaßten* Gewinnen und nicht den *sinkenden, die Investitionen* und damit den weiteren Konjunkturverlauf laufenden Gewinnen entsprechen. Er erzwingt mit diesem **verspäteten Zugriff** zusätzliche Abstriche an den bereits gekürzten Investitionsplänen.

Geheilt werden könnte diese **prozyklische Wirkung des verzögerten Liquiditätsentzuges** durch eine zusätzliche Vorauszahlung – wie sie das Stabilitätsgesetz (§§ 26–28) vorsieht – oder durch das Selbstveranlagungsverfahren, das die vorläufige Veranlagung dem Steuerpflichtigen überläßt und etwaige Differenzen in der Steuerschuld *verzinst* nachfordert.

Da der steuerliche Entzug bei den Löhnen infolge des Quellenabzugsverfahrens unverzögert erfolgt, wird durch den **zeitverschiedenen Zugriff** auf Löhne und Gewinne die strukturelle Divergenz im Aufschwung ausgeweitet. Einen Ausgleich könnte allein die *fallweise* Entlastung der Löhne in der Rezession und im frühen Aufschwung bringen.

Investitionsorientierte Konjunkturpolitik oder Konsumverstetigungspolitik

Die Investitionen gelten seit jeher als konjunkturpolitische **Schlüsselgröße.**[8] Die Zyklen werden als „investitionsempfindlich", die Investitionen als „konjunkturreagibel" beschrieben, was treffend die gegenseitige Abhängigkeit kennzeichnet.

Die konventionelle Konjunkturpolitik sieht entsprechend die **Veränderung der Investitionsbereitschaft** als verantwortlich für die Schwankungen der Gesamtnachfrage an. Sie versucht mit der Verstetigung der Investitionen den Gleichschritt auf die übrigen Nachfragesektoren zu übertragen. Infolge unzu-

---

[8] Auch *Bombach* vertritt die These, „daß der Impuls von den Investitionen ausgehen muß" und daß „am Anfang der Wiederbelebung nicht eine Konsumausweitung stehen dürfte". *Bombach, G.:* Was muß die Wirtschaftspolitik heute leisten? Die Aussprache, 17. Jg. (1967), S. 204.

Dürr schließt sich dem weitgehend an. Der Gefahr der Übersteigerung will er entgegenwirken, indem er die Investitionen bremst, noch bevor sie sich „auf Wachstumsraten eingestellt haben, die auf Dauer nicht beibehalten werden können". *Dürr, E:* Die konjunkturpolitische Bedeutung der Geld-, Finanz- und Einkommenspolitik, Die Aussprache, 18. Jg. (1968), S. 107. An anderer Stelle wird er noch deutlicher: „Denn Konjunktursteuerung bedeutet, daß wir die Investitionen steuern". *Dürr. E.:* Konjunkturpolitik, Regelmechanismen, Konzertierte Aktion oder Laissez-Faire? Die Aussprache, 21. Jg. (1971), H. 5/6. S. 65.

Da der lohnfinanzierte Konsum den Investitionen im Aufschwung aber verzögert folgt, kann das allzu frühe Dämpfen der Investitionen – ohne ergänzende konsumstützende Maßnahmen – die Expansion brechen, bevor die Vollbeschäftigung erreicht ist.

reichender Prognosefähigkeiten, langwieriger Entscheidungsprozesse, verzögerter und begrenzt voraussehbarer Effizienz der Mittel bleibt aber der Weg des ständigen und sofortigen Ausgleichs versperrt. Bis korrigierende Maßnahmen schließlich greifen, ist der Konsum – zwar langsam und in kleineren Schritten – aber doch den sinkenden Investitionen in den Abschwung gefolgt. Das Stärken der Investitionsbereitschaft, z.B. durch Zahlung von Prämien, hilft zwar die Investitionen wieder zu steigern. Es wird dann aber in der Regel ein investorischer Aufwärtsprozeß eingeleitet, der – solange er vom Konsum nicht mitgetragen wird und entsprechend labil ist – im Interesse der Vollbeschäftigung nicht gebremst werden *darf,* und später – wenn er sich gefestigt hat – nicht mehr ausreichend gedämpft werden *kann.*

Es kann deshalb nicht genügen, an den Ursachen der Zyklen, hier der labilen Investitionsbereitschaft, anzusetzen. Zuerst muß ein **Übergreifen auf den Konsum** verhindert werden. Das heißt, es gilt den Konsum zu verstetigen, ihn von den zyklisch schwankenden Investitionen zu trennen. Auf dieser festen Grundlage können dann die Investitionen mit Hilfe der beschriebenen Instrumente gesteuert werden, ohne daß im Aufschwung vom Konsum geräumte Kapazitäten zusätzlich mit Investitionen ausgefüllt werden können bzw. müssen. Strukturelle Divergenzen im Nachfrageverlauf, die auf Korrekturen durch den Markt drängen, werden dadurch vermieden.

Effizienzvergleich

Helfen können hier einkommensbe- oder entlastende steuerliche oder ausgabenpolitische Maßnahmen. Der Weg vom ausgezahlten Lohn (oder Rente) zum Konsum ist – besonders bei den Niedrigverdienern – vergleichsweise kurz, die Wirkung unmittelbarer, weniger von Erwartungen geprägt als bei der konjunkturpolitischen Einflußnahme auf die labile Investitionsbereitschaft. Sie ist auch breiter, da der Anteil des Verbrauchs am Sozialprodukt wesentlich höher ist (fast das dreifache). Der Konsum ist zudem im Vergleich mit den Investitionen die trägere Größe. Einmal ist die Schwankungsbreite des Konsums geringer, zum anderen folgt er den zyklischen Wenden mit sichtbarem zeitlichen Abstand. Die Wirkung von Maßnahmen, die auf ihn gerichtet sind, sind entsprechend berechenbarer und sicherer. Ein konjunktureller Aufwärtsprozeß läßt sich deshalb leichter in der Hand behalten.

Die steigende Konsumnachfrage zieht die Investitionen nach. Schon vorher hat sie die auf den Löhnen lastende Unterbeschäftigung auf breiter Front reduziert. Die Löhne können deshalb den Gewinnen, die mit der Nachfrageexpansion steigen, schneller folgen.

Die **Konsumverstetigungspolitik** verringert nicht nur die zyklenbildende Wirkung der Lohnverzögerung, sie läßt gleichzeitig auch andere an der Liquidität bzw. den Gewinnen ansetzende Mittel, z.B. die passive Flexibilität der Einkommen- und Körperschaftsteuer oder die Geldpolitik, früher und dadurch effizienter greifen. Denn infolge der breiteren Beschäftigungswirkung der Konsumverstetigungspolitik bremsen die schneller nachziehenden Löhne den zyklischen Anstieg der Gewinne und verteilen diese zudem gleichmäßiger auf die verschiedenen Industrien.

Mit dem Aufholen der Investitionen lassen sich die steuerlichen Begünstigungen des lohnfinanzierten Konsums *stufenweise* kürzen und über den verringerten Verbrauch (mit seiner negativen Akzeleratorwirkung) eine emporschnellende Investitionsneigung schon im Anstieg dämpfen. Die Trägheit der Reaktion der Haushalte erlaubt es sogar, eine Maßnahme wieder zurückzunehmen, falls sie einen Schritt zu weit ging.

Die **als sensibel geltende Investitionsbereitschaft** wird nur indirekt, gleichsam gefiltert, über den gedämpften Anstieg des Konsums berührt. Die Unternehmen werden von direkten Eingriffen entlastet und genießen zusätzlich (und trotzdem) den Vorteil einer stetigeren und damit transparenteren Nachfrageentwicklung.

Gegen konsumsteuernde Maßnahmen wird eingewandt, daß Haushalte ihre Ausgaben an längerfristigen Einkommenserwartungen ausrichten, steuerliche Variationen also lediglich vernachlässigenswert gering auf den laufenden Konsum durchschlagen. Generell läßt sich sagen, daß die **Wirkung rückzahlbarer Konjunkturzuschläge,** die zudem noch die Niedrigverdiener freistellen, eine vernachlässigenswert geringe restriktive Wirkung zeigen werden. Auch **befristete** Steuererhöhungen dürften großenteils durch eine Verringerung der Ersparnis finanziert werden. Von Steuerveränderungen, die als **dauerhaft** angesehen werden, wird dagegen eine merkliche Konsumwirkung ausgehen. Es muß allerdings damit gerechnet werden, daß geraume Zeit (bis zu einem Jahr) verstreicht, bis sich die Hälfte des Einkommensentzuges in Konsumsenkungen niederschlägt.[9] Wird die Steuerpolitik dagegen in ein umfassendes Restriktionsprogramm eingepaßt, das gleichzeitig die Erwartungen dämpft, dann wird der Erfolg nicht ausbleiben.

Die expansive Wirkung einer Steuersenkung dürfte sich dagegen schneller und umfassender zeigen, da sie dem Streben der Haushalte nach **Sicherung des gewohnten Standards** entgegenkommt. Die Bindung an die Lebenshaltung der Vorjahre läßt den Konsum in der Regel ohnehin mit Verzögerung den Investitionen in den Abschwung folgen.

Die Steuerpolitik zielt auf die *Kauffähigkeit.* Bleibt der *Kaufwille* aber unberührt, dann kann sich das ungebrochene Konsumstreben über eine Verringerung der Ersparnis (oder ersatzweise durch Kredite) finanzieren. Auch Steuersenkungen während der Rezession lassen, solange sich die Kaufneigung angesichts der **Arbeitsplatzrisiken** nicht belebt, hauptsächlich die Ersparnis ansteigen. Die Steuerpolitik bleibt weitgehend wirkungslos. Wenn – so wird gesagt – für die Zukunft erwartetes und gegenwärtig verfügbares Einkommen auseinanderlaufen, dann öffnet sich die langfristig beobachtbare feste Relation zwischen verfügbarem Einkommen und laufenden Konsumausgaben. Die Steueränderung schlägt sich dann überwiegend in einer Variation der Ersparnis und nicht – wie gewünscht – in einer Änderung der laufen-

---

[9] Zur ausführlichen Diskussion der Konsumfunktion vgl. den entsprechenden Exkurs (S. 55 ff.), daneben *Eisner, R.:* Fiscal and Monetary Policy Reconsidered, A.E.R., Vol. LIX (1969), S. 898-905. *A.M. Okun* wendet sich dagegen gegen „the myths about the ineffectiveness of small temporary changes in income taxes". Er glaubt deren Wirksamkeit empirisch belegen zu können. *Okun, A.M.:* Have Fiscal and/or Monetary Policies Failed? A.E.R., Vol. LXII (1972), S. 28. *Morawetz, D.:* Personal Income Taxes and Consumer Spending in the United Kingdom, Public Finance, Vol XXVIII (1973), S. 182 ff.

den Konsumausgaben nieder. Die konjunkturpolitischen Impulse erreichen nur unzureichend die Nachfrage. Solange sie den Einkommenserwartungen widersprechen, werden sie durch eine Variation der Ersparnis aufgefangen.

Für die Konsumverstetigungspolitik treffen diese Bedenken aber nicht zu. Sie reguliert nicht nur das verfügbare Einkommen, sie verhindert darüber hinaus, daß sich zyklisch geprägte Einkommenserwartungen herausbilden, die von konjunkturpolitischen Maßnahmen lange Zeit unbeeinflußt bleiben. Sie verstetigt Erwartungen und finanzielle Basis zugleich, da sie interveniert, bevor sich die Erwartungen an die zyklische Einkommensentwicklung angepaßt haben.

Der schnelle und breite Beschäftigungseffekt konsumsteuernder Maßnahmen bewahrt zudem die Verbrauchsgüternachfrage vor einem Rückgang, der – wie empirische Studien zeigen[10] – in der Regel auf drohende Arbeitslosigkeit folgt, die Unsicherheit über die Einkommensaussichten – auch für die gegenwärtig noch Beschäftigten – bringt (**Angstsparen**).

Die Konsumverstetigungspolitik mindert die zyklenbildende Divergenz von lohnfinanziertem Konsum und gewinnbestimmten Investitionen, ist berechenbarer und damit genauer und vor allem sicherer als die investitionsorientierte Konjunkturpolitik, ganzzyklisch und abgestuft verwendbar. Zudem erlaubt sie es, das angestrebte Wachstumsziel nicht allein durch angekündigte Maßnahmen bzw. durch Zielprojektionen, sondern durch einen gestalteten Konsumpfad deutlicher zu machen. Sie erklärt nicht nur, daß ein Ziel angestrebt wird, sie realisiert gleichzeitig ein Teilziel. Zusammen mit einem wachstumsorientierten, von konjunkturpolitischen Eingriffen weitgehend freien Ausbau der Infrastruktur gibt sie der Konjunkturpolitik die unverzichtbare Transparenz.

Abstimmung mit der Tarifpolitik

Die Steuerpolitik wird wesentlich entlastet, wenn es der Tarifpolitik gelingt, die **Lohnverzögerung im Aufschwung** zu verkürzen. Die Tarifpolitik wird dies kaum durch isoliertes Vorgehen erreichen können. Wird sie aber in eine konjunkturpolitische Garantie der Expansion „eingepaßt", dann müßte sich die Lohnerhöhung zeitlich vorziehen lassen, ohne das Erreichen der Vollbeschäftigung zu gefährden. Durch die **Garantie des Aufschwungs** sollen die Erwartungen der Unternehmen auf Expansion gerichtet werden. Sie sollen in den Lohnerhöhungen weniger den Gewinnentzug, sondern die Nachfragesteigerung seitens der Konsumenten sehen und dieser mit Investitionen folgen (ausführlicher auf den Seiten 348 ff. beschrieben).

Beide Instrumente – sowohl die Steuerpolitik als auch die Tarifpolitik – wirken in der Rezession auf das gleiche Ziel hin. Beide müssen vor ihrem Einsatz **politisch-administrative Hindernisse** überwinden, die sich durch zeitliche Abstimmung des Vorgehens jedoch verkleinern lassen. Da sie aber auch gegeneinander gerichtet sein können – die staatliche Konjunkturpolitik zielt auf Kaufkraftabschöpfung, während die Gewerkschaften auf Lohnerhöhun-

---

[10] *Grossman, M.:* Unemployment and Consumption: Note, A.E.R., Vol LXIII (1973), S. 108-213; *Juster, F.T.* und *Wachtel, P.:* A Note on Inflation and the Saving Rate, Brookings Papers, 3/1972, S. 765-778.

gen drängen – wird der **Zwang zur Kooperation** deutlich. Gilt es einen Weg aus der Rezession heraus zu finden, dann dürfte eine Übereinstimmung leicht zu erzielen sein – sieht man davon ab, daß sich die Arbeitgeber evtl. gegen vorgezogene Lohnerhöhungen trotz der Absicherung durch eine Expansionsgarantie sperren.

Nach Erreichen der Vollbeschäftigung geht der Konsens aber verloren. Die Suche nach der geeigneten Stabilisierungsstrategie wird dann durch den Verteilungskonflikt beherrscht. Einig ist man sich immer – häufig allerdings erst nach langen Verzögerungen –, daß Nachfrageverzicht geübt werden muß. Auf der Suche nach dem Sektor, der die unvermeidbaren Abstriche hinnehmen soll, geht der Drang nach Stabilität aber oft verloren.

Den einzigen Ausweg aus diesem politischen Dilemma bietet die strikte **Verteilungsneutralität im konjunkturpolitischen Vorgehen,** und diese sowohl auf den Mitteleinsatz, der auf zyklisch veränderte Verteilungsstrukturen trifft, als auch auf die zyklusübergreifende Stabilitätspolitik bezogen. Indem die Konsumverstetigungspolitik für einen Gleichlauf der Nachfragesektoren im Zyklus sorgt, bereitet sie verteilungsneutralem, konjunkturpolitischem Handeln das Feld.

Die politische **Durchsetzbarkeit** der konsumsteuernden Maßnahmen wird durch deren Symmetrie im Zyklus – in der Rezession werden die Löhne steuerlich entlastet, im Boom dafür belastet – wesentlich erleichtert, da der verteilungspolitische Konflikt aus der steuerlichen Konjunkturpolitik weitgehend eliminiert wird. Falls dieses Konzept durch ständige Praxis zu einer Art Prinzip der Konjunkturpolitik würde, könnte es trotz seines formal diskretionären Mitteleinsatzes die inhaltlichen Folgen, nämlich die verstetigenden Vorauswirkungen eines antizyklischen Regelsystems zeigen, ohne an nicht revidierbare Indikatoren mit zweifelhafter Aussagekraft gebunden werden zu müssen.

Effizientere Geldpolitik

Eine erfolgreiche Konsumverstetigungspolitik verändert darüber hinaus die Aufgabe der Geldpolitik fundamental. Die konventionelle Geldpolitik versucht zwar, die Gesamtnachfrage zu steuern, erreicht mit ihren zins- und liquiditätspolitischen Mitteln aber vorrangig die Investitionen. Ihr Ziel muß es deshalb sein, die Investitionen in der Rezession anteilmäßig anzuheben, um zugleich auch die Konsumlücke auszugleichen (bzw. im Boom zu senken).

Mit der **strukturellen Divergenz,** die von sich aus auf Korrektur drängt, wird aber die nächste Übersteigerung vorprogrammiert. Mildert nun eine stetig steigende Konsumnachfrage die Zyklusausschläge, dann braucht die Geldpolitik während der Rezession nicht mehr den Banken mit dem Ziel der Zinssenkung Liquidität in einem Umfang anzudienen, dessen langwieriger Abbau eine restriktive Geldpolitik im beginnenden Boom behindert.

Ihr wird es damit möglich, schon in den konjunkturellen Zwischenphasen, in denen die Investitionen zudem auf zins- bzw. liquiditätspolitische Maßnahmen noch wesentlich feinfühliger reagieren, einer beginnenden Übersteigerung zu wehren. Mit wachsendem Nachfragedruck aber tritt im weiteren Verlauf des Aufschwungs der Gewinn als Investitionsmotiv zurück. Dadurch läßt die Wirkung der zins- und steuerpolitischen Instrumente nach, die an ihm ansetzen. Die Unternehmen folgen mit ihren Investitionen der drängenden Nachfrage und schlucken geringe Abstriche am Gewinn. Die Konsumverstetigungspolitik, die den Nachfragesog lockert, gibt der Geldpolitik die Effizienz zurück. Sie kann wieder – wie auch die Steuerpolitik – mit kleineren und – da nicht zuvor umfangreiche Liquiditätsreserven bei Banken und Unternehmen abgebaut werden müssen – ohne längere Wirkungsverzögerungen gangbaren Schritten die Investitionsnachfrage an die wachsenden Kapazitäten anpassen.

b) Die zyklenorientierte regelgebundene Fiskalpolitik

Der fallweisen Konjunkturpolitik blieb in der Vergangenheit der Erfolg versagt. Ihr gelang es nicht, die Wirkung antizyklischer Maßnahmen schneller der unerwünschten Abweichung vom gewollten Wachstumspfad entgegenzusetzen. Der **lange Zeitbedarf** vom Entstehen über die statistische Erfassung bis hin zur Diagnose der Fehlentwicklung und einer **Prognose,** vom langwierigen Prozeß der **Entscheidungsfindung** in einem demokratisch-parlamentarischen System bis hin zum **Einsatz** der Gegenmaßnahmen hat die ausgleichende **Wirkung** antizyklischer Maßnahmen in der Vergangenheit häufig zu spät kommen lassen.

Aus der Kritik entsteht ein neues Konzept. Es will an die Stelle des fallweisen Mitteleinsatzes eine regelgebundene Antwort auf die Schwankungen der Nachfrageintensität setzen. Im voraus bestimmte Indikatoren sollen die für angemessen gehaltenen konjunkturpolitischen Maßnahmen auslösen.[11] Sie wären dann durch Beobachtung der veröffentlichten Indikatoren voraussehbar, könnten in den Plänen und Entscheidungen vorweggenommen werden, wirkten damit verstetigend und nicht – wie bei der fallweisen Konjunkturpolitik – durch das spekulative Warten auf Maßnahmen und deren Wirkung prozyklisch.[12]

---

[11] Der *Wissenschaftliche Beirat* sieht „das Ziel aller Regelmechanismen (darin), Handlungsspielräume für Regierung und Verwaltung einzugrenzen." Auf diese vorwiegend ideologische Komponente soll im folgenden nicht eingegangen werden, obgleich sie bei den meisten Befürwortern neben der angeblich größeren Effizienz im Vordergrund steht (Regelmechanismen und regelgebundenes Verhalten in der Wirtschaftspolitik, S. 612f.).

[12] Einen mittleren Weg, dem er eine „Verwandtschaft mit dem alten Grundsatz der Kontinuität der Wirtschaftspolitik" zuschreibt, sucht *Gäfgen.* Er schlägt eine „vorläufige Bindung (der konjunkturpolitischen Maßnahmen) an ein strategisches Konzept" vor. Den Vorteil „gebundener Strategien" sieht er darin, „daß sie den politischen Willensbildungsprozeß entlasten. Unpopuläre, im Interesse langfristiger strategischer Ziele notwendige Maßnahmen können unter Berufung auf verkündete Prinzipien ins Werk gesetzt werden". *Gäfgen, G.:* Zur Grundlegung konjunkturpolitischer Strategien, Die Aussprache, 20. Jg. (1970), S. 90f.

Gebundene Strategien, die *Gäfgen* mit dem Blick auf die politische Durchsetzbarkeit vorschlägt, machen die Konjunkturpolitik transparenter und geben dennoch Raum für diskretionäre antizyklische Maßnahmen. *Gäfgen* wendet sich gleichfalls gegen eine – wie er sagt – „Politik der letzten Minute" er plädiert für „eine stärker vorbeugende Strategie", die u.E. eine permanente, in kleineren Schritten zu vollziehende Konjunkturpolitik erfordert.

Abstufbare Strenge der Regelbindung

Ein Versuch, den Zeitbedarf der politisch-parlamentarischen Entscheidungsfindung durch eine gesetzliche Hilfe zu verkürzen, schlug fehl, da die Regierung die ihr vom Parlament durch das **Stabilitätsgesetz** gegebene Ermächtigung (schwache Regelbindung) lange Zeit nicht nutzte. Als sie unter Druck der – ohnehin mit einer Verzögerung gegenüber der wachsenden Nachfrage – steigenden Preise schließlich doch nach antizyklischen Maßnahmen suchte, griff sie zu einem im Stabilitätsgesetz nicht vorgesehenen rückzahlbaren Zuschlag auf Einkommen- und Körperschaftsteuer, von dem obendrein noch aus sozialpolitischen Gründen die Niedrigverdiener ausgenommen wurden.

Dieses Zaudern bzw. Ausweichen vor wirksamen restriktiven Maßnahmen war nun nicht zufällig. Es ist auch nicht nur vor dem Hintergrund einer Regierung zu sehen, die vom Wählervotum abhängt und von Interessengruppen bedrängt wird, sondern es hat auch einen ökonomischen, will heißen: wirtschaftspolitischen Aspekt.

Die **strukturelle Divergenz** von Löhnen und Gewinnen im Aufschwung stellt den Konjunkturpolitiker vor einen Konflikt. Sie verknüpft verteilungs- und konjunkturpolitische Fragen: Vordergründige Ursache der steigenden Preise sind die durch Tarifvertrag heraufgesetzten Löhne, die den expandierenden Konsum finanzieren. Im beginnenden Boom aber den Arbeitnehmern die fälligen Lohnsteigerungen zu verweigern, hieße, ihnen die Einkommensexpansion, die die Unternehmer schon in der vorangegangenen Aufschwungsphase hatten, jetzt vorzuenthalten. Die Verteilungsrelation würde damit aus stabilitätspolitischen Gründen zum Nachteil der Arbeitnehmer beeinflußt. Die Gewinnsteuern zu erhöhen, bedeutete andererseits, den anlaufenden Rückgang der Investitionen zu beschleunigen und damit die Vollbeschäftigung zu gefährden.

Die antizyklische Entscheidung ist außerdem noch mit dem **preis- bzw. beschäftigungspolitischen Risiko** von Überwälzungsversuchen belastet. Die Gewerkschaften, deren Mitglieder während der Laufzeit der unter dem Eindruck der vorangegangenen Rezession mit mäßigen Steigerungssätzen abgeschlossenen Tarifverträge der Gewinnexpansion tatenlos zusehen mußten, werden kaum bereit und – als mitgliederabhängige Organisation – in der Lage sein, den steuerlichen Einkommensabzug nicht den Lohnforderungen zuzuschlagen.

Die drängende Nachfrage wird meist auch die Unternehmen veranlassen, den fiskalischen Liquiditätsentzug durch Verschuldung zu ersetzen und die geplanten, auf eine expandierende Nachfrage zugeschnittenen Investitionen durchzuführen. Erlaubt die inländische Liquiditätsversorgung die steigende Verschuldung, dann werden die Unternehmen in der Regel auch den gewerkschaftlichen Forderungen wenig Widerstand entgegensetzen und stattdessen versuchen, die steigenden Löhne auf die Preise zu überwälzen. Verhindert dagegen eine effiziente Geldpolitik Überwälzungsprozesse, dann droht die Gefahr, daß die Verringerung der Gewinne durch steigende Löhne und Steuererhöhungen zu übermäßig starken Senkungen der Investitionen und damit in die Rezession führt.

Durch eine **gesetzliche Handlungsermächtigung** läßt sich zwar der technische Entscheidungsprozeß verkürzen, neben dem Einfluß von Interessengruppen und wahltaktischen Überlegungen bleiben aber noch die ökonomischen Probleme, insbesondere der Verteilungskonflikt, die konjunkturelle Unsicherheit und die Ungewißheit der Reaktionen der Gewerkschaften, Unternehmen und Haushalte auf die steuerpolitischen Maßnahmen bestehen und lassen die Regierung zögern.

Bei einer **strengen Regelbindung** tritt an die Stelle einer gesetzlichen Ermächtigung der Handlungszwang. Antizyklische Maßnahmen werden hier quasi-automatisch getroffen, nachdem ein Konjunkturindikator die im voraus festgesetzte Toleranzgrenze überschritten hat. Die Regelbindung könnte auch flexibler gehandhabt werden, d.h. der Regierung könnte ein begrenzter Ermessensbereich eingeräumt werden, indem man bei Überschreitungen von Schwellenwerten von einer **Kann-** über eine **Soll-** zur **Mußregelung** übergeht. Im **Beispiel** hieße das: Bei einer Preissteigerungsrate von 2% *kann,* sind 2,5% erreicht, *soll,* ab 3% *muß* die Regierung vorher festgelegte restriktive Maßnahmen ergreifen. Den folgenden Ausführungen liegt die strenge Regelbindung zugrunde.

Der Begriff **„Regelmechanismus"** stammt aus der Technik der Steuerungs- und Regelungsvorgänge. Er bezeichnet ein auf Dauer angelegtes Reaktionssystem, bei dem gemessene Abweichungen von einem erstrebten Zustand (dem Sollwert) selbsttätig Maßnahmen auslösen, die auf die Erreichung des gewollten Zustandes hinwirken. Bekanntes Beispiel hierfür ist der Thermostat. Der Sollwert ist eindeutig definiert (die gewünschte Raumtemperatur), und eine Abweichung, die über die zugelassene Toleranzgrenze hinausgeht, löst automatisch eine Aktivität aus (Anspringen des Brenners), die solange anhält, bis der Sollwert wieder erreicht ist.

Indikatorproblematik

Die **Einrichtung eines Regelsystems** setzt neben einer gleichmäßigen Wirksamkeit der automatisch ausgelösten Maßnahmen während der systemgemäß langfristigen Geltungsdauer einen typischen Verlauf der konjunkturellen Schwankungen voraus. Die Indikatoren, z.B. die Preisniveausteigerungsrate, – denkbar sind allerdings auch Gesamtindikatoren, die mehrere konjunkturrelevante statistische Zeitreihen einbeziehen – beschreiben den Zyklus. Sie sind in der Regel jedoch nicht die *Kausalfaktoren,* die den zukünftigen konjunkturellen Verlauf bestimmen, sondern statistische *Resultanten* unterschiedlicher Einflüsse auf erfaßbare Größen bzw. Veränderungsraten.

Jeder Zyklus weist aber – wie schon beschrieben – neben einem regelmäßig wiederkehrenden Grundmuster gewisse **individuelle Züge** auf, die sich gleichfalls im gewählten Indikator niederschlagen. Kurz: Unterschiedliche Ursachen können zur gleichen statistischen Resultante führen, die nach Erreichen der Toleranzgrenze selbsttätig antizyklische Maßnahmen auslöst. D.h. wiederum: die eingeleiteten Maßnahmen sind nicht immer den Faktoren angemessen, die tatsächlich den konjunkturellen Verlauf bestimmen.

An folgenden **Beispielen** läßt sich das verdeutlichen: Überwälzte, autonom vereinbarte Tariferhöhungen lassen die Preise schon in einer früheren Aufschwungsphase als ursprünglich erwartet steigen. Der Indikator Preisniveausteigerungsrate löst dann restriktive Maßnahmen aus, die zwar dem Preisanstieg, nicht aber der konjunkturellen Entwicklung der Nachfrage entsprechen. Bei einer Bindung an den Frühindikator Auftragseingang in den Investitionsgüterindustrien besteht die Gefahr, daß kontraktive Mittel in Kraft gesetzt werden, weil die statistischen Signale wegen saisonaler oder zufälliger lohnpolitischer oder auch außenwirtschaftlicher Einflüsse eine konjunkturelle Auftriebskraft vorspiegeln, die mit der tatsächlichen nicht übereinstimmt.

Auch bei einer **Änderung der Wirksamkeit der ausgelösten Maßnahmen** im Zeitablauf infolge veränderter Verhaltensweisen oder Erwartungen der Investoren und Konsumenten oder auch wegen revidierter tarifpolitischer Strategien kann das Regelsystem keine problemadäquaten Antworten geben.

Schon der Übergang von der fallweisen zur regelgebundenen Konjunkturpolitik beeinflußt mit Sicherheit die Verhaltensweisen, d.h. die Reagibilität auf – diskretionäre oder regelgebundene – antizyklische Maßnahmen. In die Bestimmung der Toleranzgrenzen des Regelsystems lassen sich die zukünftigen Änderungen der Reaktionsweisen aber kaum einbeziehen, da deren Zeitdauer und Intensität kaum vorhersehbar sind.

Konjunkturpolitische **Lernprozesse** können gleichfalls kaum einbezogen werden, ohne durch ständiges Anpassen an die veränderten Bedingungen und theoretischen Kenntnisse wiederum die verfestigenden Effekte eines prinzipiell langfristig konzipierten Regelsystems aufzuheben.

Die Berücksichtigung von veränderten Verhaltensweisen und von Lernprozessen führte aber zur **Intransparenz der situationsbedingten Ermessensentscheidungen** zurück. Die veränderten Verhaltensweisen müßten dann wieder erkannt werden, bevor die angemessenen Maßnahmen gefunden und in dem oft langwierigen parlamentarischen Prozeß verabschiedet werden können.

Der **entscheidende Vorteil** regelgebundener Konjunkturpolitik wird – neben der verstetigenden Vorauswirkung erwarteter Maßnahmen – in dem **schnelleren Mitteleinsatz** der antizyklischen Maßnahmen gesehen. Der Zeitraum zwischen Fehlentwicklung und Mitteleinsatz werde verkürzt. Dazu ist zu sagen: Mit der Bindung der Entscheidung an einen Indikator, der die konjunkturelle Entwicklung ausdrücken soll, gibt es zwar keine Verzögerung mehr zwischen Diagnose und Entscheidung. Dafür entsteht aber ein Problem, über das häufig hinweggegangen wird: die Wahl eines geeigneten Indikators, der dann Zeitpunkt und Dosierung des Mitteleinsatzes bestimmt.

Es liegt nahe, den **Beschäftigungsgrad bzw. die Preissteigerungsrate als Signal** zu nehmen. Beide hinken aber in mehreren Phasen des Zyklus hinter den Faktoren her, die im wesentlichen den Konjunkturverlauf bestimmen: dem Auftragseingang und der Gewinn- bzw. Lohnentwicklung. Sowohl Arbeitslosigkeit als auch Inflationsbeschleunigung treten typischerweise erst gegen Ende der Boom- resp. Rezessionsphasen auf. Die Bindung des Mitteleinsatzes an den Beschäftigungsgrad bzw. die Preissteigerungsrate führt also zu einer nicht unbeträchtlichen Verzögerung der automatischen Antwort auf die konjunkturelle Fehlentwicklung.

Die Schwierigkeiten der Gewinnermittlung resp. die veränderliche Lohnverzögerung im Aufschwung verbieten unseres Erachtens eine Bindung an die Lohn- bzw. Gewinnentwicklung. Als weiterer Frühindikator bliebe der Auftragseingang der Investitionsgüterindustrie. Die Investitionsgüternachfrage wird als Indikator vorgeschlagen, weil die Investitionen im Aufschwung in der Regel vor dem Konsum zu steigen beginnen, den Expansionsprozeß also früher anzeigen. Möglich ist aber, daß als Folge einer veränderten lohnpolitischen Strategie oder auch durch eine Senkung der Einkommensteuer und Rentenerhöhungen der Aufschwung einmal vom Konsum getragen wird oder daß sich gar durch einen verteilungspolitischen Erfolg der Gewerkschaften bzw. des Staates die Gewichte der Nachfragekomponenten trendmäßig zu Lasten der Investitionen verschieben. Strukturelle Effekte und nicht zyklische Faktoren bestimmen dann den Indikator. Er drückt nicht mehr die gleiche konjunkturelle Intensität aus, auf die die selbsttätigen Antworten zugeschnitten sind.

Denkbar ist außerdem, daß die Statistik nicht den konjunkturwirksamen Nachfrageverlauf widerspiegelt. Hohe Auftragsbestände könnten bspw. zur Folge haben, daß sich trotz ungebrochenem Anstieg der Nachfragewünsche der statistisch erfaßte Auftragseingang verlangsamt, da die Unternehmen infolge der unübersichtlichen Liefertermine zögern, zusätzliche Aufträge hereinzunehmen bzw. zu erteilen. Hinzu kommt noch, daß der Index des Auftragseingangs manipulierbar ist. Unternehmen, die regelgebundene restriktive Maßnahmen vermeiden wollen, könnten die amtliche Statistik durch eine informelle Auftragsvergabe unterlaufen.

Die Wahl eines auf Dauer verbindlichen Indikators stellt uns infolge der Variabilität der wirtschaftlichen Bedingungen vor kaum lösbare Probleme. Es kann nicht gewährleistet werden, daß ein heute gewählter Indikator auch in Zukunft den zyklischen Verlauf hinreichend genau beschreibt. Ständige **Veränderungen der Entscheidungsregel** brächten aber die politisch-parlamentarischen Probleme der diskretionären Konjunkturpolitik und die prozyklischen Spekulationen auf konjunkturpolitische Eingriffe bzw. Änderungen der Toleranzgrenzen zurück. Zu erinnern ist hier vor allem an die destabilisierende Wirkung von Spekulationen auf Wechselkursänderungen. Die Spekulation kann – und hat dies auch getan – das Abgehen von der Regel stabiler Wechselkurse erzwingen.

Als mögliche **Auswege** bleiben eine Bindung an die „Spät"-Indikatoren Beschäftigungsgrad und Preisniveausteigerungsrate und/oder entsprechend weitgezogene Toleranzgrenzen, um ein konjunkturpolitisches „Vabanquespiel" zu vermeiden. Mit anderen Worten: Auch ein regelgebundener Einsatz konjunkturpolitischer Mittel würde aufgrund der nur unzureichend lösbaren Indikatorfrage verspätet erfolgen. Schwerer wiegt, daß das Regelsystem bei Strukturbrüchen – bspw. wenn die strukturelle oder friktionelle Arbeitslosigkeit in der Zeit variiert – eine Neigung in Richtung Über- oder Unternachfrage bekommt, weil (bzw. falls) der unbereinigte Indikator antizyklische Maßnahmen jeweils zu früh bzw. zu spät auslöst.

Mit der Bildung von **Gesamtindikatoren** kommt zwar das „Gesetz der etwas größeren Zahl" zur Geltung, das zufällige und zum Teil auch langfristig wirksame Einflüsse auf einzelne Indikatoren, sogenannte Strukturbrüche, tendenziell ausgleicht. Die konjunkturpolitischen Risiken der Indikatorbindung mit ihrem Zwang zu weiten Toleranzgrenzen bzw. dem Rückgriff auf Spätindikatoren werden dadurch zwar gemindert, bleiben aber grundsätzlich bestehen. Das hat zur Folge, daß auch eine indikatorgebundene Konjunkturpolitik – vor allem, wenn mögliche, vielleicht **unerwünschte Vorauswirkungen** des Mitteleinsatzes einbezogen werden – erst auf eintretende Ungleichgewichte reagieren und nicht an den Ursachen der Zyklen ansetzen und durch Neutralisierung der Kausalfaktoren den konjunkturellen Ausschlägen schon im Ansatz begegnen kann, also bevor die Extreme bzw. Toleranzgrenzen erreicht werden.

Mittlere Wege

Im Jahresgutachten 1969, dem letzten von *Giersch* beeinflußten Gutachten, schreibt der *Sachverständigenrat* (Ziff. 267): „Wenn die Legislative ein eindeutiges System von konjunkturpolitischen Zielen und Mitteln definiert und die Exekutive gehalten wäre, sich danach zu richten, könnten die Marktteilnehmer in ihren Plänen vorbeugende Aktionen in der Konjunkturpolitik vorwegnehmend insgesamt auf mehr Stetigkeit vertrauen." Der *Sachverständigenrat* knüpft hier an den Gedanken an, der auch schon hinter *Euckens* Forderung nach „Konstanz der Wirtschaftspolitik" steht. Eine Konstanz der Wirtschaftspolitik soll die Transparenz, die „zeitliche Tiefe"[13] schaffen, die für zukunftsbezogene Dispositionen erforderlich ist. Kurzfristig wirksame Maßnahmen sollten nur bei extremen zyklischen Ausschlägen ergriffen und möglichst an bekannte Grenzwerte gebunden werden.

Dieses „Prinzip" gewährt zwar eine Transparenz in bezug auf mögliche konjunkturpolitische Maßnahmen, die Unsicherheit über den zukünftigen Nachfrageverlauf bleibt aber infolge der weiten Toleranzgrenzen dieses Konzeptes bestehen. Innerhalb der Grenzen verläßt man sich auf eine **verstetigende Vorauswirkung** der indikatorgebundenen antizyklischen Maßnahmen. Der Zeitpunkt konjunkturpolitischer Korrekturen ließe sich abschätzen. Der Mitteleinsatz würde transparenter und ließe sich in die Nachfrageerwartungen einbeziehen, welche die eigenen Investitionspläne bestimmen. Das hieße, noch nicht ergriffene, (aufgrund von Muß-Vorschriften) aber als sicher erwartete Maßnahmen wirken schon vor ihrem Einsatz, den sie möglicherweise sogar überflüssig machen, auf die konjunkturrelevanten Entscheidungen ein. Diese Vorauswirkung ist ein gewichtiger, vielleicht der entscheidende Vorteil einer regelgebundenen Konjunkturpolitik.

Werden weite Toleranzgrenzen gezogen und milde Gegenmaßnahmen durch die Entwicklung des Indikators gleichsam angekündigt und schließlich in Kraft gesetzt, dann läßt sich kaum bestreiten, daß das Regelsystem zwar verstetigend wirkt, Stetigkeit aber nicht allein sichern kann.

Abgestimmte Aufgabenverteilung

Heute werden an die Konjunkturpolitik **höhere Anforderungen** gestellt. Man vertraut nicht mehr auf die Selbstheilungskräfte des Marktes, die zum Gleichgewicht zurückführen könnten, bzw. will ihnen nicht mehr die dafür erforderliche Zeit einräumen. Entsprechend enger gezogene Toleranzgrenzen lassen dann aber auch die Vorauswirkung indikatorgebundener antizyklischer Maßnahmen in einem anderen Licht erscheinen. Denkbar ist dann, daß

---

[13] *Eucken, W.:* Grundsätze der Wirtschaftspolitik, Tübingen-Zürich 1955, S. 288

sich die Wirkung ergriffener und die Vorauswirkung angekündigter Maßnahmen gegenseitig neutralisieren, daß der Weg zum Gleichgewicht dadurch verlängert wird. Dies wird umso wahrscheinlicher, je unregelmäßiger die Zyklen in Zukunft verlaufen und die konjunkturelle Aussagekraft der Indikatoren verändern. Möglich wäre sogar, daß die Vorauswirkung zukünftiger Maßnahmen die eingeleiteten ausgleichenden Maßnahmen in ihrem expansiven bzw. restriktiven Effekt überwiegen und damit prozyklisch und nicht verstetigend wirken. Als **Fazit** läßt sich sagen, daß sich ein Regelsystem zwar für eine *Grobsteuerung* mit weiten Toleranzgrenzen, wohl kaum aber für eine konjunkturelle *Feinabstimmung* eignet.

Diese Feststellung deutet schon einen Weg an, den man mit Komponenten aus beiden kontroversen konjunkturpolitischen Konzepten gehen könnte: Das Regelsystem könnte für die Grobsteuerung genutzt werden, die dann durch diskretionäre Maßnahmen ergänzt wird. Auch andere **Kombinationen von Regelelementen und fallweiser Konjunkturpolitik** sind nicht nur denkbar, sie werden schon praktiziert. Zu erinnern wäre hier an die bereits beschriebenen partiellen Regelmechanismen, die passive Flexibilität der Einkommen- und Körperschaftsteuer, die verstetigende Wirkung der Arbeitslosenversicherung oder auch (zum Teil) der Rentenversicherung, die heute schon die diskretionäre Konjunkturpolitik ergänzen. Allen Kombinationen regelgebundener und diskretionärer Maßnahmen ist gemeinsam, daß der Stabilisierungspolitik durch den Einbau von Regelelementen die Aufgabe zwar erleichtert wird: Zahl und Art der Instrumente werden erweitert; der entscheidende Vorteil einer regelorientierten Konjunkturpolitik: die Transparenz antizyklischer Maßnahmen mit ihrer verstetigenden Wirkung auf die Verhaltensweisen, geht jedoch infolge des meist geringen Einflusses der Regelkomponente innerhalb der konjunkturpolitischen Gesamtkonzeption unter.

Politische Problematik

Die Diskussion über eine regelgesteuerte Konjunkturpolitik erweckt den Eindruck, als handele es sich hier lediglich um eine Kontroverse über den sachgerechtlichen Mitteleinsatz, als würden Fragen der **Priorität** bzw. der Gewichtung wirtschaftspolitischer Ziele nicht angesprochen. Mit der Wahl der Indikatoren wird aber zugleich über die Realisierungsmöglichkeiten von **Zielkombinationen** entschieden. Am deutlichsten wird dies, wenn die Preisniveausteigerungsrate und der Beschäftigungsgrad selbst als Indikatoren vorgegeben werden. Die Entscheidungen über die erstrebenswerte Zielkombination und den entsprechenden Mitteleinsatz werden im Regelsystem durch die Wahl der Toleranzgrenzen miteinander verbunden. Unproblematisch wäre diese Verknüpfung allein dann, wenn die gewählte Zielkombination allgemein anerkannt würde und in der Zeit unveränderlich bliebe.[14] Daß dies

[14] Der *Wissenschaftliche Beirat* schreibt zwar: „Nur wenn solche Zielvorstellungen auch auf lange Sicht geklärt und langfristig gesichert werden können, läßt sich ein Regelmechanismus konstruieren und begründen" (S. 606). Dieser Einwand wird dann aber mit dem Hinweis auf „die weithin akzeptierten Ziele der Stabilisierungspolitik" beiseite geschoben (S. 606 und 617). Sicherlich läßt sich eine Übereinstimmung dar-

nicht zutrifft, wird deutlich, wenn wir uns bspw. das abnehmende Gewicht des Ziels Preisniveaustabilität in der jüngsten Vergangenheit vor Augen halten.

Ein Regelsystem bindet also über die laufende Legislaturperiode hinausgreifend zukünftigen Regierungen indirekt mit der vorgegebenen **Zielkombination** die Hand. Es zwingt neue parlamentarische Mehrheiten mit anderen Zielgewichten die Indikatoren bzw. Toleranzgrenzen zu ändern – ein Weg, der zurück zu den Gefahren einer fallweisen Konjunkturpolitik führt.[15]

Für *Friedman* gibt es dieses politische Problem nicht. Er streitet einen Zielkonflikt zwischen Preisniveaustabilität und Vollbeschäftigung ab. Im Falle der Realisierung seines Geldmengenkonzepts (einschließlich der außenwirtschaftlichen, fiskalischen und wettbewerbspolitischen Ergänzungen) ließe sich jeder gewünschte Preisniveaupfad mit Vollbeschäftigung vereinbaren. Preissteigerungen führten lediglich dann zu einer höheren Beschäftigung, wenn die Inflation von den Gewerkschaften bzw. Arbeitnehmern in den Lohnforderungen nicht antizipiert würde, somit gewinnsteigernd wirkte und die Investitionen wachsen ließe. Auf die Dauer könnten die Gewerkschaften indes nicht getäuscht werden. Die Verteilungswirkung ginge dann verloren und mit ihr der Beschäftigungseffekt als Folge der gestiegenen Investitionen.

Zusammenfassung

Im Regelsystem tritt an die Stelle von Maßnahmen, die auf einer situationsspezifischen ausführlichen Prognose fußen, ein Handlungszwang, der an Indikatoren gebunden ist, die die wirtschaftliche Entwicklung beschreiben sollen. Eine Verkürzung der Entscheidungsverzögerung und eine verstetigende Vorauswirkung sollen mit dem zyklus- bzw. trendorientierten Regelsystem erreicht werden. Die Variabilität der Zyklen und das lückenhafte konjunkturtheoretische Wissen machen aber aus einer Indikatorbindung eine Art Vabanquespiel. Zudem sind Korrekturen kaum möglich, ohne das Regelsystem mit seiner verstetigenden Vorauswirkung aufzuheben. Die Zukunft gehört deshalb nach wie vor der konjunkturpolitischen Handsteuerung. Fortschritte sollten nicht durch eine Eingriffsautomatik gesucht werden, verbessert werden sollte die Durchsetzbarkeit antizyklischer Mittel. Wird der Mitteleinsatz glaubhaft, erscheint er durch ständige Praxis sicher, dann wird er schließlich trotz fallweiser Entscheidungen die verstetigenden Vorauswirkungen bringen, die der Regelbindung zugeschrieben werden.

über erzielen, daß Vollbeschäftigung und Preisniveaustabilität erstrebenswerte Ziele sind. Fragen wir aber, welchen Grad an – evtl. sogar nur vorübergehender Unterbeschäftigung – jemand bereit ist hinzunehmen, um zu stabilen Preisen zu kommen, dann gehen die Meinungen weit auseinander.

[15] Denkbar wäre, aber u.E. unwahrscheinlich, daß zukünftige Regierungen zugunsten der langfristigen Vorteile des Regelsystems auf Änderungen der enthaltenen Zielgewichte verzichten. Vgl. ebenda, S. 613.

Literatur

In jüngster Vergangenheit sind mehrere **Lehrbücher der Finanzwissenschaft** in Erst- bzw. Neuauflage erschienen, die einen Überblick über die ökonomischen Aktivitäten des Staates geben

Andel, N.: Finanzwissenschaft, Tübingen 1983
Brümmerhoff, D.: Finanzwissenschaft, 2. Aufl., München-Wien 1987
Hedtkamp, G.: Lehrbuch der Finanzwissenschaft, 2. Aufl., Neuwied 1977
Musgrave, R. A.; Musgrave, P. B. u. *Kullmer, L.:* Die öffentlichen Finanzen in Theorie und Praxis, 1. Bd., 4. Aufl., Tübingen 1987; 2. Bd., 3. Aufl., ebenda 1985; 3. Bd., 2. Aufl., ebenda 1987
Noll, W.: Finanzwissenschaft, München 1979
Zimmermann, H. u. *Henke, K.-D.:* Einführung in die Finanzwissenschaft, 3. Aufl., München 1982

Die staatlichen **Steuerungsmöglichkeiten** beschreiben

Hesse, H.: Theoretische Grundlagen der „Fiscal Policy“, München 1983
Lachmann, W.: Fiskalpolitik, Berlin u. a. 1987
Mackscheidt, K. u. *Steinhausen, J.:* Finanzpolitik. Grundfragen fiskalpolitischer Lenkung, 3. Aufl., Tübingen-Düsseldorf 1979
Neumark, F.: Fiskalpolitik und Wachstumsschwankungen, 2. Aufl., Wiesbaden 1969

Mit speziellen fiskalpolitischen **Instrumenten** befassen sich – insbesondere mit der **Steuerpolitik** und **Transferzahlungen** –

Jatzek, H.-G. und *Leibfritz, W.:* Der Einfluß der Steuern auf die Investitionsfähigkeit der Unternehmen, Berlin-München 1982
Lenk, R.; Parsche, R. u. *Spanakakis, G.:* Die Wirkungen einnahmepolitischer Konjunkturmaßnahmen auf die private Investitions- und Konsumnachfrage, Berlin 1975
Siedenberg, A.: Investitionsorientierte Fiskalpolitik. Eine Effizienzkontrolle mit Hilfe investitionstheoretischer Ansätze, Berlin 1976
Uhlmann, L. und *Berger, M.:* Instrumentelle Aspekte der Investitionsförderung, München 1986
Wittmann, F.: Der Einfluß der Steuern auf die Investitionsentscheidungen der Unternehmen. Eine empirische Analyse, Frankfurt-New York 1986

– mit der **Ausgabenpolitik** –

Ewringmann, D.: Die Flexibilität öffentlicher Ausgaben, Göttingen 1976
Maaß, J.: Die Flexibilität der Staatsausgaben, Opladen 1973
Rahmann, B.: Grundlagen konjunkturbeeinflussender Haushaltspolitik, Berlin 1972
Rothkegel, Ch.: Finanzplanung und Konjunkturpolitik, Stuttgart 1973

mit der **Schuldenstrukturpolitik** –

Wissenschaftlicher Beirat beim Bundesministerium der Finanzen: Gutachten zur Schuldenstrukturpolitik des Staates, Bonn 1979

– mit der Steuerungsmöglichkeit über **Parafisken** –

Meinhold, H.: Fiskalpolitik durch sozialpolitische Parafisci, Tübingen 1976

Die **Interdependenz** von Geldmengenpolitik und Fiskalpolitik analysiert

Remsperger, H.: Geldmengenregel und trendorientierte Fiskalpolitik, Frankfurt 1979

Die verschiedenen Ansätze zur **Messung des Fiskalimpulses** kommentieren

Gandenberger, O.: Zur Messung der konjunkturellen Wirkungen öffentlicher Haushalte, Tübingen 1973

Grunwald, J.-G.: Erfolgskontrolle finanzpolitischer Stabilisierungsmaßnahmen, Berlin 1977

Lenk, R.: Zur Schätzung und Beurteilung konjunktureller Wirkungen öffentlicher Haushalte, Berlin – München 1979

Schmid, A.: Möglichkeiten und Probleme der fiskalpolitischen Effizienzkontrolle, Berlin 1975

Zur Kontroverse **regelgebundene oder fallweise Fiskalpolitik** nehmen Stellung

Neumark, F.: Ermessensfreiheit oder Automatismus? Zur ökonomischen und politischen Problematik moderner Fiskalpolitik, Zürich 1971

Steinbach, B.: Formula Flexibility. Kritische Analyse und Vergleich mit diskretionärer Konjunkturpolitik, Frankfurt – Bern 1977

Kontrollfragen

(1) Was versteht man unter Parallelpolitik? Grenzen Sie deren Vorgehensweise gegenüber der kompensatorischen einerseits und einer mit eingebauter Flexibilität des Steuersystems arbeitenden, einen Haushaltsausgleich über den Zyklus anstrebenden Fiskalpolitik andererseits ab!

(2) Was versteht man in der Fiskalpolitik unter Saldeneffekt, was unter reinem Fiskaleffekt? Erklären Sie den Unterschied anhand von Beispielen!

(3) Unter welchen konjunkturellen Bedingungen decken sich, wann widersprechen sich das fiskalische Gebot der Zinslastminimierung und die Forderung nach konjunkturgerechter Verschuldungspolitik?

(4) Verlustvortrag oder -rücktrag – welche Form des zeitlichen Gewinnausgleichs stärkt, welche schwächt die eingebaute Flexibilität des Steuersystems?

(5) Wodurch entsteht im deutschen Rentenversicherungssystem ein eingebauter Stabilisator? Wird er durch die geplante Aktualisierung in seiner ausgleichenden Wirkung beeinträchtigt?

(6) Nennen und begründen Sie drei Ansatzpunkte der Kritik am Stabilitätsgesetz!

(7) Stellen Sie – möglichst mit Blick auf alternative Meßkonzepte – den konjunkturneutralen Haushalt kritisch dar!

(8) Nennen Sie die drei Übertragungswege des Fiskalimpulses! Zeigen Sie, wie sie ineinandergreifen! Begründen Sie die zeitlichen Differenzen in ihrer Wirkung!

(9) Welcher konjunkturpolitische Ansatz verdient den Vorzug:
   (a) die investitionsorientierte Konjunkturpolitik oder die Konsumverstetigungspolitik?
   (b) die Steuerpolitik oder die Variation der öffentlichen Investitionen?

(10) Beschreiben Sie den Grundgedanken regelgebundener Konjunkturpolitik! Welche Kritik wird an der Regelbindung geübt?

Neuntes Kapitel

Die außenwirtschaftliche Absicherung

Die Instrumente der außenwirtschaftlichen Absicherung sind üblicherweise auf das Abfangen externer Störungen an der Grenze gerichtet. Sie ließen sich gleichwohl auch in den Dienst der internen kompensatorischen Konjunkturpolitik stellen. Die Aufwertung im Boom könnte die Angebotslücke im Inland schließen helfen, die Abwertung in der Rezession zusätzlichem Absatz die Tür öffnen.

Da dieses Vorgehen aber die heimischen Probleme zu Lasten des Auslandes (dem freilich die Gegenwehr offensteht) löst, sie gleichsam exportiert und zudem die internationale Arbeitsteilung stört (vgl. S. 133 ff.), sollte die Konjunkturpolitik diese – verzichtbare – Hilfe ausschlagen, binnenwirksame Mittel bevorzugen und den Einsatz der währungspolitischen Instrumente auf den Ausgleich der externen Störungen ausrichten.

Diesem Prinzip folgen die nachstehenden Ausführungen. Sie greifen zuerst den Spielraum ab, den alternative Währungssysteme der nationalen Konjunkturpolitik überhaupt lassen, zeichnen danach die Übertragungswege externer Störungen auf und beschreiben zum Abschluß die Möglichkeiten, die verschiedene Wechselkurssysteme der außenwirtschaftlichen Absicherung anbieten. Instrumente, die strukturell diskriminierend in den grenzüberschreitenden Leistungs- und Kapitalverkehr eingreifen (bspw. Zölle, Bardepotpflicht oder gespaltene Wechselkurse) sind bereits im 5. Kapitel mit Blick auf den Zahlungsbilanzausgleich untersucht worden.

1. Die Grenzen der Autonomie in der Außenwirtschaftspolitik

Änderungen der Paritäten, der Zölle oder Kontingente erscheinen dem Betrachter als isolierter Schritt *eines* Landes: Es wertet auf oder ab, erhebt Zölle, begrenzt importierte Mengen oder zahlt Ausfuhrprämien gemäß den Zielen der nationalen Politik. Betroffen sind aber immer zugleich die Handelspartner. Erst deren Stillhalten läßt die Maßnahmen wirksam werden.

Um dem wechselseitigen Aufbau von Handelsschranken zu wehren, mußten **verbindliche Regeln** für den internationalen Warenaustausch und Kapitalverkehr gesucht werden: Das *GATT* sorgt heute für die Kontrolle von Zöllen, Kontingenten und nicht-tarifären Handelshemmnissen (ausführlich behandelt im Kap. 5, 3), das *IWF-Statut* schob dem eigenmächtigen nationalen währungspolitischen Handeln einen rechtlichen Riegel vor. Es verlangt binnenwirtschaftliche Ausgleichsversuche, bevor bei „fundamentalen Ungleichgewichten" die Paritäten angepaßt werden dürfen.

Von rechtlichen Sanktionen abgesehen, können sich die Handelspartner gegen einseitige Paritätsänderungen auch dadurch wehren, daß sie mit einer gleichhohen antworten und damit die alte Relation wieder herstellen. Das will sagen: Ohne Stillhalten der Handelspartner kann keine Paritätsänderung durchgesetzt werden. Will man einen **Abwertungswettlauf** (in der Wechselkurspolitik) oder **wechselseitige Vergeltungen** (in der Handelspolitik) vermeiden, dann muß die Kooperation gesucht werden. Die nationale Autonomie in Außenwirtschaftsfragen stößt dort an ihre Grenze, wo die Interessen der Handelspartner spürbar tangiert werden. Hier entstehen Konflikte, die nur durch gegenseitiges Nachgeben gelöst werden können.

Die Währungspolitik ist zudem in die **umfassende Außenpolitik** eingebettet. Deshalb können übergeordnete politische Interessen, bspw. an der Integration Europas, an der Zusammenarbeit mit den Vereinigten Staaten oder der Überwindung des Ost-West-Gegensatzes, es zuweilen nahelegen, nationale ökonomische Interessen zurückzustellen, wenn sie den politischen Zielen entgegenstehen. Sie werden zwischen den angesprochenen Ländern zum Verhandlungsgegenstand innerhalb des Gesamtkomplexes an offenen Fragen, die zur Lösung anstehen.

Nicht nur zahlungsbilanzbezogene Maßnahmen, auch der binnenorientierte antizyklische Mitteleinsatz tangiert die Interessen der Handelspartner. Je enger die Länder wirtschaftlich miteinander verflochten sind, desto schneller und ausgeprägter greifen nationale konjunkturelle Impulse über die Ländergrenzen hinweg. Der EWG-Vertrag (Art. 103) zieht aus der gegenseitigen Abhängigkeit die Konsequenz. Er verpflichtet die Mitgliedstaaten, „ihre Konjunkturpolitik als eine Angelegenheit von gemeinsamem Interesse (zu) betrachten (und) sich miteinander und mit der Kommission über die unter den jeweiligen Umständen zu ergreifenden Maßnahmen ins Benehmen (zu) setzen“.

Obgleich die Dringlichkeit der **Harmonisierung** der Wirtschaftspolitik unstrittig ist und durch grenzüberschreitende konjunkturelle Störungen ständig erneut vor Augen geführt wird, ist man bisher über Absichtserklärungen und zaghafte Versuche nicht hinausgekommen. Die Politiker haben die Antwort auf die **ökonomische Herausforderung,** die die zunehmende wirtschaftliche Integration brachte, noch nicht gefunden. Solange die Gewichte, die den *Zielen* gegeben werden, einander nicht angenähert werden können, konjunkturpolitische – vor allem restriktive – *Maßnahmen* auf unterschiedlich hohe Hindernisse in den nationalen Parlamenten und bei den Tarifpartnern stoßen und das *strukturelle Gefälle* zwischen den Ländern nicht eingeebnet werden kann, wird die Harmonisierung der Konjunkturpolitik ein europäischer Wunschtraum bleiben, so dringlich sie auch erscheint.

Die Hoffnung, daß **ökonomische Sachzwänge** die Politiker zur Koordinierung der Wirtschaftspolitik treiben, hat sich als trügerisch erwiesen. Sie verbanden nicht, sondern trennten. Nationale Egoismen verdrängten im politischen Alltag das vielbeschworene europäische Bewußtsein. Die Politiker scheinen überfordert. Sie stehen heute – noch – vor unüberwindbar erscheinenden nationalen Hindernissen.

2. Der Rang des Zahlungsbilanzziels in alternativen Währungssystemen

Die internationale Arbeitsteilung verlangt Regeln für die Korrektur unausgeglichener Zahlungsbilanzen. Diese sind in den gewählten Währungssystemen festgeschrieben. Sie bestimmen die **zeitliche Strenge** des Ausgleichgebotes und verteilen die **Anpassungslasten** auf die Defizit- und Überschußländer, bei solidarischem Handeln auf die Gesamtheit der Welthandelspartner.

Die bisher praktizierten Währungssysteme werden in ihrer historischen Folge vorgestellt, ihre **Funktionsweisen** analysiert, die implizierten **Zielrangfolgen** herausgearbeitet. Danach werden die **Anforderungen** beschrieben, die sie an die Politik stellen; diese ist dem Zahlungsbilanzausgleich, zugleich aber auch den binnenorientierten Zielen der Wirtschaftspolitik verpflichtet.

Der **Goldstandard** erlebte seine Blüte vor dem ersten Weltkrieg. Er wurde abgelöst von dem **Gold-Devisenstandard,** der sich in den zwanziger Jahren entwickelte, die Wirren der Weltwirtschaftskrise aber nicht überstand. Wiederbelebt wurde er durch das Abkommen von Bretton Woods (1944) über den *Internationalen Währungsfonds (IWF)*. Endgültig zerbrochen ist er dann an der anhaltenden Dollarschwemme der sechziger Jahre, gegen die allein der Übergang zu **flexibleren** („festen, aber anpaßbaren“) **Wechselkursen** Schutz bot.

a) Das Zahlungsbilanzziel zur Zeit des Goldstandards

Der Goldstandard verpflichtete die beteiligten Länder, jederzeit unbegrenzte Mengen Gold zu einem festen Preis in der Währung des eigenen Landes zu kaufen oder abzugeben. Gold war alleiniges internationales Zahlungsmittel und Reserveeinheit. Es verband die Währungen der beteiligten Länder. Die Transportkosten des Goldversands (einschl. der Versicherungsprämie) beschrieben die Schwankungsbreite der Wechselkurse. Eine Abwertung einer Währung, die über den unteren „Goldpunkt“ hinausging, zog Goldkäufer an. Sie erwarben mit der im Preis gefallenen Währung Gold, brachten es in andere Länder und verkauften es dort mit Gewinn an die Zentralbanken.

Der **„Goldautomatismus“** verlangte die Bindung der umlaufenden Geldmenge an den Goldbestand der Zentralbank. Jeder Zufluß von Gold führte dadurch „automatisch“ zu einer Ausweitung der Geldmenge, ein Abfluß zu Stillegungen. Auch bei formal freier Entscheidung über die umlaufende Geldmenge sah sich die Zentralbank gezwungen, auf einen Goldabfluß mit Geldstillegungen zu antworten, wenn sie nicht ihren gesamten Goldvorrat und damit die internationale Zahlungsfähigkeit verlieren wollte.

Bei beiderseitiger Bindung brachte die Geldmengenausweitung in dem Zuflußland eine expansive, die Stillegung im Goldexportland eine restriktive Wirkung. Die **gegenläufige Geldpolitik** glich die Zahlungsbilanzen beider Länder tendenziell aus und verteilte dabei die Anpassungslasten auf alle Beteiligten. Die **Preiseffekte,** die sich immer erst auf längere Sicht durchsetzten, wurden kurzfristig in ihrer Wirkung auf die Zahlungsbilanz noch durch zinsinduzierte Kapitalbewegungen unterstützt.

Ohne institutionelle Bindung blieb bei Überschüssen der binnenorientierten Politik allerdings ein Spielraum. Der Aufschub expansiver Maßnahmen belastete aber das Defizitland, das nun eine härtere bzw. längere Phase restriktiver Geldpolitik auf sich nehmen mußte.

Die Länder, die sich dem Goldstandard angeschlossen hatten, enthielten sich jeder Intervention an den Devisenmärkten. Mit ihrer Geldpolitik folgten sie ungeachtet der Binnenziele den „Befehlen" der Zahlungsbilanz. Diese **strikte Zahlungsbilanzdisziplin** wird heute abgelehnt. Der Binnenpolitik wird eindeutig der Vorrang gegeben: Man will nicht länger, daß Zahlungsbilanzerfordernisse die Binnenkonjunkturpolitik bestimmen, daß – um ein häufig gebrauchtes **Bild** anzuführen – der Schwanz (der Saldo der Zahlungsbilanz) mit dem Hund (dem Sozialprodukt) wedelt. Die Binnenziele der Wirtschaftspolitik rückten zunehmend in den Vordergrund und verlangten nach einem Währungssystem, das binnenorientiertem Handeln einen größeren Spielraum gab.

b) Das Zahlungsbilanzziel im Gold-Devisenstandard

Das wesentliche Merkmal des Goldstandards war die Verpflichtung der Zentralbanken, Gold in unbegrenzter Menge zu einem stabilen Kurs anzukaufen und auf Verlangen gegen Inlandswährung abzugeben. Das Gold war alleiniges internationales Zahlungsmittel und Reserveeinheit.

Im Gold-Devisenstandard traten Zahlungsmittel dritter Länder (Devisen) an die Seite des Goldes. Sie sind „goldwert", da deren Zentralbanken die jederzeitige Einlösung in Gold zusagten. **Reservewährungsländer** wurden in der Folgezeit solche Länder (wie Großbritannien und die Vereinigten Staaten), die über entsprechende Goldbestände und zudem über eine Wirtschaftskraft verfügten, die dieses Versprechen glaubhaft machten und es auch für die Zukunft fundierten.

Dieser Schritt weitete die **internationale Liquidität** aus. Die Bestände der Zentralbanken an Zahlungsmitteln, die zum Ausgleich von Defiziten der Zahlungsbilanz (genauer: der autonomen Zahlungen) verwendet werden konnten, stiegen. Die Reservewährungsländer übernahmen die Verpflichtung, über Defizite, die sie mit eigenen Zahlungsmitteln finanzierten, die Welt mit der „erforderlichen" Liquidität zu versorgen. Die Defizite des Reservewährungslandes erhöhten die **goldgleiche Deckung** in den devisenhaltenden Ländern und erlaubten dort eine Ausdehnung der Geldmenge. Das Reservewährungsland brauchte bei Defiziten keine kontraktive Geldpolitik durchzuführen, wie es der Goldautomatismus verlangte. Im Gegenteil, der Golddevisenstandard war auf deren ständige Defizite angewiesen, um bei steigendem Welthandel die Handelspartner mit den entsprechenden Devisenreserven versorgen zu können.

Die Liquiditätsausweitung fand allerdings dort ihre **Grenzen,** wo die *Reservewährungsländer* um ihre Goldbestände bangen mußten und deshalb ihre Zahlungsbilanzdefizite begrenzten, und zum anderen dort, wo die *devisenhaltenden Länder* um die zukünftige Goldeinlösung fürchteten und deshalb die Devisen vorsorglich gegen Gold tauschten. Damit kürzten sie die internationale Liquidität und zwangen zugleich dem Reservewährungsland eine restriktive Politik auf.

Mit den verfügbaren Devisenreserven und dem gleichzeitigen Verzicht der Defizitländer auf restriktive Geldpolitik stieg der **binnenpolitische Handlungsspielraum.** Zahlungsbilanzdefizite konnten nun längere Zeit mit Hilfe der angesammelten Reserven überbrückt werden. Die „goldenen Fesseln" blieben, da man die Deckungsvorschriften beließ; sie waren aber lockerer geworden. Man konnte auf geeignetere konjunkturelle Zeiten warten oder den Abbau der Defizite langsamer angehen. Der Zwang zum Zahlungsbilanzausgleich bestand noch, man hatte aber Zeit gewonnen.

Der Golddevisenstandard brach 1931 zusammen, als Großbritannien die Goldparität nicht länger halten konnte und das Pfund abwertete, um dem äußeren Druck zu entgehen, der von der defizitären Zahlungsbilanz auf die Binnenpolitik ausging. Es wollte einen nationalen Handlungsspielraum gewinnen. Mit der Abwertung des Pfundes (und 1933 des Dollars) brach aber zugleich das internationale Kreditsystem zusammen. Ihm war die Basis, das Vertrauen auf die stabile Pfund- und Dollarparität, entzogen. Die Devisenreserven, die sich auf Kapitalimporte gründeten, schwanden schlagartig. Die Zahlungsbilanzzwänge wurden wieder stärker und schließlich unerträglich. Eine Flucht in die Devisenbewirtschaftung setzte ein, da eine zahlungsbilanzgerechte Politik trotz hoher Arbeitslosigkeit Restriktionen verlangt hätte.

Das internationale Währungssystem zerfiel in **vier Blöcke:** Einige Länder bemühten sich, den Goldstandard bei unveränderten Paritäten aufrechtzuerhalten; 1936 brach dieser **Goldblock** schließlich doch zusammen. Andere schlossen sich der englischen Abwertung an und orientierten sich fortan am Pfund (**Sterling-Block**). Mittel- und südosteuropäische Länder, die zur Devisenbewirtschaftung übergegangen waren, richteten ihre Wirtschaftspolitik am **Deutschen Reich** aus. Andere wiederum schlossen sich in loser Bindung den **Vereinigten Staaten** an. Der Dollar entwickelte sich zwar in den dreißiger Jahren eindeutig zur führenden Währung, konnte aber die Welthandelspartner nicht wieder zum freien Austausch auf der Grundlage eines Golddevisenstandards zusammenführen.

Exkurs: Der Internationale Währungsfonds (IWF)

Bei den Verhandlungen in Bretton Woods 1944 über eine neue Weltwährungsordnung spielten **zwei Forderungen** eine Rolle: *Erstens* wollte man ein ähnlich stabiles Währungssystem schaffen, wie es lange Jahre der Goldstandard war, um die weltweite währungspolitische Anarchie zu beseitigen und die Gefahr eines erneuten Abwertungswettlaufs (für den *Joan Robinson* den Begriff **beggar my neighbour-policy** prägte) zu bannen; *zweitens* sollte gleichzeitig die unmittelbare, enge Abhängigkeit der Binnenkonjunkturpolitik von der Zahlungsbilanzsituation gelockert und den Zielen Vollbeschäftigung und Wachstum ein breiterer Spielraum eingeräumt werden.

Als **Kompromiß** entschied man sich für ein System stabiler, innerhalb enger Grenzen (1% nach beiden Seiten, durch das Europäische Währungsabkommen verringert auf 0,75%, inzwischen aber im Europäischen Währungssystem auf 2,25% ausgedehnt) frei schwankender Wechselkurse, bei deren Erreichen die Notenbanken zur Intervention gegenüber dem Dollar am Devisenmarkt verpflichtet sind (**Leitwährungssystem**). Erst nach dem Auftreten „fundamentaler Ungleichgewichte" sollten die Wechselkurse satzungsgemäß – dann in entsprechend großen Schritten – geändert werden (**Stufenflexibilität**).

In diesem System waren die Länder jeweils zuerst auf binnenwirtschaftliche Ausgleichsmaßnahmen geld- und fiskalpolitischer Art oder auf eine zins- und risikopolitische Beeinflussung der grenzüberschreitenden Geld- und Kapitalströme verwiesen, bevor eine Wechselkurskorrektur in Betracht kam. Die Zustimmung des Fonds war vorgeschrieben, wenn eine geplante Paritätsänderung 10% überstieg. Überging ein Mitglied einen Einspruch, dann verlor es den Anspruch auf Mittel des Fonds.

Zeitlichen Handlungsspielraum in der Binnenkonjunkturpolitik schafft der *IWF,* indem er vorübergehende Zahlungsbilanzdefizite durch Kredite überbrücken hilft. Der Zahlungsbilanzzwang wird auf Zeit gelockert. Die angebotenen Kredite stellen formal einen Kauf von Devisen zur erklärten Parität gegen heimische Währung dar (inhaltlich eine Kreditvergabe). Der Kreditspielraum wird durch die **„Quote"** des Mitgliedslandes bestimmt. 25% der Länderquote müssen bei Beginn der Mitgliedschaft in Sonderziehungsrechten (vor dessen „Demonetisierung" in Gold), 75% können in eigener Währung eingezahlt werden. Der Fonds verkauft bis zur doppelten Quote Devisen gegen Landeswährung. Falls 75% der Quote in eigener Währung gezahlt und nicht gegen dritte verkauft sind, beträgt der Kreditspielraum allerdings nur 125% der Quote (der nicht in Sonderziehungsrechten gezahlte Quotenanteil wird abgezogen).

In Höhe der Einzahlung in Sonderziehungsrechten gewährt der *IWF* jedem Mitglied ohne Bedingung Kredit (**Reserve-** (früher Gold-)**tranche**). Darüber hinaus werden Kredite nur dann vergeben, wenn das „ziehende" Land sich verpflichtet, Maßnahmen einzuleiten, die längerfristig die Zahlungsbilanz ausgleichen und die Rückzahlung sichern (**Prinzip der Konditionalität**).

Vorrang hat die äußere Stabilität. Der Fonds gewährt mit seinen Überbrückungshilfen lediglich Zeit für die Korrektur der Zahlungsbilanz. Er finanziert Defizite nicht auf Dauer. Da dem anfänglichen expansiven Effekt der Kreditvergabe später ein restriktiver gegenübersteht, bleibt die Aktivität des Fonds über die Zeit gesehen geldwertneutral.

Das *IWF*-Statut erlaubt Hilfe nur bei Defiziten in der Leistungsbilanz. Beistand bei Kapitalabflüssen sieht es nicht vor. Die **„Allgemeinen Kreditvereinbarungen"** schließen diese Lücke. Nach anfänglicher fallweiser Kooperation vereinbarten die zehn führenden Industrieländer (**Zehner-Klub**) zur Abwehr von Spekulationen im Rahmen des *IWF* einen ständigen gegenseitigen Beistand. Die Allgemeinen Kreditvereinbarungen stehen allen Mitgliedern des *IWF* offen. Die angeschlossenen Länder stellen Kredite in Landeswährung zur Verfügung, die der IWF, der auch das Kursrisiko trägt, an das hilfesuchende Land weitergibt. Die Laufzeit der Kredite ist auf fünf Jahre begrenzt. Rückzahlung wird in Sonderziehungsrechten oder gleicher, zumindest aber konvertibler Währung verlangt.

Beispiel für bedingte Beistandskredite im Rahmen des *IWF* ist die **Öl-Fazilität.**

Die Ölpreissteigerungen 1973/74 bedrohten einzelne Länder mit Zahlungsbilanzdefiziten, die auf dem Kreditwege (über den Markt und die bisher vereinbarten Finanzhilfen) und auch durch Abwertungen kurzfristig nicht ausgleichbar waren. Nach langwierigen internationalen Verhandlungen wurde deshalb ein zusätzlicher ‚Solidaritätsfonds' mit einem Volumen von 25 Mrd. Dollar gegründet. Die BRD hat einen Anteil von 12,5%, das entspricht 7,2 Mrd. DM. Dieser Betrag muß nicht tatsächlich eingezahlt werden, eine Bürgschaft genügt. Eine Zahlung wird erst dann erforderlich, wenn ein notleidendes Land darum nachsucht.

Normalerweise erhält ein Land nur bis zur Höhe seiner eigenen Quote Unterstützung aus der Öl-Fazilität. Will es zusätzliche Hilfe, braucht es die Zustimmung von 90% der Quoten (also die deutsche Zustimmung). Verlangt es mehr als das Doppelte der eigenen Quote, dann ist Einstimmigkeit vorgeschrieben. Der Zahlungsverpflichtung entziehen kann sich ein Land nur dann, wenn ihm zwei Drittel der Quoten dieses Recht geben. Das Abkommen trat in Kraft, nachdem 15 Länder mit 60% der Quote oder 90% der Quotenländer ratifiziert hatten.

Der Zugang zu dem Fonds ist an **drei Bedingungen** geknüpft:

1. Der Solidaritätsfonds darf nur dann in Anspruch genommen werden, wenn die nationalen Devisenreserven erschöpft und auch die internationalen Finanzierungshilfen aufgebraucht sind.
2. Der Fonds wird auf zwei Jahre begrenzt. Es wird davon ausgegangen, daß nach Ablauf dieser Frist die zahlungsbilanzpolitischen Anpassungsprobleme gelöst sind. Eine Verlängerung kann nur einstimmig beschlossen werden.
3. Hilfe wird nur dann gewährt, wenn
   a) die Energiepolitik des Landes auf Minderung des Verbrauchs und auf das Erschließen neuer Quellen gerichtet ist,
   b) die Wirtschaftspolitik des Schuldnerlandes auf eine Besserung der nationalen Zahlungsbilanzsituation hinwirkt,
   c) es keine Handelsrestriktionen einführt.

Sonderziehungsrechte als neues Reservemedium

Die **potentielle Instabilität** des Golddevisenstandards verlangte in den sechziger Jahren immer dringender nach einer Fundierung des expandierenden Welthandels mit Reservemedien, die nicht an zufällige Defizite nationaler Zahlungsbilanzen (voran der amerikanischen) gebunden sind. Man schuf die **Sonderziehungsrechte** (SZR) und stellte sie als zusätzliches Reserveinstrument neben das Gold und die (Dollar-) Devisen. Lange wurde gestritten, ob die Sonderziehungsrechte den Charakter eines internationalen Giralgeldes (**Reserveeinheit**) oder den einer Kreditlinie (**Ziehungsrecht**) erhalten sollten.

Man entschied sich für eine **Mischform.** Die Sonderziehungsrechte haben nicht die Rechtsform eines Guthabens oder einer Forderung gegen einen *bestimmten* Schuldner, sondern stellen einen Anspruch gegenüber der *Gesamtheit* der Teilnehmer am Sonderziehungsrechtskonto (offen für alle Mitglieder des *IWF*) auf Überlassung von konvertiblen Währungen dar. Sie waren insoweit (früher 30%, dann 15%) Kreditlinie, wie sie nach Ablauf der Fristen gegen konvertible Währungen zurückgekauft werden mußten (**Rekonstitutionspflicht**). Nachdem 1981 die Rekonstitutionspflicht aufgehoben wurde, haben sie ausschließlich die Funktion einer Währungsreserve und können uneingeschränkt zum Ausgleich von Zahlungsbilanzdefiziten verwendet werden.

Nachdem mit der ersten Neufassung des *IWF*-Abkommens (1969) die Sonderziehungsrechte als zusätzliches, die Leitwährungen entlastendes Reservemedium eingeführt wurden, will nun die zweite Änderung (1978) die Sonderziehungsrechte Zug um Zug zum **zentralen Reservemedium** machen. Um diesem langfristig angestrebten Ziel näherzukommen, wurde bestimmt, daß alle ursprünglich in Gold zu leistenden Zahlungen zwischen den Mitgliedern und dem Fonds in Zukunft in Sonderziehungsrechten erfolgen sollen.

Geschaffen werden sollen Sonderziehungsrechte bei „zusätzlichem globalem Liquiditätsbedarf". Sie werden den Mitgliedern im Verhältnis ihrer Quoten zugeteilt. Das Interesse der Gläubiger, die internationale Liquidität in ihrem Umfang gegen das Drängen der Defizitländer zu begrenzen, wird einmal durch ein hohes Zustimmungserfordernis (von 85% der Mitglieder) gewahrt und – zum zweiten – durch das individuelle Recht, die Zuteilung und damit die mit ihr verbundenen Rechte und Pflichten ausschlagen zu können. Verzichtet ein Land auf die zugedachten (Sonderziehungs-) **Rechte,** dann kann es auch in die **Pflicht** genommen werden, (bis zum Doppelten der Zuteilung) angediente Sonderziehungsrechte in konvertible Währungen zu tauschen. Dennoch wird es aber hinnehmen müssen, daß eine generelle Ausweitung der internationalen Liquidität durch zusätzlich geschaffene Sonderziehungsrechte mit ihren inflatorischen Impulsen auch auf das eigene Land übergreifen wird.

Bewertet werden die Sonderziehungsrechte nach Aufgabe der ursprünglichen Dollarbindung mit dem mittleren Kurs eines „Warenkorbes", in den die Wertänderungen der wichtigsten Währungen entsprechend ihrem Gewicht eingehen. Verzinst werden die Sonderziehungsrechte mit einem Satz, der sich an den internationalen Geldmarktzinsen orientiert. Der Zins soll einerseits die Haltung von Sonderziehungsrechten attraktiv machen, andererseits aber die Defizitländer nicht von einer Verwendung abschrecken.

Das Festkurssystem, das der *IWF* früher vorschrieb, zerbrach an der Dollarschwemme der sechziger Jahre. Zahlreiche Länder setzten die stabile Parität aus. Im Dezember 1971 gelangen im Smithsonian-Abkommen **abgestimmte Wechselkursanpassungen** (Realignment). Nach einer gleichzeitigen Erweiterung der Bandbreiten kehrte man zu festen Paritäten zurück. Nach kurzer Zeit zeigte sich aber, daß der gewählte Dollarkurs nicht haltbar war. Die Handelspartner der USA lehnten es ab, den Dollar weiter zu stützen. Sie floateten mit Duldung des *IWF,* einige allein, andere (so die BRD) im Block mit anderen Ländern.

EWS – Floaten im Block

Die **Block-Länder** halten die Paritäten im Innenverhältnis stabil, floaten aber gemeinsam nach außen gegenüber dem Dollar. Dieses Floaten des Wechselkursverbundes wird bildhaft mit einer „**Schlange im Tunnel**" verglichen. Die Wände des Tunnels werden durch die höchstzulässige (bei flexiblen Wechselkursen: die höchsterreichte) Abweichung von der Parität der Interventionswährung (dem Dollar), die Haut der Schlange durch die Dollarnotierung der stärksten und schwächsten Blockwährung beschrieben. Zwischenzeitlich sind Länder aus dem Block ausgeschert, andere haben sich angeschlossen.

Mit dem im März 1979 in Kraft getretenen **Europäischen Währungssystem** (EWS) halten die Länder der Europäischen Gemeinschaft an ihrem Versuch fest, den Weg zur angestrebten engen wirtschaftspolitischen Integration über eine **Zone stabiler Wechselkurse** zu sichern. Das EWS übernimmt wesentliche Elemente des in ihm aufgegangenen Wechselkursverbundes der „Schlange" und berücksichtigt die mit ihm gemachten Erfahrungen.

Neu eingeführt ist ein **„Abweichungsindikator"**. Er soll die Währungen anzeigen, deren Kurs sich vom durchschnittlichen Verlauf der Gemeinschaftswährungen entfernt. Das Überschreiten der Abweichungsschwelle zur Europäischen Währungseinheit (ECU) als gemeinsamem Nenner der Wechselkurse des Verbundes legt, ohne indes einen Handlungszwang zu begründen, korrigierende Maßnahmen nahe, die von (Devisenmarkt-) Interventionen über binnenorientierte Konjunkturpolitik bis hin zur abgestimmten Wechselkursanpassung reichen können.

Ein **umfassendes Beistands- und Kreditsystem** soll den Willen unterstreichen, die Wechselkurse innerhalb der vereinbarten Bandbreiten (nach beiden Seiten 2,25%) zu behaupten. (So ist eine „sehr kurzfristige Finanzierung" in unbegrenzter Höhe vorgesehen.) Gleichwohl sahen sich die beteiligten Länder bereits in den wenigen Jahren seines Bestehens zu zahlreichen Wechselkurskorrekturen gezwungen.

Solange die nationalen Inflationsraten divergieren, lassen sich Wechselkurse nicht „gegen den Markt" behaupten. Daß andererseits die Binnenpolitik gewillt und fähig ist, sich dem Zahlungsbilanzzwang stabiler Wechselkurse zu beugen, ist gegenwärtig nicht erkennbar. Dennoch wird gehofft, daß von solchen Zonen der Anstoß zur Rückkehr zu stabilen Wechselkursen ausgehen könnte. Die frühere Strenge dürfte auf absehbare Zeit weder erreichbar noch erstrebenswert sein.

Nach Jahren satzungswidrigen Floatens – sei es im stets gefährdeten Block, sei es allein – hat denn auch der *IWF* nach mehreren Anläufen 1977 beschlossen, die währungspolitische Praxis flexibler Wechselkurse zu legalisieren. Zugleich will er aber auch die Interventionen der nationalen Notenbanken an **überprüfbare Regeln** gebunden sehen. Er versucht, die verlorengegangene Kontrolle über die Wechselkurse zurückzugewinnen. Erlaubt sein soll allein der Trendausgleich, das Glätten des Kursverlaufs. Bei Manipulationen des Wechselkurses (schmutziges Floaten genannt) – etwa einem Abwertungsdruck, um die Exporte zu verbilligen – sind Sanktionen vorgesehen.

c) Zahlungsbilanzziel bei flexiblen Wechselkursen

Nach dem erneuten Scheitern des Golddevisenstandards, diesmal aber an der Dollarschwemme der sechziger Jahre und nicht an der Devisenknappheit, sollen nun flexible Wechselkurse die Binnenpolitik von den Fesseln der Zah-

„Reserveposition im Internationalen Währungsfonds und Sonderziehungsrechte" sowie „Forderungen an den Europäischen Fonds für währungspolitische Zusammenarbeit (EFWZ) im Rahmen des Europäischen Währungssystems"

Mio DM

Stand am Jahres- bzw. Monatsende	Reserveposition im IWF und Sonderziehungsrecht				Forderungen an den EFWZ im Rahmen des Europäischen Währungssystems			
		Reserveposition im IWF		Sonderziehungsrechte				
	insgesamt	Ziehungsrechte in der Reservetranche 1)	Kredite aufgrund besonderer Kreditvereinbarungen 2)	insgesamt	insgesamt	Guthaben in ECU 3)	Unterschiedsbetrag zwischen ECU-Wert und Buchwert der eingebrachten Reserven	sonstige Forderungen 4)
	1	2	3	4	5	6	7	8
1982	12219	4178	3159	4881	19596	38497	–21022	2121
1983	14603	7705	2504	4394	15444	42376	–26931	–
1984	16094	9174	2632	4288	14341	42008	–27666	–
1985	13180	7418	1955	3807	17186	39822	–22637	–
1986	11389	6462	1007	3920	16321	31661	–16297	957
1987	9273	5779	388	3106	28953	39975	–18027	7005
1987 Jan.	11188	6425	992	3771	32491	32110	–15929	16311
Febr.	11162	6393	928	3841	31537	32113	–15929	15354
März	11845	6607	928	4309	23391	35708	–15929	3612
April	11006	6620	803	3583	24879	36523	–15257	3612
Mai	11156	6630	655	3871	21696	36952	–15257	–
Juni	11090	6717	655	3717	21722	36978	–15257	–
Juli	11009	6708	581	3720	23403	39253	–15850	–
Aug.	10581	6664	551	3366	23454	39304	–15850	–
Sept.	10550	6652	551	3347	27160	43010	–15850	–
Okt.	10316	6472	537	3307	23292	40200	–16907	–
Nov.	10191	6390	411	3390	30405	40254	–16907	7059
Dez.	9273	5779	388	3106	28953	39975	–18027	7005
1988 Jan.	9089	5821	388	2880	31268	39386	–15122	7005

1) Setzt sich zusammen aus den Bareinzahlungen und den DM-Abrufen des IWF zur Finanzierung von DM-Verkäufen des Fonds (netto) an andere Länder.
2) Einschl. sog. Witteveen Fazilität.
3) Aus der vorläufigen Einbringung von Gold- und Dollarreserven sowie aus Übertragung von anderen Zentralbanken.
4) Forderungen aus der sehr kurzfristigen Finanzierung sowie aus dem kurzfristigen Währungsbeistand.
Differenzen in den Summen durch Runden der Zahlen.

*Quelle: Monatsberichte der Deutschen Bundesbank, Februar 1988, S. 78**

Wechselkursentwicklung

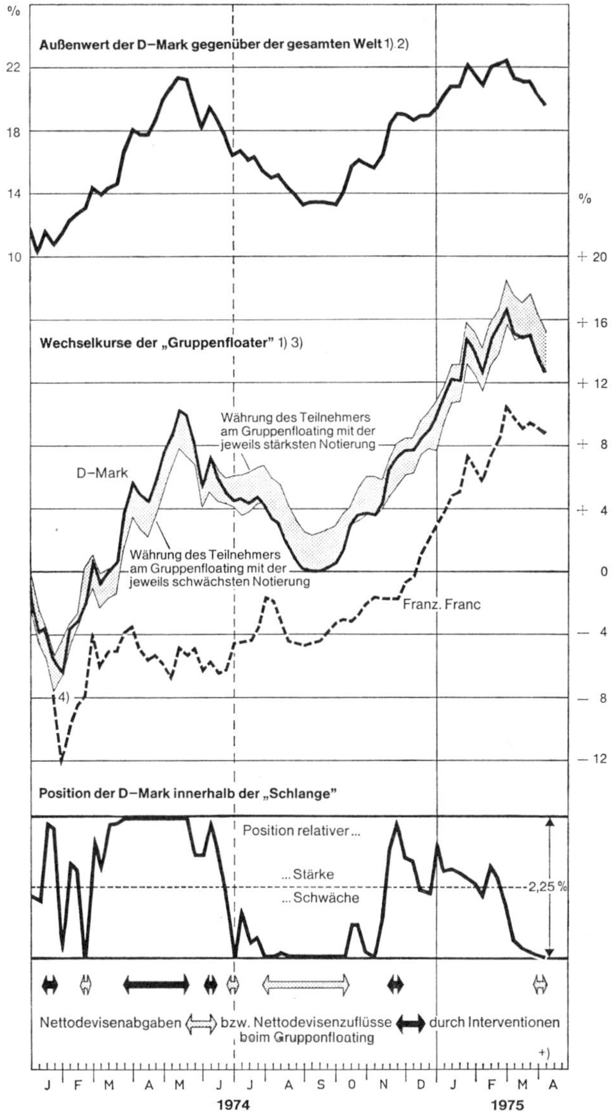

1) Berechnet auf der Basis amtlicher Kurse (Freitagswerte). – 2) Gewogene Veränderung des Außenwerts der D-Mark im Vergleich zu den Leitkursen von Ende 1972. – 3) Abweichungen der Wechselkurse in % von den nach der Dollarabwertung vom 14. 2. 1973 festgelegten Leitkursen. Für D-Mark, Holl. Gulden und Norw. Krone, die nach dem 14. 2. 1973 gegenüber dem Sonderziehungsrecht aufgewertet wurden: Abweichungen in Prozent von dem jeweiligen rechnerischen \$-Leitkurs. – 4) Freigabe des FF-Kurses mit Wirkung vom 21. 1. 1974. – + Letzter Stand: 4. 4. 1975.

Quelle: Geschäftsbericht der Deutschen Bundesbank für das Jahr 1976, S. 45 lungsbilanz befreien: Der bewegliche Kurs gleicht Angebot und Nachfrage nach Devisen aus, die Politik kann sich auf die Steuerung der Binnenkonjunktur konzentrieren, Preisniveau und Beschäftigungsgrad weitgehend eigenverantwortlich bestimmen.

Der Ausgleich der Zahlungsbilanz erfolgt nicht länger über die Anpassung des Preisniveaus (**Dominanz der Außenstabilität**), sondern die unterschiedlichen Inflationsraten werden durch Paritätsänderungen an der Grenze neutralisiert (**Dominanz der Binnenpolitik**). Der Binnenpolitik wird nicht lediglich

Zinsgefälle und Dollarkurs

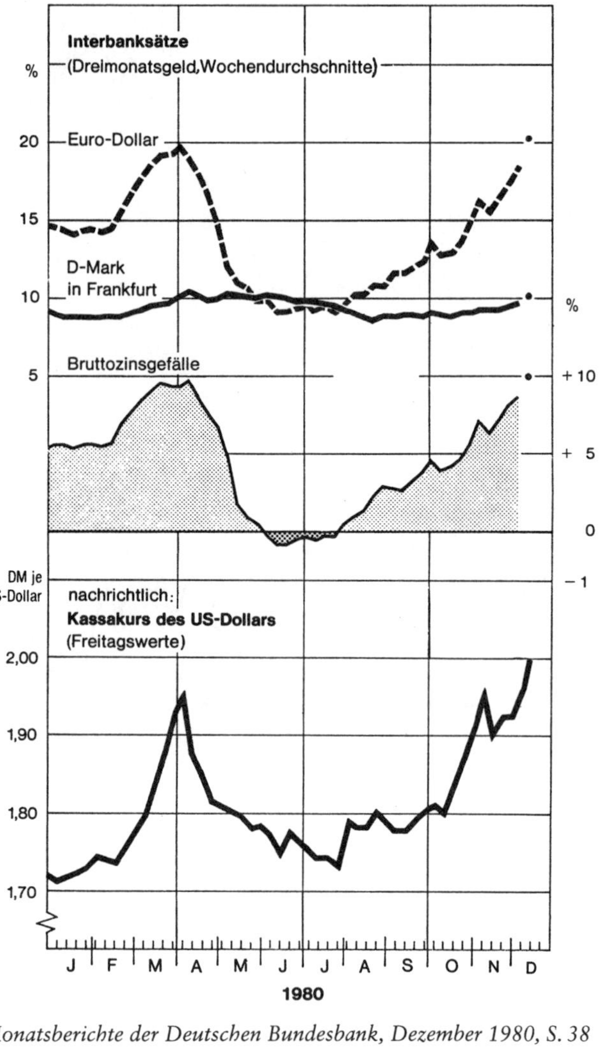

Quelle: Monatsberichte der Deutschen Bundesbank, Dezember 1980, S. 38

ein erweiterter zeitlicher Spielraum gegeben, wie ihn Devisenreserven und Kredithilfeabkommen gewähren, sie kann unbegrenzte Zeit frei von Zahlungsbilanzrestriktionen handeln.

Der Zwang zum internationalen **Gleichschritt der Preise** wird durch flexible Wechselkurse zwar genommen, bestehen bleibt jedoch der **Konjunkturverbund** und mit ihm *kurzfristige* externe Einwirkungen auf die Binnenkonjunktur. Sie werden bei freier Kursbildung nicht durch den *Saldo* der Zahlungsbilanz ausgewiesen, sie schlagen sich in deren *Struktur* nieder: Zinsbedingte Richtungsänderungen der grenzüberschreitenden Kapitalströme bewirken über Paritätsänderungen (siehe Abbildung) einen gleichhohen Saldo im Leistungsverkehr. Die nationale Geldpolitik spricht *mittelbar* den Außenbeitrag an. Dieser **Struktureffekt** ist die Folge der Wechselkurswirkung der internen Geldpolitik. Er unterläuft die Binnenpolitik indes nicht, er unterstützt sie vielmehr in ihrer ausgleichenden Wirkung auf die Zyklen. Gleichwohl ist strittig, ob er angestrebt bzw. geduldet werden soll; denn zinsbedingte Kursausschläge stören nicht nur die internationale Arbeitsteilung, sie belasten auch das Ausland mit den Folgen der internen Geldpolitik.

Der Struktureffekt läßt sich nur vermeiden, wenn man sich der von den Handelspartnern vorgegebenen Linie in der Geldpolitik anschließt. **Ursache des äußeren Zwangs** ist nicht mehr der Gold- oder Devisenabfluß, sondern die enge Verbindung zwischen Zins und Wechselkurs. Sie stellt das Ausland vor die Alternative: Dulden des Struktureffektes oder Anschluß an die vorgegebene Linie der Geldpolitik.

Überfordert wird der flexible Wechselkurs auch dann, wenn **Preissprünge bei Importen** (ausgedrückt durch die terms of trade) zu gravierenden Defiziten in der Leistungsbilanz führen. Sie sind nicht vorhersehbar und können deshalb nicht antizipativ „verarbeitet" werden. Der Ausgleich muß nachträglich und mit entsprechendem Zeitbedarf bei „gesteuerter" Flexibilität (verlangt einsetzbare Devisenreserven) gesucht werden.

Kurzgefaßt heißt das: Die Zahlungsbilanz – bei flexiblen Wechselkursen aber nicht mehr der Salden-, sondern der Struktureffekt – begrenzt nach wie vor den binnenpolitischen Handlungsspielraum. Der flexible Wechselkurs gibt lediglich die Wahl des *mittelfristigen* Inflationsgrades frei. Der Konjunkturverbund – und damit der Zwang zur Koordination – bleibt jedoch bestehen (eine ausführlichere Diskussion flexibler Wechselkurse folgt weiter unten auf den S. 316ff.).

3. Übertragungswege der externen Inflation

Inflatorische Impulse greifen auf unterschiedlichen Wegen von außen auf das preisstabilere Inland über. Man spricht von **importierter** Inflation. Sie wird der **hausgemachten Inflation** gegenübergestellt, deren Ursachen – Kostendruck, Nachfragesog und Geldmengenausweitung – ausschließlich im Inneren zu suchen sind (den Inflationstheorien ist auf den S. 65 ff. ein eigener Exkurs gewidmet).

a) Der Einkommensmechanismus

Exportüberschüsse tragen zwar in *Rezessionen* zur Auslastung der unterbeschäftigten inländischen Kapazitäten bei, sie dämpfen den Abschwung. Die Exporte schaffen Einkommen, das multiplikativ die Nachfrage im Inland steigert (Export-Multiplikator).[1] Erschöpft sich aber im Laufe des *Aufschwungs* das inländische Angebot, dann wirkt der ungebrochene Exportsog inflatorisch (die steigenden Importe im Ausland deflatorisch). Die Angebotslücke wird durch steigende Preise geschlossen. Lediglich eine Kürzung der heimischen Nachfrage, die dem Export die Kapazitäten räumt, kann die Preissteigerungen verhindern. Man „erkauft" die stabilen Preise mit einem Nachfrageverzicht der Inländer, solange man nicht gegen die *Ursache* der Inflation, den Exportsog, vorgehen will, sondern glaubt, sich mit *kompensierenden Maßnahmen* behelfen zu können.

Der Exportsog bewirkt einen **Devisenzustrom,** der die Nachfrageausweitung im Inland finanzieren hilft. In Zeiten stabiler Wechselkurse war die Zentralbank verpflichtet, den Dollar durch Käufe (gegen DM) zu stützen, wenn er den unteren Interventionspunkt erreichte (1% Abweichung von der Parität nach dem *IWF*-Statut, eine engere Marge von ¾% schrieb das Europäische Währungsabkommen vor). Die Banken erhielten durch die Interventionen für die Devisen Inlandsgeld, das sie als Grundlage für die multiple Giralgeldschöpfung nutzten.

Wesentlicher Bestimmungsgrund für Salden der Leistungsbilanz ist das **Preisgefälle** zwischen In- und Ausland. Es kann ausgeglichen werden, indem entweder das inflationierende Land den Preisanstieg bremst oder das stabilitätsbewußte Land sich dem internationalen Inflationstrend anschließt. Läßt sich in dieser Frage keine Einigung erzielen, bleibt die Harmonisierung der Konjunkturpolitik aus, dann können stabile Wechselkurse nicht länger behauptet werden. Das Preisgefälle muß durch eine **gegenläufige Wechselkurskorrektur** neutralisiert werden. Der preisinduzierte Exportsog wäre damit an der Grenze abgefangen.

Auch bei ausgeglichener Zahlungsbilanz kann Inflation importiert werden. Dies wird dann der Fall sein, wenn der Devisenzufluß aufgrund des Exportüberschusses durch einen gleichhohen Kapitalexport kompensiert wird. Der Nachfragesog aus dem Ausland wird dann zwar nicht von einer gleichgerichteten Liquiditätsausweitung im Inland begleitet. Die **elastische Kreditversorgung** erlaubt aber in der Regel die Finanzierung der steigenden Nachfrage. Der Exportsog wird die Banken zur Aktivierung freier Liquiditätsreserven anhalten, die Umlaufsgeschwindigkeit des Geldes steigen lassen und auf eine Ausdehnung des Industrie-Clearings (Aufrechnungen von gegenseitigen Forderungen) hinwirken. Eine **knappe Geldmengendecke** begrenzt dagegen den expansiven Effekt, der vom „reinen" Exportsog ausgeht. (Zum besseren Verständnis der getrennten Analyse realer und monetärer Effekte vgl. die Ausführungen über die Übertragungswege der Geld- und Fiskalpolitik.)

---

[1] Zur unterschiedlichen multiplikativen Wirkung im Konjunkturverlauf vgl. die Ausführungen auf den S. 11ff.

b) Der Liquiditätsmechanismus

Nicht nur über die Leistungs-, auch über die Kapitalbilanz greifen expansive (bzw. kontraktive) monetäre Effekte auf die heimische Wirtschaft über. Die Kapitalströme folgen über nationale Grenzen hinweg dem Renditegefälle. Steigende Zinsen (abzüglich etwaiger Risikoprämien) – bspw. aufgrund einer Politik des knappen Geldes – ziehen Liquidität ins Land. Der Zustrom unterläuft die dort beabsichtigte Stabilisierungspolitik und löst eine inflatorische Tendenz aus.

Die Notenbank kann zwar versuchen, den Liquiditätszufluß durch gleichzeitige Stillegungen im Inland in seiner expansiven Wirkung zu neutralisieren. Sie steigert damit aber die Zinsen und zieht weitere Kapitalimporte ins Land. Die inländischen Kreditgeber würden bei dieser Therapie Schritt für Schritt zurückgedrängt. Das Ausland würde zum Bankier der heimischen Wirtschaft. Ein Ende findet der Kapitalimport mit seiner inflatorischen Wirkung erst dann, wenn entweder das Ausland seine Kreditausweitung begrenzt, dort die Zinsen steigen oder durch Abschirmung (Mindestreserve auf Auslandseinlagen, Bardepot) gegen unerwünschte Kapitalimporte vorgegangen wird.

Inflatorische Impulse gehen indes von einer (Dollar-) Devisenschwemme auch auf solche Länder aus, die sich gegen Kapitalimporte abzuschirmen versuchen. Sie nehmen den „Umweg" über die Leistungsbilanz. Solange dritte Länder „mühelos" ihre defizitäre Leistungsbilanz durch Kapitalimporte finanzieren können, fehlt es dort an externem Druck, den inflatorischen Prozeß zu bremsen. Nachfrage wird zunehmend in das stabilitätsorientierte Land drängen und dort die Preise treiben.

Da die Zentralbanken nicht gewillt sind, Zinsverzicht zu leisten, sie also die verzinsliche Anlage auf den internationalen Geldmärkten suchen, wird der internationale **Liquiditätskreislauf,** wenn er einmal in Gang gekommen ist, in Schwung gehalten.

Gelöst werden kann das Problem allein an der Quelle. Dort muß die überschüssige Liquidität Zug um Zug – abgestimmt mit den devisenhaltenden Zentralbanken – reduziert werden. Die „vagabundierenden" Devisen müssen stillgelegt werden, wenn der länderübergreifende inflatorische Prozeß gebremst werden soll.

In den siebziger Jahren befaßte sich der *IWF* intensiv mit dem Plan, über ein **„Substitutionskonto"** die vagabundierenden (Dollar-) Devisen stillzulegen (und wollte damit zugleich die Rolle der Sonderziehungsrechte als internationales Reservemedium stärken). Der *IWF* wollte den Zentralbanken anbieten, einen Teil ihrer Dollar-Reserven gegen Titel in Sonderziehungsrechten umzutauschen. Das Substitutionskonto sollte die hereingenommenen Dollars in amerikanischen Regierungstiteln anlegen. Umstritten blieb dabei die Frage der jeweiligen Zinszahlung.

Inzwischen ist es aber um diese Pläne still geworden, denn die frühere Schwemme schwand, und die straffe Geldmengenpolitik der Vereinigten Staaten führte zu einer weltweiten Knappheit an Dollars.

Externe konjunkturelle Impulse gibt es im Prinzip auch bei **flexiblen Wechselkursen.** Sie entstehen bspw. dann, wenn ein ausländischer Nachfragesog durch Kredite heimischer Lieferanten finanziert wird. Steht den Exportüberschüssen ein gleichhoher Kapitalexport gegenüber, dann bleibt der Wechselkurs konstant. Es gibt keine Aufwertung, die die steigenden Ansprüche des Auslandes an das Sozialprodukt zurückdrängen könnte.

Auch über den **terms of trade-Effekt** (Änderung des preislichen Austauschverhältnisses im Außenhandel) können Beschäftigungsschwankungen übertragen werden. Als Folge eines Nachfragerückgangs im Ausland gehen dessen Importe zurück. Die Exportanstrengungen werden dort gleichzeitig verstärkt, um die Kapazitäten auszulasten. Bei flexiblen Wechselkursen tendiert dessen Währung, von der Leistungsbilanz ausgehend, zur Aufwertung. Zieht die Aufwertungserwartung, soweit sie die Zinsdifferenz übersteigt, Kapital ins Land, dann wird der Kurs spürbar ansteigen. Für die Inlandswährung heißt das: Abwertung. Die Preise der Importe steigen, die der Exporte fallen. Durch die Verschlechterung der terms of trade, die gleiche Menge exportierter Güter finanziert infolge der veränderten Preisrelationen nur noch ein geringeres Importvolumen, schrumpft zwar das inländische Angebot, nicht aber die *Nominal*einkommen. Sie drängen auf Angebotsausweitung. Ein expansiver Prozeß entsteht. Man erhält das **paradoxe Ergebnis,** daß die Rezession im Ausland bei flexiblen Wechselkursen eine Belebung im Inland bewirkt.

Möglich ist allerdings, daß sich die Abwertungstendenz, die von der Passivierung der Leistungsbilanz ausgeht, wegen verlängerter Zahlungsfristen oder gleichzeitiger zinsorientierter Kapitalimporte nicht durchsetzt. In diesem Falle würde der Nachfragerückgang im Ausland über die Leistungsbilanz auf die heimische Wirtschaft übertragen. Trotz flexibler Wechselkurse wird dann die Rezession über die Grenze getragen.

Rezessionen bleiben nicht ohne Einfluß auf die Kapitalbilanz. Aufgrund der sinkenden Kreditnachfrage werden im Rezessionsland die Zinsen sinken. Kapital wird in der Folge abfließen und der Aufwertungstendenz entgegenwirken, die von der Leistungsbilanz ausgeht. Bei vollem Ausgleich bliebe trotz flexibler Wechselkurse der Einkommensmechanismus als Übertragungsweg erhalten. Ohne Ausgleich setzte sich über die Verschlechterung der terms of trade ein gegenläufiger „paradoxer“ Effekt durch. Die Rezession im Ausland gäbe der heimischen Wirtschaft einen expansiven Anstoß.

c) Der direkte internationale Preiszusammenhang

Nicht nur durch die Saldeneffekte im Leistungs- und Kapitalverkehr, auch im internationalen Preisverbund – man könnte fast sagen: durch Ansteckung – werden auf oligopolisierten Märkten Preissteigerungstendenzen übertragen.

Ein erster Anstoß geht von den **gestiegenen Importpreisen** aus. Verteuern sich Zulieferungen, dann werden mit den Kosten auch die Preise der Produkte steigen. Verteuern sich die Nahrungsmittel, dann werden die Gewerkschaften nach einem Lohnausgleich verlangen, der gleichfalls die Preise treibt.

Auf Märkten, die trotz der Grenzen eng miteinander verbunden sind, schaffen **steigende Preise im Ausland** daneben einen Überwälzungsspielraum

Preise

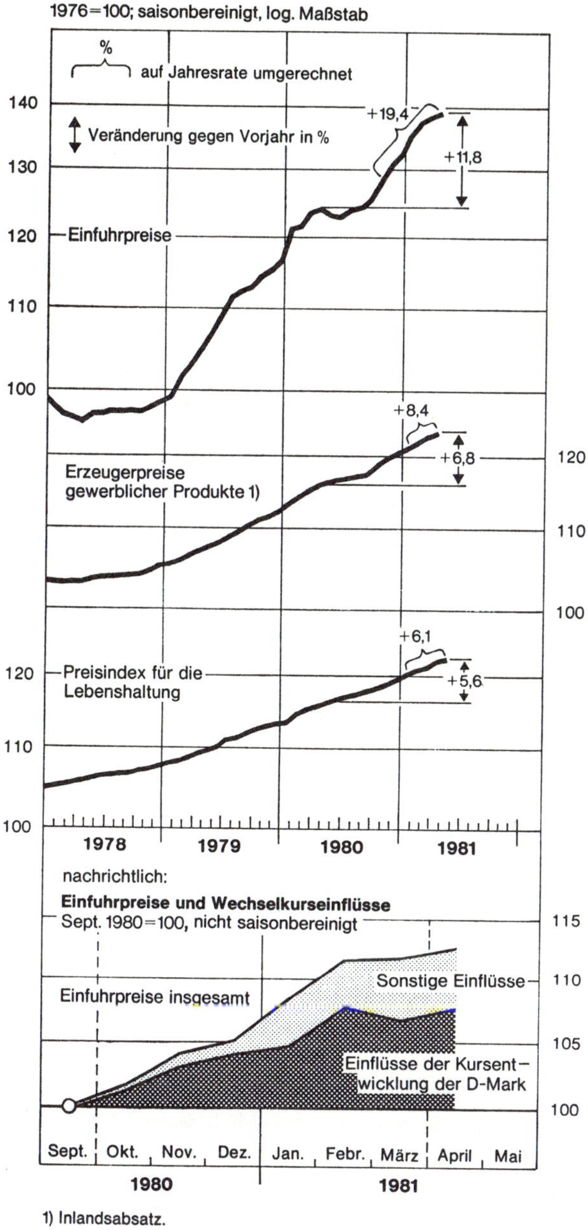

1) Inlandsabsatz.

Quelle: Monatsberichte der Deutschen Bundesbank, Juni 1981, S. 31 im Inneren, den die Unternehmen ausnutzen werden. Zahlungsbilanzrelevante Mengenreaktionen bleiben aus, wenn die Preise im gleichen Schritt steigen. Möglicherweise werden die Unternehmen durch Druck der Gewerkschaften dazu gezwungen. Spätestens auf den preisbedingten Gewinnanstieg werden diese mit Forderungen reagieren, dem die Unternehmen angesichts der offenstehenden Überwälzung regelmäßig nachgeben. Andere Gewerkschaften sehen diesen Lohnanstieg und werden ihm nachfolgen wollen. Der Inflationsimpuls, der vom Ausland auf nur wenige Unternehmen übergriff, kann sich auf diesem Weg über die gesamte Wirtschaft ausbreiten.

Die ausgelösten Preisbewegungen sind zwar zahlungsbilanzrelevant, es bleibt aber nochmals zu betonen, daß der inflatorische Anstoß nicht durch Zahlungsbilanzsalden vermittelt wird. Er greift unabhängig von der aktuellen Zahlungsbilanzsituation über die Grenzen hinweg.

Durch **flexible Wechselkurse** wird der direkte internationale Preiszusammenhang aber gelockert. Die höheren Preise im Ausland bleiben dann nicht länger Richtmaß für die heimischen Anbieter, da durch Wechselkurskorrekturen die unterschiedlichen nationalen Preissteigerungsraten an der Grenze ausgeglichen werden (vorausgesetzt, daß grenzüberschreitende Kapitalströme den Wechselkurseffekt nicht neutralisieren). Nur dann, wenn die Preise ohne Verzögerung aneinander angeglichen würden, käme der direkte Preiszusammenhang zum Zuge. Er sorgte dann für einen gleichmäßigeren Preisanstieg, der Wechselkursanpassungen überflüssig macht.

Der Prozeß der Preisübertragung verlangt aber **Zeit.** Flexible Wechselkurse verweigern diese. Die Unternehmen können sich deshalb in ihrer Preispolitik nicht am ausländischen Preisführer orientieren, sondern müssen mögliche Wechselkurskorrekturen mit in ihr Kalkül einbeziehen. Der direkte internationale Preiszusammenhang wird durchbrochen.

Zusammengefaßt heißt das: Bei stabilen Wechselkursen werden über die Saldeneffekte, den Einkommens- und den Liquiditätsmechanismus und den internationalen Preiszusammenhang konjunkturelle Impulse von außen auf das Inland übertragen. Flexible Wechselkurse machen es zwar grundsätzlich möglich, auf Dauer aus dem internationalen Inflationsverbund auszuscheren. Das heißt aber nicht, daß sich das Inland immer und von allen störenden äußeren Einflüssen wirkungsvoll und verzögerungsfrei abschirmen läßt.

4. Stabilisierungschancen der internen Konjunkturpolitik in alternativen Währungssystemen

Grundsätzlich ist Preisniveaustabilität im nationalen Rahmen wie in der Welt sowohl in einem System unverbrüchlich fester Paritäten als auch bei flexiblen Wechselkursen erreichbar. Alle **Pläne zur Reform des internationalen Währungssystems** sind Versuche, die Vorteile stabiler und (doch) flexibler Wechselkurse miteinander zu verbinden, nachteilige Wirkungen aber möglichst zu vermeiden. Gesucht wird nach einem System, das *einerseits* soviel Kursflexibilität vorsieht, daß kein Land daran gehindert wird, den Grad an Preisniveaustabilität zu erreichen, der mit seiner wirtschaftlichen und politischen Lage vereinbar ist, das also den Zwang nimmt, Inflationsraten aus außenwirtschaftlichen Gründen zu dulden, die der binnenpolitischen Zielsetzung widersprechen. *Andererseits* soll es aber den Devisenmarkt doch nicht ohne „Korsettstangen" lassen, dem grenzüberschreitenden Handel und Kapitalverkehr Zeichen setzen und der Binnenpolitik – wenn auch weitgefaßte – Grenzen ziehen.

a) Stabilisierungschancen bei stabilen Wechselkursen

Die Stetigkeitspolitik im Inneren kann durch zwei außenwirtschaftliche Faktoren gestört werden. Einmal können Exportdefizite oder -überschüsse die kompensatorische Konjunkturpolitik, zum anderen können zinsinduzierte Geld- und Kapitalströme die antizyklische Geldpolitik unterlaufen. Die außenwirtschaftliche Absicherung ist – positiv formuliert – eine unabdingbare Voraussetzung für eine binnenorientierte Konjunkturpolitik.

Zwar zielt jede Korrektur der Wechselkurse in erster Linie auf einen Ausgleich der Zahlungsbilanz, sie hat aber gleichzeitig auch konjunkturelle Wirkungen. Eine Aufwertung – meist in einer Phase expandierender Nachfrage vorgenommen – bremst den kumulativen Aufwärtsprozeß. Die Exporte werden belastet und zusätzlichem Angebot aus dem Ausland wird die Tür geöffnet. Eine Abwertung wirkt expansiv. Sie erschwert den Importen den Weg ins Inland und erleichtert die Exporte. Die Wirkung der Nachfragevariation auf die Preise wird noch unterstützt durch einen **direkten Preiseffekt.** Die Importe des abwertenden Landes verteuern sich, die des aufwertenden Landes werden billiger. Jede Paritätsänderung birgt damit schon den Kern des nächsten außenwirtschaftlichen Ungleichgewichtes in sich. Ihre konjunkturellen Wirkungen verlangen nach absehbarer Zeit nach einer erneuten Korrektur der Währungsrelationen.

Auch durch eine **Paritätsänderung mit Vorhaltefunktion,** die ein externes Gleichgewicht nicht für die Gegenwart, sondern für einen bestimmten zukünftigen Zeitraum anstrebt, läßt sich das Wechselkursproblem nicht endgültig lösen. Lediglich die Abstände zwischen den Währungsschnitten werden dadurch verlängert, falls der internationale Gleichschritt in der Zwischenzeit nicht gefunden wird.

Die **Finanzierung von Defiziten** setzt ein ständiges Erweitern der internationalen Liquidität voraus. In unregelmäßiger Folge wurden deshalb in den letzten Jahrzehnten – neben den „Allgemeinen Kreditvereinbarungen" und den Sonderziehungsrechten des *Internationalen Währungsfonds* – spezielle Stützungsaktionen für einzelne gefährdete Währungen notwendig, bis nach einem längeren Leben mit externen Ungleichgewichten unter dem Druck der Spekulation schließlich doch ein Anpassen der überholten Wechselkurse vorgenommen werden mußte.

Unbereinigte Zahlungsbilanzschwierigkeiten zwangen in der Vergangenheit einige Länder – allen voran Großbritannien – zu extern motivierten restriktiven Maßnahmen, noch bevor der Aufschwung die Vollbeschäftigungsgrenze erreicht hatte, da sich die Handelsbilanz im Zug der internen Expansion passivierte und mangels Devisenreserven eine Wende in der Konjunkturpolitik erzwang. Zwischen den Zielen Vollbeschäftigung und externem Gleichgewicht stehend, kann sich eine Regierung, die immer am Rande des Zahlungsbilanzkollaps operiert, leicht zu einer hektisch erscheinenden **Stop-and-Go-Politik** gezwungen sehen, die auf die Dauer von beiden Zielen zugleich wegführt.

b) Stabilisierungschancen bei Stufenflexibilität

Die Lösung der währungspolitischen Probleme wird heute in einem Übergang zu einem System flexiblerer Wechselkurse gesehen. Fest, aber anpaßbar, heißt die heutige Devise. Als einen ersten Schritt auf diesem Weg kann man die **Erweiterung der Bandbreiten** betrachten, bei deren Erreichen die Notenbanken zur Intervention verpflichtet sind (nach der Dollarkrise 1971 realisiert). Ein breiteres Band eignet sich aber lediglich zur Überbrückung konjunktureller Differenzen. Bestehen trendmäßige Unterschiede im Inflationsgrad, dann wird sich der Wechselkurs auf einen der beiden Interventionspunkte hin bewegen. Die Erweiterung der Marge müßte dann also durch ein Verschieben des Bandes in die Richtung, die der Devisenmarkt vorgibt, ergänzt werden.

Die Stufenflexibilität ist in ihrer längerfristigen Wirkung weitgehend mit freien Wechselkursen vergleichbar, abgesehen von möglichen psychologischen Effekten aufgrund der vorübergehenden Bindung der Parität. Unterschiede können allerdings über die Wahl der **Modalitäten der Bandanpassung** eingeführt werden. Wird das Band jeweils verschoben, *bevor* der Wechselkurs einen der beiden Interventionspunkte erreicht hat, dann stimmen beide Systeme inhaltlich überein. *Verzögert* sich die Anpassung des Bandes, werden also die Interventionspunkte erreicht, dann entstehen bis zur Paritätsänderung die gleichen Probleme – allerdings in weit geringerem Ausmaß – wie bei dem schon erwähnten System stabiler Wechselkurse.

Sowohl die Bandbreite als auch die maximal zulässige Paritätsänderung kann Inhalt zwischenstaatlicher Vereinbarungen sein. Sie bestimmen dann den höchstmöglichen Unterschied zwischen den nationalen Inflationsraten. Bei **Unwiderrufbarkeit** geht von der Regel ein gewollter Zwang aus, die durch die Bandbreite und die zulässige Paritätsänderung beschriebene Inflationsdifferenz nicht zu überschreiten. Von ihr kann eine heilsame Wirkung auf die aggressiven Lohn- und Preisforderungen in den inflationsgefährdeten Ländern ausgehen.

Vorübergehend können Zahlungsbilanzdefizite zwar aus den Währungsreserven und/oder Krediten finanziert werden, sind diese aber erschöpft und weitere Kredite nicht mehr erhältlich, dann sind Restriktionen, die die Vollbeschäftigung gefährden, unvermeidlich. Das Wissen um diese Konsequenz kann Gewerkschaften zur vorausschauenden Mäßigung anhalten. Ist der **stabile Rahmen der flexiblen Anpassung** glaubhaft, dann unterbleiben auch Spekulationen auf weitergehende Paritätsänderungen. Will man keinem Land untragbare Lasten aufbürden, dann muß der flexible Bereich weit gezogen werden, um sowohl die von den Zinsdifferenzen herrührenden Kursschwankungen auffangen als auch den trendmäßigen Abweichungen, die sich aus den unterschiedlichen Inflationsraten ergeben, Rechnung tragen zu können.

Allerdings kann ein solches System stufenflexibler Wechselkurse keinem Land eine Gewähr für stabile Preise geben; auch dann nicht, wenn im Inneren eine erfolgreiche Stabilitätspolitik durchgeführt wird. Denn wenn andere Länder Inflationsraten erreichen, die über die höchstzulässige Differenz hinausgehen, müssen die stabilitätsbewußten Länder dem äußeren Inflationsdruck schließlich doch nachgeben, weil (bzw. wenn) sie die Finanzierung der Zahlungsbilanzdefizite nicht verweigern können.

c) Stabilisierungschancen bei mittelfristig garantierten Paritätsänderungen

Auch das System der garantierten Paritätsänderung ist eine Mischung aus stabilen und flexiblen Komponenten. Seine **Grundidee** ist, daß ein Land sich vom internationalen Inflationstrend absetzen kann, indem es im voraus einen bestimmten Anstieg seiner Parität für die nachfolgende Periode unwiderruflich garantiert. Auf dieser Basis kann man sich ein internationales Währungsgefüge vorstellen, in dem jedes Land in Abstimmung mit den Handelspartnern den Satz festlegt, mit dem es in einem allmählichen Prozeß im Laufe der Jahre auf- oder abwertet. Die Rate, mit der die Paritäten auseinanderlaufen, müßte der Differenz zwischen dem für unvermeidbar gehaltenen bzw. dem tolerierten Preisanstieg und der auswärtigen Inflation entsprechen.

Im System garantierter Paritätsänderungen setzt sich jedes beteiligte Land Zahlungsbilanzzwängen aus, das durch seine geplante interne Konjunkturpolitik nicht den garantierten Wechselkurs realisieren kann (sofern keine Bandbreiten vorgesehen sind). *Verlangsamt* sich wider Erwarten der Preisanstieg im Ausland, dann sieht sich die interne Konjunkturpolitik gezwungen, die durch den garantierten Aufwertungssatz ausgedrückte Inflationsdifferenz durch ungeplante Restriktionen ohne innere Notwendigkeit zu verwirklichen. Ein *schnellerer* Preisanstieg bringt importierte Inflation, gegen die man weitgehend wehrlos bleibt.

Kurzgefaßt heißt das: Durch garantierte Paritätsänderungen werden lediglich internationale *Differenzen* im Preisanstieg festgeschrieben, über das *Niveau* des Inflationsprozesses wird keine Aussage gemacht. Damit sind Risiken verbunden, die durch eine flexiblere Paritätsanpassung vermieden werden können. Sie sprechen gegen garantierte Paritätsänderungen.

d) Stabilisierungschancen bei Crawling Peg

Das Crawling Peg (Schleichende Marktanpassung) kommt flexiblen Wechselkursen am nächsten. Es erlaubt dem einzelnen Land, daß es sich von der Weltinflation löst, indem es seine Parität an das arithmetische Mittel der börsentäglichen Kursnotierungen einer bestimmten, jeweils unmittelbar vorangegangenen Periode bindet. Die Parität könnte auf eine Leitwährung (früher den Dollar) oder auf den gewogenen Durchschnitt der Wechselkurse eines Bündels von Währungen (wie heute die Sonderziehungsrechte) bezogen werden.

Damit die Parität im Zeitablauf „davonschleichen“ kann, muß zuvor dem täglichen Kurs ein Schwankungsspielraum gewährt werden. Die Breite dieses Bandes setzt der trendmäßigen Paritätsanpassung eine technische Obergrenze. Da Kursschwankungen als Folge von Zinsänderungen im Konjunkturverlauf ebenfalls in beiden Richtungen möglich sein sollten, muß das Band entsprechend breit sein, um die nach Ablauf der Periode erfolgende Paritätsanpassung nicht zu begrenzen. Das heißt: Je breiter das Band gezogen wird, desto größer wird der Spielraum für die täglichen Kursausschläge und damit zugleich für die zukünftige Paritätsänderung. Systemzwänge schwinden, Marktfaktoren können sich durchsetzen. Formal bleibt es zwar beim Crawling Peg, inhaltlich nähert es sich aber zunehmend dem System flexibler Wechselkurse an.

e) Stabilisierungschancen bei vollflexiblen Wechselkursen

Bei flexiblen Wechselkursen wird dem Markt *uneingeschränkt* das Finden der Parität überlassen. Interventionen, die auf einen bestimmten Kurs zielen, bleiben ausgeschlossen. Das freie Spiel des Preises, hier des Wechselkurses, gleicht Angebot und Nachfrage nach Devisen aus. Es räumt den Markt. Überschüsse oder Defizite, wie sie das Festkurssystem kennt, gibt es nicht. Zahlungsbilanzprobleme, die zuweilen die Binnenkonjunkturpolitik dominierten, gehören der Vergangenheit an.

Gleichwohl bleiben externe Störungen möglich. Sie gehen aber andere Wege. Flexible Wechselkurse sorgen zwar für einen ständigen Ausgleich der Zahlungsströme, erlauben auch ein **Absetzen vom internationalen Inflationstrend**, sie können aber nicht den **Konjunkturverbund** (vgl. S. 303ff.) lösen. Das heißt: der flexible Wechselkurs kann konjunkturelle Impulse nicht an der Grenze abfangen.

Der Verzicht auf Interventionen, die freie Kursbildung am Devisenmarkt gibt die Kontrolle über die umlaufende Geldmenge in die Hand der Zentralbank. Devisenzuflüsse führen nicht länger durch die Ankaufspflicht zu einer ungewollten Expansion der inländischen Geldmenge.

Bei *unverzögert* wirksamer Geldpolitik könnte die Zentralbank die Binnenkonjunktur steuern, ohne das Ausland dabei zu tangieren. Tatsächlich wird aber im System flexibler Wechselkurse die Hauptlast auf die Nachbarn abgewälzt. Im Zuge einer expansiven Geldpolitik bewirkt die Zinssenkung *neben* dem unmittelbaren Einfluß auf die Binnennachfrage über den Kapitalabfluß einen Abwertungseffekt, der via steigende Exportaufträge den monetären Inlandsimpuls unterstützt. Analoges geschieht bei einer restriktiven Geldpolitik. Der hohe Zins lockt Kapital ins Land. Die steigende Nachfrage nach heimischer Währung drückt deren Preis nach oben. Die Exporte geben (bei steigenden Importen) nach und ergänzen die restriktive Binnenwirkung der Hochzinspolitik.

Der monetäre Inlandsimpuls und der Wechselkurseffekt differieren nun aber zeitlich: Während sich die Parität *sofort* ändert, wirkt sich die Geldpolitik nur *allmählich* auf die Inlandsnachfrage aus. Das heißt: Der konjunkturelle Ausgleich erfolgt weitgehend über die Handelsbilanz, also zu Lasten der Nachbarn. Lediglich bei gleichgerichteter Geldpolitik, die die grenzüberschreitenden Kapitalströme unberührt läßt, gibt es keine externen Störungen.

Die Geldpolitik läßt sich also *trotz* flexibler Wechselkurse nicht isoliert vollziehen. Das Ausland wird ungefragt Betroffener. Es gibt zwar keine *globalen Salden* mehr, wohl aber wird die *Struktur* der Zahlungsbilanz wesentlich durch die zinsinduzierten Kapitalströme beeinflußt, die binnenwirksame Ausgleichsreaktionen, vermittelt durch den Wechselkurseffekt der Geldpolitik, über die Handelsbilanz hervorrufen (vgl. die Abb. auf S. 306).

Verhaltenskodex für Interventionen

Eine internationale **Koordinierung der Geldpolitik** bleibt deshalb unverzichtbar. Gesucht werden muß jetzt aber nicht mehr nach dem Gleichschritt im Inflations*trend*. Differenzen werden dort durch Kursanpassungen ausgeglichen. Abgestimmt werden muß bei flexiblen Wechselkursen das Vorgehen in der antizyklischen Geldpolitik, um *kurzfristige* Wechselkurseffekte, die den Nachbarn ungewollt belasten, möglichst zu vermeiden.

Da die institutionellen Bindungen der Paritäten, wie sie der *IWF* für das System stabiler Wechselkurse festschrieb, wegfallen, muß ein **Verhaltenskodex** gefunden werden, den die floatenden Länder als verbindlich ansehen.

Die *Bundesbank* läßt sich bei ihren Eingriffen in den Devisenmarkt von dem **Grundsatz** leiten, daß nur interveniert werden sollte, um „geordnete Marktverhältnisse" aufrechtzuerhalten, daß aber erkennbaren Markttendenzen nicht entgegengewirkt werden sollte. Zugleich sucht sie das Einvernehmen mit den betroffenen Handelspartnern. Sie will dabei aber nicht nur hektische Ausschläge des Tageskurses vermeiden, sie strebt darüber hinaus eine **längerfristige Glättung** des DM-Kurses gegenüber dem Dollar an.

Diese Interventionen führten zu erheblichen Schwankungen der Devisenreserven der *Bundesbank* im Jahre 1974. In der monatlichen Betrachtung standen Devisenankäufen von gut 8 Mrd. DM Devisenverkäufe von rund 10 Mrd. DM gegenüber, in täglicher Rechnung ergaben sich noch wesentlich höhere Umsätze. Über das Jahr gesehen waren die Reservenbewegungen dennoch fast ausgeglichen. Dies spricht dafür, daß mit den Interventionen lediglich die grundlegende Markttendenz realisiert wurde.

Flexibel ist der Wechselkurs hier also nur auf mittlere Sicht, kurzfristig interveniert die Zentralbank. Sie tut dies aber nicht, um einen festen Kurs zu verteidigen, sondern lediglich, um den Kursverlauf zu glätten, um abrupte Brüche, die Devisendispositionen erschweren, zu vermeiden. Die Interventionen sollen **Transparenz** schaffen und damit dem grenzüberschreitenden Waren- und Kapitalverkehr den Weg bereiten. Hektische, unvorhersehbare Kursausschläge dürften ihn mit Sicherheit behindern. Können sie vermieden werden, dann bieten flexible Wechselkurse jedoch einen transparenteren Rahmen, als das Festkurssystem, das sein Versprechen stabiler Kurse von Zeit zu Zeit widerrufen muß, weil sich der unterschiedliche Preisanstieg in den beteiligten Ländern nicht durch die Binnenkonjunkturpolitik korrigieren ließ und nach – dann aber sprunghaften und zeitlich unvorhersehbaren – Paritätsanpassungen verlangte.

Befürchtet wird, daß flexible Wechselkurse Hemmungen beseitigen, die früher aus der Furcht entstanden, Währungsreserven zu verlieren und den politischen **Makel einer Abwertung** zu riskieren. Flexible Wechselkurse nehmen den **Zahlungsbilanzzwang** und erlauben eine expansive Politik, obgleich die Preise zunehmend steigen. Unter dem Eindruck der Inflation finden sich zwar in den Parlamenten auch Mehrheiten für restriktive Maßnahmen, da von ihnen aber regelmäßig zuerst die Beschäftigung getroffen wird, muß damit gerechnet werden, daß sie aufgegeben werden, bevor sich Stabilisierungserfolge zeigen.

Flexible Wechselkurse weiten den nationalen Handlungsspielraum aus. Kein Land bekommt länger Inflation von außen aufgezwungen. Andererseits gibt es aber keinen **eingebauten Mechanismus** mehr, der inflationierende Länder zur Stabilität anhält; sieht man davon ab, daß das Beispiel einer erfolgreichen Stabilisierungspolitik Nachbarländer zum Nachfolgen veranlassen kann, wenn sie vor dem Wähler nicht als unfähig(er) dastehen wollen. Die mißbrauchte Freiheit von „heilsamen" Zahlungsbilanzzwängen fördert die Inflation in der Welt. Der äußere Druck entfällt bei flexiblen Wechselkursen; auf der anderen Seite kann die eigene Stabilitätspolitik aber auch nicht länger durch importierte Inflation unterlaufen werden. Jedes Land wird Herr seiner eigenen Inflationsrate.

Die J-Kurve

Besondere Gefahren birgt der **Übergang** von stabilen zu flexiblen Wechselkursen. Der Kurs wird üblicherweise dann freigegeben, wenn der bisherige nicht mehr zu halten ist, aber noch keine Vorstellungen über die zukünftige Parität bestehen. Von dem flexiblen Wechselkurs wird der Ausgleich der Zahlungsbilanz erwartet. Nun zeigt sich aber, daß Paritätsänderungen *anfangs* die Salden vergrößern und nicht ausgleichen; denn der **Preiseffekt** stellt sich unmittelbar mit der Kursänderung ein, während die **Menge** mit deutlicher Verzögerung reagiert. Das abwertende Land muß also zuerst einmal für die Importe höhere Preise zahlen und Erlöseinbußen bei den Exporten hinnehmen, bevor der nachziehende Mengeneffekt auf einen Ausgleich hinwirkt. Das aufwertende Land registriert einen steigenden Devisenzustrom, der erst mit der Zeit wieder nachläßt.

Beschrieben wird der Anpassungspfad der Handelsbilanz nach einer Abwertung durch die **J-Kurve.** Das Defizit der Handelsbilanz wird anfangs wegen des abwertungsbedingt sofortigen Anstiegs der Importpreise noch steigen. Wenn die Exportpreise mit der Zeit nachziehen und sich Import- und Exportmengen verzögert und dann in einem allmählichen Prozeß an die durch die Abwertung veränderte Preisstruktur anpassen, wird die anfängliche Passivierungstendenz gebremst und mit der einsetzenden Mengenreaktion von einer zunehmenden Aktivierung der Handelsbilanz abgelöst (siehe Abbildung).

Die **langsame Mengenreaktion** hat folgende Gründe: Einmal kann es sein, daß die Anbieter der steigenden Auslandsnachfrage nicht folgen können und erst in einem zeitraubenden Prozeß ihre Kapazitäten ausbauen müssen. Zuweilen sind bestimmte Produktqualitäten überhaupt nicht im Programm.

Da fällige Abwertungen meist in Rezessionen vorgenommen werden, dürften die Kapazitäten jedoch selten der Engpaß sein, der die Exportausweitung begrenzt. Der zweite wichtigere Grund ist die kurzfristig starre Nachfrage. Die Produktionsstrukturen sind auf bestimmte Zulieferer ausgerichtet, die sich kurzfristig nicht austauschen lassen. Zuweilen sind maschinelle oder gar bauliche Umstellungen nötig, bevor ein Wechsel der Zulieferer erfolgen kann. Es braucht Zeit, bis solche einschneidenden Entschlüsse gefaßt, die Vorarbeiten abgeschlossen sind und die Durchführung beginnen kann.

J-Kurve: Darstellung des Effektes einer 10%igen Abwertung auf die Handelsbilanz[1]

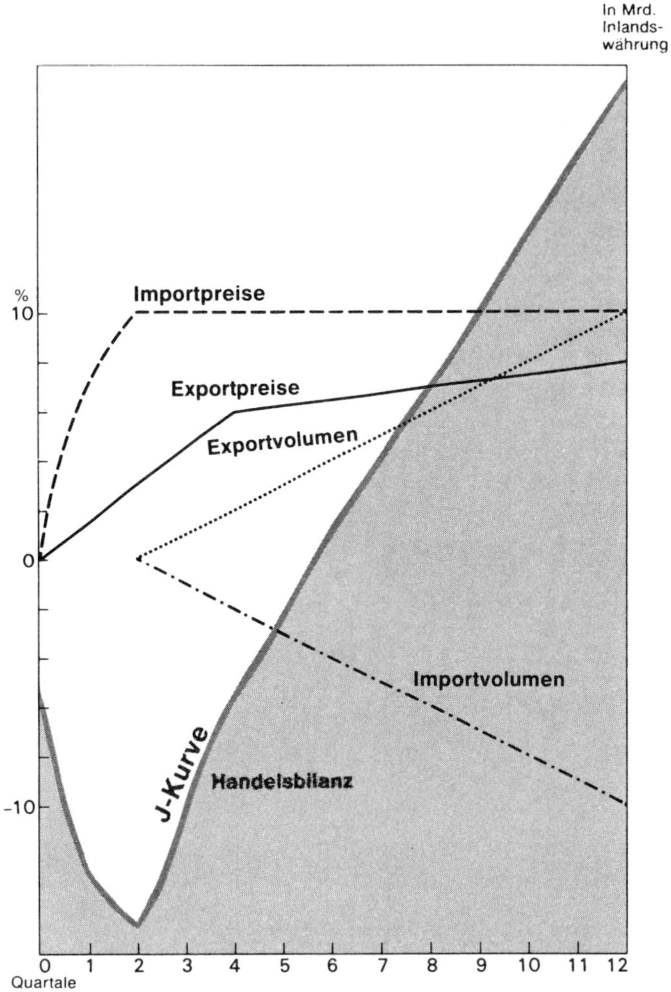

1) Der Preis- und Volumenseffekt der Abwertung wird als kumulative quartalsmäßige prozentuale Änderung dargestellt (linke Skala). Der Preis- und Volumenseffekt der Abwertung auf die Handelsbilanz wird als jährliche Rate in Inlandswährung ausgedrückt (rechte Skala).

Quelle: Finanzierung und Entwicklung, Nr. 1, März 1979, S. 10

Auch die Konsumenten lösen sich nur langsam und erst nach deutlichen Preisschnitten von den gewohnten Bezugsquellen. Bei Gebrauchsgütern wird der Absatz gehemmt, wenn der notwendige Service nicht angeboten werden kann. Der Aufbau eines leistungsfähigen Netzes braucht aber wieder lange

Schematischer Vergleich alternativer Wechselkurssysteme

Wechselkurssystem	Zahlungsbilanz	Inflationsrate	Transmissionsvariable der Geldpolitik	Ziele (durch die Konjunkturpolitik angesprochen)	Konjunkturverbund durch
stabile	Saldeneffekt	fremdbestimmt	Kreditkosten bzw. Geldmenge	Binnenstabilität *und* Zahlungsbilanzausgleich	Einkommens-, Liquiditätsmechanismus, direkter internationaler Preiszusammenhang
flexible	Struktureffekt	autonom	Kreditkosten bzw. Geldmenge *und* Wechselkurs	Binnenstabilität	Struktureffekt, direkter internationaler Preiszusammenhang, terms of trade-Effekt

Zeit. Die Wechselkurspolitik muß also mit einer beträchtlichen Verzögerung der Wirkung sowohl in bezug auf externe als auch interne Stabilität rechnen.

Das (mit der Freigabe des Wechselkurses) abwertende Land muß deshalb über **Devisenreserven** verfügen, um den freigegebenen Kurs abstützen zu können, da der Preis aufgrund der kurzfristig starren Mengenreaktion Angebot und Nachfrage nicht ausgleichen kann. Korrigierende Termingeschäfte dürften wegen des beträchtlichen Wechselkursrisikos kaum zustandekommen. Auch eine Hochzinspolitik, die sich in der Rezession ohnehin verbietet, kann kein Kapital ins Land ziehen, da Abwertungsverluste drohen. Es muß sogar damit gerechnet werden, daß das Kapital vor der Abwertung flieht und dadurch den Wechselkurs mit **selbstverstärkender Wirkung** weiter nach unten drückt.

Spekulativer Kapitalverkehr

Die **offene Flanke** des Systems flexibler Wechselkurse ist der freie, insbesondere der kurzfristige, spekulative Kapitalverkehr. Die staatliche Wechselkurspolitik orientiert sich bevorzugt an der Leistungsbilanz (evtl. an der Grundbilanz, die noch den langfristigen Kapitalverkehr einbezieht). Für sie stellt sich die Frage, wieweit Einflüsse auf den Wechselkurs hingenommen werden sollen, die allein auf Richtungsänderungen im kurzfristigen Kapitalverkehr zurückzuführen sind.

Wegweiser der grenzüberschreitenden Kapitalströme sind die Zinsen (Renditen) zusammen mit den Wechselkurserwartungen. Steigende Zinsen ziehen Kapital an. Der Zustrom bewirkt eine Aufwertung. Diese verspricht Kursgewinne, die weiteres Geld mit zusätzlichem Aufwertungseffekt ins Land ziehen. Die kurzfristig starre Mengenreaktion im Handel treibt den Wechselkurs weiter nach oben.

Die Frage ist, ob der **Terminhandel** ausgleichend wirkt oder den kurzfristigen spekulativen Gewinn sucht. Versagt der Terminhandel, kommt er seiner **Ausgleichsfunktion** nicht nach, dann muß die Zentralbank in die Lücke treten. Sie darf den Markt nicht sich selbst überlassen, weil sonst erratische Ausschläge auftreten können. Sie muß den Kursverlauf glätten, bevor sie wieder auf ausgleichende Marktkräfte hoffen kann.

Solange es zeitversetzte Konjunkturverläufe und Sprünge in der Geldpolitik gibt, politische und konjunkturelle Intransparenz Risiken schafft, wird es keine interventionsfreien flexiblen Wechselkurse geben. Im Vordergrund der Wechselkurspolitik steht die Leistungsbilanz. Einflüsse auf die Parität, die vom kurzfristigen Kapitalverkehr ausgehen, werden nur solange hingenommen, wie sie die Binnenkonjunkturpolitik fördern bzw. nicht über ein tolerierbares Maß hinaus gefährden. Danach wird jedes Land intervenieren (schmutziges Floaten). Eine Koordination ist dabei allerdings unverzichtbar, wenn man das zerbrechliche, vom gegenseitigen Vertrauen getragene Wechselkurssystem nicht gefährden will.

Zusammenfassung

Stabile Wechselkurse auf der einen und flexible auf der anderen Seite markieren die Eckpunkte der währungspolitischen Diskussion. Gegenwärtig wird unter der Formel „feste, aber anpaßbare Paritäten" nach einer Lösung gesucht. Den Wechselkursen soll ein Halt gegeben werden, ohne sie in ein Korsett zu pressen. Die erforderliche Flexibilität, die eine wirksame außenwirtschaftliche Absicherung erlaubt, soll gewährt, gleichzeitig aber sollen erratische Kursschwankungen ausgeschaltet werden. Dafür können formale Bindungen (bspw. das Crawling Peg) oder aber auch Absprachen über abgestimmte Interventionen gewählt werden. Dem **mittleren Weg** dürfte in der Währungspolitik die Zukunft gehören.

Literatur

Eine Analyse des **aktuellen währungspolitischen Geschehens** geben
Der (jährliche) Geschäftsbericht der *Deutschen Bundesbank*
Der Jahresbericht der *Bank für Internationalen Zahlungsausgleich (BIZ)*
Der Jahresbericht des *Internationalen Währungsfonds*

Lehrbücher, welche die reale und monetäre Außenwirtschaftstheorie umfassend darstellen, legen vor

Adebahr, H.: Währungstheorie und Währungspolitik. Einführung in die moderne Außenwirtschaftslehre, Berlin 1978
Borchert, M.: Außenwirtschaftslehre. Theorie und Politik, 3. Aufl., Opladen 1987
Glismann, H.-H. u. a.: Weltwirtschaftslehre, 1. Bd.: Außenhandels- und Währungspolitik, 3. Aufl., Göttingen 1986
Köhler, C.: Geldwirtschaft, 2. Bd.: Zahlungsbilanz und Wechselkurs, Berlin 1979
Jarchow, H.-J. und *Rühmann, P.:* Monetäre Außenwirtschaft, 1. Bd.: Monetäre Außenwirtschaftstheorie, 2. Aufl., Göttingen 1988, 2. Bd.: Internationale Währungspolitik, Göttingen 1984
Rose, K.: Theorie der Außenwirtschaft, 9. Aufl., München 1986
Siebert, H.: Außenhandelstheorie, 3. Aufl., Stuttgart – New York 1984

Eine **kritische Betrachtung** des gegenwärtigen Standes der Außenwirtschaftstheorie gibt

Balogh, Th.: Internationale Wirtschaftsbeziehungen. Doktrin und Wirklichkeit, Frankfurt 1975

Theoretisch fundierte und informative Darstellungen **institutioneller Währungspolitik** einschließlich ihrer teils politischen, teils ökonomischen Begründungen geben

Andersen, U.: Das internationale Währungssystem zwischen nationaler Souveränität und supranationaler Integration. Entwicklungstendenzen seit Bretton Woods im Spannungsfeld der Interessen, Berlin 1977
Issing, O.: Leitwährung und internationale Währungsordnung, Berlin 1965

Eine Analyse des „unbegrenzten" **Konjunkturverbunds** geben

Fels, G.: Der internationale Preiszusammenhang – Eine Studie über den Inflationsimport in der Bundesrepublik Deutschland, Köln u. a. 1969
Hasche, Chr.: Internationaler Preiszusammenhang im Europäischen Währungssystem, Göttingen 1983
Majer, H. u. *Wagner, A.:* Der internationale Konjunkturzusammenhang, Tübingen 1974

Die **Wirkungsweise flexibler Wechselkurse** beschreiben

Schneider, E.: Zahlungsbilanz und Wechselkurs, Tübingen 1968 (besonders zu empfehlen, da es einfach und trotz der schwierigen Materie leicht verständlich abgefaßt ist)
Schäfer, W.: Währungen und Wechselkurse, Würzburg 1981

Sohmen, E.: Wechselkurs und Währungsordnung, Tübingen 1973 (anspruchsvolle Darstellung)
(daneben noch)
Bischofberger, K.: Theorie und Empirie flexibler Wechselkurse, Berlin-München 1986
Lehment, H.: Devisenmarktinterventionen bei flexiblen Wechselkursen, Tübingen 1980
Vonalt, J. W.: Risiken bei flexiblen Wechselkursen, Idstein 1985

Kritisch gegenüber flexiblen Wechselkursen – als einsamer Rufer gegen die „herrschende Meinung" äußert sich
Stützel, W.: Währung in weltoffener Wirtschaft, Frankfurt 1973

Kontrollfragen

(1) Welche Zielrangfolge impliziert der Goldautomatismus? Begründen Sie ihre Antwort mit Blick auf das heutige währungspolitische Leitprinzip!
(2) Der *IWF* – skizzieren Sie den ursprünglichen Grundgedanken und zeigen Sie die gegenwärtig sich abzeichnende Entwicklungstendenz auf!
(3) Was versteht man unter Blockfloaten? Welche Vorteile werden ihm zugeschrieben, welche Nachteile erscheinen unvermeidbar?
(4) Beschreiben Sie die Übertragungswege externer inflationärer Impulse
(a) im System stabiler,
(b) im System flexibler
Wechselkurse!
(5) Was versteht man unter dem direkten internationalen Preiszusammenhang? Wird er durch flexible Wechselkurse unterbrochen?
(6) Vergleichen Sie die Wechselkurssysteme der mittelfristig garantierten Paritätsanpassung und des Crawling Peg miteinander!
(7) Vergleichen Sie die Wirkungslinien restriktiver Geldpolitik im System stabiler mit denen bei flexiblen Wechselkursen!
(8) Wird der grenzüberschreitende Konjunkturverbund durch flexible Wechselkurse aufgelöst?
(9) Was versteht man unter dem Saldeneffekt, was unter dem Struktureffekt der Geldpolitik (in alternativen Wechselkurssystemen)?
(10) Welche währungspolitischen Probleme entstehen dadurch, daß Preis- und Mengeneffekte nach Wechselkursanpassungen auseinander fallen? Wie könnten diese Probleme gelöst werden?

Zehntes Kapitel
Die Instrumente der Lohnpolitik

Die Lohnpolitik wird im rechtlichen Rahmen der **Tarifautonomie** gemacht. Selbstverantwortlich, ohne unmittelbaren Einfluß des Staates handeln (in der BRD) Gewerkschaften und Arbeitgeber als Tarifpartner auf industrieller und regionaler Basis Mindestlöhne aus, die wesentlich die effektiven (tatsächlich gezahlten) Löhne bestimmen.

Allenfalls für begrenzte Zeit und in extremen konjunkturellen Situationen wird dem Staat ein direkter Eingriff (**Lohn- und Preiskontrollen**) zugebilligt. Daneben bleibt ihm außer der transparenten Konjunkturpolitik, die den Tarifpartnern den Weg weisen kann (ausführlich im nachfolgenden dritten Abschnitt beschrieben), noch der unverbindliche Dialog (**Konzertierte Aktion**) und die Vorgabe von **Orientierungsdaten** bzw. **Lohnleitlinien,** die als moral suasion die Tarifpartner zu stabilitätsgerechten Abschlüssen anhalten sollen.

1. Inhaltliche Begründung der Tarifautonomie

Die Tarifautonomie ist historisch gewachsen: Die Arbeitnehmer schlossen sich zum Ausgleich der fühlbaren unternehmerischen Macht auf den Arbeitsmärkten, die durch betriebliches Wachstum, Fusionen, Absprachen und gleichgerichtetes Verhalten entstand, zu Gewerkschaften zusammen, um durch **kollektive Verhandlungen** mit den Arbeitgebern oder deren Verbänden günstigere Arbeitsbedingungen zu erzwingen. Der Macht der Arbeitgeber auf dem Arbeitsmarkt sollte eine kontrollierende Gegenmacht entgegengesetzt werden.

Der Staat, der bis in dieses Jahrhundert das Entstehen von Gewerkschaften bekämpfte, dann tolerierte, weil „die abgestumpfte Waffe des Gesetzes“[1] nicht weiterhalf, stellt sich heute auf ein Leben mit den Gewerkschaften ein.[2] Er tut dies einmal, weil er erkannt hat, daß staatliche Autorität, die in regelmäßig wiederkehrende Arbeitskonflikte hineingezogen wird, leicht verschleißen kann und die Tarifpartner zudem infolge ihrer langjährigen Praxis für entstehende Konflikte effizientere Mittel des Ausgleichs entwickelt haben; zum anderen, da er glaubt, unternehmerische wie gewerkschaftliche Macht durch gesetzliche Maßnahmen nicht wesentlich reduzieren, sondern allenfalls die Ausübung der Macht an Regeln binden und Auswüchse auf diesem Wege verhindern zu können.

---

[1] *Webb, S.* u. *B.:* Die Geschichte des britischen Trade Unionismus, Stuttgart 1895, S. 147

[2] In der BRD ist die Tarifautonomie durch das Grundgesetz Art. 9, 3 (Koalitionsfreiheit) abgesichert

Tarifpolitische Konflikte lassen sich auch nicht durch Übertragung der Entscheidungskompetenz auf eine andere politische Instanz lösen. Mit der Einführung von staatlichen **Lohn- und Preiskontrollen,** die mit dem Ziel der Preisniveaustabilität vorübergehend die marktliche Allokation ersetzen, wird der Verteilungskonflikt nicht überwunden. Er wird allenfalls aufgeschoben, in der Regel aber lediglich auf ein übergeordnetes politisches Gremium übertragen, wo er mit unverminderter Heftigkeit weitergeht.

Von konjunkturellen Ausnahmesituationen abgesehen, die ein kurzfristiges Abgehen von der Tarifautonomie rechtfertigen können, besteht die **Aufgabe des Staates** allein darin, den Tarifpartnern neben dem rechtlichen und institutionellen Rahmen die ökonomischen Bedingungen so zwingend zu setzen, daß die autonomen tarifvertraglichen Entscheidungen durch die wirtschaftliche Entwicklung und den monetären Spielraum vorbestimmt und mit den wirtschaftspolitischen Zielen möglichst vereinbar werden.

2. Die Träger der Lohnpolitik

Die **Gewerkschaften** sind in der Lohnpolitik der aktive, der fordernde Verband. Die Arbeitgeber verteidigen. Sie versuchen, die Ansprüche in den Verhandlungen durch Widerstand gegen Drohungen und Streiks zu begrenzen. Die gewerkschaftlichen Strategien werden deshalb im Vordergrund lohnpolitischer Analysen stehen, denn die bremsende, „konservative" Politik der **Arbeitgeberverbände** zielt – auf eine Formel gebracht – lediglich auf „Kanalisierung", auf Rückführung der Forderungen auf ein „vertretbares" Maß, das an der Vergangenheit anknüpft und die dort gefundene zufriedenstellende Verteilungsstruktur nach Möglichkeit behaupten will. Sie sucht kaum nach neuen Perspektiven. Für diese Haltung steht als Beleg das Verlangen der Arbeitgeber nach einer **produktivitätsorientierten Lohnpolitik,** die zwar die Arbeitnehmer an dem Zuwachs des Sozialprodukts beteiligen will, zugleich aber die Fortschreibung der Verteilungsstruktur sichert.

a) Die Gewerkschaften

Gewerkschaften sind auf Dauer angelegte Interessenverbände, die die wirtschaftliche und soziale Lage der Arbeitnehmer absichern und verbessern wollen. Sie nutzen den **Tarifvertrag** „zur normativen Regelung der Arbeitsbedingungen".[3] Zugleich stellt er die „heute wichtigste Form der Mitbestimmung" dar.[3] Er öffnet den Arbeitnehmern, vertreten durch die Gewerkschaften, den Zugang zu unternehmerischen Entscheidungen. Da die Mitgliedschaft auf freiwilliger Basis beruht, müssen sie versuchen, die Arbeitnehmer durch tarifpolitische Erfolge oder „stillen Zwang" an sich zu binden.

Innerhalb der Tarifautonomie werden durch Gewerkschaften – wobei *Dunlop*[4] die Lohnmaximierung in den Vordergrund stellt, im Gegensatz zu

---

[3] *Biedenkopf, K.:* Grenzen der Tarifautonomie, Stuttgart 1964, S. 4 und 6

[4] *Dunlop, J. T.:* Wage Determination under Trade Unions, New York 1950, S. 45ff.

Ross,[5] der die Sicherung und den Ausbau des eigenen organisatorischen Bestandes als Leitstern ihres Handelns ansieht – folgende arbeitsmarktrelevante Funktionen angesprochen:

1. die ideelle Funktion der Gewerkschaften

Handlungsfähige Gewerkschaften sind Ausdruck der Gleichberechtigung der Arbeitnehmer auf dem Arbeitsmarkt. Der Zusammenschluß soll verhindern, daß die Mitglieder in der Konkurrenz um knappe Arbeitsplätze ausgespielt werden können. Der einzelne ist nicht länger willkürlichen Anordnungen preisgegeben, denn der Zusammenschluß, der Schutz durch das Kollektiv, gewährt dem Arbeitnehmer **Freiheit auf dem Arbeitsmarkt,** gibt ihm ein Widerspruchsrecht, das ihm durch die einseitige Verteilung der Verfügungsgewalt über die Produktionsmittel und die relative Knappheit der Arbeitsplätze auf dem gewerkschaftsfreien Arbeitsmarkt verweigert bleibt. Mit der Streikdrohung kann die Kooperation erzwungen werden.

Die Tarifautonomie öffnet den Zugang zu Entscheidungen im Unternehmen. Aus abhängiger Entgegennahme der Weisungen kann eine „selbsttätige Mitwirkung" werden, der *Tinbergen* „eine große Bedeutung für eine funktionierende Demokratie" beimißt.[6] Das heißt, die Tarifautonomie ist nicht lediglich als Instrument zur Regulierung des Arbeitsmarktes zu sehen, sie leitet ihre Rechtfertigung also nicht ausschließlich aus der Erfüllung lohnpolitischer Funktionen ab, sondern sie ist gleichzeitig ein integraler **Bestandteil einer demokratischen Gesellschaft.**

Neben dem beherrschenden Motiv, „der Würde des arbeitenden Menschen Achtung zu verschaffen" und „die freie Entfaltung der Persönlichkeit zu ermöglichen", verfolgt die Gewerkschaft[7] konkrete wirtschaftliche Ziele, die sich als

2. materielle Funktionen zusammenfassen lassen:

a) Bestimmung des gesamtwirtschaftlichen Lohnniveaus und der Lohnstruktur
aa) verteilungspolitische Funktionen
ab) Sicherung der konjunktur- und wachstumspolitischen Zielsetzung
b) Bestimmung der Arbeitsbedingungen
ba) gesamtwirtschaftliche und betriebliche Regelung der Arbeitsbedingungen
bb) Lösung individueller Arbeitskonflikte

Materielle und ideelle Aufgaben können nun nicht immer konfliktfrei nebeneinander erfüllt werden. Die Gewerkschaftsführung, die auf zentraler Ebene unbedroht durch baldige Abwahl handeln kann, wird aufgrund ihrer weiteren Voraussicht und umfangreicheren ökonomischen Kenntnisse *gesamtwirtschaftlichen Belangen* aufgeschlossener gegenüberstehen. Sie können sich vom *tagesorientierten Mitgliederwillen* vorübergehend lösen. Deren

---

[5] *Ross, A. M.:* Trade Union Wage Policy, Berkeley-Los Angeles 1953, S. 1ff.

[6] *Tinbergen, J.:* Vor- und Nachteile einer staatlichen Lohnpolitik, Hamb. Jb., 6. Jahr (1961), S. 71; vgl. auch *Rüthers, B.:* Arbeitsrecht und politisches System, Frankfurt 1973, S. 113

[7] Vgl. DGB-Grundsatzprogramm von 1963

Einfluß wäre zugunsten der Effizienz auf längere Sicht, die dann zugleich wahlentscheidend wird, zurückgedrängt. Die Unmittelbarkeit gewerkschaftlichen Handelns ginge aber verloren. Es müssen deshalb tarifpolitische Wege gesucht werden, die der Erfüllung beider Funktionen einen angemessenen Spielraum geben, die dem Vorstand auf zentraler Ebene eine kontrollierte und zeitlich begrenzte Handlungsfreiheit gewähren, zugleich aber die Unmittelbarkeit gewerkschaftlichen Handelns dort erhalten, wo die Arbeitskonflikte entstehen, wo sie gleichsam auf den Nägeln brennen.

Die **Basis** der gewerkschaftlichen Arbeit ist der Betrieb.[8] Dort werden die Arbeitsbedingungen und der Lohn ausgehandelt. Die persönlichen Interessen des einzelnen werden unmittelbar angesprochen. Gewerkschaftliche Erfolge, die zum Beitritt anregen, können am Arbeitsplatz deutlich gemacht werden, während die individuelle Relevanz gesamtwirtschaftlich begründeter lohnpolitischer Entscheidungen für den einzelnen weitgehend undurchschaubar bleibt. Gewerkschaften, die auf organisatorische Stärkung bedacht sein müssen, sehen sich deshalb gezwungen, im Interesse der Mitgliedermotivation der betrieblichen Arbeit Vorrang gegenüber der gesamtwirtschaftlichen Orientierung einzuräumen.

b) Die Arbeitgeberverbände

Arbeitgeberverbände sind als Antwort auf die gewerkschaftliche Herausforderung entstanden. Sie sehen ihre Aufgabe im Rahmen des Tarifvertragssystems in der Begrenzung der gewerkschaftlichen Forderungen auf ein „marktgerechtes Maß". **Dominierendes Ziel** ist die Sicherung des Unternehmens am Markt, d.h. die Erhaltung der Handlungsfreiheit und der Ausbau der Einkommensquelle.[9]

Sie handeln im Interesse und Auftrag der Mitglieder. Ihr Blick reicht jedoch über die Marktgrenzen des einzelnen Unternehmens hinaus. Sie sehen bei Lohnerhöhungen nicht allein den belastenden Kosteneffekt, sondern auch die mögliche Nachfrageexpansion auf der Konsumseite, die in Verbindung mit induzierten Investitionen unter bestimmten konjunkturellen Bedingungen die Gewinnentwicklung sogar positiv beeinflussen kann. Sie beachten in der Entscheidungsfindung auch die mögliche Gefährdung der Marktwirtschaft. Ein zu steiles Einkommensgefälle, inflatorische Preissteigerungen oder dauerhafte Unterbeschäftigung könnten als Mängel des Systems angesehen werden. Sie werden deshalb in den Tarifverhandlungen das einkommens- (bzw. kosten-)politische Interesse gemäßigter verfolgen als ein Unternehmen, das durch Härte gegen gewerkschaftliche Forderungen einen Kostenvorteil gegenüber der Konkurrenz erringen will.

Die **gesamtwirtschaftlichen Aspekte,** die durch eine Zusammenfassung der Unternehmen zu Verbänden in die Tarifverhandlungen eingebracht werden,

---

[8] Umfragen über Beitrittsgründe belegen dies. Vgl. *Vall, M. van de:* Die Gewerkschaften im Wohlfahrtsstaat, Köln und Opladen 1966, S. 121ff.; *Nickel, W.:* Zum Verhältnis von Arbeiterschaft und Gewerkschaft, Köln 1972, S. 147ff.

[9] Zur Politik der Arbeitgeber vgl. die Jahresberichte der *Bundesvereinigung der Deutschen Arbeitgeberverbände,* siehe auch *Erdmann, G.:* Die Deutschen Arbeitgeberverbände im sozialgeschichtlichen Wandel der Zeit, Neuwied und Berlin 1966

halten sich aber in engen Grenzen, solange unterschiedlicher Produktivitätsstand, verschieden ausgeprägtes Gewinnverlangen und getrennte Absatzmärkte mit ungleichen Überwälzungschancen die Integrationskraft des gemeinsamen Zieles beeinträchtigen und einem einheitlichen tarifpolitischen Konzept gegenüberstehen.

Steht im Tarifkonflikt das einzelne Unternehmen einer überregionalen Arbeitnehmerorganisation gegenüber, dann liegt in der Regel ein Übergewicht an Macht auf der Seite der Gewerkschaften. Ohne den Rückhalt eines Verbandes könnte ihrem Druck kaum widerstanden werden. Die Gewerkschaften könnten sich das anfälligste Unternehmen herausgreifen und bestreiken. Gemeint ist hiermit nicht ein finanzschwaches, sondern in der Regel ein gewinnträchtiges Unternehmen mit drängendem Auftragsbestand, das den Gewerkschaften einen schnellen Erfolg verspricht, da es zahlungsfähig ist und eingegangene Lieferverpflichtungen erfüllen muß.

Nachhaltigen Widerstand gegen Lohnforderungen werden die Arbeitgeber nur dann leisten, wenn sie um ausreichende Gewinne fürchten müssen. Überwälzungsmöglichkeiten öffnen jedoch das **gegengewichtige Verhandlungssystem.** Die Arbeitgeber sind nicht länger darauf angewiesen, ihre Interessen ausschließlich während der Verhandlungen zu vertreten; sie können auch nach deren Abschluß durch Preiserhöhungen ihre Einkommensansprüche realisieren. Dies geschieht dann zwar auf Kosten der Preisniveaustabilität, wird die Unternehmen aber kaum davon abhalten, den Weg des geringsten Widerstandes in der Sicherung der Gewinne zu gehen.

In der **Verhandlungsargumentation** und in den Äußerungen des Verbandes wird die Preisniveaustabilität zwar als unverzichtbares wirtschaftspolitisches Gebot bezeichnet. Ihre Beachtung findet aber dort eine Grenze, wo die einkommenspolitischen Interessen verletzt werden. Der ständige Hinweis auf die Gefährdung der Preisniveaustabilität durch Lohnforderungen drückt keine Priorität aus; er dient lediglich als verbales Mittel, um über eine Beeinflussung der Öffentlichkeit mäßigend auf die gewerkschaftlichen Ansprüche einzuwirken.

Eine Überwälzung wird erschwert, wenn die Konkurrenten nicht gleichfalls von den Lohnsteigerungen betroffen werden, also kostengünstiger anbieten können. Aus dieser These darf aber nicht der Schluß abgeleitet werden, daß **betriebliche Lohnverhandlungen** die Behauptung des Stabilitätszieles begünstigen. Das Unternehmen steht dann zwar allein den gewerkschaftlichen Lohnforderungen gegenüber, es kann aber aus langer Erfahrung damit rechnen, daß die zugestandenen Erhöhungen im Anschluß auch von den Konkurrenten gewährt werden müssen, da ein tarifpolitischer Erfolg nebeneinander arbeitende Gewerkschaften unter Zugzwang setzt. Nur die Vermutung, daß Überwälzungsversuche fehlschlagen werden, zwingt die Unternehmen, Lohnforderungen Widerstand entgegenzusetzen. Nur dann wird aus dem **„Doppelmonopol“**[10], in dem die Gewerkschaften die Höhe der Nominallöhne bestimmen und die Unternehmen anschließend die Preise, ein bilate-

---

[10] *Fels, G.; Giersch, H.; Müller-Groeling, H.; Schmidt, K.D.:* Das Dilemma der Konjunkturpolitik in der Bundesrepublik Deutschland, Kieler Diskussionsbeiträge, 10/1971, Ziffer 7

rales, auf die Lohnfixierung beschränktes geschlossenes Verhandlungssystem.

Solange die Konjunkturpolitik Preiserhöhungen erlaubt und Preiskontrollen, die auf administrativem Weg Überwälzungen ausschließen sollen, aus allokativen Gründen ausgeschlossen bleiben, gibt es auf dem Arbeitsmarkt kein Gleichgewicht der Kräfte, das die Stabilität sichern hilft. Die Unternehmen setzen den Lohnforderungen der Gewerkschaften kaum Widerstand entgegen, sondern holen sich über die Preise zurück, was sie bei den Löhnen eingebüßt haben. Sie orientieren sich am Markt und nicht an gesamtwirtschaftlichen Zielen.

Verbandsentscheidungen beziehen zwar gesamtwirtschaftliche Überlegungen ein, unterstützen bisweilen auch die Konjunkturpolitik, die Möglichkeiten sind aber begrenzt, da die Entscheidung über die Preise und den Umfang der Beschäftigung bei den Unternehmen verbleibt und vom Verband nur durch „gute Worte" beeinflußt werden kann.

3. Die Tarifautonomie in der globalgesteuerten Marktwirtschaft

Der Marktlohn ist das Resultat der Vergangenheit und prägt die Entscheidungen der Zukunft. Die Tarifautonomie gibt nun den Weg frei, den Lohn aus dem Marktzusammenhang zu lösen und ihn bewußt gestaltend auf die gewählten Ziele gerichtet anzusetzen. Es können Reaktionen herausgefordert, so in *Agartz'* **expansiver Lohnpolitik**[11] Rationalisierungsinvestitionen und Konsumsteigerungen, oder umverteilbare Spielräume, die der vermachtete Markt zuläßt, ausgeschöpft werden.

Mit der Einführung der kollektiven Regelung der Arbeitsbedingungen und Entgelte wird die marktwirtschaftliche Ordnung modifiziert und durch tarifliche Setzung der Löhne in den Marktprozeß eingegriffen. Es wird zwar bezweifelt, daß Gewerkschaften das reale Lohnniveau bzw. die Verteilungsstruktur beeinflussen können, unbestritten bleibt aber, daß *nach* der Organisierung ökonomische in Verbindung mit politischen Faktoren auf anderen Wegen die Lohnbildung bestimmen als im gewerkschaftsfreien Arbeitsmarkt.

Bedingungen der Vereinbarkeit von Tarifpolitik und Globalsteuerung

Die Vereinbarkeit der Tarifautonomie mit den Bedingungen des Marktes und der wirtschaftspolitischen Steuerung setzt voraus, daß die Ziele, die von den unabhängig voneinander operierenden Instanzen angestrebt werden, entweder miteinander in Einklang (**optimale**) gebracht oder nebeneinander (**parallele Konfliktlösung**) verfolgt werden können. Da sich die Wirkung eines wirtschaftspolitischen Instrumentes nicht auf ein Ziel begrenzen läßt, werden die Konflikte stets auch in die Instrumentalebene hineingetragen.

Die Tarifautonomie muß nicht mit den Erfordernissen des Marktes bzw. den Zielsetzungen der Wirtschaftspolitik kollidieren. Sie kann prinzipiell mit dem staatlichen Handeln koordiniert und in den marktwirtschaftlichen Ab-

---

[11] *Agartz, V.:* Expansive Lohnpolitik, WWI-Mitteilungen, 6. Jg. (1953), S. 245–247

lauf bedingungs- und zielgerecht eingepaßt werden. Falls Marktfaktoren die Verteilungsaktivität begrenzen und das **wettbewerbliche Prinzip** nicht angetastet werden soll, bleibt der Tarifpolitik nur die Duldung unerwünschter Reaktionen des Marktes bzw. des Staates, d.h. die Hinnahme einer Mengenanpassung in der Arbeitsnachfrage, also der Unterbeschäftigung, oder einer inflatorischen Verteilungskorrektur durch eine expansive Konjunkturpolitik des Staates.

Eine **Anpassung der Tarifpolitik** an die Bedingungen des Marktes verlangt die Realisierung des Lohnsatzes, der sich bei effizientem Wettbewerb ergäbe, der den Arbeitsmarkt räumt, also für Vollbeschäftigung sorgt. Die Tarifautonomie träte in diesem Konzept als Lohnregulierungsinstrument an die Stelle des Marktes. Sie übernähme die Aufgaben, denen der Markt wegen der Vermachtung und anomaler Anpassungsreaktionen nicht länger nachkommen kann.

Die Träger der Tarifpolitik, insbesondere die Gewerkschaften, sehen ihre Funktion aber nicht in der Ermittlung des Marktlohnsatzes. Sie versuchen, die **materielle** (auf Lohn- und Arbeitsmarktbedingungen bezogene) und **immaterielle Verteilungsposition** der Mitglieder zu verbessern. Lohnpolitische Erfolge der Gewerkschaften können aber, wenn der umverteilbare Spielraum überschritten wird, zu einem Beschäftigungsrückgang führen. Das gilt, wenn der Lohn das Grenzprodukt der Arbeit übersteigt bzw. – kreislauftheoretisch argumentiert – falls sinkende Gewinne die Investitionen über das Maß des steigenden lohnfinanzierten Konsums hinaus kürzen.

Die staatliche Konjunkturpolitik kann Vollbeschäftigung aber auch gegen die gewerkschaftliche Verteilungspolitik durchsetzen, indem sie nach Abschluß des Vertrages die Überwälzung von Lohnsteigerungen ermöglicht, die den Produktivitätsfortschritt überstiegen haben. Die Preissteigerungen korrigieren nachträglich die Tariferhöhung. Die verteilungspolitische Initiative der Gewerkschaften wird durch die expansive Konjunkturpolitik unterlaufen.

Der **Konflikt der Verteilungspolitik mit dem Beschäftigungsziel** wird durch die potentielle Überwälzung zu einem Konflikt mit der Preisniveaustabilität. Das Problem wird *vertagt,* aber nicht *gelöst.* Die verteilungsorientierte Lohnpolitik als Ursache der Unterbeschäftigungstendenz bleibt bestehen. Die drohende Arbeitslosigkeit wird jedoch durch die Preissteigerungen (durch Symptomkur) „geheilt“. Strebt die Gewerkschaft trotz vorhandener Überwälzungsmöglichkeiten den Verteilungserfolg an, dann muß sie mit ihren realisierten Lohnforderungen neben dem Produktivitätsfortschritt auch die erwartete Inflationsrate zu übertreffen versuchen. Die Geldpolitik muß anschließend ihrerseits wieder Preiserhöhungen zulassen, die diese Vorwegnahme übersteigen, wenn sie Arbeitslosigkeit vermeiden will.

Ohne **Überwälzungshemmnisse**, seien sie wettbewerblicher, monetärer oder psychologischer Art, etwa einer Scheu, mit Preissteigerungen voranzugehen, weichen die Unternehmen den verteilungspolitischen Aktivitäten der Gewerkschaften in Preissteigerungen aus. Sie widersprechen nicht in den Verhandlungen. Die **Gegenmachtkontrolle** bleibt unwirksam. Man könnte fast sagen: Die Priorität der Vollbeschäftigung hebt die Tarifautonomie auf – soweit sie sich auf den materiellen Gehalt, also die Veränderung der

Verteilungsposition und nicht auf die äußere Form der Lohnfestsetzung bezieht.

Tarifautonomie und staatliche Wirtschaftspolitik sind jedoch miteinander vereinbar, wenn ihre Intentionen in einem *dominierenden* konjunkturpolitischen Ziel – entweder dem der Vollbeschäftigung oder der Preisniveaustabilität – übereinstimmen. *Vorrang* der Vollbeschäftigung hieße, der Tarifpolitik dort Grenzen setzen, wo die Verteilungsaktivität zu Arbeitslosigkeit führt. *Priorität* der Preisniveaustabilität bedeutete, den Lohnzuwachs auf das Maß begrenzen, das die Preisniveaustabilität nicht durch Kostendruck gefährdet.

Geteilte Verantwortung für Vollbeschäftigung

Für die Sicherung der konjunkturpolitischen Ziele stehen *beide* Träger der Konjunkturpolitik, die Tarifpartner und der Staat, in der Verantwortung. Nur im *Zusammenwirken* können Vollbeschäftigung und Preisniveaustabilität gleichzeitig erreicht werden. Die Handlungsanweisung an die kooperative staatliche Konjunkturpolitik darf demnach nicht lauten, *generell* bei tatsächlicher oder drohender Unterbeschäftigung expansive Maßnahmen einzuleiten, sondern *nur dann,* wenn ausschließlich konjunkturelle Faktoren und nicht tarifpolitische Schritte das Nachfragedefizit verursacht haben.

Konjunkturpolitisch angeregte Expansionen können zwar auch ungeachtet der Lohnpolitik als Mittel der Beschäftigungspolitik genutzt werden, sie nehmen aber durch das Schaffen von Überwälzungsmöglichkeiten den Gewerkschaften ihren Einfluß auf die Verteilungsposition und entlassen sie aus ihrer Verantwortung für die Vollbeschäftigung. Bei **kooperativer, funktional abgestimmter Wirtschafts- und Tarifpolitik** hätte die auf Vollbeschäftigung gerichtete Verteilungskorrektur durch die Tarifpartner zu erfolgen.

Die **Trennung der Verantwortungsbereiche** in der Beschäftigungspolitik, die sich theoretisch zwar eindeutig abgrenzen lassen, wird aber in der Praxis nicht einfach sein, da die Willensbildung des Staates selbst in ein pluralistisches Entscheidungssystem eingebunden ist, auf das auch die autonom handelnden Arbeitsmarktpartner einwirken. Es werden sich auch friktionelle Probleme während der Übergangszeit ergeben, in der sich die systemgerechten Verhaltensweisen herausbilden müssen, die die Geduld der Allgemeinheit und die der wahlabhängigen Politiker überfordern können.

Will man aber dem Stabilitätsziel bei *unangetasteter* Tarifautonomie näher kommen, dann führt kein Weg an einer Aufteilung der Zuständigkeiten in der Beschäftigungspolitik und einer anschließenden durch die konsequente Stabilitätspolitik erzwungenen Kooperation vorbei. Die Konjunkturpolitik muß von der unbedingten politischen Verpflichtung zur inflatorischen Bereinigung eines verteilungsbedingten Nachfragerückgangs *entlastet,* die Gewerkschaften auf der anderen Seite müssen in die Verantwortung für die Vollbeschäftigung *gezwungen* werden.

Das Abstimmungskriterium für Tarifpolitik und Globalsteuerung

Als Abstimmungskriterium für Konjunktur- und Tarifpolitik könnte eine monetäre Richtlinie: ein Preisniveaupfad oder eine Geldmengenvorgabe, dienen. Das Geldmengenkonzept gibt aber lediglich in langfristiger Sicht eine hinreichend enge und transparente Beschreibung des von der Lohnpolitik ausschöpfbaren Rahmens. Kurzfristig läßt sich der Finanzierungsspielraum ausweiten und zieht der Lohnpolitik und der Preisbildung keine eindeutige Grenze.

Die **Vorgabe von Preisniveaustabilität** verlangt vom Staat nicht nur den Verzicht auf Ausdehnung der Fiskalnachfrage über den Rahmen des Produktivitätszuwachses hinaus, falls er nicht die Ansprüche anderer Sektoren begrenzen kann. Darüberhinaus muß er mit der Geldpolitik *durchgehend* inflatorische Überwälzungen verhindern. Erst der *Ausschluß* von Preisniveausteigerungen gibt der verteilungsorientierten Tarifpolitik einen transparenten Handlungsspielraum und reduziert sie nicht zur einkommenspolitischen Restgröße.

Die offene Überwälzung verlangt von den Gewerkschaften den Verzicht auf Verteilungsaktivität, wenn sie die Preisniveaustabilität nicht durch Kostendruck gefährden wollen. Können Überwälzungen dagegen unterbunden werden, dann erhalten sie die Chance, mit der Tarifpolitik die Grenze der Zahlungsfähigkeit der Unternehmen abzutasten, ohne daß die Unternehmen nach Vertragsabschluß durch Preiserhöhungen – also außerhalb des Verhandlungsprozesses – den Reallohn wieder kürzen können. Mit anderen Worten: Erst durch das Ausschalten von Überwälzungen werden die Tarifverhandlungen zu Auseinandersetzungen über Realeinkommen und Verteilungsrelationen. Nur dann sind die Unternehmen in der Verfolgung ihres Gewinninteresses darauf verwiesen, den gewerkschaftlichen Lohnforderungen in den Verhandlungen Widerstand entgegenzusetzen.

Nach Abschluß des Tarifvertrages können die Unternehmen, denen Preisanpassungen verwehrt bleiben, lediglich mit einer Stillegung submarginal gewordener Arbeitsplätze bzw. Betriebseinheiten und der Streichung geplanter Investitionen auf die Lohnerhöhung antworten. Die Gewerkschaften sehen sich durch die konsequente Stabilitätspolitik mittelbar vor den Konflikt mit der beschäftigungspolitischen Zielsetzung gestellt.

Zusammenfassend läßt sich sagen: Sowohl Preisniveaustabilität als auch Vollbeschäftigung können als Abstimmungskriterium zwischen staatlicher Konjunktur- und gewerkschaftlicher Tarifpolitik gewählt werden, denn mit dem Erreichen verteilungspolitischer Grenzen führen weitere lohnpolitische Schritte zwangsläufig zur Verletzung eines der beiden Ziele. Sind Überwälzungen möglich, folgen Preissteigerungen. Sind sie ausgeschlossen, dann führt die verteilungsorientierte Tarifpolitik in die Unterbeschäftigung.

Eine rein monetäre Richtlinie als Abstimmungskriterium genügte nur dann, wenn das **Geldmengenkonzept** ohne fiskalpolitische Hilfen durchgängig Preisniveaustabilität sichern könnte. Da sich aber konjunktureller Nachfragesog und Kostendruck die Finanzierungsmittel selbst schaffen können, muß das Geldmengenkonzept durch eine straffe fiskalische Nachfragesteuerung ergänzt werden.

Von den Gewerkschaften verlangte die Anerkennung einer rein monetären Richtlinie den unbedingten **Verzicht auf distributive Aktivität,** d.h. die Aufgabe des Zieles, unter dem sie angetreten sind, bevor die Verteilungsgrenzen erreicht sind; denn solange die Unternehmen infolge des kurz fristig elastischen Kreditsystems in Preissteigerungen ausweichen können, führt die verteilungsorientierte Lohnpolitik lediglich in die Sackgasse der Inflation.

Die Wahl der Vollbeschäftigung als Abstimmungskriterium räumt den Gewerkschaften dagegen eine **Verteilungschance** ein, deren Grenze von der Gefährdung des Beschäftigungsstandes gezogen wird, wenn durch monetäre und fiskalische Maßnahmen gemeinsam Überwälzungen verhindert werden.[12]

Die Berücksichtigung des Beschäftigungsrisikos in alternativen Tarifvertragssystemen

Die Vereinbarkeit von distributiver Tarifpolitik und staatlicher Konjunkturpolitik hängt also, da von den Gewerkschaften keine Bindung an das Stabilitätsziel erwartet werden kann, von der Dominanz des Vollbeschäftigungsgebotes innerhalb des gewerkschaftlichen Zielkataloges ab. Sie allein gewährleistet, daß eine Stabilitätspolitik, die auf eine verteilungsorientierte Tarifpolitik trifft, nicht zur Unterbeschäftigung, also zu einem Konflikt zwischen den Trägern der Wirtschaftspolitik, führt. Kurz: Die **konfliktfreie Vereinbarkeit** der Tarifautonomie mit der globalgesteuerten Marktwirtschaft verlangt den Vorrang der Vollbeschäftigung im gewerkschaftlichen Zielkatalog. Sie fordert *zentrale* Tarifverträge; denn die Integration des Beschäftigungsrisikos wird wesentlich durch die Reichweite des Tarifvertrages bestimmt.

Betriebsgewerkschaften handeln lediglich im Interesse ihrer Mitglieder – wenn die potentiellen eingeschlossen werden: im Auftrag der Belegschaft des Unternehmens. Ihr Beschäftigungsziel reduziert sich auf die Erhaltung der betrieblichen Arbeitsplätze. Selbst bei degressivem Kostenverlauf, der das zukünftig verteilbare Betriebsergebnis (nach Abzug der Lohnzahlungen für die Neueingestellten) erhöht, führt kein Weg zur Expansion an Investitionen vorbei, deren Finanzierung in der Regel einen Einkommensverzicht seitens der Belegschaft bedingt.

Aggressive Gewerkschaften, die den Tageserfolg suchen, könnten den Unternehmen die Mittel entziehen, die für Erweiterungsinvestitionen benötigt werden. Mit den Tariferhöhungen reduzieren sie nicht nur das *Niveau,* sondern verändern zugleich die *Struktur* der Investitionen: Arbeitsparende Rationalisierungen treten an die Stelle von Erweiterungsinvestionen.

Gegen den Erlösentzug können sich die Unternehmen, wenn sie die Streikbereitschaft der Gewerkschaften nicht brechen können, lediglich wehren, indem sie Reinvestitionen verweigern, also Abschreibungsbeträge, die über den Absatzerlös liquidiert werden, aus dem gewerkschaftlich beherrschten Unternehmen herausziehen. Sie vernichten Arbeitsplätze und greifen damit die organisatorische Basis der Gewerkschaften an. Dieses tarifpolitische Risiko kann die Betriebsgewerkschaft zwar zum Einlenken in den Verhandlungen veranlassen, es genügt aber nicht, um die Beachtung des Zieles der *betrieblichen* Vollbeschäftigung zu gewährleisten.

Allein Beschäftigungsrisiken, die jedes Mitglied gleichmäßig treffen, gehen ungekürzt in die **gewerkschaftliche Willensbildung** ein. Bei einer vorgegebe-

---

[12] Zu den verteilungspolitischen Strategien vgl. *Teichmann, U.:* Lohnpolitik, Stuttgart u.a. 1974, S. 75ff.

nen Entlassungsreihenfolge jedoch, die entweder durch das **Senioritätsprinzip** oder durch die erkennbar unterschiedliche Leistungsfähigkeit der Beschäftigten beschrieben wird, können sich im Betrieb Mehrheiten finden, die mit der Durchsetzung ihrer Lohnforderungen die unterlegene Minderheit durch tarifbedingte Entlassungen aus dem Betrieb drängen. Das einkommenspolitische Ziel stünde in diesem Fall eindeutig obenan, das Beschäftigungsgebot wäre auf die Sicherung der Arbeitsplätze der jeweiligen Mehrheit reduziert.

Die eindeutige Dominanz der verteilungspolitischen Zielsetzung kennzeichnet sicher eine extreme gewerkschaftliche Position. Obgleich es einige Beispiele dafür gibt, läßt sich doch sagen, daß Minderheiten innerhalb „befestigter“[13] Betriebsgewerkschaften, die mittlerweile in ein ruhigeres tarifpolitisches Fahrwasser gelangt sind, im allgemeinen nicht rücksichtslos verdrängt werden. Jedes Mitglied, das über die Tagesentscheidungen hinausblicken kann, weiß inzwischen, daß es in der nächsten Lohnrunde schon in die Minderheit geraten kann, die vom Verlust des Arbeitsplatzes bedroht wird. Es kann deshalb erwartet werden, daß die Gewerkschaften für ihre tarifpolitischen Schritte in der Gefährdung der *betrieblichen* Vollbeschäftigung in der Regel eine Grenze sehen.

Zweifelhaft ist aber, ob Betriebsgewerkschaften auch Kürzungen der gewinnorientierten Investitionen in ihre tarifpolitischen Überlegungen einbeziehen, denn der Nachfrageausfall verringert zunächst nicht die Zahl der Arbeitsplätze im eigenen, sondern in dritten Unternehmen, für die andere unabhängig operierende Gewerkschaften zuständig sind. Da das kaum abschätzbare **erweiterte Beschäftigungsrisiko** in die Verhandlungen nicht eingeht, wohnt dem betrieblichen Tarifsystem eine Tendenz zur Unterbeschäftigung inne. Die verteilungspolitische Zielsetzung wird in dem Maß in den Verhandlungen die Oberhand gewinnen, wie das Beschäftigungsrisiko durch unbeeinflußbare tarifpolitische Handlungen Dritter bestimmt, also nicht Objekt des eigenen Verhandlungsprozesses ist.

Die **Tendenz zur Unterbeschäftigung** des betrieblichen Tarifvertragssystems ließe sich durch eine nachfragebelebende Geld- und Fiskalpolitik ausgleichen. Neben dem direkten Beschäftigungseffekt öffentlicher Ausgabenprogramme regt die expansive Konjunkturpolitik mit ihrem Gewinnsteigerungseffekt private Investitionen an und führt zur Vollbeschäftigung zurück. Die Ausdehnung der Geldmenge in Verbindung mit der Ausweitung der Nachfrage erlaubt eine Überwälzung der Lohnerhöhungen auf die Preise. Die Unterbeschäftigung wird durch einen inflatorischen Prozeß geheilt, der die Verteilungsposition nach Abschluß des Tarifvertrages korrigiert. Die Überwälzungen wirken zwar vorübergehend als „social mollifier“[14], sie führen

---

[13] Als befestigt sieht *Briefs* (Gewerkschaften, (I) Theorie, Handwörterbuch der Sozialwissenschaften, Bd. 4, S. 557) staatlich anerkannte Gewerkschaften an, die Verhandlungen erzwingen können, was in der Regel Vollbeschäftigung bedingt (faktische Befestigung)

[14] *Bronfenbrenner,* M. und *Holzman, F. D.:* A Survey of Inflation Theory, A.E.R., Vol. LIII (1963), S. 626

aber andererseits den Gewerkschaften immer wieder die Vergeblichkeit ihres Anrennens vor Augen und halten sie zu schnellerem Nachfassen an.

Der nachträgliche konjunkturpolitische Ausgleich wird durch **lange Laufzeiten** der Tarifverträge, wie sie in den USA heute noch üblich sind, und durch Reste von **Geldillusion** begünstigt. Gingen die Gewerkschaften zu kürzeren Laufzeiten über und antizipierten zukünftige Preissteigerungsraten, wie es sich heute abzeichnet, dann würde ein Beschäftigungsausgleich nur durch eine inflatorische Politik möglich, welche die Preise über die antizipierte Steigerungsrate hinaustreibt. Verringerte Laufzeiten ließen die inflatorischen Schübe dann in immer kürzeren Abständen aufeinander folgen.

Im betrieblichen Tarifvertragssystem wird die Lohnexpansion noch durch einen weiteren Faktor beschleunigt. **Industriegewerkschaften** umfassen Belegschaften, die zu unterschiedlicher lohnpolitischer Aggressivität neigen (und auf ungleich nachgiebige Unternehmer treffen). Das gewerkschaftliche Vorgehen wird durch die mehrheitlich gebildete Mitte bestimmt; die Extreme werden gleichsam an die tarifpolitischen Ziele der Mitte gebunden, während sie ohne überbetrieblichen Zusammenschluß ihre Streikbereitschaft in entsprechende Lohnerhöhungen umsetzen könnten, die konkurrierende Gewerkschaften dann durch den „Druck des Vergleichs" zum Nachfolgen zwingen.

Die Integration des gesamtwirtschaftlichen Beschäftigungsziels verlangt eine **Ausweitung des Geltungsbereiches** des Tarifvertrages, die den Lohnkonflikt zu einer *gleichzeitigen* Auseinandersetzung über Verteilungsposition und Beschäftigungsgrad werden läßt. Mit zunehmender Ausdehnung der Reichweite des Tarifvertrages werden die beschäftigungspolitischen Konsequenzen von den Arbeitnehmern getragen werden müssen, in deren Auftrag und Interesse die Gewerkschaftsführung handelt. Ihr steht dann nicht nur der Arbeitgeberverband gegenüber, dessen Widerstand sie durch eine glaubhafte Streikdrohung überwinden will, sie hat auch einen **internen Konflikt** in der Wahl der Prioritäten bzw. der Zielgewichtung zu lösen.

Konjunkturelle Konsequenzen verbandssichernder Tarifpolitik im Zyklus

Die Überwälzungen zeigen den Gewerkschaften immer wieder die Vergeblichkeit der verteilungsorientierten Tarifpolitik. Man könnte nun annehmen, daß die offensichtliche Erfolglosigkeit sie veranlaßt, zugunsten stabiler Preise auf Lohnerhöhungen zu verzichten, die den Produktivitätsfortschritt übersteigen. Die Erfahrung lehrt aber, daß mit Preissteigerungen eher zukünftige Lohnforderungen begründet werden, vergangene Inflationsraten also weitere Preissteigerungen nach sich ziehen. Die Gewerkschaftsführung mag zwar die ökonomische Einsicht gewinnen, daß unter inflatorischen Bedingungen eine isolierte verteilungsorientierte Lohnpolitik erfolglos bleiben muß, die **Mitglieder** werden aber auf Lohnsteigerungen drängen, und die **Führung** wird dem nachgeben müssen, wenn sie ihre Stellung behaupten will.

Aber auch *ohne* verteilungspolitische Absichten wird die Antizipation der einkommenspolitischen Schritte der Gegenseite in den Lohnforderungen den **inflatorischen Prozeß** beschleunigen. Die Friedenspflicht während der Laufzeit des Tarifabkommens, die nachträgliche Anpassungen ohne Zustimmung des Vertragspartners ausschließt, zwingt die gewerkschaftliche Verhandlungsführung, in den Lohnforderungen die höchstmögliche zukünftige Inflationsrate zu antizipieren. Dadurch sollen unvorhergesehene Reallohnminderungen vermieden werden, die ihre Position innerhalb der Gewerkschaften und den Zusammenhalt der Organisation durch betriebliche Alleingänge an der Friedenspflicht vorbei gefährden können.

Der Lohnauftrieb wird zudem durch die **Rivalität der Gewerkschaften** untereinander beschleunigt. Jede Gewerkschaft wird bestrebt sein, als Nachweis ihrer Durchschlagskraft einen Lohnvorsprung zu gewinnen, von dem dann ein Zwang zum Gleichziehen ausgeht.

Bei gleichmäßigem Wachstum lassen sich *verteilungspolitische* und *konjunkturelle* Komponenten der Lohnpolitik trennen: Lohnerhöhungen im Rahmen der nominellen Produktivitätssteigerungen wahren die distributive Neutralität; Lohnforderungen, die darüber hinausgehen, zielen auf eine Verbesserung der Verteilungsposition. Sie gefährden aber, von konjunkturellen Ausnahmesituationen abgesehen, die Stabilität. Der Wachstumsprozeß vollzieht sich nun aber nicht stetig, sondern in Zyklen, die von sich aus zu ständigen Variationen in den Verteilungsrelationen führen. Die **Tarifpartner** stehen daher immer vor der Aufgabe, die *zyklisch bedingte* Verteilungsquote zu korrigieren oder durch den Tarifvertrag zu verhindern, daß sich die erreichte quotale Position während der Laufzeit, in der die Gewerkschaften zur Passivität verpflichtet sind, zu ihrem Nachteil ändert.

Eine **nachträgliche Korrektur** eines expansionsbedingten Gewinnvorsprungs verlangt Lohnforderungen, die den zukünftigen Produktivitätsfortschritt übersteigen. Solange die Geldpolitik Überwälzungen nicht unterbinden kann, führen diese zu Preissteigerungen, verletzen also das stabilitätspolitische Ziel. Im ausklingenden Boom ändert sich, da die restriktive Konjunkturpolitik zunehmend griffiger wird und Überwälzungen behindert, infolge der unvermindert aggressiven Lohnpolitik die Verteilungsstruktur zugunsten der Arbeitnehmer. Die Gewinne beginnen zu sinken. Die mittelfristige verteilungspolitische Neutralität verlangte nun, nachdem die Löhne konjunkturbedingt voraneilen, den freiwilligen Verzicht auf weitere Verbesserung der erreichten Verteilungsposition zugunsten des stabilitätspolitischen Ziels, obgleich Engpässe auf dem Arbeitsmarkt von sich aus Lohnsteigerungen bringen, weitergehende Forderungen nahelegen und durchsetzbar machen.

Diese Überlegungen zeigen, daß von den Gewerkschaften keine Anpassungen ihrer tarifpolitischen Schritte an das stabilitätspolitische Erfordernis erwartet werden kann, da sie das Verteilungsziel, unter dem sie angetreten sind und das ihren Bestand sichert, nicht gerade dann vernachlässigen können, wenn vorweisbare Erfolge winken.

Kurzgefaßt heißt das: Zyklische Schwankungen stellen an die Gewerkschaften Anforderungen, denen sie als mitgliederabhängige Verbände nicht immer nachkommen können. Die Beachtung des Beschäftigungsziels verlangt eine Abstimmung verteilungsrelevanter zyklischer Faktoren mit der Tarifpolitik, um im ausklingenden Boom eine überzogene Verteilungswirkung vermeiden zu können, die in die Rezession führt.

Die Gewerkschaften sehen sich aber von der marktbezogenen Lohndrift veranlaßt und vom Mitgliederwillen gezwungen, ihre Forderungen weitgehend auf die *gegenwärtigen* konjunkturellen Bedingungen zu gründen, während die Arbeitgeber auf die Berücksichtigung der *zukünftigen* Erfordernisse drängen.[15] Die **verstetigende Konjunkturpolitik** wirkt als „strategische Schlichtung"[16], indem sie *gegenwartsbezogene* Lohnforderungen und *zukunftsorientierte* Zahlungsbereitschaft einander annähert. Sie gibt den Gewerkschaften zugleich die Möglichkeit, ihre tarifpolitischen Schritte auf das Verteilungsziel auszurichten, ohne die Vollbeschäftigung *ungewollt* zu gefährden.

Die Lohnwirksamkeit des Beschäftigungsrisikos

Solange die Unternehmen verteilungsorientierte Lohnforderungen in den Verhandlungen nicht begrenzen können, liegt die Entscheidung über die *gleichzeitige* Realisierbarkeit von Vollbeschäftigung und Preisniveaustabilität ausschließlich bei den Gewerkschaften. Anders ausgedrückt: Die Rangfolge gewerkschaftlicher Zielsetzungen bestimmt die Erreichbarkeit gesamtwirtschaftlicher Gebote.

Die **Dominanz der Verteilungskomponente** innerhalb der Tarifpolitik stellt den Staat vor die Alternative: Mit der Garantie der Vollbeschäftigung gibt er den Unternehmen den Weg zur Überwälzung expansiver Lohnforderungen frei, wählt er Preisniveaustabilität als vorrangiges Ziel, dann kann die Anpassung der Unternehmen an die verteilungspolitisch motivierte Tarifsetzung zur Unterbeschäftigung führen. Lediglich dann, wenn die Gewerkschaften Vollbeschäftigung als dominierendes Ziel sehen, verteilungspolitische Intentionen also nur im Rahmen einer vollbeschäftigten Wirtschaft verfolgen, ist Tarifautonomie mit der globalgesteuerten Marktwirtschaft kompatibel. Die **Vereinbarkeitsanalyse** verlangt deshalb eine Untersuchung gewerkschaftlicher Reaktionen auf Änderungen des Beschäftigungsgrades und in einem zweiten Schritt die Prüfung organisatorischer Bedingungen, die zu einer engeren Bindung der gewerkschaftlichen Aktivitäten an das Vollbeschäftigungsgebot führen können.

In Reden der Gewerkschaftsvorstände fehlt zwar selten der Hinweis, daß „die Lohnpolitik selbstverständlich immer die Funktion hat, die Verteilungsperspektiven zu verändern".[17] Andererseits wird aber auch betont, daß sie „nicht so kurzsichtig sein werden, die Vollbeschäftigung zu gefährden".[18] Die Aussagen deuten zwar den Vorrang beschäftigungspolitischer Zielset-

---

[15] *Ashenfelter, O.* und *Johnson, G. E.* finden die empirische Bestätigung: Streiks nehmen in Zeiten des konjunkturellen Umbruchs zum Abschwung als Folge der Unüberbrückbarkeit gegenwartsbezogener Mitgliederforderungen und zukunftsbestimmter Lohnzahlungsfähigkeit stark zu (Bargaining Theory, Trade Unions, and Industrial Strike Activity, A.E.R., Vol. LIX (1969), S. 35–49). Vgl. auch *Pencavel, J. M.:* An Investigation into Industrial Strike Activity, Economica, Vol. XXXVII (1970), S. 239–256

[16] *Kerr, C.:* Industrial Conflict and its Mediation, American Journal of Sociology, Vol. 60 (1954). S. 230–245

[17] *Hauenschild, K.:* Wir können uns nicht den Gang von Tarifverhandlungen aufzwingen lassen (Interview), Wirtschaftswoche, 25. Jg. (1971), Nr. 23. S. 18

[18] *Brenner, O.:* Ansprüche und Widersprüche (Interview), Volkswirt, 22. Jg. (1968), Nr. 45, S. 27

zungen an, man könnte sie aber auch als bloße verbale Pflichtübung abtun. Denn kein Politiker, der eine Wiederwahl anstrebt, kann in öffentlichen Reden Maßnahmen vertreten, die gegen allgemein anerkannte gesamtwirtschaftliche Zielsetzungen verstoßen. Vorrang heißt zudem nicht, daß das Vollbeschäftigungsgebot der verteilungsorientierten Lohnpolitik eine *eindeutige* Grenze zieht.

Der Begriff der Verteilungsorientierung gibt die gewerkschaftliche Zielsetzung, die hinter einer aggressiven Lohnpolitik steht, nur unzureichend wieder. Die Gewerkschaft vertritt die Interessen der eingeschriebenen und der potentiellen Mitglieder. Ihre Führung sieht sich verpflichtet, deren Einkommenserwartungen nachzukommen, um die eigene Position im Verband, den Bestand und die dauerhafte Handlungsfähigkeit der Gewerkschaft zu sichern. Solange die Vollbeschäftigung ungefährdet erscheint, zählen allein die nominellen Lohnerhöhungen. Sie sind der **Maßstab des Verhandlungserfolges**. Unerwartete, in den Tarifen nicht vorweggenommene inflatorische Lohnkürzungen werden der Führung als Versagen vorgehalten, während der Schutz vor nachträglichem Einkommensentzug die Bindung der Mitglieder an den Verband festigt.

Drohende Arbeitslosigkeit stellt die Gewerkschaften jedoch vor die Frage, welchem der beiden durch die Tarifpolitik angesprochenen Ziele sie den Vorrang geben soll, wie sie lohnpolitisch auf einen sinkenden Beschäftigungsgrad antworten soll; denn Arbeitslosigkeit führt zu Einkommensverlusten einer Minderheit von Entlassenen, innergewerkschaftlichen Konflikten, Mitgliederabgängen und mindert die Aussichten auf zukünftige Lohnsteigerungen.

Empirische Untersuchungen haben die konjunkturelle Reagibilität der Löhne nachgewiesen (vgl. den Exkurs zur *Phillips*-Relation auf den S. 126ff.). Sie zeigen, daß die Tarifpartner auf Variationen des Beschäftigungsgrades antworten. Sie können aber nicht bestätigen, daß die Gewerkschaften in der Gefährdung der Vollbeschäftigung eine unverrückbare Grenze ihrer Verteilungsaktivität sehen. Die ***Phillips*-Relation** kann auch Ausdruck der Suche nach einem Optimum zwischen Verteilungsaktivität und Beschäftigungssicherung sein. Die Empirie kann zudem nur Verhaltensweisen der Vergangenheit nachweisen. Solange aber nicht die Kausalfaktoren des tarifpolitischen Handelns aufgezeigt werden können, läßt sich kaum belegen, daß die Gewerkschaften auch in Zukunft in gleicher Weise auf Beschäftigungsrückgänge reagieren und unverändert gewichtete Zielkombinationen verfolgen werden.

In der Bundesrepublik haben die Jahre nach den wilden Streiks von 1969 zu einem veränderten **tarifpolitischen Willensbildungsprozeß** geführt. Dieser zwingt die Verhandlungsgremien der Gewerkschaften zunehmend kurzfristig orientierte, von den Mitgliedern vorgetragene, verteilungspolitisch motivierte Lohnforderungen auch dann zu vertreten, wenn sie dem eigenen Zielkatalog, in dem die Vollbeschäftigung im Rahmen eines längerfristigen tarifpolitischen Konzeptes Vorrang hat, nicht entsprechen.

In den vergangenen Jahren haben die Entscheidungsorgane diese Diskrepanz gewerkschaftsintern aufzufangen versucht, also nicht über höhere Lohnforderungen nach außen weitergegeben. In den anschließenden Urabstimmungen über die Verhandlungsergebnisse mußten in letzter Zeit zunehmend Niederlagen hingenommen werden. Diese führten allerdings zu keiner Revision, da eine Ablehnung des Tarifabschlusses eine Dreiviertelmehrheit entsprechend den selbstgegebenen Satzungen der deutschen Gewerkschaften verlangt hätte. Eine anhaltende unzureichende Berücksichtigung des Mitgliederwillens dürfte jedoch die starke Stellung des Vorstandes angreifen, evtl. zu einer Änderung der Satzung oder einer Abwahl von Vorstandsmitgliedern führen.

Wenn die Belegschaften lernen, außerhalb der offiziellen Verhandlungen durch betriebliche Streiks Zuschläge zu erkämpfen, droht gar ein **Zerfall der Gewerkschaftssolidarität.** Wilde Streiks gefährden den organisatorischen Zusammenhalt, obgleich sie ihren Ausgang in konjunkturellen Faktoren haben, die dem Einfluß der Gewerkschaften weitgehend entzogen sind.

Belastung durch Prognoserisiken

In den Tarifverträgen muß die zukünftige Entwicklung auf dem Arbeitsmarkt antizipiert werden. Solange den Tarifpartnern aber die Informationen fehlen, ob, wann oder gegebenenfalls welche antizyklischen Mittel die konjunkturpolitischen Instanzen einsetzen werden, bleibt ihnen der konjunkturelle Verlauf weitgehend unbekannt. Die Lohnpolitik kann ihm nicht angepaßt werden. Vor allem dann, wenn eine prognostizierte, in den Tarifverträgen bereits vorweggenommene Stabilisierung ausbleibt und ergänzende restriktive Maßnahmen nicht eingeleitet werden, sieht sich die Gewerkschaftsführung von der Konjunkturpolitik im Stich gelassen, während gleichzeitig der Nachfragesog den Belegschaften den Weg zu betrieblich vereinbarten Lohnerhöhungen öffnet. Eine Gewerkschaft, die ihren organisatorischen Zusammenhalt durch konjunkturelle, von ihr nicht kontrollierbare Faktoren gefährdet sieht, wird deshalb in inflatorischen Zeiten die obere Grenze des möglichen Preisanstiegs antizipieren müssen, um den Vorwurf auszuschließen, die Einkommensinteressen der Mitglieder vernachlässigt zu haben.

Die Sorge um den Bestand des Verbandes erzwingt ein tarifpolitisches Verhalten, das den Zielsetzungen der Konjunkturpolitik – gegenwärtig der Preisniveaustabilität, in Zukunft der Vollbeschäftigung – widerspricht. Der Konflikt der verteilungsorientierten Tarifpolitik mit dem Beschäftigungsziel wird während inflatorischer Prozesse, die in der Regel in die Phase der Unterbeschäftigung hineinreichen, kaum sichtbar und deshalb in der tarifpolitischen Auseinandersetzung als restriktiver Faktor nur unzureichend entscheidungswirksam. Das einkommenspolitische Ziel dominiert. Erst eine transparente konjunkturelle Entwicklung, die die Konsequenzen lohnpolitischer Schritte deutlich macht, integriert das Beschäftigungsziel wieder in die Tarifverhandlungen.

Mit der Einführung der staatlichen, nicht gewerkschaftlich finanzierten **Arbeitslosenhilfe** wird den Gewerkschaften die finanzielle Last einer verteilungsbedingten Arbeitslosigkeit vom Staat abgenommen. Die **Vollbeschäftigungsgarantie** geht in die gleiche Richtung. Sie schließt auch das Beschäftigungsrisiko aus dem Verhandlungsprozeß aus und macht den Lohnkonflikt damit zu einer reinen Auseinandersetzung über die nominelle Einkommenshöhe.

Solange der Staat mit dem Ziel der *unbedingten* Beschäftigungssicherung Überwälzungsprozesse ermöglicht, nimmt er nicht nur den Gewerkschaften den tarifpolitischen Einfluß auf die Verteilungsrelation, sondern reduziert gleichzeitig den unternehmerischen Widerstand gegen Lohnforderungen. Ein erster Schritt auf eine Dämpfung des gesamtwirtschaftlichen Lohnanstiegs hin wird deshalb in einer **„Reprivatisierung des Beschäftigungsrisikos“** gesehen. *Haberler* und *Meade*[19] wollen durch Übertragung der Gefahr des Arbeitsplatzverlustes auf die Gewerkschaften erreichen, daß den Lohnforderungen eine innerverbandliche Grenze gesetzt wird. Gewerkschaftsmitglieder, die durch Streiks Lohnerhöhungen durchsetzen, die eine gesamtwirtschaftlich für vertretbar gehaltene, von der Regierung festgelegte Rate übersteigen, sollen bei anschließender Arbeitslosigkeit den Anspruch auf Unterstützungszahlungen verlieren. Unterhalb der tarifpolitischen Richtlinie soll den Gewerkschaften dagegen keine Beschränkung auferlegt werden.

Obgleich dieser Vorschlag auf den ersten Blick einleuchtend erscheint, kann er den Konflikt des Stabilitätsgebotes mit dem Verteilungsziel, den die gewerkschaftliche Tarifpolitik in sich trägt, nicht lösen. Der partielle staatliche Entzug der Arbeitslosenhilfe belastet im Verbund mit der Aufgabe der unbedingten Vollbeschäftigungsgarantie einseitig die Gewerkschaften. Das Streikrecht wird zwar nicht formal, so doch materiell eingeschränkt.

Den Gewerkschaften bleibt jedoch der Ausweg, ein **konkurrierendes System der Arbeitslosenhilfe** aufzuziehen, um das Beschäftigungsrisiko solidarisch zu tragen. Das Maß des Zusammenhaltes innerhalb der Gewerkschaften entschiede, ob sich eine Tendenz zur Monopolisierung des Arbeitsangebotes auf gesamtwirtschaftlicher Ebene oder – was wahrscheinlicher ist – eine **Zersplitterung in betriebliche Gewerkschaften** durchsetzt, welche die Arbeitsplatzrisiken – vor allem in Verbindung mit dem Senioritätsprinzip – für den einzelnen überschaubar macht. Gegebenenfalls könnte mit Streik gegen Entlassungen vorgegangen werden. Beide Alternativen gefährden das industrielle Tarifvertragsystem und leisten einer ausgeprägten Verteilungsorientierung Vorschub.

Die Gewerkschaften können zum anderen auch die Verantwortung für die Arbeitslosigkeit ablehnen, diese den Unternehmen oder dem Staat anlasten, Entlassene auf den entstehenden **gewerkschaftsfreien, lohnflexiblen Bereich** verweisen oder eine politische Machtprobe riskieren. Kurz: Punktuelle Eingriffe in die Tarifpolitik lassen sich selten auf das Verhandlungsresultat des anstehenden Konflikts begrenzen. Sie werden, wenn sie nicht von vornherein in ein geschlossenes Konzept eingefügt werden, zu Konsequenzen auf dem Arbeitsmarkt führen und nach weiteren Regulierungen rufen; denn die Gewerkschaften sehen sich gezwungen, nach Strategien zu suchen, die ihre Mitglieder vor den staatlichen Sanktionen schützen.

Die **verteilungsbedingte Arbeitslosigkeit** trifft zudem nur eine *Minderheit*. Innerhalb demokratisch organisierter Gewerkschaften bestimmt aber die *Mehrheit* die tarifpolitische Strategie. Da sich vermutlich Beschäftigte, die ihren Arbeitsplatz gefährdet sehen, gegen den Streik aussprechen, belastet

---

[19] *Haberler, G.:* Incomes Policies and Inflation, Washington 1972, S. 31; *Meade, J.E.:* Wages and Prices in a Mixed Economy, London 1971, S. 19ff.

der Staat gerade diejenigen mit dem Einkommensrisiko, die wahrscheinlich angesichts ihrer gefährdeten Stelle für eine Beachtung der Leitlinie plädiert haben. Ohne gewerkschaftliche oder staatliche Arbeitslosenhilfe hätte eine Minderheit von Arbeitslosen die Haftung für die lohnpolitische Entscheidung ihrer Kollegen zu tragen, gegen die sie sich nur durch Abwanderung in den flexiblen, meist lohnniedrigeren Bereich wehren könnten.

Die Verweigerung der Zahlung von Arbeitslosengeld für Industrien, in denen in der vorangegangenen Periode gestreikt wurde, schränkt nicht nur die Tarifautonomie ein. Sie führte zwangsläufig auch zu einer Änderung des Tarifvertragssystems, die von den Gewerkschaften weder zu vertreten noch auf lange Sicht aufzuhalten ist. Es muß deshalb nach anderen Wegen, die das industrielle Gewerkschaftssystem nicht gefährden, gesucht werden, um den **restriktiven Effekt des Beschäftigungsrisikos** in den Verhandlungsprozeß zu integrieren.

Lohnwirksames Verbandsrisiko durch Ausnahmeklauseln

In dem *Meade-Haberler*-Vorschlag hat lediglich eine *Minderheit* die Gefahr des Arbeitsplatzverlustes zu tragen. Die Konsequenzen tarifpolitischer Schritte müßten aber die *Gesamtheit* der Mitglieder treffen und den *Zusammenhalt des Verbandes* gefährden, um lohnwirksam zu werden. Nicht die bloße Aktivierung des Beschäftigungsrisikos hilft weiter, es muß vor allem breiter gestreut werden, damit es die Entscheidungen in einem demokratisch organisierten Verband bestimmen kann.

Ein Verbandsrisiko könnte durch **Ausnahmeklauseln** in den industriellen Tarifverträgen geschaffen werden, die Untergliederungen der Gewerkschaften erlauben, den übergreifenden Tarifvertrag abzulehnen und mit *niedrigeren* Lohnsätzen abzuschließen, um die Arbeitsplätze in den strukturell benachteiligten Unternehmen oder Regionen nicht zu gefährden. Die Inanspruchnahme der Ausnahmeklausel sichert nicht nur die Arbeitsplätze, sie macht der Gewerkschaftsführung zudem deutlich, daß sie mit ihrer Tarifpolitik nicht die Interessen aller Mitglieder vertritt. Sie hält sie, wenn sie Abspaltungen ausschließen will, zu größerer Rücksichtnahme auf rückständige Betriebe oder Regionen an. Die Ausnahmeklausel zwingt die Gewerkschaften im Verbandsinteresse, zum Schutze der Arbeitsplätze von Minderheiten, also zu einer zentral ausgehandelten, aber *regional oder betrieblich differenzierenden* Tarifpolitik.

Erhöhte Lohnwirksamkeit durch breite Streuung des Beschäftigungs- und Einkommensrisikos

Ein Schritt, der alternativ oder ergänzend zur Ausnahmeklausel gegangen werden könnte, bestünde in einer **gleichmäßigeren persönlichen Verteilung des Beschäftigungsrückgangs.** Den Arbeitsmarkt beherrschen heute Arbeitsverträge mit festgeschriebenen Arbeitszeiten. Auftragsmangel führt deshalb nicht zu einer allgemeinen Kürzung der Arbeitszeit, sondern in der Regel zu einer gleichbleibenden Beschäftigung für die Mehrheit (die wiederum die Tarifpolitik bestimmt) und zur Arbeitslosigkeit einer Minderheit (die in der Tarifpolitik überstimmt werden kann).

Der Beschäftigungsabbau ließe sich nur dann ohne Abstriche als restriktiver Faktor in den Verhandlungsprozeß integrieren, wenn es gelingen könnte, die Arbeitszeit der Beschäftigten möglichst gleichmäßig zu kürzen. Entlassungen dürften erst dann vorgenommen werden, wenn zuvor die tägliche Arbeitszeit um einen bestimmten Prozentsatz gesenkt worden ist. Notwendige Ausnahmen, die bspw. in Schichtbetrieben unumgänglich erscheinen, müßten auf ein Minimum begrenzt werden.

Führt die gleichmäßige Arbeitszeitverkürzung zu einer Kostenbelastung für die Unternehmen, dann hätte dies den erwünschten Nebeneffekt, daß er die Unternehmen zu frühzeitigem Widerstand gegen Lohnerhöhungen veranlaßt, die zu einer Beschäftigungsminderung führen können. An der Rentabilitätsgrenze arbeitende Betriebe, die vom Abschwung in der Regel zuerst getroffen werden, könnten sich gezwungen sehen, schon in der Zeit des Booms zur Vermeidung einer späteren Kostenbelastung Arbeitskräfte freizugeben. Sie verringerten damit die Anspannung am Arbeitsmarkt.

Will man den restriktiven Einfluß des Beschäftigungsrisikos auf die Tarifpolitik noch erhöhen, dann könnte ein mit der Arbeitszeit **progressiv steigender Lohnsatz** eingeführt werden, der mit sinkender Arbeitszeit dann den Verdienst überproportional kürzt. Dieser macht den engen Konnex zwischen Einkommenserzielung und Beschäftigungsgrad für die Mehrheit finanziell intensiver spürbar und läßt den Nachfragerückgang damit tarifwirksam werden. Der konjunkturell bedingte Wegfall von Überstunden mit den entsprechenden Zuschlägen dürfte in der Bundesrepublik für die schnelle Reaktion der Lohnforderungen auf einen Abschwung mitverantwortlich sein, da der Einkommensausfall *frühzeitig* und in *breiter* Linie wirkt und nicht lediglich einzelne trifft, die in den tarifpolitischen Entscheidungen überstimmt werden können.

Die multiplikative Wirkung des Entlassungsrisikos im Abschwung

In Zeiten gleichbleibender Arbeitslosigkeit nimmt die Stabilisierung auf niedrigerem Niveau wieder weitgehend die Arbeitsplatzunsicherheit. Sie ging vom konjunkturellen Abwärtsprozeß aus, der offenließ, wen die nachfragebedingte Entlassung trifft. Nach den Kündigungen und am Ende des Abschwungs schwindet das Arbeitsplatzrisiko, die Unterbeschäftigung verliert an Lohnwirksamkeit. Die verteilungspolitische Zielsetzung, von der beschäftigten Mehrheit gegen die arbeitslose Minderheit vertreten, rückt wieder in den Vordergrund und kann die lohnpolitische Korrektur der verteilungsbedingten Rezession verweigern.

Während für Zeiten *gleichbleibender Arbeitslosigkeit* kaum von merklicher lohnpolitischer Reaktion auf die Unterbeschäftigung gesprochen werden kann, läßt sich bei Änderung der *Arbeitslosenrate* ein Einfluß auf die Lohnentwicklung nachweisen. Die empirischen Untersuchungen zur Phillips-Relation legen den Verzicht auf eine restriktive Konjunkturpolitik nahe, die durch **gewollte Rezessionen** eine Änderung der Verhaltensweisen der Tarifpartner (einschl. der Preispolitik) erzwingen will. Sie nimmt zwar den Nachfragedruck von den Preisen, härtet den Widerstand der Arbeitgeber innerhalb der Tarifverhandlungen. Entschlossenen und streikbereiten Gewerkschaften dürfte es aber nach wie vor gelingen, Lohnerhöhungen, die an die

Grenze des nominellen Produktivitätsanstieges gehen, durchzusetzen und in der Rezession nur eine allmähliche Verteilungskorrektur zuzulassen, die ohne konjunkturpolitische Impulse kaum zur Vollbeschäftigung zurückführen kann.

Langfristig dürfte diese Strategie zwar den gewünschten Erfolg der Verhaltensänderung bringen, die **Wachstumsverluste der Anpassungszeit,** sprechen aber eindeutig gegen gewollte Rezessionen als verhaltensänderndes Instrument. Außerdem erscheint es höchst zweifelhaft, daß eine demokratisch gewählte Regierung eine Unterbeschäftigungspolitik über mehrere Jahre hinweg durchhalten kann und sie nicht auf einer Zwischenstufe abbrechen muß, die dann zwar Wachstumsverluste, aber noch nicht die angestrebte Verhaltensänderung bringt.

Der konjunkturelle Abwärtsprozeß dagegen mit seiner **Unsicherheit schaffenden Intransparenz** der Reichweite des Beschäftigungsrückgangs und der notwendig werdenden Entlassungen vervielfältigt gleichsam den tatsächlichen, nach der Stabilisierung des Abschwungs sichtbar werdenden Beschäftigungseffekt in seiner Lohnwirksamkeit. Er verliert aber, wenn sich die Nachfrage auf niedrigerem Niveau gefangen hat, an Effizienz. Der **Multiplikator** nennt die Konjunkturphasen, in denen der Lohn auf konjunkturelle Veränderungen reagiert, und sagt gleichzeitig wann keine Verteilungskorrektur durch die Gewerkschaften erwartet werden kann, wann also die expansive Konjunkturpolitik diese Aufgabe übernehmen muß.

Arbeitsplatzrisiken werden deutlich, wenn erste Überstunden gestrichen werden, also schon in der Phase einer abnehmenden Überbeschäftigung. Es kann deshalb schon die **Drohung mit der Arbeitslosigkeit** genügen, um Beschäftigungsrisiken entstehen zu lassen. Sie muß nicht unbedingt durch Entlassungen verdeutlicht werden, bevor sich eine Lohnwirksamkeit zeigt. Begleitende Bedingung ist, daß Tarifverhandlungen in der Phase des multiplizierten Beschäftigungsrisikos anstehen, in deren Abschlüssen es sich niederschlagen kann. Mehrjährige Laufzeiten, wie sie in den Vereinigten Staaten üblich sind, stehen der Lohnwirksamkeit entgegen. Die einjährigen deutschen Verträge lassen dagegen eine schnelle Reaktion der Tarife bei einer konjunkturellen Wende in die Rezession erkennen.

Zusammenfassung

Die Vereinbarkeit einer verteilungsorientierten und den Verband sichernden Tarifpolitik mit den Bedingungen einer globalgesteuerten Marktwirtschaft krankt an der mangelhaften Effizienz der restriktiven Konjunkturpolitik, vor allem aber an der unzureichenden Integration der Beschäftigungswirkung in den Verhandlungsprozeß. Es gilt deshalb, die Risiken tarifpolitischer Schritte möglichst breit zu streuen, damit die Mehrheit der Mitglieder, die den Kurs der Gewerkschaften letztlich bestimmt, von ihnen erreicht wird. Nur dann gehen sie ungekürzt in die Entscheidungsfindung ein.

Ein großräumiges Tarifvertragssystem verdient den Vorzug, weil es die Belastung unbeteiligter Dritter ausschließt. Wird das multiplikative Entlassungsrisiko nicht tarifwirksam, dann bleibt der integrativen Strategie noch der Ausbau des Minderheitenschutzes, der es den einzelnen Belegschaften erlaubt, aus den zentralen Tarifverträgen auszuscheren, und das Gebot einer möglichst gleichmäßigen Kürzung der persönlichen Arbeitszeit bei rückläufiger Nachfrage, die das mehrheitliche Interesse an einer tarifpolitischen Verteilungskorrektur wachhält.

4. Trendorientierte Lohnkonzepte

Tarifverträge werden im Zyklus geschlossen und durch konjunkturelle Faktoren maßgeblich geprägt. Sie selbst beeinflussen wiederum das zukünftige Wachstum. Wird der Tarif an der Vergangenheit orientiert, kann es sein, daß er immer hinter der von ihm geprägten Entwicklung herläuft. Soll er zukunftsbezogen festgesetzt werden, dann müssen Wege gesucht werden, wie man den Lohn von der Gegenwart lösen kann, um ihn bewußt gestaltend im Sinne der gewählten Ziele einsetzen zu können.

a) Die expansive Lohnpolitik

Agartz sucht danach. Er will mit seiner **expansiven Lohnpolitik** Rationalisierungen herausfordern und daneben über Konsumsteigerungen, denen Erweiterungsinvestitionen folgen, das Wachstum erzwingen. Dieses Vorgehen, das schon *heute* den Spielraum ausschöpfen will, der erst *morgen* entstehen soll, birgt aber gravierende **konjunkturelle Gefahren.** Es übersieht, daß in **Rezessionen** die Unternehmen auf Lohndruck mit Investitionskürzungen antworten und auch die Haushalte angesichts gefährdeter Arbeitsplätze ihren Konsum einschränken. Die forcierte Lohnpolitik wird nicht die Wende zum Aufschwung bewirken, sondern die Fahrt in die Rezession beschleunigen. Im **Boom** bleibt sie bei offener Überwälzung wirkungslos. Sie gefährdet dann allein die Stabilität.

Allein im **Aufschwung**, wenn die Zeichen ohnedies auf anhaltende Belebung stehen, den Unternehmen aber noch die Überwälzung verschlossen ist, kann der expansiven Lohnpolitik die Beschleunigung des Wachstums gelingen. Findet sie diese schmale Spanne aber nicht, dann führt sie zurück in die Rezession oder treibt allein die Preise.

Der lohnfinanzierte Konsum kann sowohl eine wesentliche **Stütze** des Aufschwungs sein, als **Sperriegel** das Absinken der Nachfrage in die Rezession hemmen, als auch **Stimulanz** eines langfristigen Wachstumsprozesses sein. Deutlich wurde der expansive Effekt in dem milden Abschwung des Jahres 1972 in der BRD. Die Verbrauchsausweitung kompensierte weitgehend den Investitionsrückgang und leitete anschließend über die konsuminduzierten Investitionen den erneuten Aufschwung ein. Unterstützt wurde dieser Prozeß noch durch lohnkostensparende Investitionen. Die schnelle Fahrt in die Rezession zieht dagegen – wie 1974/75 trotz deutlicher Reallohnsteigerung und Steuersenkung zeigt – auch den Konsum nach.

Die verteilungspolitische und expansive Funktion des Lohnes (durch steuerliche Sanktionen oder nachträgliche Korrekturen erzwungen) im Zyklus wegen der beschriebenen Risiken abwechselnd hinter die beschäftigungs- und stabilitätspolitischen Ziele zurückstellen hieße andererseits, ständigen Druck auf den lohnfinanzierten Verbrauch und die konsuminduzierten Investitionen auszuüben, der das Wachstum hemmt, falls er nicht durch andere expansive Impulse ausgeglichen wird. Ein Ansatz zur Lösung dieses Konfliktes wird mit der konjunkturpolitisch abgesicherten Expansionsstrategie weiter unten angeboten.

b) Die kostenniveauneutrale Lohnpolitik

Den Gefahren für Wachstum und Preise versucht man durch tarifpolitische Konzepte zu begegnen, die den Zyklus übergreifen und gleichmäßige, trendorientierte Lohnerhöhungen durchsetzen wollen. Zu nennen ist hier zunächst das der produktivitätsorientierten – später ausgebaut zu dem der kostenniveauneutralen – Tarifpolitik, das den Spielraum für stabilitätskonforme Lohnerhöhungen beschreiben will. Es geht von dem **Verzicht auf Verteilungsaktivität** aus und will den Produktivitätszuwachs entsprechend der vorgefundenen Verteilungsstruktur auf die Produktivitätsfaktoren verteilen.

Das Kostenniveau bleibt folglich konstant. Und gleiche Kosten – so wird unterstellt – bringen stabile Preise; vorausgesetzt, konjunkturelle Impulse monetärer, fiskalischer oder außenwirtschaftlicher Art können ausgeschaltet werden. Diese in ihrer Einfachheit überzeugende **Produktivitätsregel,** hat gleichwohl Lücken, die noch geschlossen werden müssen.

Der Lohnerhöhungsspielraum

So erhöhen sinkende **Kapitalkosten** den Spielraum für die kostenniveauneutrale Lohnpolitik. Steigende Kapitalkosten engen ihn ein. Nicht berücksichtigt werden sollten allerdings *konjunkturpolitisch gewollte* Zinsänderungen, denn mit der Weitergabe an die Lohnempfänger ginge die beabsichtigte konjunkturelle Wirkung auf die Investitionen verloren.

Das verteilbare Sozialprodukt (mithin der Lohnerhöhungsspielraum) ändert sich auch mit den **Preisrelationen im Außenhandel** (terms of trade). Steigen bspw. die Preise der Exporte schneller als die der Importe, dann können für den Erlös des gleichbleibenden Warenexportes mehr ausländische Güter und Dienste bezogen werden. Das Warenangebot im Inland steigt (oder sinkt bei entgegengesetzter Preistendenz).

Ein Teil des Lohnerhöhungsspielraums wird jedoch bereits durch Arbeitskräfte absorbiert, die einem höheren Lohnangebot gefolgt sind. Diese Wanderungen lassen die Lohnsumme steigen, ohne daß Lohnsätze angehoben werden (**Lohnsummeneffekt**).

Berücksichtigt werden müssen auch etwaige **Veränderungen von Sozialversicherungsbeiträgen,** die formal zwar von den Arbeitgebern zu zahlen sind, inhaltlich aber als Lohnkosten zu werten sind.

Bei gleichbleibender Lohndrift (individuelle marktbedingte Zulagen) könnten die Tarife im gewogenen Durchschnitt um den korrigierten Steigerungssatz angehoben werden. **Schwierigkeiten** ergeben sich bei der Umsetzung der globalen Steigerungsrate auf die einzelnen regionalen und industriellen Tarifverträge. Die Produktivitätsregel gilt nur für das **Lohnniveau,** nicht aber für den **einzelnen Tarifvertrag.** Dieser hat die relative Knappheit des Arbeitsangebotes abzutasten und die jeweiligen Steigerungsraten entsprechend anzusetzen. Allenfalls kurzfristig könnte dem Differenzierungsbedarf des Marktes widersprochen werden (vgl. hierzu auch die nachfolgenden Ausführungen zur Durchsetzbarkeit von Lohnleitlinien).

Notwendigkeit längerfristiger Tarifkonzepte

In der Welt zyklischer Schwankungen ist die Produktivität als Orientierungsmaß aber praktisch unbrauchbar, da sich entsprechende Lohnsätze bei freien Kapazitäten nicht durchsetzen lassen und während einer Überbeschäftigungsphase die Effektivlöhne und auch die Preise den Tarifen davonlaufen. Mit der Einrechnung vergangener bzw. erwarteter (bekannt geworden als *Meinhold*-Formel[20]) oder als „unvermeidbar"[21] angesehener Preissteigerungsraten wird das Konzept zwar realistischer, findet auch zur Verteilungsneutralität zurück, das Stabilitätsziel bleibt aber auf der Strecke.

Abhilfe schaffen sollen hier **längerfristige Tarifverträge,** die Phasen unterschiedlicher Nachfrageintensität, nach Möglichkeit einen geschlossenen Zyklus, umfassen. In der Rezession sehen sie höhere als im Markt erzielbare Löhne vor, im Aufschwung, vor allem nach dem Erreichen der Vollbeschäftigungsgrenze, sollen sich dann die Gewerkschaften zum Ausgleich der früheren Zugeständnisse der Arbeitgeber mit ihren Forderungen an die trendorientierte Leitlinie halten.[22] Kann aber solch ein zyklusübergreifendes Konzept, das den Lohn und zugleich die Gewinne gleichmäßiger steigen ließe, die **Lohnverzögerung als zyklenbildenden Faktor** also ausschaltete, gelingen oder – anders gefragt – woran scheitert es letztlich, obgleich es lediglich ein Geschäft auf Gegenseitigkeit beinhaltet?

Lohnzuschläge, die in der Rezession in Erwartung zukünftiger, mit dem Aufschwung steigender Erlöse gezahlt werden, sind – finanziell gesehen – Investitionen gleichzusetzen. Sie entziehen den Unternehmen Zahlungsmittel, die sie bei gleichbleibendem Liquiditätsstreben – für eine Änderung ist vor der Belebung der Nachfrage kein Motiv sichtbar – anderweitig, z.B. durch Kürzung der Sachinvestitionen oder Entlassungen einzusparen trachten. Dieser restriktiven Wirkung des tarifvertraglichen Liquiditätsentzuges steht allerdings der belebende Effekt der Steigerung des lohnfinanzierten Konsums gegenüber.

Das Gelingen der **expansiven Strategie,** die Beantwortung der Frage also, welcher der beiden gegenläufigen Effekte konjunkturbestimmend wird, hängt nun entscheidend davon ab, ob

(1) längerfristig positive Erwartungen bestehen, die den Blick auf die lohnfinanzierten Konsumsteigerungen lenken und den negativen Effekt der weiteren Kürzung der Liquiditätsreserven, die schon durch die vorangegangene restriktive Geldpolitik und den Nachfrageausfall der Rezes-

---

[20] *Meinhold, H.:* Wie stark dürfen die Löhne steigen? Die Zeit, Nr. 12 vom 19. 3. 65, S. 34

[21] *Sachverständigenrat:* Jahresgutachten 1972, Ziff. 414

[22] Vorgeschlagen bspw. von *Giersch* und *Schulmann:* Nochmals: Lohnleitlinien in der Marktwirtschaft, Volkswirtschaftliche Korrespondenz, 7. Jg. (1968), Nr. 6, Ziff. 4; (mit zweijähriger Laufzeit) *Sachverständigenrat:* Jahresgutachten 1967, Ziff. 315 und 322f.

sion beschnitten wurden, als konjunkturbestimmendes Moment zurückdrängen,

(2) der Aufschwung mit der ihm folgenden Gewinnexpansion schon sichtbar ist und sein Fortgang erwartet wird **oder** ob

Effektiv- und Tariflohn- und Produktivitätsanstieg

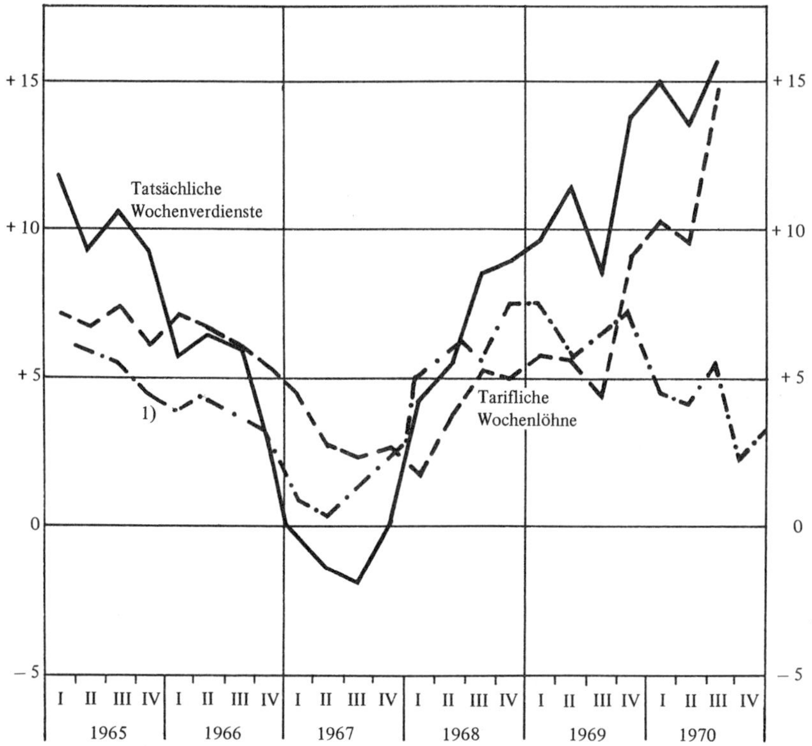

1) Produktivität (Bruttosozialprodukt je Erwerbstätigen)

Quelle: Sachverständigenrat, JG 1970, S. 20; Bundesbank, Statistische Beihefte

(3) zusätzliche geld- und fiskalpolitische Mittel die Lohnpolitik in ihrer expansiven Wirkung unterstützen, also den Investoren den Aufschwung gleichsam garantieren.

Lohnpolitische Schritte bewirken neben dem restriktiven Liquiditätsentzug stets eine expansive Konsumsteigerung. Das **konjunkturelle Gewicht der beiden gegenläufigen Effekte** ändert sich aber im Verlauf des Aufschwungs. Der hemmende Einfluß geht zurück, wenn die Nachfrage in die Kapazitäten hineinwächst, die Gewinne anschnellen und bei immer mehr Unternehmen über die Mindestrendite hinaus steigen. Liquidität läßt sich dann abschöpfen und in den Konsum lenken, ohne daß eine gleichzeitige Kürzung der Investitionen folgt. Die zunehmende Stabilität des Aufschwunges bringt zudem mit dem Schwinden der konjunkturellen Risiken ein Nachgeben der verlangten Mindestrendite. Die erwartete Steigerung des Verbrauchs regt konsuminduzierte Investitionen an und läßt die Gesamtentwicklung trotz des Liquiditätsentzuges positiv werden.

Die lange Frist des Vertrages, die *während der Rezession* die Investitionsneigung neben dem Liquiditätsentzug zusätzlich belastete, stützt nach *eingeleitetem Aufschwung* den Expansionsprozeß, da die Unternehmen dann die steigenden Erlöse sehen, die ihnen, vertraglich gesichert, für die Restlaufzeit bleiben, während sie vorher die dauerhafte (evtl. stufenweise ansteigende) finanzielle Last fürchteten.

Solange nicht erste Engpässe auf dem Arbeitsmarkt erreicht sind, lassen sich Lohnerhöhungen nur tarifvertraglich durchsetzen. Da vor der Sicherung der Vollbeschäftigung die Durchschlagskraft der Gewerkschaften nicht ausreichen dürfte und selbst bei einem etwaigen Kampferfolg die negative psychologische Wirkung auf die Investitionen den erstrebten expansiven Effekt zunichte machen könnte, muß in der Rezession und im beginnenden Aufschwung die **tarifpartnerliche Zusammenarbeit** gesucht werden. Laufzeit und Steigerungssatz müssen im Rahmen der expansiven Strategie als abgewogene Einheit angesehen werden: Die Lohnerhöhung soll die Konsumsteigerung sichern, die Laufzeit mit ihrem Gewinnversprechen die Investitionsneigung trotz des Liquiditätsentzuges möglichst ungebrochen erhalten. Die Lohnpolitik kann unzweifelhaft eine belebende Wirkung haben, wenn sie maßgerecht in den Aufschwung eingepaßt wird. Können aber diese zeitlich versetzten, **in den Aufschwung eingepaßten Langfristverträge** zugleich auf mittlere Sicht verstetigend wirken?

c) Das konjunkturpolitisch abgesicherte Langfristkonzept

Eine *isolierte,* in den Aufschwung eingepaßte Tarifpolitik kann, da sich Gewinn- und Nachfrageerwartungen während des Expansionsprozesses schnell und kaum vorhersehbar ändern, schwerlich verstetigend wirken. Es mag zwar einen Zeitpunkt geben, in dem das **Langfristkonzept** zum Ziel der Expansion in eine ausgeglichene Entwicklung führt, aber dieser wird, infolge der Variabilität der Zyklen und Verhaltensweisen, kaum zu terminieren sein. Wird er aber verfehlt, dann kann die Tarifpolitik in die Rezession zurückführen oder einen unerwünschten Boom einleiten.

Kurzfristige Tarifverträge erlauben zwar eine schnelle Anpassung, sie nehmen aber den Unternehmen in der Rezession die Hoffnung auf eine Verteilungskorrektur im Zuge des Expansionsprozesses und belasten damit die Investitionsentscheidung. Widerspricht die Tarifpolitik dem Gewinnverlangen der Unternehmer, dann können von ihr keine belebenden Impulse ausgehen. Diese müssen von der Konjunkturpolitik kommen. Den Gewerkschaften bleibt nur die Aufgabe des Nachziehens, um eine zyklenverstärkende Lohnverzögerung auszuschließen, die über die unumgängliche Verteilungskorrektur hinausgeht.

Der Einsatz des Langfristkonzeptes ließe sich vorziehen und die Spanne, in der es verstetigend wirkt, ausdehnen und leichter treffen durch eine Konjunkturpolitik, die den Aufschwung absichert. Sie hätte den anfangs belasteten Investoren gleichsam zu garantieren, daß die Gesamtnachfrage in Abstimmung mit der zyklusübergreifenden Lohnpolitik an den Vollbeschäftigungspfad herangeführt wird. Die Vorbereitung von staatlichen Investitionsprogrammen und die glaubhafte Ankündigung expansiver Maßnahmen für den Bedarfsfall müssen deutlich machen, daß der Aufschwung ersatzweise mit konjunkturpolitischen Mitteln durchgesetzt wird, falls das Langfristkonzept nicht genügend expansiv wirkt. Schon die **Garantie** und nicht erst der Mitteleinsatz schafft und stabilisiert expansive Erwartungen. Sie verdrängt die restriktive Wirkung des Liquiditätsentzuges, der zudem durch die mit dem Aufschwung kommenden Erlöse geheilt wird. Der Blick wird auf den steigenden lohnfinanzierten Konsum gelenkt, der eine Auslastung der Kapazitäten verspricht und Investitionen induziert.

d) Leitlinien und Kontrollen

Lohn- und Preiskontrollen gelten als letzte Hilfe, wenn die Globalsteuerung versagt oder Löhne und Preise trotz erfolgreicher Nachfragedämpfung ungebrochen ansteigen. Sie sind das Eingeständnis des Versagens konventioneller Instrumente. Das Tarifvertragssystem bewirkt keine marktgerechten Löhne. Im Doppelmonopol werden Lohnsteigerungen über die Preise an die Konsumenten weitergegeben. Diese Lohn-Preis-Spirale wollen staatliche Kontrollen unterbrechen.

Prinzipiell genügt es, entweder an den Löhnen oder an den Preisen anzusetzen. Gelingt es, den Lohnanstieg aufzuhalten, dann fällt zugleich die Begründung für die Preissteigerungen weg. Werden die Preise gestoppt, dann sind die Unternehmen gezwungen, Lohnforderungen Widerstand entgegenzusetzen und innerhalb der Tarifautonomie den Lohnauftrieb zu begrenzen.

Zuweilen genügt es sogar, **Einzelpreise** zu kontrollieren, wenn die vorpreschenden Unternehmen als Preis- bzw. Lohnführer die anderen nachziehen. Häufig sind das solche Industrien, die geringem Wettbewerb unterliegen, so die Bauindustrie und – bei Zollschutz – die Stahlindustrie.

Die **Praxis** der Lohn- und Preiskontrollen zeigt aber, daß man Löhne und Preise zugleich kontrollieren muß. Trotz Lohnstopps sind die Unternehmen immer wieder versucht, Überwälzungen nachzuholen, die sie mit früheren Lohnsteigerungen begründen. Bei alleiniger Preiskontrolle ist zu befürchten, daß sich die Unternehmen im Tarifkonflikt nicht durchsetzen können, Gewinnkürzungen hinnehmen müssen und deshalb die Investitionen einschrän ken.

Lohn- und Preiskontrollen, die sich gegen die **Macht des Doppelmonopols** allein richten, haben häufig Erfolg gehabt. Gegen Machteinsatz und Nachfragesog zugleich erwiesen sie sich aber regelmäßig als erfolglos. Allenfalls für kurze Zeit konnten sie den Auftrieb unterbrechen, der sich dann nach der (freiwilligen oder erzwungenen) Aufgabe beschleunigt fortsetzte.

Die **politische Durchsetzbarkeit** verlangt ein *einheitliches* Vorgehen. Der Markt mit seinem *Differenzierungsbedarf* bleibt dabei auf der Strecke. Überkommene Lohnstrukturen werden fortgeschrieben. Von der Idee her geben zwar Kontrollen wie auch **Lohnleitlinien,** als deren mildere Form, Marktfaktoren freien Spielraum; Ausnahmen von der generellen Leitlinie – auch vom Markt her gesehen berechtigte – können aber nachfolgende Gewerkschaften zur Orientierung am vorliegenden Abschluß verleiten. Sie lassen diesen zur neuen Richtschnur werden und entwerten die frühere staatliche Norm in den Augen der fordernden Mitglieder. An dem entstehenden politischen Druck kann der anfangs erfolgversprechende lohnpolitische Ansatz scheitern.

Nicht nur Markterfordernisse legen eine baldige Aufgabe der Kontrollen nahe. Mit der Zeit geht ohnehin deren stabilisierende Wirkung verloren: Geballter Machteinsatz reißt einzelne Löcher in die starre Lohn- und Preisfront, in die andere nachstoßen. Nach und nach zerfällt der staatliche Druck. Gewerkschaften und Unternehmen haben wieder „freie Bahn" und holen das nach, was sie glauben, in den vergangenen Monaten versäumt zu haben. Dies legt den Verzicht nahe, bevor das Instrument selbst diskreditiert wird.

Lohn- und Preiskontrollen wie auch Leitlinien versprechen lediglich kurzfristigen Erfolg – und dies auch nur bei generellem Vorgehen und bei ruhigem Nachfrageverlauf. Werden diese Bedingungen nicht eingehalten, dann hemmen die administrativen Eingriffe lediglich den Marktprozeß und untergraben die staatliche Autorität, bewirken aber keine dauerhafte Stabilisierung.

5. Ansätze zur Lösung des Konflikts zwischen der Stabilitäts- und Verteilungsorientierung in der Tarifpolitik

Der Verteilungskonflikt wird heute weithin als die wesentliche Ursache der Zyklen, vor allem der beschleunigten Inflation gesehen. Seiner Bedeutung gemäß zahlreich sind die Vorschläge, die auf eine Lösung des Verteilungskonfliktes zielen, die zumindest seine konjunkturelle, voran die preistreibende Wirkung begrenzen wollen. Sie werden im folgenden vorgestellt, auf ihre Durchsetzbarkeit hin überprüft und nach ihrer Verträglichkeit mit der parlamentarischen Demokratie und der Tarifautonomie in einer marktwirtschaftlichen Ordnung beurteilt. Danach wird das Lohnfondskonzept beschrieben und an den gleichen Kriterien gemessen.

a) Konfliktlösung durch Einkommenspolitik

Als **rational** wird allgemein eine **Lohnpolitik** bezeichnet, die auf der Grundlage einer außenwirtschaftlichen Absicherung in Abstimmung mit der Geld- und Fiskalpolitik die wirtschaftspolitischen Ziele ihrem Gewicht entsprechend berücksichtigt. Neben den Zielen der Konjunkturpolitik und der Wachstumsbeschleunigung muß vor allem das häufig vernachlässigte Verteilungsziel einbezogen werden, das im Vordergrund gewerkschaftlichen Handelns steht. Die möglichen Zielkonflikte sollen nicht auf dem Markt über inflatorische Prozesse, sondern am runden Tisch durch den Austausch sachbezogener Argumente ausgetragen und ausgeglichen werden (im Rahmen der **Konzertierten Aktion**).

Diese begriffliche Bestimmung rationaler Lohnpolitik ist inhaltlich kaum angreifbar. Sie erfüllt die Ansprüche, die an wirtschaftspolitisches Handeln gestellt werden. Solange deren Träger aber unterschiedlichen Zielen den Vorrang geben, ist sie nicht widerspruchsfrei durchführbar.

Forderungen, die an die **Einkommenspolitik** gestellt werden, zeigen den eindeutigen Vorrang, der dem Stabilitätsziel gegeben wird. Die eigenständig handelnden Tarifverbände sollen auf den Versuch verzichten, ihre verteilungspolitische Position *ohne* Zustimmung des Partners durch Lohndruck oder Preiserhöhungen zu verbessern. Sie sollen sich ungeachtet ihrer eigenen Zielrangfolgen und verbandlicher Zwänge der **Dominanz der konjunkturpolitischen Ziele** beugen.

Auch *Meinhold* und *Bombach,*[23] die ansonsten stets den verteilungspolitischen Aspekt innerhalb der Lohnpolitik betonen, befürworten für unausgeglichene Konjunkturphasen den *vorübergehenden* Vorrang der Stabilitätspolitik (**zeitlich abgestimmte Zielverfolgung**). Chancen einer Verteilungskorrektur sehen sie nur dann, wenn Vollbeschäftigung gesichert ist und Überwälzungen durch eine straffe Geldpolitik begrenzt werden. Durch langsames, aber beharrliches tarifpolitisches Vorgehen wollen sie die Investoren an geringere Gewinnraten gewöhnen.

In den gegenwärtigen kurzen vier- bis fünfjährigen Zyklen, die kaum Phasen strukturell und global ausgeglichenen Wachstums kennen, ist diese Strategie infolge der **Laufzeitbindung der Tarifpolitik** aber kaum durchführbar. Bevor das Auslaufen in der Rezession geschlossener Tarifverträge verteilungspolitische Schritte erlaubt, dürfte in der Regel im Zuge des eingeleiteten, später kaum noch bremsbaren Expansionsprozesses die Überwälzungssperre gefallen sein. Die Verteilungsaktivität bleibt deshalb auf die Unterstützung durch eine heute noch fehlende effiziente Stabilisierungspolitik angewiesen.

Die Gründe für den Vorrang der Stabilität sind unterschiedlich. Da gibt es einmal die These von der **Konstanz der Lohnquote.** Zeitreihenuntersuchungen hätten gezeigt, daß der Anteil der Löhne am Sozialprodukt ohnehin nicht gegen den Markt erhöht werden könne. Lohnsteigerungen, die über den Produktivitätsfortschritt hinausgehen, würden in den Preisen weitergegeben, verletzten lediglich das Stabilitätsgebot, ohne dem angestrebten Verteilungsziel zu dienen.

Neben dem Wirken von Marktfaktoren werden auch **machtbedingte unternehmerische Verhaltensweisen** zur Begründung der Vergeblichkeit des tarifpolitischen Anrennens der Gewerkschaften angeführt. Die Unternehmen bestimmen die Preise durch gleichbleibenden Aufschlag auf die Kosten. Verteilungsorientierte Lohnsteigerungen bringen dann – unabhängig von dem Verlauf der Nachfrage und der Geldversorgung – Preisanpassungen, die unveränderte Gewinnraten sichern.

Auch eine **starre Bindung der Investitionen** an bestimmte, für unverzichtbar gehaltene Gewinnraten hilft mittelbar die gegenwärtige Verteilungsrelation fortzuschreiben. Auf gegenwärtig nicht überwälzbare, deshalb gewinnkürzende Kostensteigerungen antworten die Unternehmen mit einem rationierten Angebot und dem Aufschub geplanter Investitionen (Investitions-

---

[23] *Meinhold, H.:* Löhne, Konjunktur und Inflation, Industriekurier, Nr. 202, vom 31. 12. 1968, S. 151; *Bombach, G.:* Möglichkeiten und Grenzen einer Verteilungspolitik, *Arndt, H.* (Hrsg.): Lohnpolitik und Einkommensverteilung, Berlin 1969, S. 832f.

streik genannt). Der Staat sieht sich in der Folge gezwungen, die durch den Nachfragemangel entstandene Arbeitslosigkeit durch expansive Maßnahmen zu überwinden, die eine nachträgliche verteilungskorrigierende Überwälzung erlauben. Die Unternehmen sehen dann ihre – vorübergehend zwar – marktwidrigen Verhaltensweisen durch den Anstieg der monetären Nachfrage nachträglich gerechtfertigt. Die unbedingte Sicherung der Vollbeschäftigung wird zur **Überwälzungsgarantie**, die tarifpolitische Erfolge „kassiert".

Die verteilungsneutrale Lohnpolitik wird auch – ungeachtet etwaiger distributiver Chancen – mit dem **Vorrang der Geldwertstabilität** begründet. Der Verzicht auf distributive Schritte gilt als Preis für Stabilität, denn verteilungsorientierte Lohnforderungen bergen den Kern von Preissteigerungen in sich. Selbst wenn *heute* die Marktbedingungen, etwa bei einer nahenden Rezession als Folge einer scharfen restriktiven Konjunkturpolitik, Überwälzungen eine enge Grenze ziehen, steht doch zu erwarten, daß *im nächsten Aufschwung* die versäumten Preisanpassungen nachgeholt werden; daß sie sich als aufgeschoben, aber nicht als aufgehoben erweisen.

Ein lohnfinanzierter Konsumstoß kann im ausklingenden Boom zwar den beginnenden Abschwung hinauszögern. Die gleichzeitigen gewinnsenkenden Kostensteigerungen lassen die Unternehmen aber in der nachfolgenden Rezession eine Verteilungskorrektur verlangen, bevor sie expansive Impulse der Geld- und Fiskalpolitik oder des steigenden Exportüberschusses aufgreifen und über Investitionen vervielfältigen. Das soll heißen: Die Preissteigerungen sind nicht allein als *Folge* des Expansionsprozesses zu verstehen. Sie können auch als *Bedingung* der späteren Erholung gesehen werden. Sie zögern diese hinaus und verlängern damit die Zeit der Unterbeschäftigung, wenn keine Preisanpassungen in Sicht sind oder kein rezessionsbedingtes relatives Nachgeben der Löhne erwartet werden kann.

Eine **verteilungsorientierte Lohnpolitik** wird noch aus einem weiteren Grund abgelehnt. Man hält die Tarifpolitik in der heute üblichen Vorgehensweise für untauglich. Solange die Lohnsteigerungen umgehend in den Konsum fließen und dadurch Überwälzungen erlauben, muß sie erfolglos bleiben. **Investivlöhne** sollen hier Abhilfe schaffen. Sie beschneiden den lohnfinanzierten Konsum und begrenzen damit die verteilungskorrigierenden Überwälzungen von der Nachfrageseite.

Vollbeschäftigung bleibt aber nur dann gewahrt, wenn die Unternehmen die zusätzliche Ersparnis auch investiv nutzen. Im Boom wird dies als gesichert angesehen. Hier bringt uns die Investivlohnpolitik dem Stabilitäts- und Verteilungsziel gleichzeitig näher. Sie verlangt aber von den Gewerkschaften, daß sie eine Bindung von Lohnanteilen hinnehmen.

Vorgeschlagen wird auch eine **Mittelabsprache** zwischen der Tarif- und Steuerpolitik. Steuerlich mögliche Differenzierungen (mit Hilfe der progressiven Einkommensteuer, der Vermögen- und Erbschaftsteuer) sollen genutzt werden, um dem Verteilungsziel näher zu kommen. Ihr Erfolg soll dann der Lohnpolitik die Unterordnung unter das Stabilitätsziel ermöglichen.

Den Theoretiker mag diese abgestimmte Tarif- und Steuerpolitik zwar überzeugen. Es darf aber nicht erwartet werden, daß sich dieses Konzept in die tarifpolitische Praxis umsetzen läßt, denn es läßt **verbandspolitische Zwänge** außer acht. Die Mitgliedschaft in den Gewerkschaften ist freiwillig.

Manchmal wird zwar mit „sanftem Zwang“[24] nachgeholfen, ansonsten müssen die Gewerkschaften aber versuchen, die Belegschaften durch mitgliederwerbende Durchsetzungsprozesse und tarifpolitische Erfolge an sich zu binden. Sie können es deshalb keinesfalls hinnehmen, in eine Anpasserrolle an konjunkturpolitische Erfordernisse gedrängt zu werden, ohne den Zusammenhalt des Verbandes zu gefährden.

Eine **Herauslösung der Lohnbestimmung** aus ihrem Aufgabenkatalog würde die Anziehungskraft der Gewerkschaften mindern, ihr Durchsetzungsvermögen im Hinblick auf andere Ziele beeinträchtigen und schließlich nach anderen Organisationsformen der Arbeitnehmer auf dem Arbeitsmarkt rufen. Es sei in diesem Zusammenhang an die wilden Streiks erinnert, die 1969 und 1973 Lohnerhöhungen „an den Gewerkschaften vorbei“ brachten.

b) Konfliktlösung durch Eingriffe in den Tariffindungsprozeß

Eine Überwindung des Verteilungskonfliktes wird auch durch Regelungen gesucht, die Grenzen in der wirtschaftspolitischen Verantwortung verschieben und Grundlagen der Marktwirtschaft, der parlamentarischen Demokratie und Inhalte der Tarifautonomie tangieren. Sie führen, wie *Schiller*[25] die Intention der Konzertierten Aktion beschrieb, zu einer „Verflechtung der Verpflichtungen“.

Eine **Abstimmung** von autonomer Lohnpolitik und staatlicher Konjunkturpolitik verspricht lediglich in der Rezession Erfolg. Während der Suche nach einem Ausweg aus der Unterbeschäftigung liegen die Interessen beider Tarifpartner mit der staatlichen Konjunkturpolitik auf der gleichen Linie. Der Aufschwung bringt Vorteile, die Wähler wie Verbandsmitglieder überzeugen. Mit dem Erreichen der Vollbeschäftigung geht dieser Gleichklang wieder verloren. **Quotale Aspekte** innerhalb der Einkommenspolitik, die der Aufschwung zurücktreten ließ, drängen wieder nach vorne. Verteilungsorientierte Lohnpolitik und staatliches Streben nach stabilen Preisen konfligieren.

Auch unter der **Drohung von Preissteigerungen** ist kein abgestimmtes Verhalten zur Abwendung der inflatorischen Gefahren zu erwarten. Preisniveaustabilität wird von den Gewerkschaften zwar geschätzt und zur preislichen Absicherung ihrer tarifpolitischen Erfolge stets gefordert; sie dürften aber kaum bereit sein, zu deren Gunsten ohne sichtbares Beschäftigungsrisiko durchsetzbare Nominallohnforderungen zurückzustellen und auf Verteilungsaktivitäten zu verzichten.

In inflatorischen Zeiten auf eine „Bewährung“ der Konzertierten Aktion zu hoffen, hieße, an den organisatorischen Realitäten und Handlungsmöglichkeiten der Gewerkschaften vorbeigehen. Als politischer Verband, der nicht den eigenen Bestand auf das Spiel setzen will, sehen sie sich gezwungen, im Rahmen des tarifpolitischen Erreichbaren, das durch die Lohndrift und die Entwicklung der Gewinne angedeutet wird, die Einkommensforderungen der Mitglieder zu vertreten.

---

[24] *Webb, S.* und *B.:* Theorie und Praxis der englischen Gewerkvereine, 1. Bd., Stuttgart 1898, S. 192

Veränderte Verteilung der Kompetenzen

Klaus[26] will den Gewerkschaften als Ausgleich für den Verzicht auf eine verteilungsorientierte Lohnpolitik „ein **kooperatives Mitspracherecht** bei der Festlegung des wirtschaftspolitischen Gesamtprogramms“ einräumen. Später schlägt er die Ausdehnung der Tarifautonomie auf die Bestimmung der Preise vor. Bleiben Preiskontrollen aus, dann will sie *Kalecki*[27] durch Streiks erzwingen. *Rothschild*[28] will die Preisregulierung, die in seinem Konzept nicht von den Tarifpartnern, sondern vom Staat vorgenommen werden soll, noch durch eine **Investitionskontrolle** ergänzen. Beide Vorschläge laufen auf eine Aufgabe der Allokationsfunktion des Marktes zugunsten planerischer Eingriffe hinaus. Sie wollen den Einflußbereich der Tarifpartner auf die gesamte Wirtschaftspolitik ausgedehnt sehen, gleichzeitig aber den Staat an der Lohnbestimmung teilhaben lassen.

Krelle[29] sieht in der **betrieblichen Mitbestimmung** einen Ansatz zur Lösung des Verteilungskonfliktes. Dieser soll durch eine betriebliche Kooperation überwunden, die Lohnpolitik davon befreit, dann den gesamtwirtschaftlichen Erfordernissen untergeordnet werden. Alle diese Konzepte, die auf einen Ausgleich des Verteilungskonfliktes zielen, führen aber nicht zu einer endgültigen Lösung. Die Konflikte werden lediglich institutionell verlagert, bei *Klaus* und *Rothschild* in den staatlichen Entscheidungsbereich, bei *Krelle* auf die betriebliche Ebene übertragen; man könnte sagen: Die Gremien kommen und gehen, die Konflikte bleiben bestehen.

Begrenzung auf die allokative Funktion

Die Allokationsfunktion bei verteilungsneutraler Lohnpolitik sieht *Krelle* durch folgendes Verfahren gesichert: Er will die Tarife unbegrenzt durch staatliche Sanktionen frei aushandeln, die Tarifpartner also die relativen Knappheiten des Arbeitsmarktes abtasten lassen. Das resultierende Lohnniveau soll dann aber nachträglich halbjährlich oder jährlich um einen *einheitlichen* Satz, der auf jeden Einzelvertrag angewandt wird, mit dem Ziel der Realisierung eines stabilitätspolitisch vertretbaren Lohnniveaus gekürzt werden. Die strukturellen Differenzen sollen dabei unangetastet bleiben.[30]

In seinem Vorschlag wird die gewünschte Steigerungsrate des Lohnniveaus im Voraus festgelegt. *Krelle* nennt als Träger dieser Entscheidung den Bundestag. Er entzieht sie den Tarifpartnern.

---

[25] *Schiller, K.*: Reden zur Wirtschaftspolitik, (BMWF-Texte), Bd. 1, 2. Aufl., Bonn 1970, S. 133

[26] *Klaus, J.*: Einkommenspolitik – Die mißverstandene Tarifautonomie, Wirtschaftswoche, 27. Jahrgang. (1973), H. 1/2, S. 23–26

[27] *Kalecki, M.*: Class Struggle and the Distribution of National Income, Kyklos, Vol. 24 (1971), S. 1–8

[28] *Rothschild, K.W.*: Einkommenspolitik – Die Verteilungsprobleme müssen offengelegt werden, Wirtschaftswoche, 26. Jahrgang (1972), H. 46, S. 65f.

[29] *Krelle, W.*: Mitbestimmung und marktwirtschaftliche Ordnung, *Kurt Nemitz* u.a. (Hrsg.): Mitbestimmung und Wirtschaftspolitik, Köln 1967, S. 132

[30] *Krelle, W.*: Die Opfer für stabilitätskonforme Lohnpolitik, Wirtschaftswoche, 26. Jg. (1972), H. 49, S. 22–24

Der **nachträgliche Kürzungssatz** errechnet sich als Differenz zwischen dem konjunkturpolitisch verlangten und dem aus Einzelverträgen resultierenden Lohnniveau. Es müssen also alle in die relevante Periode fallenden Abschlüsse abgewartet werden, bevor der generelle Abschlag ermittelt werden kann. Das heißt: Der Kürzungssatz und damit die Kostenbelastung des Industriezweiges, für den verhandelt wird, und die auszahlbare Lohnsteigerung für die Arbeitnehmer bleiben bis zum letzten Abschluß unbekannt.

Die verteilungspolitische Front wird durch Krelles Vorschlag verlagert. Gegenwärtig werden die Konflikte zwischen den Arbeitgebern und den jeweiligen Industriegewerkschaften ausgetragen. Nach der Realisierung von *Krelles* Konzept stehen sich zwar formal nach wie vor Arbeitgeber und Gewerkschaften gegenüber, Betroffene des Abschlusses via Einfluß auf den Kürzungssatz sind aber neben den vertragsschließenden Parteien unbeteiligte Dritte. Materiell gesehen streiten somit Gewerkschaften mit Gewerkschaften um die Anteile an der gleichbleibenden Lohnquote.

Da *Krelle* aus konjunkturpolitischen Gründen die Zahlung von marktbestimmten Zuschlägen unterbinden will, verzichtet er auf die Integration eines funktionsfähigen Marktelementes in das Lohnfindungssystem. Individuell ausgehandelte Zuschläge vermögen zwar nicht die Intensität der Knappheiten auf dem Arbeitsmarkt auszudrücken, sie zeigen aber die Richtung an und können einer strukturell differenzierenden Tarifpolitik marktgerechte Zeichen setzen und marktwidrige Abschlüsse tendenziell korrigieren.

Einen vergleichbaren Vorschlag unterbreitet *Scheele*.[31] Die innergewerkschaftliche Konfrontation, die aus *Krelles* Konzept zwangsläufig folgt, wird von ihm von vornherein angesprochen. Die verteilbare Lohnsumme, man könnte auch sagen: der Lohnerhöhungsspielraum, soll, nach gesamtwirtschaftlichen Kriterien bestimmt, vorgegeben werden. Über die Aufteilung auf die einzelnen Industrien und Unternehmen, also die **strukturelle Differenzierung,** hätten dann die Gewerkschaften in Abstimmung mit den Arbeitgebervertretern in internen Verhandlungen zu entscheiden. Den tarifpolitischen Erfolg der einen muß konzeptgemäß die andere Gewerkschaft bezahlen. Die Fronten des Tarifkonfliktes werden verkehrt. Die Arbeitgeber der angesprochenen Industrie werden stets zusammen mit den rivalisierenden Gewerkschaften Widerstand gegen Lohnerhöhungen leisten, da mit jedem Abschluß der verteilbare Spielraum beschnitten wird, den sie zu ihren Gunsten ausschöpfen wollen.

Sowohl *Krelles* als auch *Scheeles* Konzept gehen von einem lösbaren Verteilungskonflikt aus. Auf der Suche nach der Sicherung der Allokationsfunktion auf dem Arbeitsmarkt schlagen sie aber einen Weg vor, der zum Zerfall der gewerkschaftlichen Solidarität führen kann, die gegenwärtig den Streit um die Anteile an der Lohnquote mit seinen inflatorischen Konsequenzen begrenzt.

---

[31] *Scheele, E.:* Gesamtwirtschaftlich orientierte Lohnpolitik, Düsseldorf 1969, S. 126f.

Staatliche Drohung

Haberler, Meade, Weintraub[32] u.a. suchen über eine Einflußnahme auf die Verhandlungsmacht der Tarifpartner nach einer stabilitätsgerechten Lohnpolitik. Während *Weintraub* mit **Strafsteuern** bei stabilitätswidrigen Abschlüssen droht, um die Unternehmen zum Widerstand gegen preistreibende Lohnforderungen anzuhalten, wollen *Haberler* und *Meade* die Macht der Gewerkschaften begrenzen, indem sie die Mitglieder streikender Gewerkschaften von zukünftigen Arbeitslosenzahlungen ausschließen.

Die *Weintraub*'schen Strafsteuern sollen eine **Lohnleitlinienpolitik** absichern. Werden sie unüberwindbar hoch angesetzt, dann heben sie die Tarifautonomie auf. Geringe Sätze dürften aber im Zeichen des Booms von den Gewerkschaften übersprungen werden. Eine stabilisierende Wirkung ginge dann nur noch vom steuerlichen Liquiditätsentzug aus.

Beide Ansätze können also keine Lösung des Konflikts der verteilungsorientierten Lohnpolitik mit dem Stabilitätsziel bringen. Sie verlangen zwar keine – auch keine vorübergehende – Aufgabe der Tarifautonomie, sie wollen aber deutliche Korrekturen anbringen, die mit Sicherheit den entschlossenen **Widerstand der betroffenen Verbände** finden werden.

Wird den Gewerkschaften die Durchführung werbewirksamer Tarifrunden verweigert, dann droht ihnen Mitgliederschwund. Ohne Rückhalt seitens der Mitgliedschaft können sie aber ihren ideellen Funktionen nicht länger nachkommen. Oder sie müssen auf die **betriebliche Aktivität** ausweichen und hier durch mitgliederbindende Konfliktstrategien das nachzuholen versuchen, was ihnen auf industrieller Ebene versagt bleibt. Es zeigte sich dann, daß auch der **Machtanspruch des Gesetzgebers** den inflatorischen Verteilungskonflikt nicht überwinden kann, sondern ihn lediglich in die Betriebe zwingt. Dort kann er aber, ohne an die Grenzen des marktwirtschaftlichen Systems heranzugehen, durch gesetzgeberische Schritte (in Form von Lohn- und Preiskontrollen) nicht mehr erreicht werden.

Zusammengefaßt heißt das: Partielle Eingriffe in die Tarifautonomie können zwar einzelne Lücken schließen, sie bergen aber die Gefahr, daß an anderer Stelle Löcher aufgerissen werden. Dauerhafte Lösungen können deshalb nur von Konzepten erwartet werden, die nach einer Abstimmung der wirtschaftspolitischen Aktivitäten suchen, welche die politisch-organisatorischen Möglichkeiten ihrer Träger nicht überfordern und die verbandsinternen Zwänge berücksichtigen.

c) Konfliktlösung durch antizyklische Investivlohnpolitik

Das Überleiten des Aufschwungs in den Wachstumspfad kann an der verteilungspolitischen Zielsetzung der Gewerkschaften scheitern. Einer **lohn- und preispolitischen Absicherung** – das wäre die Zusage, die mit der schnel-

---

[32] *Haberler, G.:* Incomes Policies and Inflation, Washington 1972, S. 31; *Meade, J.E.:* Wages and Prices in a Mixed Economy, London 1971, S. 19ff.; *Weintraub, S.:* An Incomes Policy to Stop Inflation, Lloyds Bank Review, Jan. 1971, S. 1–12. Zur ausführlichen Darstellung und Kritik vgl. *Teichmann, U.:* Lohnpolitik, S. 61ff.

len Rückkehr zur Vollbeschäftigung entstehenden Engpässe nicht zur sofortigen Durchsetzung von Forderungen zu nutzen – könnte es zwar gelingen, den Konsumanstieg und die von ihm ausgehenden expansiven Impulse zurückzuhalten, damit den eingeleiteten Aufschwung zu dämpfen, diesen in einen stetigeren Pfad einmünden zu lassen und zugleich den Kostendruck zu mäßigen. Sie verlangt aber von den Gewerkschaften den Verzicht auf eine bestandssichernde aggressive Tarifpolitik in einer Zeit der Vollbeschäftigung, die der Verteilungsaktivität nach langem Warten im Schatten der Gewinnexpansion erfolgversprechende Wege öffnet.

Auch der Ausweg aus dem Boom, der über einen *allmählichen und gleichmäßigen* Abbau der Ansprüche aller Nachfragesektoren führt, verlangt eine verteilungsneutrale Lohnpolitik. Die Gewerkschaften hätten außerdem das **Überwälzungsrisiko** zu tragen, wenn die Unternehmen die Chance wahrnehmen, frühere Lohnsteigerungen in den Preisen weiterzugeben.

Empirische Beobachtungen bestätigen diese Gefahr. Während regierungsamtliche Leitlinien und Kontrollen in der Regel den Lohnanstieg dämpfen, bleiben sie meist ohne nennenswerte Wirkung auf die Preise, die trotz Lockerung des Kostendrucks unvermindert weitersteigen.[33] Eine ungebrochen expansive Tarifpolitik könnte dagegen mit dem Greifen der Restriktionen die Investitionen und damit die Gewinne Zug um Zug zurückdrängen. Sie trüge allerdings die Gefahr eines konjunkturellen Rückschlags in sich.

Zusammengefaßt heißt das: Die konventionelle Tarifpolitik wird immer im Widerstreit zwischen der Verteilungsorientierung und den Zielen der Konjunkturpolitik liegen. Deshalb wird es notwendig, sie im Blick auf diese beiden Aktivitäten aufzuspalten bzw. die konjunkturelle Komponente aus der Tarifpolitik herauszulösen, sie *getrennt* zu steuern und möglichst auch *institutionell* vom verteilungspolitischen Handeln abzubinden.

Der *Sachverständigenrat*[34] schlägt eine solche Trennung vor. Er will die Tarifpolitik der konjunkturpolitischen Zielsetzung unterordnen und die verteilungpolitischen Intentionen durch **parallel vereinbarte Investivlohnzu-**

---

[33] *Brechling, F. P. R.:* Some empirical evidence on the effectiveness of prices and incomes policies, *Parkin, M.* u. *Sumner, M. T.* (Hrsg.): Incomes policy and inflation, Manchester 1972, S. 30–47, hier S. 47. Vgl. auch *Gordon, R. J.:* Wage-Price Controls and the Shifting Phillips Curve, Brookings Papers, 2/1972, S. 385–421; *Ackley G.:* Observations on Phase II Price and Wage Controls, Brookings Papers, 1/1972, S. 185f.

[34] *Sachverständigenrat:* Jahresgutachten 1972, Ziff. 516; vor ihm schon *Bombach, G.:* Was muß die Wirtschaftspolitik heute leisten? Die Aussprache 17. Jg. (1967), S. 207; Angeschlossen hat sich eine *EWG-Kommission,* deren Hauptberichterstatter *Bombach* war. Grundkriterien für die Festsetzung der Löhne und damit zusammenhängender Probleme einer Lohn- und Einkommenspolitik, Brüssel 1967, S. 140; *Bombach* will deshalb „bei exzessiven Boomperioden" den Tarifpartnern die Entscheidung über den investiven Lohnanteil nehmen, also deren Autonomie im konjunkturpolitischen Interesse einschränken. *Föhl* dagegen will die Tarifautonomie auf die Bestimmung des Investivanteils begrenzen, über die Barlohnerhöhung soll die Regierung dann im konjunkturpolitischen Interesse entscheiden. *Föhl, C.:* Zur Problematik geldwertneutraler Lohnbildung, *Lenz, F.* u.a. (Hrsg.): Beiträge zur Wirtschafts- und Gesellschaftsgestaltung, Berlin 1968, S. 299

schläge verfolgen. Im Zyklus sollen antizyklisch variierbare Beträge dem Konsum entzogen und einem Investitionsfonds zugeführt werden. Der gebundene Lohnanteil soll aber in den „normalen“ Tarifvertrag einbezogen bleiben.

Es fehlt damit eine *institutionelle* Trennung, die eine separate Zielverfolgung erlaubt. In der konventionellen Tarifpolitik, die von verschiedenen Partnern zu unterschiedlichen Zeiten geschlossene Verträge kennt, ist die Zuständigkeit für das **Kollektivgut Stabilität** nicht eindeutig angesprochen. Jeder wird versuchen, sich der konjunkturpolitischen Verantwortung zu entziehen. Da die Mitglieder nach Barlohnsteigerungen drängen, wird man den gebundenen Anteil möglichst gering halten, solange kein gemeinsamer und verbindlicher Beschluß über eine Stillegung herbeigeführt werden kann. Der Investivlohn wird dadurch immer ein umstrittener Verhandlungspunkt sein. Bei kritischen Auseinandersetzungen wird die endgültige Einigung zumeist auf dessen Kosten – und mit einem verschämten Blick zur Überwälzung als vorübergehendem „social mollifier“[35] – zustandekommen. Die Konflikte bleiben bestehen. Sie werden lediglich auf die Zukunft übertragen und gehen dort mit unverminderter Schärfe auf der nächsthöheren Inflationsstufe weiter.

Der Einsatz der konjunkturellen Komponente bleibt zudem an das *Auslaufen des alten Vertrages* gebunden. Die Verzögerung in der konjunkturpolitischen Anwendung wird darüberhinaus noch durch den **„Zwang zum Anschluß“** an vorangegangene Abschlüsse verlängert. Ihm unterliegen Gewerkschaftsführungen, die vor ihren Mitgliedern bestehen wollen. Solange diese auf die tarifpolitischen Erfolge rivalisierender Gewerkschaften sehen, wird mit den vorangegangenen Verträgen das Maß gesetzt, an dem die Nachfolger gemessen werden. Entscheidende Phasen des Zyklus, in dem stabilisierende Maßnahmen eingeleitet werden müßten, bleiben somit frei von stabilitätspolitischen Korrekturen, da sich die Gewerkschaften aus verbandspolitischen Gründen sperren werden.

Auch *Dürr, Giersch* u.a. wollen in einem „Konzept zur Rückgewinnung der Stabilität“[36] die Vermögenspolitik als stabilitätspolitisches Instrument nutzen. Der Tarifvertrag soll Lohnerhöhungen entsprechend dem erwarteten Produktivitätszuwachs zuzüglich der für unvermeidbar gehaltenen Inflationsraten bringen. Verfehlt die Stabilitätspolitik ihr Ziel, dann werden die laufenden Verträge kündbar. Anschließend durchgesetzte Lohnerhöhungen sollen aber ausschließlich einem Vermögenskonto, das nach vier bis fünf Jahren zu tilgen ist, gutgeschrieben werden, um eine erneute Beschleunigung des Preisauftriebs zu verhindern.

Das Konzept begrenzt die Tarifautonomie. Es verlangt nicht nur im Erstabschluß die **Verteilungsneutralität,** es fordert darüberhinaus eine Vorwegnahme angestrebter Stabilisierungserfolge in den Tarifen. Nur dann, wenn

---

[35] *Bronfenbrenner* und *Holzman:* A Survey of Inflation Theory, A. E. R., Vol. LIII (1963). S. 626

[36] Veröffentlicht am 23. 4. 1974

Den gleichen Vorschlag machte kurz zuvor *Biedenkopf, K.:* Mit Lohnformeln die Inflation bekämpfen (Interview), Frankfurter Rundschau, Nr. 87 vom 13. 4. 74, S. 5

das Stabilitätsziel verfehlt wird, erhalten die Gewerkschaften ihre Handlungsfreiheit zurück. Lohnzuschläge führen dann aber (aus der Sicht der Konjunkturpolitik: *wegen*, nach Meinung der Gewerkschaften: *trotz* anhaltender Inflation) nicht zu Barauszahlungen, sondern müssen stillgelegt werden. Sie können also keine – aus der Sicht der Gewerkschaften – nachträgliche Heilung des vorangegangenen tarifpolitischen Verzichts bringen. Deren Zustimmung wird deshalb kaum erreichbar sein. Die *IG Metall* schloß sich zwar 1973 einem ähnlichen Vorgehen an. Sie verzichtete auf einen Verteilungszuschlag und antizipierte einen Stabilisierungserfolg, sah dann aber die von ihr „gesetzten Signale rücksichtslos überfahren".[37] Wilde Streiks, die den Zusammenhalt der Gewerkschaften gefährdeten und eine harte gewerkschaftliche Politik in der nächsten Tarifrunde, die die Mitglieder wieder fester an ihren Verband binden sollte, waren die Folge der ungebremsten Inflation.

Die Gewerkschaften lehnen Investivlohnkonzepte auch „aus grundsätzlichen Überlegungen" ab, da sie sich in ihrer tarifpolitischen Handlungsfreiheit eingeschränkt sehen.[38] Verteilungsfragen würden **ohne mitgliederbindenden Durchsetzungsprozeß** nach gesamtwirtschaftlichen Gesichtspunkten geregelt, in der Konjunkturpolitik bekämen sie lediglich eine Anpasserrolle zugewiesen. Die Tarifautonomie wäre materiell gesehen zugunsten der konjunkturpolitischen Erfordernisse wesentlich eingeschränkt. Solange sie formal aber nicht begrenzt wird, können die Gewerkschaften parallel zur Vermögensbildungspolitik des Staates eine tarifvertragliche Verteilungsstrategie verfolgen, die der Investivlohnpolitik den Spielraum nimmt, und letztlich ihre Aufgabe erzwingt, wenn nicht **„doppelte" Verteilungspolitik** in die Rezession bei gleichzeitiger Inflation führen soll. Es muß deshalb nach Lösungen gesucht werden, die die Zustimmung der Tarifpartner finden oder bei denen sie zumindest die Mitarbeit nicht verweigern können.

d) Konfliktlösung mit Hilfe des Lohnfondskonzepts

Die Tarifautonomie bleibt unangetastet, wenn die Tarifpartner ohne verbindlichen staatlichen Einfluß den Lohn bestimmen können. Seine Höhe *kann*, aber sie *muß* nicht das Ergebnis eines einzigen Beschlusses sein. Über seine Bestandteile kann separat verhandelt werden. Auch Zahlung (entspricht einer Gewinnkürzung) und Empfang (ihm folgt die Konsumnachfrage) können zeitlich getrennt werden. Die Lohnpolitik zeigt sich dann als **Verbund**, der sich in zwei diskret steuerbare Mittel auflösen läßt, mit denen Verteilungsgleichmaß und konjunkturelle Stabilität auf unterschiedlichen Wegen neben- oder auch nacheinander verfolgt werden können.

---

[37] *Loderer, E.:* Die IGM läßt sich auf keinen Fall überfahren, Metall, 26. Jg. (1974), H. 1, S. 1

[38] Wortführer der Gegner ist die *IG Metall:* Wir warnen vor Fehlentscheidungen in der Vermögenspolitik, Der Gewerkschafter, 21. Jg. (1973), S. 122–123; vgl. auch ihre „Leitsätze zur Vermögenspolitik". Vgl. *Vetter, H.O.:* Bald neues DGB-Aktionsprogramm, Welt der Arbeit, Nr. 7 vom 18. 2. 72, S. 2

Trennung konjunktureller und verteilungswirksamer Effekte

Der erhöhte Lohn kürzt durch den Liquiditätsentzug die Investitionen und stützt durch die Auszahlung den Konsum. Die beiden gegenläufigen Effekte sind in der traditionellen Tarifpolitik die gleichzeitige Wirkung eines Tarifabschlusses. Durch die **Zwischenschaltung des Lohnfonds** lassen sie sich zeitlich trennen. Die entzogene Liquidität wird in Zeiten eines Nachfrageüberschusses vorübergehend stillgelegt und kommt erst dann zur Auszahlung, wenn sich die konjunkturellen Vorzeichen geändert haben. Sie erfolgt, wenn der Nachfragesog nicht mehr mit Preissteigerungen droht, sondern wenn eine Rezession nach einer Expansion des Konsums verlangt.

Die konjunkturelle Wirkung wird durch die zeitliche Trennung der tarifpolitischen Effekte – in der Rezession wird ausschließlich der expansive und im Boom allein der restriktive genutzt – zudem durchsichtiger. Das einzelne lohnpolitische Instrument wird effizienter handhabbar, da es auf die wechselnden konjunkturpolitischen Aufgaben widerspruchsfrei abgestimmt werden kann.

Da die **Sicherung der Stabilität** dem Allgemeinwohl dient, sollten die Tarifverbände geschlossen in die Verhandlungen einbezogen werden. Dies setzt voraus, daß in gleichem Schritt vorgegangen wird und nicht der gleichzeitige Verzicht auf andere Ziele (hier: das verteilungspolitische) damit verbunden ist. Stabilitätsorientierte Lohnpolitik muß, von der Sache gefordert, auf *zentraler Ebene* gemacht werden, unter Einschluß aller Beteiligten. Das sind sämtliche Industriegewerkschaften auf der einen Seite, denen eine Verhandlungsdelegation der Arbeitgeberverbände gegenübersteht. Über die Fondszahlung sollte wegen des Kollektivgutcharakters der Stabilität *gemeinsam* entschieden werden, über den Normaltarif von den jeweilig zuständigen Gewerkschaften und Arbeitgeberverbänden in der heute üblichen regionalen und industriellen Staffelung.

Unangetastete Tarifautonomie

Trotz institutioneller und zeitlicher Trennung der Entscheidungsprozesse nach den angesprochenen Zielen bleibt die **Tarifautonomie** *formal* uneingeschränkt gewahrt, da die Vertragspartner nach wie vor über beide Komponenten des Lohnes bestimmen. Von ihnen wird kein Kompetenzverzicht verlangt. Über die Fondszahlung muß zwar eine zentrale Übereinkunft gesucht werden, dies beeinträchtigt aber nicht die Autonomie in bezug auf den Normaltarif, dessen Bestimmungs- und Durchsetzungsprozeß den Gewerkschaften ausreichenden mitgliederbindenden Handlungsspielraum läßt. *Inhaltlich* wird die Tarifautonomie sogar noch erweitert, da die Ziele, die von der Lohnpolitik angesprochen werden, jetzt auf getrennten Wegen, unabhängig voneinander und damit effizienter verfolgt werden können.

Durch den Lohnfonds läßt sich die konjunkturelle Komponente aus der Tarifpolitik ausklammern und ausschließlich auf Stabilität gerichtet *bundeseinheitlich* nach dem Willen der Tarifverbände steuern. Die vereinbarten Zahlungen gehen der Einfachheit halber ausschließlich von den Unternehmen zum Fonds (im Boom), mit der konjunkturellen Wende zum Abschwung dann in umgekehrter Richtung über die Unternehmen an die Haushalte. In

Lohnfondskonzept

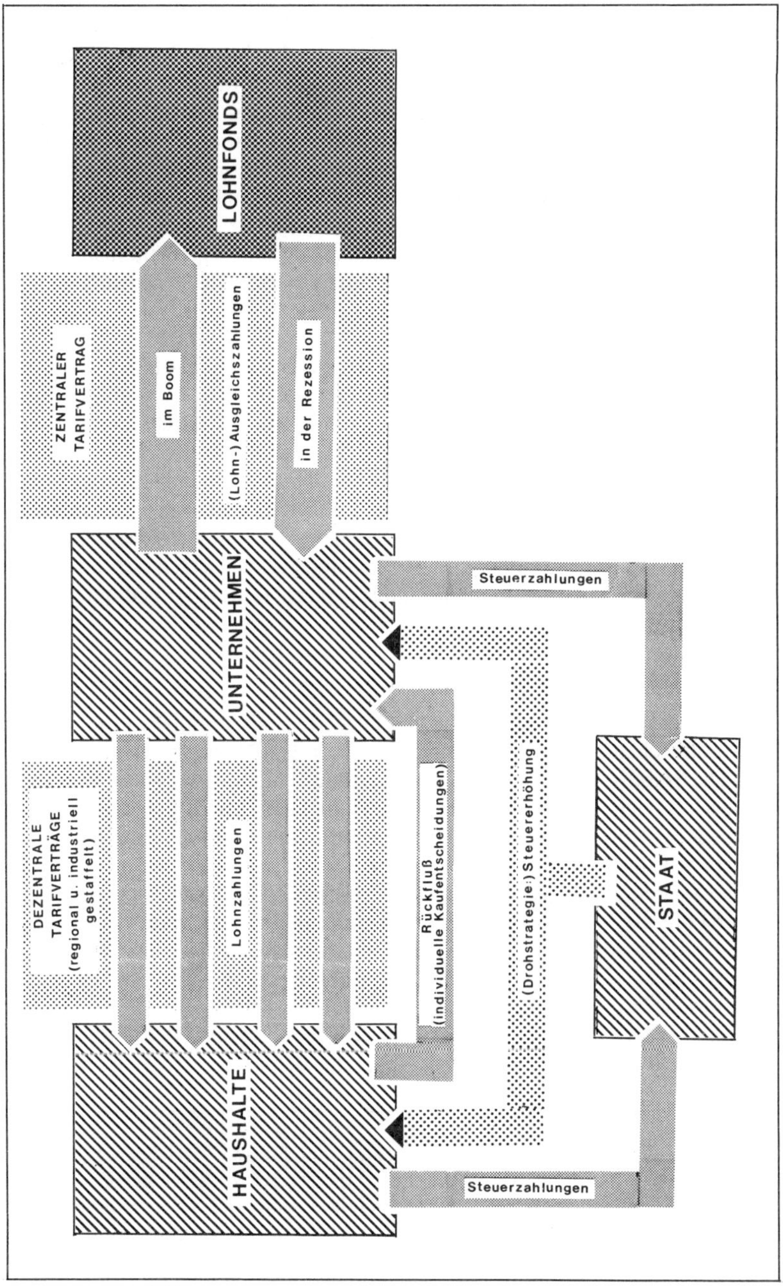

Zeiten überschüssiger Nachfrage wird den Unternehmen auf *zentralen* allgemeinverbindlichen Beschluß der Tarifpartner hin Liquidität entzogen, die den Lohnempfängern solange vorenthalten bleibt, bis ein konjunkturell bedingter Nachfrageabfall eine Konsumexpansion erforderlich macht.

Der Fonds gleicht den konjunkturellen Lohnrückgang des Abschwungs aus und führt zu einem gleichmäßigeren Einkommensanstieg. Er dient gleichsam als **Ausgleichsbecken** für den überkonjunkturell bestimmten, einen stetigen Konsumverlauf sichernden Lohnanstieg. Wenn der Lohnanstieg trotz beginnendem Abschwung unvermindert anhält, kann der Fonds aber auch auf zentralen Beschluß hin von den Unternehmen zur anteiligen Finanzierung der Löhne, die im Normaltarifvertrag vereinbart wurden, in Anspruch genommen werden. Mit dieser Zahlung könnte einem investorischen Abwärtsprozeß vorgebeugt werden.

Da die konjunkturelle Komponente verteilungsneutral gesteuert wird – der Fonds trennt lediglich den kontraktiven Entzugseffekt *zeitlich* von der konsumsteigernden Auszahlungswirkung – müßte die **Mitarbeit der Gewerkschaften** – vor allem bei angemessener Verzinsung – erreichbar sein. Sie können dann zwar nicht mehr – wie bisher – im beginnenden Boom und in Zeiten der Inflation so eindrucksvolle Lohnsteigerungsraten durchsetzen; denn der konjunkturpolitisch gesteuerte Fonds behindert Überwälzungen und härtet damit den Widerstand der Arbeitgeber. Sie setzen sich aber nicht länger dem Vorwurf der Erfolglosigkeit gepaart mit kostenbedingter Preistreiberei aus.[39]

Stabilisierung erschließt Verteilungschance

Die Überwälzungssperre bringt die Gewerkschaften zudem ihrem verteilungspolitischen Ziel näher. Sie können es mit dem Normaltarifvertrag angehen. Die Stabilisierungswirkung des Liquiditätsentzugs zwingt die Unternehmen, sich in den Tarifverhandlungen zu stellen. Die Abschlüsse werden zwar nach wie vor (preis- und) **beschäftigungspolitische Konsequenzen** haben, die frühere Stillegung erlaubt aber verteilungspolitische Versuche, da die Mittel für die Korrektur eines ungewollten Beschäftigungseinbruches bereitstehen.

Der Lohnfonds ermöglicht den Abschluß langfristiger, industriell und regional differenzierender Tarifverträge, die **Kostentransparenz** schaffen. Gedacht ist an eineinhalb bis zweijährige Laufzeiten. Er gleicht unvorhergesehene zyklische Einflüsse auf die Zahlungsfähigkeit der Unternehmen aus. Der zentrale Vertrag stellt das Ventil dar, das den Fonds gemäß der konjunkturellen Entwicklung, festgestellt durch Beschluß der Tarifpartner, für den *Zu-*

---

[39] Das Lohnfondskonzept mag manchem als undurchsetzbar erscheinen. Deshalb sei darauf hingewiesen, daß ein vergleichbares tarifpolitisches Vorgehen bereits stattfand. Im Mai 1970 vereinbarten die *IG Metall* und der *Gesamtverband metallindustrieller Arbeitgeberverbände* außerhalb des normalen Tarifvertrages angesichts des anhaltenden Preisanstiegs Lohnerhöhungen, die stillgelegt wurden. Andere Wirtschaftzweige folgten nach. Die Arbeitgeber wollten wilden Streiks vorbeugen; für die Gewerkschaften war es wegen der Friedenspflicht das tarifpolitisch einzig Erreichbare. *Brenner, O.:* Ein Durchbruch, Der Gewerkschafter, 18. Jg. (1970), S. 202–203

fluß, das bedeutet einen investitionskürzenden Liquiditätsentzug, oder die *Abgabe,* das führt zu steigendem lohnfinanzierten Konsum, öffnet.

Über die konjunkturelle Komponente könnte mit dem Ziel eines stetigeren Nachfrageanstiegs, der im Interesse beider Tarifverbände liegt, *unabhängig* von den Laufzeiten der Normaltarifverträge *gemäß dem Bedarf* an antizyklischem Handeln häufiger entschieden werden. Die genaue Regelung ließe sich in einer Vereinbarung, vergleichbar etwa einem freiwilligen Schlichtungsabkommen, festhalten. Die Verhandlungen könnten in regelmäßigen, etwa vierteljährlichen Abständen oder auf Antrag einer Seite stattfinden.

Die zentrale tarifvertragliche Entscheidung über das schrittweise Anpassen wird wesentlich erleichtert, da sie – eingebettet in ein **zyklusübergreifendes lohnpolitisches Konzept** – frei von verteilungspolitischem Streit *allein* auf Stetigkeit gerichtet bleibt. Die Variation der Fondszahlung hat zwar – der kreislauftheoretischen Argumentation folgend – nach wie vor Verteilungskonsequenzen: Die Erhöhung kürzt durch den Liquiditätsentzug und die damit angestrebte verstetigende Nachfragesenkung die Gewinne; spätere Auszahlungen lassen sie über die Belebung des lohnfinanzierten Konsums ansteigen. Sie widersprechen aber nicht mehr der konjunkturpolitischen Zielsetzung. Sie unterstützen sie, denn auch eine etwaige ungewollte Verteilungswirkung der Fondszahlung bringt einen zusätzlichen konjunkturellen Effekt, der in die gleiche Richtung geht.

Wird erkannt, daß die Dosierung überhöht war, dann muß sie dem Stabilisierungsziel folgend umgehend korrigiert werden. Es sei denn, man will wegen der damit verbundenen Verteilungswirkung die entstehende Arbeitslosigkeit (seitens der Gewerkschaften) oder die Inflation (seitens der Arbeitgeberverbände) nun doch in Kauf nehmen.

Ungestörte Allokation

Das Lohnfondskonzept läßt auch die Allokationsfunktion des Arbeitsmarktes (über freiwillige Zuschläge) und des Tarifvertrages unbeeinträchtigt. Solange die politische Durchsetzbarkeit von Lohnleitlinien ein einheitliches Vorgehen, also eine gleichmäßige Begrenzung des Lohnanstieges in allen Verträgen, der Markt aber eine knappheitsgerechte Differenzierung verlangt, werden konjunkturpolitische Erfordernisse und strukturelle Notwendigkeiten im Konflikt miteinander stehen. Neben dem Verteilungsziel wird in Zeiten drohender Preissteigerungen bei Dominanz des Stabilitätsgebotes auch der Bedarf an struktureller Flexibilität hintanstehen müssen, solange die Tarifsetzung (einschließlich der marktorientierten Zuschläge) die genannten Funktionen zugleich anspricht.

Erst mit dem Lohnfondskonzept, das eine Aufspaltung der Tarifpolitik in eine stabilitätsorientierte und eine separat steuerbare verteilungspolitische und zugleich strukturelle Komponente bringt (und obendrein Marktzuschläge erlaubt), wird der Weg für eine gleichzeitige parallele Realisierung der angesprochenen Ziele auf getrennten tarifpolitischen Wegen frei.

Da die *Gewerkschaften* im **Aufschwung** dem Gewinnanstieg meist nicht mit der Tarifpolitik folgen können, werden sie nach dessen Begrenzung durch zentrale Tarifverträge rufen. Die *Arbeitgeberverbände* werden diese Forderung kaum zurückweisen können, ohne sich in das stabilitätspolitische

Abseits zu stellen. Sie werden aber versuchen, die Stillegung möglichst gering zu halten oder die Entscheidung zu verzögern.

Droht ein **Abschwung,** dann steht aber zu erwarten, daß beide Tarifpartner zugleich nach einer – aus der Sicht der Stabilisierungspolitik – vorzeitigen Auszahlung von Fondsbeträgen verlangen; die *Gewerkschaften,* um den Beschäftigungsstand zu sichern, die *Unternehmen,* um den Druck auf die Gewinnspannen zu mindern, der von dem Rückgang der Nachfrage bei vorübergehend noch unvermindert steigenden Löhnen ausgeht. Der Preisschub, der durch die Stillegung aufgefangen werden sollte, träte dann doch noch ein – also lediglich mit einer Verzögerung.

Will die staatliche Konjunkturpolitik eine sachgerechte Durchführung des Lohnfondskonzeptes durch die Tarifpartner erreichen, dann muß sie mit **Drohstrategien** arbeiten. Sträuben sich die Arbeitgeberverbände im Aufschwung gegen zentral vereinbarte Stillegungen, muß sie mit Investitionssteuern drohen. Drängen im beginnenden Abschwung beide Tarifverbände zugleich auf vorzeitige Auszahlung aus dem Fonds, dann müssen ersatzweise Steuererhöhungen angekündigt und gegebenenfalls durchgeführt werden.

Mit der Einführung des Lohnfondskonzeptes verfügen Tarifpartner und Staat über parallele konjunkturpolitische Instrumente. Verweigert der Staat die Mitarbeit, dann können die Tarifpartner auch von sich aus auf eine Stabilisierung hinwirken, ohne gleichzeitig ihre verteilungspolitische Zielsetzung aufgeben zu müssen. Wenn sich die Tarifpartner unwillig zeigen, kann sie die Regierung durch Drohung mit Steuererhöhungen zur Hinnahme des geringeren Übels veranlassen, der vorübergehenden Stillegung im Aufschwung oder des Verzichts auf vorzeitige Auszahlung im beginnenden Abschwung.

Das Lohnfondskonzept zusammengefaßt

Der Lohnfonds ermöglicht einen getrennten Einsatz der gegenläufigen tarifpolitischen Effekte. Verteilungsgleichmaß und Stetigkeit können dann bei Wahrung der strukturellen Flexibilität auf dem Arbeitsmarkt nebeneinander verfolgt werden. Das Lohnfondskonzept ist zyklusübergreifend angelegt. Das Risiko vorzeitig heraufgesetzter, zurück in die Rezession führender oder verspätet dem steilen Gewinnanstieg nachfolgender preistreibender Tarife wird vermieden.

Der dezentrale Abschluß kann lange, Transparenz schaffende Laufzeiten beinhalten. Konjunkturelle Gefahren werden vermieden, da die Fondszahlung in kleinen aufeinanderfolgenden, revidierbaren Schritten, weitgehend frei von verteilungspolitischem Streit und deshalb vorhersehbar, mit im einzelnen kaum merklichen Eingriffen, die nicht zu sprunghaften Planrevisionen zwingen, der konjunkturellen Entwicklung entgegengerichtet werden kann.

Die Tarifautonomie bleibt *formal* gewahrt. *Inhaltlich* wird sie sogar erweitert, da der Lohnfonds eine präzise Abstimmung der tarifpolitischen Schritte auf Verteilungsziel und Stetigkeit erlaubt und zugleich die Allokationsfunktion des Arbeitsmarktes unangetastet läßt.

6. Zusammenfassung

Der konfliktfreien Abstimmung der verbandsbezogenen Lohnpolitik mit der staatlichen Konjunkturpolitik steht die Verteilungskomponente entgegen. Da Verteilungskonflikte vor allem in Zeiten des konjunkturellen Umbruchs auftreten, ist ein erster Ansatz der „strategischen Schlichtung“ in der Sorge für einen transparenten wirtschaftlichen Verlauf zu sehen. Leitlinien und auch Kontrollen können lediglich vorübergehend und auch dann nur begleitet von einer straffen Konjunkturpolitik helfen.

Mehr Erfolg verspricht die Aktivierung des Beschäftigungsrisikos. Sie zwingt die Gewerkschaften, größeres Augenmerk auf die Sicherung der Arbeitsplätze zu legen, verteilungsorientierte Lohnforderungen zurückzustellen, wenn die Beschäftigung gefährdet ist.

Sodann galt es nach Wegen zu suchen, die eine parallele Verfolgung konjunktureller und distributiver Ziele erlauben. Mit dem Lohnfonds stellten wir ein Instrument vor, das die konjunkturelle Komponente aus der Tarifpolitik herauslöst und deren getrennte, ausschließlich auf Stabilität gerichtete Steuerung erlaubt, während das Verteilungsziel mit verbandssichernden Durchsetzungsprozessen über den Normaltarifvertrag angegangen werden kann.

Literatur

Zielvorstellungen und Handlungsmöglichkeiten der **Gewerkschaften** untersuchen

Bergmann, J.; Jacobi, O. u. *Müller-Jentsch, W.:* Gewerkschaften in der Bundesrepublik, Frankfurt/M. 1975

Nickel, W.: Zum Verhältnis von Arbeiterschaft und Gewerkschaft, Köln 1972

Rees, A.: The Economics of Work and Pay, New York, u.a. 1973

Teichmann, U.: Lohnpolitik, Stuttgart u.a. 1974

Mit den **Erfolgschancen einer Einkommenspolitik** (unter verschiedenen Überschriften, von der produktivitätsorientierten Lohnpolitik, über Konzertierte Aktion bis hin zu Lohn- und Preiskontrollen) befassen sich

Cassel, D. u. *Thieme, H. J.:* Einkommenspolitik. Kritische Analyse eines umstrittenen stabilitätspolitischen Konzepts, Köln 1977

EWG-Kommission (Hrsg.): Grundkriterien für die Festsetzung der Löhne und damit zusammenhängende Probleme einer Lohn- und Einkommenspolitik, Studien, Reihe Sozialpolitik, Nr. 19 (1967)

Görzig, B. u. *Kirner, W.:* Möglichkeiten und Grenzen einer mittelfristigen Einkommenspolitik im Rahmen einer allgemeinen Wirtschaftspolitik, Berlin-München 1973

Giersch, H.: Lohnpolitik und Geldwertstabilität, Kiel 1967

Hardes, H.-D.: Einkommenspolitik in der BRD, Frankfurt – New York 1974

Hoppmann, E. (Hrsg.): Konzertierte Aktion, Frankfurt/M. 1971

Kuntze, O.-E.: Preiskontrollen, Lohnkontrollen und Lohn-Preis-Indexbindung in den europäischen Ländern, Berlin-München 1973

Molitor, B.: Lohn- und Arbeitsmarktpolitik, München 1988

Parkin, M. u. *Sumner, M. T.* (Hrsg.): Incomes Policy and Inflation, Manchester 1972

Rall, W.: Zur Wirksamkeit der Einkommenspolitik, Tübingen 1975

Ribhegge, H.: Rationale Einkommenspolitik aus der Sicht der Neuen Politischen Ökonomie, Tübingen 1978
Risch, B.: Alternativen der Einkommenspolitik, Tübingen 1983
Shultz, G. P. u. *Aliber, R. Z.* (Hrsg.): Guidelines, Informal Controls and the Market Place, Chicago – London 1966
Ulman, L. u. *Flanagan, R. J.*: Wage Restraint: A Study of Incomes Policies in Western Europe, Berkeley u.a. 1971
Weitzmann, M. L.: Das Beteiligungsmodell. Vollbeschäftigung durch flexible Löhne, Frankfurt 1987

Die **Lohnpolitik** auf ihrem Weg zwischen konjunkturpolitischen Erfordernissen und verteilungspolitischer Zielsetzung der Tarifpartner, insbesondere der Gewerkschaften, beobachten

Pfromm, H.-A.: Einkommenspolitik und Verteilungskonflikt, Köln 1975
Teichmann, U.: Lohnpolitik, Stuttgart u.a. 1974

Den **Abstimmungsbedarf** von verbandsorientierter Tarifpolitik und staatlicher Fiskalpolitik beschreibt

Lipp, E.-M.: Finanzpolitik und Lohnpolitik – Akteure zwischen Konflikt und Kooperation, Köln u.a. 1980

Verschiedene Aspekte der **Verteilungspolitik,** insbesondere der Lohnpolitik, von der Zielbegründung bis zur Mittelwahl werden in dem Sammelband beleuchtet

Arndt, H. (Hrsg.): Lohnpolitik und Einkommensverteilung, Berlin 1969

Kontrollfragen

(1) Welchen Zielen geben die Gewerkschaften in ihrer Tarifpolitik den Vorzug?
(2) Mit welchen Strategien ließe sich die Lohnverzögerung im Aufschwung verkürzen?
(3) Was versteht man unter einem geschlossenen Tarifvertragssystem?
(4) Was versteht *Agartz* unter expansiver Lohnpolitik? Wie beurteilen Sie deren Erfolgschancen?
(5) Kann in einer Marktwirtschaft bei staatlicher Vollbeschäftigungsgarantie die Tarifautonomie uneingeschränkt aufrechterhalten werden?
(6) Betriebliches oder industrielles Tarifvertragssystem – Bei welcher Verhandlungsebene läßt sich das Vollbeschäftigungsziel leichter erreichen?
(7) Beurteilen Sie vergleichend verschiedene Vorschläge, die das Gewicht des Vollbeschäftigungsgebotes innerhalb der gewerkschaftlichen Tarifpolitik erhöhen sollen!
(8) Welche Korrekturen bringt die kostenniveauneutrale Lohnpolitik an der Produktivitätsregel an? Welche weitere Ergänzung verlangt die *Meinhold*-Formel?
(9) Beschreiben Sie den Grundgedanken der Einkommenspolitik (bzw. der Konzertierten Aktion)! Nennen Sie die Gründe ihres Scheiterns!
(10) Welcher Ebene, der zentralen oder dezentralen, weist (mit welcher Begründung) das Lohnfondskonzept die konjunkturpolitische, welcher die verteilungs- und strukturpolitische Kompetenz zu?

Personenregister

Sachregister